Nova Lei de Licitações e Contratos Administrativos
Comentada e Referenciada

Rennan Thamay
Vanderlei Garcia Junior
Igor Moura Maciel
Jhonny Prado

Nova Lei de Licitações e Contratos Administrativos
Comentada e Referenciada

2021

Av. Paulista, 901, Edifício CYK, 3º andar
Bela Vista – SP – CEP 01310-100

SAC   sac.sets@saraivaeducacao.com.br

Direção executiva	Flávia Alves Bravin
Direção editorial	Renata Pascual Müller
Gerência de projetos e produção editorial	Fernando Penteado
Planejamento	Josiane de Araujo Rodrigues
Novos projetos	Sérgio Lopes de Carvalho
	Dalila Costa de Oliveira
Gerência editorial	Isabella Sánchez de Souza
Edição	Aline Darcy Flôr de Souza
Produção editorial	Daniele Debora de Souza (coord.)
	Rosana Peroni Fazolari
Arte e digital	Mônica Landi (coord.)
	Camilla Felix Cianelli Chaves
	Claudirene de Moura Santos Silva
	Deborah Mattos
	Guilherme H. M. Salvador
	Tiago Dela Rosa
Projetos e serviços editoriais	Daniela Maria Chaves Carvalho
	Kelli Priscila Pinto
	Marília Cordeiro
	Nicoly Wasconcelos Razuk
Diagramação	Adriana Aguiar Santoro
Revisão	Cecília Devus
Capa	Tiago Dela Rosa
Produção gráfica	Marli Rampim
	Sergio Luiz Pereira Lopes
Impressão e acabamento	Vox Gráfica

DADOS INTERNACIONAIS DE CATALOGAÇÃO NA PUBLICAÇÃO (CIP)
VAGNER RODOLFO DA SILVA - CRB-8/9410

N935

Nova Lei de Licitações e contratos administrativos comentada e referenciada / Rennan Thamay ... [et al.]. - São Paulo : Saraiva Educação, 2021.
440 p.

ISBN 978-65-5559-763-9

1. Direito. 2. Direito administrativo. 3. Contrato administrativo. 4. Licitações. 5. Processo licitatório. I. Thamay, Rennan. II. Garcia Junior, Vanderlei. III. Maciel, Igor Moura. IV. Prado, Jhonny. V. Título.

2021-2611	CDD 342
	CDU 342

Índices para catálogo sistemático:

1. Direito administrativo   342
2. Direito administrativo   342

Data de fechamento da edição: 5-7-2021

Dúvidas? Acesse www.editorasaraiva.com.br/direito

Nenhuma parte desta publicação poderá ser reproduzida por qualquer meio ou forma sem a prévia autorização da Saraiva Educação. A violação dos direitos autorais é crime estabelecido na Lei n. 9.610/98 e punido pelo art. 184 do Código Penal.

| CL | 607159 | CAE | 775067 |

Sumário

AGRADECIMENTOS 15

APRESENTAÇÃO 17

LEI N. 14.133, DE 1º DE ABRIL DE 2021 19

TÍTULO I – DISPOSIÇÕES PRELIMINARES 19

CAPÍTULO I – DO ÂMBITO DE APLICAÇÃO DESTA LEI 19

    Artigo 1º 19

        Comentários dos Autores 22

    Artigos 2º e 3º 24

        Comentários dos Autores 25

    Artigo 4º 25

        Comentários dos Autores 28

CAPÍTULO II – DOS PRINCÍPIOS 30

    Artigo 5º 30

        Comentários dos Autores 32

CAPÍTULO III – DAS DEFINIÇÕES 41

    Artigo 6º 41

        Comentários dos Autores 54

CAPÍTULO IV – DOS AGENTES PÚBLICOS 59

    Artigo 7º 59

    Artigo 8º 60

        Comentários dos Autores 62

    Artigos 9º e 10 62

        Comentários dos Autores 67

TÍTULO II – DAS LICITAÇÕES 69

CAPÍTULO I – DO PROCESSO LICITATÓRIO 69

    Artigo 11 69

        Comentários dos Autores 73

    Artigo 12 74

        Comentários dos Autores 76

    Artigo 13 77

        Comentários dos Autores 77

    Artigo 14 77

        Comentários dos Autores 82

    Artigo 15 84

        Comentários dos Autores 89

    Artigo 16 90

6 Nova Lei de Licitações Comentada e Referenciada

Comentários dos Autores 91
Artigo 17 92
   Comentários dos Autores 93
CAPÍTULO II – DA FASE PREPARATÓRIA 95
Artigo 18 95
   Comentários dos Autores 100
Artigo 19 102
   Comentários dos Autores 103
Artigo 20 105
   Comentários dos Autores 105
Artigo 21 106
   Comentários dos Autores 107
Artigo 22 108
   Comentários dos Autores 109
Artigo 23 110
   Comentários dos Autores 114
Artigo 24 114
   Comentários dos Autores 115
Artigo 25 116
   Comentários dos Autores 120
Artigos 26 e 27 124
   Comentários dos Autores 127
Artigo 28 128
   Comentários dos Autores 129
Artigo 29 130
   Comentários dos Autores 131
Artigo 30 133
   Comentários dos Autores 134
Artigo 31 135
   Comentários dos Autores 136
Artigo 32 136
   Comentários dos Autores 138
Artigo 33 139
   Comentários dos Autores 140
Artigo 34 141
   Comentários dos Autores 141
Artigo 35 142
   Comentários dos Autores 143
Artigo 36 143
   Comentários dos Autores 144
Artigo 37 146
   Comentários dos Autores 147
Artigo 38 148
   Comentários dos Autores 148
Artigo 39 148

Comentários dos Autores 149

Artigos 40 e 41 150

Comentários dos Autores 153

Artigo 42 155

Comentários dos Autores 155

Artigos 43 e 44 156

Comentários dos Autores 156

Artigo 45 157

Comentários dos Autores 158

Artigo 46 158

Comentários dos Autores 160

Artigos 47, 48 e 49 161

Comentários dos Autores 164

Artigo 50 164

Artigo 51 165

Comentários dos Autores 167

Artigo 52 169

Comentários dos Autores 171

CAPÍTULO III – DA DIVULGAÇÃO DO EDITAL DE LICITAÇÃO 172

Artigos 53 e 54 172

Comentários dos Autores 177

CAPÍTULO IV – DA APRESENTAÇÃO DE PROPOSTAS E LANCES 178

Artigo 55 178

Comentários dos Autores 181

Artigos 56 e 57 182

Comentários dos Autores 184

Artigo 58 185

Comentários dos Autores 186

CAPÍTULO V – DO JULGAMENTO 188

Artigo 59 188

Comentários dos Autores 192

Artigo 60 194

Comentários dos Autores 195

Artigo 61 196

Comentários dos Autores 196

CAPÍTULO VI – DA HABILITAÇÃO 198

Artigo 62 198

Comentários dos Autores 200

Artigos 63, 64 e 65 201

Comentários dos Autores 204

Artigo 66 204

Comentários dos Autores 205

Artigo 67 205

Comentários dos Autores 209

Artigo 68.. 210
    Comentários dos Autores.. 212
Artigo 69.. 213
    Comentários dos Autores.. 215
Artigo 70.. 216
    Comentários dos Autores.. 218

CAPÍTULO VII – DO ENCERRAMENTO DA LICITAÇÃO................................. 219
Artigo 71.. 219
    Comentários do Autores.. 222

CAPÍTULO VIII – DA CONTRATAÇÃO DIRETA.. 224
Artigo 72.. 224
    Comentários dos Autores.. 225
Artigo 73.. 226
    Comentários dos Autores.. 226
Artigo 74.. 227
    Comentários dos Autores.. 230
Artigo 75.. 233
    Comentários dos Autores.. 243

CAPÍTULO IX – DAS ALIENAÇÕES.. 249
Artigos 76 e 77... 249
    Comentários dos Autores.. 254

CAPÍTULO X – DOS INSTRUMENTOS AUXILIARES....................................... 255
Artigos 78 e 79... 255
    Comentários dos Autores.. 256
Artigo 80.. 259
    Comentários dos Autores.. 260
Artigo 81.. 261
    Comentários dos Autores.. 262
Artigos 82, 83 e 84... 263
    Comentários dos Autores.. 266
Artigo 85.. 268
    Comentários dos Autores.. 268
Artigo 86.. 269
    Comentários dos Autores.. 271
Artigos 87 e 88... 272
    Comentários dos Autores.. 273

TÍTULO III – DOS CONTRATOS ADMINISTRATIVOS..................................... 275
CAPÍTULO I – DA FORMALIZAÇÃO DOS CONTRATOS.................................. 275
Artigo 89.. 275
    Comentários dos Autores.. 276
Artigo 90.. 277
    Comentários dos Autores.. 279
Artigos 91 e 92... 279

Comentários dos Autores 284

Artigo 93 286

    Comentários dos Autores 287

Artigo 94 288

    Comentários dos Autores 288

Artigo 95 289

    Comentários do Autores 290

CAPÍTULO II – DAS GARANTIAS 291

Artigo 96 291

    Comentários dos Autores 292

Artigo 97 293

    Comentários dos Autores 293

Artigos 98 e 99 294

    Comentários dos Autores 294

Artigos 100, 101 e 102 295

    Comentários dos Autores 296

CAPÍTULO III – DA ALOCAÇÃO DE RISCOS 297

Artigo 103 297

    Comentários dos Autores 299

CAPÍTULO IV – DAS PRERROGATIVAS DA ADMINISTRAÇÃO 301

Artigo 104 301

    Comentários dos Autores 303

CAPÍTULO V – DA DURAÇÃO DOS CONTRATOS 307

Artigos 105, 106 e 107 307

    Comentários dos Autores 309

Artigo 108 310

    Comentários dos Autores 311

Artigos 109, 110, 111, 112, 113 e 114 312

    Comentários dos Autores 313

CAPÍTULO VI – DA EXECUÇÃO DOS CONTRATOS 315

Artigos 115 e 116 315

    Comentários dos Autores 316

Artigo 117 317

Artigo 118 318

    Comentários dos Autores 318

Artigos 119 e 120 318

    Comentários dos Autores 319

Artigo 121 319

    Comentários dos Autores 323

Artigo 122 324

    Comentários dos Autores 325

Artigo 123 325

    Comentários dos Autores 326

10 Nova Lei de Licitações Comentada e Referenciada

CAPÍTULO VII – DA ALTERAÇÃO DOS CONTRATOS E DOS PREÇOS 327

Artigo 124 327

Comentários dos Autores.. 330

Artigos 125 e 126 332

Comentários dos Autores.. 335

Artigo 127 335

Comentários dos Autores.. 335

Artigos 128, 129, 130, 131 e 132... 336

Comentários dos Autores.. 337

Artigo 133 339

Comentários dos Autores.. 340

Artigo 134 341

Comentários dos Autores.. 341

Artigos 135 e 136 341

Comentários dos Autores.. 343

CAPÍTULO VIII – DAS HIPÓTESES DE EXTINÇÃO DOS CONTRATOS............................ 344

Artigos 137, 138 e 139 344

Comentários dos Autores.. 353

CAPÍTULO IX – DO RECEBIMENTO DO OBJETO DO CONTRATO..................................... 356

Artigo 140 356

Comentários dos Autores.. 358

CAPÍTULO X – DOS PAGAMENTOS... 360

Artigos 141, 142 e 143.. 360

Comentários dos Autores.. 361

Artigo 144 362

Comentários dos Autores.. 363

Artigos 145 e 146 364

Comentários dos Autores.. 365

CAPÍTULO XI – DA NULIDADE DOS CONTRATOS 367

Artigos 147 e 148 367

Comentários dos Autores.. 368

Artigos 149 e 150 369

Comentários dos Autores.. 370

CAPÍTULO XII – DOS MEIOS ALTERNATIVOS DE RESOLUÇÃO DE CONTROVÉRSIAS .. 371

Artigo 151 371

Comentários dos Autores.. 372

Artigo 152 374

Comentários dos Autores.. 374

Artigo 153 375

Comentários dos Autores.. 375

Artigo 154 375

Comentários dos Autores.. 375

TÍTULO IV – DAS IRREGULARIDADES 377

CAPÍTULO I – DAS INFRAÇÕES E SANÇÕES ADMINISTRATIVAS............................. 377

Artigo 155 377
Comentários dos Autores... 380
Artigo 156 380
Comentários dos Autores... 384
Artigo 157 386
Comentários dos Autores... 386
Artigo 158 387
Comentários dos Autores... 387
Artigo 159 388
Comentários dos Autores... 388
Artigo 160 388
Comentários dos Autores... 389
Artigo 161 393
Comentários dos Autores... 393
Artigo 162 394
Comentários dos Autores... 394
Artigo 163 395
Comentários dos Autores... 396

CAPÍTULO II – DAS IMPUGNAÇÕES, DOS PEDIDOS DE ESCLARECIMENTO E DOS RECURSOS... 398

Artigo 164 398
Comentários dos Autores... 398
Artigo 165 399
Comentários dos Autores... 402
Artigo 166 404
Comentários dos Autores... 404
Artigo 167 405
Comentários dos Autores... 405
Artigo 168 406
Comentários dos Autores... 407

CAPÍTULO III – DO CONTROLE DAS CONTRATAÇÕES.................................... 408

Artigo 169 408
Comentários dos Autores... 411
Artigo 170 412
Comentários dos Autores... 412
Artigo 171 413
Comentários dos Autores... 414
Artigos 172 e 173 415
Comentários dos Autores... 415

TÍTULO V – DISPOSIÇÕES GERAIS 416
CAPÍTULO I – DO PORTAL NACIONAL DE CONTRATAÇÕES PÚBLICAS.......... 416

Artigo 174 416
Comentários dos Autores... 417

Artigo 175 419
    Comentários dos Autores 419
Artigo 176 419
    Comentários dos Autores 420

CAPÍTULO II – DAS ALTERAÇÕES LEGISLATIVAS 421

Artigo 177 421
    Comentários dos Autores 421
Artigo 178 421
    Comentários dos Autores 424
Artigo 179 424
    Comentários dos Autores 425
Artigo 180 425
    Comentários dos Autores 425

CAPÍTULO III – DISPOSIÇÕES TRANSITÓRIAS E FINAIS 427

Artigo 181 427
    Comentários dos Autores 427
Artigo 182 427
    Comentários dos Autores 428
Artigo 183 428
    Comentários dos Autores 429
Artigo 184 430
    Comentários dos Autores 431
Artigo 185 431
    Comentários dos Autores 434
Artigo 186 434
    Comentários dos Autores 435
Artigo 187 436
    Comentários dos Autores 436
Artigos 188 e 189 436
    Comentários dos Autores 436
Artigo 190 436
    Comentários dos Autores 436
Artigo 191 437
    Comentários dos Autores 437
Artigo 192 437
    Comentários dos Autores 437
Artigo 193 438
    Comentários dos Autores 438
Artigo 194 438
    Comentários dos Autores 438

REFERÊNCIAS 439

Sobre os autores

Igor Moura Maciel

Graduado em Direito pela Universidade Federal de Pernambuco, com extensão na Universidade de Coimbra/Portugal. Pós-Graduado em Direito Empresarial pelo IBMEC/RJ. Mestre em Direito pelo UNICEUB/DF. Advogado. Procurador do Município de Porto Alegre/RS. Professor de Direito Administrativo e de Aspectos de Direito Processual Civil aplicados à Fazenda Pública nos cursos Estratégia Carreiras Jurídicas e Estratégia OAB. Coordenador dos Cursos de Procuradorias do Estratégia Carreiras Jurídicas.

Jhonny Prado

Master of Laws (LL.M.) pelo INSPER e Pós-Graduado em Direito Público e Regulação pela Faculdade de Direito da Universidade de Coimbra. Especialista em Direito Constitucional e em Planejamento Tributário pelo IBMEC-RJ. Procurador do Município de Porto Alegre, onde ocupa o cargo de Procurador para Assuntos Estratégicos, junto ao Gabinete do Procurador-Geral. Coordenador da Força-Tarefa do Município de Porto Alegre para o combate à covid-19. Advogado. Membro do Conselho Deliberativo da Escola Superior de Direito Municipal (ESDM). Membro da Comissão de Direito Eleitoral da Associação Nacional dos Procuradores Municipais. Foi Procurador-Chefe do Consultivo-Geral do Município de Mogi das Cruzes – SP.

Rennan Thamay

Pós-Doutor pela Universidade de Lisboa. Doutor em Direito pela PUC-RS e Università degli Studi di Pavia. Mestre em Direito pela UNISINOS e pela PUC-Minas. Especialista em Direito pela UFRGS. Professor titular do programa de graduação e pós-graduação (doutorado, mestrado e especialização) da FADISP. Professor da pós-graduação (*lato sensu*) da PUC-SP. Professor titular do Estratégia Concursos e do UNASP. Foi Professor assistente (visitante) do programa de graduação da USP. Foi Professor do programa de graduação e pós-graduação (*lato sensu*) da PUC-RS. Presidente da Comissão de Processo Constitucional do IASP (Instituto dos Advogados de São Paulo). Membro do IAPL (International Association of Procedural Law), do IIDP (Instituto Iberoamericano de Derecho Procesal), do IBDP (Instituto Brasileiro de Direito Processual), IASP (Instituto dos Advogados de São Paulo), da ABDPC (Academia Brasileira de Direito Processual Civil), do CEBEPEJ (Centro Brasileiro de Estudos e Pesquisas Judiciais), da ABDPro (Associação Brasileira de Direito Processual), do CEAPRO (Centro de Estudos Avançados de Processo), do IBPD (Instituto Brasil-Portugal de Direito) e do IBAJUD (Instituto Brasileiro de Administração Judicial). Advogado, árbitro, consultor jurídico e parecerista.

Vanderlei Garcia Júnior

Doutorando em Direito Civil pela USP e em Filosofia do Direito pela PUC--SP. Mestre em Direito pela FADISP e pela Università degli Studi di Roma II. Especialista em Direito Processual Civil pela Escola Paulista da Magistratura – EPM/SP. Pós--Graduado em Direito Privado pela Faculdade de Direito Damásio de Jesus – FDDJ/SP. Bacharel em Direito pela Faculdade de Direito da Universidade de Ribeirão Preto – UNAERP-SP. Professor assistente de Direito Civil na Universidade de São Paulo – USP. Professor curador e titular do programa de pós-graduação da Universidade Presbiteriana Mackenzie. Coordenador do programa de pós-graduação em Direito da UNILEYA e do IDEA. Professor convidado do programa de pós-graduação da Escola Paulista de Direito – EPD. Professor de cursos preparatórios para concursos públicos e Exame de Ordem. Professor convidado da Escola Judicial dos Servidores do Tribunal de Justiça de São Paulo – EJUS/TJSP. Membro e Secretário-Geral da Comissão Permanente de Estudos de Processo Constitucional do Instituto dos Advogados de São Paulo – IASP. Membro efetivo do Instituto Brasileiro de Direito Processual – IBDP, do Centro de Estudos Avançados de Processo – CEAPRO, do Instituto Brasileiro de Administração Judicial – IBAJUD e do Instituto Brasileiro de Direito Empresarial – IBDE. Membro fundador e Vice-Presidente do IBPD – Instituto Brasil-Portugal de Direito. Advogado, consultor jurídico, árbitro e administrador judicial. Palestrante, autor de livros e artigos jurídicos.

Agradecimentos

A Deus, por me permitir levantar diariamente com saúde e perseverança.
À Laysa, Arthur e Luciana, razão diária do meu esforço e da minha felicidade.
Aos meus pais, amigos e alunos, por acreditarem na minha dedicação e confiarem no meu trabalho.

Igor Moura Maciel

Aos meus pais, Osvaldo e Márcia, responsáveis por toda a minha formação e por tornar tudo possível.
Aos meus sobrinhos, Bruno e Giovanna, a quem dedico todo meu amor.

Jhonny Prado

A meu Deus (pai amável e fiel).
À minha amada esposa, Priscila Krüger Padrão Thamay (meu eterno amor).
Ao meu pai, Ramiro Thamay Yamane (meu incentivador).
À minha mãe, Nívea Maria Faria (minha educadora amável).
A todos vocês, meus amores, dedico esta obra!

Rennan Thamay

A meu Deus, pai amado e fiel, por estar sempre ao meu lado, abençoando-me, guiando-me e oferecendo oportunidades de felicidades.
À minha amada esposa, Priscila Ferreira, razão diária dos meus sorrisos, meu grande e verdadeiro amor.
Aos meus amados pais, Sandra Rodrigues Garcia e Vanderlei Garcia, responsáveis por tudo, especialmente pelo amor incondicional e pelos valores, princípios e ideais transmitidos durante uma existência.

Vanderlei Garcia Júnior

Apresentação

A nova Lei de Licitações e Contratos Administrativos (Lei n. 14.133/2021) foi publicada no dia 1º de abril de 2021. O texto normativo tem como preceito substituir – após efetivamente dois anos de transição – a anterior Lei Geral das Licitações (Lei n. 8.666/93), a Lei do Pregão (Lei n. 10.520/2002) e o Regime Diferenciado de Contratações/RDC (Lei n. 12.462/2011), além de consolidar, consideravelmente, diversos temas e posicionamentos relacionados à transparência, eficiência e segurança jurídica das contratações públicas.

Além dos comentários dos autores, a obra foi trabalhada para apresentar também um considerável repertório jurisprudencial, com o entendimento atualizado do STF, STJ e do TCU, bem como das Orientações Normativas da AGU e dos Enunciados da Jornada de Direito Administrativo, sobre cada artigo, permitindo visualizar o máximo diálogo existente entre teoria e prática.

A nova legislação apresenta importantes inovações no universo das contratações públicas, principalmente criando regras para União, Estados, Distrito Federal e Municípios e estabelecendo como modalidades de licitação a concorrência, o concurso, o leilão, o pregão e o diálogo competitivo, sempre norteados pelos princípios da transparência, da moralidade, da eficácia e da eficiência na prestação dos serviços públicos, bem como conferindo tratamento isonômico entre todos os licitantes.

Dessa forma, apresentamos nossa obra *Nova Lei de Licitações comentada e referenciada*, contemplando a legislação comentada, anotada e referenciada, tema que influenciará sobremaneira o dia a dia da Administração Pública, daqueles que com ela negociam, bem como a rotina de todos os operadores, intérpretes e aplicadores do Direito, dos estudantes e concurseiros que necessitam de atualização constante.

Os Autores

LEI N. 14.133, DE 1º DE ABRIL DE 2021

Lei de Licitações e Contratos Administrativos

O PRESIDENTE DA REPÚBLICA

Faço saber que o Congresso Nacional decreta e eu sanciono a seguinte Lei:

TÍTULO I
DISPOSIÇÕES PRELIMINARES

CAPÍTULO I
DO ÂMBITO DE APLICAÇÃO DESTA LEI

ARTIGO 1º

Art. 1º Esta Lei estabelece normas gerais de licitação e contratação para as Administrações Públicas diretas, autárquicas e fundacionais da União, dos Estados, do Distrito Federal e dos Municípios, e abrange:

Constituição Federal

Art. 22. Compete privativamente à União legislar sobre:

(...)

XXVII – normas gerais de licitação e contratação, em todas as modalidades, para as administrações públicas diretas, autárquicas e fundacionais da União, Estados, Distrito Federal e Municípios, obedecido o disposto no art. 37, XXI, e para as empresas públicas e sociedades de economia mista, nos termos do art. 173, § 1º, III;

Art. 37. (...)

XXI – ressalvados os casos especificados na legislação, as obras, serviços, compras e alienações serão contratados mediante processo de licitação pública que assegure igualdade de condições a todos os concorrentes, com cláusulas que estabeleçam obrigações de pagamento, mantidas as condições efetivas da proposta, nos termos da lei, o qual somente permitirá as exigências de qualificação técnica e econômica indispensáveis à garantia do cumprimento das obrigações.

Lei n. 8.666/93

Art. 1º Esta Lei estabelece normas gerais sobre licitações e contratos administrativos pertinentes a obras, serviços, inclusive de publicidade, compras, alienações e locações no âmbito dos Poderes da União, dos Estados, do Distrito Federal e dos Municípios.

Parágrafo único. Subordinam-se ao regime desta Lei, além dos órgãos da administração direta, os fundos especiais, as autarquias, as fundações públicas, as empresas públicas, as sociedades de economia mista e demais entidades controladas direta ou indiretamente pela União, Estados, Distrito Federal e Municípios.

Jurisprudência do STF:

A teor do disposto no art. 22, XXVII, da CF, compete à União a regulação de normas gerais sobre licitação e contratação públicas, abrangidas a rescisão de contrato administrativo e a indenização cabível.

(ADI 1.746, rel. min. Marco Aurélio, j. 18-9-2014, P, *DJe* de 13-11-2014.)

O art. 22, XXVII, da CF dispõe ser da União, privativamente, a legislação sobre normas gerais de licitação e contratação. A Lei federal 8.666/1993 autoriza o controle prévio quando houver solicitação do Tribunal de Contas para a remessa de cópia do edital de licitação já publicado. A exigência feita por atos normativos do Tribunal sobre a remessa prévia do edital, sem nenhuma solicitação, invade a competência legislativa distribuída pela CF, já exercida pela Lei federal 8.666/1993, que não contém essa exigência.

(RE 547.063, rel. min. Menezes Direito, j. 7-10-2008, 1ª T., *DJe* de 12-12-2008.)

Usurpa a competência da União para legislar sobre normas gerais de licitação norma estadual que prevê ser dispensável o procedimento licitatório para aquisição por pessoa jurídica de direito interno, de bens produzidos ou serviços prestados por órgão ou entidade que integre a Administração Pública, e que tenha sido criado especificamente para este fim específico, sem a limitação temporal estabelecida pela Lei 8.666/1993 para essa hipótese de dispensa de licitação.

(ADI 4.658, rel. min. Edson Fachin, j. 25-10-2019, P, *DJe* de 11-11-2019.)

Jurisprudência do STJ:

PROCESSUAL CIVIL. AGRAVO INTERNO NO RECURSO ESPECIAL. CONCURSO PÚBLICO. CANDIDATO APROVADO EM CADASTRO RESERVA. ALEGAÇÃO DE PRETERIÇÃO AFASTADA PELO TRIBUNAL DE ORIGEM, À LUZ DAS PROVAS DOS AUTOS. REEXAME DE PROVAS. IMPOSSIBILIDADE. Lei 8.666/93. SÚMULA 284/STF. PRECEDENTES. AGRAVO INTERNO IMPROVIDO. (...)

V. Consoante a jurisprudência desta Corte, a Lei 8.666/93 – que estabelece normas gerais sobre licitações e contratos administrativos pertinentes a obras, serviços, inclusive de publicidade, compras, alienações e locações no âmbito dos Poderes da União, dos Estados, do Distrito Federal e dos Municípios – não guarda pertinência com as questões envolvendo concursos para preenchimento de cargos públicos efetivos. (...) VI. Agravo interno improvido.

(AgInt no REsp 1443672/AL, rel. min. Assusete Magalhães, Segunda Turma, j. 19-10-2020, *DJe* de 23-10-2020.)

I – os órgãos dos Poderes Legislativo e Judiciário da União, dos Estados e do Distrito Federal e os órgãos do Poder Legislativo dos Municípios, quando no desempenho de função administrativa;

Lei n. 8.666/93

Art. 117. As obras, serviços, compras e alienações realizados pelos órgãos dos Poderes Legislativo e Judiciário e do Tribunal de Contas regem-se pelas normas desta Lei, no que couber, nas três esferas administrativas.

II – os fundos especiais e as demais entidades controladas direta ou indiretamente pela Administração Pública.

Lei n. 14.133, de 1º-4-2021   Artigo 1º   21

Lei n. 13.303/2016

Art. 1º Esta Lei dispõe sobre o estatuto jurídico da empresa pública, da sociedade de economia mista e de suas subsidiárias, abrangendo toda e qualquer empresa pública e sociedade de economia mista da União, dos Estados, do Distrito Federal e dos Municípios que explore atividade econômica de produção ou comercialização de bens ou de prestação de serviços, ainda que a atividade econômica esteja sujeita ao regime de monopólio da União ou seja de prestação de serviços públicos.

Jurisprudência do STF:

(...) I – A alienação do controle acionário de empresas públicas e sociedades de economia mista exige autorização legislativa e licitação pública. II – **A transferência do controle de subsidiárias e controladas não exige a anuência do Poder Legislativo e poderá ser operacionalizada sem processo de licitação pública**, desde que garantida a competitividade entre os potenciais interessados e observados os princípios da administração pública constantes do art. 37 da Constituição da República.

(ADI 5624 MC-Ref, Relator(a): Ricardo Lewandowski, Tribunal Pleno, j. 6-6-2019, Processo Eletrônico *DJe*-261 Divulg. 28-11-2019 Public. 29-11-2019.)

§ 1º Não são abrangidas por esta Lei as empresas públicas, as sociedades de economia mista e as suas subsidiárias, regidas pela Lei n. 13.303, de 30 de junho de 2016, ressalvado o disposto no art. 178 desta Lei.

§ 2º As contratações realizadas no âmbito das repartições públicas sediadas no exterior obedecerão às peculiaridades locais e aos princípios básicos estabelecidos nesta Lei, na forma de regulamentação específica a ser editada por ministro de Estado.

Lei n. 8.666/93

Art. 42. Nas concorrências de âmbito internacional, o edital deverá ajustar-se às diretrizes da política monetária e do comércio exterior e atender às exigências dos órgãos competentes.

§ 3º Nas licitações e contratações que envolvam recursos provenientes de empréstimo ou doação oriundos de agência oficial de cooperação estrangeira ou de organismo financeiro de que o Brasil seja parte, podem ser admitidas:
I - condições decorrentes de acordos internacionais aprovados pelo Congresso Nacional e ratificados pelo Presidente da República;
II - condições peculiares à seleção e à contratação constantes de normas e procedimentos das agências ou dos organismos, desde que:
***a*) sejam exigidas para a obtenção do empréstimo ou doação;**
***b*) não conflitem com os princípios constitucionais em vigor;**
***c*) sejam indicadas no respectivo contrato de empréstimo ou doação e tenham sido objeto de parecer favorável do órgão jurídico do contratante do financiamento previamente à celebração do referido contrato;**
***d*) (*Vetado*.)**

Lei n. 8.666/93

Art. 41. A Administração não pode descumprir as normas e condições do edital, ao qual se acha estritamente vinculada.

22 Artigo 1º   Nova Lei de Licitações Comentada e Referenciada

(...)

§ 5º Para a realização de obras, prestação de serviços ou aquisição de bens com recursos provenientes de financiamento ou doação oriundos de agência oficial de cooperação estrangeira ou organismo financeiro multilateral de que o Brasil seja parte, poderão ser admitidas, na respectiva licitação, as condições decorrentes de acordos, protocolos, convenções ou tratados internacionais aprovados pelo Congresso Nacional, bem como as normas e procedimentos daquelas entidades, inclusive quanto ao critério de seleção da proposta mais vantajosa para a administração, o qual poderá contemplar, além do preço, outros fatores de avaliação, desde que por elas exigidos para a obtenção do financiamento ou da doação, e que também não conflitem com o princípio do julgamento objetivo e sejam objeto de despacho motivado do órgão executor do contrato, despacho esse ratificado pela autoridade imediatamente superior.

§ 4º A documentação encaminhada ao Senado Federal para autorização do empréstimo de que trata o § 3º deste artigo deverá fazer referência às condições contratuais que incidam na hipótese do referido parágrafo.
§ 5º As contratações relativas à gestão, direta e indireta, das reservas internacionais do País, inclusive as de serviços conexos ou acessórios a essa atividade, serão disciplinadas em ato normativo próprio do Banco Central do Brasil, assegurada a observância dos princípios estabelecidos no *caput* do art. 37 da Constituição Federal.

COMENTÁRIOS DOS AUTORES

A previsão constitucional quanto ao procedimento licitatório encontra-se no art. 22, inciso XXVII, que estabelece ser competência privativa da União Federal legislar sobre normas gerais de licitação e contratos administrativos. Já os demais entes (Estados, Distrito Federal e Municípios) poderão editar normas específicas sobre o procedimento, segundo o interesse local.

Art. 22. Compete privativamente à União legislar sobre:

(...)

XXVII – normas gerais de licitação e contratação, em todas as modalidades, para as administrações públicas diretas, autárquicas e fundacionais da União, Estados, Distrito Federal e Municípios, obedecido o disposto no art. 37, XXI, e para as empresas públicas e sociedades de economia mista, nos termos do art. 173, § 1º, III;

Dessa forma, as normas gerais sobre licitações serão editadas pela União, sendo de observância obrigatória pelos demais entes federados. Já os Estados, o Distrito Federal e os Municípios possuem competência legislativa supletiva, desde que as normas editadas não sejam contrárias aos preceitos da norma geral.

A grande questão que envolve esse tema é exatamente definir os limites existentes entre uma norma geral e uma norma específica. Certo é que quando a União editar uma norma de caráter geral, todos os entes da federação deverão observá-la. Contudo, ao editar uma norma específica, esta apenas deverá ser observada pela própria União Federal.

De forma simplificada, podemos dizer que as normas gerais são aquelas que possuem um grau de abstração que regula a matéria como um todo, de forma genérica, sem adentrar nas especificidades e peculiaridades de cada região.

A União Federal, então, havia editado a Lei n. 8.666/93 para disciplinar as licitações e contratos e cumprir o disposto no art. 22, XXVII, da Constituição Federal.

Lei n. 14.133, de 1º-4-2021   Artigo 1º   23

Contudo, essa norma era extremamente detalhista em alguns pontos específicos, o que levou o Supremo Tribunal Federal a afirmar, no seio da ADI 927 MC/RS, que essa norma possui uma natureza híbrida, uma vez que se trata de lei nacional quanto a alguns temas (e, portanto, deve ser aplicada por todos os entes da federação) e de uma lei federal quanto a outros (e, portanto, deve ser aplicada apenas para a União Federal em determinadas matérias).

O Supremo Tribunal Federal, portanto, reconheceu que a União Federal extrapolou a sua competência legislativa quanto a editar normas gerais em caráter de licitação ao editar a Lei n. 8.666/93 e definiu que parte das normas deveria ser aplicada, portanto, exclusivamente à União Federal, sem a necessidade de vinculação aos Estados, Distrito Federal e Municípios. Nesse sentido:

(...) 1. A competência legislativa do Estado-membro para dispor sobre licitações e contratos administrativos respalda a fixação por lei de preferência para a aquisição de *softwares* livres pela Administração Pública regional, sem que se configure usurpação da competência legislativa da União para fixar normas gerais sobre o tema (CRFB, art. 22, XXVII). (...)

(ADI 3059, Relator(a): Min. AYRES BRITTO, Relator(a) p/ Acórdão: Min. LUIZ FUX, Tribunal Pleno, julgado em 9-4-2015, ACÓRDÃO ELETRÔNICO *DJe*-085 DIVULG 7-5-2015 PUBLIC 8-5-2015.)

Ainda no campo da delimitação da competência e interpretação do art. 22, inciso XXVII, da Constituição Federal, o Supremo Tribunal Federal entendeu ser constitucional – e segundo as palavras dos Ministros, louvável – lei municipal que proíbe os agentes políticos do município e seus parentes de manter contrato com a administração pública local.

A permissão constitucional para legislar sobre normas específicas em matéria de licitação engloba, portanto, a proibição de contratação com o município dos parentes, afins ou consanguíneos, do prefeito, do vice-prefeito, dos vereadores e dos ocupantes de cargo em comissão ou função de confiança, bem como dos servidores e empregados públicos municipais, até seis meses após o fim do exercício das respectivas funções.

Trata-se de norma que evidentemente homenageia os princípios da impessoalidade e da moralidade administrativa, prevenindo eventuais lesões ao interesse público e ao patrimônio do município, sem restringir a competição entre os licitantes.

Assim, para o Supremo Tribunal Federal, inexiste qualquer ofensa ao princípio da legalidade ou de invasão da competência da União para legislar sobre normas gerais de licitação no caso concreto ocorrido na lei orgânica do município de Brumadinho/MG:

Ementa: DIREITO CONSTITUCIONAL E ADMINISTRATIVO. LICITAÇÃO E CONTRATAÇÃO PELA ADMINISTRAÇÃO PÚBLICA MUNICIPAL. LEI ORGÂNICA DO MUNICÍPIO DE BRUMA-DINHO-MG. VEDAÇÃO DE CONTRATAÇÃO COM O MUNICÍPIO DE PARENTES DO PREFEI-TO, VICE-PREFEITO, VEREADORES E OCUPANTES DE CARGOS EM COMISSÃO. CONSTITU-CIONALIDADE. COMPETÊNCIA SUPLEMENTAR DOS MUNICÍPIOS. RECURSO EXTRAORDINÁRIO PROVIDO. A Constituição Federal outorga à União a competência para editar normas gerais sobre licitação (art. 22, XXVII) e permite, portanto, que Estados e Municípios legislem para complementar as normas gerais e adaptá-las às suas realidades. O Supremo Tribunal Federal firmou orientação no sentido de que as normas locais sobre licitação devem observar o art. 37, XXI, da Constituição, assegurando "a igualdade de condições de todos os concorrentes". Precedentes. Dentro da permissão constitucional para legislar sobre normas específicas em matéria de licitação, é de se louvar a iniciativa do Município de Brumadinho-MG de tratar, em sua Lei Orgânica, de tema dos mais relevantes em nossa pólis, que é a moralidade administrativa, princípio-guia de toda a atividade estatal, nos termos do art. 37, *caput*, da Constituição Federal. A proibição de contratação com o Município dos parentes, afins ou consanguíneos, do prefeito, do vice-prefeito, dos vereadores e dos ocupantes de cargo em comissão ou função de confiança, bem como dos servidores e empregados públicos municipais, até seis meses após o fim do exercício das respectivas funções, é norma que evidentemente homenageia os princípios da impessoalidade e da moralidade administrativa, prevenindo eventuais lesões ao interesse público e ao patrimônio do Município, sem restringir a competição entre os licitantes. Inexistência de ofensa ao princípio da legalidade ou de invasão da competência da União para legislar sobre normas gerais de licitação. Recurso extraordinário provido.

(RE 423560, Relator(a): JOAQUIM BARBOSA, Segunda Turma, julgado em 29-5-2012, ACÓRDÃO ELETRÔNICO DJe-119 DIVULG 18-6-2012 PUBLIC 19-6-2012 RT v. 101, n. 923, 2012, p. 678-683.)

Há que se ressaltar, ainda, que, no âmbito da atuação da União quanto à edição de normas gerais, a Lei n. 8.666/93 estabeleceu nos arts. 27 a 33 o rol de documentos a serem apresentados pelo licitante, sendo certo que a exigência pelo estado-membro de um novo documento não previsto no rol definido pela União Federal extrapola a competência legislativa do ente público.

A legislação estadual se dissocia dos termos gerais do ordenamento nacional de licitações e contratos e se apropria de competência que caberia privativamente à União, conforme definido pelo Supremo Tribunal Federal nos autos da ADI 3.735/MS:

Ementa: CONSTITUCIONAL E ADMINISTRATIVO. LEI 3.041/05, DO ESTADO DO MATO GROSSO DO SUL. LICITAÇÕES E CONTRATAÇÕES COM O PODER PÚBLICO. DOCUMENTOS EXIGIDOS PARA HABILITAÇÃO. CERTIDÃO NEGATIVA DE VIOLAÇÃO A DIREITOS DO CONSUMIDOR. DISPOSIÇÃO COM SENTIDO AMPLO, NÃO VINCULADA A QUALQUER ESPECIFICIDADE. INCONSTITUCIONALIDADE FORMAL, POR INVASÃO DA COMPETÊNCIA PRIVATIVA DA UNIÃO PARA LEGISLAR SOBRE A MATÉRIA (ART. 22, INCISO XXVII, DA CF). (...) 3. Ao inserir a Certidão de Violação aos Direitos do Consumidor no rol de documentos exigidos para a habilitação, o legislador estadual se arvorou na condição de intérprete primeiro do direito constitucional de acesso a licitações e criou uma presunção legal, de sentido e alcance amplíssimos, segundo a qual a existência de registros desabonadores nos cadastros públicos de proteção do consumidor é motivo suficiente para justificar o impedimento de contratar com a Administração local. 4. Ao dispor nesse sentido, a Lei Estadual 3.041/05 se dissociou dos termos gerais do ordenamento nacional de licitações e contratos, e, com isso, usurpou a competência privativa da União de dispor sobre normas gerais na matéria (art. 22, XXVII, da CF). 5. Ação direta de inconstitucionalidade julgada procedente.

(ADI 3735, Relator(a): Min. TEORI ZAVASCKI, Tribunal Pleno, julgado em 8-9-2016, ACÓRDÃO ELETRÔNICO DJe-168 DIVULG 31-7-2017 PUBLIC 1º-8-2017.)

O novel diploma normativo não nos parece ter se limitado a discutir normas gerais de licitação, tendo, do mesmo modo que a legislação anterior, invadido a competência normativa dos demais entes federados.

ARTIGOS 2º E 3º

Art. 2º Esta Lei aplica-se a:

I – alienação e concessão de direito real de uso de bens;

II – compra, inclusive por encomenda;

III – locação;
IV – concessão e permissão de uso de bens públicos;
V – prestação de serviços, inclusive os técnico-profissionais especializados;
VI – obras e serviços de arquitetura e engenharia;
VII – contratações de tecnologia da informação e de comunicação.

Art. 3º Não se subordinam ao regime desta Lei:
I – contratos que tenham por objeto operação de crédito, interno ou externo, e gestão de dívida pública, incluídas as contratações de agente financeiro e a concessão de garantia relacionadas a esses contratos;
II – contratações sujeitas a normas previstas em legislação própria.

Lei n. 8.666/93
Art. 2º As obras, serviços, inclusive de publicidade, compras, alienações, concessões, permissões e locações da Administração Pública, quando contratadas com terceiros, serão necessariamente precedidas de licitação, ressalvadas as hipóteses previstas nesta Lei.

COMENTÁRIOS DOS AUTORES

O objeto da licitação pode ser dividido em dois: um objeto mediato e um objeto imediato. Enquanto o objeto imediato é a seleção da proposta que melhor atenda aos objetivos e interesses da Administração Pública, o objeto mediato consiste na obtenção de obra, serviço, realização de compra, locação ou prestação de serviço público a ser produzidos por um particular por meio de uma contratação formal.

O procedimento, portanto, possui caráter instrumental e se destina à realização da melhor contratação pela Administração. Exatamente por isso, o objeto do contrato deve ser muito bem delineado pelo gestor público no instrumento convocatório, garantindo, assim, o julgamento objetivo das propostas.

Enquanto o art. 2º da Lei n. 8.666/93 afirma de forma genérica a aplicabilidade da norma, o novo diploma legislativo procura ser bastante específico, estremando de dúvidas casos em que a aplicação da lei ficava em uma zona limítrofe, a exemplo da aplicação ou não do procedimento licitatório às locações de bens imóveis.

Destaca-se que o novo diploma legislativo previu expressamente a aplicação do procedimento licitatório no art. 2º, inciso III, e dedicou artigo específico para regrar a hipótese, conforme se transcreve a seguir:

Art. 51. Ressalvado o disposto no inciso V do *caput* do art. 74 desta Lei, a locação de imóveis deverá ser precedida de licitação e avaliação prévia do bem, do seu estado de conservação, dos custos de adaptações e do prazo de amortização dos investimentos necessários.

Aprofundar-se-á a discussão quando dos comentários do artigo em comento.

ARTIGO 4º

Art. 4º Aplicam-se às licitações e contratos disciplinados por esta Lei as disposições constantes dos arts. 42 a 49 da Lei Complementar n. 123, de 14 de dezembro de 2006.

Lei Complementar n. 123/2006

Art. 42. Nas licitações públicas, a comprovação de regularidade fiscal e trabalhista das microempresas e das empresas de pequeno porte somente será exigida para efeito de assinatura do contrato.

Art. 43. As microempresas e as empresas de pequeno porte, por ocasião da participação em certames licitatórios, deverão apresentar toda a documentação exigida para efeito de comprovação de regularidade fiscal e trabalhista, mesmo que esta apresente alguma restrição.

§ 1º Havendo alguma restrição na comprovação da regularidade fiscal e trabalhista, será assegurado o prazo de cinco dias úteis, cujo termo inicial corresponderá ao momento em que o proponente for declarado vencedor do certame, prorrogável por igual período, a critério da administração pública, para regularização da documentação, para pagamento ou parcelamento do débito e para emissão de eventuais certidões negativas ou positivas com efeito de certidão negativa.

§ 2º A não regularização da documentação, no prazo previsto no § 1º deste artigo, implicará decadência do direito à contratação, sem prejuízo das sanções previstas no art. 81 da Lei n. 8.666, de 21 de junho de 1993, sendo facultado à Administração convocar os licitantes remanescentes, na ordem de classificação, para a assinatura do contrato, ou revogar a licitação.

Art. 44. Nas licitações será assegurada, como critério de desempate, preferência de contratação para as microempresas e empresas de pequeno porte.

§ 1º Entende-se por empate aquelas situações em que as propostas apresentadas pelas microempresas e empresas de pequeno porte sejam iguais ou até 10% (dez por cento) superiores à proposta mais bem classificada.

§ 2º Na modalidade de pregão, o intervalo percentual estabelecido no § 1º deste artigo será de até 5% (cinco por cento) superior ao melhor preço.

Art. 45. Para efeito do disposto no art. 44 desta Lei Complementar, ocorrendo o empate, proceder-se-á da seguinte forma:

I – a microempresa ou empresa de pequeno porte mais bem classificada poderá apresentar proposta de preço inferior àquela considerada vencedora do certame, situação em que será adjudicado em seu favor o objeto licitado;

II – não ocorrendo a contratação da microempresa ou empresa de pequeno porte, na forma do inciso I do *caput* deste artigo, serão convocadas as remanescentes que porventura se enquadrem na hipótese dos §§ 1º e 2º do art. 44 desta Lei Complementar, na ordem classificatória, para o exercício do mesmo direito;

III – no caso de equivalência dos valores apresentados pelas microempresas e empresas de pequeno porte que se encontrem nos intervalos estabelecidos nos §§ 1º e 2º do art. 44 desta Lei Complementar, será realizado sorteio entre elas para que se identifique aquela que primeiro poderá apresentar melhor oferta.

§ 1º Na hipótese da não contratação nos termos previstos no *caput* deste artigo, o objeto licitado será adjudicado em favor da proposta originalmente vencedora do certame.

§ 2º O disposto neste artigo somente se aplicará quando a melhor oferta inicial não tiver sido apresentada por microempresa ou empresa de pequeno porte.

§ 3º No caso de pregão, a microempresa ou empresa de pequeno porte mais bem classificada será convocada para apresentar nova proposta no prazo máximo de 5 (cinco) minutos após o encerramento dos lances, sob pena de preclusão.

Art. 46. A microempresa e a empresa de pequeno porte titular de direitos creditórios decorrentes de empenhos liquidados por órgãos e entidades da União, Estados, Distrito Federal e Município não pagos em até 30 (trinta) dias contados da data de liquidação poderão emitir cédula de crédito microempresarial.

Art. 47. Nas contratações públicas da administração direta e indireta, autárquica e fundacional, federal, estadual e municipal, deverá ser concedido tratamento diferenciado e simplificado para as microempresas e empresas de pequeno porte objetivando a promoção do desenvolvimento econômico e social no âmbito municipal e regional, a ampliação da eficiência das políticas públicas e o incentivo à inovação tecnológica.

Parágrafo único. No que diz respeito às compras públicas, enquanto não sobrevier legislação estadual, municipal ou regulamento específico de cada órgão mais favorável à microempresa e empresa de pequeno porte, aplica-se a legislação federal.

Art. 48. Para o cumprimento do disposto no art. 47 desta Lei Complementar, a administração pública:

I – deverá realizar processo licitatório destinado exclusivamente à participação de microempresas e empresas de pequeno porte nos itens de contratação cujo valor seja de até R$ 80.000,00 (oitenta mil reais);

II – poderá, em relação aos processos licitatórios destinados à aquisição de obras e serviços, exigir dos licitantes a subcontratação de microempresa ou empresa de pequeno porte;

III – deverá estabelecer, em certames para aquisição de bens de natureza divisível, cota de até 25% (vinte e cinco por cento) do objeto para a contratação de microempresas e empresas de pequeno porte.

§ 2º Na hipótese do inciso II do *caput* deste artigo, os empenhos e pagamentos do órgão ou entidade da administração pública poderão ser destinados diretamente às microempresas e empresas de pequeno porte subcontratadas.

§ 3º Os benefícios referidos no *caput* deste artigo poderão, justificadamente, estabelecer a prioridade de contratação para as microempresas e empresas de pequeno porte sediadas local ou regionalmente, até o limite de 10% (dez por cento) do melhor preço válido.

Art. 49. Não se aplica o disposto nos arts. 47 e 48 desta Lei Complementar quando:

I – (Revogado);

II – não houver um mínimo de 3 (três) fornecedores competitivos enquadrados como microempresas ou empresas de pequeno porte sediados local ou regionalmente e capazes de cumprir as exigências estabelecidas no instrumento convocatório;

III – o tratamento diferenciado e simplificado para as microempresas e empresas de pequeno porte não for vantajoso para a administração pública ou representar prejuízo ao conjunto ou complexo do objeto a ser contratado;

IV – a licitação for dispensável ou inexigível, nos termos dos arts. 24 e 25 da Lei n. 8.666, de 21 de junho de 1993, excetuando-se as dispensas tratadas pelos incisos I e II do art. 24 da mesma Lei, nas quais a compra deverá ser feita preferencialmente de microempresas e empresas de pequeno porte, aplicando-se o disposto no inciso I do art. 48.

§ 1º As disposições a que se refere o *caput* deste artigo não são aplicadas:
I - no caso de licitação para aquisição de bens ou contratação de serviços em geral, ao item cujo valor estimado for superior à receita bruta máxima admitida para fins de enquadramento como empresa de pequeno porte;

II - no caso de contratação de obras e serviços de engenharia, às licitações cujo valor estimado for superior à receita bruta máxima admitida para fins de enquadramento como empresa de pequeno porte.

§ 2º A obtenção de benefícios a que se refere o *caput* deste artigo fica limitada às microempresas e às empresas de pequeno porte que, no ano-calendário de realização da licitação, ainda não tenham celebrado contratos com a Administração Pública cujos valores somados extrapolem a receita bruta máxima admitida para fins de enquadramento como empresa de pequeno porte, devendo o órgão ou entidade exigir do licitante declaração de observância desse limite na licitação.

§ 3º Nas contratações com prazo de vigência superior a 1 (um) ano, será considerado o valor anual do contrato na aplicação dos limites previstos nos §§ 1º e 2º deste artigo.

COMENTÁRIOS DOS AUTORES

A Lei Complementar n. 123/2006 estabelece ainda uma margem de preferência para contratação de microempresas e empresas de pequeno porte:

Art. 44. Nas licitações será assegurada, **como critério de desempate**, preferência de contratação para as microempresas e empresas de pequeno porte.

Destaque-se que a LC n. 123/2006 considera empate aquelas situações em que as propostas apresentadas pelas microempresas e empresas de pequeno porte sejam iguais ou até 10% (dez por cento) superiores à proposta mais bem classificada. E, na modalidade pregão, esse intervalo percentual estabelecido será de até 5% (cinco por cento) superior ao melhor preço.

A lógica legislativa consubstancia a previsão constitucional do art. 146, inciso III, alínea *d* e parágrafo único, segundo os quais cabe à lei complementar estabelecer normas gerais em matéria de legislação tributária, especialmente sobre definição de tratamento diferenciado e favorecido para as microempresas e empresas de pequeno porte, podendo instituir um regime único de arrecadação de impostos e contribuições dos entes federativos.

O objetivo do legislador constitucional em estabelecer formas diferenciadas de tratamento ao pequeno empreendedor é exatamente convencer esse profissional a sair da informalidade e legalizar sua atividade empresarial.

Isso porque milhões são as micro e pequenas empresas brasileiras reféns de uma espécie de ciclo vicioso: o peso dos impostos é tão grande que elas não conseguem se formalizar e, como são informais, não assinam a carteira dos empregados. Logo, o peso da informalidade na economia brasileira é muito alto, seja pela falta de arrecadação de tributos, seja pelo desamparo ao trabalhador.

A Lei Complementar n. 123/2006, Lei do Simples Nacional, surgiu exatamente para regulamentar o texto constitucional e incentivar a formalização das micro e pequenas empresas. Simplificando o processo de inscrição, unificando e compatibilizando os procedimentos exigidos pelos órgãos das diferentes esferas visou-se compatibilizar e integrar procedimentos, de modo a evitar a duplicidade de exigências e garantir a linearidade do processo, da perspectiva do usuário.

O incentivo na Lei de Licitações consubstancia o comando constitucional.

Contudo, uma lacuna na Lei n. 8.666/93 gerava uma situação extremamente injusta. Imaginemos um procedimento licitatório para execução de uma obra pública cujo valor seja de R$ 5.000.000,00 (cinco milhões de reais).

De fato, as micro e pequenas empresas – à luz do ordenamento – teriam vantagens no procedimento licitatório. Contudo, a própria Lei Complementar n. 123/2006 estabelece que o limite anual de faturamento para uma empresa ser considerada pequena é de R$ 4.800.000,00 (quatro milhões e oitocentos mil reais), conforme art. 3º, inciso II:

> Art. 3º Para os efeitos desta Lei Complementar, consideram-se microempresas ou empresas de pequeno porte, a sociedade empresária, a sociedade simples, a empresa individual de responsabilidade limitada e o empresário a que se refere o art. 966 da Lei n. 10.406, de 10 de janeiro de 2002 (Código Civil), devidamente registrados no Registro de Empresas Mercantis ou no Registro Civil de Pessoas Jurídicas, conforme o caso, desde que:
> I – no caso da microempresa, aufira, em cada ano-calendário, receita bruta igual ou inferior a R$ 360.000,00 (trezentos e sessenta mil reais); e
> II – no caso de empresa de pequeno porte, aufira, em cada ano-calendário, receita bruta superior a R$ 360.000,00 (trezentos e sessenta mil reais) e igual ou inferior a R$ 4.800.000,00 (quatro milhões e oitocentos mil reais).

Ora, não faz sentido o licitante beneficiar-se no momento da contratação da condição de micro ou pequena empresa se durante a execução ele automaticamente perderá esta condição.

A nova lei, portanto, acertou em excluir o benefício legal concedido a pequenas empresas, no caso de licitações cujo valor estimado seja superior à receita máxima admitida para o enquadramento da LC n. 123/2006.

Além disso, nas contratações com prazo de vigência superior a 1 (um) ano, será considerado o valor anual do contrato na aplicação dos limites previstos.

Capítulo II
DOS PRINCÍPIOS

ARTIGO 5º

Art. 5º Na aplicação desta Lei, serão observados os princípios da legalidade, da impessoalidade, da moralidade, da publicidade, da eficiência, do interesse público, da probidade administrativa, da igualdade, do planejamento, da transparência, da eficácia, da segregação de funções, da motivação, da vinculação ao edital, do julgamento objetivo, da segurança jurídica, da razoabilidade, da competitividade, da proporcionalidade, da celeridade, da economicidade e do desenvolvimento nacional sustentável, assim como as disposições do Decreto-lei n. 4.657, de 4 de setembro de 1942 (Lei de Introdução às Normas do Direito Brasileiro).

Constituição Federal

Art. 37. A administração pública direta e indireta de qualquer dos Poderes da União, dos Estados, do Distrito Federal e dos Municípios obedecerá aos princípios de legalidade, impessoalidade, moralidade, publicidade e eficiência e, também, ao seguinte:

Lei n. 8.666/93

Art. 3º A licitação destina-se a garantir a observância do princípio constitucional da isonomia, a seleção da proposta mais vantajosa para a administração e a promoção do desenvolvimento nacional sustentável e será processada e julgada em estrita conformidade com os princípios básicos da legalidade, da impessoalidade, da moralidade, da igualdade, da publicidade, da probidade administrativa, da vinculação ao instrumento convocatório, do julgamento objetivo e dos que lhes são correlatos.

Jurisprudência do STF:

AÇÃO DIRETA DE INCONSTITUCIONALIDADE. ARTIGO 11, § 4º, DA CONSTITUIÇÃO DO ESTADO DO RIO GRANDE DO NORTE. LICITAÇÃO. ANÁLISE DE PROPOSTA MAIS VANTAJOSA. CONSIDERAÇÃO DOS VALORES RELATIVOS AOS IMPOSTOS PAGOS À FAZENDA PÚBLICA DAQUELE ESTADO. DISCRIMINAÇÃO ARBITRÁRIA. LICITAÇÃO. ISONOMIA, PRINCÍPIO DA IGUALDADE. DISTINÇÃO ENTRE BRASILEIROS. AFRONTA AO DISPOSTO NOS ARTIGOS 5º, "CAPUT"; 19, INCISO III; 37, INCISO XXI, E 175, DA CONSTITUIÇÃO DO BRASIL. 1. É inconstitucional o preceito, segundo o qual, na análise de licitações, serão considerados, para averiguação da proposta mais vantajosa, entre outros itens os valores relativos aos impostos pagos à Fazenda Pública daquele Estado-membro. Afronta ao princípio da isonomia, igualdade entre todos quantos pretendam acesso às contratações da Administração. 2. A Constituição do Brasil proíbe a distinção entre brasileiros. A concessão de vantagem ao licitante que suporta maior carga tributária no âmbito estadual é incoerente com o preceito constitucional desse inciso III do artigo 19. 3. A licitação é um procedimento que visa à satisfação do interesse público, pautando-se pelo princípio da isonomia. Está voltada a um duplo objetivo: o de proporcionar à Administração a possibilidade de realizar o negócio mais vantajoso – o melhor negócio – e o de assegurar aos administrados a oportunidade de concorrerem, em igualdade de condições, à contratação pretendida pela Administração. Imposição do interesse público, seu pressuposto é a competição. Procedimento que visa à satisfação do interesse público, pautando-se pelo princípio da isonomia, a função da licitação é a de viabilizar, através da mais ampla disputa, envolvendo o maior número possível de agentes econômicos capacitados, a satisfação do interesse público. A competição visada pela licitação, a instrumentar a seleção da proposta mais vantajosa para a Administração, impõe-se seja desenrolada de modo que reste assegurada a igualdade (isonomia) de todos quantos pretendam acesso às contratações da Administração. 4. A lei pode, sem violação do princípio da igualdade, distinguir situações, a fim de conferir a uma tratamento diverso do que atribui a outra. Para que possa fazê-lo, contudo, sem que tal violação se manifeste, é necessário que a discriminação guarde compatibilidade com o conteúdo do princípio. 5. A Constituição do Brasil exclui quaisquer exigências de qualificação técnica e econômica que não sejam indispensáveis à garantia do cumprimento das obrigações. A discriminação, no julgamento da concorrência, que exceda essa limitação é inadmissível. 6. Ação direta julgada procedente para declarar inconstitucional o § 4º do artigo 111 da Constituição do Estado do Rio Grande do Norte.

(ADI 3070, Relator(a): EROS GRAU, Tribunal Pleno, julgado em 29-11-2007, *DJe*-165 DIVULG 18-12-2007 PUBLIC 19-12-2007 *DJ* 19-12-2007 PP-00013 EMENT VOL-02304-01 PP-00018 RTJ VOL-00204-03 PP-01123.)

Jurisprudência do STJ:

LICITAÇÃO PÚBLICA. Concorrência. Aquisição de bens. Veículos para uso oficial. Exigência de que sejam produzidos no Estado-membro. Condição compulsória de acesso. Art. 1º da Lei n. 12.204/98, do Estado do Paraná, com a redação da Lei n. 13.571/2002. Discriminação arbitrária. Violação ao princípio da isonomia ou da igualdade. Ofensa ao art. 19, II, da vigente Constituição da República. Inconstitucionalidade declarada. Ação direta julgada, em parte, procedente. Precedentes do Supremo. É inconstitucional a lei estadual que estabeleça como condição de acesso a licitação pública, para aquisição de bens ou serviços, que a empresa licitante tenha a fábrica ou sede no Estado-membro.

(ADI 3583, Relator(a): Cezar Peluso, Tribunal Pleno, Julgado em 21-2-2008, *DJe*-047 Divulg 13-3-2008 Public 14-3-2008 Ement Vol-02311-01 Pp-00079 Rtj Vol-00204-02 Pp-00676 Lexstf V. 30, N. 353, 2008, P. 67-74 Lexstf V. 30, N. 355, 2008, P. 85-93 Lexstf V. 30, N. 356, 2008, P. 104-112.)

ADMINISTRATIVO. RECURSO ESPECIAL. LICITAÇÃO. EDITAL. QUALIFICAÇÃO TÉCNICA. PROVA DE EXPERIÊNCIA PRÉVIA NO DESEMPENHO DE ATIVIDADES SIMILARES OU CONGÊNERES AO OBJETO LICITADO. (...)

4. Não fere a igualdade entre os licitantes, nem tampouco a ampla competitividade entre eles, o condicionamento editalício referente à experiência prévia dos concorrentes no âmbito do objeto licitado, a pretexto de demonstração de qualificação técnica, nos termos do art. 30, inc. II, da Lei n. 8.666/93.

5. Os princípios da igualdade entre os concorrentes e da ampla competitividade não são absolutos, devendo ser ponderados com outros princípios próprios do campo das licitações, entre eles o da garantia da seleção da melhor proposta e o da segurança do serviço/produto licitado.

6. Tem-se aí exigência plenamente proporcional pois (i) adequada (a prévia experiência em atividades congêneres ou similares ao objeto licitado é medida que faz presumir, como meio, a qualificação técnica – o fim visado), (ii) necessária (a prévia experiência em atividades congêneres ou similares ao objeto licitado é medida de fácil demonstração, autorizando a sumarização das exigências legais) e (iii) proporcional em sentido estrito (facilita a escolha da Administração Pública, porque nivela os competidores uma vez que parte de uma qualificação mínima, permitindo, inclusive, o destaque objetivo das melhores propostas com base no *background* dos licitantes).

7. Precedentes desta Corte Superior.

8. Recurso especial provido.

(REsp 1257886/PE, Rel. Ministro MAURO CAMPBELL MARQUES, SEGUNDA TURMA, julgado em 3-11-2011, *DJe* 11-11-2011.)

Jurisprudência do TCU:

A alteração de área originalmente prevista, em razão da não obtenção do licenciamento ambiental, após a homologação do certame, afronta os princípios da isonomia, ampla competitividade, julgamento objetivo e vinculação ao instrumento convocatório.

(Acórdão 1972/2012-Plenário, TCU, Relator: AROLDO CEDRAZ, J. 1-8-2012.)

COMENTÁRIOS DOS AUTORES

Os princípios que regem o direito administrativo, previstos no art. 37, *caput*, da Constituição Federal aplicam-se integralmente à matéria ora estudada. Assim, a legalidade, impessoalidade, publicidade e eficiência, independentemente de previsão legal, já seriam aplicadas de forma automática ao procedimento licitatório.

Além disso, já eram previstos expressamente no art. 3º da Lei n. 8.666/93 alguns princípios específicos bem como alguns princípios implícitos e que foram reproduzidos pelo novo texto legislativo.

Analisemos um a um.

a) Princípio da Legalidade

O princípio da legalidade é básico na atividade administrativa e significa que o administrador não poderá fugir do que a lei determina, consubstanciando-se em garantia contra os abusos de conduta e os desvios de finalidade do gestor público.

No que concerne à licitação, deve o administrador observar as regras que a lei impôs para o procedimento licitatório, com uma aplicação efetiva do devido processo legal. Deve, portanto, o administrador público escolher o tipo e a modalidade licitatória prevista em lei para cada procedimento, segundo os padrões esculpidos na norma legal.

Naturalmente, a contratação direta, sem a realização da licitação, apenas poderá ocorrer dentro do rol previsto na norma legal.

b) Princípio da Moralidade e Impessoalidade

O princípio da moralidade exige a observância da ética e da moralidade na atuação do administrador público. Trata-se de princípio que na opinião do professor José dos Santos Carvalho Filho[1] guarda íntima relação com o princípio da impessoalidade e com o princípio da legalidade.

A Administração não poderá valer-se de condutas imorais ou que se desviem da ética exigida e, naturalmente, se uma conduta for imoral, deve ser invalidada e extirpada do ordenamento jurídico.

Da mesma forma, quando a Administração Pública deparar-se com pessoas que se encontram na mesma situação jurídica, não poderá tratá-las de forma diferenciada. Em essência, a Administração Pública não deverá atuar de forma pessoal, privando certos indivíduos de direitos em detrimento de outros que dela discordam.

---

1   CARVALHO FILHO, José dos Santos. *Manual de direito administrativo*. 32. ed. São Paulo: Atlas, 2018.

Trata-se de garantia contra os abusos do Estado, constituindo uma atuação estatal objetiva e desprovida de qualquer viés particular. Assim, ainda que legal o ato, este poderá ser anulado se violar a moralidade, consoante entendimento de Marçal Justen Filho[2].

Na licitação, a conduta moralmente reprovável acarreta a nulidade do ato ou do procedimento. Existindo imoralidade, afasta-se a aparência do cumprimento à lei ou ato convocatório. A conduta do administrador público deve atentar para o disposto na regra legal e nas condições do ato convocatório. Isso é necessário, mas não suficiente, para a validade dos atos.

c) Princípios da Publicidade e da Transparência

De acordo com o princípio da publicidade, o procedimento licitatório deve ter ampla divulgação. Sem essa publicização dos atos, o procedimento licitatório não poderá ter continuidade.

A ampla divulgação objetiva permitir uma competição entre vários interessados no objeto licitado, referindo-se à universidade de participação, bem como a uma ampla forma de controle dos atos administrativos pelos mais variados atores da sociedade.

Segundo o art. 3º, § 3º, da Lei n. 8.666/93, a licitação será pública, salvo quanto ao conteúdo das propostas. Estes serão sigilosos até o momento da abertura dos respectivos envelopes.

> Art. 3º, § 3º A licitação não será sigilosa, sendo públicos e acessíveis ao público os atos de seu procedimento, salvo quanto ao conteúdo das propostas, até a respectiva abertura.

Ressalte-se que a previsão do art. 24, do novel diploma legislativo, que prevê a possibilidade de orçamento sigiloso, em nada agride o princípio em epígrafe, uma vez que se trata de importante mecanismo em busca da proposta mais vantajosa, evitando o chamado "efeito âncora", que será aprofundado quando dos comentários do referido artigo.

> Art. 24. Desde que justificado, o orçamento estimado da contratação poderá ter caráter sigiloso, e, nesse caso:
>
> I – o sigilo não prevalecerá para os órgãos de controle interno e externo;
>
> II – o orçamento será tornado público apenas e imediatamente após a fase de julgamento de propostas, sem prejuízo da divulgação do detalhamento dos quantitativos e das demais informações necessárias para a elaboração das propostas.
>
> Parágrafo único. Na hipótese de licitação em que for adotado o critério de julgamento por maior desconto, o preço estimado ou o máximo aceitável constará do edital da licitação.

Além disso, referido sigilo não é aplicado aos órgãos de controle, bem como será tornado público imediatamente após o julgamento das propostas, o que revela o seu caráter vantajoso para a busca do interesse público.

No mesmo sentido, tem-se o art. 13, que ressalva o diferimento da publicização de determinados atos no procedimento licitatório.

> Art. 13. Os atos praticados no processo licitatório são públicos, ressalvadas as hipóteses de informações cujo sigilo seja imprescindível à segurança da sociedade e do Estado, na forma da lei.
>
> Parágrafo único. A publicidade será diferida:

---

[2] JUSTEN FILHO, Marçal. *Comentários à Lei de Licitações e Contratos Administrativos*. 16. ed. São Paulo: Revista dos Tribunais, 2014, p. 87-88.

I – quanto ao conteúdo das propostas, até a respectiva abertura;

II – quanto ao orçamento da Administração, nos termos do art. 24 desta Lei.

Corolário do princípio da publicidade, o princípio da transparência diz respeito ao dever de divulgação oficial dos atos administrativos, como forma de consagrar o livre acesso dos indivíduos a informações de seu interesse e de impor transparência na atuação administrativa, permitindo maior controle de seu exercício, buscando promover o art. 5º, inciso XXXIII, e o art. 37, § 3º, inciso II, ambos da Constituição Federal:

> Art. 5º Todos são iguais perante a lei, sem distinção de qualquer natureza, garantindo-se aos brasileiros e aos estrangeiros residentes no País a inviolabilidade do direito à vida, à liberdade, à igualdade, à segurança e à propriedade, nos termos seguintes:
>
> (...)
>
> XXXIII – todos têm direito a receber dos órgãos públicos informações de seu interesse particular, ou de interesse coletivo ou geral, que serão prestadas no prazo da lei, sob pena de responsabilidade, ressalvadas aquelas cujo sigilo seja imprescindível à segurança da sociedade e do Estado;
>
> (...)
>
> Art. 37, § 3º A lei disciplinará as formas de participação do usuário na administração pública direta e indireta, regulando especialmente:
>
> (...)
>
> II – o acesso dos usuários a registros administrativos e a informações sobre atos de governo, observado o disposto no art. 5º, X e XXXIII;

d) Princípio da Eficiência, Eficácia, Economicidade e Planejamento

Acrescido pela Emenda Constitucional n. 19/1998, de inspiração neoliberal, cuja finalidade foi instituir o modelo de governança consensual (Administração Pública Gerencial, em detrimento do modelo burocrático em vigor), o princípio da eficiência buscou melhorar a atuação administrativa.

Até então, vigorava um modelo de administração burocrática, cuja autoridade era baseada na legalidade e nas relações hierarquizadas de subordinação entre órgãos e agentes. A ênfase, aqui, era nos processos e ritos, em uma administração claramente burocrática, como o próprio nome já sugere.

No modelo gerencial, são incorporados preceitos da iniciativa privada à função administrativa, com ênfase na obtenção de resultados e na qualidade na gestão pública, em detrimento de processos e ritos, além do estímulo à participação popular, da ampla transparência e da imparcialidade na efetivação do bem comum.

Essa mesma lógica aplica-se aos princípios da eficácia, entendido como a aptidão para a produção dos resultados esperados de determinada ação estatal e o princípio da economicidade, quando deve o administrador buscar a melhor solução possível ao custo mais baixo para a administração pública.

Em resumo, seguindo a lógica da nova fase da administração pública gerencial, os atos dos administradores devem obedecer também ao princípio do planejamento, evitando-se atos praticados com afogadilho e prejudiciais aos cofres públicos.

e) Princípio do Interesse Público

Entendido como um princípio constitucional implícito, o interesse público desdobra-se na supremacia do interesse público sobre o privado e na indisponibilidade do interesse público.

A supremacia do interesse público sobre o privado é também chamada de princípio da finalidade pública e significa que os interesses da coletividade são mais importantes que os dos indivíduos isoladamente considerados, razão pela qual a administração encontra-se em posição de superioridade em relação aos particulares e goza de um regime jurídico especial.

Já a indisponibilidade do interesse público preconiza que os agentes públicos são meros representantes do interesse da coletividade e, como tais, devem atuar de acordo com os parâmetros estabelecidos na legislação (e não balizados por sua vontade pessoal).

f) Princípio da Probidade Administrativa

A probidade é o gênero que possui como uma de suas espécies a moralidade administrativa, pelo menos ao levarmos em consideração a Lei n. 8.429/92. Já Marçal Justen Filho entende exatamente no sentido oposto, onde a moralidade abarcaria a probidade. Fato é que a probidade representa aquilo que é honesto, que atua de boa-fé, que é digno de honra, e tanto moralidade como probidade são princípios de conteúdo inespecífico que não poderão ser explicados de modo exaustivo, é o que dita esse princípio.[3]

O administrador não poderá atuar na licitação de forma a tolher a confiança posta pelos participantes no procedimento licitatório, não poderá corromper aquilo que pretende: alcançar a proposta mais vantajosa.

A jurisprudência do STJ possui vários exemplos onde o princípio da moralidade, bem como a defesa da probidade administrativa, é utilizado para fundamentar a anulação de um determinado procedimento licitatório:

> PROCESSUAL CIVIL E ADMINISTRATIVO. AGRAVO REGIMENTAL. ILEGALIDADE. MORALIDADE ADMINISTRATIVA. AÇÃO POPULAR: CABIMENTO.
>
> 1. A jurisprudência desta Corte é pacífica no sentido de que é cabível a ação civil pública na defesa da moralidade administrativa, ainda que inexista dano material ao patrimônio público.
>
> 2. Agravo regimental improvido.
>
> (AgRg no REsp 774.932/GO, Rel. Ministra ELIANA CALMON, SEGUNDA TURMA, julgado em 13-3-2007, *DJ* 22-3-2007, p. 325.)

g) Princípio da Igualdade ou Isonomia

O princípio da igualdade ou isonomia está previsto no próprio art. 37 da Constituição Federal, que em seu inciso XXI prevê a necessidade de o procedimento licitatório assegurar igualdade de condições entre todos os concorrentes.

> Constituição Federal
>
> Art. 37, XXI – ressalvados os casos especificados na legislação, as obras, serviços, compras e alienações serão contratados mediante processo de licitação pública que assegure igualdade de condições a todos os concorrentes, com cláusulas que estabeleçam obrigações de pagamento, mantidas as condições efetivas da proposta, nos termos da lei, o qual somente permitirá as exigências de qualificação técnica e econômica indispensáveis à garantia do cumprimento das obrigações.

A Administração Pública, portanto, deverá abster-se de oferecer a um determinado concorrente uma vantagem que não seja capaz de beneficiar os demais, em uma forte relação com o

---

3 JUSTEN FILHO, Marçal. *Curso de Direito Administrativo*. 10. ed. São Paulo: Revista dos Tribunais, 2014.

36 Artigo 5º Nova Lei de Licitações Comentada e Referenciada

princípio da impessoalidade. Necessário, assim, que seja dado tratamento isonômico e impessoal aos concorrentes do certame licitatório.

Exemplo disso está no art. 9º, incisos I e II, da nova lei:

Art. 9º É vedado ao agente público designado para atuar na área de licitações e contratos, ressalvados os casos previstos em lei:

I – admitir, prever, incluir ou tolerar, nos atos que praticar, situações que:

a) comprometam, restrinjam ou frustrem o caráter competitivo do processo licitatório, inclusive nos casos de participação de sociedades cooperativas;

b) estabeleçam preferências ou distinções em razão da naturalidade, da sede ou do domicílio dos licitantes;

c) sejam impertinentes ou irrelevantes para o objeto específico do contrato;

II – estabelecer tratamento diferenciado de natureza comercial, legal, trabalhista, previdenciária ou qualquer outra entre empresas brasileiras e estrangeiras, inclusive no que se refere a moeda, modalidade e local de pagamento, mesmo quando envolvido financiamento de agência internacional;

Ainda sobre o tema, o Supremo Tribunal Federal apreciou questão onde se discutia a constitucionalidade ou não de norma estadual que avaliava a proposta mais vantajosa no procedimento licitatório segundo a carga tributária do estado-membro contratante.

Assim, segundo a lei cuja constitucionalidade fora questionada, o licitante que tivesse uma carga tributária mais elevada teria uma vantagem no procedimento licitatório em relação àqueles com carga tributária mais reduzida. Para o Supremo Tribunal Federal, essa exigência criada no caso concreto em lei do estado do Rio Grande do Norte é flagrantemente inconstitucional por desrespeitar o princípio da isonomia e criar distinção entre os licitantes.

EMENTA: AÇÃO DIRETA DE INCONSTITUCIONALIDADE. (...) 1. É inconstitucional o preceito, segundo o qual, na análise de licitações, serão considerados, para averiguação da proposta mais vantajosa, entre outros itens os valores relativos aos impostos pagos à Fazenda Pública daquele Estado-membro. Afronta ao princípio da isonomia, igualdade entre todos quantos pretendam acesso às contratações da Administração. 2. A Constituição do Brasil proíbe a distinção entre brasileiros. A concessão de vantagem ao licitante que suporta maior carga tributária no âmbito estadual é incoerente com o preceito constitucional desse inciso III do artigo 19. (...)

(ADI 3070, Relator(a): Min. EROS GRAU, Tribunal Pleno, julgado em 29-11-2007, *DJe*-165 DIVULG 18-12-2007 PUBLIC 19-12-2007 *DJ* 19-12-2007 PP-00013 EMENT VOL-02304-01 PP-00018 RTJ VOL-00204-03 PP-01123.)

Por fim, o princípio da igualdade não impede que a própria lei estabeleça preferências para determinados licitantes, a exemplo da vantagem prevista no art. 4º, do novo diploma legal, relativa às micro e pequenas empresas.

Trata-se, em verdade, de mecanismo que busca dirimir desigualdades materialmente existentes estabelecendo um tratamento desigual a partes flagrantemente desiguais em uma tentativa de promover a igualdade, concretizando, também, o princípio do desenvolvimento nacional sustentável, aplicável aos procedimentos licitatórios.

h) Princípio da Segregação das Funções

O princípio da segregação das funções será esmiuçado quando do comentário do parágrafo 1º do art. 7º desta lei.

Art. 7º Caberá à autoridade máxima do órgão ou da entidade, ou a quem as normas de organização administrativa indicarem, promover gestão por competências e designar agentes públicos para o desempenho das funções essenciais à execução desta Lei que preencham os seguintes requisitos:

§ 1º A autoridade referida no *caput* deste artigo deverá observar o princípio da segregação de funções, vedada a designação do mesmo agente público para atuação simultânea em funções mais suscetíveis a riscos, de modo a reduzir a possibilidade de ocultação de erros e de ocorrência de fraudes na respectiva contratação.

i) Princípio da Motivação

A motivação nada mais é do que a exteriorização dos motivos do ato administrativo e quando prevista em lei como obrigatória integra a forma do ato ou procedimento administrativo.

A Lei n. 9.784/99 já trazia em seu art. 50 similar previsão:

Art. 50. Os atos administrativos deverão ser motivados, com indicação dos fatos e dos fundamentos jurídicos, quando:

I – neguem, limitem ou afetem direitos ou interesses;

II – imponham ou agravem deveres, encargos ou sanções;

III – decidam processos administrativos de concurso ou seleção pública;

IV – dispensem ou declarem a inexigibilidade de processo licitatório;

V – decidam recursos administrativos;

VI – decorram de reexame de ofício;

VII – deixem de aplicar jurisprudência firmada sobre a questão ou discrepem de pareceres, laudos, propostas e relatórios oficiais;

VIII – importem anulação, revogação, suspensão ou convalidação de ato administrativo.

A motivação deve ser explícita, clara e congruente, podendo consistir em declaração de concordância com fundamentos de anteriores pareceres, informações, decisões ou propostas, que, neste caso, serão parte integrante do ato.

Ressalte-se que o motivo é a situação de fato (pressuposto fático) ou de direito (pressuposto jurídico) que autoriza a prática do ato. Trata-se de elemento discricionário, pois o agente público detém certa margem de liberdade na sua escolha. Já a motivação é a exteriorização dos motivos do ato administrativo, isto é, é a explicação escrita das razões que levaram à prática do ato e integra a forma do ato administrativo.

j) Princípio da Vinculação ao Edital

No procedimento licitatório, o edital é "lei entre as partes" e se consubstancia em uma garantia tanto para o administrador como para o participante de uma previsibilidade e transparência do procedimento. As regras traçadas para o procedimento devem ser cumpridas por todos, sob pena de correção na via administrativa ou judicial.

Assim, o princípio da vinculação ao edital exige que as regras do procedimento sejam devidamente postas antes do início do certame, sendo certo que tanto a administração pública como os licitantes a elas se submetam.

Trata-se de garantia anteriormente prevista no próprio art. 41 da Lei n. 8.666/93:

Art. 41. A Administração não pode descumprir as normas e condições do edital, ao qual se acha estritamente vinculada.

Ressalte-se que uma vez publicado o edital é sim possível a alteração posterior de seu conteúdo. Afinal, a administração pública poderá rever seus próprios atos, conforme pacificado pela Súmula 473 do Supremo Tribunal Federal.

Verificada, portanto, eventual irregularidade no edital, poderá a Administração Pública rever o seu conteúdo e proceder à retificação.

Contudo, essa revisão das cláusulas do edital importará a invalidação do certame com a renovação de todos os prazos da competição, sendo certo que essas alterações não poderão ocorrer no curso da licitação quanto aos critérios e às exigências fixados. Nesse sentido:

> 4. Consoante dispõe o art. 41 da Lei 8.666/93, a Administração encontra-se estritamente vinculada ao edital de licitação, não podendo descumprir as normas e condições dele constantes. É o instrumento convocatório que dá validade aos atos administrativos praticados no curso da licitação, de modo que o descumprimento às suas regras deverá ser reprimido. Não pode a Administração ignorar tais regras sob o argumento de que seriam viciadas ou inadequadas. Caso assim entenda, deverá refazer o edital, com o reinício do procedimento licitatório, jamais ignorá-las.(...)
> (MS 13.005/DF, Rel. Ministra DENISE ARRUDA, PRIMEIRA SEÇÃO, julgado em 10-10-2007, DJe 17-11-2008.)

k) Princípio do Julgamento Objetivo

O princípio do julgamento objetivo está ligado diretamente ao princípio da vinculação ao instrumento convocatório e visa garantir aos participantes um procedimento impessoal, desprovido de qualquer tipo de favorecimento.

Os critérios definidos no edital devem ser adotados no julgamento da seleção, evitando-se qualquer tipo de surpresa aos participantes do certame.

Assim, naturalmente, se no edital há a previsão de critério menor preço para a seleção da proposta mais vantajosa, não poderá o Administrador selecionar a melhor proposta a partir do critério melhor técnica.[4]

Trata-se de princípio previsto no art. 45 da Lei n. 8.666/93:

> Art. 45. O julgamento das propostas será objetivo, devendo a Comissão de licitação ou o responsável pelo convite realizá-lo em conformidade com os tipos de licitação, os critérios previamente estabelecidos no ato convocatório e de acordo com os fatores exclusivamente nele referidos, de maneira a possibilitar sua aferição pelos licitantes e pelos órgãos de controle.

l) Princípios da Razoabilidade, Proporcionalidade e Segurança Jurídica

Trata-se de princípios legais do direito administrativo consubstanciados na Lei n. 9.784/99, especificamente no seu art. 2º:

> Art. 2º A Administração Pública obedecerá, dentre outros, aos princípios da legalidade, finalidade, motivação, razoabilidade, proporcionalidade, moralidade, ampla defesa, contraditório, segurança jurídica, interesse público e eficiência.

Quanto à segurança jurídica, tem-se o art. 5º, inciso XXXVI, da Constituição Federal:

---

4 CARVALHO FILHO, José dos Santos. *Manual de direito administrativo*. 32. ed. São Paulo: Atlas, 2018.

Art. 5º Todos são iguais perante a lei, sem distinção de qualquer natureza, garantindo-se aos brasileiros e aos estrangeiros residentes no País a inviolabilidade do direito à vida, à liberdade, à igualdade, à segurança e à propriedade, nos termos seguintes:

(...)

XXXVI – a lei não prejudicará o direito adquirido, o ato jurídico perfeito e a coisa julgada;

m) Princípio da Competitividade

Esse princípio guarda relação com o princípio da igualdade e estabelece a necessidade de o Administrador não adotar medidas ou estabelecer condições ou regras capazes de comprometer o caráter competitivo do certame, quando busca a contratação da proposta mais vantajosa.

Trata-se de princípio destinado a possibilitar a disputa e o confronto entre os licitantes, estimulando a melhor contratação possível para a Administração Pública[5] e, consoante entendimento doutrinário, já estava implícito no anterior diploma normativo, especificamente no art. 3º, § 1º, I, da Lei n. 8.666/93:

Art. 3º, § 1º É vedado aos agentes públicos:
I – admitir, prever, incluir ou tolerar, nos atos de convocação, cláusulas ou condições que comprometam, restrinjam ou frustrem o seu caráter competitivo;

n) Princípio da Celeridade

Como todo processo administrativo, o procedimento licitatório precisa respeitar o devido processo legal e a celeridade em sua tramitação consubstanciada no art. 5º, inciso LXXVIII, da Constituição Federal:

Art. 5º Todos são iguais perante a lei, sem distinção de qualquer natureza, garantindo-se aos brasileiros e aos estrangeiros residentes no País a inviolabilidade do direito à vida, à liberdade, à igualdade, à segurança e à propriedade, nos termos seguintes:

(...)

LXXVIII – a todos, no âmbito judicial e administrativo, são assegurados a razoável duração do processo e os meios que garantam a celeridade de sua tramitação.

o) Princípio do Desenvolvimento Nacional Sustentável

Esse princípio também estava previsto na Lei n. 8.666/93 e consubstancia-se como uma das finalidades da licitação:

Art. 3º A licitação destina-se a garantir a observância do princípio constitucional da isonomia, a seleção da proposta mais vantajosa para a administração e a promoção do desenvolvimento nacional sustentável e será processada e julgada em estrita conformidade com os princípios básicos da legalidade, da impessoalidade, da moralidade, da igualdade, da publicidade, da probidade administrativa, da vinculação ao instrumento convocatório, do julgamento objetivo e dos que lhes são correlatos.

A licitação, portanto, não deve ser usada apenas para buscar a proposta mais vantajosa, existindo hipóteses em que o instituto poderá ser utilizado como instrumento para o atendimento

---

5   CARVALHO FILHO, José dos Santos. *Manual de Direito Administrativo*. 25. ed. São Paulo: Atlas, 2012.

40 Artigo 5º   Nova Lei de Licitações Comentada e Referenciada

de outras finalidades públicas, refletindo no desenvolvimento de determinadas políticas igualmente valoradas pela Constituição Federal.

Exemplo disso, tem-se o art. 4º, da nova lei, que prevê benefícios para micro e pequenas empresas:

Art. 4º Aplicam-se às licitações e contratos disciplinados por esta Lei as disposições constantes dos arts. 42 a 49 da Lei Complementar n. 123, de 14 de dezembro de 2006.

Destaque-se, ainda, a existência de diversas margens de preferência no art. 26 desta lei:

Art. 26. No processo de licitação, poderá ser estabelecida margem de preferência para:

I – bens manufaturados e serviços nacionais que atendam a normas técnicas brasileiras;

II – bens reciclados, recicláveis ou biodegradáveis, conforme regulamento.

§ 1º A margem de preferência prevista no *caput* deste artigo:

I – será definida em decisão fundamentada do Poder Executivo federal, na hipótese do inciso I do *caput* deste artigo;

II – poderá ser de até 10% (dez por cento) sobre o preço dos bens e serviços que não se enquadrem no disposto nos incisos I ou II do *caput* deste artigo;

III – poderá ser estendida a bens manufaturados e serviços originários de Estados Partes do Mercado Comum do Sul (Mercosul), desde que haja reciprocidade com o País prevista em acordo internacional aprovado pelo Congresso Nacional e ratificado pelo Presidente da República.

§ 2º Para os bens manufaturados nacionais e serviços nacionais resultantes de desenvolvimento e inovação tecnológica no País, definidos conforme regulamento do Poder Executivo federal, a margem de preferência a que se refere o *caput* deste artigo poderá ser de até 20% (vinte por cento).

p) Aplicação da LINDB

Em que pese desnecessária, haja vista a natural força cogente do diploma normativo, a nova lei previu expressamente a aplicação da Lei de Introdução às Normas do Direito Brasileiro (Decreto n. 4.657/42) ao procedimento licitatório. Trata-se de reforço à necessidade de aplicação dos importantes avanços trazidos pela LINDB ao direito administrativo, sobretudo aqueles incluídos pela Lei n. 13.655/2018, e a ideia do consequencialismo jurídico das decisões.

Lei n. 14.133, de 1º-4-2021   Artigo 6º   41

Capítulo III
DAS DEFINIÇÕES

ARTIGO 6º

Art. 6º Para os fins desta Lei, consideram-se:

I - órgão: unidade de atuação integrante da estrutura da Administração Pública;

> Lei n. 9.784/99
> Art. 1º, § 2º, I – órgão – a unidade de atuação integrante da estrutura da Administração direta e da estrutura da Administração indireta;

II - entidade: unidade de atuação dotada de personalidade jurídica;

> Lei n. 9.784/99
> Art. 1º, § 2º, II – entidade – a unidade de atuação dotada de personalidade;

III - Administração Pública: administração direta e indireta da União, dos Estados, do Distrito Federal e dos Municípios, inclusive as entidades com personalidade jurídica de direito privado sob controle do poder público e as fundações por ele instituídas ou mantidas;

> Lei n. 8.666/93
> Art. 6º, XI – Administração Pública – a administração direta e indireta da União, dos Estados, do Distrito Federal e dos Municípios, abrangendo inclusive as entidades com personalidade jurídica de direito privado sob controle do poder público e das fundações por ele instituídas ou mantidas;

IV - Administração: órgão ou entidade por meio do qual a Administração Pública atua;

> Lei n. 8.666/93
> Art. 6º, XII – Administração – órgão, entidade ou unidade administrativa pela qual a Administração Pública opera e atua concretamente;

V - agente público: indivíduo que, em virtude de eleição, nomeação, designação, contratação ou qualquer outra forma de investidura ou vínculo, exerce mandato, cargo, emprego ou função em pessoa jurídica integrante da Administração Pública;

> Lei n. 8.429/92
> Art. 2º Reputa-se agente público, para os efeitos desta lei, todo aquele que exerce, ainda que transitoriamente ou sem remuneração, por eleição, nomeação, designação, contratação ou qualquer outra forma de investidura ou vínculo, mandato, cargo, emprego ou função nas entidades mencionadas no artigo anterior.

VI - autoridade: agente público dotado de poder de decisão;
VII - contratante: pessoa jurídica integrante da Administração Pública responsável pela contratação;

//// 42 Artigo 6º Nova Lei de Licitações Comentada e Referenciada

Lei n. 8.666/93

Art. 6º, XIV – Contratante – é o órgão ou entidade signatária do instrumento contratual;

VIII – contratado: pessoa física ou jurídica, ou consórcio de pessoas jurídicas, signatária de contrato com a Administração;

Lei n. 8.666/93

Art. 6º, XV – Contratado – a pessoa física ou jurídica signatária de contrato com a Administração Pública;

IX – licitante: pessoa física ou jurídica, ou consórcio de pessoas jurídicas, que participa ou manifesta a intenção de participar de processo licitatório, sendo-lhe equiparável, para os fins desta Lei, o fornecedor ou o prestador de serviço que, em atendimento à solicitação da Administração, oferece proposta;

X – compra: aquisição remunerada de bens para fornecimento de uma só vez ou parceladamente, considerada imediata aquela com prazo de entrega de até 30 (trinta) dias da ordem de fornecimento;

Lei n. 8.666/93

Art. 6º, III – Compra – toda aquisição remunerada de bens para fornecimento de uma só vez ou parceladamente;

XI – serviço: atividade ou conjunto de atividades destinadas a obter determinada utilidade, intelectual ou material, de interesse da Administração;

Lei n. 8.666/93

Art. 6º, II – Serviço – toda atividade destinada a obter determinada utilidade de interesse para a Administração, tais como: demolição, conserto, instalação, montagem, operação, conservação, reparação, adaptação, manutenção, transporte, locação de bens, publicidade, seguro ou trabalhos técnico-profissionais;

XII – obra: toda atividade estabelecida, por força de lei, como privativa das profissões de arquiteto e engenheiro que implica intervenção no meio ambiente por meio de um conjunto harmônico de ações que, agregadas, formam um todo que inova o espaço físico da natureza ou acarreta alteração substancial das características originais de bem imóvel;

Lei n. 8.666/93

Art. 6º, I – Obra – toda construção, reforma, fabricação, recuperação ou ampliação, realizada por execução direta ou indireta;

XIII – bens e serviços comuns: aqueles cujos padrões de desempenho e qualidade podem ser objetivamente definidos pelo edital, por meio de especificações usuais de mercado;

Lei n. 10.520/2002

Art. 1º, parágrafo único. Consideram-se bens e serviços comuns, para os fins e efeitos deste artigo, aqueles cujos padrões de desempenho e qualidade possam ser objetivamente definidos pelo edital, por meio de especificações usuais no mercado.

XIV - bens e serviços especiais: aqueles que, por sua alta heterogeneidade ou complexidade, não podem ser descritos na forma do inciso XIII do *caput* deste artigo, exigida justificativa prévia do contratante;

XV - serviços e fornecimentos contínuos: serviços contratados e compras realizadas pela Administração Pública para a manutenção da atividade administrativa, decorrentes de necessidades permanentes ou prolongadas;

XVI - serviços contínuos com regime de dedicação exclusiva de mão de obra: aqueles cujo modelo de execução contratual exige, entre outros requisitos, que:

a) os empregados do contratado fiquem à disposição nas dependências do contratante para a prestação dos serviços;

b) o contratado não compartilhe os recursos humanos e materiais disponíveis de uma contratação para execução simultânea de outros contratos;

c) o contratado possibilite a fiscalização pelo contratante quanto à distribuição, controle e supervisão dos recursos humanos alocados aos seus contratos;

XVII - serviços não contínuos ou contratados por escopo: aqueles que impõem ao contratado o dever de realizar a prestação de um serviço específico em período predeterminado, podendo ser prorrogado, desde que justificadamente, pelo prazo necessário à conclusão do objeto;

XVIII - serviços técnicos especializados de natureza predominantemente intelectual: aqueles realizados em trabalhos relativos a:

a) estudos técnicos, planejamentos, projetos básicos e projetos executivos;

b) pareceres, perícias e avaliações em geral;

c) assessorias e consultorias técnicas e auditorias financeiras e tributárias;

d) fiscalização, supervisão e gerenciamento de obras e serviços;

e) patrocínio ou defesa de causas judiciais e administrativas;

f) treinamento e aperfeiçoamento de pessoal;

g) restauração de obras de arte e de bens de valor histórico;

h) controles de qualidade e tecnológico, análises, testes e ensaios de campo e laboratoriais, instrumentação e monitoramento de parâmetros específicos de obras e do meio ambiente e demais serviços de engenharia que se enquadrem na definição deste inciso;

XIX - notória especialização: qualidade de profissional ou de empresa cujo conceito, no campo de sua especialidade, decorrente de desempenho anterior, estudos, experiência, publicações, organização, aparelhamento, equipe técnica ou outros requisitos relacionados com suas atividades, permite inferir que o seu trabalho é essencial e reconhecidamente adequado à plena satisfação do objeto do contrato;

> Lei n. 8.666/93
>
> Art. 25, § 1º Considera-se de notória especialização o profissional ou empresa cujo conceito no campo de sua especialidade, decorrente de desempenho anterior, estudos, experiências, publicações, organização, aparelhamento, equipe técnica, ou de outros requisitos relacionados com suas atividades, permita inferir que o seu trabalho é essencial e indiscutivelmente o mais adequado à plena satisfação do objeto do contrato.

XX - estudo técnico preliminar: documento constitutivo da primeira etapa do planejamento de uma contratação que caracteriza o interesse público envolvido e a sua melhor solução e dá base ao anteprojeto, ao termo de referência ou ao projeto básico a serem elaborados caso se conclua pela viabilidade da contratação;

> Lei n. 8.666/93
>
> Art. 13. Para os fins desta Lei, consideram-se serviços técnicos profissionais especializados os trabalhos relativos a:
>
> I – estudos técnicos, planejamentos e projetos básicos ou executivos;

XXI - serviço de engenharia: toda atividade ou conjunto de atividades destinadas a obter determinada utilidade, intelectual ou material, de interesse para a Administração e que, não enquadradas no conceito de obra a que se refere o inciso XII do *caput* deste artigo, são estabelecidas, por força de lei, como privativas das profissões de arquiteto e engenheiro ou de técnicos especializados, que compreendem:

a) serviço comum de engenharia: todo serviço de engenharia que tem por objeto ações, objetivamente padronizáveis em termos de desempenho e qualidade, de manutenção, de adequação e de adaptação de bens móveis e imóveis, com preservação das características originais dos bens;

b) serviço especial de engenharia: aquele que, por sua alta heterogeneidade ou complexidade, não pode se enquadrar na definição constante da alínea "a" deste inciso;

XXII - obras, serviços e fornecimentos de grande vulto: aqueles cujo valor estimado supera R$ 200.000.000,00 (duzentos milhões de reais);

> Lei n. 8.666/93
>
> Art. 6º, V – Obras, serviços e compras de grande vulto – aquelas cujo valor estimado seja superior a 25 (vinte e cinco) vezes o limite estabelecido na alínea "c" do inciso I do art. 23 desta Lei;
>
> Art. 23. As modalidades de licitação a que se referem os incisos I a III do artigo anterior serão determinadas em função dos seguintes limites, tendo em vista o valor estimado da contratação:
>
> I – para obras e serviços de engenharia:
>
> (...)
>
> c) na modalidade concorrência – acima de R$ 3.300.000,00 (três milhões e trezentos mil reais);

XXIII - termo de referência: documento necessário para a contratação de bens e serviços, que deve conter os seguintes parâmetros e elementos descritivos:

a) definição do objeto, incluídos sua natureza, os quantitativos, o prazo do contrato e, se for o caso, a possibilidade de sua prorrogação;

b) fundamentação da contratação, que consiste na referência aos estudos técnicos preliminares correspondentes ou, quando não for possível divulgar esses estudos, no extrato das partes que não contiverem informações sigilosas;

c) descrição da solução como um todo, considerado todo o ciclo de vida do objeto;

d) requisitos da contratação;

e) modelo de execução do objeto, que consiste na definição de como o contrato deverá produzir os resultados pretendidos desde o seu início até o seu encerramento;

f) modelo de gestão do contrato, que descreve como a execução do objeto será acompanhada e fiscalizada pelo órgão ou entidade;

g) critérios de medição e de pagamento;

h) forma e critérios de seleção do fornecedor;

i) estimativas do valor da contratação, acompanhadas dos preços unitários referenciais, das memórias de cálculo e dos documentos que lhe dão suporte, com os parâmetros utilizados para a obtenção dos preços e para os respectivos cálculos, que devem constar de documento separado e classificado;

j) adequação orçamentária;

XXIV - anteprojeto: peça técnica com todos os subsídios necessários à elaboração do projeto básico, que deve conter, no mínimo, os seguintes elementos:

a) demonstração e justificativa do programa de necessidades, avaliação de demanda do público-alvo, motivação técnico-econômico-social do empreendimento, visão global dos investimentos e definições relacionadas ao nível de serviço desejado;

b) condições de solidez, de segurança e de durabilidade;

c) prazo de entrega;

d) estética do projeto arquitetônico, traçado geométrico e/ou projeto da área de influência, quando cabível;

e) parâmetros de adequação ao interesse público, de economia na utilização, de facilidade na execução, de impacto ambiental e de acessibilidade;

f) proposta de concepção da obra ou do serviço de engenharia;

g) projetos anteriores ou estudos preliminares que embasaram a concepção proposta;

h) levantamento topográfico e cadastral;

i) pareceres de sondagem;

j) memorial descritivo dos elementos da edificação, dos componentes construtivos e dos materiais de construção, de forma a estabelecer padrões mínimos para a contratação;

XXV - projeto básico: conjunto de elementos necessários e suficientes, com nível de precisão adequado para definir e dimensionar a obra ou o serviço, ou o complexo de obras ou de serviços objeto da licitação, elaborado com base nas indicações dos estudos técnicos preliminares, que assegure a viabilidade técnica e o adequado tratamento do impacto ambiental do empreendimento e que possibilite a avaliação do custo da obra e a definição dos métodos e do prazo de execução, devendo conter os seguintes elementos:

> Jurisprudência do TCU:
>
> Deficiências graves de projeto básico que impedem o dimensionamento dos quantitativos de obra implicam a nulidade do certame licitatório e, por consequência, do contrato dele resultante.
>
> (Acórdão 2819/2012-Plenário, TCU, Relator: MARCOS BEMQUERER, J. 17-10-2012.)
>
> A atualidade do projeto básico é, antes de qualquer exigência legal, uma questão de lógica, porque a Administração tem o dever de assegurar aos participantes da licitação que o objeto almejado está definido em parâmetros e elementos que traduzem fielmente sua adequação e composição, de modo a se evitar a apresentação de propostas com base em realidade que não mais existe e a necessidade de termos aditivos que acabam por descaracterizar o objeto licitado.
>
> (Acórdão 1169/2013-Plenário, TCU, Relator: ANA ARRAES, J. 15-5-2013.)

a) levantamentos topográficos e cadastrais, sondagens e ensaios geotécnicos, ensaios e análises laboratoriais, estudos socioambientais e demais dados e levantamentos necessários para execução da solução escolhida;

b) soluções técnicas globais e localizadas, suficientemente detalhadas, de forma a evitar, por ocasião da elaboração do projeto executivo e da realização das obras e montagem, a necessidade de reformulações ou variantes quanto à qualidade, ao preço e ao prazo inicialmente definidos;

Lei n. 8.666/93

Art. 6º, IX, *b* – soluções técnicas globais e localizadas, suficientemente detalhadas, de forma a minimizar a necessidade de reformulação ou de variantes durante as fases de elaboração do projeto executivo e de realização das obras e montagem;

c) identificação dos tipos de serviços a executar e dos materiais e equipamentos a incorporar à obra, bem como das suas especificações, de modo a assegurar os melhores resultados para o empreendimento e a segurança executiva na utilização do objeto, para os fins a que se destina, considerados os riscos e os perigos identificáveis, sem frustrar o caráter competitivo para a sua execução;

Lei n. 8.666/93

Art. 6º, IX, *c* – identificação dos tipos de serviços a executar e de materiais e equipamentos a incorporar à obra, bem como suas especificações que assegurem os melhores resultados para o empreendimento, sem frustrar o caráter competitivo para a sua execução;

d) informações que possibilitem o estudo e a definição de métodos construtivos, de instalações provisórias e de condições organizacionais para a obra, sem frustrar o caráter competitivo para a sua execução;

Lei n. 8.666/93

Art. 6º, IX, *d* – informações que possibilitem o estudo e a dedução de métodos construtivos, instalações provisórias e condições organizacionais para a obra, sem frustrar o caráter competitivo para a sua execução;

e) subsídios para montagem do plano de licitação e gestão da obra, compreendidos a sua programação, a estratégia de suprimentos, as normas de fiscalização e outros dados necessários em cada caso;

Lei n. 8.666/93

Art. 6º, IX, *e* – subsídios para montagem do plano de licitação e gestão da obra, compreendendo a sua programação, a estratégia de suprimentos, as normas de fiscalização e outros dados necessários em cada caso;

f) orçamento detalhado do custo global da obra, fundamentado em quantitativos de serviços e fornecimentos propriamente avaliados, obrigatório exclusivamente para os regimes de execução previstos nos incisos I, II, III, IV e VII do *caput* do art. 46 desta Lei;

Lei n. 8.666/93

Art. 6º, IX, *f* – orçamento detalhado do custo global da obra, fundamentado em quantitativos de serviços e fornecimentos propriamente avaliados;

Vide artigo 46 desta lei.

Art. 46. Na execução indireta de obras e serviços de engenharia, são admitidos os seguintes regimes:

I – empreitada por preço unitário;

II – empreitada por preço global;

III – empreitada integral;

IV – contratação por tarefa;
V – contratação integrada;
VI – contratação semi-integrada;
VII – fornecimento e prestação de serviço associado.

XXVI - projeto executivo: conjunto de elementos necessários e suficientes à execução completa da obra, com o detalhamento das soluções previstas no projeto básico, a identificação de serviços, de materiais e de equipamentos a serem incorporados à obra, bem como suas especificações técnicas, de acordo com as normas técnicas pertinentes;

> Lei n. 8.666/93
> Art. 6º, X – Projeto Executivo – o conjunto dos elementos necessários e suficientes à execução completa da obra, de acordo com as normas pertinentes da Associação Brasileira de Normas Técnicas – ABNT;

XXVII - matriz de riscos: cláusula contratual definidora de riscos e de responsabilidades entre as partes e caracterizadora do equilíbrio econômico-financeiro inicial do contrato, em termos de ônus financeiro decorrente de eventos supervenientes à contratação, contendo, no mínimo, as seguintes informações:

a) listagem de possíveis eventos supervenientes à assinatura do contrato que possam causar impacto em seu equilíbrio econômico-financeiro e previsão de eventual necessidade de prolação de termo aditivo por ocasião de sua ocorrência;
b) no caso de obrigações de resultado, estabelecimento das frações do objeto com relação às quais haverá liberdade para os contratados inovarem em soluções metodológicas ou tecnológicas, em termos de modificação das soluções previamente delineadas no anteprojeto ou no projeto básico;
c) no caso de obrigações de meio, estabelecimento preciso das frações do objeto com relação às quais não haverá liberdade para os contratados inovarem em soluções metodológicas ou tecnológicas, devendo haver obrigação de aderência entre a execução e a solução predefinida no anteprojeto ou no projeto básico, consideradas as características do regime de execução no caso de obras e serviços de engenharia;

XXVIII - empreitada por preço unitário: contratação da execução da obra ou do serviço por preço certo de unidades determinadas;

> Lei n. 8.666/93
> Art. 6º, VIII, *b* – empreitada por preço unitário – quando se contrata a execução da obra ou do serviço por preço certo de unidades determinadas;

XXIX - empreitada por preço global: contratação da execução da obra ou do serviço por preço certo e total;

> Lei n. 8.666/93
> Art. 6º, VIII, *a* – empreitada por preço global – quando se contrata a execução da obra ou do serviço por preço certo e total;

XXX - empreitada integral: contratação de empreendimento em sua integralidade, compreendida a totalidade das etapas de obras, serviços e instalações necessárias, sob inteira responsabilidade do

contratado até sua entrega ao contratante em condições de entrada em operação, com características adequadas às finalidades para as quais foi contratado e atendidos os requisitos técnicos e
legais para sua utilização com segurança estrutural e operacional;

> Lei n. 8.666/93
>
> Art. 6º, VIII, *e* – empreitada integral – quando se contrata um empreendimento em sua inte-
> gralidade, compreendendo todas as etapas das obras, serviços e instalações necessárias, sob
> inteira responsabilidade da contratada até a sua entrega ao contratante em condições de en-
> trada em operação, **atendidos os requisitos técnicos e legais para sua utilização em condições
> de segurança estrutural e operacional e com as características adequadas às finalidades para
> que foi contratada;**

**XXXI - contratação por tarefa: regime de contratação de mão de obra para pequenos trabalhos por
preço certo, com ou sem fornecimento de materiais;**

> Lei n. 8.666/93
>
> Art. 6º, VIII, *d* – tarefa – quando se ajusta mão de obra para pequenos trabalhos por preço
> certo, com ou sem fornecimento de materiais;

**XXXII - contratação integrada: regime de contratação de obras e serviços de engenharia em que o
contratado é responsável por elaborar e desenvolver os projetos básico e executivo, executar obras
e serviços de engenharia, fornecer bens ou prestar serviços especiais e realizar montagem, teste,
pré-operação e as demais operações necessárias e suficientes para a entrega final do objeto;**

> Lei n. 8.666/93
>
> Art. 6º, VIII, *e* – empreitada integral – quando se contrata um empreendimento em sua inte-
> gralidade, compreendendo todas as etapas das obras, serviços e instalações necessárias, sob
> inteira responsabilidade da contratada até a sua entrega ao contratante em condições de en-
> trada em operação, atendidos os requisitos técnicos e legais para sua utilização em condições
> de segurança estrutural e operacional e com as características adequadas às finalidades para
> que foi contratada;

**XXXIII - contratação semi-integrada: regime de contratação de obras e serviços de engenharia em
que o contratado é responsável por elaborar e desenvolver o projeto executivo, executar obras e
serviços de engenharia, fornecer bens ou prestar serviços especiais e realizar montagem, teste,
pré-operação e as demais operações necessárias e suficientes para a entrega final do objeto;**
**XXXIV - fornecimento e prestação de serviço associado: regime de contratação em que, além do
fornecimento do objeto, o contratado responsabiliza-se por sua operação, manutenção ou ambas,
por tempo determinado;**
**XXXV - licitação internacional: licitação processada em território nacional na qual é admitida a par-
ticipação de licitantes estrangeiros, com a possibilidade de cotação de preços em moeda estrangeira, ou licitação na qual o objeto contratual pode ou deve ser executado no todo ou em parte em
território estrangeiro;**

> Jurisprudência do TCU:
>
> Em licitações internacionais, exige-se a publicação do edital em idioma estrangeiro e sua di-
> vulgação no exterior, uma vez que o atendimento ao princípio da publicidade deve estar em

consonância com o âmbito que se pretende dar à licitação e, em consequência, com o conjunto de interessados que se intenta atrair, o qual deve incluir empresas estrangeiras não estabelecidas no país.

(Acórdão 2672/2017, TCU, Plenário, Relator: AUGUSTO SHERMAN, J. 29-11-2017.)

A ausência, em edital de licitação internacional, de previsão de equalização das propostas ofertadas por licitantes nacionais e estrangeiros configura desobediência aos princípios da isonomia, da eficiência e do julgamento objetivo da licitação, previstos no art. 37, inciso XXI, da Constituição Federal c/c o art. 42, §§ 4º e 5 º, da Lei 8.666/1993.

(Acórdão 2238/2013-Plenário, TCU, Relator: JOSÉ JORGE, J. 21-8-2013.)

XXXVI - serviço nacional: serviço prestado em território nacional, nas condições estabelecidas pelo Poder Executivo federal;

XXXVII - produto manufaturado nacional: produto manufaturado produzido no território nacional de acordo com o processo produtivo básico ou com as regras de origem estabelecidas pelo Poder Executivo federal;

Lei n. 8.666/93

Art. 6º, XVII – produtos manufaturados nacionais – produtos manufaturados, produzidos no território nacional de acordo com o processo produtivo básico ou com as regras de origem estabelecidas pelo Poder Executivo federal;

XXXVIII - concorrência: modalidade de licitação para contratação de bens e serviços especiais e de obras e serviços comuns e especiais de engenharia, cujo critério de julgamento poderá ser:

Lei n. 8.666/93

Art. 22, § 1º Concorrência é a modalidade de licitação entre quaisquer interessados que, na fase inicial de habilitação preliminar, comprovem possuir os requisitos mínimos de qualificação exigidos no edital para execução de seu objeto.

Art. 45. O julgamento das propostas será objetivo, devendo a Comissão de licitação ou o responsável pelo convite realizá-lo em conformidade com os tipos de licitação, os critérios previamente estabelecidos no ato convocatório e de acordo com os fatores exclusivamente nele referidos, de maneira a possibilitar sua aferição pelos licitantes e pelos órgãos de controle.

§ 1º Para os efeitos deste artigo, constituem tipos de licitação, exceto na modalidade concurso:

I – a de menor preço – quando o critério de seleção da proposta mais vantajosa para a Administração determinar que será vencedor o licitante que apresentar a proposta de acordo com as especificações do edital ou convite e ofertar o menor preço;

II – a de melhor técnica;

III – a de técnica e preço;

IV – a de maior lance ou oferta – nos casos de alienação de bens ou concessão de direito real de uso.

a) **menor preço;**
b) **melhor técnica ou conteúdo artístico;**
c) **técnica e preço;**

Jurisprudência do TCU:

Em licitação do tipo técnica e preço, a Administração deve se abster de utilizar, para atribuição da nota de preço, qualquer critério que tenha como resultado prático a fixação de preço mínimo, a exemplo da limitação da nota de preço a um valor máximo, em desacordo com os arts. 3º e 40, inciso X, da Lei 8.666/1993 e com o princípio da economicidade.

(Acórdão 2108/2020-Plenário, TCU, Relator: RAIMUNDO CARREIRO, J. 12-8-2020.)

d) maior retorno econômico;
e) maior desconto;

XXXIX - concurso: modalidade de licitação para escolha de trabalho técnico, científico ou artístico, cujo critério de julgamento será o de melhor técnica ou conteúdo artístico, e para concessão de prêmio ou remuneração ao vencedor;

Lei n. 8.666/93

Art. 22, § 4º Concurso é a modalidade de licitação entre quaisquer interessados para escolha de trabalho técnico, científico ou artístico, mediante a instituição de prêmios ou remuneração aos vencedores, conforme critérios constantes de edital publicado na imprensa oficial com antecedência mínima de 45 (quarenta e cinco) dias.

XL - leilão: modalidade de licitação para alienação de bens imóveis ou de bens móveis inservíveis ou legalmente apreendidos a quem oferecer o maior lance;

Lei n. 8.666/93

Art. 22, § 5º Leilão é a modalidade de licitação entre quaisquer interessados para a venda de bens móveis inservíveis para a administração ou de produtos legalmente apreendidos ou penhorados, ou para a alienação de bens imóveis prevista no art. 19, a quem oferecer o maior lance, igual ou superior ao valor da avaliação.

Art. 19. Os bens imóveis da Administração Pública, cuja aquisição haja derivado de procedimentos judiciais ou de dação em pagamento, poderão ser alienados por ato da autoridade competente, observadas as seguintes regras:

I – avaliação dos bens alienáveis;

II – comprovação da necessidade ou utilidade da alienação;

III – adoção do procedimento licitatório, sob a modalidade de concorrência ou leilão.

XLI - pregão: modalidade de licitação obrigatória para aquisição de bens e serviços comuns, cujo critério de julgamento poderá ser o de menor preço ou o de maior desconto;

Lei n. 10.520/2002

Art. 1º Para aquisição de bens e serviços comuns, poderá ser adotada a licitação na modalidade de pregão, que será regida por esta Lei.

XLII - diálogo competitivo: modalidade de licitação para contratação de obras, serviços e compras em que a Administração Pública realiza diálogos com licitantes previamente selecionados mediante critérios objetivos, com o intuito de desenvolver uma ou mais alternativas capazes de atender às suas necessidades, devendo os licitantes apresentar proposta final após o encerramento dos diálogos;

XLIII - credenciamento: processo administrativo de chamamento público em que a Administração Pública convoca interessados em prestar serviços ou fornecer bens para que, preenchidos os requisitos necessários, se credenciem no órgão ou na entidade para executar o objeto quando convocados;

> Jurisprudência do TCU:
> O credenciamento é hipótese de inviabilidade de competição não expressamente mencionada no art. 25 da Lei 8.666/1993 (cujos incisos são meramente exemplificativos). Adota-se o credenciamento quando a Administração tem por objetivo dispor da maior rede possível de prestadores de serviços. Nessa situação, a inviabilidade de competição não decorre da ausência de possibilidade de competição, mas sim da ausência de interesse da Administração em restringir o número de contratados.
> (Acórdão 3567/2014-Plenário (TCU), Revisor: BENJAMIN ZYMLER, j. 9-12-2014.)
> O credenciamento, entendido como espécie de inexigibilidade de licitação, é ato administrativo de chamamento público de prestadores de serviços que satisfaçam determinados requisitos, constituindo etapa prévia à contratação, devendo-se oferecer a todos igual oportunidade de se credenciar.
> (Acórdão 436/2020-Plenário, TCU, Rel. Raimundo Carneiro, j. 4-3-2020.)

XLIV - pré-qualificação: procedimento seletivo prévio à licitação, convocado por meio de edital, destinado à análise das condições de habilitação, total ou parcial, dos interessados ou do objeto;

XLV - sistema de registro de preços: conjunto de procedimentos para realização, mediante contratação direta ou licitação nas modalidades pregão ou concorrência, de registro formal de preços relativos a prestação de serviços, a obras e a aquisição e locação de bens para contratações futuras;

> Decreto n. 7.892/2013
> Art. 2º Para os efeitos deste Decreto, são adotadas as seguintes definições:
> I – Sistema de Registro de Preços – conjunto de procedimentos para registro formal de preços relativos à prestação de serviços e aquisição de bens, para contratações futuras;

XLVI - ata de registro de preços: documento vinculativo e obrigacional, com característica de compromisso para futura contratação, no qual são registrados o objeto, os preços, os fornecedores, os órgãos participantes e as condições a serem praticadas, conforme as disposições contidas no edital da licitação, no aviso ou instrumento de contratação direta e nas propostas apresentadas;

> Decreto n. 7.892/2013
> Art. 2º Para os efeitos deste Decreto, são adotadas as seguintes definições:
> (...)
> II – ata de registro de preços – documento vinculativo, obrigacional, com característica de compromisso para futura contratação, em que se registram os preços, fornecedores, órgãos participantes e condições a serem praticadas, conforme as disposições contidas no instrumento convocatório e propostas apresentadas;

XLVII - órgão ou entidade gerenciadora: órgão ou entidade da Administração Pública responsável pela condução do conjunto de procedimentos para registro de preços e pelo gerenciamento da ata de registro de preços dele decorrente;

52 Artigo 6º   Nova Lei de Licitações Comentada e Referenciada

Decreto n. 7.892/2013

Art. 2º Para os efeitos deste Decreto, são adotadas as seguintes definições:

(...)

III – órgão gerenciador – órgão ou entidade da administração pública federal responsável pela condução do conjunto de procedimentos para registro de preços e gerenciamento da ata de registro de preços dele decorrente;

XLVIII - órgão ou entidade participante: órgão ou entidade da Administração Pública que participa dos procedimentos iniciais da contratação para registro de preços e integra a ata de registro de preços;

Decreto n. 7.892/2013

Art. 2º Para os efeitos deste Decreto, são adotadas as seguintes definições:

(...)

IV – órgão participante – órgão ou entidade da administração pública que participa dos procedimentos iniciais do Sistema de Registro de Preços e integra a ata de registro de preços;

XLIX - órgão ou entidade não participante: órgão ou entidade da Administração Pública que não participa dos procedimentos iniciais da licitação para registro de preços e não integra a ata de registro de preços;

Decreto n. 7.892/2013

Art. 2º Para os efeitos deste Decreto, são adotadas as seguintes definições:

(...)

V – órgão não participante – órgão ou entidade da administração pública que, não tendo participado dos procedimentos iniciais da licitação, atendidos os requisitos desta norma, faz adesão à ata de registro de preços.

L - comissão de contratação: conjunto de agentes públicos indicados pela Administração, em caráter permanente ou especial, com a função de receber, examinar e julgar documentos relativos às licitações e aos procedimentos auxiliares;

Lei n. 8.666/93

Art. 51. A habilitação preliminar, a inscrição em registro cadastral, a sua alteração ou cancelamento, e as propostas serão processadas e julgadas por comissão permanente ou especial de, no mínimo, 3 (três) membros, sendo pelo menos 2 (dois) deles servidores qualificados pertencentes aos quadros permanentes dos órgãos da Administração responsáveis pela licitação.

LI - catálogo eletrônico de padronização de compras, serviços e obras: sistema informatizado, de gerenciamento centralizado e com indicação de preços, destinado a permitir a padronização de itens a serem adquiridos pela Administração Pública e que estarão disponíveis para a licitação;

Lei n. 12.462/2011 (RDC)

Art. 33. O catálogo eletrônico de padronização de compras, serviços e obras consiste em sistema informatizado, de gerenciamento centralizado, destinado a permitir a padronização dos itens a serem adquiridos pela administração pública que estarão disponíveis para a realização de licitação.

LII - sítio eletrônico oficial: sítio da internet, certificado digitalmente por autoridade certificadora, no qual o ente federativo divulga de forma centralizada as informações e os serviços de governo digital dos seus órgãos e entidades;

LIII - contrato de eficiência: contrato cujo objeto é a prestação de serviços, que pode incluir a realização de obras e o fornecimento de bens, com o objetivo de proporcionar economia ao contratante, na forma de redução de despesas correntes, remunerado o contratado com base em percentual da economia gerada;

LIV - seguro-garantia: seguro que garante o fiel cumprimento das obrigações assumidas pelo contratado;

LV - produtos para pesquisa e desenvolvimento: bens, insumos, serviços e obras necessários para atividade de pesquisa científica e tecnológica, desenvolvimento de tecnologia ou inovação tecnológica, discriminados em projeto de pesquisa;

> Lei n. 8.666/93
>
> Art. 6º, XX – produtos para pesquisa e desenvolvimento – bens, insumos, serviços e obras necessários para atividade de pesquisa científica e tecnológica, desenvolvimento de tecnologia ou inovação tecnológica, discriminados em projeto de pesquisa aprovado pela instituição contratante.

LVI - sobrepreço: preço orçado para licitação ou contratado em valor expressivamente superior aos preços referenciais de mercado, seja de apenas 1 (um) item, se a licitação ou a contratação for por preços unitários de serviço, seja do valor global do objeto, se a licitação ou a contratação for por tarefa, empreitada por preço global ou empreitada integral, semi-integrada ou integrada;

> Jurisprudência do TCU:
>
> O sobrepreço deve ser aferido a partir dos preços de mercado ou com base em sistemas referenciais de preço. O fato de os valores adjudicados encontrarem-se superiores aos valores orçados não serve para evidenciar que aqueles estão acima dos preços de mercado. Essa constatação deve estar baseada em informações sobre os preços efetivamente praticados no mercado à época.
>
> (Acórdão 1549/2017-Plenário, TCU, Relator: JOSÉ MUCIO MONTEIRO, J. 19-7-2017.)

LVII - superfaturamento: dano provocado ao patrimônio da Administração, caracterizado, entre outras situações, por:

a) medição de quantidades superiores às efetivamente executadas ou fornecidas;

b) deficiência na execução de obras e de serviços de engenharia que resulte em diminuição da sua qualidade, vida útil ou segurança;

c) alterações no orçamento de obras e de serviços de engenharia que causem desequilíbrio econômico-financeiro do contrato em favor do contratado;

d) outras alterações de cláusulas financeiras que gerem recebimentos contratuais antecipados, distorção do cronograma físico-financeiro, prorrogação injustificada do prazo contratual com custos adicionais para a Administração ou reajuste irregular de preços;

LVIII - reajustamento em sentido estrito: forma de manutenção do equilíbrio econômico-financeiro de contrato consistente na aplicação do índice de correção monetária previsto no contrato, que deve retratar a variação efetiva do custo de produção, admitida a adoção de índices específicos ou setoriais;

54 Artigo 6º Nova Lei de Licitações Comentada e Referenciada

Lei n. 8.666/93

Art. 55. São cláusulas necessárias em todo contrato as que estabeleçam:

(...)

III – o preço e as condições de pagamento, os critérios, data-base e periodicidade do reajustamento de preços, os critérios de atualização monetária entre a data do adimplemento das obrigações e a do efetivo pagamento;

LIX – repactuação: forma de manutenção do equilíbrio econômico-financeiro de contrato utilizada para serviços contínuos com regime de dedicação exclusiva de mão de obra ou predominância de mão de obra, por meio da análise da variação dos custos contratuais, devendo estar prevista no edital com data vinculada à apresentação das propostas, para os custos decorrentes do mercado, e com data vinculada ao acordo, à convenção coletiva ou ao dissídio coletivo ao qual o orçamento esteja vinculado, para os custos decorrentes da mão de obra;

Jurisprudência do STJ

PROCESSUAL CIVIL E ADMINISTRATIVO. CONTRATO. EQUILÍBRIO ECONÔMICO-FINANCEIRO. DISSÍDIO COLETIVO E ADICIONAL DE PERICULOSIDADE. TEORIA DA IMPREVISÃO. INAPLICAÇÃO. REEXAME DO ACERVO FÁTICO-PROBATÓRIO E REVISÃO DAS CLÁUSULAS CONTRATUAIS. IMPOSSIBILIDADE. PREQUESTIONAMENTO. AUSÊNCIA.

(...) 2. Esta Corte tem o entendimento de que não se aplica a Teoria da Imprevisão para a recomposição do equilíbrio econômico-financeiro do contrato administrativo (Lei n. 8.666/1993, art. 65, II, "d") na hipótese de aumento salarial dos empregados da contratada em decorrência de dissídio coletivo, pois constitui evento certo que deveria ser levado em conta quando da efetivação da proposta.

(AgInt no REsp 1776360/AM, Rel. Ministro Gurgel de Faria, Primeira Turma, julgado em 16-11-2020, *DJe* 27-11-2020.)

LX – agente de contratação: pessoa designada pela autoridade competente, entre servidores efetivos ou empregados públicos dos quadros permanentes da Administração Pública, para tomar decisões, acompanhar o trâmite da licitação, dar impulso ao procedimento licitatório e executar quaisquer outras atividades necessárias ao bom andamento do certame até a homologação.

COMENTÁRIOS DOS AUTORES

A novel legislação traz, em seu art. 6º, tal qual a Lei n. 8.666/93, diversas definições e conceitos a embasar a sua aplicação. Trata-se de verdadeira interpretação autêntica, de natureza meramente exemplificativa, já que alguns vocábulos relevantes utilizados pela lei não contam com definição expressa neste dispositivo.

Alguns pontos merecem destaque e aprofundamento.

Contratado, a teor do inciso VIII, é o sujeito que participa da avença com a Administração Pública, podendo ser pessoa física, pessoa jurídica ou mesmo consórcio de empresas.

Na forma da Lei n. 8.666/93, a participação de consórcios nas licitações era uma opção discricionária da Administração, a depender de previsão expressa no instrumento convocatório e da observância dos requisitos elencados no art. 33:

Lei n. 8.666/93

Art. 33. Quando permitida na licitação a participação de empresas em consórcio, observar-se-ão as seguintes normas:

I – comprovação do compromisso público ou particular de constituição de consórcio, subscrito pelos consorciados;

II – indicação da empresa responsável pelo consórcio que deverá atender às condições de liderança, obrigatoriamente fixadas no edital;

III – apresentação dos documentos exigidos nos arts. 28 a 31 desta Lei por parte de cada consorciado, admitindo-se, para efeito de qualificação técnica, o somatório dos quantitativos de cada consorciado, e, para efeito de qualificação econômico-financeira, o somatório dos valores de cada consorciado, na proporção de sua respectiva participação, podendo a Administração estabelecer, para o consórcio, um acréscimo de até 30% (trinta por cento) dos valores exigidos para licitante individual, inexigível este acréscimo para os consórcios compostos, em sua totalidade, por micro e pequenas empresas assim definidas em lei;

IV – impedimento de participação de empresa consorciada, na mesma licitação, através de mais de um consórcio ou isoladamente;

V – responsabilidade solidária dos integrantes pelos atos praticados em consórcio, tanto na fase de licitação quanto na de execução do contrato.

Sob o regime anterior, portanto, omisso o edital, a participação de pessoas jurídicas em consórcio restava vedada.

Segundo o novo diploma, a regra é que o consórcio de empresas possa participar de licitação, salvo vedação devidamente justificada no processo licitatório. Para tanto, devem ser observadas as normas do art. 15, cujos comentários serão realizados em momento oportuno.

Uma das novidades trazidas pelo recém-aprovado diploma é a chamada "contratação integrada", cujo conceito é trazido no inciso XXXII do art. 6º e diz respeito à hipótese na qual o contratado é responsável por elaborar e desenvolver os projetos básico e executivo, além de executar a obra com todos os seus consectários.

Na contratação semi-integrada (inciso XXXIII), a seu turno, é excluída da responsabilidade do contratado a elaboração do projeto básico, remanescendo o dever de elaboração do projeto executivo e de execução da obra ou serviço de engenharia e fornecimento de bens.

Saliente-se, contudo, que a inovação diz respeito apenas ao âmbito das licitações, pois a contratação integrada já era prevista na Lei do Regime Diferenciado de Contratações Públicas – RDC (Lei n. 12.462/2011), revogada pelo novo diploma licitatório.

Imperioso destacar, desde já, que o regime de contratação integrada e semi-integrada é aplicável, nos termos do § 7º do art. 45 da mesma lei, às licitações para a contratação de obras, serviços e fornecimentos de engenharia cujos valores superem o previsto para os contratos de Parceria Público-Privada (PPP) no âmbito da administração pública, regidos pela Lei n. 11.079/2004 – é dizer: que superem o montante de R$ 10.000.000,00 (dez milhões de reais).

Se, contudo, a contratação integrada ou semi-integrada for destinada a viabilizar projetos de ciência, tecnologia, inovação e de ensino técnico ou superior, conforme veremos mais detalhadamente na análise do art. 45, § 8º, esse limite não se aplica.

Também de forma inovadora, a lei consagrou a modalidade de licitação do diálogo competitivo, de inspiração europeia[6], ao tempo em que extinguiu as modalidades da tomada de preços e do convite.

Em março de 2004, a União Europeia, visando otimizar os processos dos contratos públicos, por meio da Diretiva 2004/18/CE, consagrou o instituto do diálogo concorrencial, conceituado pelo documento (art. 1º, 11, c) nos seguintes termos:

Diálogo concorrencial é o procedimento em que qualquer operador econômico pode solicitar participar e em que a entidade adjudicante conduz um diálogo com os candidatos admitidos nesse procedimento, tendo em vista desenvolver uma ou várias soluções aptas a responder às suas necessidades e com base na qual, ou nas quais, os candidatos selecionados serão convidados a apresentar uma proposta.

A adoção do procedimento do diálogo concorrencial (ou competitivo) pelo legislador pátrio, por certo, adveio da inspiração europeia e da necessidade de superação de um modelo burocratizado e extremamente formalista das licitações, que acabava por trazer mais custos à Administração, além de afastar eventuais interessados com propostas mais vantajosas.

A nova modalidade de licitação implica a criação de um ambiente dialógico no qual os concorrentes, previamente selecionados mediante critérios objetivos, discutem e debatem amplamente as condições contratuais sob a intermediação do Poder Público.

Nesses debates, os licitantes vão desenvolver uma ou mais alternativas capazes de atender às necessidades da Administração Pública para, ao final do diálogo, apresentar uma proposta final de solução.

Fortalece-se, assim, o objetivo de selecionar a proposta mais vantajosa para a Administração (*vide* art. 11, I), capaz de atender efetivamente as necessidades administrativas, em clara valorização do princípio da eficiência, expressamente consagrado no art. 5º.

Ressalte-se, por oportuno, que a nova modalidade de licitação é reservada apenas para projetos de alta complexidade, cujas contratações envolvam: a) inovação tecnológica ou técnica; b) soluções que dependem de adaptação das opções disponíveis no mercado; ou, ainda, c) especificações que não podem ser definidas de forma suficiente pela Administração, observados os requisitos cumulativos consagrados no art. 32.

Segundo lição de José dos Santos Carvalho Filho[7], o catálogo eletrônico de padronização (conceito trazido no inciso LI) "configura-se como um sistema informatizado e centralizado, para permitir a padronização de itens a serem adquiridos pelas entidades (art. 67). Pode ser adotado para critérios de menor preço e maior desconto e deverá conter todos os documentos e procedimentos da fase interna da licitação, incluindo as especificações dos objetos".

A padronização do objeto da contratação, já prevista na Lei do RDC (art. 4º, I), tem como fundamento a redução de custos para a contratação, além de visar facilitar e otimizar a conservação dos bens e ampliar o universo de possíveis fornecedores, que competirão por meio do menor preço ou do maior desconto.

---

6   A modalidade licitatória foi incorporada por diversos países europeus, tais como: Portugal (artigos 30º e 204º a 218º do Código de Contratos Públicos), França (*Dialogue compétitif*: artigos 26, I, 3º, 36 e 67 do *Code des marchés publics*), Espanha (Diálogo Competitivo: artigos 163 a 167 da Lei 30/2007 – *Contratos del Sector Público*) etc.

7   CARVALHO FILHO, José dos Santos. *Manual de direito administrativo*. 34. ed. São Paulo: Atlas, 2020, p. 570.

Lei n. 12.462/2011

Art. 4º Nas licitações e contratos de que trata esta Lei serão observadas as seguintes diretrizes: I – padronização do objeto da contratação relativamente às especificações técnicas e de desempenho e, quando for o caso, às condições de manutenção, assistência técnica e de garantia oferecidas;

Nos incisos LVIII e LIX, são conceituados institutos essenciais à manutenção do equilíbrio econômico-financeiro do contrato: o reajustamento em sentido estrito e a repactuação, respectivamente.

O princípio da manutenção do equilíbrio econômico-financeiro do contrato tem respaldo no art. 37, XXI, da CF, que consagra a necessidade de manutenção das condições efetivas da proposta vencedora, definidas no momento de sua apresentação (e não no momento da assinatura do contrato).

CF/88

Art. 37, XXI – ressalvados os casos especificados na legislação, as obras, serviços, compras e alienações serão contratados mediante processo de licitação pública que assegure igualdade de condições a todos os concorrentes, com cláusulas que estabeleçam obrigações de pagamento, mantidas as condições efetivas da proposta, nos termos da lei, o qual somente permitirá as exigências de qualificação técnica e econômica indispensáveis à garantia do cumprimento das obrigações.

Ao longo de toda a execução do contrato, deverão ser preservados os termos da proposta, como forma de tutelar tanto os interesses do contratante quanto da própria Administração Pública.

O reajuste e a repactuação são espécies do gênero reajustamento, formas de reequilíbrio da equação econômico-financeira. O reajustamento em sentido estrito diz respeito à aplicação do índice de correção monetária previsto no contrato, o qual deve retratar a variação efetiva do custo de produção, admitida a adoção de índices específicos ou setoriais. É uma forma de evitar a perda do valor da moeda em face da inflação.

A repactuação, a seu turno, é forma de manutenção do equilíbrio econômico-financeiro de contrato utilizada para serviços contínuos com regime de dedicação exclusiva de mão de obra ou predominância de mão de obra, por meio da análise da variação dos custos contratuais, devendo estar prevista no edital com data vinculada à apresentação das propostas, para os custos decorrentes do mercado, e, com data vinculada ao acordo, à convenção coletiva ou ao dissídio coletivo ao qual o orçamento esteja vinculado, para os custos decorrentes da mão de obra.

Sobre o tema, José dos Santos Carvalho Filho explica:

Alguns contratos administrativos têm previsto outra forma de reequilíbrio além do reajuste: a repactuação. Ambos são espécies do gênero reajustamento. O reajuste ocorre quando há a fixação de índice geral ou específico que incide sobre o preço após determinado período (ex.: IPCA/IBGE). Na repactuação, a recomposição é efetivada com base na variação de custos de insumos previstos em planilha da qual se originou o preço (ex.: elevação salarial de categoria profissional por convenção coletiva de trabalho).
(CARVALHO FILHO, José dos Santos. *Manual de direito administrativo*. 34. ed. São Paulo: Atlas, 2020, p. 208.)

Dada a distinção, nada impede (como comumente ocorre) que os contratos prevejam as duas formas de reajustamento em sentido amplo, indicando as parcelas sobre as quais incidirá.

A criação da figura do agente de contratação (inciso LX), a seu turno, representa a integração de elementos gerenciais e de governança às normas de licitação e contrato, assemelhando-se à figura do pregoeiro, consagrada no art. 3º, IV, da Lei n. 10.520/2002.

Referido agente será incumbido de dar impulso ao procedimento licitatório, tomar decisões, acompanhar o trâmite da contratação e executar quaisquer atividades necessárias ao bom andamento da licitação.

A norma visa fomentar a profissionalização e certificação dos agentes públicos envolvidos no ciclo das contratações públicas, de modo a conferir maior eficácia ao procedimento, já constatada e experimentada como pregoeiro nos pregões administrativos.

Capítulo IV
DOS AGENTES PÚBLICOS

ARTIGO 7º

Art. 7º Caberá à autoridade máxima do órgão ou da entidade, ou a quem as normas de organização administrativa indicarem, promover gestão por competências e designar agentes públicos para o desempenho das funções essenciais à execução desta Lei que preencham os seguintes requisitos:

Decreto n. 1.024/2019

Art. 16. Caberá à autoridade máxima do órgão ou da entidade, ou a quem possuir a competência, designar agentes públicos para o desempenho das funções deste Decreto, observados os seguintes requisitos:

(...)

§ 3º Os órgãos e as entidades de que trata o § 1º do art. 1º estabelecerão planos de capacitação que contenham iniciativas de treinamento para a formação e a atualização técnica de pregoeiros, membros da equipe de apoio e demais agentes encarregados da instrução do processo licitatório, a serem implementadas com base em gestão por competências.

Art. 1º, § 1º A utilização da modalidade de pregão, na forma eletrônica, pelos órgãos da administração pública federal direta, pelas autarquias, pelas fundações e pelos fundos especiais é obrigatória.

I - sejam, preferencialmente, servidor efetivo ou empregado público dos quadros permanentes da Administração Pública;

Decreto n. 10.024/2019

Art. 16. Caberá à autoridade máxima do órgão ou da entidade, ou a quem possuir a competência, designar agentes públicos para o desempenho das funções deste Decreto, observados os seguintes requisitos:

I – o pregoeiro e os membros da equipe de apoio serão servidores do órgão ou da entidade promotora da licitação; e II – os membros da equipe de apoio serão, em sua maioria, servidores ocupantes de cargo efetivo, preferencialmente pertencentes aos quadros permanentes do órgão ou da entidade promotora da licitação.

II - tenham atribuições relacionadas a licitações e contratos ou possuam formação compatível ou qualificação atestada por certificação profissional emitida por escola de governo criada e mantida pelo poder público; e

III - não sejam cônjuge ou companheiro de licitantes ou contratados habituais da Administração nem tenham com eles vínculo de parentesco, colateral ou por afinidade, até o terceiro grau, ou de natureza técnica, comercial, econômica, financeira, trabalhista e civil.

§ 1º A autoridade referida no *caput* deste artigo deverá observar o princípio da segregação de funções, vedada a designação do mesmo agente público para atuação simultânea em funções mais suscetíveis a riscos, de modo a reduzir a possibilidade de ocultação de erros e de ocorrência de fraudes na respectiva contratação.

Jurisprudência do TCU:

Enunciado: Na realização de processos licitatórios deve ser observada a segregação de funções, não se admitindo o acúmulo de atribuições em desconformidade com tal princípio, a exemplo de um mesmo servidor ser integrante da comissão de licitação e responsável pelo setor de compras. [...] 16. Importa consignar que a conduta da Sra. [omissis] revelou-se inadequada, visto que, ao exercer a dupla função de elaborar os editais licitatórios e de participar do julgamento das propostas, desrespeitando o princípio de segregação de funções, ainda se permitiu alterar documentos utilizados nas licitações (subitem 4.2, retro), razão pela qual devem ser rejeitadas suas justificativas, com a imposição de sanção pecuniária. Tribunal de Contas da União.
(Acórdão n. 686/2011. Plenário. Relator: ANDRÉ DE CARVALHO.)

Enunciado: A segregação de funções, princípio básico de controle interno que consiste na separação de atribuições ou responsabilidades entre diferentes pessoas, deve possibilitar o controle das etapas do processo de pregão por setores distintos e impedir que a mesma pessoa seja responsável por mais de uma atividade sensível ao mesmo tempo. "[...] 25. A segregação de funções é princípio básico de controle interno que consiste na separação de atribuições ou responsabilidades entre diferentes pessoas, especialmente as funções ou atividades-chave de formalização, autorização, execução, atesto/aprovação, registro e revisão, facultando a revisão por setores diferentes nas várias etapas do processo e impedindo que a mesma pessoa seja responsável por mais de uma atividade sensível ao mesmo tempo, sem o devido controle". Tribunal de Contas da União.
(Acórdão 2829/2015. Plenário. RELATOR: BRUNO DANTAS.)

§ 2º O disposto no *caput* e no § 1º deste artigo, inclusive os requisitos estabelecidos, também se aplica aos órgãos de assessoramento jurídico e de controle interno da Administração.

ARTIGO 8º

Art. 8º A licitação será conduzida por agente de contratação, pessoa designada pela autoridade competente, entre servidores efetivos ou empregados públicos dos quadros permanentes da Administração Pública, para tomar decisões, acompanhar o trâmite da licitação, dar impulso ao procedimento licitatório e executar quaisquer outras atividades necessárias ao bom andamento do certame até a homologação.

Jurisprudência do TCU:

Enunciado: A comissão permanente ou especial de licitação deve conter, no mínimo, 03 (três) membros, sendo pelo menos dois deles servidores qualificados pertencentes aos quadros permanentes dos órgãos da Administração responsável pela licitação. [...] 7.4.2 Análise: a Lei n. 8.666/93, em seu art. 51, *caput*, dispõe que a habilitação preliminar, a inscrição em registro cadastral, a sua alteração ou cancelamento, e as propostas serão processadas e julgadas por comissão permanente ou especial de, no mínimo, 03 (três) membros, sendo pelo menos dois deles servidores qualificados pertencentes aos quadros permanentes dos órgãos da Administração responsável pela licitação. No caso do INCRA/AP, as comissões designadas por meio das Ordens de Serviço de n. 010/98, 012/98, 079/98 e 083/98 (vol. 1, fls. 75, 78/49 e 80) não atenderam o mandamento supra, uma vez que foi observado que dos três membros efe-

tivos daquelas comissões, dois deles não pertenciam ao quadro efetivo do órgão (vol. 1, fl. 85) (...). Tribunal de Contas da União.
(Acórdão 92/2003. Plenário. RELATOR: HUMBERTO GUIMARÃES SOUTO.)

Lei n. 8.666/93
Art. 51. A habilitação preliminar, a inscrição em registro cadastral, a sua alteração ou cancelamento, e as propostas serão processadas e julgadas por comissão permanente ou especial de, no mínimo, 3 (três) membros, sendo pelo menos 2 (dois) deles servidores qualificados pertencentes aos quadros permanentes dos órgãos da Administração responsáveis pela licitação. § 1º No caso de convite, a Comissão de licitação, excepcionalmente, nas pequenas unidades administrativas e em face da exiguidade de pessoal disponível, poderá ser substituída por servidor formalmente designado pela autoridade competente. § 2º A Comissão para julgamento dos pedidos de inscrição em registro cadastral, sua alteração ou cancelamento, será integrada por profissionais legalmente habilitados no caso de obras, serviços ou aquisição de equipamentos.

§ 1º O agente de contratação será auxiliado por equipe de apoio e responderá individualmente pelos atos que praticar, salvo quando induzido a erro pela atuação da equipe.
§ 2º Em licitação que envolva bens ou serviços especiais, desde que observados os requisitos estabelecidos no art. 7º desta Lei, o agente de contratação poderá ser substituído por comissão de contratação formada por, no mínimo, 3 (três) membros, que responderão solidariamente por todos os atos praticados pela comissão, ressalvado o membro que expressar posição individual divergente fundamentada e registrada em ata lavrada na reunião em que houver sido tomada a decisão.

Lei n. 8.666/93.
Art. 51, § 3º Os membros das Comissões de licitação responderão solidariamente por todos os atos praticados pela Comissão, salvo se posição individual divergente estiver devidamente fundamentada e registrada em ata lavrada na reunião em que tiver sido tomada a decisão.

§ 3º As regras relativas à atuação do agente de contratação e da equipe de apoio, ao funcionamento da comissão de contratação e à atuação de fiscais e gestores de contratos de que trata esta Lei serão estabelecidas em regulamento, e deverá ser prevista a possibilidade de eles contarem com o apoio dos órgãos de assessoramento jurídico e de controle interno para o desempenho das funções essenciais à execução do disposto nesta Lei.
§ 4º Em licitação que envolva bens ou serviços especiais cujo objeto não seja rotineiramente contratado pela Administração, poderá ser contratado, por prazo determinado, serviço de empresa ou de profissional especializado para assessorar os agentes públicos responsáveis pela condução da licitação.
§ 5º Em licitação na modalidade pregão, o agente responsável pela condução do certame será designado pregoeiro.

Lei n. 10.520/2002
Art. 3º A fase preparatória do pregão observará o seguinte:
(...)
IV – a autoridade competente designará, dentre os servidores do órgão ou entidade promotora da licitação, o pregoeiro e respectiva equipe de apoio, cuja atribuição inclui, dentre outras, o recebimento das propostas e lances, a análise de sua aceitabilidade e sua classificação, bem como a habilitação e a adjudicação do objeto do certame ao licitante vencedor.

COMENTÁRIOS DOS AUTORES

Como visto no art. 6º, LX, o agente de contratação é a "pessoa designada pela autoridade competente, entre servidores efetivos ou empregados públicos dos quadros permanentes da Administração Pública, para tomar decisões, acompanhar o trâmite da licitação, dar impulso ao procedimento licitatório e executar quaisquer outras atividades necessárias ao bom andamento da licitação".

Ao contrário do que previa a legislação revogada, a licitação agora deverá, como regra, ser acompanhada por órgão singular (o agente de contratação), em detrimento do órgão colegiado (comissão de contratação) previsto nos arts. 6º, XVI, e 51, ambos da Lei n. 8.666/93.

Excepcionalmente, em se tratando de licitação que envolva bens ou serviços especiais, referido agente poderá ser substituído por comissão de contratação formada de, no mínimo, 3 (três) membros.

Observe: aqui não há obrigatoriedade da formação da comissão, mas verdadeira discricionariedade da Administração pública.

Bens e serviços especiais, rememore-se, são aqueles que, por sua alta heterogeneidade ou complexidade, não podem ser descritos segundo padrões de desempenho e qualidade objetivamente definidos, por meio de especificações usais de mercado (*vide* art. 6º, XIII e XIV).

Saliente-se que, se, além da característica da especialidade ora descrita, os bens e serviços não forem rotineiramente contratados pela Administração, a comissão de contratação poderá contratar o serviço de empresa ou de profissional especializado para assessorá-la na condução da licitação, conforme prevê o art. 8º, § 4º.

Outra exceção prevista na lei a restringir a atuação do agente de contratação diz respeito ao procedimento licitatório realizado na modalidade de diálogo competitivo, o qual deverá ser conduzido por comissão de contratação composta de pelo menos 3 (três) servidores efetivos ou empregados públicos pertencentes aos quadros permanentes da Administração. Nesse caso, também é admitida a contratação de profissionais para assessoramento técnico da comissão, por expressa previsão do art. 32, § 1º, XI.

Em licitação na modalidade pregão, ademais, o agente responsável pela condução do certame será designado pregoeiro.

A lei consagra, ainda, a responsabilidade individual do agente de contratação pelos atos que praticar, salvo se induzido a erro pela atuação da equipe de apoio.

Se a licitação tiver sido conduzida por comissão de contratação, os seus integrantes responderão de modo solidário.

Se, contudo, algum dos membros expressar posição individual divergente fundamentada e registrada em ata lavrada na reunião em que houver sido tomada a decisão, não será responsabilizado. A razão de ser dessa exceção é bastante lógica: não se pode imputar a responsabilidade ao agente por um ato por ele não desejado e, aliás, por ele expressa e fundamentadamente rechaçado.

ARTIGOS 9º E 10

> **Art. 9º** É vedado ao agente público designado para atuar na área de licitações e contratos, ressalvados os casos previstos em lei:
> I – admitir, prever, incluir ou tolerar, nos atos que praticar, situações que:
> *a)* comprometam, restrinjam ou frustrem o caráter competitivo do processo licitatório, inclusive nos casos de participação de sociedades cooperativas;

Jurisprudência do TCU:

É irregular a vedação à participação de cooperativas em procedimento licitatório, ressalvados os casos em que o objeto social destas seja incompatível com o objeto do certame respectivo. "[...] 12. [...] Como bem destacou a Unidade Técnica, cooperativas são, por definição legal (art. 4º da Lei n. 5.764/71), sociedades de pessoas, com forma e natureza jurídica próprias, de natureza civil, não sujeitas a falência, constituídas para prestar serviços aos associados, ou a terceiros não associados, desde que, nesta última hipótese, não afrontem seus objetivos sociais. 13. Podem, portanto, como qualquer outra pessoa jurídica, celebrar contratos com terceiros. A única ressalva a esta liberdade diz respeito à vedação contida no art. 86 da mencionada Lei, no sentido de que o fornecimento de bens e serviços a terceiros, não cooperados, deve atender aos objetivos sociais da cooperativa. 14. Não há vedação legal, portanto, para que possam celebrar avenças com o Poder Público. Como frisado anteriormente, a licitação concretiza o princípio constitucional da impessoalidade e da igualdade, portanto, as restrições a terceiros contratar com a Administração somente podem ser aquelas previstas em lei e desde que limitadas à qualificação técnica e econômica indispensáveis à execução do contrato. [...]" Tribunal de Contas da União.
(Acórdão 22/2003. Relator: BENJAMIN ZYMLER.)

Súmula TCU 281: É vedada a participação de cooperativas em licitação quando, pela natureza do serviço ou pelo modo como é usualmente executado no mercado em geral, houver necessidade de subordinação jurídica entre o obreiro e o contratado, bem como de pessoalidade e habitualidade. Acórdão 1789/2012. Plenário. Relator: José Mucio Monteiro.

Lei n. 8.666/93

Art. 3º, § 1º É vedado aos agentes públicos:

I – admitir, prever, incluir ou tolerar, nos atos de convocação, cláusulas ou condições que comprometam, restrinjam ou frustrem o seu caráter competitivo, inclusive nos casos de sociedades cooperativas, e estabeleçam preferências ou distinções em razão da naturalidade, da sede ou domicílio dos licitantes ou de qualquer outra circunstância impertinente ou irrelevante para o específico objeto do contrato, ressalvado o disposto nos §§ 5º a 12 deste artigo e no art. 3º da Lei n. 8.248, de 23 de outubro de 1991;

(...)

§ 5º Nos processos de licitação, poderá ser estabelecida margem de preferência para:

I – produtos manufaturados e para serviços nacionais que atendam a normas técnicas brasileiras; e

II – bens e serviços produzidos ou prestados por empresas que comprovem cumprimento de reserva de cargos prevista em lei para pessoa com deficiência ou para reabilitado da Previdência Social e que atendam às regras de acessibilidade previstas na legislação.

§ 6º A margem de preferência de que trata o § 5º será estabelecida com base em estudos revistos periodicamente, em prazo não superior a 5 (cinco) anos, que levem em consideração:

I – geração de emprego e renda;

II – efeito na arrecadação de tributos federais, estaduais e municipais;

III – desenvolvimento e inovação tecnológica realizados no País;

IV – custo adicional dos produtos e serviços; e

V – em suas revisões, análise retrospectiva de resultados.

§ 7º Para os produtos manufaturados e serviços nacionais resultantes de desenvolvimento e inovação tecnológica realizados no País, poderá ser estabelecida margem de preferência adicional àquela prevista no § 5º.

§ 8º As margens de preferência por produto, serviço, grupo de produtos ou grupo de serviços, a que se referem os §§ 5º e 7º, serão definidas pelo Poder Executivo federal, não podendo a soma delas ultrapassar o montante de 25% (vinte e cinco por cento) sobre o preço dos produtos manufaturados e serviços estrangeiros.

§ 9º As disposições contidas nos §§ 5º e 7º deste artigo não se aplicam aos bens e aos serviços cuja capacidade de produção ou prestação no País seja inferior:

I – à quantidade a ser adquirida ou contratada; ou

II – ao quantitativo fixado com fundamento no § 7º do art. 23 desta Lei, quando for o caso.

§ 10. A margem de preferência a que se refere o § 5º poderá ser estendida, total ou parcialmente, aos bens e serviços originários dos Estados Partes do Mercado Comum do Sul – Mercosul.

§ 11. Os editais de licitação para a contratação de bens, serviços e obras poderão, mediante prévia justificativa da autoridade competente, exigir que o contratado promova, em favor de órgão ou entidade integrante da administração pública ou daqueles por ela indicados a partir de processo isonômico, medidas de compensação comercial, industrial, tecnológica ou acesso a condições vantajosas de financiamento, cumulativamente ou não, na forma estabelecida pelo Poder Executivo federal.

§ 12. Nas contratações destinadas à implantação, manutenção e ao aperfeiçoamento dos sistemas de tecnologia de informação e comunicação, considerados estratégicos em ato do Poder Executivo federal, a licitação poderá ser restrita a bens e serviços com tecnologia desenvolvida no País e produzidos de acordo com o processo produtivo básico de que trata a Lei n. 10.176, de 11 de janeiro de 2001.

Lei n. 8.248/91

Art. 3º Os órgãos e entidades da Administração Pública Federal, direta ou indireta, as fundações instituídas e mantidas pelo Poder Público e as demais organizações sob o controle direto ou indireto da União darão preferência, nas aquisições de bens e serviços de informática e automação, observada a seguinte ordem, a:

I – bens e serviços com tecnologia desenvolvida no País;

II – bens e serviços produzidos de acordo com processo produtivo básico, na forma a ser definida pelo Poder Executivo.

§ 1º (Revogado.)

§ 2º Para o exercício desta preferência, levar-se-ão em conta condições equivalentes de prazo de entrega, suporte de serviços, qualidade, padronização, compatibilidade e especificação de desempenho e preço.

§ 3º A aquisição de bens e serviços de informática e automação, considerados como bens e serviços comuns nos termos do parágrafo único do art. 1º da Lei n. 10.520, de 17 de julho de 2002, poderá ser realizada na modalidade pregão, restrita às empresas que cumpram o Processo Produtivo Básico nos termos desta Lei e da Lei n. 8.387, de 30 de dezembro de 1991.

Lei n. 8.429/92

Art. 10. Constitui ato de improbidade administrativa que causa lesão ao erário qualquer ação ou omissão, dolosa ou culposa, que enseje perda patrimonial, desvio, apropriação, malbaratamento ou dilapidação dos bens ou haveres das entidades referidas no art. 1º desta lei, e notadamente:

(...)

VIII – frustrar a licitude de processo licitatório ou de processo seletivo para celebração de parcerias com entidades sem fins lucrativos, ou dispensá-los indevidamente;

b) estabeleçam preferências ou distinções em razão da naturalidade, da sede ou do domicílio dos licitantes;
c) sejam impertinentes ou irrelevantes para o objeto específico do contrato;
II - estabelecer tratamento diferenciado de natureza comercial, legal, trabalhista, previdenciária ou qualquer outra entre empresas brasileiras e estrangeiras, inclusive no que se refere a moeda, modalidade e local de pagamento, mesmo quando envolvido financiamento de agência internacional;

Lei n. 8.666/93

Art. 3º, § 1º É vedado aos agentes públicos:

(...)

II – estabelecer tratamento diferenciado de natureza comercial, legal, trabalhista, previdenciária ou qualquer outra, entre empresas brasileiras e estrangeiras, inclusive no que se refere a moeda, modalidade e local de pagamentos, mesmo quando envolvidos financiamentos de agências internacionais, ressalvado o disposto no parágrafo seguinte e no art. 3º da Lei n. 8.248, de 23 de outubro de 1991.

Lei n. 8.248/91

Art. 3º Os órgãos e entidades da Administração Pública Federal, direta ou indireta, as fundações instituídas e mantidas pelo Poder Público e as demais organizações sob o controle direto ou indireto da União darão preferência, nas aquisições de bens e serviços de informática e automação, observada a seguinte ordem, a:

I – bens e serviços com tecnologia desenvolvida no País;

II – bens e serviços produzidos de acordo com processo produtivo básico, na forma a ser definida pelo Poder Executivo.

§ 2º Para o exercício desta preferência, levar-se-ão em conta condições equivalentes de prazo de entrega, suporte de serviços, qualidade, padronização, compatibilidade e especificação de desempenho e preço.

§ 3º A aquisição de bens e serviços de informática e automação, considerados como bens e serviços comuns nos termos do parágrafo único do art. 1º da Lei n. 10.520, de 17 de julho de 2002, poderá ser realizada na modalidade pregão, restrita às empresas que cumpram o Processo Produtivo Básico nos termos desta Lei e da Lei n. 8.387, de 30 de dezembro de 1991.

III - opor resistência injustificada ao andamento dos processos e, indevidamente, retardar ou deixar de praticar ato de ofício, ou praticá-lo contra disposição expressa em lei.
§ 1º Não poderá participar, direta ou indiretamente, da licitação ou da execução do contrato agente público de órgão ou entidade licitante ou contratante, devendo ser observadas as situações que possam configurar conflito de interesses no exercício ou após o exercício do cargo ou emprego, nos termos da legislação que disciplina a matéria.
§ 2º As vedações de que trata este artigo estendem-se a terceiro que auxilie a condução da contratação na qualidade de integrante de equipe de apoio, profissional especializado ou funcionário ou representante de empresa que preste assessoria técnica.

Jurisprudência do TCU:

Enunciado: O servidor efetivo ou investido em função, na condição de agente público, está impedido de participar, direta ou indiretamente, da licitação ou do fornecimento de bens necessários à instituição pública contratante. [...] Embora aleguem a inexistência de qualquer ingerência do Sr. [servidor do hospital] na administração da empresa, entendo que o fato de o Sr. [...], representante legal da empresa e genitor do referido servidor, ter omitido a referida circunstância nas declarações prestadas perante o HUSM acerca da existência de fato impeditivo para participar de licitação (fls. 244/247, vol. 1) , conforme exige a Lei n. 8.666/1993, é motivo suficiente a configurar fraude à licitação, já que a Lei é expressa ao vedar a participação, seja direta ou indireta, de servidor do órgão ou entidade contratante ou responsável pela licitação (art. 9º, inciso III) . Tribunal de Contas da União.

(Acórdão 3006/2006. Segunda Câmara. RELATOR: UBIRATAN AGUIAR.)

Jurisprudência do STJ:

ADMINISTRATIVO. LICITAÇÃO. SERVIDOR INTEGRANTE DA ENTIDADE CONTRATANTE. PARTICIPAÇÃO NO CERTAME COMO RESPONSÁVEL TÉCNICO. VEDAÇÃO LEGAL. CESSÃO. PROIBIÇÃO. MANUTENÇÃO. 1. O Plenário do STJ decidiu que "aos recursos interpostos com fundamento no CPC/1973 (relativos a decisões publicadas até 17 de março de 2016) devem ser exigidos os requisitos de admissibilidade na forma nele prevista, com as interpretações dadas até então pela jurisprudência do Superior Tribunal de Justiça" (Enunciado Administrativo n. 2). 2. Segundo o art. 9º, III, da Lei n. 8.666/1993, não poderá participar, direta ou indiretamente, da licitação ou da execução de obra ou serviço e do fornecimento de bens a eles necessários "servidor ou dirigente de órgão ou entidade contratante ou responsável pelo certame." 3. Tal vedação visa assegurar a garantia de tratamento isonômico entre os licitantes, permitindo-lhes participar da disputa em igualdade de condições. 4. Caso em que, a despeito de expressa vedação no edital, a Corte de origem assegurou a participação de empresa, ora recorrida, em licitação, da qual fora excluída por possuir em seu quadro de funcionários, como responsável técnica, servidora do Município responsável pela instauração do certame, haja vista achar-se cedida. 5. A cessão do servidor municipal para atuar em órgão federal não tem o condão afastar aquela regra proibitiva, pois a cessão conserva o vínculo do servidor com o órgão cedente, cuja natureza definitiva é mantida, havendo apenas o desdobramento da lotação e do exercício do servidor. 6. Em situação similar, este Tribunal já entendeu que "O fato de estar o servidor licenciado, à época do certame, não ilide a aplicação do referido preceito legal, eis que não deixa de ser funcionário o servidor em gozo de licença" (REsp 1607715/AL, Rel. Ministro HERMAN BENJAMIN, SEGUNDA TURMA, julgado em 07/03/2017, DJe 20/04/2017). 7. A Corte de Contas, tal como a doutrina especializada, tem feito uma interpretação sistemática e analógica do art. 9º, III e §§ 3º e 4º, da Lei de Licitações para "elastecer a hipótese de vedação da participação indireta de servidor ou dirigente de órgão e entidade com o prestador de serviço". 8. A vinculação da servidora com Secretaria Municipal diversa daquela que deflagrou a disputa não esvazia o vínculo funcional apto a, em tese, restringir o caráter competitivo da disputa. 9. Recurso especial provido para restabelecer a sentença.

(REsp 1629541/MA, Rel. Ministro GURGEL DE FARIA, PRIMEIRA TURMA, julgado em 5-5-2020, DJe 15-5-2020.)

Lei n. 8.666/93

Art. 9º Não poderá participar, direta ou indiretamente, da licitação ou da execução de obra ou serviço e do fornecimento de bens a eles necessários:

(...)

III – servidor ou dirigente de órgão ou entidade contratante ou responsável pela licitação.

Art. 10. Se as autoridades competentes e os servidores públicos que tiverem participado dos procedimentos relacionados às licitações e aos contratos de que trata esta Lei precisarem defender-se nas esferas administrativa, controladora ou judicial em razão de ato praticado com estrita observância de orientação constante em parecer jurídico elaborado na forma do **§ 1º do art. 53 desta Lei**, a advocacia pública promoverá, a critério do agente público, sua representação judicial ou extrajudicial.

§ 1º Não se aplica o disposto no *caput* deste artigo quando:

I – (*Vetado*.)

II – provas da prática de atos ilícitos dolosos constarem nos autos do processo administrativo ou judicial.

§ 2º Aplica-se o disposto no *caput* deste artigo inclusive na hipótese de o agente público não mais ocupar o cargo, emprego ou função em que foi praticado o ato questionado.

COMENTÁRIOS DOS AUTORES

Com vistas a assegurar o **princípio da isonomia** no procedimento licitatório, o art. 9º consagra uma série de vedações aplicáveis tanto ao agente público designado para atuar na área de licitações e contratos quanto ao terceiro que auxilie a condução da contratação na qualidade de integrante de equipe de apoio, profissional especializado ou funcionário ou representante de empresa que preste assessoria técnica.

A igualdade de condições entre os concorrentes, aliás, é fruto de mandamento constitucional, espraiado nos arts. 5º, *caput*, e 37, XXI, a ser observada ao longo de toda a contratação, incluindo até mesmo a fase de elaboração do ato convocatório.

Constituição Federal

Art. 5º Todos são iguais perante a lei, sem distinção de qualquer natureza, garantindo-se aos brasileiros e aos estrangeiros residentes no País a inviolabilidade do direito à vida, à liberdade, à igualdade, à segurança e à propriedade, nos termos seguintes:

Art. 37. A administração pública direta e indireta de qualquer dos Poderes da União, dos Estados, do Distrito Federal e dos Municípios obedecerá aos princípios de legalidade, impessoalidade, moralidade, publicidade e eficiência e, também, ao seguinte:

(...)

XXI – ressalvados os casos especificados na legislação, as obras, serviços, compras e alienações serão contratados mediante processo de licitação pública que assegure igualdade de condições a todos os concorrentes, com cláusulas que estabeleçam obrigações de pagamento, mantidas as condições efetivas da proposta, nos termos da lei, o qual somente permitirá as exigências de qualificação técnica e econômica indispensáveis à garantia do cumprimento das obrigações.

Sob esse prisma, eventuais discriminações devem ser pautadas no princípio da proporcionalidade (adequadas, necessárias e proporcionais em sentido estrito), além de deverem estrita observância aos valores constitucionais ou legais e de serem vinculadas ao objeto da licitação.

É inconstitucional, por exemplo, o preceito, segundo o qual, na análise de licitações, serão considerados, para averiguação da proposta mais vantajosa, entre outros itens, os valores relativos aos impostos pagos à Fazenda Pública daquele Estado-membro. Trata-se de critério que, segundo o Supremo Tribunal Federal (ADI 3070, j. em 29-11-2007), afronta ao princípio da isonomia, da igualdade entre todos quantos pretendam acesso às contratações da Administração.

Sob a regência da Lei n. 8.666/93, o Superior Tribunal de Justiça consagrou entendimento de que não fere, entretanto, a igualdade entre os licitantes, tampouco a ampla competitividade entre eles, o condicionamento editalício referente à experiência prévia dos concorrentes no âmbito do objeto licitado, a pretexto de demonstração de qualificação técnica, nos termos do art. 30, inc. II, da mencionada lei (STJ, REsp 1.257.886-PE, julgado em 3-11-2011).

Grande divergência doutrinária e jurisprudencial correlata ao tema da isonomia existia quanto à participação de cooperativas nas licitações públicas, sintetizada, segundo lição de Rafael Oliveira[8], em três entendimentos:

1º entendimento: Alguns autores vedam a participação de cooperativas em licitações, pois essas entidades, em razão dos privilégios trabalhistas e tributários, sempre apresentariam melhores preços, sagrando-se vencedoras.

2º entendimento: Outros autores admitem a participação, mas exigem que as propostas das cooperativas levem em consideração os encargos trabalhistas e tributários para igualar as condições com as demais empresas licitantes. O regime próprio da cooperativa aplica-se exclusivamente no relacionamento entre a cooperativa e seus associados, mas não em relação aos atos de mercado comum. Nesse sentido: Marçal Justen Filho, José dos Santos Carvalho Filho.

3º entendimento: Por fim, parte da doutrina admite a participação em licitações, uma vez que o próprio texto constitucional exigiu tratamento diferenciado às cooperativas (art. 5º, XVIII; art. 146, III, "c"; e art. 174, § 2º, da CRFB). Nesse sentido: Marcos Juruena Ville Souto e Jessé Torres Pereira Junior.

A despeito de previsão similar já constar da Lei n. 8.666/93, o legislador parece querer pôr um fim às discussões, consagrando expressamente ser vedado ao agente de contratações (bem como ao integrante de comissão de contratação), ressalvados os casos previstos em lei, admitir, prever, incluir ou tolerar, nos atos que praticar, situações que comprometam, restrinjam ou frustrem o caráter competitivo do processo licitatório, inclusive nos casos de participação de sociedades cooperativas.

Essa orientação, inclusive, há muito já restava consagrada no âmbito do Tribunal de Contas da União, que, em seu enunciado sumular de n. 281 consagrava ser "vedada a participação de cooperativas em licitação quando, pela natureza do serviço ou pelo modo como é usualmente executado no mercado em geral, houver necessidade de subordinação jurídica entre o obreiro e o contratado, bem como de pessoalidade e habitualidade".

A licitação, aliás, concretiza o princípio constitucional da impessoalidade e da igualdade, portanto, as restrições a terceiros contratar com a Administração somente podem ser aquelas previstas em lei e desde que limitadas à qualificação técnica e econômica indispensáveis à execução do contrato.

---

8 OLIVEIRA, Rafael Carvalho Rezende. *Licitações e contratos administrativos*: teoria e prática. 9. ed. Rio de Janeiro: Forense; São Paulo: Método, 2020, p. 175.

Título II
DAS LICITAÇÕES

Capítulo I
DO PROCESSO LICITATÓRIO

ARTIGO 11

Art. 11. O processo licitatório tem por objetivos:
I – assegurar a seleção da proposta apta a gerar o resultado de contratação mais vantajoso para a Administração Pública, inclusive no que se refere ao ciclo de vida do objeto;
II – assegurar tratamento isonômico entre os licitantes, bem como a justa competição;
III – evitar contratações com sobrepreço ou com preços manifestamente inexequíveis e superfaturamento na execução dos contratos;
IV – incentivar a inovação e o desenvolvimento nacional sustentável.

Jurisprudência do TCU:
Súmula 262: O critério definido no art. 48, inciso II, § 1º, alíneas "a" e "b", da Lei n. 8.666/93 conduz a uma presunção relativa de inexequibilidade de preços, devendo a Administração dar à licitante a oportunidade de demonstrar a exequibilidade da sua proposta.
(Acórdão n. 3240 – TCU – Plenário, 1º de dezembro de 2010.)

Jurisprudência do STJ:
ADMINISTRATIVO. RECURSO ESPECIAL SOB O RITO DOS RECURSOS REPETITIVOS. ARTS. 40, INC. X, E 48, §§ 1º E 2º, DA LEI N. 8.666/1993. CLÁUSULA EDITALÍCIA EM LICITAÇÃO/PREGÃO. FIXAÇÃO DE PERCENTUAL MÍNIMO REFERENTE À TAXA DE ADMINISTRAÇÃO. INTUITO DE OBSTAR EVENTUAIS PROPOSTAS, EM TESE, INEXEQUÍVEIS. DESCABIMENTO. BUSCA DA PROPOSTA MAIS VANTAJOSA PARA A ADMINISTRAÇÃO. CARÁTER COMPETITIVO DO CERTAME. ENTENDIMENTO CONSOLIDADO NO TCU. EXISTÊNCIA DE OUTRAS GARANTIAS CONTRA AS PROPOSTAS INEXEQUÍVEIS NA LEGISLAÇÃO. RECURSO ESPECIAL CONHECIDO E IMPROVIDO. RECURSO JULGADO SOB A SISTEMÁTICA DO ART. 1.036 E SEGUINTES DO CPC, C/C O ART. 256-N E SEGUINTES DO REGIMENTO INTERNO DO STJ. 1. O objeto da presente demanda é definir se o ente público pode estipular cláusula editalícia em licitação/pregão prevendo percentual mínimo referente à taxa de administração, como forma de resguardar-se de eventuais propostas, em tese, inexequíveis. 2. Não merece acolhida a preliminar de não conhecimento. A inexequibilidade do contrato, no caso concreto, não consistiu em objeto de apreciação do aresto impugnado, cujo foco se limitou a deixar expresso que o art. 40, X, da Lei n. 8.666/1993, ao impedir a limitação de preços mínimos no edital, aplica-se à taxa de administração. O que o acórdão recorrido decidiu foi a ilegalidade da cláusula editalícia que previu percentual mínimo de 1% (um por cento), não chegando ao ponto de analisar fatos e provas em relação às propostas específicas apresentadas pelos concorrentes no certame. 3. Conforme informações prestadas pelo Núcleo de Gerenciamento de Precedentes deste Tribunal, "quanto ao aspecto numérico, a Vice-Presidência do Tribunal de origem, em auxílio a esta Corte, apresenta às e-STJ, fls. 257-264, listagem com 140 processos em tramitação nas Câmaras de

70 Artigo 11 Nova Lei de Licitações Comentada e Referenciada

Direito Público ou no Órgão Especial do Tribunal cearense em que se discutem a mesma controvérsia destes autos. Não obstante, é possível inferir haver grande potencial de repetição de processos em todo o território nacional em virtude da questão jurídica discutida nos autos relacionada ao processo licitatório e à possibilidade de a administração fixar valor mínimo de taxa de administração". Tudo isso a enfatizar a importância de que o STJ exerça sua função primordial de uniformizar a interpretação da lei federal no Brasil, evitando que prossigam as controvérsias sobre matéria de tão alto relevo e repercussão no cotidiano da Administração Pública em seus diversos níveis, com repercussão direta nos serviços prestados à população e na proteção dos cofres públicos. 4. A fixação de percentual mínimo de taxa de administração em edital de licitação/pregão fere expressamente a norma contida no inciso X do art. 40 da Lei n. 8.666/1993, que veda "a fixação de preços mínimos, critérios estatísticos ou faixas de variação em relação a preços de referência". 5. A própria Lei de Licitações, a exemplo dos §§ 1º e 2º do art. 48, prevê outros mecanismos de combate às propostas inexequíveis em certames licitatórios, permitindo que o licitante preste garantia adicional, tal como caução em dinheiro ou em títulos da dívida pública, seguro-garantia e fiança bancária. 6. Sendo o objetivo da licitação selecionar a proposta mais vantajosa para a Administração consoante expressamente previsto no art. 3º da Lei n. 8.666/1993 , a fixação de um preço mínimo atenta contra esse objetivo, especialmente considerando que um determinado valor pode ser inexequível para um licitante, porém exequível para outro. Precedente do TCU. 7. Deve a Administração, portanto, buscar a proposta mais vantajosa; em caso de dúvida sobre a exequibilidade, ouvir o respectivo licitante; e, sendo o caso, exigir-lhe a prestação de garantia. Súmula 262/TCU. Precedentes do STJ e do TCU. 8. Nos moldes da Súmula 331/TST, a responsabilidade da Administração Pública pelo inadimplemento das obrigações trabalhistas por parte da empresa contratada é subsidiária. A efetiva fiscalização da prestadora de serviço quanto ao cumprimento das obrigações contratuais e legais, especialmente o adimplemento dos encargos trabalhistas, previdenciários e fiscais, afasta a responsabilização do ente público, diante da inexistência de conduta culposa. Não é necessário, portanto, fixar-se um percentual mínimo de taxa de administração no edital de licitação para evitar tal responsabilização. 9. Cuida-se a escolha da taxa de administração, como se vê, de medida compreendida na área negocial dos interessados, a qual fomenta a competitividade entre as empresas que atuam nesse mercado, em benefício da obtenção da melhor proposta pela Administração Pública. 10. Tese jurídica firmada: "Os editais de licitação ou pregão não podem conter cláusula prevendo percentual mínimo referente à taxa de administração, sob pena de ofensa ao artigo 40, inciso X, da Lei n. 8.666/1993." 11. Recurso especial conhecido e improvido, nos termos da fundamentação. 12. Recurso julgado sob a sistemática do art. 1.036 e seguintes do CPC e art. 256-N e seguintes do Regimento Interno desta Corte Superior.
(REsp 1840113/CE, Rel. Ministro OG FERNANDES, PRIMEIRA SEÇÃO, julgado em 23-9-2020, *DJe* 23-10-2020.)

Jurisprudência do STF:

EMENTA: AÇÃO DIRETA DE INCONSTITUCIONALIDADE. ARTIGO 11, § 4º, DA CONSTITUIÇÃO DO ESTADO DO RIO GRANDE DO NORTE. LICITAÇÃO. ANÁLISE DE PROPOSTA MAIS VANTAJOSA. CONSIDERAÇÃO DOS VALORES RELATIVOS AOS IMPOSTOS PAGOS À FAZENDA PÚBLICA DAQUELE ESTADO. DISCRIMINAÇÃO ARBITRÁRIA. LICITAÇÃO. ISONOMIA, PRINCÍPIO DA IGUALDADE. DISTINÇÃO ENTRE BRASILEIROS. AFRONTA AO DISPOSTO NOS ARTIGOS 5º, "CAPUT"; 19, INCISO III; 37, INCISO XXI, E 175, DA CONSTITUIÇÃO DO BRASIL. 1. É inconstitucional o preceito, segundo o qual, na análise de licitações, serão considerados, para averiguação da proposta mais vantajosa, entre outros itens os

valores relativos aos impostos pagos à Fazenda Pública daquele Estado-membro. Afronta ao princípio da isonomia, igualdade entre todos quantos pretendam acesso às contratações da Administração. 2. A Constituição do Brasil proíbe a distinção entre brasileiros. A concessão de vantagem ao licitante que suporta maior carga tributária no âmbito estadual é incoerente com o preceito constitucional desse inciso III do artigo 19. 3. A licitação é um procedimento que visa à satisfação do interesse público, pautando-se pelo princípio da isonomia. Está voltada a um duplo objetivo: o de proporcionar à Administração a possibilidade de realizar o negócio mais vantajoso – o melhor negócio – e o de assegurar aos administrados a oportunidade de concorrerem, em igualdade de condições, à contratação pretendida pela Administração. Imposição do interesse público, seu pressuposto é a competição. Procedimento que visa à satisfação do interesse público, pautando-se pelo princípio da isonomia, a função da licitação é a de viabilizar, através da mais ampla disputa, envolvendo o maior número possível de agentes econômicos capacitados, a satisfação do interesse público. A competição visada pela licitação, a instrumentar a seleção da proposta mais vantajosa para a Administração, impõe-se seja desenrolada de modo que reste assegurada a igualdade (isonomia) de todos quantos pretendam acesso às contratações da Administração. 4. A lei pode, sem violação do princípio da igualdade, distinguir situações, a fim de conferir a uma tratamento diverso do que atribui a outra. Para que possa fazê-lo, contudo, sem que tal violação se manifeste, é necessário que a discriminação guarde compatibilidade com o conteúdo do princípio. 5. A Constituição do Brasil exclui quaisquer exigências de qualificação técnica e econômica que não sejam indispensáveis à garantia do cumprimento das obrigações. A discriminação, no julgamento da concorrência, que exceda essa limitação é inadmissível. 6. Ação direta julgada procedente para declarar inconstitucional o § 4º do artigo 111 da Constituição do Estado do Rio Grande do Norte
(ADI 3070, Relator(a): EROS GRAU, Tribunal Pleno, julgado em 29-11-2007, *DJe*-165 DIVULG 18-12-2007 PUBLIC 19-12-2007 *DJ* 19-12-2007 PP-00013 EMENT VOL-02304-01 PP-00018 RTJ VOL-00204-03 PP-01123.)

Lei n. 8.666/93

Art. 3º A licitação destina-se a garantir a observância do princípio constitucional da isonomia, a seleção da proposta mais vantajosa para a administração e a promoção do desenvolvimento nacional sustentável e será processada e julgada em estrita conformidade com os princípios básicos da legalidade, da impessoalidade, da moralidade, da igualdade, da publicidade, da probidade administrativa, da vinculação ao instrumento convocatório, do julgamento objetivo e dos que lhes são correlatos.

Lei n. 12.462/2011

Art. 1º É instituído o Regime Diferenciado de Contratações Públicas (RDC), aplicável exclusivamente às licitações e contratos necessários à realização: (...)

§ 1º O RDC tem por objetivos:

I – ampliar a eficiência nas contratações públicas e a competitividade entre os licitantes;

II – promover a troca de experiências e tecnologias em busca da melhor relação entre custos e benefícios para o setor público;

III – incentivar a inovação tecnológica; e

IV – assegurar tratamento isonômico entre os licitantes e a seleção da proposta mais vantajosa para a administração pública.

Lei n. 13.303/2016

Art. 31. As licitações realizadas e os contratos celebrados por empresas públicas e sociedades de economia mista destinam-se a assegurar a seleção da proposta mais vantajosa, inclusive no que se refere ao ciclo de vida do objeto, e a evitar operações em que se caracterize sobrepreço ou superfaturamento, devendo observar os princípios da impessoalidade, da moralidade, da igualdade, da publicidade, da eficiência, da probidade administrativa, da economicidade, do desenvolvimento nacional sustentável, da vinculação ao instrumento convocatório, da obtenção de competitividade e do julgamento objetivo.

§ 1º Para os fins do disposto no *caput*, considera-se que há:

I – sobrepreço quando os preços orçados para a licitação ou os preços contratados são expressivamente superiores aos preços referenciais de mercado, podendo referir-se ao valor unitário de um item, se a licitação ou a contratação for por preços unitários de serviço, ou ao valor global do objeto, se a licitação ou a contratação for por preço global ou por empreitada;

II – superfaturamento quando houver dano ao patrimônio da empresa pública ou da sociedade de economia mista caracterizado, por exemplo:

a) pela medição de quantidades superiores às efetivamente executadas ou fornecidas;

b) pela deficiência na execução de obras e serviços de engenharia que resulte em diminuição da qualidade, da vida útil ou da segurança;

c) por alterações no orçamento de obras e de serviços de engenharia que causem o desequilíbrio econômico-financeiro do contrato em favor do contratado;

d) por outras alterações de cláusulas financeiras que gerem recebimentos contratuais antecipados, distorção do cronograma físico-financeiro, prorrogação injustificada do prazo contratual com custos adicionais para a empresa pública ou sociedade de economia mista ou reajuste irregular de preços.

Decreto Federal n. 7.746/12 (regulamenta o art. 3º da Lei n. 8.666/93, para estabelecer critérios, práticas e diretrizes para a promoção do desenvolvimento nacional sustentável nas contratações realizadas pela administração pública federal).

Parágrafo único. A alta administração do órgão ou entidade é responsável pela governança das contratações e deve implementar processos e estruturas, inclusive de gestão de riscos e controles internos, para avaliar, direcionar e monitorar os processos licitatórios e os respectivos contratos, com o intuito de alcançar os objetivos estabelecidos no *caput* deste artigo, promover um ambiente íntegro e confiável, assegurar o alinhamento das contratações ao planejamento estratégico e às leis orçamentárias e promover eficiência, efetividade e eficácia em suas contratações.

Jurisprudência do TCU:

Enunciado: Com vistas ao aperfeiçoamento de aquisições centralizadas, é recomendável que a Administração Pública realize a gestão de risco de suas compras, principalmente quanto à sustentabilidade do fornecimento, de modo a evitar a monopolização do mercado e a imposição de barreiras à entrada de empresas que não possuam expertise no fornecimento de grandes quantidades de bens e serviços. "[...] 11. Passando à metodologia constante neste relatório de auditoria, convém notar que, não obstante o objetivo inicial visasse a avaliação dos procedimentos daquela Central de Compras segundo aspectos estratégico, sustentabilidade e desenvolvimento social, riscos e oportunidades, legalidade, legitimidade e economicidade, o trabalho não os abordou de forma pontual, sendo estruturado de forma diversa, segundo a qual foram destacados (a) os riscos existentes, (b) alguns aspectos relacionados à sustentabilidade das contratações; (c) recomendações de governança de aquisições; e (d) sugestões para a estrutura da Central de Compras. 12. Em relação aos riscos existentes nos procedimentos conduzidos pela Central de Compras, foram identificados pela unidade técnica riscos similares àqueles observados ao tempo do processo TC Processo 020.127/2015-4, ou seja, remanescem a possibilidade de haver grande concentração de mercado, prejudicial à estrutura concorrencial; as deficiências no planejamento de licitações conduzidas pela unidade; e a concentração de recursos em grandes contratações por uma única unidade. 13. Intrinsecamente ligados aos riscos são as ponderações relacionadas à sustentabilidade das aquisições promovidas pela Central de Compras, pois identificou-se que as compras centralizadas, em virtude da materialidade e abrangência envolvidas, podem afetar, de forma significativa, a configuração do mercado fornecedor." Tribunal de Contas da União.

(Acórdão 2348/2017. Plenário. RELATOR: BENJAMIN ZYMLER.)

Decreto n. 9.203/2017 (Dispõe sobre a política de governança da administração pública federal direta, autárquica e fundacional.)

COMENTÁRIOS DOS AUTORES

A licitação é um procedimento administrativo formal prévio aos contratos administrativos destinado a garantir que a Administração contrate a melhor proposta dentre os vários possíveis interessados.

Mas não é só.

A seleção da proposta mais vantajosa deve observar, ainda, a necessidade de assegurar tratamento isonômico aos licitantes, que concorrerão mediante justa competição; deve evitar contratações com sobrepreço ou com preços manifestamente inexequíveis e superfaturamento na execução dos contratos; além de incentivar a inovação e o desenvolvimento nacional sustentável.

Fala-se, hodiernamente, em "função regulatória" ou extraeconômica da licitação, é dizer, a utilização do procedimento licitatório para tutelar outros fins para além da seleção da melhor proposta para a Administração Pública. Visa-se, com a licitação, promover valores constitucionais e legais, a exemplo da sustentabilidade ambiental.

Para regulamentar a temática do desenvolvimento nacional sustentável no âmbito das licitações (consagrada no art. 3º da Lei n. 8.666/93), foi promulgado o Decreto n. 7.746/2012, que estabelece "critérios e práticas para a promoção do desenvolvimento nacional sustentável por meio das contratações realizadas pela administração pública federal direta, autárquica e fundacional e pelas empresas estatais dependentes, e institui a Comissão Interministerial de Sustentabilidade na Administração Pública – CISAP".

De acordo com o art. 4º do mencionado Decreto, são considerados critérios e práticas sustentáveis, entre outras:

I – baixo impacto sobre recursos naturais como flora, fauna, ar, solo e água;

II – preferência para materiais, tecnologias e matérias-primas de origem local;

III – maior eficiência na utilização de recursos naturais como água e energia;

IV – maior geração de empregos, preferencialmente com mão de obra local;

V – maior vida útil e menor custo de manutenção do bem e da obra;

VI – uso de inovações que reduzam a pressão sobre recursos naturais;

VII – origem sustentável dos recursos naturais utilizados nos bens, nos serviços e nas obras; e

VIII – utilização de produtos florestais madeireiros e não madeireiros originários de manejo florestal sustentável ou de reflorestamento.

A despeito de regulamentar a lei revogada, entendemos serem aplicáveis os mesmos critérios. Em síntese: deve-se buscar conjugar critérios de sustentabilidade ambiental no procedimento licitatório, pois o meio ambiente é bem de uso comum do povo e direito fundamental de terceira dimensão expressamente tutelado pela CF/88 (art. 225).

ARTIGO 12

> **Art. 12.** No processo licitatório, observar-se-á o seguinte:
> I – os documentos serão produzidos por escrito, com data e local de sua realização e assinatura dos responsáveis;
> II – os valores, os preços e os custos utilizados terão como expressão monetária a moeda corrente nacional, ressalvado o disposto no art. 52 desta Lei;
> III – o desatendimento de exigências meramente formais que não comprometam a aferição da qualificação do licitante ou a compreensão do conteúdo de sua proposta não importará seu afastamento da licitação ou a invalidação do processo;
> IV – a prova de autenticidade de cópia de documento público ou particular poderá ser feita perante agente da Administração, mediante apresentação de original ou de declaração de autenticidade por advogado, sob sua responsabilidade pessoal;

Jurisprudência do TCU:

Enunciado: É ilegal a exigência de autenticação de documentos previamente à abertura dos documentos de habilitação da licitante, em dissonância ao disposto no art. 32 da Lei 8.666/1993, que não estabelece nenhuma restrição temporal. A comissão de licitação pode realizar a autenticação dos documentos apresentados por meio de cópia na própria sessão de entrega e abertura das propostas, em atenção aos princípios do formalismo moderado e da seleção da proposta mais vantajosa para a Administração, e em consonância com o art. 43, § 3º, da Lei 8.666/1993. "[...] 17. Nesse sentido, a jurisprudência do TCU é pacífica, a exemplo do enunciado do Acórdão 357/2015-TCU-Plenário: 1. O intuito basilar dos regramentos que orientam as aquisições pela Administração Pública é a contratação da proposta que lhe seja mais vantajosa, obedecidos os princípios básicos da legalidade, da impessoalidade, da moralidade, da igualdade, da publicidade, da probidade administrativa, da vinculação ao instrumento convocatório, do julgamento objetivo e dos que lhes são correlatos. 2. No curso de procedimentos licitatórios, a Administração Pública deve pautar-se pelo princípio do formalismo moderado, que prescreve a adoção de formas simples e suficientes para propiciar adequado grau de certeza, segurança e respeito aos direitos dos administrados, promovendo, assim, a prevalência do conteúdo sobre o formalismo extremo, respeitadas, ainda, as praxes essenciais à proteção das prerrogativas dos administrados. 18. O STF também já se manifestou em questão semelhante (RMS n. 23.714/DF, 1ª T., em 5/9/2000), tendo entendido que: Licitação: irregularidade formal na proposta vencedora que, por sua irrelevância não gera nulidade [...] Se a irregularidade praticada pela licitante vencedora a ela não trouxe vantagem, nem implicou desvantagem para as demais participantes, não resultando assim em ofensa à igualdade; se o vício apontado não interfere no julgamento objetivo da proposta, e se não se vislumbra ofen-

sa aos demais princípios exigíveis na atuação da Administração Pública, correta é a adjudicação do objeto da licitação à licitante que ofereceu a proposta mais vantajosa, em prestígio do interesse público, escopo da atividade administrativa. 19. Se houvesse alguma dúvida quanto à autenticidade dos documentos apresentados para comprovar a habilitação das empresas em disputa, os responsáveis pela condução do certame deveriam promover diligências para aclarar os fatos e confirmar o conteúdo dos documentos que serviriam de base para a tomada de decisão da Administração (art. 43, § 3º, da Lei 8.666/1993), e não desclassificar sumariamente a participante da licitação. Tribunal de Contas da União.
(Acórdão 2835/2016. Plenário. RELATOR: BENJAMIN ZYMLER.)

V - o reconhecimento de firma somente será exigido quando houver dúvida de autenticidade, salvo imposição legal;

Jurisprudência do TCU:

Enunciado: A exigência de reconhecimento de firma em documentos apenas pode ser feita em caso de dúvida quanto à autenticidade da assinatura e se houver prévia previsão editalícia. "[...] 9.3.4. a inabilitação de empresa devido à ausência de reconhecimento de firma, exigência essa que apenas pode ser feita em caso de dúvida da autenticidade da assinatura e com prévia previsão editalícia, conforme entendimento desta Corte, a exemplo dos Acórdão 3966/2009-TCU-Segunda Câmara e 291/2014 – Plenário. Tribunal de Contas da União.
(Acórdão 1301/2015. Plenário. RELATOR: AUGUSTO SHERMAN.)

VI - os atos serão preferencialmente digitais, de forma a permitir que sejam produzidos, comunicados, armazenados e validados por meio eletrônico;

Jurisprudência TCU:

Enunciado: 1. É irregular a não aceitação, para fins de certificação de documentação de habilitação, de autenticação digital feita por cartório competente. "[...] 15. A respeito da não aceitação de autenticação digital feita por cartório competente, não se fundamenta a alegação apresentada pelo Município de que a medida, adotada no âmbito do poder discricionário da Administração, visa garantir a confiabilidade dos documentos apresentados, uma vez que a autenticação digital ocorre à distância, não havendo visualização do documento original para verificação da autenticidade. Tribunal de Contas da União.
(Acórdão 802/2016. Plenário. Relator: AUGUSTO SHERMAN.)

VII - a partir de documentos de formalização de demandas, os órgãos responsáveis pelo planejamento de cada ente federativo poderão, na forma de regulamento, elaborar plano de contratações anual, com o objetivo de racionalizar as contratações dos órgãos e entidades sob sua competência, garantir o alinhamento com o seu planejamento estratégico e subsidiar a elaboração das respectivas leis orçamentárias.
§ 1º O plano de contratações anual de que trata o inciso VII do *caput* **deste artigo deverá ser divulgado e mantido à disposição do público em sítio eletrônico oficial e será observado pelo ente federativo na realização de licitações e na execução dos contratos.**
§ 2º É permitida a identificação e assinatura digital por pessoa física ou jurídica em meio eletrônico, mediante certificado digital emitido em âmbito da Infraestrutura de Chaves Públicas Brasileira (ICP-Brasil).

COMENTÁRIOS DOS AUTORES

Como decorrência do princípio constitucional do devido processo legal, o procedimento licitatório deverá observar fielmente as regras estabelecidas na legislação. O formalismo procedimental exige que sejam atendidos os rigores da lei para garantir o bom andamento do procedimento licitatório.

Entende-se, contudo, que o formalismo não pode ser excessivo, devendo a Administração atentar-se ao princípio da proporcionalidade, certo que a licitação é um instrumento para alcançar a melhor contratação para o poder público.

Deste modo, no curso de procedimentos licitatórios, a Administração Pública deve pautar-se pelo princípio do formalismo moderado, que prescreve a adoção de formas simples e suficientes para propiciar adequado grau de certeza, segurança e respeito aos direitos dos administrados, promovendo, assim, a prevalência do conteúdo sobre o formalismo extremo, respeitadas, ainda, as praxes essenciais à proteção das prerrogativas dos administrados.

O formalismo moderado e a instrumentalidade das formas, aliás, restam expressamente consagrados no novo diploma, conforme se extrai do art. 12, III, que preconiza que "o desatendimento de exigências meramente formais que não comprometam a aferição da qualificação do licitante ou a compreensão do conteúdo de sua proposta não importará seu afastamento da licitação ou a invalidação do processo".

Nesse sentido, se eventual irregularidade praticada por licitante vencedor a ele não trouxer vantagem, nem implicar desvantagem para as demais participantes, não resultando assim em ofensa à igualdade; ou se o vício apontado não interferir no julgamento objetivo da proposta, e se não se vislumbrar ofensa aos demais princípios exigíveis na atuação da Administração Pública, não deve ser declarada a nulidade da licitação.

Trata-se da primazia do conteúdo em detrimento da forma.

O formalismo moderado resta evidenciado, ainda, com a possibilidade de a própria Administração atestar a autenticidade de cópia de documento público ou particular, mediante apresentação de original pelo interessado (inciso IV) bem como com a prescindibilidade do reconhecimento de firma, salvo imposição legal ou dúvida de autenticidade (inciso V).

A lei admite, inclusive, a aposição de assinatura digital mediante certificado digital devidamente registrado, meio cada vez mais utilizado e apto a conferir a autenticidade aos documentos.

Visa-se, assim, reduzir burocracias que tornavam a participação no certame ainda mais onerosa e demorada.

Saliente-se que os documentos deverão ser produzidos digitalmente e por escrito, com data e local de sua realização e assinatura dos responsáveis, devendo os valores, os preços e os custos serem consignados em moeda corrente nacional, ressalvadas as licitações internacionais (disciplinadas no art. 51).

O diploma legal exige, ainda, que o poder público elabore um Plano de Contratações Anual (PAC). O PAC é o documento que consolida todas as compras e contratações que o órgão ou entidade pretende realizar ou prorrogar, no ano seguinte, e contempla bens, serviços, obras e soluções de tecnologia da informação.

Sua realização objetiva racionalizar as contratações dos órgãos e entidades sob sua competência, garantir o alinhamento com o seu planejamento estratégico e subsidiar a elaboração das respectivas leis orçamentárias, trazendo eficiência e economicidade para a gestão pública.

Uma vez elaborado, deverá ser divulgado e mantido à disposição do público em sítio eletrônico oficial e será observado pelo ente federativo na realização de licitações e na execução dos contratos.

A própria lei, em seu art. 18, exige que a fase preparatória do processo licitatório seja desenvolvida de como a compatibilizar-se com o plano de contratações anual de que trata o inciso VII do *caput* do art. 12, como forma de otimizar a gestão da coisa pública.

ARTIGO 13

Art. 13. Os atos praticados no processo licitatório são públicos, ressalvadas as hipóteses de informações cujo sigilo seja imprescindível à segurança da sociedade e do Estado, na forma da lei.

Parágrafo único. A publicidade será diferida:

I – quanto ao conteúdo das propostas, até a respectiva abertura;

II – quanto ao orçamento da Administração, nos termos do art. 24 desta Lei.

Lei n. 8.666/93

Art. 3º, § 3º A licitação não será sigilosa, sendo públicos e acessíveis ao público os atos de seu procedimento, salvo quanto ao conteúdo das propostas, até a respectiva abertura.

COMENTÁRIOS DOS AUTORES

O procedimento licitatório, como visto no art. 5º, deverá observar os princípios da publicidade e da transparência, que impõem a ampla publicização dos atos como forma de permitir não só a possibilidade de participação e de competição entre os vários interessados no objeto licitado, como, também, de viabilizar o controle dos atos administrativos pelos mais variados atores da sociedade.

A publicidade, portanto, é a regra nas licitações, excepcionada apenas se o sigilo for imprescindível à segurança do Estado e da sociedade, na forma da lei.

Em duas hipóteses, contudo, a publicidade será diferida (é dizer, admite-se o sigilo provisório): quanto ao conteúdo das propostas, até a respectiva abertura; quanto ao orçamento estimado da contratação pela Administração, desde que justificado.

Nessa última hipótese, conforme dispõe o art. 24, o sigilo não poderá ser oposto em face dos órgãos de controle interno e externo; e o orçamento será tornado público apenas e imediatamente após a fase de julgamento de propostas, sem prejuízo da divulgação do detalhamento dos quantitativos e das demais informações necessárias para a elaboração das propostas.

ARTIGO 14

Art. 14. Não poderão disputar licitação ou participar da execução de contrato, direta ou indiretamente:

Lei n. 8.666/93

Art. 9º Não poderá participar, direta ou indiretamente, da licitação ou da execução de obra ou serviço e do fornecimento de bens a eles necessários:

Lei n. 13.303/2016

Art. 38. Estará impedida de participar de licitações e de ser contratada pela empresa pública ou sociedade de economia mista a empresa (...)

Art. 44. É vedada a participação direta ou indireta nas licitações para obras e serviços de engenharia de que trata esta Lei (...)

I - autor do anteprojeto, do projeto básico ou do projeto executivo, pessoa física ou jurídica, quando a licitação versar sobre obra, serviços ou fornecimento de bens a ele relacionados;

Jurisprudência do TCU:

Enunciado: A relação de parentesco entre o sócio da empresa vencedora do certame e o autor do projeto caracteriza a participação indireta deste na licitação, o que afronta o disposto no art. 9º, inciso I e § 3º, da Lei 8.666/1993. [...] 3. No tocante a essa concorrência, cujo objeto consistia na construção de dois açudes comunitários em localidades do município, foram verificadas quatro irregularidades, a saber, relação de filiação entre o autor do projeto de um dos açudes e o sócio da empresa vencedora da licitação, inclusão no edital de requisitos que limitariam a competitividade do certame, ausência da composição de todos os custos unitários e ausência de justificativa para o não parcelamento do objeto. Tribunal de Contas da União. (Acórdão n. 2079/2013. Plenário. Relator: JOSÉ MUCIO MONTEIRO.)

Lei n. 8.666/93

Art. 9º Não poderá participar, direta ou indiretamente, da licitação ou da execução de obra ou serviço e do fornecimento de bens a eles necessários:

I – o autor do projeto, básico ou executivo, pessoa física ou jurídica;

Lei n. 12.462/2011

Art. 36. É vedada a participação direta ou indireta nas licitações de que trata esta Lei:

I – da pessoa física ou jurídica que elaborar o projeto básico ou executivo correspondente;

Lei n. 13.303/2016

Art. 44. É vedada a participação direta ou indireta nas licitações para obras e serviços de engenharia de que trata esta Lei:

I – de pessoa física ou jurídica que tenha elaborado o anteprojeto ou o projeto básico da licitação;

II - empresa, isoladamente ou em consórcio, responsável pela elaboração do projeto básico ou do projeto executivo, ou empresa da qual o autor do projeto seja dirigente, gerente, controlador, acionista ou detentor de mais de 5% (cinco por cento) do capital com direito a voto, responsável técnico ou subcontratado, quando a licitação versar sobre obra, serviços ou fornecimento de bens a ela necessários;

Lei n. 8.666/93

Art. 9º Não poderá participar, direta ou indiretamente, da licitação ou da execução de obra ou serviço e do fornecimento de bens a eles necessários: (...) II – empresa, isoladamente ou em consórcio, responsável pela elaboração do projeto básico ou executivo ou da qual o autor do projeto seja dirigente, gerente, acionista ou detentor de mais de 5% (cinco por cento) do capital com direito a voto ou controlador, responsável técnico ou subcontratado;

Lei n. 12.462/2011

Art. 36. É vedada a participação direta ou indireta nas licitações de que trata esta Lei:

(...)

II – da pessoa jurídica que participar de consórcio responsável pela elaboração do projeto básico ou executivo correspondente;

III – da pessoa jurídica da qual o autor do projeto básico ou executivo seja administrador, sócio com mais de 5% (cinco por cento) do capital votante, controlador, gerente, responsável técnico ou subcontratado;

Lei n. 13.303/2016

Art. 38. Estará impedida de participar de licitações e de ser contratada pela empresa pública ou sociedade de economia mista a empresa:

I – cujo administrador ou sócio detentor de mais de 5% (cinco por cento) do capital social seja diretor ou empregado da empresa pública ou sociedade de economia mista contratante;

Art. 44. É vedada a participação direta ou indireta nas licitações para obras e serviços de engenharia de que trata esta Lei:

(..)

II – de pessoa jurídica que participar de consórcio responsável pela elaboração do anteprojeto ou do projeto básico da licitação;

III – de pessoa jurídica da qual o autor do anteprojeto ou do projeto básico da licitação seja administrador, controlador, gerente, responsável técnico, subcontratado ou sócio, neste último caso quando a participação superar 5% (cinco por cento) do capital votante.

III – pessoa física ou jurídica que se encontre, ao tempo da licitação, impossibilitada de participar da licitação em decorrência de sanção que lhe foi imposta;

Jurisprudência do STJ:

PROCESSUAL CIVIL E ADMINISTRATIVO. SUSPENSÃO TEMPORÁRIA DE PARTICIPAR DE LICITAÇÃO E IMPEDIMENTO DE CONTRATAR. ALCANCE DA PENALIDADE. TODA A ADMINISTRAÇÃO PÚBLICA. 1. Conforme estabelecido pelo Plenário do STJ, "aos recursos interpostos com fundamento no CPC/1973 (relativos a decisões publicadas até 17 de março de 2016) devem ser exigidos os requisitos de admissibilidade na forma nele prevista, com as interpretações dadas até então pela jurisprudência do Superior Tribunal de Justiça" (Enunciado Administrativo n. 2). 2. De acordo com a jurisprudência do STJ, a penalidade prevista no art. 87, III, da Lei n. 8.666/1993 não produz efeitos apenas em relação ao ente federativo sancionador, mas alcança toda a Administração Pública (MS 19.657/DF, rel. Ministra ELIANA CALMON, PRIMEIRA SEÇÃO, julgado em 14/08/2013, DJe 23/08/2013). 3. Agravo desprovido. (AgInt no REsp 1382362/PR, Rel. Ministro GURGEL DE FARIA, PRIMEIRA TURMA, julgado em 7-3-2017, DJe 31-3-2017.)

Lei n. 13.303/2016

Art. 38. Estará impedida de participar de licitações e de ser contratada pela empresa pública ou sociedade de economia mista a empresa:

(...)

II – suspensa pela empresa pública ou sociedade de economia mista;

III – declarada inidônea pela União, por Estado, pelo Distrito Federal ou pela unidade federativa a que está vinculada a empresa pública ou sociedade de economia mista, enquanto perdurarem os efeitos da sanção;

IV – constituída por sócio de empresa que estiver suspensa, impedida ou declarada inidônea;

V – cujo administrador seja sócio de empresa suspensa, impedida ou declarada inidônea;

VI – constituída por sócio que tenha sido sócio ou administrador de empresa suspensa, impedida ou declarada inidônea, no período dos fatos que deram ensejo à sanção;

VII – cujo administrador tenha sido sócio ou administrador de empresa suspensa, impedida ou declarada inidônea, no período dos fatos que deram ensejo à sanção;

VIII – que tiver, nos seus quadros de diretoria, pessoa que participou, em razão de vínculo de mesma natureza, de empresa declarada inidônea.

IV - aquele que mantenha vínculo de natureza técnica, comercial, econômica, financeira, trabalhista ou civil com dirigente do órgão ou entidade contratante ou com agente público que desempenhe função na licitação ou atue na fiscalização ou na gestão do contrato, ou que deles seja cônjuge, companheiro ou parente em linha reta, colateral ou por afinidade, até o terceiro grau, devendo essa proibição constar expressamente do edital de licitação;

> Jurisprudência do TCU:
>
> É causa de impedimento para participar de licitação a existência de relações de parentesco entre sócio de licitante e agente público que detenha poder de decisão na contratação. "[...] 4. No caso, por exemplo, da Construtora [omissis], firma vencedora [...], não resta qualquer dúvida quanto à ilegalidade do procedimento licitatório, em virtude da existência de vínculo de parentesco entre o sócio-gerente da licitante, Senhor [omissis], e o presidente da comissão de licitação municipal, Senhor [omissis], que são irmãos. O referido ato contrariou o art. 9º, §§ 3º e 4º, da Lei n. 8.666/93 e a jurisprudência pacífica desta Corte a respeito da matéria, entre outros pode-se citar os Acórdãos 619/2004-TCU-Primeira Câmara e 1.632/2006 – Plenário. Tribunal de Contas da União.
>
> (Acórdão n. 1160/2008. Plenário. Relator: VALMIR CAMPELO.)
>
> A contratação pela Administração de empresas pertencentes a parentes de gestor público envolvido no processo de licitação caracteriza, diante do manifesto conflito de interesses, violação aos princípios constitucionais da moralidade e da impessoalidade. [...] 8. No caso concreto, o Sr. [recorrente] homologou a tomada de preços realizada pela prefeitura – certame que contou com a participação de apenas duas sociedades empresárias – e adjudicou o objeto à vencedora, ou seja, à firma de seus familiares. O direcionamento está configurado, na medida em que não há nos autos comprovantes da publicação de aviso de licitação em jornais de grande circulação, nem no Diário Oficial da União. Como agravante, a modalidade de licitação escolhida (tomada de preços) não se destina a quaisquer interessados, mas tão somente àqueles devidamente cadastrados ou que atendam a todas as condições exigidas para cadastramento até o terceiro dia anterior à data de recebimento das propostas (art. 22 da Lei 8.666/1993) [...] Conquanto a Lei 8.666/1993 não vede, expressamente, a contratação de empresa de parentes de gestores públicos, verifico que essa prática acarreta evidente conflito de interesses e violação aos princípios constitucionais da moralidade e da impessoalidade, como bem observado pelo relator *a quo*, entendimento adotado por esta Corte em diversos precedentes, a exemplo dos Acórdãos 1.632/2006 1.893/2010 e 1.511/2013, todos do Plenário. Tribunal de Contas da União.
>
> (Acórdão n. 1493/2017. Primeira Câmara. Relator: WALTON ALENCAR RODRIGUES.)

Jurisprudência do STJ:

ADMINISTRATIVO. RECURSO ESPECIAL. LICITAÇÕES E CONTRATOS. CONTRATAÇÃO DE MILITAR LICENCIADO PARA PRESTAR CONSULTORIA À EMPRESA RECORRIDA NA EXECUÇÃO DE CONTRATO COM O EXÉRCITO BRASILEIRO. VIOLAÇÃO DOS ARTS. 9º DA LEI 8.666/1993 E 7º DA LEI 10.502/2002. COMPORTAMENTO INIDÔNEO. CARACTERIZAÇÃO. RECURSO PROVIDO. 1. Não se olvida que a jurisprudência do STJ é firme no sentido de que a revaloração do conjunto probatório existente nos autos, quando vinculada a fatos incontroversos, não esbarra no óbice da Súmula 7/STJ. 2. Ademais, é certo que o objeto do recurso foi devidamente deliberado no acórdão recorrido, circunstância que indica a devolutividade da matéria ao STJ, tendo em vista a ampla admissão do chamado prequestionamento implícito. 3. Trata-se, originalmente, de Mandado de Segurança impetrado pela recorrida contra o Comandante do 59º Batalhão de Infantaria Motorizado, Órgão vinculado ao Ministério da Defesa, para que seja "declarada a ilegalidade das sanções aplicadas (no Processo Administrativo 64106.002902/2014-99) em razão de inexistência de comportamento inidôneo por parte da Impetrante ou, acaso esse v. Juízo entenda que ocorreu irregularidade na conduta da Impetrante, que seja fixada sanção em conformidade com os princípios da proporcionalidade e da razoabilidade" (fls. 1-19, e-STJ). 4. Estando incontroversa a moldura fática delineada pelas instâncias ordinárias, conclui-se que, de fato, embora não seja possível afirmar que o Sr. William dos Santos Moreira participou do procedimento licitatório, ele inegavelmente exerceu a função de consultor/administrador da empresa impetrante, ora recorrida, durante a execução do contrato licitado. 5. Desse modo, ficou caracterizada a conduta inidônea da empresa recorrida, com a quebra de confiança da Administração, o que vai de encontro aos dispositivos legais sob análise. 6. Consigne-se que, consoante o entendimento do STJ, "não pode participar de procedimento licitatório a empresa que possuir em seu quadro de pessoal servidor ou dirigente do órgão ou entidade contratante ou responsável pela licitação (...) O fato de estar o servidor licenciado, à época do certame, não ilide a aplicação do referido preceito legal, eis que não deixa de ser funcionário o servidor em gozo de licença" (REsp 254.115/SP, Rel. Min. Garcia Vieira, Primeira Turma, julgado em 20.6.2000, *DJ* de 14.8.2000, p. 154.) 7. Por fim, quanto à fixação de multa pela autoridade coatora, verifica-se que foi aplicada com base na previsão contida na Ata de Registro de Preços, obedecendo aos limites contratualmente previstos, não havendo falar em ilegalidade na sua arbitração. 8. Recurso Especial provido, para restabelecer a sentença de 1º grau, denegando a segurança.
(REsp 1607715/AL, Rel. Ministro HERMAN BENJAMIN, SEGUNDA TURMA, julgado em 7-3-2017, DJe 20-4-2017.)

Lei n. 8.666/93
Art. 9º, § 3º Considera-se participação indireta, para fins do disposto neste artigo, a existência de qualquer vínculo de natureza técnica, comercial, econômica, financeira ou trabalhista entre o autor do projeto, pessoa física ou jurídica, e o licitante ou responsável pelos serviços, fornecimentos e obras, incluindo-se os fornecimentos de bens e serviços a estes necessários.

V - empresas controladoras, controladas ou coligadas, nos termos da Lei n. 6.404, de 15 de dezembro de 1976, concorrendo entre si;
VI - pessoa física ou jurídica que, nos 5 (cinco) anos anteriores à divulgação do edital, tenha sido condenada judicialmente, com trânsito em julgado, por exploração de trabalho infantil, por submissão de trabalhadores a condições análogas às de escravo ou por contratação de adolescentes nos casos vedados pela legislação trabalhista.

§ 1º O impedimento de que trata o inciso III do *caput* deste artigo será também aplicado ao licitante que atue em substituição a outra pessoa, física ou jurídica, com o intuito de burlar a efetividade da sanção a ela aplicada, inclusive a sua controladora, controlada ou coligada, desde que devidamente comprovado o ilícito ou a utilização fraudulenta da personalidade jurídica do licitante.

§ 2º A critério da Administração e exclusivamente a seu serviço, o autor dos projetos e a empresa a que se referem os incisos I e II do *caput* deste artigo poderão participar no apoio das atividades de planejamento da contratação, de execução da licitação ou de gestão do contrato, desde que sob supervisão exclusiva de agentes públicos do órgão ou entidade.

§ 3º Equiparam-se aos autores do projeto as empresas integrantes do mesmo grupo econômico.

§ 4º O disposto neste artigo não impede a licitação ou a contratação de obra ou serviço que inclua como encargo do contratado a elaboração do projeto básico e do projeto executivo, nas contratações integradas, e do projeto executivo, nos demais regimes de execução.

> Lei n. 8.666/93
>
> Art. 9º Não poderá participar, direta ou indiretamente, da licitação ou da execução de obra ou serviço e do fornecimento de bens a eles necessários:
>
> (...)
>
> § 2º O disposto neste artigo não impede a licitação ou contratação de obra ou serviço que inclua a elaboração de projeto executivo como encargo do contratado ou pelo preço previamente fixado pela Administração.

§ 5º Em licitações e contratações realizadas no âmbito de projetos e programas parcialmente financiados por agência oficial de cooperação estrangeira ou por organismo financeiro internacional com recursos do financiamento ou da contrapartida nacional, não poderá participar pessoa física ou jurídica que integre o rol de pessoas sancionadas por essas entidades ou que seja declarada inidônea nos termos desta Lei.

COMENTÁRIOS DOS AUTORES

No art. 14 são elencados os impedimentos, circunstâncias que, uma vez constatadas, obstam a pretensão de disputar licitação ou de participar da execução do contrato, direta ou indiretamente.

Ressalte-se, contudo, que tais impedimentos não obstam a licitação ou a contratação de obra ou serviço que inclua como encargo do contratado a elaboração do projeto básico e do projeto executivo, nas contratações integradas, e do projeto executivo, nos demais regimes de execução, a teor do § 4º.

Estão impedidos:

a) o autor do anteprojeto, do projeto completo ou do projeto executivo, pessoa física ou jurídica, quando a licitação versar sobre obra, serviços ou fornecimento de bens a ele relacionados.

De acordo com o TCU, também são albergados pela proibição deste inciso a relação de parentesco entre o sócio da empresa vencedora do certame e o autor do projeto, caracterizadora de participação indireta deste na licitação.

Equiparam-se aos autores do projeto as empresas integrantes do mesmo grupo econômico e, como tais, também restam impedidas.

A lei faculta, a critério da Administração e exclusivamente a seu serviço, que o autor dos projetos e a empresa a que se refere este impedimento participem no apoio das atividades

de planejamento da contratação, de execução da licitação ou de gestão do contrato, desde que sob supervisão exclusiva de agentes públicos do órgão ou entidade.

b) a empresa, isoladamente ou em consórcio, responsável pela elaboração do projeto completo ou do projeto executivo ou empresa da qual o autor do projeto seja dirigente, gerente, controlador, acionista ou detentor de mais de 5% (cinco por cento) do capital com direito a voto, responsável técnico ou subcontratado, quando a licitação versar sobre obra, serviços ou fornecimento de bens a ela necessários.

Equiparam-se aos autores do projeto as empresas integrantes do mesmo grupo econômico e, como tais, também restam impedidas.

A lei faculta, a critério da Administração e exclusivamente a seu serviço, que o autor dos projetos e a empresa a que se refere este impedimento participem no apoio das atividades de planejamento da contratação, de execução da licitação ou de gestão do contrato, desde que sob supervisão exclusiva de agentes públicos do órgão ou entidade.

c) pessoa física ou jurídica que se encontre, ao tempo da licitação, apenada por declaração de inidoneidade ou outra que acarrete efeitos equivalentes.

Este impedimento será também aplicado ao licitante que atue em substituição a outra pessoa, física ou jurídica, com o intuito de burlar a efetividade da sanção a ela aplicada, inclusive a sua controladora, controlada ou coligada, desde que devidamente comprovado o ilícito ou a utilização fraudulenta da personalidade jurídica do licitante.

É mister destacar, ademais, que, segundo a jurisprudência do STJ, a penalidade de declaração de inidoneidade para licitar ou contratar (prevista no art. 155, IV, do diploma em comento) não produz efeitos apenas em relação ao ente federativo sancionador, mas alcança toda a Administração Pública. Irrelevante, portanto, para o fim de caracterização do impedimento o fato de a sanção ter sido aplicada pelo Município A e a licitação ocorrer face ao Estado B, por exemplo.

No caso de licitações e contratações realizadas no âmbito de projetos e programas parcialmente financiados por agência oficial de cooperação estrangeira ou por organismo financeiro internacional com recursos do financiamento ou da contrapartida nacional, também não poderá participar pessoa física ou jurídica que integre o rol de pessoas sancionadas por essas entidades ou que seja declarada inidônea nos termos desta Lei.

d) aquele que mantiver vínculo de natureza técnica, comercial, econômica, financeira, trabalhista ou civil, ou seja cônjuge, companheiro ou parente em linha reta, colateral ou por afinidade, até o terceiro grau, de dirigente do órgão ou entidade contratante ou agente público que desempenhe função na licitação ou que atue na fiscalização ou na gestão do contrato, devendo esta proibição constar expressamente no edital de licitação.

A Lei n. 8.666/1993 não vedava, expressamente, a contratação de empresa de parentes de gestores públicos, prática que acarreta evidente conflito de interesses e violação aos princípios constitucionais da moralidade e da impessoalidade. Suprindo esta omissão, o legislador consagrou expressamente o impedimento à contratação pela Administração de empresas pertencentes a parentes de gestor público envolvido no processo de *licitação*.

"Afigura-se irrelevante, nesse contexto, o fato de estar o servidor licenciado, à época do certame, eis que não deixa de ser funcionário o servidor em gozo de licença" (STJ. REsp 254.115/SP, Rel. Min. Garcia Vieira, Primeira Turma, julgado em 20-6-2000).

e) empresas controladoras, controladas ou coligadas, nos termos da Lei n. 6.404/1976, concorrendo entre si.

f) pessoa física ou jurídica que, nos 5 (cinco) anos anteriores à divulgação do edital, tenha sido condenada judicialmente, com trânsito em julgado, por exploração de trabalho infantil, por submissão de trabalhadores a condições análogas às de escravo ou por contratação de adolescentes nos casos vedados pela legislação trabalhista.

ARTIGO 15

Art. 15. Salvo vedação devidamente justificada no processo licitatório, pessoa jurídica poderá participar de licitação em consórcio, observadas as seguintes normas:

I – comprovação de compromisso público ou particular de constituição de consórcio, subscrito pelos consorciados;

II – indicação da empresa líder do consórcio, que será responsável por sua representação perante a Administração;

III – admissão, para efeito de habilitação técnica, do somatório dos quantitativos de cada consorciado e, para efeito de habilitação econômico-financeira, do somatório dos valores de cada consorciado;

IV – impedimento de a empresa consorciada participar, na mesma licitação, de mais de um consórcio ou de forma isolada;

V – responsabilidade solidária dos integrantes pelos atos praticados em consórcio, tanto na fase de licitação quanto na de execução do contrato.

§ 1º O edital deverá estabelecer para o consórcio acréscimo de 10% (dez por cento) a 30% (trinta por cento) sobre o valor exigido de licitante individual para a habilitação econômico-financeira, salvo justificação.

§ 2º O acréscimo previsto no § 1º deste artigo não se aplica aos consórcios compostos, em sua totalidade, de microempresas e pequenas empresas, assim definidas em lei.

Jurisprudência do TCU:

Cabe ao gestor, em sua discricionariedade, a decisão de admitir, ou não, a participação de empresas organizadas em consórcio na *licitação*, contudo, na hipótese de objeto de grande vulto ou complexidade que tornem restrito o universo de possíveis licitantes, fica o Administrador obrigado a prever a participação de consórcios no certame com vistas à ampliação da competitividade e à obtenção da proposta mais vantajosa. "[...] De fato, a participação de firmas consorciadas não era obrigatória. Entretanto, o art. 3º e seu inciso I do então vigente Decreto-lei 2.300/86 estabelecia objetivamente que 'é vedado aos agentes públicos admitir, prever, ou tolerar, nos atos de convocação, cláusulas ou condição que: I – comprometam, restrinjam ou frustrem o caráter competitivo do procedimento licitatório'. Esse dispositivo cristalizava um dos princípios mais fundamentais do processo licitatório, que consiste na busca da proposta mais vantajosa para a Administração. Celso Antônio Bandeira de Mello, in *Elementos de Direito Administrativo*, 2ª ed., Revista dos Tribunais, pág. 299/301, leciona que os princípios dão coesão aos diversos dispositivos legais constantes de certo normativo e servem de ponto de partida para a interpretação desses dispositivos legais. Assevera, também, que a desobediência a princípio é mais grave que o desrespeito à norma isoladamente considerada. Assim sendo, embora não existisse dispositivo legal que impusesse explicitamente a admissão de consórcios de empresas nas licitações, o administrador não deveria ter estabelecido essa proibição. Isso porque está obrigado, por princípio, a buscar e a perseguir a proposta mais vantajosa para a administração[...]".Tribunal de Contas da União.

(Acórdão 1094/2004. Plenário. Relator: AUGUSTO SHERMAN.)

A decisão pela vedação de participação de consórcio de empresas em *licitação* é discricionária, porém deve ser devidamente motivada no processo administrativo. "[...] 11. Com relação à vedação a participação de consórcio no certame, entendo não ter ocorrido restrição à competitividade no caso concreto, entretanto o Ministério do Esporte apenas apresentou justificativa a medida adotada depois de diligenciado por esta Corte. Ainda que esteja no âmbito do poder discricionário, a decisão pela vedação ou não de participação de consórcio deve ser baseada em critérios razoáveis e que prevejam o interesse público. [...]". Tribunal de Contas da União.

(Acórdão 3654/2012. Segunda Câmara. Relator: MARCOS BEMQUERER.)

A decisão da Administração de permitir a participação de empresas sob a forma de consórcio nas *licitações* deve ser devidamente motivada e não deve implicar a proibição da participação de empresas que, individualmente, possam cumprir o objeto a ser contratado, sob pena de restrição à competitividade. "[...] 47. Ressalte-se que a previsão da possibilidade de participação de consórcios em licitações não tem o condão de excluir competidores não consorciados. Isso porque a essência do art. 33 da Lei 8.666/1993 se consubstancia justamente no aumento da competitividade do certame, a partir da possibilidade da participação de empresas em consórcios. Nesse sentido, alijar da licitação eventuais empresas que, individualmente, teriam condições de cumprir o objeto a ser contratado, contraria frontalmente o *mens legis* do dispositivo mencionado. [...]" Tribunal de Contas da União.

(Acórdão 1711/2017. Plenário. Relator: VITAL DO RÊGO.)

Jurisprudência do STJ:

MANDADO DE SEGURANÇA – MATÉRIA FÁTICA – QUESTÃO DE DIREITO – AFASTADO NÃO CONHECIMENTO DO RECURSO – ADMINISTRATIVO – LICITAÇÃO – ART. 33, INCISO III DA LEI DE LICITAÇÕES – ISONOMIA. 1 – Alegação de que o especial veicula matéria de fato. Nada obstante deve ficar registrado que a hipótese vertente não trata apenas de matéria puramente de fato. Em verdade, cuida-se de qualificação jurídica dos fatos, que se não confunde com matéria de fato. 2 – O que se discute no presente apelo especial é tão somente a interpretação do art. 33, inciso III, da Lei 8.666/93. Ou seja, se tal dispositivo requesta que cada empresa integrante do consórcio some na qualificação técnica ou permaneça em branco, colmatando-se a exigência de qualificação em tela com o somatório de todas as outras empresas componentes. 3 – Licitações em sintonia com o princípio da isonomia, de tal sorte que o art. 33, inciso III, da Lei de Licitações, não somente em consonância com sua literalidade, mas também com outros elementos hermenêuticos, deve ser antevisto sob o prisma de favorecer as pequenas empresas. 4 – Qualificação técnica que deverá ser avaliada pelo somatório de um consórcio, e não pela participação de cada empresa. A norma involucrada no art. 33, inciso III, da Lei n. 8.666/93 tem por móvel incentivar a maior competitividade no certame licitatório. Esta a sua teleologia. Favorecer as pequenas empresas para que supram suas incapacidades com o consórcio colmata o princípio da isonomia na sua vertente material, regulando, nas suas exatas diferenças, a conduta daqueles que pretendem disputar a licitação. 5 – O edital do certame admite, no item 9 (fl. 62 dos autos), a participação de consórcios, afirmando no item 9.3 que: "Apresentar os documentos exigidos nos itens 4.1.1 à 7.1.5 deste Edital, por cada consorciado, admitindo-se, para efeito de qualificação técnica, o somatório dos quantitativos de cada consorciada, e, para efeito de qualificação econômico-financeira, o somatório dos valores de cada consorciada, na proporção de sua respectiva proporção." Ora, se o texto do edital é nítido ao asseverar a possibilidade de somatório da qualificação técnica, na hipótese de consórcio, entremostra-se indubitável não prosperar o entendimento declina-

86 Artigo 15   Nova Lei de Licitações Comentada e Referenciada

do no acórdão recorrido. 6 – Parecer do Ministério Público Federal, fl. 408 dos autos, "Fica, assim, evidenciado que a decisão recorrida negou vigência a dispositivos da Lei n. 8.666/93 e em ponto absolutamente crucial, expressamente estabelecido pelo legislador ordinário para garantir a finalidade social e econômica da norma – qual seja o incentivo dado a que pequenas e médias empresas consorciadas unam esforços para participarem do concurso licitatório público, para assim habilitarem-se à execução dos serviços concedidos – todavia obscurecidos pelo julgado, ante o conteúdo de claríssima redação das disposições do art. 33, inciso III, da Lei n. 8.666/93. Recurso especial conhecido e provido.

(REsp 710.534/RS, Rel. Ministro HUMBERTO MARTINS, SEGUNDA TURMA, julgado em 17-10-2006, *DJ* 15-5-2007, p. 261.)

Enunciado I Jornada de Direito Administrativo – CJF (2020):

Enunciado 36. A responsabilidade solidária das empresas consorciadas pelos atos praticados na licitação e na execução do contrato, de que trata o inc. V do art. 33 da Lei n. 8.666/1993, refere-se à responsabilidade civil, não se estendendo às penalidades administrativas.

Lei n. 8.666/93

Art. 33. Quando permitida na licitação a participação de empresas em consórcio, observar-se--ão as seguintes normas:

I – comprovação do compromisso público ou particular de constituição de consórcio, subscrito pelos consorciados;

II – indicação da empresa responsável pelo consórcio que deverá atender às condições de liderança, obrigatoriamente fixadas no edital;

III – apresentação dos documentos exigidos nos arts. 28 a 31 desta Lei por parte de cada consorciado, admitindo-se, para efeito de qualificação técnica, o somatório dos quantitativos de cada consorciado, e, para efeito de qualificação econômico-financeira, o somatório dos valores de cada consorciado, na proporção de sua respectiva participação, podendo a Administração estabelecer, para o consórcio, um acréscimo de até 30% (trinta por cento) dos valores exigidos para licitante individual, inexigível este acréscimo para os consórcios compostos, em sua totalidade, por micro e pequenas empresas assim definidas em lei;

IV – impedimento de participação de empresa consorciada, na mesma licitação, através de mais de um consórcio ou isoladamente;

V – responsabilidade solidária dos integrantes pelos atos praticados em consórcio, tanto na fase de licitação quanto na de execução do contrato.

§ 1º No consórcio de empresas brasileiras e estrangeiras a liderança caberá, obrigatoriamente, à empresa brasileira, observado o disposto no inciso II deste artigo.

Art. 28. A documentação relativa à habilitação jurídica, conforme o caso, consistirá em:

I – cédula de identidade;

II – registro comercial, no caso de empresa individual;

III – ato constitutivo, estatuto ou contrato social em vigor, devidamente registrado, em se tratando de sociedades comerciais, e, no caso de sociedades por ações, acompanhado de documentos de eleição de seus administradores;

IV – inscrição do ato constitutivo, no caso de sociedades civis, acompanhada de prova de diretoria em exercício;

V – decreto de autorização, em se tratando de empresa ou sociedade estrangeira em funcionamento no País, e ato de registro ou autorização para funcionamento expedido pelo órgão competente, quando a atividade assim o exigir.

Art. 29. A documentação relativa à regularidade fiscal e trabalhista, conforme o caso, consistirá em:

I – prova de inscrição no Cadastro de Pessoas Físicas (CPF) ou no Cadastro Geral de Contribuintes (CGC);

II – prova de inscrição no cadastro de contribuintes estadual ou municipal, se houver, relativo ao domicílio ou sede do licitante, pertinente ao seu ramo de atividade e compatível com o objeto contratual;

III – prova de regularidade para com a Fazenda Federal, Estadual e Municipal do domicílio ou sede do licitante, ou outra equivalente, na forma da lei;

IV – prova de regularidade relativa à Seguridade Social e ao Fundo de Garantia por Tempo de Serviço (FGTS), demonstrando situação regular no cumprimento dos encargos sociais instituídos por lei.

V – prova de inexistência de débitos inadimplidos perante a Justiça do Trabalho, mediante a apresentação de certidão negativa, nos termos do Título VII-A da Consolidação das Leis do Trabalho, aprovada pelo Decreto-lei n. 5.452, de 1º de maio de 1943.

Lei n. 12.462/2011

Art. 14, parágrafo único. Nas licitações disciplinadas pelo RDC:

I – será admitida a participação de licitantes sob a forma de consórcio, conforme estabelecido em regulamento;

Decreto n. 1.024/2019

Art. 42. Quando permitida a participação de consórcio de empresas, serão exigidas:

I – a comprovação da existência de compromisso público ou particular de constituição de consórcio, com indicação da empresa líder, que atenderá às condições de liderança estabelecidas no edital e representará as consorciadas perante a União;

II – a apresentação da documentação de habilitação especificada no edital por empresa consorciada;

III – a comprovação da capacidade técnica do consórcio pelo somatório dos quantitativos de cada empresa consorciada, na forma estabelecida no edital;

IV – a demonstração, por cada empresa consorciada, do atendimento aos índices contábeis definidos no edital, para fins de qualificação econômico-financeira;

V – a responsabilidade solidária das empresas consorciadas pelas obrigações do consórcio, nas etapas da licitação e durante a vigência do contrato;

VI – a obrigatoriedade de liderança por empresa brasileira no consórcio formado por empresas brasileiras e estrangeiras, observado o disposto no inciso I; e

VII – a constituição e o registro do consórcio antes da celebração do contrato.

Parágrafo único. Fica vedada a participação de empresa consorciada, na mesma licitação, por meio de mais de um consórcio ou isoladamente.

88 Artigo 15   Nova Lei de Licitações Comentada e Referenciada

Lei n. 9.784/99

Art. 50. Os atos administrativos deverão ser motivados, com indicação dos fatos e dos fundamentos jurídicos, quando:

I – neguem, limitem ou afetem direitos ou interesses;

II – imponham ou agravem deveres, encargos ou sanções;

III – decidam processos administrativos de concurso ou seleção pública;

IV – dispensem ou declarem a inexigibilidade de processo licitatório;

V – decidam recursos administrativos;

VI – decorram de reexame de ofício;

VII – deixem de aplicar jurisprudência firmada sobre a questão ou discrepem de pareceres, laudos, propostas e relatórios oficiais;

VIII – importem anulação, revogação, suspensão ou convalidação de ato administrativo.

§ 1º A motivação deve ser explícita, clara e congruente, podendo consistir em declaração de concordância com fundamentos de anteriores pareceres, informações, decisões ou propostas, que, neste caso, serão parte integrante do ato.

§ 2º Na solução de vários assuntos da mesma natureza, pode ser utilizado meio mecânico que reproduza os fundamentos das decisões, desde que não prejudique direito ou garantia dos interessados.

§ 3º A motivação das decisões de órgãos colegiados e comissões ou de decisões orais constará da respectiva ata ou de termo escrito.

§ 3º O licitante vencedor é obrigado a promover, antes da celebração do contrato, a constituição e o registro do consórcio, nos termos do compromisso referido no inciso I do *caput* deste artigo.

Lei n. 8.666/93

Art. 33, 2º O licitante vencedor fica obrigado a promover, antes da celebração do contrato, a constituição e o registro do consórcio, nos termos do compromisso referido no inciso I deste artigo.

§ 4º Desde que haja justificativa técnica aprovada pela autoridade competente, o edital de licitação poderá estabelecer limite máximo para o número de empresas consorciadas.

Jurisprudência do TCU:

A limitação a número máximo de empresas integrantes de consórcio deve ter motivação prévia e consistente, sob pena de afrontar os arts. 3º, § 1º, inciso I, e 33 da Lei 8.666/93 c/c os arts. 2º e 50 da Lei 9.784/99. "[...] 17. Se a lei autoriza até mesmo a vedação à participação de consórcios, também pode a administração permitir a sua participação condicionada a um número máximo de empresas em cada consórcio, aplicando-se ao caso o entendimento manifesto no brocardo jurídico 'quem pode o mais, pode o menos'. Este argumento encontra respaldo, inclusive, no Acórdão 1.297/2003-P: 'Assiste razão aos responsáveis, pois mesmo a Lei das Licitações, no *caput* do seu artigo 33, prevê que a Administração pode, até mesmo, não permitir a participação de consórcios. Em interpretação jurídica, quando vale o mais, vale o menos, ou seja, se é possível restringir o número de empresas contratadas para fazer o mesmo serviço a apenas uma (na hipótese de não se permitir consórcios), também é de se supor que a Administração, ao avaliar, segundo os critérios da oportunidade e conveniência, que não

deve ser permitido um número maior que 2 empresas no consórcio licitante, tenha a liberdade de, justificadamente, estabelecer tal restrição.' 18. No caso concreto, justifica-se a restrição no número de empresas que poderiam formar consórcio para, em nome do interesse público, evitar um alto número de empresas consorciadas, o que tem levado a Infraero a ter dificuldade na fiscalização de contratos do qual participem um grande número de empresas em consórcio, comprometendo o ritmo de execução das obras e a qualidade da prestação dos serviços, tendo causado atraso no cronograma dos empreendimentos. 19. Além disso, permitir a participação ilimitada de empresas em um único consórcio pode produzir, ainda, outro efeito indesejado. Caso não haja nenhum controle quanto à quantidade máxima de consorciados, pode haver transgressão indireta da Lei, possibilitando, sob o pretexto de ampliar a competição, que empresas absolutamente desprovidas de qualificação técnica sagrem-se vencedoras do certame. 20. A participação de consórcios, portanto, não pode, sob o pretexto de ampliar a competitividade, ser interpretada de forma tão rigorosa, sob pena de se inviabilizar, indiretamente, a correta execução do objeto contratual, que, no caso concreto, é de essencial importância para a União e para o Estado de Minas Gerais, visto que faz parte do pacote de investimentos em Infraestrutura para a Copa de 2014. 21. A limitação do número de empresas participantes do consórcio já foi analisada em outras oportunidades pelo Tribunal, como, por exemplo, no Acórdão 1.332/2006-P: 'Considerando que a lei possibilita vedação à participação de consórcios, entendemos que não haveria óbices à fixação de número de máximo de empresas por consórcio, desde que devidamente justificada. Assim, seria pertinente a argumentação apresentada pelos responsáveis de que a não limitação de quantidade de empresas por consórcio poderia diminuir a quantidade de concorrentes, vez que o número de consórcios participantes, potencialmente, seria reduzido. Sobre a questão em debate, o Tribunal reconheceu a possibilidade de limitação do número de empresas por consórcio nos Acórdãos n. 1.297/2003, 1.708/2003 e 1.404/2004, todos do Plenário.' [...]". Tribunal de Contas da União.
(Acórdão 745/2017. Plenário. Relator: BRUNO DANTAS.)

§ 5º A substituição de consorciado deverá ser expressamente autorizada pelo órgão ou entidade contratante e condicionada à comprovação de que a nova empresa do consórcio possui, no mínimo, os mesmos quantitativos para efeito de habilitação técnica e os mesmos valores para efeito de qualificação econômico-financeira apresentados pela empresa substituída para fins de habilitação do consórcio no processo licitatório que originou o contrato.

COMENTÁRIOS DOS AUTORES

Sob a égide da Lei n. 8.666/93, a participação de consórcios nas licitações era uma opção discricionária da Administração, pautada em critérios de conveniência e oportunidade do gestor, a depender de previsão expressa no instrumento convocatório e da observância dos requisitos elencados no art. 33. Omisso o edital, a participação de pessoas jurídicas em consórcio restava vedada.

Pelo novo diploma, a regra é que o consórcio de empresas possa participar de licitação, salvo vedação devidamente justificada no processo licitatório. Não há mais discricionariedade do gestor no que tange à decisão de admitir, ou não, a participação de empresas organizadas em consórcio na licitação.

É exatamente esse o teor do art. 15. Para tanto, deverão ser observados os seguintes requisitos: a) comprovação de compromisso público ou particular de constituição de consórcio, subscrito pelos consorciados; b) indicação de empresa líder do consórcio, que será responsável por sua representação perante a Administração; c) admissão, para efeito de habilitação técnica, do somatório dos quantitativos de cada consorciado e, para efeito de habilitação econômico-financeira, do somatório dos valores de cada consorciado; d) impedimento, na mesma licitação, de participação de empresa consorciada, isoladamente ou por meio de mais de um consórcio; e) responsabilidade solidária dos integrantes pelos atos praticados em consórcio, tanto na fase de licitação quanto na de execução do contrato.

Antes da celebração do contrato, o licitante vencedor é obrigado a promover a constituição e o registro do consórcio, nos termos do compromisso referido no inciso I do *caput* deste artigo.

No que tange à solidariedade das empresas consorciadas pelos atos praticados na licitação e na execução do contrato de que trata o inciso V do art. 15, imperioso destacar que refere-se apenas à responsabilidade civil, não se estendendo às penalidades administrativas. Nesse sentido é o teor do Enunciado n. 36 da I Jornada de Direito Administrativo – CJF (2020), que dispõe sobre normativa similar constante do inciso V do art. 33 da Lei n. 8.666/93.

A qualificação técnica em se tratando de consórcios, saliente-se, deverá ser avaliada pelo seu somatório, e não pela participação de cada empresa isoladamente.

Ademais, desde que haja justificativa técnica aprovada pela autoridade competente, é possível que o edital de licitação estabeleça limite máximo ao número de empresas consorciadas.

Eventual substituição de consorciado deverá ser expressamente autorizada pelo órgão ou entidade contratante e condicionada à comprovação de que a nova empresa do consórcio possui, no mínimo, os mesmos quantitativos para efeito de habilitação técnica e os mesmos valores para efeito de qualificação econômico-financeira apresentados pela empresa substituída para fins de habilitação do consórcio no processo licitatório que originou o contrato.

Como forma de assegurar a isonomia e evitar que a competitividade da licitação reste abalada, o edital deverá estabelecer para o consórcio acréscimo de 10% (dez por cento) a 30% (trinta por cento) sobre o valor exigido de licitante individual para a habilitação econômico-financeira, salvo justificação.

Esse acréscimo, todavia, é inaplicável para consórcios compostos, em sua totalidade, por micro e pequenas empresas. Favorecer as pequenas empresas para que supram suas incapacidades com o consórcio colmata o princípio da isonomia na sua vertente material, regulando, nas suas exatas diferenças, a conduta daqueles que pretendem disputar a licitação.

ARTIGO 16

Art. 16. Os profissionais organizados sob a forma de cooperativa poderão participar de licitação quando:

I – a constituição e o funcionamento da cooperativa observarem as regras estabelecidas na legislação aplicável, em especial a Lei n. 5.764, de 16 de dezembro de 1971, a Lei n. 12.690, de 19 de julho de 2012, e a Lei Complementar n. 130, de 17 de abril de 2009;

II – a cooperativa apresentar demonstrativo de atuação em regime cooperado, com repartição de receitas e despesas entre os cooperados;

III – qualquer cooperado, com igual qualificação, for capaz de executar o objeto contratado, vedado à Administração indicar nominalmente pessoas;

IV – o objeto da licitação referir-se, em se tratando de cooperativas enquadradas na Lei n. 12.690, de 19 de julho de 2012, a serviços especializados constantes do objeto social da cooperativa, a serem executados de forma complementar à sua atuação.

Jurisprudência do TCU:

Enunciado: É irregular a vedação à participação de cooperativas em procedimento licitatório, ressalvados os casos em que o objeto social destas seja incompatível com o objeto do certame respectivo. "[...] 12. [...] Como bem destacou a Unidade Técnica, cooperativas são, por definição legal (art. 4º da Lei n. 5.764/71), sociedades de pessoas, com forma e natureza jurídica próprias, de natureza civil, não sujeitas a falência, constituídas para prestar serviços aos associados, ou a terceiros não associados, desde que, nesta última hipótese, não afrontem seus objetivos sociais. 13. Podem, portanto, como qualquer outra pessoa jurídica, celebrar contratos com terceiros. A única ressalva a esta liberdade diz respeito à vedação contida no art. 86 da mencionada Lei, no sentido de que o fornecimento de bens e serviços a terceiros, não cooperados, deve atender aos objetivos sociais da cooperativa. 14. Não há vedação legal, portanto, para que possam celebrar avenças com o Poder Público. Como frisado anteriormente, a licitação concretiza o princípio constitucional da impessoalidade e da igualdade, portanto, as restrições a terceiros contratar com a Administração somente podem ser aquelas previstas em lei e desde que limitadas à qualificação técnica e econômica indispensáveis à execução do contrato. [...]". Tribunal de Contas da União.

(Acórdão 22/2003. Relator: BENJAMIN ZYMLER.)

É irregular a participação de cooperativa em procedimentos licitatórios quando o objeto refoge ao seu campo de atuação. "[...] 31. [...] a Cooperativa de Alunos participou de procedimentos licitatórios na modalidade convite, bem como, de contratações outras em que houve dispensa de licitação. Tanto numa quanto noutra forma a pertinência com os seus fins sociais se impõe como condicionante à possibilidade de participação da aduzida Cooperativa. 32. [...], é irregular a participação da Cooperativa em procedimentos licitatórios que refogem o seu campo de atuação, porque impertinentes. Tais documentos [...] referem-se a procedimentos licitatórios em que a Cooperativa sagrou-se vencedora. Trata-se de licitações na modalidade 'Convite', a qual exige, com espeque no § 3º do art. 22 da Lei n. 8.666/93, que os interessados sejam 'do ramo pertinente ao seu objeto'. [...]". Tribunal de Contas da União.

(Acórdão 6552/2009. Segunda Câmara. Relator: AROLDO CEDRAZ.)

COMENTÁRIOS DOS AUTORES

Tema que também sempre gerou controvérsias diz respeito à participação de cooperativas nas licitações públicas.

Pacificando a temática e encabeçando o entendimento do TCU quanto ao tema, o legislador consagrou expressamente a possibilidade de participação de profissionais organizados sob a forma de cooperativa em procedimentos licitatórios, desde que observados os requisitos elencados do art. 16.

As exigências podem ser assim sintetizadas: a) constituição e o funcionamento regular, com estrita observância da legislação pertinente; b) apresentação de demonstrativo de atuação em regime cooperado, com repartição de receitas e despesas entre os cooperados; c) comprovação de que qualquer cooperado, com igual qualificação, é capaz de executar o objeto contratado, vedado à Administração indicar nominalmente pessoas; d) pertinência temática quanto ao objeto da licitação e o objeto social da cooperativa.

É, pois, irregular a vedação à participação de cooperativas em procedimento licitatório, ressalvados os casos em que o objeto social destas seja incompatível com o objeto do certame respectivo (a exemplo de quando o objeto refoge ao seu campo de atuação).

ARTIGO 17

> **Art. 17.** O processo de licitação observará as seguintes fases, em sequência:
> I – preparatória;
> II – de divulgação do edital de licitação;
> III – de apresentação de propostas e lances, quando for o caso;
> IV – de julgamento;
> V – de habilitação;
> VI – recursal;
> VII – de homologação.

Lei n. 12.462/2011

Art. 12. O procedimento de licitação de que trata esta Lei observará as seguintes fases, nesta ordem:

I – preparatória;

II – publicação do instrumento convocatório;

III – apresentação de propostas ou lances;

IV – julgamento;

V – habilitação;

VI – recursal; e

VII – encerramento.

Lei n. 13.303/2016

Art. 51. As licitações de que trata esta Lei observarão a seguinte sequência de fases:

I – preparação;

II – divulgação;

III – apresentação de lances ou propostas, conforme o modo de disputa adotado;

IV – julgamento;

V – verificação de efetividade dos lances ou propostas;

VI – negociação;

VII – habilitação;

VIII – interposição de recursos;

IX – adjudicação do objeto;

X – homologação do resultado ou revogação do procedimento.

§ 1º A fase referida no inciso V do *caput* deste artigo poderá, mediante ato motivado com explicitação dos benefícios decorrentes, anteceder as fases referidas nos incisos III e IV do *caput* deste artigo, desde que expressamente previsto no edital de licitação.

Lei n. 13.303/2016

Art. 51. As licitações de que trata esta Lei observarão a seguinte sequência de fases:

§ 1º A fase de que trata o inciso VII do *caput* poderá, excepcionalmente, anteceder as referidas nos incisos III a VI do *caput*, desde que expressamente previsto no instrumento convocatório.

§ 2º As licitações serão realizadas preferencialmente sob a forma eletrônica, admitida a utilização da forma presencial, desde que motivada, devendo a sessão pública ser registrada em ata e gravada em áudio e vídeo.

> Lei n. 12.462/2011
>
> Art. 13. As licitações deverão ser realizadas preferencialmente sob a forma eletrônica, admitida a presencial.
>
> Lei n. 13.303/2016
>
> Art. 51, § 2º Os atos e procedimentos decorrentes das fases enumeradas no *caput* praticados por empresas públicas, por sociedades de economia mista e por licitantes serão efetivados preferencialmente por meio eletrônico, nos termos definidos pelo instrumento convocatório, devendo os avisos contendo os resumos dos editais das licitações e contratos abrangidos por esta Lei ser previamente publicados no Diário Oficial da União, do Estado ou do Município e na internet.

§ 3º Desde que previsto no edital, na fase a que se refere o inciso IV do *caput* deste artigo, o órgão ou entidade licitante poderá, em relação ao licitante provisoriamente vencedor, realizar análise e avaliação da conformidade da proposta, mediante homologação de amostras, exame de conformidade e prova de conceito, entre outros testes de interesse da Administração, de modo a comprovar sua aderência às especificações definidas no termo de referência ou no projeto básico.

§ 4º Nos procedimentos realizados por meio eletrônico, a Administração poderá determinar, como condição de validade e eficácia, que os licitantes pratiquem seus atos em formato eletrônico.

> Lei n. 12.462/2011
>
> Art. 13, parágrafo único. Nos procedimentos realizados por meio eletrônico, a administração pública poderá determinar, como condição de validade e eficácia, que os licitantes pratiquem seus atos em formato eletrônico.

§ 5º Na hipótese excepcional de licitação sob a forma presencial a que refere o § 2º deste artigo, a sessão pública de apresentação de propostas deverá ser gravada em áudio e vídeo, e a gravação será juntada aos autos do processo licitatório depois de seu encerramento.

§ 6º A Administração poderá exigir certificação por organização independente acreditada pelo Instituto Nacional de Metrologia, Qualidade e Tecnologia (Inmetro) como condição para aceitação de:

I - estudos, anteprojetos, projetos básicos e projetos executivos;

II - conclusão de fases ou de objetos de contratos;

III - material e corpo técnico apresentados por empresa para fins de habilitação.

COMENTÁRIOS DOS AUTORES

Os procedimentos licitatórios variam de acordo com a modalidade de licitação e com o objeto da contratação. De qualquer modo, é certo que as licitações possuem duas fases:

> i. Fase interna (ou preparatória): atos iniciais e preparatórios praticados por cada órgão e entidade administrativa para efetivação da licitação.
>
> ii. Fase externa: inicia-se com a publicação do instrumento convocatório, abrindo a possibilidade para participação dos interessados.

Sob a regência da Lei n. 8.666/93, a fase de habilitação precedia a de julgamento, o que acabava gerando custos desnecessários à Administração e aos interessados, além de alongar o procedimento por tempo desnecessário.

Incorporando a bem-sucedida inversão de fases já consagrada na Lei do Pregão (Lei n. 10.520/2002), na Lei do RDC (Lei n. 12.462/2011), na Lei das Estatais (Lei n. 13.303/2016) e em outros diplomas legais, a novel legislação consagra que a fase de julgamento deverá, como regra, anteceder a fase de habilitação, o que garante maior racionalidade e velocidade ao procedimento, conferindo economicidade e eficiência ao procedimento, pois, após julgar e classificar as propostas, somente se verificará a habilitação do primeiro colocado.

O que era conhecido como inversão de fases, agora, passa ser a regra geral do procedimento licitatório.

Excepcionalmente, desde que consignado de forma expressa e fundamentada no instrumento convocatório, explicitados os benefícios decorrentes, a fase de habilitação poderá anteceder as fases de apresentação das propostas e de julgamento.

Dada a dinamicidade proporcionada pela internet, com maior agilidade na tramitação, além da possibilidade de alcançar mais interessados e de ser conferida maior transparência ao procedimento, as licitações serão realizadas preferencialmente sob a forma eletrônica (princípio da virtualização dos atos da licitação). Nesse caso, a Administração poderá determinar, como condição de validade e eficácia, que os licitantes pratiquem seus atos em formato eletrônico.

Destaque relevante no que tange à virtualização do procedimento licitatório é a criação, pelo art. 174 da Nova Lei, do Portal Nacional de Contratações Públicas (PNCP), sítio eletrônico oficial destinado à divulgação centralizada e obrigatória dos atos realizados no âmbito das contratações públicas. Trata-se de importante instrumento de transparência, a centralizar todas as informações pertinentes às licitações.

O Portal em comento viabilizará, inclusive, a realização de contratações de modo virtual pelo Poder Público, sendo facultativa a adesão, neste ponto, dos órgãos e entidades dos Poderes Executivo, Legislativo e Judiciário de todos os entes federativos.

A utilização da forma presencial, registre-se, não foi extinta pela lei. A sua utilização ainda é admitida de modo excepcional e motivado.

Exige-se, contudo, que a sessão pública seja registrada em ata e gravada mediante utilização de recursos tecnológicos de áudio e vídeo, cuja gravação será juntada aos autos do processo licitatório após o seu encerramento.

Capítulo II
DA FASE PREPARATÓRIA

Seção I
Da Instrução do Processo Licitatório

ARTIGO 18

Art. 18. A fase preparatória do processo licitatório é caracterizada pelo planejamento e deve compatibilizar-se com o plano de contratações anual de que trata o inciso VII do *caput* do art. 12 desta Lei, sempre que elaborado, e com as leis orçamentárias, bem como abordar todas as considerações técnicas, mercadológicas e de gestão que podem interferir na contratação, compreendidos:

Jurisprudência do TCU:

Nas obras e serviços de engenharia custeados com recursos federais, a Administração contratante deve obedecer às disposições das Leis de Diretrizes Orçamentárias da União, em especial no tocante aos preços de referência que deverão ser utilizados.

(TCU, Acórdão 521/2012-Plenário, Relator: Marcos Bemquerer, 7-3-2012.)

A Administração deve atentar para a necessidade de previsão de crédito orçamentário suficiente ao iniciar procedimentos licitatórios.

(TCU, Acórdão 3071/2008-Plenário, Relator: Aroldo Cedraz, 10-12-2008.)

Lei n. 8.666/93

Art. 38. O procedimento da licitação será iniciado com a abertura de processo administrativo, devidamente autuado, protocolado e numerado, contendo a autorização respectiva, a indicação sucinta de seu objeto e do recurso próprio para a despesa, e ao qual serão juntados oportunamente:

I – edital ou convite e respectivos anexos, quando for o caso;

II – comprovante das publicações do edital resumido, na forma do art. 21 desta Lei, ou da entrega do convite;

III – ato de designação da comissão de licitação, do leiloeiro administrativo ou oficial, ou do responsável pelo convite;

IV – original das propostas e dos documentos que as instruírem;

V – atas, relatórios e deliberações da Comissão Julgadora;

VI – pareceres técnicos ou jurídicos emitidos sobre a licitação, dispensa ou inexigibilidade;

VII – atos de adjudicação do objeto da licitação e da sua homologação;

VIII – recursos eventualmente apresentados pelos licitantes e respectivas manifestações e decisões;

IX – despacho de anulação ou de revogação da licitação, quando for o caso, fundamentado circunstanciadamente;

X – termo de contrato ou instrumento equivalente, conforme o caso;

XI – outros comprovantes de publicações;

XII – demais documentos relativos à licitação.

Parágrafo único. As minutas de editais de licitação, bem como as dos contratos, acordos, convênios ou ajustes devem ser previamente examinadas e aprovadas por assessoria jurídica da Administração.

Art. 39. Sempre que o valor estimado para uma licitação ou para um conjunto de licitações simultâneas ou sucessivas for superior a 100 (cem) vezes o limite previsto no art. 23, inciso I, alínea "c" desta Lei, o processo licitatório será iniciado, obrigatoriamente, com uma audiência pública concedida pela autoridade responsável com antecedência mínima de 15 (quinze) dias úteis da data prevista para a publicação do edital, e divulgada, com a antecedência mínima de 10 (dez) dias úteis de sua realização, pelos mesmos meios previstos para a publicidade da licitação, à qual terão acesso e direito a todas as informações pertinentes e a se manifestar todos os interessados.

Parágrafo único. Para os fins deste artigo, consideram-se licitações simultâneas aquelas com objetos similares e com realização prevista para intervalos não superiores a trinta dias e licitações sucessivas aquelas em que, também com objetos similares, o edital subsequente tenha uma data anterior a cento e vinte dias após o término do contrato resultante da licitação antecedente.

Art. 40. O edital conterá no preâmbulo o número de ordem em série anual, o nome da repartição interessada e de seu setor, a modalidade, o regime de execução e o tipo da licitação, a menção de que será regida por esta Lei, o local, dia e hora para recebimento da documentação e proposta, bem como para início da abertura dos envelopes, e indicará, obrigatoriamente, o seguinte:

I – objeto da licitação, em descrição sucinta e clara;

II – prazo e condições para assinatura do contrato ou retirada dos instrumentos, como previsto no art. 64 desta Lei, para execução do contrato e para entrega do objeto da licitação;

III – sanções para o caso de inadimplemento;

IV – local onde poderá ser examinado e adquirido o projeto básico;

V – se há projeto executivo disponível na data da publicação do edital de licitação e o local onde possa ser examinado e adquirido;

VI – condições para participação na licitação, em conformidade com os arts. 27 a 31 desta Lei, e forma de apresentação das propostas;

VII – critério para julgamento, com disposições claras e parâmetros objetivos;

VIII – locais, horários e códigos de acesso dos meios de comunicação à distância em que serão fornecidos elementos, informações e esclarecimentos relativos à licitação e às condições para atendimento das obrigações necessárias ao cumprimento de seu objeto;

IX – condições equivalentes de pagamento entre empresas brasileiras e estrangeiras, no caso de licitações internacionais;

X – o critério de aceitabilidade dos preços unitário e global, conforme o caso, permitida a fixação de preços máximos e vedados a fixação de preços mínimos, critérios estatísticos ou faixas de variação em relação a preços de referência, ressalvado o disposto nos parágrafos 1º e 2º do art. 48;

XI – critério de reajuste, que deverá retratar a variação efetiva do custo de produção, admitida a adoção de índices específicos ou setoriais, desde a data prevista para apresentação da proposta, ou do orçamento a que essa proposta se referir, até a data do adimplemento de cada parcela;

XII – (*Vetado.*)

XIII – limites para pagamento de instalação e mobilização para execução de obras ou serviços que serão obrigatoriamente previstos em separado das demais parcelas, etapas ou tarefas;

XIV – condições de pagamento, prevendo:

a) prazo de pagamento não superior a trinta dias, contado a partir da data final do período de adimplemento de cada parcela;

b) cronograma de desembolso máximo por período, em conformidade com a disponibilidade de recursos financeiros;

c) critério de atualização financeira dos valores a serem pagos, desde a data final do período de adimplemento de cada parcela até a data do efetivo pagamento;

d) compensações financeiras e penalizações, por eventuais atrasos, e descontos, por eventuais antecipações de pagamentos;

e) exigência de seguros, quando for o caso;

XV – instruções e normas para os recursos previstos nesta Lei;

XVI – condições de recebimento do objeto da licitação;

XVII – outras indicações específicas ou peculiares da licitação.

§ 1º O original do edital deverá ser datado, rubricado em todas as folhas e assinado pela autoridade que o expedir, permanecendo no processo de licitação, e dele extraindo-se cópias integrais ou resumidas, para sua divulgação e fornecimento aos interessados.

§ 2º Constituem anexos do edital, dele fazendo parte integrante:

I – o projeto básico e/ou executivo, com todas as suas partes, desenhos, especificações e outros complementos;

II – orçamento estimado em planilhas de quantitativos e preços unitários;

III – a minuta do contrato a ser firmado entre a Administração e o licitante vencedor;

IV – as especificações complementares e as normas de execução pertinentes à licitação.

§ 3º Para efeito do disposto nesta Lei, considera-se como adimplemento da obrigação contratual a prestação do serviço, a realização da obra, a entrega do bem ou de parcela destes, bem como qualquer outro evento contratual a cuja ocorrência esteja vinculada a emissão de documento de cobrança.

§ 4º Nas compras para entrega imediata, assim entendidas aquelas com prazo de entrega até trinta dias da data prevista para apresentação da proposta, poderão ser dispensadas:

I – o disposto no inciso XI deste artigo;

II – a atualização financeira a que se refere a alínea "c" do inciso XIV deste artigo, correspondente ao período compreendido entre as datas do adimplemento e a prevista para o pagamento, desde que não superior a quinze dias.

§ 5º A Administração Pública poderá, nos editais de licitação para a contratação de serviços, exigir da contratada que um percentual mínimo de sua mão de obra seja oriundo ou egresso do sistema prisional, com a finalidade de ressocialização do reeducando, na forma estabelecida em regulamento.

Art. 41. A Administração não pode descumprir as normas e condições do edital, ao qual se acha estritamente vinculada.

§ 1º Qualquer cidadão é parte legítima para impugnar edital de licitação por irregularidade na aplicação desta Lei, devendo protocolar o pedido até 5 (cinco) dias úteis antes da data fixada para a abertura dos envelopes de habilitação, devendo a Administração julgar e responder à impugnação em até 3 (três) dias úteis, sem prejuízo da faculdade prevista no § 1º do art. 113.

§ 2º Decairá do direito de impugnar os termos do edital de licitação perante a administração o licitante que não o fizer até o segundo dia útil que anteceder a abertura dos envelopes de habilitação em concorrência, a abertura dos envelopes com as propostas em convite, tomada de preços ou concurso, ou a realização de leilão, as falhas ou irregularidades que viciariam esse edital, hipótese em que tal comunicação não terá efeito de recurso.

§ 3º A impugnação feita tempestivamente pelo licitante não o impedirá de participar do processo licitatório até o trânsito em julgado da decisão a ela pertinente.

§ 4º A inabilitação do licitante importa preclusão do seu direito de participar das fases subsequentes.

Lei n. 10.520/2002

Art. 3º A fase preparatória do pregão observará o seguinte:

I – a autoridade competente justificará a necessidade de contratação e definirá o objeto do certame, as exigências de habilitação, os critérios de aceitação das propostas, as sanções por inadimplemento e as cláusulas do contrato, inclusive com fixação dos prazos para fornecimento;

II – a definição do objeto deverá ser precisa, suficiente e clara, vedadas especificações que, por excessivas, irrelevantes ou desnecessárias, limitem a competição;

III – dos autos do procedimento constarão a justificativa das definições referidas no inciso I deste artigo e os indispensáveis elementos técnicos sobre os quais estiverem apoiados, bem como o orçamento, elaborado pelo órgão ou entidade promotora da licitação, dos bens ou serviços a serem licitados; e

IV – a autoridade competente designará, dentre os servidores do órgão ou entidade promotora da licitação, o pregoeiro e respectiva equipe de apoio, cuja atribuição inclui, dentre outras, o recebimento das propostas e lances, a análise de sua aceitabilidade e sua classificação, bem como a habilitação e a adjudicação do objeto do certame ao licitante vencedor.

§ 1º A equipe de apoio deverá ser integrada em sua maioria por servidores ocupantes de cargo efetivo ou emprego da administração, preferencialmente pertencentes ao quadro permanente do órgão ou entidade promotora do evento.

§ 2º No âmbito do Ministério da Defesa, as funções de pregoeiro e de membro da equipe de apoio poderão ser desempenhadas por militares.

I - a descrição da necessidade da contratação fundamentada em estudo técnico preliminar que caracterize o interesse público envolvido;

II - a definição do objeto para o atendimento da necessidade, por meio de termo de referência, anteprojeto, projeto básico ou projeto executivo, conforme o caso;

III - a definição das condições de execução e pagamento, das garantias exigidas e ofertadas e das condições de recebimento;

IV - o orçamento estimado, com as composições dos preços utilizados para sua formação;

V - a elaboração do edital de licitação;

VI - a elaboração de minuta de contrato, quando necessária, que constará obrigatoriamente como anexo do edital de licitação;

VII - o regime de fornecimento de bens, de prestação de serviços ou de execução de obras e serviços de engenharia, observados os potenciais de economia de escala;

VIII - a modalidade de licitação, o critério de julgamento, o modo de disputa e a adequação e eficiência da forma de combinação desses parâmetros, para os fins de seleção da proposta apta a gerar o resultado de contratação mais vantajoso para a Administração Pública, considerado todo o ciclo de vida do objeto;

IX - a motivação circunstanciada das condições do edital, tais como justificativa de exigências de qualificação técnica, mediante indicação das parcelas de maior relevância técnica ou valor significativo do objeto, e de qualificação econômico-financeira, justificativa dos critérios de pontuação e julgamento das propostas técnicas, nas licitações com julgamento por melhor técnica ou técnica e preço, e justificativa das regras pertinentes à participação de empresas em consórcio;

X - a análise dos riscos que possam comprometer o sucesso da licitação e a boa execução contratual;

XI - a motivação sobre o momento da divulgação do orçamento da licitação, observado o art. 24 desta Lei.

§ 1º O estudo técnico preliminar a que se refere o inciso I do *caput* deste artigo deverá evidenciar o problema a ser resolvido e a sua melhor solução, de modo a permitir a avaliação da viabilidade técnica e econômica da contratação, e conterá os seguintes elementos:

> Os estudos técnicos preliminares devem servir de base para a elaboração do projeto básico, assegurando a viabilidade técnica da obra ou serviço e assegurando o adequado tratamento do impacto ambiental do empreendimento.
> (TCU, Acórdão 1568/2008-Plenário, Relator: Marcos Vinicios Vilaça, 6-8-2008.)

I - descrição da necessidade da contratação, considerado o problema a ser resolvido sob a perspectiva do interesse público;

II - demonstração da previsão da contratação no plano de contratações anual, sempre que elaborado, de modo a indicar o seu alinhamento com o planejamento da Administração;

III - requisitos da contratação;

IV - estimativas das quantidades para a contratação, acompanhadas das memórias de cálculo e dos documentos que lhes dão suporte, que considerem interdependências com outras contratações, de modo a possibilitar economia de escala;

V - levantamento de mercado, que consiste na análise das alternativas possíveis, e justificativa técnica e econômica da escolha do tipo de solução a contratar;

VI - estimativa do valor da contratação, acompanhada dos preços unitários referenciais, das memórias de cálculo e dos documentos que lhe dão suporte, que poderão constar de anexo classificado, se a Administração optar por preservar o seu sigilo até a conclusão da licitação;

VII - descrição da solução como um todo, inclusive das exigências relacionadas à manutenção e à assistência técnica, quando for o caso;

VIII - justificativas para o parcelamento ou não da contratação;

IX - demonstrativo dos resultados pretendidos em termos de economicidade e de melhor aproveitamento dos recursos humanos, materiais e financeiros disponíveis;

X - providências a serem adotadas pela Administração previamente à celebração do contrato, inclusive quanto à capacitação de servidores ou de empregados para fiscalização e gestão contratual;

XI - contratações correlatas e/ou interdependentes;

XII - descrição de possíveis impactos ambientais e respectivas medidas mitigadoras, incluídos requisitos de baixo consumo de energia e de outros recursos, bem como logística reversa para desfazimento e reciclagem de bens e refugos, quando aplicável;

XIII - posicionamento conclusivo sobre a adequação da contratação para o atendimento da necessidade a que se destina.

§ 2º O estudo técnico preliminar deverá conter ao menos os elementos previstos nos incisos I, IV, VI, VIII e XIII do § 1º deste artigo e, quando não contemplar os demais elementos previstos no referido parágrafo, apresentar as devidas justificativas.

§ 3º Em se tratando de estudo técnico preliminar para contratação de obras e serviços comuns de engenharia, se demonstrada a inexistência de prejuízo para a aferição dos padrões de desempenho e qualidade almejados, a especificação do objeto poderá ser realizada apenas em termo de referência ou em projeto básico, dispensada a elaboração de projetos.

COMENTÁRIOS DOS AUTORES

Na fase interna, são elaborados os elementos que regram as condições do ato convocatório, antes de torná-lo público. É anterior à disputa pública. A partir de então, pode-se iniciar o processo licitatório, se for apto a sua concretização ou se não incidirem as hipóteses de dispensa.

É a chamada fase preparatória do processo licitatório, caracterizada pelo planejamento da contratação a ser efetuada, que abrange desde a definição do objeto e das condições de execução e pagamento, até a elaboração do edital de licitação, com a motivação circunstanciada de suas condições, a teor do art. 18.

O procedimento se inicia com a instauração do processo administrativo, que deverá ser autuado, protocolado e numerado, para garantia de todos os intervenientes. Nele, deve constar a autorização para o certame, a descrição do objeto, bem como a menção aos recursos próprios para a futura despesa.

Como regra, o processo será dirigido por um agente de contratação, pessoa designada pela autoridade competente, entre servidores efetivos ou empregados públicos dos quadros permanentes da Administração Pública, para tomar decisões, acompanhar o trâmite da licitação, dar impulso ao procedimento licitatório e executar quaisquer outras atividades necessárias ao bom andamento da licitação.

Excepcionalmente, em se tratando de licitação que envolva bens ou serviços especiais, referido agente poderá ser substituído por comissão de contratação formada de, no mínimo, 3 (três) membros.

Se a licitação for realizada sob a modalidade de diálogo competitivo, contudo, a atuação da comissão de contratação se faz obrigatória.

Designado o agente ou a comissão, elaboram-se as minutas do instrumento convocatório e do contrato. O instrumento convocatório contém as regras que deverão ser observadas pela Administração e pelos licitantes. Por essa razão, a assessoria jurídica da Administração deve examinar e aprová-las.

A requisição do objeto é o ato que inicia o processo de licitação, com a indicação da necessidade de contratação do bem ou do serviço. Em seguida, a Administração faz uma estimativa de valor, verificando o preço de mercado do objeto da futura contratação.

Cotado o preço, há a autorização de despesa, na qual o ordenador de despesa verifica a existência de recursos orçamentários suficientes para contratação do objeto, devendo ser observado o art. 16 da Lei de Responsabilidade Fiscal.

Art. 16. A criação, expansão ou aperfeiçoamento de ação governamental que acarrete aumento da despesa será acompanhado de:

I – estimativa do impacto orçamentário-financeiro no exercício em que deva entrar em vigor e nos dois subsequentes;

II – declaração do ordenador da despesa de que o aumento tem adequação orçamentária e financeira com a lei orçamentária anual e compatibilidade com o plano plurianual e com a lei de diretrizes orçamentárias.

Saliente-se que é prescindível disponibilidade financeira integral ao momento do início da execução do contrato, porém, deve haver recursos suficientes, previstos na lei orçamentária, para o pagamento da obra, serviço ou compra, conforme o cronograma ajustado entre as partes, umas vezes que é vedada a contratação sem a perspectiva de que a Administração honre seu compromisso financeiro para com o contratado.

O *caput* do art. 18, aliás, é expresso ao consignar a necessidade de compatibilidade do planejamento tanto com o plano de contratações anual quanto com as leis orçamentárias. A preocupação com a repercussão financeira da contratação é tamanha que devem ser abordadas todas as considerações técnicas, mercadológicas e de gestão que possam interferir na contratação.

A descrição da necessidade da contratação deve ser fundamentada em estudo técnico preliminar que caracterize o interesse público envolvido.

Tal estudo deve servir de base para a elaboração do projeto básico, assegurando a viabilidade técnica da obra ou serviço e assegurando o adequado tratamento do impacto ambiental do empreendimento.

Há referência ao estudo técnico preliminar, de forma menos detalhada, na Lei n. 8.666/93, quando da definição de Projeto Básico, no art. 6º, IX, e no art. 46 para indicar que os tipos de licitação "melhor técnica" ou "técnica e preço" serão utilizados, em particular, para a elaboração de estudos técnicos preliminares.

Na Lei n. 12.462/2011, que institui o RDC, há referência ao estudo técnico preliminar também quando da definição de Projeto Básico, no art. 2º.

No novo diploma, o estudo técnico preliminar é abordado de forma pormenorizada. Deverá, nos termos do § 1º, evidenciar o problema a ser resolvido e a sua melhor solução, de modo a permitir a avaliação da viabilidade técnica e econômica da contratação.

Trata-se de forma de assegurar a observância dos objetivos da licitação já consagrados no art. 11: assegurar a seleção da proposta apta a gerar o resultado de contratação mais vantajoso para a Administração Pública, assegurar tratamento isonômico e a justa competição entre os licitantes, evitar contratações com sobrepreço ou com preços manifestamente inexequíveis e superfaturamento na execução dos contratos, além de incentivar a inovação e o desenvolvimento nacional sustentável.

A preocupação com o meio ambiente, aliás, ganha especial relevo com a necessidade de que o estudo analise os possíveis impactos ambientais e já preveja as respectivas medidas mitigadoras, consagradas no inciso XII do § 1º.

O estudo técnico preliminar deverá conter, ao menos, os seguintes elementos:

- a descrição da necessidade da contratação fundamentada em estudo técnico preliminar que caracterize o interesse público envolvido;
- o orçamento estimado, com as composições dos preços utilizados para sua formação;

- a elaboração de minuta de contrato, quando necessária, que constará obrigatoriamente como anexo do edital de licitação;
- a modalidade de licitação, o critério de julgamento, o modo de disputa e a adequação e eficiência da forma de combinação desses parâmetros, para os fins de seleção da proposta apta a gerar o resultado de contratação mais vantajoso para a Administração Pública, considerado todo o ciclo de vida do objeto;
- posicionamento conclusivo sobre a adequação da contratação para o atendimento da necessidade a que se destina.

Quando não contemplar qualquer dos demais elementos previstos no § 1º, deverão ser apresentadas as devidas justificativas.

Destaque-se que, em se tratando de contratação de obras e serviços comuns de engenharia, se demonstrada a inexistência de prejuízos para aferição de padrões de desempenho e qualidade almejados, a possibilidade de especificação do objeto no estudo técnico preliminar poderá ser indicada apenas em termo de referência, dispensando a elaboração de projetos.

ARTIGO 19

Art. 19. Os órgãos da Administração com competências regulamentares relativas às atividades de administração de materiais, de obras e serviços e de licitações e contratos deverão:
I – instituir instrumentos que permitam, preferencialmente, a centralização dos procedimentos de aquisição e contratação de bens e serviços;
II – criar catálogo eletrônico de padronização de compras, serviços e obras, admitida a adoção do catálogo do Poder Executivo federal por todos os entes federativos;

Jurisprudência do TCU:

Súmula TCU 270: Em licitações referentes a compras, inclusive de *softwares*, é possível a indicação de marca, desde que seja estritamente necessária para atender exigências de padronização e que haja prévia justificação.

A opção pela padronização nas aquisições, uma das hipóteses que autorizam a indicação de marca específica, deve ser pautada em critérios objetivos e fundamentada em estudos, laudos, perícias e pareceres que demonstrem as vantagens econômicas e a satisfação do interesse público com a medida.

(TCU, Acórdão 2829/2015-Plenário, Relator: Bruno Dantas, 4-11-2015.)

Lei n. 12.462/2011

Art. 33. O catálogo eletrônico de padronização de compras, serviços e obras consiste em sistema informatizado, de gerenciamento centralizado, destinado a permitir a padronização dos itens a serem adquiridos pela administração pública que estarão disponíveis para a realização de licitação.

Parágrafo único. O catálogo referido no *caput* deste artigo poderá ser utilizado em licitações cujo critério de julgamento seja a oferta de menor preço ou de maior desconto e conterá toda a documentação e procedimentos da fase interna da licitação, assim como as especificações dos respectivos objetos, conforme disposto em regulamento.

III - instituir sistema informatizado de acompanhamento de obras, inclusive com recursos de imagem e vídeo;

IV - instituir, com auxílio dos órgãos de assessoramento jurídico e de controle interno, modelos de minutas de editais, de termos de referência, de contratos padronizados e de outros documentos, admitida a adoção das minutas do Poder Executivo federal por todos os entes federativos;

> Jurisprudência do TCU:
>
> Como regra, as minutas dos contratos a serem firmados por instituição pública devem passar pelo exame da área jurídica. Todavia, em caráter excepcional, é possível a utilização de minuta-padrão, previamente aprovada pela assessoria jurídica, quando houver identidade de objeto e não restarem dúvidas acerca da possibilidade de adequação das cláusulas exigidas no contrato pretendido às cláusulas previamente estabelecidas.
> (TCU, Acórdão 873/2011-Plenário, Relator: José Jorge, 6-4-2011.)

V - promover a adoção gradativa de tecnologias e processos integrados que permitam a criação, a utilização e a atualização de modelos digitais de obras e serviços de engenharia.

§ 1º O catálogo referido no inciso II do *caput* deste artigo poderá ser utilizado em licitações cujo critério de julgamento seja o de menor preço ou o de maior desconto e conterá toda a documentação e os procedimentos próprios da fase interna de licitações, assim como as especificações dos respectivos objetos, conforme disposto em regulamento.

§ 2º A não utilização do catálogo eletrônico de padronização de que trata o inciso II do *caput* ou dos modelos de minutas de que trata o inciso IV do *caput* deste artigo deverá ser justificada por escrito e anexada ao respectivo processo licitatório.

§ 3º Nas licitações de obras e serviços de engenharia e arquitetura, sempre que adequada ao objeto da licitação, será preferencialmente adotada a Modelagem da Informação da Construção (Building Information Modelling - BIM) ou tecnologias e processos integrados similares ou mais avançados que venham a substituí-la.

COMENTÁRIOS DOS AUTORES

A fim de conferir maior racionalidade, economicidade, eficiência e transparência ao procedimento licitatório, o art. 19 elenca uma série de exigências a serem observadas pelos órgãos da Administração Pública com competência regulamentar afeta às atividades de administração de materiais, de obras e serviços e de licitações e contratos.

A criação de catálogo eletrônico de padronização de compras, serviços e obras, observe-se, já era medida prevista no âmbito do Regime Diferenciado de Contratação – RDC, regulamentada pelo art. 33 da Lei n. 12.462/2011, bem como no âmbito das estatais (*vide* art. 63 da Lei n. 13.303/2016).

O aludido catálogo consiste em sistema informatizado, de gerenciamento centralizado, destinado a permitir a padronização dos itens a serem adquiridos pela administração pública que estarão disponíveis para a realização de licitação.

Trata-se de procedimento destinado a ampliar a eficiência da atividade administrativa, haja vista reduzir o tempo e os esforços empenhados pela Administração para a contratação. Sobre o tema, Marçal Justen Filho esclarece que a padronização permite a redução de custos e otimização da aplicação de recursos.

104 Artigo 19   Nova Lei de Licitações Comentada e Referenciada

Significa que a padronização elimina variações tanto no tocante à seleção de produtos no momento da contratação como também na sua utilização, conservação etc. Há menor dispêndio de tempo e de esforços na ocasião da contratação, eis que a Administração já conhece as características técnicas da prestação.

Não há necessidade de longos exames para selecionar a melhor opção. Adotada a padronização, todas as contratações posteriores serão efetuadas de acordo com as linhas mestras predeterminadas[9].

Admite-se, inclusive, a adoção do catálogo do Poder Executivo federal por todos os entes federativos.

Referido catálogo poderá ser utilizado em licitações cujo critério de julgamento seja o de menor preço ou o de maior desconto e conterá toda a documentação e os procedimentos próprios da fase interna de licitações, assim como as especificações dos respectivos objetos, conforme disposto em regulamento.

Caso o agente público opte por não utilizar o catálogo eletrônico de padronização, deverá anexar ao respectivo processo licitatório, por escrito, a justificativa pertinente.

A lei impõe, ainda, que sejam instituídos: a) instrumentos que: permitam, preferencialmente, a centralização dos procedimentos de aquisição e contratação de bens e serviços; b) sistema informatizado de acompanhamento de obras, inclusive com recursos de imagem e vídeo; c) modelos de minutas de editais, de termos de referência, de contratos padronizados e de outros documentos, com auxílio dos órgãos de assessoramento jurídico e de controle interno, admitida a adoção das minutas do Poder Executivo federal por todos os entes federativos.

Incumbe, ainda, à Administração Pública promover a adoção gradativa de tecnologias e processos integrados que permitam a criação, utilização e atualização de modelos digitais de obras e serviços de engenharia.

Nesse diapasão, nas licitações de obras e serviços de engenharia e arquitetura, sempre que adequada ao objeto da licitação, será preferencialmente adotada a Modelagem da Informação da Construção (*Building Information Modelling* – BIM) ou tecnologias e processos integrados similares ou mais avançados que venham a substituí-la.

O BIM (ou Modelagem da Informação da Construção) é conceituado pelo art. 3º, II, do Decreto n. 10.306/2020, como sendo o "conjunto de tecnologias e processos integrados que permite a criação, a utilização e a atualização de modelos digitais de uma construção, de modo colaborativo, que sirva a todos os participantes do empreendimento, em qualquer etapa do ciclo de vida da construção".

Também pode ser definido como "uma nova plataforma da tecnologia da informação aplicada à construção civil e materializada em novas ferramentas (*softwares*), que oferecem novas funcionalidades e que, a partir da modelagem dos dados do projeto e especificação de uma edificação ou instalação, possibilita que os processos atuais, baseados apenas em documentos, sejam realizados de outras maneiras (baseados em modelos), muito mais eficazes"[10].

Como se pode perceber, não se trata de uma simples digitalização do processo. A adoção do BIM implica uma verdadeira mudança de paradigma, a exigir novos conhecimentos técnicos e no-

---

9   *Comentários à Lei de Licitações e Contratos Administrativos.* 14. ed. São Paulo: Dialética, 2010, p. 185.

10 *Vide* https://www.gov.br/dnit/pt-br/assuntos/noticias/building-information-modeling-2013-bim-iniciado-novo-ciclo-de-transformacao-digital-do-dnit.

vas habilidades, com especial enfoque no trabalho colaborativo. Sua adoção como modelo de gestão de informação acarreta o aumento da produtividade (melhor qualidade com custo e prazo de execução reduzidos) e a diminuição de riscos na construção civil, além de promover a transparência nos processos licitatórios.

Rafael Oliveira[11] destaca que o Poder Público pretende alcançar os seguintes objetivos com a utilização do BIM:

a) assegurar ganhos de produtividade ao setor de construção civil;

b) proporcionar ganhos de qualidade nas obras públicas;

c) aumentar a acurácia no planejamento de execução de obras proporcionando maior confiabilidade de cronogramas e orçamentação;

d) contribuir com ganhos em sustentabilidade por meio da redução de resíduos sólidos da construção civil;

e) reduzir prazos para conclusão de obras;

f) contribuir com a melhoria da transparência nos processos licitatórios;

g) reduzir necessidade de aditivos contratuais de alteração do projeto, de elevação de valor e de prorrogação de prazo de conclusão e de entrega da obra;

h) elevar o nível de qualificação profissional na atividade produtiva;

i) estimular a redução de custos existentes no ciclo de vida dos empreendimentos.

ARTIGO 20

Art. 20. Os itens de consumo adquiridos para suprir as demandas das estruturas da Administração Pública deverão ser de qualidade comum, não superior à necessária para cumprir as finalidades às quais se destinam, vedada a aquisição de artigos de luxo.

§ 1º Os Poderes Executivo, Legislativo e Judiciário definirão em regulamento os limites para o enquadramento dos bens de consumo nas categorias comum e luxo.

§ 2º A partir de 180 (cento e oitenta) dias contados da promulgação desta Lei, novas compras de bens de consumo só poderão ser efetivadas com a edição, pela autoridade competente, do regulamento a que se refere o § 1º deste artigo.

§ 3º (*Vetado*).

COMENTÁRIOS DOS AUTORES

Os itens de consumo adquiridos para suprir as demandas das estruturas da Administração Pública deverão ser de qualidade comum, não superior à mínima necessária para cumprir as finalidades às quais se destinam.

---

11 Ministério da Indústria, Comércio Exterior e Serviços – MDIC. Estratégia BIM BR: Estratégia Nacional de Disseminação do Building Information Modelling – BIM, 2018, p. 12 apud OLIVEIRA, Rafael Carvalho Rezende. *Licitações e contratos administrativos*: teoria e prática. 9. ed. Rio de Janeiro: Forense; São Paulo: Método, 2020, p. 135.

106 Artigo 21 Nova Lei de Licitações Comentada e Referenciada

Ressoa bastante óbvia, nesse contexto, a vedação à aquisição de artigos de luxo pela Administração Pública, decorrência lógica dos princípios da razoabilidade, da economicidade, da supremacia do interesse público, elencados no art. 5º da Lei em análise.

A definição do que são bens de luxo, entretanto, fica a cargo de regulamentos a serem elaborados pelos Poderes Executivo, Legislativo e Judiciário, que definirão os limites para o enquadramento dos bens de consumo nas categorias comum e luxo.

Tais regulamentos deverão ser editados pela autoridade competente a partir de 180 dias contados da promulgação desta Lei e serão condicionantes para a aquisição de novos bens de consumo.

Saliente-se, ainda, que os valores de referência dos três Poderes nas esferas federal, estadual, distrital e municipal não poderão ser superiores aos valores de referência do Poder Executivo federal.

ARTIGO 21

Art. 21. A Administração poderá convocar, com antecedência mínima de 8 (oito) dias úteis, audiência pública, presencial ou a distância, na forma eletrônica, sobre licitação que pretenda realizar, com disponibilização prévia de informações pertinentes, inclusive de estudo técnico preliminar e elementos do edital de licitação, e com possibilidade de manifestação de todos os interessados.

Jurisprudência do TCU:

Em licitações pelo Sistema de Registro de Preços, deve ser computado o valor previsto das adesões de órgãos e entidades não participantes (caronas) para aferição do limite que torna obrigatória a realização da audiência pública disposta no art. 39, *caput*, da Lei 8.666/1993.
(TCU, Acórdão 5966/2018-Segunda Câmara, Relator: Ana Arraes, 17-7-2018.)

A não realização da audiência pública prevista no art. 39 da Lei 8.666/1993 constitui vício insanável que macula todo o procedimento licitatório, ocasionando a sua anulação.
(TCU, Acórdão 2397/2017-Plenário, Relator: Aroldo Cedraz, 25-10-2017.)

O início de procedimento licitatório cujo valor estimativo seja superior a 150 milhões de reais deve ser antecedido da audiência pública, ante o que estabelece o art. 39 da Lei 8.666/1993.
(TCU, Acórdão 2690/2011-Plenário, Relator: Augusto Sherman, 5-10-2011.)

As contribuições e sugestões colhidas em audiência pública devem ser divulgadas no sítio na Internet da instituição pública que a promoveu, assim como a análise e a consolidação efetuadas acerca das contribuições recebidas, aceitas ou rejeitadas, de acordo com o princípio da publicidade.
(TCU, Acórdão 2104/2008-Plenário, Relator: Ubiratan Aguiar, 24-9-2008.)

Lei n. 8.666/93
Art. 39. Sempre que o valor estimado para uma licitação ou para um conjunto de licitações simultâneas ou sucessivas for superior a 100 (cem) vezes o limite previsto no art. 23, inciso I, alínea "c" desta Lei, o processo licitatório será iniciado, obrigatoriamente, com uma audiência pública concedida pela autoridade responsável com antecedência mínima de 15 (quinze) dias úteis da data prevista para a publicação do edital, e divulgada, com a antecedência mínima de

10 (dez) dias úteis de sua realização, pelos mesmos meios previstos para a publicidade da licitação, à qual terão acesso e direito a todas as informações pertinentes e a se manifestar todos os interessados.

Parágrafo único. A Administração também poderá submeter a licitação a prévia consulta pública, mediante a disponibilização de seus elementos a todos os interessados, que poderão formular sugestões no prazo fixado.

COMENTÁRIOS DOS AUTORES

À luz da Lei n. 8.666/93 (art. 39), a realização de audiência pública era obrigatória sempre que o valor estimado para uma licitação ou para um conjunto de licitações simultâneas ou sucessivas fosse superior a R$ 150.000.000 (cento e cinquenta milhões de reais) – isto é, 100 (cem) vezes o limite previsto no art. 23, inciso I, alínea c, que é de R$ 1.500.000,00 (um milhão e quinhentos mil reais).

A não realização da audiência pública, segundo entendimento do TCU, constituía, inclusive, vício insanável, a macular todo o procedimento licitatório, ocasionando a sua anulação (TCU, Acórdão 2397/2017-Plenário, Relator: Aroldo Cedraz, 25/10/2017).

Exigência similar não consta, todavia, do novo diploma.

A realização de audiência pública, presencial ou a distância, na forma eletrônica, sobre licitação que pretenda realizar, é opção discricionária da Administração Pública.

Caso opte pela sua realização, a convocação deverá ser realizada com antecedência mínima de 8 (oito) dias úteis, com disponibilização prévia de informações pertinentes, inclusive de estudo técnico preliminar, elementos do edital de licitação e outros, e com possibilidade de manifestação de todos os interessados.

A despeito de facultativa, a realização da audiência pública é medida que deve ser observada pelos gestores públicos com o fito de promover uma gestão participativa, concretizando o ideal de Administração Pública Dialógica.

Segundo Rafael Maffini[12], "Administração Pública Dialógica" é uma noção jurídica pela qual se busca impor como condição para a atuação administrativa a prévia realização de um verdadeiro e efetivo diálogo com todos aqueles que terão suas esferas de direitos atingidas por essa atuação estatal. Explica o autor que

> a noção de "administração pública dialógica", do qual se colocam em posição proeminente primados jurídicos de relevância ímpar, tais como o devido processo legal, o contraditório, a ampla defesa, a noção de participação, entre outros aspectos dotados de *status* constitucional, pode ser igualmente considerado uma decorrência lógica da noção de "proteção da confiança". [...]
>
> Os destinatários da função administrativa não podem ser surpreendidos com a imposição de atos que lhe são prejudiciais ou com a extinção de condutas que lhes são benéficas, de modo abrupto, sem que se lhes assegurem tanto a ciência quanto à iminência de ocorrência

---

12 MAFFINI, Rafael. Administração pública dialógica (proteção procedimental da confiança). Em torno da Vinculante nº 3, do Supremo Tribunal Federal. *Revista de Direito Administrativo*, Rio de Janeiro, n. 253, jan./abr. 2010, p. 161.

108 Artigo 22 **Nova Lei de Licitações Comentada e Referenciada**

de tais eventos danosos, quanto a efetiva participação tendente a evitar que eventuais prejuízos lhes sejam ocasionados. Daí a ideia de que a segurança jurídica e a proteção da confiança, em sua faceta procedimental, impõem sejam asseguradas a ciência e a participação prévia como condição formal para a eventual imposição de gravame pelo poder público na esfera de direitos dos cidadãos, aí incluído, por óbvio, a extinção de condutas administrativas que lhes são favoráveis. [13]

A realização de audiências públicas, dessa forma, além de ser um consectário do direito fundamental à boa administração pública, pode ser também considerada uma decorrência do princípio da segurança jurídica, especialmente ao se ter em mente a noção de proteção da confiança ou das expectativas legítimas, conforme explica Rafael Maffini.

Na maior medida possível, devem os gestores promover uma aproximação com os cidadãos, mediante constante interlocução e diálogo como forma de ampliar a eficiência administrativa e, sobretudo, realizar os direitos e garantias fundamentais previstos na Constituição e na legislação infraconstitucional.

ARTIGO 22

Art. 22. O edital poderá contemplar matriz de alocação de riscos entre o contratante e o contratado, hipótese em que o cálculo do valor estimado da contratação poderá considerar taxa de risco compatível com o objeto da licitação e com os riscos atribuídos ao contratado, de acordo com metodologia predefinida pelo ente federativo.

Jurisprudência do TCU:

Nas contratações integradas, é imprescindível a inclusão da matriz de risco detalhada no instrumento convocatório, com alocação a cada signatário dos riscos inerentes ao empreendimento.

(TCU, Acórdão 2980/2015-Plenário, Relator: Ana Arraes, 18-11-2015.)

Nas licitações pelo regime de contratação integrada do RDC há necessidade de utilização de matriz de risco, na repartição objetiva de responsabilidades advindas de eventos supervenientes à contratação.

(TCU, Acórdão 1510/2013-Plenário, Relator: Valmir Campelo, 19-6-2013.)

Nas licitações realizadas mediante o regime de contratação integrada, previsto no art. 9º da Lei 12.462/2011 (RDC), é recomendável inserir 'matriz de riscos' no instrumento convocatório e na minuta contratual, de modo a tornar o certame mais transparente e isonômico, assim como a conferir maior segurança jurídica ao contrato.

(TCU, Acórdão 1465/2013-Plenário, Relator: José Mucio Monteiro, 12-6-2013.)

Lei n. 12.462/2011

Art. 9º Nas licitações de obras e serviços de engenharia, no âmbito do RDC, poderá ser utilizada a contratação integrada, desde que técnica e economicamente justificada e cujo objeto envolva, pelo menos, uma das seguintes condições:

(...)

---

13 MAFFINI, Rafael. Obra citada, p. 164-165.

§ 5º Se o anteprojeto contemplar matriz de alocação de riscos entre a administração pública e o contratado, o valor estimado da contratação poderá considerar taxa de risco compatível com o objeto da licitação e as contingências atribuídas ao contratado, de acordo com metodologia predefinida pela entidade contratante.

§ 1º A matriz de que trata o *caput* deste artigo deverá promover a alocação eficiente dos riscos de cada contrato e estabelecer a responsabilidade que caiba a cada parte contratante, bem como os mecanismos que afastem a ocorrência do sinistro e mitiguem os seus efeitos, caso este ocorra durante a execução contratual.
§ 2º O contrato deverá refletir a alocação realizada pela matriz de riscos, especialmente quanto:
I - às hipóteses de alteração para o restabelecimento da equação econômico-financeira do contrato nos casos em que o sinistro seja considerado na matriz de riscos como causa de desequilíbrio não suportada pela parte que pretenda o restabelecimento;
II - à possibilidade de resolução quando o sinistro majorar excessivamente ou impedir a continuidade da execução contratual;
III - à contratação de seguros obrigatórios previamente definidos no contrato, integrado o custo de contratação ao preço ofertado.
§ 3º Quando a contratação se referir a obras e serviços de grande vulto ou forem adotados os regimes de contratação integrada e semi-integrada, o edital obrigatoriamente contemplará matriz de alocação de riscos entre o contratante e o contratado.
§ 4º Nas contratações integradas ou semi-integradas, os riscos decorrentes de fatos supervenientes à contratação associados à escolha da solução de projeto básico pelo contratado deverão ser alocados como de sua responsabilidade na matriz de riscos.

COMENTÁRIOS DOS AUTORES

Instrumento já previsto no âmbito do RDC (art. 9º, § 5º, da Lei n. 12.462/2011), a matriz de alocação de riscos é um documento que poderá ser anexado ao edital e ao contrato para definir de forma clara quem assumirá a responsabilidade por determinados riscos, se o poder público ou se o contratado.

A matriz de alocação de riscos definirá o equilíbrio econômico-financeiro inicial do contrato em relação a eventos supervenientes, promovendo uma alocação eficiente dos riscos e a responsabilidade que caiba a cada parte, bem como os mecanismos que afastem a ocorrência do sinistro e mitiguem os seus efeitos, caso ocorra durante a execução contratual. Na solução de eventuais pleitos das partes, a matriz também deverá ser observada.

Maurício Ribeiro[14] esclarece que "a matriz de riscos, ao estipular as responsabilidades de cada uma das partes do contrato, fixa o conjunto de encargos e benefícios de cada parte e, assim, em conjunto com os indicadores de serviços e o sistema de pagamentos, constituem o que a doutrina jurídica costuma chamar de 'equação econômico-financeira' do contrato".

Acrescenta, ainda, ao escrever sobre os critérios para a distribuição de riscos, que "a maximização da eficiência econômica do contrato é obtida por meio da alocação de cada risco à parte que tem melhor condição de gerenciá-lo: isto é, à parte que poderá mitigá-lo, tomar as medidas para

---

14 RIBEIRO, Maurício Portugal. *Concessões e PPPs*: melhores práticas em licitações e contratos. São Paulo: Atlas, 2011, p. 78.

110 Artigo 23   Nova Lei de Licitações Comentada e Referenciada

prevenir a ocorrência de eventos gravosos ou remediar as suas consequências e incentivar a realização dos eventos benéficos relacionados a tal risco, tudo isso com o menor custo possível"[15].

Nesse sentido, o art. 102 dispõe que a alocação dos riscos deverá ser realizada considerando a compatibilidade com as obrigações e os encargos atribuídos às partes no contrato, a natureza do risco, o beneficiário das prestações a que se vincula e a capacidade de cada setor para melhor gerenciá-lo. Ao contratado serão preferencialmente transferidos os riscos que tenham cobertura oferecida por seguradoras.

Atendidas as condições do contrato e da matriz, considera-se mantido o equilíbrio econômico-financeiro do contrato.

Como regra, o instrumento da matriz de alocação de riscos é facultativo. Se, contudo, a contratação se referir a obras e serviços de grande vulto ou forem adotados os regimes de contratação integrada e semi-integrada, o edital obrigatoriamente contemplará matriz de alocação de riscos entre o contratante e o contratado.

Neste caso (contratações integradas ou semi-integradas), os riscos decorrentes de fatos supervenientes à contratação associados à escolha da solução de projeto básico pelo contratado também deverão ser alocados como de responsabilidade do contratado na matriz de riscos.

ARTIGO 23

Art. 23. O valor previamente estimado da contratação deverá ser compatível com os valores praticados pelo mercado, considerados os preços constantes de bancos de dados públicos e as quantidades a serem contratadas, observadas a potencial economia de escala e as peculiaridades do local de execução do objeto.

Jurisprudência do TCU:

O sobrepreço deve ser aferido a partir dos preços de mercado ou com base em sistemas referenciais de preço. O fato de os valores adjudicados encontrarem-se superiores aos valores orçados não serve para evidenciar que aqueles estão acima dos preços de mercado. Essa constatação deve estar baseada em informações sobre os preços efetivamente praticados no mercado à época.

(TCU, Acórdão 1549/2017-Plenário, Relator: José Mucio Monteiro, 19-7-2017.)

Na fixação dos valores de referência da licitação, além de pesquisas de mercado, devem ser contemplados os preços praticados por outros órgãos e entidades da Administração Pública, nos termos do art. 15, inciso V e § 1º, da Lei 8.666/1993.

(TCU, Acórdão 694/2014-Plenário, Relator: Valmir Campelo, 26-3-2014.)

Previamente à contratação de bens e serviços, de forma a possibilitar a estimativa mais real possível, a Administração deve realizar pesquisa detalhada de preços, com base em informações de diversas fontes, como, por exemplo, cotações com fornecedores, contratos anteriores do próprio órgão e de outros órgãos e, em especial, os valores registrados no Sistema de Preços Praticados do SIASG e nas atas de registro de preços da Administração Pública Federal.

(TCU, Acórdão 265/2010-Plenário, Relator: Raimundo Carreiro, 24-2-2010.)

---

15 RIBEIRO, Maurício Portugal. *Concessões e PPPs*: melhores práticas em licitações e contratos. São Paulo: Atlas, 2011, p. 79.

Lei n. 14.133, de 1º-4-2021   Artigo 23   **111**

Lei n. 8.666/93

Art. 15. As compras, sempre que possível, deverão:

(...)

§ 6º Qualquer cidadão é parte legítima para impugnar preço constante do quadro geral em razão de incompatibilidade desse com o preço vigente no mercado.

§ 1º No processo licitatório para aquisição de bens e contratação de serviços em geral, conforme regulamento, o valor estimado será definido com base no melhor preço aferido por meio da utilização dos seguintes parâmetros, adotados de forma combinada ou não:
I - composição de custos unitários menores ou iguais à mediana do item correspondente no painel para consulta de preços ou no banco de preços em saúde disponíveis no Portal Nacional de Contratações Públicas (PNCP);
II - contratações similares feitas pela Administração Pública, em execução ou concluídas no período de 1 (um) ano anterior à data da pesquisa de preços, inclusive mediante sistema de registro de preços, observado o índice de atualização de preços correspondente;
III - utilização de dados de pesquisa publicada em mídia especializada, de tabela de referência formalmente aprovada pelo Poder Executivo federal e de sítios eletrônicos especializados ou de domínio amplo, desde que contenham a data e hora de acesso;

> Jurisprudência do TCU:
>
> As tabelas de honorários estabelecidas por conselhos profissionais ou associações de classe não constituem referência oficial obrigatória para as licitações públicas, uma vez não ser possível afirmar que tais preços são representativos dos valores praticados no mercado, pois fixados pelas entidades e não obtidos a partir de pesquisas com profissionais do setor.
> (TCU, Acórdão 288/2015-Plenário, Relator: Benjamin Zymler, 25-2-2015.)

IV - pesquisa direta com no mínimo 3 (três) fornecedores, mediante solicitação formal de cotação, desde que seja apresentada justificativa da escolha desses fornecedores e que não tenham sido obtidos os orçamentos com mais de 6 (seis) meses de antecedência da data de divulgação do edital;
V - pesquisa na base nacional de notas fiscais eletrônicas, na forma de regulamento.
§ 2º No processo licitatório para contratação de obras e serviços de engenharia, conforme regulamento, o valor estimado, acrescido do percentual de Benefícios e Despesas Indiretas (BDI) de referência e dos Encargos Sociais (ES) cabíveis, será definido por meio da utilização de parâmetros na seguinte ordem:

> Jurisprudência do TCU:
>
> Súmula TCU 258: As composições de custos unitários e o detalhamento de encargos sociais e do BDI integram o orçamento que compõe o projeto básico da obra ou serviço de engenharia, devem constar dos anexos do edital de licitação e das propostas das licitantes e não podem ser indicados mediante uso da expressão "verba" ou de unidades genéricas.
>
> Súmula TCU 260: É dever do gestor exigir apresentação de Anotação de Responsabilidade Técnica – ART referente a projeto, execução, supervisão e fiscalização de obras e serviços de engenharia, com indicação do responsável pela elaboração de plantas, orçamento-base, especificações técnicas, composições de custos unitários, cronograma físico-financeiro e outras peças técnicas.

A administração local da obra deve constar como item de planilha de custo direto, não como parte do BDI. Por sua vez, a administração central deve ser remunerada como parte do BDI.

(TCU, Acórdão 740/2017-Plenário, Relator: Augusto Sherman, 12-4-2017.)

Os itens Administração Local e Mobilização/Desmobilização devem ser transferidos do BDI para a planilha orçamentária, de forma que sejam medidos e pagos como custos diretos.

(TCU, Acórdão 1119/2010-Plenário, Relator: Marcos Bemquerer, 19-5-2010.)

I – composição de custos unitários menores ou iguais à mediana do item correspondente do Sistema de Custos Referenciais de Obras (Sicro), para serviços e obras de infraestrutura de transportes, ou do Sistema Nacional de Pesquisa de Custos e Índices de Construção Civil (Sinapi), para as demais obras e serviços de engenharia;

Jurisprudência do TCU:

Os custos improdutivos definidos pelo Sicro são insuficientes para ressarcir os equipamentos paralisados, uma vez que o conceito utilizado por esse sistema para a improdutividade dos equipamentos refere-se somente ao dimensionamento interno da patrulha, quando da execução do ciclo do serviço, não considerando paralisações devido a fatores climáticos, manutenções e características locais da obra, razão pela qual faz-se necessário prever outros custos além da mão de obra operacional prevista naquele referencial.

(TCU, Acórdão 3077/2010-Plenário, Relator: Augusto Nardes, 17-11-2010.)

Lei n. 12.462/2011

Art. 8º Na execução indireta de obras e serviços de engenharia, são admitidos os seguintes regimes:

(...)

§ 3º O custo global de obras e serviços de engenharia deverá ser obtido a partir de custos unitários de insumos ou serviços menores ou iguais à mediana de seus correspondentes ao Sistema Nacional de Pesquisa de Custos e Índices da Construção Civil (Sinapi), no caso de construção civil em geral, ou na tabela do Sistema de Custos de Obras Rodoviárias (Sicro), no caso de obras e serviços rodoviários.

II – utilização de dados de pesquisa publicada em mídia especializada, de tabela de referência formalmente aprovada pelo Poder Executivo federal e de sítios eletrônicos especializados ou de domínio amplo, desde que contenham a data e a hora de acesso;

Jurisprudência do TCU:

As tabelas oficiais de custos adotadas como parâmetros para aferição da regularidade de preços contratados de obras públicas, a exemplo do Sicro 2, apresentam presunção de confiabilidade, cabendo ao interessado em impugná-las fazer prova de sua inaplicabilidade.

(TCU, Acórdão 1466/2016-Plenário, Relator: Ana Arraes, 6-6-2016.)

Nos casos em que o Sistema Nacional de Pesquisa de Custos e Índices da Construção Civil (Sinapi) ou o Sistema de Custos Rodoviários (Sicro) não ofereça custos unitários de insumos ou serviços, a Administração deve adotar aqueles disponíveis em tabela de referência formalmente aprovada por órgão ou entidade da administração pública federal, incorporando-se às composições de custos dessas tabelas, sempre que possível, os custos de insumos constantes do Sinapi. Deve-se justificar em relatório técnico circunstanciado, elaborado por profissional

habilitado e aprovado pela autoridade competente, os respectivos custos unitários que excederem o limite fixado nos referidos sistemas.
(TCU, Acórdão 1981/2009-Plenário, Relator: Valmir Campelo, 2-9-2009.)

Lei n. 12.462/2011
Art. 8º Na execução indireta de obras e serviços de engenharia, são admitidos os seguintes regimes: (...) § 4º No caso de inviabilidade da definição dos custos consoante o disposto no § 3º deste artigo, a estimativa de custo global poderá ser apurada por meio da utilização de dados contidos em tabela de referência formalmente aprovada por órgãos ou entidades da administração pública federal, em publicações técnicas especializadas, em sistema específico instituído para o setor ou em pesquisa de mercado.

III - contratações similares feitas pela Administração Pública, em execução ou concluídas no período de 1 (um) ano anterior à data da pesquisa de preços, observado o índice de atualização de preços correspondente;
IV - pesquisa na base nacional de notas fiscais eletrônicas, na forma de regulamento.
§ 3º Nas contratações realizadas por Municípios, Estados e Distrito Federal, desde que não envolvam recursos da União, o valor previamente estimado da contratação, a que se refere o *caput* deste artigo, poderá ser definido por meio da utilização de outros sistemas de custos adotados pelo respectivo ente federativo.
§ 4º Nas contratações diretas por inexigibilidade ou por dispensa, quando não for possível estimar o valor do objeto na forma estabelecida nos §§ 1º, 2º e 3º deste artigo, o contratado deverá comprovar previamente que os preços estão em conformidade com os praticados em contratações semelhantes de objetos de mesma natureza, por meio da apresentação de notas fiscais emitidas para outros contratantes no período de até 1 (um) ano anterior à data da contratação pela Administração, ou por outro meio idôneo.
§ 5º No processo licitatório para contratação de obras e serviços de engenharia sob os regimes de contratação integrada ou semi-integrada, o valor estimado da contratação será calculado nos termos do § 2º deste artigo, acrescido ou não de parcela referente à remuneração do risco, e, sempre que necessário e o anteprojeto o permitir, a estimativa de preço será baseada em orçamento sintético, balizado em sistema de custo definido no inciso I do § 2º deste artigo, devendo a utilização de metodologia expedita ou paramétrica e de avaliação aproximada baseada em outras contratações similares ser reservada às frações do empreendimento não suficientemente detalhadas no anteprojeto.

Jurisprudência do TCU:
Em licitações pelo RDC, sempre que o anteprojeto, por seus elementos mínimos, assim o permitir, as estimativas de preço devem se basear em orçamento sintético tão detalhado quanto possível, devidamente adaptadas às condições peculiares da obra, devendo a utilização de estimativas e aproximações serem realizadas somente nas frações do empreendimento não suficientemente detalhadas pelo anteprojeto.
(TCU, Acórdão 1814/2013-Plenário, Relator: Valmir Campelo, 10-7-2013.)

Lei n. 12.462/2011
Art. 9º Nas licitações de obras e serviços de engenharia, no âmbito do RDC, poderá ser utilizada a contratação integrada, desde que técnica e economicamente justificada e cujo objeto envolva, pelo menos, uma das seguintes condições:

114 Artigo 24   Nova Lei de Licitações Comentada e Referenciada

(...)

§ 2º No caso de contratação integrada:

(...)

II – o valor estimado da contratação será calculado com base nos valores praticados pelo mercado, nos valores pagos pela administração pública em serviços e obras similares ou na avaliação do custo global da obra, aferida mediante orçamento sintético ou metodologia expedita ou paramétrica.

§ 6º Na hipótese do § 5º deste artigo, será exigido dos licitantes ou contratados, no orçamento que compuser suas respectivas propostas, no mínimo, o mesmo nível de detalhamento do orçamento sintético referido no mencionado parágrafo.

COMENTÁRIOS DOS AUTORES

Como visto, a fase preparatória do processo licitatório deve ser acompanhada da elaboração de estudo técnico preliminar, o qual deverá abordar a estimativa do valor da contratação, acompanhada dos preços unitários referenciais, das memórias de cálculo e dos documentos que lhe dão suporte.

A fixação do valor previamente estimado da contratação deverá ser realizada tendo em vista os preços praticados pelo mercado ou com base em sistemas referenciais de preço. Devem, ainda, ser contemplados os preços praticados por outros órgãos e entidades da Administração Pública, constantes de bancos de dados públicos, observadas a potencial economia de escala e as peculiaridades do local de execução do objeto.

Evita-se, assim, a realização de contratações com sobrepreço ou com preços manifestamente inexequíveis e superfaturamento na execução dos contratos (objetivo expressamente previsto no art. 11, III, desta Lei).

Por sobrepreço entende-se, com esteio no art. 6º, LVI, "o preço orçado para licitação ou contratado em valor expressivamente superior aos preços referenciais de mercado, seja de apenas 1 (um) item, se a licitação ou a contratação for por preços unitários de serviço, seja do valor global do objeto, se a licitação ou a contratação for por tarefa, empreitada por preço global ou empreitada integral, semi-integrada ou integrada".

ARTIGO 24

> **Art. 24.** Desde que justificado, o orçamento estimado da contratação poderá ter caráter sigiloso, sem prejuízo da divulgação do detalhamento dos quantitativos e das demais informações necessárias para a elaboração das propostas, e, nesse caso:
>
> I – o sigilo não prevalecerá para os órgãos de controle interno e externo;
>
> II – (*Vetado.*)

Jurisprudência do TCU:

No âmbito do RDC, a violação do sigilo do orçamento base da licitação por um dos licitantes motiva a desclassificação da sua proposta, podendo a licitação prosseguir caso não haja indícios de que os demais licitantes tenham tido acesso ao orçamento sigiloso.

(TCU, Acórdão 10572/2017-Primeira Câmara, Relator Benjamin Zymler, 28-11-2017.)

Nas licitações regidas pelo RDC é possível a abertura do sigilo do orçamento na fase de negociação de preços com o primeiro colocado, desde que em ato público e devidamente justificado. (TCU, Acórdão 306/2013-Plenário, Relator Valmir Campelo, 27-2-201.)

Lei n. 12.462/2011

Art. 6º Observado o disposto no § 3º, o orçamento previamente estimado para a contratação será tornado público apenas e imediatamente após o encerramento da licitação, sem prejuízo da divulgação do detalhamento dos quantitativos e das demais informações necessárias para a elaboração das propostas.

(...)

§ 3º Se não constar do instrumento convocatório, a informação referida no *caput* deste artigo possuirá caráter sigiloso e será disponibilizada estrita e permanentemente aos órgãos de controle externo e interno.

Parágrafo único. Na hipótese de licitação em que for adotado o critério de julgamento por maior desconto, o preço estimado ou o máximo aceitável constará do edital da licitação.

Jurisprudência do TCU:

Em licitação de obra ou serviço de engenharia que adote o critério de julgamento de maior desconto, sob o Regime Diferenciado de Contratações (RDC), o percentual de desconto oferecido pelo licitante, além de incidir sobre o preço global fixado, incidirá linearmente sobre cada item de serviço do orçamento estimado, por força do que dispõe o art. 19, §§ 2º e 3º, da Lei 12.462/2011, razão por que tal desconto não se trata de faculdade do licitante, mas sim de imposição legal.

(TCU, Acórdão 1197/2014-Plenário, Relator: André de Carvalho, 14-5-2014.)

É considerado válido o critério de julgamento do maior desconto oferecido pelas agências de viagens nas licitações destinadas ao fornecimento de passagens aéreas.

(TCU, Acórdão 3344/2010-Primeira Câmara, Relator: Weder de Oliveira, 8-6-2010.)

Lei n. 12.462/2011

Art. 6º, § 1º Nas hipóteses em que for adotado o critério de julgamento por maior desconto, a informação de que trata o *caput* deste artigo constará do instrumento convocatório.

COMENTÁRIOS DOS AUTORES

De acordo com o princípio da publicidade, o procedimento licitatório deve ter ampla divulgação. Sem essa publicização dos atos, o procedimento licitatório não poderá ter continuidade.

A ampla divulgação objetiva permite uma competição entre vários interessados no objeto licitado, referindo-se à universidade de participação, bem como a uma ampla forma de controle dos atos administrativos pelos mais variados atores da sociedade.

Em duas hipóteses, contudo, a publicidade será diferida (é dizer, admite-se o sigilo provisório): quanto ao conteúdo das propostas, até a respectiva abertura; quanto ao orçamento estimado da contratação pela Administração, desde que justificado.

Nessa última hipótese, conforme dispõe o art. 24, o sigilo não poderá ser oposto em face dos órgãos de controle interno e externo; e o orçamento será tornado público apenas e imediatamente após a fase de julgamento de propostas, sem prejuízo da divulgação do detalhamento dos quantitativos e das demais informações necessárias para a elaboração das propostas.

Saliente-se, por fim, que, a fim de assegurar a transparência, na hipótese de licitação em que for adotado o critério de julgamento por maior desconto, o preço estimado ou o máximo aceitável constará do edital da licitação.

ARTIGO 25

> **Art. 25.** O edital deverá conter o objeto da licitação e as regras relativas à convocação, ao julgamento, à habilitação, aos recursos e às penalidades da licitação, à fiscalização e à gestão do contrato, à entrega do objeto e às condições de pagamento.

Jurisprudência do STJ:

DEVER DE OBSERVÂNCIA DO EDITAL. (...) V – Em resumo: o Poder Discricionário da Administração esgota-se com a elaboração do Edital de Licitação. A partir daí, nos termos do vocábulo constante da própria Lei, a Administração Pública vincula-se "estritamente" a ele.
(STJ, REsp 421.946/DF, Rel. Min. Francisco Falcão, Primeira Turma, julgado em 7-2-2006, DJ 6-3-2006, p. 163.)

I – O edital é elemento fundamental do procedimento licitatório. Ele é que fixa as condições de realização da licitação, determina o seu objeto, discrimina as garantias e os deveres de ambas as partes, regulando todo o certame público.
(RMS 10.847/MA, Rel. Min. Laurita Vaz, Segunda Turma, DJ 18-2-2002.)

Lei n. 8.666/93

Art. 40. O edital conterá no preâmbulo o número de ordem em série anual, o nome da repartição interessada e de seu setor, a modalidade, o regime de execução e o tipo da licitação, a menção de que será regida por esta Lei, o local, dia e hora para recebimento da documentação e proposta, bem como para início da abertura dos envelopes, e indicará, obrigatoriamente, o seguinte:

I – objeto da licitação, em descrição sucinta e clara;

II – prazo e condições para assinatura do contrato ou retirada dos instrumentos, como previsto no art. 64 desta Lei, para execução do contrato e para entrega do objeto da licitação;

III – sanções para o caso de inadimplemento;

IV – local onde poderá ser examinado e adquirido o projeto básico;

V – se há projeto executivo disponível na data da publicação do edital de licitação e o local onde possa ser examinado e adquirido;

VI – condições para participação na licitação, em conformidade com os arts. 27 a 31 desta Lei, e forma de apresentação das propostas;

VII – critério para julgamento, com disposições claras e parâmetros objetivos;

VIII – locais, horários e códigos de acesso dos meios de comunicação à distância em que serão fornecidos elementos, informações e esclarecimentos relativos à licitação e às condições para atendimento das obrigações necessárias ao cumprimento de seu objeto;

IX – condições equivalentes de pagamento entre empresas brasileiras e estrangeiras, no caso de licitações internacionais;

X – o critério de aceitabilidade dos preços unitário e global, conforme o caso, permitida a fixação de preços máximos e vedados a fixação de preços mínimos, critérios estatísticos ou

Lei n. 14.133, de 1º-4-2021   Artigo 25   117

faixas de variação em relação a preços de referência, ressalvado o disposto nos parágrafos 1º e 2º do art. 48;

XI – critério de reajuste, que deverá retratar a variação efetiva do custo de produção, admitida a adoção de índices específicos ou setoriais, desde a data prevista para apresentação da proposta, ou do orçamento a que essa proposta se referir, até a data do adimplemento de cada parcela;

XII – (Vetado.)

XIII – limites para pagamento de instalação e mobilização para execução de obras ou serviços que serão obrigatoriamente previstos em separado das demais parcelas, etapas ou tarefas;

XIV – condições de pagamento, prevendo:

a) prazo de pagamento não superior a trinta dias, contado a partir da data final do período de adimplemento de cada parcela;

b) cronograma de desembolso máximo por período, em conformidade com a disponibilidade de recursos financeiros;

c) critério de atualização financeira dos valores a serem pagos, desde a data final do período de adimplemento de cada parcela até a data do efetivo pagamento;

d) compensações financeiras e penalizações, por eventuais atrasos, e descontos, por eventuais antecipações de pagamentos;

e) exigência de seguros, quando for o caso;

XV – instruções e normas para os recursos previstos nesta Lei;

XVI – condições de recebimento do objeto da licitação;

XVII – outras indicações específicas ou peculiares da licitação.

Lei n. 10.520/2002

Art. 4º A fase externa do pregão será iniciada com a convocação dos interessados e observará as seguintes regras:

(...)

III – do edital constarão todos os elementos definidos na forma do inciso I do art. 3º, as normas que disciplinarem o procedimento e a minuta do contrato, quando for o caso;

§ 1º Sempre que o objeto permitir, a Administração adotará minutas padronizadas de edital e de contrato com cláusulas uniformes.

Jurisprudência do TCU:

Como regra, as minutas dos contratos a serem firmados por instituição pública devem passar pelo exame da área jurídica. Todavia, em caráter excepcional, é possível a utilização de minuta-padrão, previamente aprovada pela assessoria jurídica, quando houver identidade de objeto e não restarem dúvidas acerca da possibilidade de adequação das cláusulas exigidas no contrato pretendido às cláusulas previamente estabelecidas.

(TCU, Acórdão 873/2011-Plenário, Relator: José Jorge, 6-4-2011.)

Lei n. 12.462/2011

Art. 4º Nas licitações e contratos de que trata esta Lei serão observadas as seguintes diretrizes:

(...)

II – padronização de instrumentos convocatórios e minutas de contratos, previamente aprovados pelo órgão jurídico competente;

§ 2º Desde que, conforme demonstrado em estudo técnico preliminar, não sejam causados prejuízos à competitividade do processo licitatório e à eficiência do respectivo contrato, o edital poderá prever a utilização de mão de obra, materiais, tecnologias e matérias-primas existentes no local da execução, conservação e operação do bem, serviço ou obra.

Lei n. 8.666/93

Art. 12. Nos projetos básicos e projetos executivos de obras e serviços serão considerados principalmente os seguintes requisitos:

(...)

IV – possibilidade de emprego de mão de obra, materiais, tecnologia e matérias-primas existentes no local para execução, conservação e operação;

§ 3º Todos os elementos do edital, incluídos minuta de contrato, termos de referência, anteprojeto, projetos e outros anexos, deverão ser divulgados em sítio eletrônico oficial na mesma data de divulgação do edital, sem necessidade de registro ou de identificação para acesso.

Lei n. 8.666/93

Art. 21. Os avisos contendo os resumos dos editais das concorrências, das tomadas de preços, dos concursos e dos leilões, embora realizados no local da repartição interessada, deverão ser publicados com antecedência, no mínimo, por uma vez:

I – no Diário Oficial da União, quando se tratar de licitação feita por órgão ou entidade da Administração Pública Federal e, ainda, quando se tratar de obras financiadas parcial ou totalmente com recursos federais ou garantidas por instituições federais;

II – no Diário Oficial do Estado, ou do Distrito Federal quando se tratar, respectivamente, de licitação feita por órgão ou entidade da Administração Pública Estadual ou Municipal, ou do Distrito Federal;

III – em jornal diário de grande circulação no Estado e também, se houver, em jornal de circulação no Município ou na região onde será realizada a obra, prestado o serviço, fornecido, alienado ou alugado o bem, podendo ainda a Administração, conforme o vulto da licitação, utilizar-se de outros meios de divulgação para ampliar a área de competição.

§ 1º O aviso publicado conterá a indicação do local em que os interessados poderão ler e obter o texto integral do edital e todas as informações sobre a licitação.

Lei n. 10.520/2002

Art. 4º A fase externa do pregão será iniciada com a convocação dos interessados e observará as seguintes regras:

I – a convocação dos interessados será efetuada por meio de publicação de aviso em diário oficial do respectivo ente federado ou, não existindo, em jornal de circulação local, e facultativamente, por meios eletrônicos e conforme o vulto da licitação, em jornal de grande circulação, nos termos do regulamento de que trata o art. 2º;

Lei n. 12.462/2011

Art. 4º Nas licitações e contratos de que trata esta Lei serão observadas as seguintes diretrizes: (...)

VII – ampla publicidade, em sítio eletrônico, de todas as fases e procedimentos do processo de licitação, assim como dos contratos, respeitado o art. 6º desta Lei.

Art. 15, § 1º A publicidade a que se refere o *caput* deste artigo, sem prejuízo da faculdade de divulgação direta aos fornecedores, cadastrados ou não, será realizada mediante:

I – publicação de extrato do edital no Diário Oficial da União, do Estado, do Distrito Federal ou do Município, ou, no caso de consórcio público, do ente de maior nível entre eles, sem prejuízo da possibilidade de publicação de extrato em jornal diário de grande circulação; e

II – divulgação em sítio eletrônico oficial centralizado de divulgação de licitações ou mantido pelo ente encarregado do procedimento licitatório na rede mundial de computadores.

§ 4º Nas contratações de obras, serviços e fornecimentos de grande vulto, o edital deverá prever a obrigatoriedade de implantação de programa de integridade pelo licitante vencedor, no prazo de 6 (seis) meses, contado da celebração do contrato, conforme regulamento que disporá sobre as medidas a serem adotadas, a forma de comprovação e as penalidades pelo seu descumprimento.

§ 5º O edital poderá prever a responsabilidade do contratado pela:

I - obtenção do licenciamento ambiental;

II - realização da desapropriação autorizada pelo poder público.

Jurisprudência do TCU:

O procedimento licitatório somente deve ser iniciado após a obtenção da Licença Prévia (licenciamento ambiental), constituindo irregularidade grave o lançamento do certame sem a sua presença.

(TCU, Acórdão 1140/2005-Plenário, Relator: Marcos Vinicios Vilaça, 10-8-2005.)

É recomendável que a desapropriação de terrenos para a execução de obras nas rodovias, assim como a remoção de interferências nas áreas das obras, seja efetuada antes da conclusão do procedimento licitatório.

(TCU, Acórdão 850/2015-Plenário, Relator: José Mucio Monteiro, 15-4-2015.)

§ 6º Os licenciamentos ambientais de obras e serviços de engenharia licitados e contratados nos termos desta Lei terão prioridade de tramitação nos órgãos e entidades integrantes do Sistema Nacional do Meio Ambiente (Sisnama) e deverão ser orientados pelos princípios da celeridade, da cooperação, da economicidade e da eficiência.

§ 7º Independentemente do prazo de duração do contrato, será obrigatória a previsão no edital de índice de reajustamento de preço, com data-base vinculada à data do orçamento estimado e com a possibilidade de ser estabelecido mais de um índice específico ou setorial, em conformidade com a realidade de mercado dos respectivos insumos.

Jurisprudência do TCU:

Nos editais de licitações e respectivos contratos, especialmente nos casos de serviços continuados, devem constar cláusulas que estabeleçam os critérios, data-base e periodicidade do reajustamento de preços e de critérios de atualização monetária, contendo expressamente o índice de reajuste contratual a ser adotado no referido instrumento.

(TCU, Acórdão 1159/2008-Plenário, Relator: Marcos Vinicios Vilaça,18-6-2008.)

Lei n. 8.666/93

Art. 40. O edital conterá no preâmbulo o número de ordem em série anual, o nome da repartição interessada e de seu setor, a modalidade, o regime de execução e o tipo da licitação, a menção de que será regida por esta Lei, o local, dia e hora para recebimento da documentação e proposta, bem como para início da abertura dos envelopes, e indicará, obrigatoriamente, o seguinte:

(...)

XI – critério de reajuste, que deverá retratar a variação efetiva do custo de produção, admitida a adoção de índices específicos ou setoriais, desde a data prevista para apresentação da proposta, ou do orçamento a que essa proposta se referir, até a data do adimplemento de cada parcela;

§ 8º Nas licitações de serviços contínuos, observado o interregno mínimo de 1 (um) ano, o critério de reajustamento será por:

I - reajustamento em sentido estrito, quando não houver regime de dedicação exclusiva de mão de obra ou predominância de mão de obra, mediante previsão de índices específicos ou setoriais;

II - repactuação, quando houver regime de dedicação exclusiva de mão de obra ou predominância de mão de obra, mediante demonstração analítica da variação dos custos.

§ 9º O edital poderá, na forma disposta em regulamento, exigir que percentual mínimo da mão de obra responsável pela execução do objeto da contratação seja constituído por:

I - mulheres vítimas de violência doméstica;

II - oriundos ou egressos do sistema prisional.

Lei n. 8.666/93

Art. 40, § 5º A Administração Pública poderá, nos editais de licitação para a contratação de serviços, exigir da contratada que um percentual mínimo de sua mão de obra seja oriundo ou egresso do sistema prisional, com a finalidade de ressocialização do reeducando, na forma estabelecida em regulamento.

COMENTÁRIOS DOS AUTORES

A fase externa da licitação tem início com a publicação do instrumento convocatório, em que são convocados os eventuais interessados para aderirem ao certame e apresentarem suas propostas.

Eram espécies de instrumentos convocatórios o edital e o convite. Com a entrada em vigor da nova lei, apenas o edital subsiste como espécie de instrumento convocatório, já que a modalidade de licitação do convite não encontra mais respaldo legal.

Comumente, diz-se que esse instrumento convocatório é a "lei da licitação", pois contém as regras que baseiam a licitação e que devem ser observadas pela Administração e pelos licitantes, por força do princípio da vinculação ao instrumento convocatório, presente expressamente no art. 5º da Nova Lei de Licitações:

Art. 5º Na aplicação desta Lei, serão observados os princípios da legalidade, da impessoalidade, da moralidade, da publicidade, da eficiência, do interesse público, da probidade administrativa, da igualdade, do planejamento, da transparência, da eficácia, da segregação de funções, da motivação, da **vinculação ao edital**, do julgamento objetivo, da segurança jurídica, da razoabilidade, da competitividade, da proporcionalidade, da celeridade, da economicidade e do desenvolvimento nacional sustentável, assim como as disposições do Decreto-lei n. 4.657, de 4 de setembro de 1942 (Lei de Introdução às Normas do Direito Brasileiro).

É ele que fixa as condições de realização da licitação, determina o seu objeto, discrimina as garantias e os deveres de ambas as partes, regulando todo o certame público.

Lei n. 14.133, de 1º-4-2021   Artigo 25   **121**

O edital deverá conter o objeto da licitação e as regras relativas à convocação, ao julgamento, à habilitação, aos recursos e às penalidades da licitação, à fiscalização e à gestão do contrato, à entrega do objeto e às condições de pagamento.

Todo o seu teor, incluídos minuta de contrato, termos de referência, anteprojeto, projetos e outros anexos, deverá ser dotado de ampla publicidade e divulgado em sítio eletrônico oficial na mesma data de divulgação do edital, sem necessidade de registro ou de identificação para acesso. Visa-se, assim, assegurar a transparência na gestão pública, facilitando o acesso aos dados por qualquer interessado.

A divulgação de informações relativamente a licitações e contratações administrativas é, aliás, um dever da Administração, previsto também no art. 8º, § 1º, IV, da Lei de Acesso à Informação.

Art. 8º É dever dos órgãos e entidades públicas promover, independentemente de requerimentos, a divulgação em local de fácil acesso, no âmbito de suas competências, de informações de interesse coletivo ou geral por eles produzidas ou custodiadas.

§ 1º Na divulgação das informações a que se refere o *caput*, deverão constar, no mínimo:

(...)

IV – informações concernentes a procedimentos licitatórios, inclusive os respectivos editais e resultados, bem como a todos os contratos celebrados;

Saliente-se que, "como regra, as minutas dos contratos a serem firmados por instituição pública devem passar pelo exame da área jurídica. Todavia, em caráter excepcional, é possível a utilização de minuta-padrão, previamente aprovada pela assessoria jurídica, quando houver identidade de objeto e não restarem dúvidas acerca da possibilidade de adequação das cláusulas exigidas no contrato pretendido às cláusulas previamente estabelecidas" (TCU, Acórdão 873/2011-Plenário, Relator: José Jorge, 6-4-2011).

Nesse sentido, consagrando a possibilidade de padronização dos instrumentos convocatórios e das minutas de contrato, já adotada pela Lei n. 12.462/2011 (art. 4º, II), o art. 25, § 1º, do novo diploma dispõe que, "sempre que o objeto permitir, a Administração adotará minutas padronizadas de edital e de contrato com cláusulas uniformes". Fortalece-se, assim, a eficiência no procedimento licitatório.

Destaca Marçal Justen Filho[16], contudo, que "a promoção da eficiência econômica envolve a adequação do projeto às circunstâncias e características do local da execução da obra ou serviço. Isso significa que a padronização não pode ser imposta de modo absoluto, mas deve comportar soluções flexíveis em vista do caso concreto".

Desde que não sejam produzidos prejuízos à competitividade do processo licitatório e à eficiência do respectivo contrato, devidamente demonstrado em estudo técnico preliminar, o edital poderá prever a utilização de mão de obra, materiais, tecnologias e matérias-primas existentes no local da execução, conservação e operação do bem, serviço ou obra (art. 25, § 2º).

A nova lei exige, ainda, que o instrumento convocatório preveja a obrigatoriedade da implementação de programa de integridade por parte das empresas licitantes no caso das contratações de obras, serviços e fornecimentos de grande vulto.

---

16 JUSTEN FILHO, Marçal. *Comentários à Lei de Licitações e Contratos Administrativos*. 16. ed. São Paulo: Revista dos Tribunais, 2014, p. 233.

A inserção de cláusula dessa ordem no edital evidencia a chamada "função regulatória da licitação". Por essa teoria, segundo destaca Rafael Oliveira[17], o instituto da licitação não se presta, tão somente, a que a Administração realize a contratação de bens e serviços a um menor custo; o referido instituto tem espectro mais abrangente, servindo como instrumento para o atendimento de finalidades públicas outras, consagradas constitucionalmente.

Evidencia-se, aqui, a função da licitação como instrumento a serviço da moralidade e da probidade administrativas, princípios consagrados não só na lei de regência ora comentada (art. 5º), como, também, na própria Constituição da República Federativa do Brasil (art. 37, *caput*).

No artigo "A obrigatoriedade da implementação de programa de integridade nas contratações de grande vulto à luz do art. 25, § 4º, do Projeto de Lei n. 1.292/95", publicado no portal "Observatório da Nova Lei de Licitações (ONLL)"[18], a professora Mirela Miró destaca que a exigência prevista no PL tem como base o incentivo à criação de mecanismos e instrumentos aptos ao combate à corrupção, além da prevenção a riscos que possam afetar a imagem do Poder Público e da própria empresa contratada.

Preocupação desta ordem ganha especial relevo quando se tem em mente o escândalo da operação "Lava Jato", que deixou atônito todo o país.

Nesse sentido, segundo destaca Miró, "programas de integridade e *compliance* têm sido exigidos das empresas que contratam com o Poder Público para assegurar, dentre outros parâmetros, qualidade, eficiência, vantajosidade e sustentabilidade às contratações públicas".

A implantação ou aperfeiçoamento de programa de integridade, conforme normas e orientações dos órgãos de controle é, inclusive, parâmetro a ser considerado quando da aplicação de sanções ao responsável pelas infrações administrativas previstas na Lei, a teor do art. 155, § 1º, V.

Imperioso salientar, por fim, que a obrigatoriedade de implantação de programa de integridade não é condição de habilitação dos licitantes. Mas, sim, **medida contratual** a ser adotada pelo **licitante vencedor**, no prazo de 6 (seis) meses, contado da celebração do contrato, conforme regulamento que disporá sobre as medidas a serem adotadas, a forma de comprovação e as penalidades pelo seu descumprimento.

A teor do § 5º, o edital poderá prever, ademais, a responsabilidade do contratado pela obtenção do licenciamento ambiental e realização da desapropriação autorizada pelo poder público.

Se a responsabilidade pelo licenciamento não for deferida expressamente ao contratado, "o procedimento licitatório somente deve ser iniciado após a obtenção da Licença Prévia (licenciamento ambiental), constituindo irregularidade grave o lançamento do certame sem a sua presença" (TCU, Acórdão 1140/2005-Plenário, Relator: Marcos Vinicios Vilaça, 10-8-2005).

Saliente-se que os licenciamentos ambientais de obras e serviços de engenharia licitados e contratados nos termos desta Lei terão prioridade de tramitação nos órgãos e entidades integrantes do Sistema Nacional do Meio Ambiente (Sisnama) e deverão ser orientados pelos princípios da celeridade, da cooperação, da economicidade e da eficiência.

No que tange à desapropriação, de acordo com o TCU, "é recomendável que a desapropriação de terrenos para a execução de obras nas rodovias, assim como a remoção de interferências

---

17 Obra citada, p. 208.

18 Disponível em: http://www.novaleilicitacao.com.br/2020/01/13/nova-lei-de-licitacao-exige-programa-de-integridade-as-empresas-licitantes/. Acesso em 8-5-2021.

nas áreas das obras, seja efetuada antes da conclusão do procedimento licitatório" (TCU, Acórdão 850/2015-Plenário, Relator: José Mucio Monteiro, 15-4-2015).

Outra função regulatória da licitação é evidenciada no § 9º do art. 25, que consagra que o edital poderá, na forma disposta em regulamento, exigir que o contratado destine um percentual mínimo da mão de obra responsável pela execução do objeto da contratação a mulher vítima de violência doméstica ou a oriundo ou egresso do sistema prisional.

A promoção da ressocialização dos reeducandos já era objeto de preocupação pela Lei n. 8.666/2003 (art. 40, § 5º), a evidenciar a necessidade de assegurar a dignidade da pessoa humana, a humanização da pena e a reinserção das pessoas privadas de liberdade e egressas do sistema prisional no mundo do trabalho e na geração de renda.

O dispositivo era regulamentado pelo Decreto Federal n. 9.450/2018, que dispõe que "na contratação de serviços, inclusive os de engenharia, com valor anual acima de R$ 330.000,00 (trezentos e trinta mil reais), os órgãos e entidades da administração pública federal direta, autárquica e fundacional deverão exigir da contratada o emprego de mão de obra formada por pessoas presas ou egressos do sistema prisional" (art. 5º do aludido decreto).

Com vistas a assegurar a manutenção do equilíbrio econômico-financeiro do contrato, o edital deverá prever, independentemente do prazo de duração do contrato, índice de reajustamento de preço com data-base vinculada à data do orçamento estimado, com a possibilidade de ser estabelecido mais de um índice específico ou setorial, em conformidade com a realidade de mercado dos respectivos insumos.

No caso específico dos serviços continuados, observado o interregno mínimo de um ano, o reajustamento poderá se dar tanto por reajustamento em sentido estrito quanto por repactuação. Relevante rememorar os conceitos trazidos no art. 6º da lei em comento:

LVIII – **reajustamento em sentido estrito:** forma de manutenção do equilíbrio econômico-financeiro de contrato consistente na aplicação do índice de correção monetária previsto no contrato, que deve retratar a variação efetiva do custo de produção, admitida a adoção de índices específicos ou setoriais;

LIX – **repactuação:** forma de manutenção do equilíbrio econômico-financeiro de contrato **utilizada para serviços contínuos com regime de dedicação exclusiva de mão de obra ou predominância de mão de obra**, por meio da análise da variação dos custos contratuais, devendo estar prevista no edital com data vinculada à apresentação das propostas, para os custos decorrentes do mercado, e com data vinculada ao acordo, à convenção coletiva ou ao dissídio coletivo ao qual o orçamento esteja vinculado, para os custos decorrentes da mão de obra;

A aplicação de um ou outro critério dependerá da existência (ou não) de regime de dedicação exclusiva de mão de obra ou predominância de mão de obra.

Quando não houver regime de dedicação exclusiva de mão de obra ou predominância de mão de obra, será aplicável o reajustamento em sentido estrito, mediante previsão de índices específicos ou setoriais.

Caso contrário, quando houver regime de dedicação exclusiva de mão de obra ou predominância de mão de obra, será aplicável a repactuação, mediante demonstração analítica da variação dos custos.

Uma vez publicado o edital, qualquer cidadão poderá impugná-lo quando houver irregularidade ou solicitar esclarecimento sobre os seus termos, devendo protocolar o pedido até 3 (três) dias úteis antes da data de abertura das propostas (art. 164).

//// **124** Artigos 26 e 27   Nova Lei de Licitações Comentada e Referenciada

Na vigência da Lei n. 8.666/93, esse prazo era de até cinco dias úteis antes da data fixada para a abertura dos envelopes de habilitação (art. 41, § 1º, da Lei n. 8.666/93).

ARTIGOS 26 E 27

Art. 26. No processo de licitação, poderá ser estabelecida margem de preferência para:
I – bens manufaturados e serviços nacionais que atendam a normas técnicas brasileiras;
II – bens reciclados, recicláveis ou biodegradáveis, conforme regulamento.

Jurisprudência do TCU:

A introdução do conceito de "Desenvolvimento Nacional Sustentável" no art. 3º da Lei 8.666/1993 não autoriza: (i) o estabelecimento de vedação a produtos e serviços estrangeiros e, (ii) a admissão de margem de preferência para contratação de bens e serviços, sem a devida regulamentação por decreto do Poder Executivo Federal.

(TCU, Acórdão 1317/2013-Plenário, Relator: Aroldo Cedraz, 29-5-2013.)

Lei n. 8.666/93

Art. 3º, § 5º Nos processos de licitação, poderá ser estabelecida margem de preferência para:

I – produtos manufaturados e para serviços nacionais que atendam a normas técnicas brasileiras; e

II – bens e serviços produzidos ou prestados por empresas que comprovem cumprimento de reserva de cargos prevista em lei para pessoa com deficiência ou para reabilitado da Previdência Social e que atendam às regras de acessibilidade previstas na legislação.

§ 1º A margem de preferência de que trata o *caput* deste artigo:
I - será definida em decisão fundamentada do Poder Executivo federal, no caso do inciso I do *caput* deste artigo;

Jurisprudência do TCU:

Quando os produtos controlados nacionais tratados pelo Decreto n. 3.665/2000, pela Portaria Normativa-MD 620/2006 ou pela Portaria-DLOG/EB/MD 18/2006 tiverem seus preços 25% maiores do que seus similares estrangeiros, considerados todos os custos de importação, não deverão ser adquiridos pela Administração Pública, em observância ao art. 3º, § 8º, da Lei 8.666/1993, aplicável às aquisições de produtos controlados. Nesse caso, deve ser adquirido o similar estrangeiro, desde que atendidos os critérios técnicos mínimos de admissibilidade.

(TCU, Acórdão 276/2019-Plenário, Relator: Vital do Rêgo, 13-2-2019.)

É ilegal, nos editais de licitação, o estabelecimento de: (a) vedação a produtos e serviços estrangeiros, uma vez que a Lei 12.349/2010 não previu tal restrição; (b) margem de preferência para contratação de bens e serviços sem a devida regulamentação, via decreto do Poder Executivo Federal, estabelecendo os percentuais para as margens de preferência normais e adicionais, conforme o caso, e discriminando a abrangência de sua aplicação.

(TCU, Acórdão 286/2014-Plenário, Relator: José Mucio Monteiro, 12-2-2014).

Lei n. 8.666/93

Art. 3º, § 8º As margens de preferência por produto, serviço, grupo de produtos ou grupo de serviços, a que se referem os §§ 5º e 7º, serão definidas pelo Poder Executivo federal, não podendo a soma delas ultrapassar o montante de 25% (vinte e cinco por cento) sobre o preço dos produtos manufaturados e serviços estrangeiros.

II - poderá ser de até 10% (dez por cento) sobre o preço dos bens e serviços que não se enquadrem no disposto nos incisos I ou II do *caput* **deste artigo;**
III - poderá ser estendida a bens manufaturados e serviços originários de Estados Partes do Mercado Comum do Sul (Mercosul), desde que haja reciprocidade com o País prevista em acordo internacional aprovado pelo Congresso Nacional e ratificado pelo Presidente da República.

Lei n. 8.666/93

Art. 3º, § 10. A margem de preferência a que se refere o § 5º poderá ser estendida, total ou parcialmente, aos bens e serviços originários dos Estados Partes do Mercado Comum do Sul – Mercosul.

§ 2º Para os bens manufaturados nacionais e serviços nacionais resultantes de desenvolvimento e inovação tecnológica no País, definidos conforme regulamento do Poder Executivo federal, a margem de preferência a que se refere o *caput* **deste artigo poderá ser de até 20% (vinte por cento).**
§ 3º (*Vetado.***)**
§ 4º (*Vetado.***)**

Lei n. 8.666/93

Art. 3º, § 7º Para os produtos manufaturados e serviços nacionais resultantes de desenvolvimento e inovação tecnológica realizados no País, poderá ser estabelecida margem de preferência adicional àquela prevista no § 5º.

Lei n. 8.248/91

Art. 3º Os órgãos e entidades da Administração Pública Federal, direta ou indireta, as fundações instituídas e mantidas pelo Poder Público e as demais organizações sob o controle direto ou indireto da União darão preferência, nas aquisições de bens e serviços de informática e automação, observada a seguinte ordem, a:

I – bens e serviços com tecnologia desenvolvida no País;

II – bens e serviços produzidos de acordo com processo produtivo básico, na forma a ser definida pelo Poder Executivo.

(...)

§ 3º A aquisição de bens e serviços de informática e automação, considerados como bens e serviços comuns nos termos do parágrafo único do art. 1º da Lei n. 10.520, de 17 de julho de 2002, poderá ser realizada na modalidade pregão, restrita às empresas que cumpram o Processo Produtivo Básico nos termos desta Lei e da Lei n. 8.387, de 30 de dezembro de 1991.

§ 5º A margem de preferência não se aplica aos bens manufaturados nacionais e aos serviços nacionais se a capacidade de produção desses bens ou de prestação desses serviços no País for inferior:
I - à quantidade a ser adquirida ou contratada; ou
II - aos quantitativos fixados em razão do parcelamento do objeto, quando for o caso.

Jurisprudência do TCU:

É juridicamente possível a aquisição de bens e serviços comuns de informática e automação nas contratações realizadas por intermédio da modalidade Pregão, mesmo nas hipóteses em que não seja tecnicamente viável a aplicação da regra da preferência (art. 3º da Lei 8.248/1991, com redação alterada pelas Leis 10.176/2001 e 11.077/2004), ou seja, nas situações em que não haja licitantes que possam fornecer produto ou serviço com tecnologia desenvolvida no País ou não cumpram o Processo Produtivo Básico (Lei 8.387/1991).

(TCU, Acórdão 208/2006-Plenário, Relator Lincoln Magalhães da Rocha, 22-2-2006.)

§ 6º Os editais de licitação para a contratação de bens, serviços e obras poderão, mediante prévia justificativa da autoridade competente, exigir que o contratado promova, em favor de órgão ou entidade integrante da Administração Pública ou daqueles por ela indicados a partir de processo isonômico, medidas de compensação comercial, industrial ou tecnológica ou acesso a condições vantajosas de financiamento, cumulativamente ou não, na forma estabelecida pelo Poder Executivo federal.

Lei n. 8.666/93

Art. 3º, § 11. Os editais de licitação para a contratação de bens, serviços e obras poderão, mediante prévia justificativa da autoridade competente, exigir que o contratado promova, em favor de órgão ou entidade integrante da administração pública ou daqueles por ela indicados a partir de processo isonômico, medidas de compensação comercial, industrial, tecnológica ou acesso a condições vantajosas de financiamento, cumulativamente ou não, na forma estabelecida pelo Poder Executivo federal.

§ 7º Nas contratações destinadas à implantação, à manutenção e ao aperfeiçoamento dos sistemas de tecnologia de informação e comunicação considerados estratégicos em ato do Poder Executivo federal, a licitação poderá ser restrita a bens e serviços com tecnologia desenvolvida no País produzidos de acordo com o processo produtivo básico de que trata a Lei n. 10.176, de 11 de janeiro de 2001.

Lei n. 8.666/93

Art. 3º, § 12. Nas contratações destinadas à implantação, manutenção e ao aperfeiçoamento dos sistemas de tecnologia de informação e comunicação, considerados estratégicos em ato do Poder Executivo federal, a licitação poderá ser restrita a bens e serviços com tecnologia desenvolvida no País e produzidos de acordo com o processo produtivo básico de que trata a Lei n. 10.176, de 11 de janeiro de 2001.

Art. 27. Será divulgada, em sítio eletrônico oficial, a cada exercício financeiro, a relação de empresas favorecidas em decorrência do disposto no art. 26 desta Lei, com indicação do volume de recursos destinados a cada uma delas.

Lei n. 8.666/93

Art. 3º, § 13. Será divulgada na internet, a cada exercício financeiro, a relação de empresas favorecidas em decorrência do disposto nos §§ 5º, 7º, 10, 11 e 12 deste artigo, com indicação do volume de recursos destinados a cada uma delas.

COMENTÁRIOS DOS AUTORES

A competição visada pela licitação a instrumentar a seleção da proposta mais vantajosa para a Administração impõe-se seja desenrolada de modo que reste assegurada a igualdade de todos quantos pretendam acesso às contratações da Administração.

A isonomia é imposição constitucional expressa, consignada, de modo genérico, no art. 5º, *caput* e, de modo específico, no art. 37, que estipula a igualdade de condições a todos os concorrentes. No mesmo sentido, é o teor do art. 5º da Lei em comento.

A igualdade, todavia, deve ser assegurada em sua vertente material ou aristotélica, de modo a assegurar tratamento igual aos indivíduos em paridade de condições e tratamento desigual aos desiguais, na medida de suas desigualdades.

Nesse diapasão, a lei pode, sem violação do princípio da igualdade, distinguir situações, a fim de conferir a uma tratamento diverso do que atribui a outra. Para que possa fazê-lo, contudo, sem que tal violação se manifeste, é necessário que a discriminação guarde compatibilidade com o conteúdo do princípio.

Segundo lição de Marçal Justen Filho[19], a discriminação é juridicamente válida quando presentes quatro elementos:

a) existência de diferenças efetivas e reais nas próprias situações de fato que serão reguladas pelo Direito;

b) compatibilidade dos critérios de diferenciação com a ordem jurídica;

c) adequação entre os critérios de diferenciação e a finalidade da diferenciação;

d) proporcionalidade entre o tratamento discriminatório e os valores jurídicos consagrados pelo ordenamento jurídico.

O estabelecimento de margem de preferência nas licitações adequa-se perfeitamente às exigências ora mencionadas e, como tal, colmata o princípio da isonomia na sua vertente material, regulando, nas suas exatas diferenças, a conduta daqueles que pretendem disputar a licitação.

A preferência beneficiará:

a) bens manufaturados e serviços nacionais que atendam a normas técnicas brasileiras – a depender de regulamentação em decisão fundamentada do Poder Executivo federal (se inexistente regulamentação, a preferência será ilegal, de acordo com o TCU);

b) bens reciclados, recicláveis ou biodegradáveis, conforme regulamento.

Desde que haja reciprocidade com o País prevista em acordo internacional aprovado pelo Congresso Nacional e ratificado pelo Presidente da República, a margem de preferência poderá ser estendida a bens manufaturados e serviços originários de Estados Partes do Mercado Comum do Sul (Mercosul).

Como regra, a margem de preferência poderá ser de **até 10%** (dez por cento) sobre o preço dos bens e serviços que não se enquadrem no disposto nos itens I ou II elencados acima. É o que Justen Filho denomina "**margem de preferência normal**".

Segundo o autor, existe uma margem de preferência mais elevada em favor dos produtos manufaturados e serviços nacionais que, além de produzir os benefícios acima referidos, sejam

---

19 JUSTEN FILHO, Marçal. *Comentários à Lei de Licitações e Contratos Administrativos* [livro eletrônico]: Lei 8.666/1993. 3. ed. São Paulo: Thomson Reuters Brasil, 2019, p. 81-82.

128   Artigo 28   Nova Lei de Licitações Comentada e Referenciada

resultantes de desenvolvimento e inovação tecnológica realizados no País, consagrada no § 2º do art. 26. É o que ele denomina "**margem de preferência reforçada**"[20]. Nesse caso, o percentual preferencial poderá ser de **até 20%** (vinte por cento).

Os Estados, o Distrito Federal e os Municípios poderão estabelecer margem de preferência de até 10% (dez por cento) para bens manufaturados nacionais produzidos no Estado em que estejam situados ou, conforme o caso, no Distrito Federal.

Se o Município tiver até 50.000 (cinquenta mil) habitantes também poderá estabelecer margem de preferência de até 10% (dez por cento) para empresas neles sediadas.

Mas atenção! A margem de preferência deve observar limites e, por disposição expressa do § 5º, não se aplica aos bens manufaturados nacionais e aos serviços nacionais se a capacidade de produção desses bens ou de prestação desses serviços no País for inferior à quantidade a ser adquirida ou contratada; ou aos quantitativos fixados em razão do parcelamento do objeto, quando for o caso.

Ressalte-se que "em contratações de grande porte, especialmente em setores muito específicos, pode fazer-se necessário à satisfação dos interesses nacionais condicionar a contratação à adoção pelo particular de contrapartidas determinadas. Isso envolve, usualmente, a transferência de tecnologia para produção ou manutenção dos bens adquiridos. Mas também compreende prestações de cunho econômico"[21].

Nesse sentido é a disposição do § 6º, a facultar que a Administração exija do contratado, mediante justificativa prévia, medidas de compensação comercial, industrial ou tecnológica ou acesso a condições vantajosas de financiamento, cumulativamente ou não, na forma estabelecida pelo Poder Executivo federal.

Benefícios dessa ordem, como consectário lógico dos princípios da publicidade e da transparência, deverão ser divulgados, em sítio eletrônico oficial, a cada exercício financeiro, com a relação de empresas favorecidas em decorrência da margem de preferência e com indicação do volume de recursos destinados a cada uma delas (art. 27).

A publicação dessa relação é importante instrumento de controle da atividade administrativa, cuja infração configura violação aos deveres funcionais e comportará punição ao responsável.

Seção II
Das Modalidades de Licitação

ARTIGO 28

Art. 28. São modalidades de licitação:

Lei n. 8.666/93

Art. 22. São modalidades de licitação:

I – concorrência;

---

20 Idem, p. 132.

21 JUSTEN FILHO, Marçal. *Comentários à Lei de Licitações e Contratos Administrativos*. 16. ed. São Paulo: Revista dos Tribunais, 2014, p. 120.

II – tomada de preços;

III – convite;

IV – concurso;

V – leilão.

I - pregão;
II - concorrência;
III - concurso;
IV - leilão;
V - diálogo competitivo.

§ 1º Além das modalidades referidas no *caput* deste artigo, a Administração pode servir-se dos procedimentos auxiliares previstos no art. 78 desta Lei.

Art. 78. São procedimentos auxiliares das licitações e das contratações regidas por esta Lei:

I – credenciamento;

II – pré-qualificação;

III – procedimento de manifestação de interesse;

IV – sistema de registro de preços;

V – registro cadastral.

§ 1º Os procedimentos auxiliares de que trata o *caput* deste artigo obedecerão a critérios claros e objetivos definidos em regulamento.

§ 2º O julgamento que decorrer dos procedimentos auxiliares das licitações previstos nos incisos II e III do *caput* deste artigo seguirá o mesmo procedimento das licitações.

§ 2º É vedada a criação de outras modalidades de licitação ou, ainda, a combinação daquelas referidas no *caput* deste artigo.

Lei n. 8.666/93
Art. 22, § 8º É vedada a criação de outras modalidades de licitação ou a combinação das referidas neste artigo.

COMENTÁRIOS DOS AUTORES

Durante a vigência da Lei n. 8.666/93, eram modalidades de licitação: a concorrência, a tomada de preços, o convite, o concurso e o leilão.

O novo diploma, todavia, extinguiu as modalidades da tomada de preços e do convite, além de ter incorporado a modalidade do pregão, antes disciplinada pela Lei n. 10.520/2002, e inovado com a consagração do diálogo competitivo.

Assim, são, atualmente, modalidades de licitação:

a) pregão;

b) concorrência;

c) concurso;

d) leilão;

e) diálogo competitivo.

130 Artigo 29   Nova Lei de Licitações Comentada e Referenciada

Observe-se que o art. 28, § 2º, da Lei veda a criação de outras modalidades de licitação ou a combinação das modalidades já previstas. Porém, entende-se que essa vedação dirige-se ao administrador, não impedindo que o legislador posterior crie novas modalidades.

Além das modalidades de licitação ora referidas, a Administração pode servir-se dos seguintes procedimentos auxiliares, previstos no art. 78 desta Lei:

I – credenciamento;

II – pré-qualificação;

III – procedimento de manifestação de interesse;

IV – sistema de registro de preços;

V – registro cadastral.

ARTIGO 29

Art. 29. A concorrência e o pregão seguem o rito procedimental comum a que se refere o art. 17 desta Lei, adotando-se o pregão sempre que o objeto possuir padrões de desempenho e qualidade que possam ser objetivamente definidos pelo edital, por meio de especificações usuais de mercado.

Art. 17. O processo de licitação observará as seguintes fases, em sequência:

I – preparatória;

II – de divulgação do edital de licitação;

III – de apresentação de propostas e lances, quando for o caso;

IV – de julgamento;

V – de habilitação;

VI – recursal;

VII – de homologação.

Parágrafo único. O pregão não se aplica às contratações de serviços técnicos especializados de natureza predominantemente intelectual e de obras e serviços de engenharia, exceto os serviços de engenharia de que trata a alínea "a" do inciso XXI do *caput* do art. 6º desta Lei.

Jurisprudência do STJ:

ADMINISTRATIVO. RECURSO ESPECIAL SOB O RITO DOS RECURSOS REPETITIVOS. ARTS. 40, INC. X, E 48, §§ 1º E 2º, DA LEI N. 8.666/1993. CLÁUSULA EDITALÍCIA EM LICITAÇÃO/PREGÃO. FIXAÇÃO DE PERCENTUAL MÍNIMO REFERENTE À TAXA DE ADMINISTRAÇÃO. INTUITO DE OBSTAR EVENTUAIS PROPOSTAS, EM TESE, INEXEQUÍVEIS. DESCABIMENTO. BUSCA DA PROPOSTA MAIS VANTAJOSA PARA A ADMINISTRAÇÃO. CARÁTER COMPETITIVO DO CERTAME. ENTENDIMENTO CONSOLIDADO NO TCU. EXISTÊNCIA DE OUTRAS GARANTIAS CONTRA AS PROPOSTAS INEXEQUÍVEIS NA LEGISLAÇÃO. RECURSO ESPECIAL CONHECIDO E IMPROVIDO. RECURSO JULGADO SOB A SISTEMÁTICA DO ART. 1.036 E SEGUINTES DO CPC, C/C O ART. 256-N E SEGUINTES DO REGIMENTO INTERNO DO STJ.

1. O objeto da presente demanda é definir se o ente público pode estipular cláusula editalícia em licitação/pregão prevendo percentual mínimo referente à taxa de administração, como forma de resguardar-se de eventuais propostas, em tese, inexequíveis.

(...) 4. A fixação de percentual mínimo de taxa de administração em edital de licitação/pregão fere expressamente a norma contida no inciso X do art. 40 da Lei n. 8.666/1993, que veda "a fixação de preços mínimos, critérios estatísticos ou faixas de variação em relação a preços de referência". 5. A própria Lei de Licitações, a exemplo dos §§ 1º e 2º do art. 48, prevê outros mecanismos de combate às propostas inexequíveis em certames licitatórios, permitindo que o licitante preste garantia adicional, tal como caução em dinheiro ou em títulos da dívida pública, seguro-garantia e fiança bancária. 6. Sendo o objetivo da licitação selecionar a proposta mais vantajosa para a Administração, consoante expressamente previsto no art. 3º da Lei n. 8.666/1993, a fixação de um preço mínimo atenta contra esse objetivo, especialmente considerando que um determinado valor pode ser inexequível para um licitante, porém exequível para outro. Precedente do TCU. 7. Deve a Administração, portanto, buscar a proposta mais vantajosa; em caso de dúvida sobre a exequibilidade, ouvir o respectivo licitante; e, sendo o caso, exigir-lhe a prestação de garantia. Súmula n. 262/TCU. Precedentes do STJ e do TCU. (...) 9. Cuida-se a escolha da taxa de administração, como se vê, de medida compreendida na área negocial dos interessados, a qual fomenta a competitividade entre as empresas que atuam nesse mercado, em benefício da obtenção da melhor proposta pela Administração Pública. 10. Tese jurídica firmada: "Os editais de licitação ou pregão não podem conter cláusula prevendo percentual mínimo referente à taxa de administração, sob pena de ofensa ao artigo 40, inciso X, da Lei n. 8.666/1993". 11. Recurso especial conhecido e improvido, nos termos da fundamentação. 12. Recurso julgado sob a sistemática do art. 1.036 e seguintes do CPC e art. 256-N e seguintes do Regimento Interno desta Corte Superior.

(REsp 1840113/CE, Rel. Ministro Og Fernandes, Primeira Seção, julgado em 23-9-2020, *DJe* 23-10-2020.)

Art. 6º, XXI – serviço de engenharia: toda atividade ou conjunto de atividades destinadas a obter determinada utilidade, intelectual ou material, de interesse para a Administração e que, não enquadradas no conceito de obra a que se refere o inciso XII do *caput* deste artigo, são estabelecidas, por força de lei, como privativas das profissões de arquiteto e engenheiro ou de técnicos especializados, que compreendem:

a) serviço comum de engenharia: todo serviço de engenharia que tem por objeto ações, objetivamente padronizáveis em termos de desempenho e qualidade, de manutenção, de adequação e de adaptação de bens móveis e imóveis, com preservação das características originais dos bens;

COMENTÁRIOS DOS AUTORES

A concorrência é a modalidade de licitação para contratação de bens e serviços especiais e de obras e serviços comuns e especiais de engenharia, cujo critério de julgamento poderá ser:

a) menor preço;

b) melhor técnica ou conteúdo artístico;

c) técnica e preço;

d) maior retorno econômico;

e) maior desconto.

As características mais marcantes da concorrência são: o formalismo mais acentuado, motivo pelo qual se exige uma fase inicial de habilitação preliminar, na qual são aferidas as condições de cada participante; e a publicidade mais ampla, refletida na necessidade de participação de todos quantos estiverem interessados na contratação.

O pregão era disciplinado pela Lei n. 10.520/2002 para aquisição de bens e serviços comuns, independentemente do valor estimado do futuro contrato. A Lei em comento, todavia, foi revogada pela Nova Lei de Licitações, que consagra expressamente a modalidade de licitação do pregão, disciplinando-a.

Nos termos do art. 6º, XLI, o pregão é a modalidade de licitação obrigatória para aquisição de bens e serviços comuns, cujo critério de julgamento poderá ser o de menor preço ou o de maior desconto.

Bens e serviços comuns, rememore-se, são aqueles cujos padrões de desempenho e qualidade podem ser objetivamente definidos pelo edital, por meio de especificações usuais de mercado.

Verifica-se que o conceito de "bem ou serviço comum" apresenta as seguintes características:

a) disponibilidade no mercado: o objeto é encontrado facilmente;

b) padronização: predeterminação, de modo objetivo e uniforme, da qualidade e dos atributos essenciais do bem ou do serviço; e

c) casuísmo moderado: a qualidade "comum" deve ser verificada em cada caso concreto, e não em termos abstratos.

Portanto, não existe um rol taxativo do que sejam bens e serviços comuns. De toda sorte, algumas atividades com certeza não se incluem no rol. Por exemplo, é certo que o pregão não se aplica à delegação de serviços públicos, pois tais serviços não são caracterizados como "comuns".

No tocante aos serviços de engenharia, o pregão somente pode ser empregado para contratação de serviços de engenharia, que possam ser qualificados como "comuns", isto é, todo serviço de engenharia que tenha por objeto ações, objetivamente padronizáveis em termos de desempenho e qualidade, de manutenção, de adequação e de adaptação de bens móveis e imóveis, com preservação das características originais dos bens.

Não se aplica o pregão às contratações de serviços técnicos especializados de natureza predominantemente intelectual e de obras e serviços de engenharia que não se qualifiquem como "comuns", nos termos ora expostos.

Sob a vigência da Lei do Pregão, a adoção dessa modalidade de licitação para aquisição de bens e serviços comuns era discricionária, já que o art. 1º da Lei n. 10.520/2002 estabelecia que o pregão poderia ser adotado nesses casos. Cuidava-se, pois, de atuação discricionária do administrador, que poderia escolher outra modalidade de licitação.

Com a nova lei, a adoção do pregão é obrigatória, inexistindo margem de conveniência e oportunidade por parte do administrador quanto à sua adoção.

Sua utilização, ademais, independe do valor estimado do futuro contrato.

Eventual complexidade técnica ou a natureza intelectual do bem ou serviço, ademais, não impedem a aplicação do pregão se o mercado possui definições usualmente praticadas em relação ao objeto da licitação.

Nesse sentido, o teor do Enunciado 26 da I Jornada de Direito Administrativo do Conselho da Justiça Federal/STJ: "A Lei n. 10.520/2002 define o bem ou serviço comum com base em critérios eminentemente mercadológicos, de modo que a complexidade técnica ou a natureza intelectual do bem ou serviço não impedem a aplicação do pregão se o mercado possui definições usualmente praticadas em relação ao objeto da licitação".

Em licitação na modalidade pregão, o agente responsável pela condução do certame será designado **pregoeiro**.

As licitações realizadas sob as modalidades da concorrência ou do leilão observarão as seguintes fases, em sequência:

I. preparatória;
II. de divulgação do edital de licitação;
III. de apresentação de propostas e lances, quando for o caso;
IV. de julgamento;
V. de habilitação;
VI. recursal;
VII. de homologação.

A fase de julgamento, como visto nos comentários do art. 17, precederá, como regra, a fase de habilitação, procedimento já previsto na Lei do Pregão e agora também adotado para a concorrência.

ARTIGO 30

Art. 30. O concurso observará as regras e condições previstas em edital, que indicará:

Lei n. 8.666/93

Art. 52. O concurso a que se refere o § 4º do art. 22 desta Lei deve ser precedido de regulamento próprio, a ser obtido pelos interessados no local indicado no edital.

§ 1º O regulamento deverá indicar:

I – a qualificação exigida dos participantes;

II – as diretrizes e a forma de apresentação do trabalho;

III – as condições de realização do concurso e os prêmios a serem concedidos.

§ 2º Em se tratando de projeto, o vencedor deverá autorizar a Administração a executá-lo quando julgar conveniente.

I – a qualificação exigida dos participantes;

Jurisprudência do TCU:

Súmula TCU 275: Para fins de qualificação econômico-financeira, a Administração pode exigir das licitantes, de forma não cumulativa, capital social mínimo, patrimônio líquido mínimo ou garantias que assegurem o adimplemento do contrato a ser celebrado, no caso de compras para entrega futura e de execução de obras e serviços.

Nos editais e contratos de execução continuada ou parcelada, deve haver cláusula impondo a obrigação de o contratado manter, durante toda a execução do contrato, todas as condições de habilitação e qualificação exigidas na licitação, especialmente quanto à regularidade fiscal, incluindo a seguridade social, prevendo, como sanções para o inadimplemento a essa cláusula, a rescisão do contrato e a execução da garantia para ressarcimento dos valores e indenizações devidos à Administração, além das penalidades já previstas em lei (arts. 55, inciso XIII, 78, inciso I, 80, inciso III, e 87, da Lei 8.666/1993).

(Acórdão 964/2012-Plenário, Relator: Walton Alencar Rodrigues, j. 25-4-2012.)

Jurisprudência do STJ:

ADMINISTRATIVO. LICITAÇÃO. HABILITAÇÃO. REGULARIDADE FISCAL. CERTIDÕES. PRAZO DE VALIDADE. NÃO FORNECIMENTO PELO MUNICÍPIO. ART. 535 DO CPC. EFEITOS INFRINGENTES DOS EMBARGOS DE DECLARAÇÃO.(...)

134 Artigo 30 Nova Lei de Licitações Comentada e Referenciada

3. A exigência de regularidade fiscal para habilitação nas licitações (arts. 27, IV, e 29, III, da Lei n. 8.666/93) está respaldada pelo art. 195, § 3º, da C.F., todavia não se deve perder de vista o princípio constitucional inserido no art. 37, XXI, da C.F., que veda exigências que sejam dispensáveis, já que o objetivo é a garantia do interesse público. A habilitação é o meio do qual a Administração Pública dispõe para aferir a idoneidade do licitante e sua capacidade de cumprir o objeto da licitação. 4. É legítima a exigência administrativa de que seja apresentada a comprovação de regularidade fiscal por meio de certidões emitidas pelo órgão competente e dentro do prazo de validade. O ato administrativo, subordinado ao princípio da legalidade, só poderá ser expedido nos termos do que é determinado pela lei. 5. A despeito da vinculação ao edital a que se sujeita a Administração Pública (art. 41 da Lei n. 8.666/93), afigura-se ilegítima a exigência da apresentação de certidões comprobatórias de regularidade fiscal quando não são fornecidas, do modo como requerido pelo edital, pelo município de domicílio do licitante. 6. Recurso especial não provido.

(REsp 974.854/MA, Rel. Ministro CASTRO MEIRA, SEGUNDA TURMA, julgado em 6-5-2008, DJe 16-5-2008.)

II - as diretrizes e formas de apresentação do trabalho;
III - as condições de realização e o prêmio ou remuneração a ser concedida ao vencedor.
Parágrafo único. Nos concursos destinados à elaboração de projeto, o vencedor deverá ceder à Administração Pública, nos termos do art. 93 desta Lei, todos os direitos patrimoniais relativos ao projeto e autorizar sua execução conforme juízo de conveniência e oportunidade das autoridades competentes.

Art. 93. Nas contratações de projetos ou de serviços técnicos especializados, inclusive daqueles que contemplem o desenvolvimento de programas e aplicações de internet para computadores, máquinas, equipamentos e dispositivos de tratamento e de comunicação da informação (*software*) e a respectiva documentação técnica associada, o autor deverá ceder todos os direitos patrimoniais a eles relativos para a Administração Pública, hipótese em que poderão ser livremente utilizados e alterados por ela em outras ocasiões, sem necessidade de nova autorização de seu autor.

COMENTÁRIOS DOS AUTORES

De acordo com o art. 6º, XXXIX, o concurso é a "modalidade de licitação para escolha de trabalho técnico, científico ou artístico, cujo critério de julgamento será o de melhor técnica ou conteúdo artístico, e para concessão de prêmio ou remuneração ao vencedor".

Não se pode confundir essa modalidade de licitação com o concurso público para contratação de agentes públicos, pois a licitação mediante concurso visa a contratação do trabalho, e não o provimento de cargos ou empregos públicos na Administração.

Nesse caso, a Administração não pretende contratar com ninguém, mas apenas selecionar um projeto de cunho intelectual e a seu autor conceder um prêmio ou determinada remuneração, os quais só poderão ser pagos se o autor do projeto ceder à Administração os direitos patrimoniais a ele relativos e a ela permitir a utilização, consoante estabelecer o regulamento ou o ajuste.

Em síntese, destacam-se como principais características do concurso:

I.   não depende do valor estimado do contrato;

II.   permite a participação de todos os eventuais interessados;

III. regras definidas por regulamento que deverá indicar: a qualificação exigida dos participantes, as diretrizes e a forma de apresentação do trabalho e as condições de realização do concurso e os prêmios a serem concedidos;

IV. dispensa, no todo ou em parte, da apresentação de alguns documentos de habilitação;

V. julgamento realizado por uma banca designada para esse fim, composta de, no mínimo, 3 (três) membros, que poderão ser: I – servidores efetivos ou empregados públicos pertencentes aos quadros permanentes da Administração Pública; II – profissionais contratados por conhecimento técnico, experiência ou renome na avaliação dos quesitos especificados em edital, desde que seus trabalhos sejam supervisionados por profissionais designados conforme o disposto no art. 7º desta Lei (art. 37, § 1º);

VI. o prazo mínimo para apresentação de propostas e lances, contados a partir da data de divulgação do edital de licitação é de **35 dias úteis** (art. 54, IV);

VII. o julgamento, a ser realizado mediante o critério de melhor técnica ou conteúdo artístico, considerará exclusivamente as propostas técnicas ou artísticas apresentadas pelos licitantes, e o edital deverá definir o prêmio ou a remuneração que será atribuída aos vencedores (art. 35);

VIII. nas contratações de projetos ou de serviços técnicos especializados, inclusive daqueles que contemplem o desenvolvimento de programas e aplicações de internet para computadores, máquinas, equipamentos e dispositivos de tratamento e de comunicação da informação (*software*) e a respectiva documentação técnica associada, o **autor deverá ceder todos os direitos patrimoniais a eles relativos para a Administração Pública**, hipótese em que poderão ser livremente utilizados e alterados por ela em outras ocasiões, sem necessidade de nova autorização de seu autor (art. 92).

ARTIGO 31

Art. 31. O leilão poderá ser cometido a leiloeiro oficial ou a servidor designado pela autoridade competente da Administração, e regulamento deverá dispor sobre seus procedimentos operacionais.

Lei n. 8.666/93
Art. 53. O leilão pode ser cometido a leiloeiro oficial ou a servidor designado pela Administração, procedendo-se na forma da legislação pertinente.

§ 1º Se optar pela realização de leilão por intermédio de leiloeiro oficial, a Administração deverá selecioná-lo mediante credenciamento ou licitação na modalidade pregão e adotar o critério de julgamento de maior desconto para as comissões a serem cobradas, utilizados como parâmetro máximo os percentuais definidos na lei que regula a referida profissão e observados os valores dos bens a serem leiloados.

§ 2º O leilão será precedido da divulgação do edital em sítio eletrônico oficial, que conterá:

I - a descrição do bem, com suas características, e, no caso de imóvel, sua situação e suas divisas, com remissão à matrícula e aos registros;

II - o valor pelo qual o bem foi avaliado, o preço mínimo pelo qual poderá ser alienado, as condições de pagamento e, se for o caso, a comissão do leiloeiro designado;

III - a indicação do lugar onde estiverem os móveis, os veículos e os semoventes;

IV - o sítio da internet e o período em que ocorrerá o leilão, salvo se excepcionalmente for realizado sob a forma presencial por comprovada inviabilidade técnica ou desvantagem para a Administração, hipótese em que serão indicados o local, o dia e a hora de sua realização;

V - a especificação de eventuais ônus, gravames ou pendências existentes sobre os bens a serem leiloados.

§ 3º Além da divulgação no sítio eletrônico oficial, o edital do leilão será afixado em local de ampla circulação de pessoas na sede da Administração e poderá, ainda, ser divulgado por outros meios necessários para ampliar a publicidade e a competitividade da licitação.

§ 4º O leilão não exigirá registro cadastral prévio, não terá fase de habilitação e deverá ser homologado assim que concluída a fase de lances, superada a fase recursal e efetivado o pagamento pelo licitante vencedor, na forma definida no edital.

> Jurisprudência do TCU:
> Súmula TCU 274: É vedada a exigência de prévia inscrição no Sistema de Cadastramento Unificado de Fornecedores – SICAF para efeito de habilitação em licitação.

COMENTÁRIOS DOS AUTORES

Leilão é a "modalidade de licitação para alienação de bens imóveis ou de bens móveis inservíveis ou legalmente apreendidos a quem oferecer o maior lance" (art. 6º, XL).

Trata-se de modalidade peculiar de licitação, haja vista dispensar registro cadastral prévio e fase de habilitação.

O bem deve ser avaliado previamente para definir o valor mínimo de arrematação, em razão do princípio da preservação patrimonial dos bens públicos, sagrando-se vencedor aquele que oferecer o maior lance, igual ou superior ao valor da avaliação. Em se tratando de imóveis, além da avaliação prévia exige-se, ainda, autorização legislativa, conforme dispõe o art. 75, I.

Se a alienação for de bens imóveis da Administração Pública cuja aquisição tenha sido derivada de procedimentos judiciais ou de dação em pagamento, é dispensada a autorização legislativa, exigindo-se apenas avaliação prévia e licitação na modalidade leilão.

Além disso, o certame deve possuir ampla divulgação, em observância ao princípio da publicidade.

O leilão pode ser cometido a leiloeiro oficial ou a servidor designado pela Administração e deverá ser realizado, preferencialmente, sob a forma eletrônica, salvo comprovada inviabilidade técnica ou desvantagem para a Administração.

Assim que concluída a fase de lances, superada a fase recursal e efetivado o pagamento pelo licitante vencedor, na forma definida no edital, deverá ser homologado o leilão.

Imperioso salientar que nas hipóteses elencadas no art. 75, I e II (cuja leitura remetemos o leitor), a licitação poderá ser dispensada.

ARTIGO 32

> **Art. 32.** A modalidade diálogo competitivo é restrita a contratações em que a Administração:
> I – vise a contratar objeto que envolva as seguintes condições:
> *a)* inovação tecnológica ou técnica;

b) impossibilidade de o órgão ou entidade ter sua necessidade satisfeita sem a adaptação de soluções disponíveis no mercado; e

c) impossibilidade de as especificações técnicas serem definidas com precisão suficiente pela Administração;

II – verifique a necessidade de definir e identificar os meios e as alternativas que possam satisfazer suas necessidades, com destaque para os seguintes aspectos:

a) a solução técnica mais adequada;

b) os requisitos técnicos aptos a concretizar a solução já definida;

c) a estrutura jurídica ou financeira do contrato;

III – (*Vetado.*)

§ 1º Na modalidade diálogo competitivo, serão observadas as seguintes disposições:

I – a Administração apresentará, por ocasião da divulgação do edital em sítio eletrônico oficial, suas necessidades e as exigências já definidas e estabelecerá prazo mínimo de 25 (vinte e cinco) dias úteis para manifestação de interesse na participação da licitação;

II – os critérios empregados para pré-seleção dos licitantes deverão ser previstos em edital, e serão admitidos todos os interessados que preencherem os requisitos objetivos estabelecidos;

III – a divulgação de informações de modo discriminatório que possa implicar vantagem para algum licitante será vedada;

IV – a Administração não poderá revelar a outros licitantes as soluções propostas ou as informações sigilosas comunicadas por um licitante sem o seu consentimento;

V – a fase de diálogo poderá ser mantida até que a Administração, em decisão fundamentada, identifique a solução ou as soluções que atendam às suas necessidades;

VI – as reuniões com os licitantes pré-selecionados serão registradas em ata e gravadas mediante utilização de recursos tecnológicos de áudio e vídeo;

VII – o edital poderá prever a realização de fases sucessivas, caso em que cada fase poderá restringir as soluções ou as propostas a serem discutidas;

VIII – a Administração deverá, ao declarar que o diálogo foi concluído, juntar aos autos do processo licitatório os registros e as gravações da fase de diálogo, iniciar a fase competitiva com a divulgação de edital contendo a especificação da solução que atenda às suas necessidades e os critérios objetivos a serem utilizados para seleção da proposta mais vantajosa e abrir prazo, não inferior a 60 (sessenta) dias úteis, para todos os licitantes pré-selecionados na forma do inciso II deste parágrafo apresentarem suas propostas, que deverão conter os elementos necessários para a realização do projeto;

IX – a Administração poderá solicitar esclarecimentos ou ajustes às propostas apresentadas, desde que não impliquem discriminação nem distorçam a concorrência entre as propostas;

X – a Administração definirá a proposta vencedora de acordo com critérios divulgados no início da fase competitiva, assegurada a contratação mais vantajosa como resultado;

XI – o diálogo competitivo será conduzido por comissão de contratação composta de pelo menos 3 (três) servidores efetivos ou empregados públicos pertencentes aos quadros permanentes da Administração, admitida a contratação de profissionais para assessoramento técnico da comissão;

XII – (*Vetado.*)

§ 2º Os profissionais contratados para os fins do inciso XI do § 1º deste artigo assinarão termo de confidencialidade e abster-se-ão de atividades que possam configurar conflito de interesses.

COMENTÁRIOS DOS AUTORES

Também de forma inovadora, a lei consagrou a modalidade de licitação do **diálogo competitivo**, de inspiração europeia, já objeto de comentários no art. 6º, para o qual remetemos o leitor.

Trata-se da modalidade de licitação para contratação de obras, serviços e compras em que a Administração Pública realiza diálogos com licitantes previamente selecionados mediante critérios objetivos, com o intuito de desenvolver uma ou mais alternativas capazes de atender às suas necessidades, devendo os licitantes apresentar proposta final após o encerramento dos diálogos.

Ressalte-se, por oportuno, que a nova modalidade de licitação é reservada apenas para projetos de alta complexidade, cujas contratações envolvam: a) inovação tecnológica ou técnica; b) soluções que dependem de adaptação das opções disponíveis no mercado; ou, ainda, c) especificações que não podem ser definidas de forma suficiente pela Administração, observados os requisitos cumulativos consagrados no art. 32.

Exige-se, ainda, que a Administração verifique a necessidade de definir e identificar os meios e as alternativas que possam satisfazer suas necessidades, com destaque para: a solução técnica mais adequada; os requisitos técnicos aptos a concretizar a solução já definida; e a estrutura jurídica ou financeira do contrato.

Imprescindível, ainda, a consideração de que os modos de disputa aberto e fechado não permitam a apreciação adequada das variações entre propostas.

O procedimento licitatório realizado na modalidade de diálogo competitivo deverá ser conduzido por **comissão de contratação** composta de pelo menos 3 (três) servidores efetivos ou empregados públicos pertencentes aos quadros permanentes da Administração, fugindo à regra geral que consagra a atuação de agente de contratação (vide art. 8º). Nesse caso, também é admitida a contratação de profissionais para assessoramento técnico da comissão, que assinarão termo de confidencialidade e abster-se-ão de atividades que possam configurar conflito de interesses.

O procedimento seguirá, em síntese, o seguinte esquema:

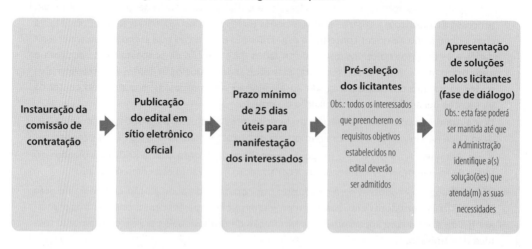

Observações: a Administração não poderá revelar a outros licitantes as soluções propostas ou as informações sigilosas comunicadas por um licitante sem o seu consentimento. O edital poderá prever, ademais, a realização de fases sucessivas, caso em que cada fase poderá restringir as soluções ou as propostas a serem discutidas.

Com o fim do diálogo, a Administração deverá juntar aos autos do processo licitatório os registros e as gravações da fase de diálogo, dando início, em seguida, à fase competitiva:

FASE COMPETITIVA:

Seção III
Dos Critérios de Julgamento

ARTIGO 33

Art. 33. O julgamento das propostas será realizado de acordo com os seguintes critérios:

> Lei n. 8.666/93
> Art. 45. O julgamento das propostas será objetivo, devendo a Comissão de licitação ou o responsável pelo convite realizá-lo em conformidade com os tipos de licitação, os critérios previamente estabelecidos no ato convocatório e de acordo com os fatores exclusivamente nele referidos, de maneira a possibilitar sua aferição pelos licitantes e pelos órgãos de controle.
> § 1º Para os efeitos deste artigo, constituem tipos de licitação, exceto na modalidade concurso:
> I – a de menor preço – quando o critério de seleção da proposta mais vantajosa para a Administração determinar que será vencedor o licitante que apresentar a proposta de acordo com as especificações do edital ou convite e ofertar o menor preço;
> II – a de melhor técnica;
> III – a de técnica e preço;
> IV – a de maior lance ou oferta – nos casos de alienação de bens ou concessão de direito real de uso.

I - menor preço;
II - maior desconto;
III - melhor técnica ou conteúdo artístico;
IV - técnica e preço;
V - maior lance, no caso de leilão;
VI - maior retorno econômico.

COMENTÁRIOS DOS AUTORES

Na fase de julgamento, a Administração selecionará a melhor proposta, seguindo critérios objetivos, determinados pelos **critérios de julgamento** previstos no art. 33 da Nova Lei de Licitações, quais sejam:

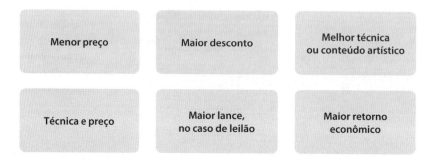

Observe que a lei traz **três novidades**: refere-se a critérios de julgamento das propostas, em vez de tratá-los como tipos de licitação (como eram denominados pelo art. 45, § 1º, da Lei n. 8.666/03); e consagra dois novos critérios: maior desconto e maior retorno econômico.

No julgamento das propostas, a Comissão levará em consideração os critérios objetivos definidos no edital ou convite, os quais não devem contrariar as normas e os princípios estabelecidos por esta Lei.

É vedada a utilização de qualquer elemento, critério ou fator sigiloso, secreto, subjetivo ou reservado que possa ainda que indiretamente elidir o princípio da igualdade entre os licitantes.

Cabe registrar que, ainda que o administrador público tenha certa discricionariedade na escolha dos critérios de seleção do contratante, esta discricionariedade deve ser exercida em estrita observância aos princípios constitucionais da igualdade, da impessoalidade e da moralidade.

Trata-se, ademais, de discricionariedade regrada, que deve observar os parâmetros legais, a exemplo da compatibilidade dos critérios de julgamento com as modalidades de licitação, que pode ser assim sintetizada:

MODALIDADE DE LICITAÇÃO	CRITÉRIO DE JULGAMENTO
Concorrência (art. 6º, XXXVIII, c/c art. 29)	- menor preço; - melhor técnica ou conteúdo artístico; - técnica e preço; - maior retorno econômico; - maior desconto.
Concurso (art. 6º, XXXIX, c/c art. 30)	- melhor técnica ou conteúdo artístico.
Leilão (art. 6º, XL, c/c art. 31)	- maior lance.

Pregão (art. 6º, XLI, c/c art. 29)	- menor preço; - maior desconto.
Diálogo Competitivo (art. 6º, XLII, c/c art. 32)	- menor preço; - maior desconto; - melhor técnica ou conteúdo artístico; - técnica e preço; - maior retorno econômico.

ARTIGO 34

Art. 34. O julgamento por menor preço ou maior desconto e, quando couber, por técnica e preço considerará o menor dispêndio para a Administração, atendidos os parâmetros mínimos de qualidade definidos no edital de licitação.

Lei n. 12.462/2001 (Regime Diferenciado de Contratações Públicas)

Art. 19. O julgamento pelo menor preço ou maior desconto considerará o menor dispêndio para a administração pública, atendidos os parâmetros mínimos de qualidade definidos no instrumento convocatório.

§ 1º Os custos indiretos, relacionados com as despesas de manutenção, utilização, reposição, depreciação e impacto ambiental do objeto licitado, entre outros fatores vinculados ao seu ciclo de vida, poderão ser considerados para a definição do menor dispêndio, sempre que objetivamente mensuráveis, conforme disposto em regulamento.

Lei n. 12.462/2001 (Regime Diferenciado de Contratações Públicas)

Art. 19, § 1º Os custos indiretos, relacionados com as despesas de manutenção, utilização, reposição, depreciação e impacto ambiental, entre outros fatores, poderão ser considerados para a definição do menor dispêndio, sempre que objetivamente mensuráveis, conforme dispuser o regulamento.

§ 2º O julgamento por maior desconto terá como referência o preço global fixado no edital de licitação, e o desconto será estendido aos eventuais termos aditivos.

Lei n. 12.462/2001 (Regime Diferenciado de Contratações Públicas)

Art. 19, § 2º O julgamento por maior desconto terá como referência o preço global fixado no instrumento convocatório, sendo o desconto estendido aos eventuais termos aditivos.

COMENTÁRIOS DOS AUTORES

Trata-se de dispositivo que possui redação semelhante à previsão contida no art. 19 da Lei n. 12.462/2001 (Regime Diferenciado de Contratações Públicas):

Art. 19. O julgamento pelo menor preço ou maior desconto considerará o menor dispêndio para a administração pública, atendidos os parâmetros mínimos de qualidade definidos no instrumento convocatório.

Ressalte-se que os padrões mínimos de qualidade definidos no edital são peculiaridades relacionadas ao objeto licitado, que lhe conferem individualidade e estão relacionadas às circunstâncias técnicas.

Em verdade, a Administração necessita adquirir bens e serviços com qualidade mínima, não havendo qualquer impedimento para essa conduta.

Não se confunde com a licitação de melhor técnica ou de técnica e preço. Nesse caso, a qualidade técnica refletirá na própria classificação, para fins de selecionar a proposta mais vantajosa para a Administração.

Por esse dispositivo, percebe-se que, ainda que o administrador adote critérios de julgamento como o menor preço e o maior desconto, não poderá abandonar a análise da qualidade daquele produto ou serviço contratado, a qual é essencial para propiciar o menor dispêndio para a Administração.

Esse dispositivo também é incorporação da previsão contida na Lei n. 12.462/2001, que assim dispõe:

Art. 19, § 1º Os custos indiretos, relacionados com as despesas de manutenção, utilização, reposição, depreciação e impacto ambiental, entre outros fatores, poderão ser considerados para a definição do menor dispêndio, sempre que objetivamente mensuráveis, conforme dispuser o regulamento.

O legislador criou parâmetros para se determinar o que seria o menor dispêndio para a Administração Pública. Conforme dito, em uma contratação, o administrador, para considerar a melhor proposta, não deve ficar adstrito apenas a valores econômicos, mas deve considerar as qualidades técnicas, assim como a própria durabilidade, despesas com manutenção, que se inserem como custos indiretos.

Ademais, em conformidade com as licitações sustentáveis, utiliza-se de critérios que considere o direito fundamental ao meio ambiente ecologicamente equilibrado para se aferir o menor dispêndio para a Administração. Desse modo, é necessário considerar o impacto ambiental, assim como outros fatores vinculados ao ciclo de vida, no julgamento das propostas.

Por fim, nos termos dos princípios do julgamento objetivo e da vinculação ao edital, todos esses critérios a serem considerados para a definição do menor dispêndio deverão estar previstos no instrumento convocatório.

Novamente, há uma incorporação da previsão contida na Lei n. 12.462/2001, que assim determina:

Art. 19, § 2º O julgamento por maior desconto terá como referência o preço global fixado no instrumento convocatório, sendo o desconto estendido aos eventuais termos aditivos.

O legislador entendeu por bem criar parâmetro objetivo do que seria o maior desconto, de modo a retirar da discricionariedade da Administração Pública a definição de tal conceito.

ARTIGO 35

Art. 35. O julgamento por melhor técnica ou conteúdo artístico considerará exclusivamente as propostas técnicas ou artísticas apresentadas pelos licitantes, e o edital deverá definir o prêmio ou a remuneração que será atribuída aos vencedores.

Parágrafo único. O critério de julgamento de que trata o *caput* deste artigo poderá ser utilizado para a contratação de projetos e trabalhos de natureza técnica, científica ou artística.

Lei n. 12.462/2001 (Regime Diferenciado de Contratações Públicas)

Art. 21. O julgamento pela melhor técnica ou pelo melhor conteúdo artístico considerará exclusivamente as propostas técnicas ou artísticas apresentadas pelos licitantes com base em critérios objetivos previamente estabelecidos no instrumento convocatório, no qual será definido o prêmio ou a remuneração que será atribuída aos vencedores.

Parágrafo único. O critério de julgamento referido no *caput* deste artigo poderá ser utilizado para a contratação de projetos, inclusive arquitetônicos, e trabalhos de natureza técnica, científica ou artística, excluindo-se os projetos de engenharia.

COMENTÁRIOS DOS AUTORES

Esse dispositivo possui redação semelhante à previsão contida no art. 21 da Lei n. 12.462/2001:

Art. 21. O julgamento pela melhor técnica ou pelo melhor conteúdo artístico considerará exclusivamente as propostas técnicas ou artísticas apresentadas pelos licitantes com base em critérios objetivos previamente estabelecidos no instrumento convocatório, no qual será definido o prêmio ou a remuneração que será atribuída aos vencedores.

Parágrafo único. O critério de julgamento referido no *caput* deste artigo poderá ser utilizado para a contratação de projetos, inclusive arquitetônicos, e trabalhos de natureza técnica, científica ou artística, excluindo-se os projetos de engenharia.

Desse modo, na Lei n. 14.133/2021, seguindo os ditames do Regime Diferenciado de Contratações Públicas, determina-se que o julgamento somente irá considerar as propostas técnicas ou artísticas apresentadas pelos licitantes, sem considerar os preços formulados pelos interessados.

Há de se ressaltar que na Lei n. 8.666/93 não existia o critério de julgamento "melhor conteúdo artístico", mas apenas o julgamento pela "melhor técnica" ou "técnica e preço". Além disso, ainda que o edital adotasse o critério "melhor técnica", no momento do julgamento, era atribuída pontuação aos preços formulados pelos interessados, o que não ocorre mais.

ARTIGO 36

Art. 36. O julgamento por técnica e preço considerará a maior pontuação obtida a partir da ponderação, segundo fatores objetivos previstos no edital, das notas atribuídas aos aspectos de técnica e de preço da proposta.

§ 1º O critério de julgamento de que trata o *caput* deste artigo será escolhido quando estudo técnico preliminar demonstrar que a avaliação e a ponderação da qualidade técnica das propostas que superarem os requisitos mínimos estabelecidos no edital forem relevantes aos fins pretendidos pela Administração nas licitações para contratação de:

I – serviços técnicos especializados de natureza predominantemente intelectual, caso em que o critério de julgamento de técnica e preço deverá ser preferencialmente empregado;

Art. 46. Os tipos de licitação "melhor técnica" ou "técnica e preço" serão utilizados exclusivamente para serviços de natureza predominantemente intelectual, em especial na elaboração de projetos, cálculos, fiscalização, supervisão e gerenciamento e de engenharia consultiva em geral e, em particular, para a elaboração de estudos técnicos preliminares e projetos básicos e executivos, ressalvado o disposto no § 4º do artigo anterior.

(Redação dada pela Lei n. 8.883, de 1994.)

II - serviços majoritariamente dependentes de tecnologia sofisticada e de domínio restrito, conforme atestado por autoridades técnicas de reconhecida qualificação;

> Art. 20, § 1º, II – que possam ser executados com diferentes metodologias ou tecnologias de domínio restrito no mercado, pontuando-se as vantagens e qualidades que eventualmente forem oferecidas para cada produto ou solução;

III - bens e serviços especiais de tecnologia da informação e de comunicação;
IV - obras e serviços especiais de engenharia;
V - objetos que admitam soluções específicas e alternativas e variações de execução, com repercussões significativas e concretamente mensuráveis sobre sua qualidade, produtividade, rendimento e durabilidade, quando essas soluções e variações puderem ser adotadas à livre escolha dos licitantes, conforme critérios objetivamente definidos no edital de licitação.

> Art. 46, § 3º Excepcionalmente, os tipos de licitação previstos neste artigo poderão ser adotados, por autorização expressa e mediante justificativa circunstanciada da maior autoridade da Administração promotora constante do ato convocatório, para fornecimento de bens e execução de obras ou prestação de serviços de grande vulto majoritariamente dependentes de tecnologia nitidamente sofisticada e de domínio restrito, atestado por autoridades técnicas de reconhecida qualificação, nos casos em que o objeto pretendido admitir soluções alternativas e variações de execução, com repercussões significativas sobre sua qualidade, produtividade, rendimento e durabilidade concretamente mensuráveis, e estas puderem ser adotadas à livre escolha dos licitantes, na conformidade dos critérios objetivamente fixados no ato convocatório.

§ 2º No julgamento por técnica e preço, deverão ser avaliadas e ponderadas as propostas técnicas e, em seguida, as propostas de preço apresentadas pelos licitantes, na proporção máxima de 70% (setenta por cento) de valoração para a proposta técnica.

§ 3º O desempenho pretérito na execução de contratos com a Administração Pública deverá ser considerado na pontuação técnica, observado o disposto nos §§ 3º e 4º do art. 88 desta Lei e em regulamento.

COMENTÁRIOS DOS AUTORES

Em relação ao critério "técnica e preço", julgamento obtido a partir de uma ponderação, trata-se de previsão semelhante à contida nas Leis n. 8.666/93 e 12.462/2011:

> Lei n. 8.666/93, art. 46, § 2º, I – será feita a avaliação e a valorização das propostas de preços, de acordo com critérios objetivos preestabelecidos no instrumento convocatório; II – a classificação dos proponentes far-se-á de acordo com a média ponderada das valorizações das propostas técnicas e de preço, de acordo com os pesos preestabelecidos no instrumento convocatório.

> Lei n. 12.462/2011, art. 20. No julgamento pela melhor combinação de técnica e preço, deverão ser avaliadas e ponderadas as propostas técnicas e de preço apresentadas pelos licitantes, mediante a utilização de parâmetros objetivos obrigatoriamente inseridos no instrumento convocatório.

Com efeito, cabe à Administração Pública fixar parâmetros objetivos de pontuação para o julgamento por técnica e preço, no próprio instrumento convocatório, sendo o julgamento obtido a partir de uma ponderação desses dois critérios.

Com relação ao critério técnica e preço, cita-se a jurisprudência do Tribunal de Contas da União, que veda a sua utilização para a contratação de obra usual, entendimento esse que também se aplica à Lei n. 14.133/2021:

> A utilização de licitação do tipo técnica e preço para contratação de obra usual, que pode ser realizada sem emprego de tecnologia sofisticada, afronta o disposto no art. 46 da Lei 8.666/1993.
> (Acórdão 2515/2012-Plenário, Relator: José Mucio Monteiro, j. 19-9-2012.)

O § 1º possui redação semelhante à previsão contida no art. 20, § 1º, da Lei n. 12.462/2001:

> Art. 20, § 1º O critério de julgamento a que se refere o *caput* deste artigo será utilizado quando a avaliação e a ponderação da qualidade técnica das propostas que superarem os requisitos mínimos estabelecidos no instrumento convocatório forem relevantes aos fins pretendidos pela administração pública, e destinar-se-á exclusivamente a objetos:

A diferença é que a Lei n. 14.133/2021 não pretendeu restringir, de maneira taxativa, o julgamento pela "melhor técnica e preço" às hipóteses expressamente previstas legalmente, como era no Regime Diferenciado de Contratações Públicas. Por essa razão, na atual redação legislativa, suprimiu-se o termo "exclusivamente".

Ademais, há de se ressaltar que o melhor tipo técnica e preço deve ser utilizado quando os padrões mínimos de qualidade definidos no edital não forem suficientes para se alcançar a finalidade da Administração Pública quanto à melhor proposta.

O § 2º traz previsão semelhante à Lei n. 12.462/2001:

> Art. 20, § 2º É permitida a atribuição de fatores de ponderação distintos para valorar as propostas técnicas e de preço, sendo o percentual de ponderação mais relevante limitado a 70% (setenta por cento).

Contudo, na Lei n. 14.133/2021, a primeira análise limitou-se às propostas técnicas, sendo posteriormente avaliadas as propostas de preço, considerando a valoração máxima de 70% em relação às propostas técnicas. Por outro lado, no Regime Diferenciado de Contratações Públicas, poderia o administrador, no edital, escolher qual percentual de ponderação seria mais relevante.

A Lei n. 14.133/2021 entendeu por bem conceder pontuação técnica aos contratos anteriormente celebrados com a Administração Pública, de modo a conceder incentivos ao bom desenvolvimento e cumprimento do contrato pelo contratado.

Trata-se de prerrogativa em consonância com os princípios da eficiência, da igualdade e da competitividade, que assegura a importância do cumprimento contratual, a fim de satisfazer o interesse público.

Cite-se a jurisprudência do Tribunal de Contas da União, em conformidade com a Lei n. 14.133/2021:

> Jurisprudência do TCU:
> Súmula TCU 272: No edital de licitação, é vedada a inclusão de exigências de habilitação e de quesitos de pontuação técnica para cujo atendimento os licitantes tenham de incorrer em custos que não sejam necessários anteriormente à celebração do contrato.

ARTIGO 37

Art. 37. O julgamento por melhor técnica ou por técnica e preço deverá ser realizado por:

I – verificação da capacitação e da experiência do licitante, comprovadas por meio da apresentação de atestados de obras, produtos ou serviços previamente realizados;

II – atribuição de notas a quesitos de natureza qualitativa por banca designada para esse fim, de acordo com orientações e limites definidos em edital, considerados a demonstração de conhecimento do objeto, a metodologia e o programa de trabalho, a qualificação das equipes técnicas e a relação dos produtos que serão entregues;

III – atribuição de notas por desempenho do licitante em contratações anteriores aferida nos documentos comprobatórios de que trata o § 3º do art. 88 desta Lei e em registro cadastral unificado disponível no Portal Nacional de Contratações Públicas (PNCP).

§ 1º A banca referida no inciso II do *caput* deste artigo terá no mínimo 3 (três) membros e poderá ser composta de:

I – servidores efetivos ou empregados públicos pertencentes aos quadros permanentes da Administração Pública;

II – profissionais contratados por conhecimento técnico, experiência ou renome na avaliação dos quesitos especificados em edital, desde que seus trabalhos sejam supervisionados por profissionais designados conforme o disposto no art. 7º desta Lei.

Art. 7º Caberá à autoridade máxima do órgão ou da entidade, ou a quem as normas de organização administrativa indicarem, promover gestão por competências e designar agentes públicos para o desempenho das funções essenciais à execução desta Lei que preencham os seguintes requisitos:

I – sejam, preferencialmente, servidor efetivo ou empregado público dos quadros permanentes da Administração Pública;

II – tenham atribuições relacionadas a licitações e contratos ou possuam formação compatível ou qualificação atestada por certificação profissional emitida por escola de governo criada e mantida pelo poder público; e

III – não sejam cônjuge ou companheiro de licitantes ou contratados habituais da Administração nem tenham com eles vínculo de parentesco, colateral ou por afinidade, até o terceiro grau, ou de natureza técnica, comercial, econômica, financeira, trabalhista e civil.

§ 2º Ressalvados os casos de inexigibilidade de licitação, na licitação para contratação dos serviços técnicos especializados de natureza predominantemente intelectual previstos nas alíneas "a", "d" e "h" do inciso XVIII do *caput* do art. 6º desta Lei cujo valor estimado da contratação seja superior a R$ 300.000,00 (trezentos mil reais), o julgamento será por:

I - melhor técnica; ou

II - técnica e preço, na proporção de 70% (setenta por cento) de valoração da proposta técnica.

Art. 6º Para os fins desta Lei, consideram-se:

(...)

XVIII – serviços técnicos especializados de natureza predominantemente intelectual: aqueles realizados em trabalhos relativos a:

a) estudos técnicos, planejamentos, projetos básicos e projetos executivos;

(...)

d) fiscalização, supervisão e gerenciamento de obras e serviços;

(...)

h) controles de qualidade e tecnológico, análises, testes e ensaios de campo e laboratoriais, instrumentação e monitoramento de parâmetros específicos de obras e do meio ambiente e demais serviços de engenharia que se enquadrem na definição deste inciso;

COMENTÁRIOS DOS AUTORES

A Lei n. 8.666/93, ao regular o julgamento pela melhor técnica ou técnica e preço, assim estabeleceu:

Art. 46, § 1º, I – serão abertos os envelopes contendo as propostas técnicas exclusivamente dos licitantes previamente qualificados e feita então a avaliação e classificação destas propostas de acordo com os critérios pertinentes e adequados ao objeto licitado, definidos com clareza e objetividade no instrumento convocatório e que considerem a capacitação e a experiência do proponente, a qualidade técnica da proposta, compreendendo metodologia, organização, tecnologias e recursos materiais a serem utilizados nos trabalhos, e a qualificação das equipes técnicas a serem mobilizadas para a sua execução;

Percebe-se que o legislador, na Lei n. 14.133/2021, tem uma preocupação em estabelecer critérios mais objetivos para determinar o que é considerado melhor técnica.

Em verdade, há uma preocupação em restringir a discricionariedade do administrador para evitar subjetivismos que comprometam os princípios da igualdade e do julgamento objetivo, princípios de observância obrigatória a qualquer procedimento licitatório.

A jurisprudência do Tribunal de Contas da União já era nesse sentido:

A adoção, em licitação do tipo técnica e preço, de peso excessivamente elevado para a pontuação técnica em relação à de preço, sem justificativa plausível, e de critérios subjetivos de julgamento das propostas contraria o disposto nos arts. 3º, 40, inciso VII, 44, § 1º, e 45, da Lei 8.666/1993.

(Acórdão 2909/2012-Plenário, Relator: AUGUSTO SHERMAN, j. 24-10-2012.)

Desse modo, em conformidade com a atual redação da Lei n. 14.133/2021, é necessário, para fins do julgamento pela melhor técnica ou técnica e preço, a verificação à capacitação e experiência dos licitantes, atribuição de notas a quesitos de natureza qualitativa por banca designada para esse fim, conforme o edital, e atribuição de notas pelo desempenho nos contratos anteriores.

Ressalte-se a importância conferida pela Lei n. 14.133/2021 em relação ao desempenho nos contratos anteriores firmados com a Administração Pública, conferindo incentivos indiretos aos particulares, por meio de pontuações futuras em possíveis licitações que vierem participar, visando ao bom desempenho contratual.

A Lei n. 8.666/93 assim estabelecia:

Art. 13, § 1º Ressalvados os casos de inexigibilidade de licitação, os contratos para a prestação de serviços técnicos profissionais especializados deverão, preferencialmente, ser celebrados mediante a realização de concurso, com estipulação prévia de prêmio ou remuneração.

A Lei n. 14.133/2021, em vez de estabelecer qual modalidade de licitação deverá ser utilizada para a escolha de serviços técnicos especializados, determinou qual o critério de julgamento que deverá ser observado: melhor técnica ou melhor técnica e preço.

Ademais, esses critérios de julgamento não deverão ser utilizados para todo serviço especializado, mas apenas para aqueles em que o valor estimado para a contratação for superior a R$ 300.000,00 (trezentos mil reais).

ARTIGO 38

Art. 38. No julgamento por melhor técnica ou por técnica e preço, a obtenção de pontuação devido à capacitação técnico-profissional exigirá que a execução do respectivo contrato tenha participação direta e pessoal do profissional correspondente.

COMENTÁRIOS DOS AUTORES

A Lei n. 8.666/93 possui previsão semelhante, mas para fins de qualificação técnica do licitante, na fase de habilitação:

Art. 32, § 10. Os profissionais indicados pelo licitante para fins de comprovação da capacitação técnico-operacional de que trata o inciso I do § 1º deste artigo deverão participar da obra ou serviço objeto da licitação, admitindo-se a substituição por profissionais de experiência equivalente ou superior, desde que aprovada pela administração.

A Lei n. 14.133/2021, ao inserir o critério de pontuação devido à capacitação técnico-profissional no julgamento por melhor técnica ou por técnica e preço, exigiu, no julgamento das propostas, requisito que anteriormente apenas era verificado para fins de habilitação.

ARTIGO 39

Art. 39. O julgamento por maior retorno econômico, utilizado exclusivamente para a celebração de contrato de eficiência, considerará a maior economia para a Administração, e a remuneração deverá ser fixada em percentual que incidirá de forma proporcional à economia efetivamente obtida na execução do contrato.

§ 1º Nas licitações que adotarem o critério de julgamento de que trata o *caput* deste artigo, os licitantes apresentarão:

I – proposta de trabalho, que deverá contemplar:

a) as obras, os serviços ou os bens, com os respectivos prazos de realização ou fornecimento;

b) a economia que se estima gerar, expressa em unidade de medida associada à obra, ao bem ou ao serviço e em unidade monetária;

II – proposta de preço, que corresponderá a percentual sobre a economia que se estima gerar durante determinado período, expressa em unidade monetária.

§ 2º O edital de licitação deverá prever parâmetros objetivos de mensuração da economia gerada com a execução do contrato, que servirá de base de cálculo para a remuneração devida ao contratado.

§ 3º Para efeito de julgamento da proposta, o retorno econômico será o resultado da economia que se estima gerar com a execução da proposta de trabalho, deduzida a proposta de preço.

§ 4º Nos casos em que não for gerada a economia prevista no contrato de eficiência:

I – a diferença entre a economia contratada e a efetivamente obtida será descontada da remuneração do contratado;

II – se a diferença entre a economia contratada e a efetivamente obtida for superior ao limite máximo estabelecido no contrato, o contratado sujeitar-se-á, ainda, a outras sanções cabíveis.

COMENTÁRIOS DOS AUTORES

Sem correspondência na lei geral de licitações anterior, trata-se de critério de julgamento previsto, inicialmente, na Lei n. 12.462/2011, que assim estabelece:

> Art. 23. No julgamento pelo maior retorno econômico, utilizado exclusivamente para a celebração de contratos de eficiência, as propostas serão consideradas de forma a selecionar a que proporcionará a maior economia para a administração pública decorrente da execução do contrato.

Desse modo, o julgamento pelo maior retorno econômico busca a maior economia para a Administração, sendo característica ínsita aos contratos de eficiência. A novidade legislativa, com a Lei n. 14.133/2021, é o estabelecimento, de maneira expressa, que a remuneração será fixada em percentual proporcional à economia efetivada.

Além disso, na Lei n. 14.133/2021, há a exigência de que os licitantes apresentem proposta de trabalho contemplando as obras, serviços e bens, seus respectivos prazos e a economia que se estima gerar, assim como proposta de preços com o percentual em relação à economia que se pretende gerar durante o período. Isso difere da Lei n. 12.462/2011, que apenas exigia proposta de trabalho e de preço, as quais seriam disciplinadas no regulamento.

Ainda, em conformidade com o princípio da eficiência e do julgamento objetivo, a Lei n. 14.133/2021 estabelece que o edital deva estabelecer parâmetros objetivos de mensuração da economia, assim como define o que se entende por retorno econômico: resultado da economia que se estima gerar com a execução da proposta de trabalho, deduzida da proposta de preço.

Por fim, quando não for gerada a economia prevista no contrato de eficiência, a lei traz solução semelhante àquela trazida pela Lei n. 12.462/2011:

> Art. 23, § 3º Nos casos em que não for gerada a economia prevista no contrato de eficiência:
>
> I – a diferença entre a economia contratada e a efetivamente obtida será descontada da remuneração da contratada;
>
> II – se a diferença entre a economia contratada e a efetivamente obtida for superior à remuneração da contratada, será aplicada multa por inexecução contratual no valor da diferença; e
>
> III – a contratada sujeitar-se-á, ainda, a outras sanções cabíveis caso a diferença entre a economia contratada e a efetivamente obtida seja superior ao limite máximo estabelecido no contrato.

Seção IV
Disposições Setoriais

Subseção I
Das Compras

ARTIGOS 40 E 41

Art. 40. O planejamento de compras deverá considerar a expectativa de consumo anual e observar o seguinte:
I – condições de aquisição e pagamento semelhantes às do setor privado;

Lei n. 8.666/93

Art. 15. As compras, sempre que possível, deverão:

(...)

III – submeter-se às condições de aquisição e pagamento semelhantes às do setor privado;

II - processamento por meio de sistema de registro de preços, quando pertinente;

Lei n. 8.666/93

Art. 15. As compras, sempre que possível, deverão:

(...)

II – ser processadas através de sistema de registro de preços;

III - determinação de unidades e quantidades a serem adquiridas em função de consumo e utilização prováveis, cuja estimativa será obtida, sempre que possível, mediante adequadas técnicas quantitativas, admitido o fornecimento contínuo;

Lei n. 8.666/93

Art. 15. As compras, sempre que possível, deverão:

(...)

§ 7º Nas compras deverão ser observadas, ainda:

(...)

II – a definição das unidades e das quantidades a serem adquiridas em função do consumo e utilização prováveis, cuja estimativa será obtida, sempre que possível, mediante adequadas técnicas quantitativas de estimação;

IV - condições de guarda e armazenamento que não permitam a deterioração do material;

Lei n. 8.666/93

Art. 15. As compras, sempre que possível, deverão:

(...)

§ 7º Nas compras deverão ser observadas, ainda:

(...)

III – as condições de guarda e armazenamento que não permitam a deterioração do material.

V - atendimento aos princípios:

a) **da padronização, considerada a compatibilidade de especificações estéticas, técnicas ou de desempenho;**

Lei n. 8.666/93

Art. 15. As compras, sempre que possível, deverão:

I – atender ao princípio da padronização, que imponha compatibilidade de especificações técnicas e de desempenho, observadas, quando for o caso, as condições de manutenção, assistência técnica e garantia oferecidas;

b) **do parcelamento, quando for tecnicamente viável e economicamente vantajoso;**

Lei n. 8.666/93

Art. 15. As compras, sempre que possível, deverão:

(...)

IV – ser subdivididas em tantas parcelas quantas necessárias para aproveitar as peculiaridades do mercado, visando economicidade;

c) **da responsabilidade fiscal, mediante a comparação da despesa estimada com a prevista no orçamento.**

Lei n. 8.666/93

Art. 7º, § 2º As obras e os serviços somente poderão ser licitados quando:

(...)

III – houver previsão de recursos orçamentários que assegurem o pagamento das obrigações decorrentes de obras ou serviços a serem executadas no exercício financeiro em curso, de acordo com o respectivo cronograma;

Jurisprudência do STJ:

ADMINISTRATIVO. RECURSO ESPECIAL. LICITAÇÃO. OBRA PÚBLICA. ART. 7º, § 2º, INCISO III, DA LEI N. 8.666/93. EXIGÊNCIA DE PREVISÃO DE RECURSOS ORÇAMENTÁRIOS.

Trata-se de discussão acerca da interpretação do disposto no art. 7º, § 2º, inciso III, da Lei n. 8.666/93: se há a exigência efetiva da disponibilidade dos recursos nos cofres públicos ou apenas a necessidade da previsão dos recursos orçamentários.

Nas razões recursais o recorrente sustenta que o art. 7º, § 2º, inciso III, da Lei n. 8.666/93 exige para a legalidade da licitação apenas a previsão de recursos orçamentários, exigência esta que foi plenamente cumprida.

O acórdão recorrido, ao se manifestar acerca do ponto ora discutido, decidiu que "inexistindo no erário os recursos para a contratação, violada se acha a regra prevista no art. 7º, § 2º, III, da Lei 8.666/93".

A Lei n. 8.666/93 exige para a realização da licitação a existência de "previsão de recursos orçamentários que assegurem o pagamento das obrigações decorrentes de obras ou serviços a se-

152 Artigos 40 e 41   Nova Lei de Licitações Comentada e Referenciada

rem executadas no exercício financeiro em curso, de acordo com o respectivo cronograma", ou seja, a lei não exige a disponibilidade financeira (fato de a administração ter o recurso disponível ou liberado), mas, tão somente, que haja previsão destes recursos na lei orçamentária.

Recurso especial provido.

(REsp 1141021/SP, Rel. Ministro MAURO CAMPBELL MARQUES, SEGUNDA TURMA, julgado em 21-8-2012, *DJe* 30-8-2012.)

§ 1º O termo de referência deverá conter os elementos previstos no inciso XXIII do *caput* do art. 6º desta Lei, além das seguintes informações:

I - especificação do produto, preferencialmente conforme catálogo eletrônico de padronização, observados os requisitos de qualidade, rendimento, compatibilidade, durabilidade e segurança;

II - indicação dos locais de entrega dos produtos e das regras para recebimentos provisório e definitivo, quando for o caso;

III - especificação da garantia exigida e das condições de manutenção e assistência técnica, quando for o caso.

§ 2º Na aplicação do princípio do parcelamento, referente às compras, deverão ser considerados:

I - a viabilidade da divisão do objeto em lotes;

II - o aproveitamento das peculiaridades do mercado local, com vistas à economicidade, sempre que possível, desde que atendidos os parâmetros de qualidade; e

III - o dever de buscar a ampliação da competição e de evitar a concentração de mercado.

§ 3º O parcelamento não será adotado quando:

I - a economia de escala, a redução de custos de gestão de contratos ou a maior vantagem na contratação recomendar a compra do item do mesmo fornecedor;

II - o objeto a ser contratado configurar sistema único e integrado e houver a possibilidade de risco ao conjunto do objeto pretendido;

III - o processo de padronização ou de escolha de marca levar a fornecedor exclusivo.

§ 4º Em relação à informação de que trata o inciso III do § 1º deste artigo, desde que fundamentada em estudo técnico preliminar, a Administração poderá exigir que os serviços de manutenção e assistência técnica sejam prestados mediante deslocamento de técnico ou disponibilizados em unidade de prestação de serviços localizada em distância compatível com suas necessidades.

Art. 41. No caso de licitação que envolva o fornecimento de bens, a Administração poderá excepcionalmente:

I – indicar uma ou mais marcas ou modelos, desde que formalmente justificado, nas seguintes hipóteses:

a) em decorrência da necessidade de padronização do objeto;

b) em decorrência da necessidade de manter a compatibilidade com plataformas e padrões já adotados pela Administração;

c) quando determinada marca ou modelo comercializados por mais de um fornecedor forem os únicos capazes de atender às necessidades do contratante;

d) quando a descrição do objeto a ser licitado puder ser mais bem compreendida pela identificação de determinada marca ou determinado modelo aptos a servir apenas como referência;

II – exigir amostra ou prova de conceito do bem no procedimento de pré-qualificação permanente, na fase de julgamento das propostas ou de lances, ou no período de vigência do contrato ou da ata de registro de preços, desde que previsto no edital da licitação e justificada a necessidade de sua apresentação;

> III – vedar a contratação de marca ou produto, quando, mediante processo administrativo, restar comprovado que produtos adquiridos e utilizados anteriormente pela Administração não atendem a requisitos indispensáveis ao pleno adimplemento da obrigação contratual;
>
> IV – solicitar, motivadamente, carta de solidariedade emitida pelo fabricante, que assegure a execução do contrato, no caso de licitante revendedor ou distribuidor.
>
> Parágrafo único. A exigência prevista no inciso II do *caput* deste artigo restringir-se-á ao licitante provisoriamente vencedor quando realizada na fase de julgamento das propostas ou de lances.

COMENTÁRIOS DOS AUTORES

A Lei n. 14.133/2021, ao regular as compras a serem realizadas pela Administração Pública, reproduziu diversos dispositivos da Lei n. 8.666/93. Determina-se a adoção no setor público das condições de pagamento e aquisição adotados no setor privado. Com efeito, é cada vez mais necessário dotar o Estado de mecanismos de agilidade e eficiência nas contratações públicas.

Quanto a essa eficiência necessária, a lei prevê o processamento pelo sistema de registro de preços, o qual evita longos e complexos procedimentos burocráticos, quando desnecessários. Nesse sentir, Marçal Justen Filho[22], comentando o regime jurídico do registro de preços estabelecido no antigo inciso II e §§ 1º a 7º do art. 15 da Lei Federal n. 8.666/1993, o define como "um contrato normativo, constituído como um cadastro de produtos e fornecedores, selecionados mediante licitação, para contratações sucessivas de bens e serviços, respeitados lotes mínimos e outras condições previstas no edital".

Nos termos da legislação anterior, mais precisamente no § 4º do art. 15 da Lei Federal n. 8.666/1993, a existência de registro de preços não obriga a administração a firmar as contratações que deles poderão advir, facultando-se a realização de licitação específica para a aquisição pretendida, sendo assegurada ao beneficiário do registro a preferência de fornecimento em igualdade de condições.

É possível elencar algumas vantagens do Registro de Preço. Vejamos:

a) Independe de previsão orçamentária – O Registro de Preços independe de previsão orçamentária. Isso porque não há a obrigatoriedade da contratação, portanto não há necessidade de se demonstrar a existência do recurso. Essa comprovação só é exigida para se efetivar a contratação, quando da efetivação da compra.

b) Adequado à imprevisibilidade do consumo – Esse procedimento de compra é adequado à imprevisibilidade de consumo, pois como não há a obrigatoriedade de contratação, a Administração poderá registrar os preços e, somente quando houver a necessidade, efetivar a contratação.

c) Propicia a redução do volume do estoque – O Registro de Preços propicia a redução de volume de estoque, pois a Administração deve requisitar o objeto cujo preço foi registrado somente quando houver demanda, sem a necessidade de manter estoques. Estes ficarão a cargo do fornecedor, que deve estar preparado para realizar as entregas, na periodicidade determinada no edital, sempre quando os órgãos participantes do Registro de Preços requisitarem.

---

22 JUSTEN FILHO, Marçal. *Curso de Direito Administrativo*. 10. ed. rev., atual. e ampl. São Paulo: Revista dos Tribunais, 2014, p. 255.

d) Evita o fracionamento da despesa – O fracionamento de despesa é evitado, pois o Registro de Preços exige que os Órgãos Participantes realizem um planejamento para o período de vigência determinado. Dessa forma, os Órgãos Participantes devem levantar a sua demanda total e apresentá-la ao Órgão Gestor para que este a contemple no edital, e a licite, na modalidade devida.

e) Proporciona a redução do número de licitações – O Registro de Preços ainda proporciona a redução do número de licitações, pois um Órgão Gestor realiza o certame para os demais Órgãos Participantes. Além disso, como o período de vigência do Registro de Preços poderá ser de até 1 (um) ano, prorrogável por mais 12 (doze) meses em alguns casos, possivelmente se realizará um processo licitatório por ano.

f) Agiliza as aquisições – Com o Registro de Preços as aquisições ficarão mais ágeis, pois a licitação já estará realizada, as condições de fornecimento estarão ajustadas, os preços e os respectivos fornecedores já estarão definidos. Sendo assim, a partir da necessidade, o Órgão Participante somente solicitará a entrega do bem ou prestação do serviço e o fornecedor deverá realizar o fornecimento conforme condições anteriormente ajustadas.

g) Economia de escala – Uma das maiores vantagens do Registro de Preços, quando este procedimento é realizado com a participação de vários órgãos, é a economia de escala que é obtida em razão do grande quantitativo licitado. No entanto, é importante ressaltar que para se alcançar tal economia é fundamental que o planejamento da Administração seja correto para não frustrar as expectativas dos fornecedores.

h) Transparência – O Registro de Preços, como é um procedimento que envolve vários órgãos, proporciona maior transparência já que todos os seus procedimentos são monitorados por todos os agentes envolvidos e devem ser publicados para que todos tenham conhecimento. O § 2º do art. 15 da Federal n. 8.666/93, por exemplo, exige que se façam publicações trimestrais dos preços registrados, ampliando a transparência do procedimento e proporcionando o acompanhamento dos preços por todos os cidadãos.

Além do registro de preços, devem-se observar as condições de guarda e armazenamento, para que não exista deterioração do material, bem como a determinação da quantidade e unidades em função do consumo e utilização prováveis.

No que se refere aos princípios a serem observados no procedimento licitatório para compras, tem-se a padronização, a possibilidade de parcelamento, quando tecnicamente viável e economicamente mais vantajoso, bem como a noção de responsabilidade fiscal.

Há de se ressaltar que a padronização sempre foi regra a ser seguida nas licitações. Assim, a Administração deverá considerar as aquisições passadas e as futuras. Com efeito, a Administração Pública, ao elaborar um processo de compra, deverá considerar produtos semelhantes que já integram o patrimônio público, bem como deverá considerá-los ao prever futuras aquisições.

Em verdade, a padronização deve ser considerada como um instrumento de racionalização da atividade administrativa, com a otimização da aplicação dos recursos e a redução dos custos.

Não se deve confundir padronização com a preferência por marcas. A padronização poderá sim resultar na identificação de um produto por meio da marca, mas não há qualquer violação à isonomia e à competitividade. O que a legislação veda é a preferência subjetiva e arbitrária por uma determinada marca.

A aplicação do princípio do parcelamento tem por objetivo assegurar a competitividade, considerando que menores aquisições seriam mais aptas a ampliar a disputa. Nesse sentido, a Lei n. 14.133/2021 determinou que, para o parcelamento do objeto da licitação, é necessária a viabilidade da divisão desse objeto, assim como o aproveitamento das peculiaridades do mercado local, ampliando a economicidade, e a busca por recrudescer a competição e evitar a concentração de mercado.

Ainda, a Lei n. 14.133/2021 especificou hipóteses em que não se deve adotar o princípio do parcelamento, quais sejam: nos casos em que a economia de escala, a redução dos custos ou a maior vantagem na contratação do mesmo fornecedor não recomendar a sua adoção; o objeto a ser contratado configurar um sistema único e integrado ou nos casos em que o processo de padronização e a escolha por marcas ocasionarem fornecedor exclusivo.

ARTIGO 42

Art. 42. A prova de qualidade de produto apresentado pelos proponentes como similar ao das marcas eventualmente indicadas no edital será admitida por qualquer um dos seguintes meios:

I – comprovação de que o produto está de acordo com as normas técnicas determinadas pelos órgãos oficiais competentes, pela Associação Brasileira de Normas Técnicas (ABNT) ou por outra entidade credenciada pelo Inmetro;

II – declaração de atendimento satisfatório emitida por outro órgão ou entidade de nível federativo equivalente ou superior que tenha adquirido o produto;

III – certificação, certificado, laudo laboratorial ou documento similar que possibilite a aferição da qualidade e da conformidade do produto ou do processo de fabricação, inclusive sob o aspecto ambiental, emitido por instituição oficial competente ou por entidade credenciada.

§ 1º O edital poderá exigir, como condição de aceitabilidade da proposta, certificação de qualidade do produto por instituição credenciada pelo Conselho Nacional de Metrologia, Normalização e Qualidade Industrial (Conmetro).

Lei n. 12.462/2011
Art. 7º, III – solicitar a certificação da qualidade do produto ou do processo de fabricação, inclusive sob o aspecto ambiental, por qualquer instituição oficial competente ou por entidade credenciada; e

§ 2º A Administração poderá, nos termos do edital de licitação, oferecer protótipo do objeto pretendido e exigir, na fase de julgamento das propostas, amostras do licitante provisoriamente vencedor, para atender a diligência ou, após o julgamento, como condição para firmar contrato.
§ 3º No interesse da Administração, as amostras a que se refere o § 2º deste artigo poderão ser examinadas por instituição com reputação ético-profissional na especialidade do objeto, previamente indicada no edital.

COMENTÁRIOS DOS AUTORES

A Lei n.14.133/2021 estabelece critérios objetivos a fim de comprovar a similaridade de produtos apresentados pelos licitantes em relação à marca ou ao modelo indicados como referência.

Trata-se de inovação legislativa que tem por objetivo retirar do juízo discricionário do administrador quanto à determinação de um produto ter ou não similaridade com a referência apresentada.

Ademais, o estabelecimento de critérios para se determinar o que é ou não similar assegura a indicação da marca ou modelo apenas como referência e não como a única a ser adotada.

ARTIGOS 43 E 44

> **Art. 43.** O processo de padronização deverá conter:
> I – parecer técnico sobre o produto, considerados especificações técnicas e estéticas, desempenho, análise de contratações anteriores, custo e condições de manutenção e garantia;
> II – despacho motivado da autoridade superior, com a adoção do padrão;
> III – síntese da justificativa e descrição sucinta do padrão definido, divulgadas em sítio eletrônico oficial.
> § 1º É permitida a padronização com base em processo de outro órgão ou entidade de nível federativo igual ou superior ao do órgão adquirente, devendo o ato que decidir pela adesão a outra padronização ser devidamente motivado, com indicação da necessidade da Administração e dos riscos decorrentes dessa decisão, e divulgado em sítio eletrônico oficial.
> § 2º As contratações de soluções baseadas em *software* de uso disseminado serão disciplinadas em regulamento que defina processo de gestão estratégica das contratações desse tipo de solução.

Jurisprudência do TCU:

Súmula TCU 270: Em licitações referentes a compras, inclusive de *softwares*, é possível a indicação de marca, desde que seja estritamente necessária para atender exigências de padronização e que haja prévia justificação.

> **Art. 44.** Quando houver a possibilidade de compra ou de locação de bens, o estudo técnico preliminar deverá considerar os custos e os benefícios de cada opção, com indicação da alternativa mais vantajosa.

COMENTÁRIOS DOS AUTORES

A Lei n. 14.133/2021 estabelece os requisitos necessários ao processo de padronização. Conforme dito nessa obra, a padronização é um instrumento de racionalização da atividade administrativa que possibilitará a redução dos custos, assim como a dinamização da aplicação dos recursos públicos.

Ocorre que a padronização apresenta alguns efeitos acessórios que, potencialmente, poderão ser negativos. A padronização poderá, de modo indevido, restringir a concorrência e, por consequência, aumentar os custos, em razão da própria ausência de competitividade.

Ademais, uma solução padronizada poderá ocasionar uma inadequação. Ora, há situações particularizadas que a solução padrão não é satisfatória.

Por essa razão, considerando que o princípio da padronização deverá ser observado quando para o atendimento dos interesses públicos, para a própria racionalização da atividade administrativa, evitando-se seus efeitos negativos, o legislador regulamentou o procedimento que deve ser cumprido para a sua adoção.

Além disso, o procedimento licitatório tem por finalidade selecionar a melhor proposta para contratar com a Administração. Há situações em que, considerando as suas peculiaridades, seja possível para a Administração comprar ou alugar um bem.

Lei n. 14.133, de 1º-4-2021   Artigo 45   157

Nesse caso, deverá ser adotado um estudo técnico preliminar, em que a Administração deverá considerar os custos e benefícios de cada opção, a fim de permitir, pelos critérios de julgamento previstos na lei e no edital, a seleção da melhor proposta.

Subseção II
Das Obras e Serviços de Engenharia

ARTIGO 45

Art. 45. As licitações de obras e serviços de engenharia devem respeitar, especialmente, as normas relativas a:

Lei n. 12.462/2011

Art. 4º, § 1º As contratações realizadas com base no RDC devem respeitar, especialmente, as normas relativas à:

I – disposição final ambientalmente adequada dos resíduos sólidos gerados pelas obras contratadas;

Lei n. 12.462/2011

Art. 4º, § 1º, I – disposição final ambientalmente adequada dos resíduos sólidos gerados pelas obras contratadas;

II – mitigação por condicionantes e compensação ambiental, que serão definidas no procedimento de licenciamento ambiental;

Lei n. 12.462/2011

Art. 4º, § 1º, II – mitigação por condicionantes e compensação ambiental, que serão definidas no procedimento de licenciamento ambiental;

III – utilização de produtos, de equipamentos e de serviços que, comprovadamente, favoreçam a redução do consumo de energia e de recursos naturais;

Lei n. 12.462/2011

Art. 4º, § 1º, III – utilização de produtos, equipamentos e serviços que, comprovadamente, reduzam o consumo de energia e recursos naturais;

IV – avaliação de impacto de vizinhança, na forma da legislação urbanística;

Lei n. 12.462/2011

Art. 4º, § 1º, IV – avaliação de impactos de vizinhança, na forma da legislação urbanística;

V – proteção do patrimônio histórico, cultural, arqueológico e imaterial, inclusive por meio da avaliação do impacto direto ou indireto causado pelas obras contratadas;

Lei n. 12.462/2011

Art. 4º, § 1º, V – proteção do patrimônio cultural, histórico, arqueológico e imaterial, inclusive por meio da avaliação do impacto direto ou indireto causado pelas obras contratadas; e

VI - acessibilidade para pessoas com deficiência ou com mobilidade reduzida.

Lei n. 12.462/2011

Art. 4º, § 1º, VI – acessibilidade para o uso por pessoas com deficiência ou com mobilidade reduzida.

COMENTÁRIOS DOS AUTORES

A Lei n. 14.133/2021, ao regular a necessidade de observância de critérios para a licitação de obras e serviços de engenharia, incorporou os dispositivos da Lei n. 12.462/2011.

Trata-se de previsão em conformidade com o direito fundamental ao meio ambiente ecologicamente equilibrado, assegurado na Constituição Federal. É cediço que obras e serviços de engenharia podem causar impactos ao meio ambiente, de modo a comprometer o próprio equilíbrio ambiental.

Com efeito, a Lei n. 14.133/2021 determina, em conformidade com o dever do Poder Público de assegurar o meio ambiente ecologicamente equilibrado para a presente e as futuras gerações, nos termos do art. 225 da Constituição Federal, a mitigação ao impacto ambiental, assim como a utilização de produtos, equipamentos e serviços que favoreçam a redução do consumo de recursos naturais.

Ademais, considerando que o direito ao meio ambiente compreende o meio ambiente urbanístico e cultural, a Lei n. 14.133/2021 determina a necessidade de observância da avaliação do impacto de vizinhança e da proteção do patrimônio histórico-cultural.

Por fim, a Lei n. 14.133/2021 estabelece, em consonância com o Estatuto da Pessoa com Deficiência, a acessibilidade das pessoas com deficiência ou mobilidade reduzida.

ARTIGO 46

Art. 46. Na execução indireta de obras e serviços de engenharia, são admitidos os seguintes regimes:

I – empreitada por preço unitário;

II – empreitada por preço global;

III – empreitada integral;

IV – contratação por tarefa;

V – contratação integrada;

VI – contratação semi-integrada;

VII – fornecimento e prestação de serviço associado.

Lei n. 8.666/93

Art. 10. As obras e serviços poderão ser executados nas seguintes formas:

(...)

II – execução indireta, nos seguintes regimes:

a) empreitada por preço global;

b) empreitada por preço unitário;

d) tarefa;
e) empreitada integral.

Lei n. 12.462/2011

Art. 8º Na execução indireta de obras e serviços de engenharia, são admitidos os seguintes regimes:

I – empreitada por preço unitário;

II – empreitada por preço global;

III – contratação por tarefa;

IV – empreitada integral; ou

V – contratação integrada.

§ 1º É vedada a realização de obras e serviços de engenharia sem projeto executivo, ressalvada a hipótese prevista no § 3º do art. 18 desta Lei.

Art. 18. A fase preparatória do processo licitatório é caracterizada pelo planejamento e deve compatibilizar-se com o plano de contratações anual de que trata o inciso VII do *caput* do art. 12 desta Lei, sempre que elaborado, e com as leis orçamentárias, bem como abordar todas as considerações técnicas, mercadológicas e de gestão que podem interferir na contratação, compreendidos:

(...)

§ 3º Em se tratando de estudo técnico preliminar para contratação de obras e serviços comuns de engenharia, se demonstrada a inexistência de prejuízos para aferição dos padrões de desempenho e qualidade almejados, a possibilidade de especificação do objeto poderá ser indicada apenas em termo de referência, dispensada a elaboração de projetos.

Lei n. 12.462/2011

Art. 8º, § 7º É vedada a realização, sem projeto executivo, de obras e serviços de engenharia para cuja concretização tenha sido utilizado o RDC, qualquer que seja o regime adotado.

§ 2º A Administração é dispensada da elaboração de projeto básico nos casos de contratação integrada, hipótese em que deverá ser elaborado anteprojeto de acordo com metodologia definida em ato do órgão competente, observados os requisitos estabelecidos no inciso XXIV do art. 6º desta Lei.

§ 3º Na contratação integrada, após a elaboração do projeto básico pelo contratado, o conjunto de desenhos, especificações, memoriais e cronograma físico-financeiro deverá ser submetido à aprovação da Administração, que avaliará sua adequação em relação aos parâmetros definidos no edital e conformidade com as normas técnicas, vedadas alterações que reduzam a qualidade ou a vida útil do empreendimento e mantida a responsabilidade integral do contratado pelos riscos associados ao projeto básico.

§ 4º Nos regimes de contratação integrada e semi-integrada, o edital e o contrato, sempre que for o caso, deverão prever as providências necessárias para a efetivação de desapropriação autorizada pelo poder público, bem como:

I - o responsável por cada fase do procedimento expropriatório;

II - a responsabilidade pelo pagamento das indenizações devidas;

III - a estimativa do valor a ser pago a título de indenização pelos bens expropriados, inclusive de custos correlatos;

IV - a distribuição objetiva de riscos entre as partes, incluído o risco pela diferença entre o custo da desapropriação e a estimativa de valor e pelos eventuais danos e prejuízos ocasionados por atraso na disponibilização dos bens expropriados;

V - em nome de quem deverá ser promovido o registro de imissão provisória na posse e o registro de propriedade dos bens a serem desapropriados.

§ 5º Na contratação semi-integrada, mediante prévia autorização da Administração, o projeto básico poderá ser alterado, desde que demonstrada a superioridade das inovações propostas pelo contratado em termos de redução de custos, de aumento da qualidade, de redução do prazo de execução ou de facilidade de manutenção ou operação, assumindo o contratado a responsabilidade integral pelos riscos associados à alteração do projeto básico.

§ 6º A execução de cada etapa será obrigatoriamente precedida da conclusão e da aprovação, pela autoridade competente, dos trabalhos relativos às etapas anteriores.

> Lei n. 8.666/93
>
> Art. 7º As licitações para a execução de obras e para a prestação de serviços obedecerão ao disposto neste artigo e, em particular, à seguinte sequência:
>
> § 1º A execução de cada etapa será obrigatoriamente precedida da conclusão e aprovação, pela autoridade competente, dos trabalhos relativos às etapas anteriores, à exceção do projeto executivo, o qual poderá ser desenvolvido concomitantemente com a execução das obras e serviços, desde que também autorizado pela Administração.

§ 7º (*Vetado.*)

§ 8º (*Vetado.*)

§ 9º Os regimes de execução a que se referem os incisos II, III, IV, V e VI do *caput* deste artigo serão licitados por preço global e adotarão sistemática de medição e pagamento associada à execução de etapas do cronograma físico-financeiro vinculadas ao cumprimento de metas de resultado, vedada a adoção de sistemática de remuneração orientada por preços unitários ou referenciada pela execução de quantidades de itens unitários.

COMENTÁRIOS DOS AUTORES

A Lei n. 14.133/2021, ao estabelecer os regimes de execução indireta, incorporou previsões contidas na Lei n. 8.666/93 e na Lei n. 12.462/2011, admitindo a empreitada por preço unitário, a empreitada por preço global, a empreitada integral, a empreitada por tarefa e a contratação integrada. Além disso, prevê dois novos regimes: a contratação semi-integrada e o fornecimento e prestação de serviço associado.

Ressalta-se que os regimes de contratação semi-integrada e o de fornecimento e prestação de serviço associado foram definidos na própria Lei n. 14.133/2021, no seu art. 6º, XXXIII e XXXIV, já analisado nesta obra.

A Lei n. 14.133/2021 proíbe a realização de obras e serviços de engenharia sem projeto executivo, ressalvada a hipótese em que o estudo técnico preliminar, para a contratação de obras e serviços comuns de engenharia, demonstre a inexistência de prejuízo para a aferição dos padrões de desempenho. Deve-se observar que essa dispensa de projeto executivo é para a própria realização da obra ou serviço comum de engenharia, o que não se confunde com a exigência prévia do projeto executivo, a qual não se aplica para as licitações nos regimes de contratações integradas ou semi-integradas.

Outra inovação da Lei n. 14.133/2021 é a previsão, para o regime de contratação integrada, da aprovação do projeto básico pela Administração Pública, após a sua elaboração pelo contratado. Trata-se de exigência que tem por objetivo promover a segurança jurídica, a vinculação ao edital, assim como a execução do objeto contratado nos ditames necessários ao interesse público. Ressalte-se que a aprovação do projeto básico pela Administração Pública mantém a responsabilidade integral do contratado pelos riscos associados ao projeto básico.

Ademais, nos regimes de contratação integrada ou semi-integrada, quando for o caso, caberá ao edital e ao contrato prever as providências necessárias para a efetivação da desapropriação autorizada pelo poder público. Nesse caso, o contratado, assim como acontece com as concessionárias, será responsável pela fase executória da desapropriação, devendo observar o disposto no edital e no contrato, inclusive em relação a quem pertence a obrigação de pagar a prévia indenização ao desapropriado.

A Lei n. 14.133/2021, ainda, estabelece a possibilidade, na contratação semi-integrada, de alteração do projeto básico, desde que exista prévia autorização da Administração, quando demonstrada a superioridade das inovações propostas pelo contratado, em termos de redução de custos, o aumento da qualidade, a redução do prazo de execução ou a facilidade da operação.

Deve-se observar que, na contratação semi-integrada, a elaboração do projeto básico ficará sob a responsabilidade da Administração, enquanto por parte do contratado ficará o desenvolvimento do projeto executivo, a execução do contrato e as demais operações necessárias à entrega final do objeto. Assim, excepcionalmente, será admitido que o contratado realize modificações no projeto básico, desde que confira maiores benefícios à Administração Pública. Trata-se de previsão em consonância com o modelo de administração pública gerencial e os princípios da economicidade e do interesse público. Ressalta-se que o contratado assumirá a responsabilidade integral pelas modificações realizadas no projeto básico.

A Lei n. 14.133/2021 incorporou a previsão contida na Lei n. 8.666/93, no seu art. 7º, § 2º, para exigir que a execução de cada etapa seja precedida pela conclusão e aprovação pela autoridade competente dos trabalhos desenvolvidos na etapa anterior.

Outra inovação, contida na Lei n. 14.133/2021, é a exigência, para a utilização do regime de contratação integrada e semi-integrada, de que as obras, serviços e fornecimentos superem a R$ 10.000.000,00 milhões de reais. Contudo, não é necessário observar esse limite para projetos relacionados à ciência, à inovação, à tecnologia e ao ensino técnico ou superior. O legislador entendeu por bem limitar a utilização do regime de contratação integrada e semi-integrada, em razão da sua complexidade, para obras, serviços e fornecimento de maior vulto financeiro.

Por fim, a Lei n. 14.133/2021 estabelece a exigência da obrigatoriedade da licitação por preço global, nos regimes de execução indireta. Apenas não se aplica essa exigência em relação ao regime de empreitada por preço unitário.

Subseção III
Dos Serviços em Geral

ARTIGOS 47, 48 E 49

Art. 47. As licitações de serviços atenderão aos princípios:
I – da padronização, considerada a compatibilidade de especificações estéticas, técnicas ou de desempenho;

Lei n. 8.666/93

Art. 11. As obras e serviços destinados aos mesmos fins terão projetos padronizados por tipos, categorias ou classes, exceto quando o projeto-padrão não atender às condições peculiares do local ou às exigências específicas do empreendimento.

Art. 15. As compras, sempre que possível, deverão:

I – atender ao princípio da padronização, que imponha compatibilidade de especificações técnicas e de desempenho, observadas, quando for o caso, as condições de manutenção, assistência técnica e garantia oferecidas;

II - do parcelamento, quando for tecnicamente viável e economicamente vantajoso.

Lei n. 8.666/93

Art. 15. As compras, sempre que possível, deverão:

(...)

V – ser subdivididas em tantas parcelas quantas necessárias para aproveitar as peculiaridades do mercado, visando economicidade;

§ 1º Na aplicação do princípio do parcelamento deverão ser considerados:
I - a responsabilidade técnica;
II - o custo para a Administração de vários contratos frente às vantagens da redução de custos, com divisão do objeto em itens;
III - o dever de buscar a ampliação da competição e de evitar a concentração de mercado.
§ 2º Na licitação de serviços de manutenção e assistência técnica, o edital deverá definir o local de realização dos serviços, admitida a exigência de deslocamento de técnico ao local da repartição ou a exigência de que o contratado tenha unidade de prestação de serviços em distância compatível com as necessidades da Administração.

Jurisprudência do TCU:

Súmula 247: É obrigatória a admissão da adjudicação por item e não por preço global, nos editais das licitações para a contratação de obras, serviços, compras e alienações, cujo objeto seja divisível, desde que não haja prejuízo para o conjunto ou complexo ou perda de economia de escala, tendo em vista o objetivo de propiciar a ampla participação de licitantes que, embora não dispondo de capacidade para a execução, fornecimento ou aquisição da totalidade do objeto, possam fazê-lo com relação a itens ou unidades autônomas, devendo as exigências de habilitação adequar-se a essa divisibilidade.

Enunciado: A utilização do Regime Diferenciado de Contratações Públicas – RDC em obras com término posterior à Copa do Mundo de 2014 – ou às Olimpíadas de 2016, conforme o caso – só é legítima nas situações em que ao menos fração do empreendimento tenha efetivo proveito para a realização desses eventos esportivos e desde que reste evidenciada a inviabilidade técnica e econômica do parcelamento das frações da empreitada a serem concluídas *a posteriori*, em respeito ao disposto nos arts. 1º, incisos de I a III; 39 e 42 da Lei 12.462/2011, c/c o art. 23, § 1º, da Lei 8.666/1993. "[...] 8. Logo, se existem as ditas vantagens de economicidade e eficiência em não se parcelar as frações da obra com término ulterior – como afirmado na peça recursal – elas devem ser devidamente motivadas no processo licitatório, trazendo, de modo explícito e analítico, para cada empreendimento, as razões impeditivas do parcelamento. Novamente, não existe nenhuma novidade nesse raciocínio. Tal procedimento

já era obrigatório anteriormente à edição do RDC. Faz-se vinculada a demonstração objetiva de que a ampliação da competitividade decorrente do parcelamento da empreitada não é vantajosa, em face dos "custos" práticos e econômicos dessa opção. 9. O parcelamento, lembro, é regra; não exceção. Tal exegese é inclusive objeto da Súmula-TCU n. 247. Os fundamentos em que se baseiam as inúmeras decisões do Tribunal nesse sentido continuam válidos, também, para o RDC. [...]"
TRIBUNAL DE CONTAS DA UNIÃO. ACÓRDÃO 1538. PLENÁRIO. RELATOR: VALMIR CAMPELO.

Art. 48. Poderão ser objeto de execução por terceiros as atividades materiais acessórias, instrumentais ou complementares aos assuntos que constituam área de competência legal do órgão ou da entidade, vedado à Administração ou a seus agentes, na contratação do serviço terceirizado:
I – indicar pessoas expressamente nominadas para executar direta ou indiretamente o objeto contratado;
II – fixar salário inferior ao definido em lei ou em ato normativo a ser pago pelo contratado;
III – estabelecer vínculo de subordinação com funcionário de empresa prestadora de serviço terceirizado;
IV – definir forma de pagamento mediante exclusivo reembolso dos salários pagos;
V – demandar a funcionário de empresa prestadora de serviço terceirizado a execução de tarefas fora do escopo do objeto da contratação;
VI – prever em edital exigências que constituam intervenção indevida da Administração na gestão interna do contratado.
Parágrafo único. Durante a vigência do contrato, é vedado ao contratado contratar cônjuge, companheiro ou parente em linha reta, colateral ou por afinidade, até o terceiro grau, de dirigente do órgão ou entidade contratante ou de agente público que desempenhe função na licitação ou atue na fiscalização ou na gestão do contrato, devendo essa proibição constar expressamente do edital de licitação.

Decreto n. 9.507/2018
(Dispõe sobre a execução indireta, mediante contratação, de serviços da administração pública federal direta, autárquica e fundacional e das empresas públicas e das sociedades de economia mista controladas pela União.)
Art. 7º É vedada a inclusão de disposições nos instrumentos convocatórios que permitam:
I – a indexação de preços por índices gerais, nas hipóteses de alocação de mão de obra;
II – a caracterização do objeto como fornecimento de mão de obra;
III – a previsão de reembolso de salários pela contratante; e
IV – a pessoalidade e a subordinação direta dos empregados da contratada aos gestores da contratante.

Art. 49. A Administração poderá, mediante justificativa expressa, contratar mais de uma empresa ou instituição para executar o mesmo serviço, desde que essa contratação não implique perda de economia de escala, quando:

I – o objeto da contratação puder ser executado de forma concorrente e simultânea por mais de um contratado; e

II – a múltipla execução for conveniente para atender à Administração.

Parágrafo único. Na hipótese prevista no *caput* deste artigo, a Administração deverá manter o controle individualizado da execução do objeto contratual relativamente a cada um dos contratados.

COMENTÁRIOS DOS AUTORES

Trata-se de norma que não encontra correspondência na Lei n. 8.666/93, mas que não é total novidade em nosso ordenamento jurídico, tendo em vista que é incorporação de previsão contida expressamente na Lei n. 12.462/2011. Vejamos:

> Lei n. 12.462/2011
>
> Art. 11. A administração pública poderá, mediante justificativa expressa, contratar mais de uma empresa ou instituição para executar o mesmo serviço, desde que não implique perda de economia de escala, quando:
>
> I – o objeto da contratação puder ser executado de forma concorrente e simultânea por mais de um contratado; ou
>
> II – a múltipla execução for conveniente para atender à administração pública.
>
> § 1º Nas hipóteses previstas no *caput* deste artigo, a administração pública deverá manter o controle individualizado da execução do objeto contratual relativamente a cada uma das contratadas.
>
> § 2º O disposto no *caput* deste artigo não se aplica aos serviços de engenharia.

ARTIGO 50

Art. 50. Nas contratações de serviços com regime de dedicação exclusiva de mão de obra, o contratado deverá apresentar, quando solicitado pela Administração, sob pena de multa, comprovação do cumprimento das obrigações trabalhistas e com o Fundo de Garantia do Tempo de Serviço (FGTS) em relação aos empregados diretamente envolvidos na execução do contrato, em especial quanto ao:

I – registro de ponto;

II – recibo de pagamento de salários, adicionais, horas extras, repouso semanal remunerado e décimo terceiro salário;

III – comprovante de depósito do FGTS;

IV – recibo de concessão e pagamento de férias e do respectivo adicional;

V – recibo de quitação de obrigações trabalhistas e previdenciárias dos empregados dispensados até a data da extinção do contrato;

VI – recibo de pagamento de vale-transporte e vale-alimentação, na forma prevista em norma coletiva.

Subseção IV
Da Locação de Imóveis

ARTIGO 51

Art. 51. Ressalvado o disposto no inciso V do *caput* do art. 74 desta Lei, a locação de imóveis deverá ser precedida de licitação e avaliação prévia do bem, do seu estado de conservação, dos custos de adaptações e do prazo de amortização dos investimentos necessários.

Lei n. 8.666/93

Art. 24. É dispensável a licitação:

(...)

X – para a compra ou locação de imóvel destinado ao atendimento das finalidades precípuas da administração, cujas necessidades de instalação e localização condicionem a sua escolha, desde que o preço seja compatível com o valor de mercado, segundo avaliação prévia;

Lei n. 12.462/2011 – Locação *Built to suit*

Art. 47-A. A administração pública poderá firmar contratos de locação de bens móveis e imóveis, nos quais o locador realiza prévia aquisição, construção ou reforma substancial, com ou sem aparelhamento de bens, por si mesmo ou por terceiros, do bem especificado pela administração.

§ 1º A contratação referida no *caput* sujeita-se à mesma disciplina de dispensa e inexigibilidade de licitação aplicável às locações comuns.

§ 2º A contratação referida no *caput* poderá prever a reversão dos bens à administração pública ao final da locação, desde que estabelecida no contrato.

§ 3º O valor da locação a que se refere o *caput* não poderá exceder, ao mês, 1% (um por cento) do valor do bem locado.

Jurisprudência do STF:

EMENTA: AÇÃO DIRETA DE INCONSTITUCIONALIDADE. ARTIGO 3º, "CAPUT" E §§, DA LEI N. 9.262, DE 12 DE JANEIRO DE 1996, DO DISTRITO FEDERAL. VENDA DE ÁREAS PÚBLICAS PASSÍVEIS DE SE TORNAREM URBANAS. TERRENOS LOCALIZADOS NOS LIMITES DA ÁREA DE PROTEÇÃO AMBIENTAL – APA DA BACIA DO RIO SÃO BARTOLOMEU. PROCESSO DE PARCELAMENTO RECONHECIDO PELA AUTORIDADE PÚBLICA. VENDAS INDIVIDUAIS. AFASTAMENTO DOS PROCEDIMENTOS EXIGIDOS NA LEI N. 8.666, DE 21 DE JUNHO DE 1993. NECESSIDADE DE COMPROVAÇÃO. INEXIGIBILIDADE E DISPENSA DE LICITAÇÃO. INVIABILIDADE DE COMPETIÇÃO. ALEGAÇÃO DE VIOLAÇÃO DO DISPOSTO NO ARTIGO 37, INCISO XXI, DA CONSTITUIÇÃO DO BRASIL. INOCORRÊNCIA. 1. A dispensa de licitação em geral é definida no artigo 24 da Lei n. 8.666/93; especificamente – nos casos de alienação, aforamento, concessão de direito real de uso, locação ou permissão de uso de bens imóveis construídos e destinados ou efetivamente utilizados no âmbito de programas habitacionais ou de regularização fundiária de interesse social, por órgãos ou entidades da administração pública – no seu artigo 17, inciso I, alínea "f". Há, no caso dos autos, inviabilidade de competição, do que decorre a inexigibilidade de licitação (art. 25 da lei). O loteamento há de ser regularizado mediante a venda do lote àquele que o estiver ocupando. Consubstancia hipótese de inexigibilidade, artigo 25. 2. Ação Direta de Inconstitucionalidade julgada improcedente. (ADI 2990, Relator(a): JOAQUIM BARBOSA, Relator(a) p/ Acórdão: EROS GRAU, Tribunal Pleno, julgado em 18-4-2007, DJe-087 DIVULG 23-8-2007 PUBLIC 24-8-2007 DJ 24-8-2007 PP-00022 EMENT VOL-02286-01 PP-00180.)

Jurisprudência do TCU:

Mesmo que vários imóveis satisfaçam as condições desejadas pela Administração, encontra-se na esfera do poder discricionário do gestor contratar a locação por meio de dispensa de licitação (art. 24, inciso X, da Lei 8.666/1993). Os motivos adotados para a seleção não se limitam necessariamente ao valor do aluguel, sendo possível – e até desejável – a consideração de outros critérios, devendo-se observar as exigências legais de adequada motivação para a opção escolhida e de demonstração da compatibilidade do valor da contratação com parâmetros de mercado (art. 26 da Lei 8.666/1993). "[...] 28. Insta salientar que mesmo na contratação direta é imprescindível atentar para a fundamentação dos atos e a devida formalização do procedimento administrativo, demonstrando inequivocamente que os critérios utilizados de seleção resultaram na contratação mais vantajosa para a Administração Pública e na observância dos princípios fundamentais aplicáveis às contratações públicas. 29.Também devem ser observados os requisitos objetivos previstos em lei, interpretados pela jurisprudência desta Corte de Contas em diversos julgados, a exemplo do Acórdão 1340/2009-TCU-Plenário, de relatoria do eminente Ministro Marcos Bemquerer Costa". (...) 6. O enquadramento no dispositivo supra requer, basicamente, o atendimento a quatro requisitos, quais sejam: i) imóvel deve ser destinado ao atendimento das finalidades precípuas da Administração; ii) escolha deve ser balizada pelas necessidades de instalação e localização do órgão ou entidade; iii) preço deve ser compatível com o valor de mercado; e iv) importância a ser despendida deve ter sido apurada por avaliação prévia. 30. Dessa maneira, cumpre-me analisar a presença dos requisitos autorizadores da dispensa de procedimento licitatório no caso concreto. Nesse aspecto, observo que todos os condicionantes do referido dispositivo legal foram plenamente atendidos, tais como a realização de prévia avaliação, a compatibilidade do aluguel com valores de mercado, a fundamentação da escolha em função de necessidades de localização e instalações, bem como a finalidade precípua da Administração, no caso, a instalação da 7ª Câmara de Coordenação e Revisão do MPF.

(Tribunal de Contas da União. Acórdão 2420/2015. Plenário. RELATOR: BENJAMIN ZYM-LER.)

Somente deve ser utilizada a dispensa de licitação para locação de imóvel quando ficar configurada sua especificidade, cujas instalações e localização evidenciem que ele é o único imóvel que atende o interesse da administração, fato que deverá estar devidamente demonstrado no respectivo processo administrativo. "[...] 10. O art. 24, inciso X, da Lei de Licitações estabelece ser dispensável a licitação 'para a compra ou locação de imóvel destinado ao atendimento das finalidades precípuas da Administração, cujas necessidades de instalação e localização condicionem a sua escolha, desde que o preço seja compatível com o valor de mercado, segundo avaliação prévia."

Verifica-se, portanto, que a utilização desse dispositivo só é possível quando se identifica um imóvel específico cujas instalações e localização sinalizem que ele é o único que atende o interesse da administração. Nesse sentido se manifestam Marçal Justen Filho e Jessé Torres Pereira Júnior a respeito desse comando legal:"A ausência de licitação deriva da impossibilidade de o interesse sob a tutela estatal ser satisfeito através de outro imóvel, que não aquele selecionado... Antes de promover a contratação direta, a Administração deverá comprovar a impossibilidade de satisfação do interesse sob tutela estatal por outra via e apurar a inexistência de outro imóvel apto a atendê-lo...". (Marçal Justen Filho, *Comentários à Lei de Licitações e Contratos Administrativos*, 11ª Edição, pág. 250).

"Em princípio, a Administração compra ou loca mediante licitação, tais e tantas podem ser as contingências do mercado, variáveis no tempo e no espaço, a viabilizarem a competição. Mas se a operação tiver por alvo imóvel que atenda a necessidades específicas cumuladas de instalação e localização dos serviços, a área de competição pode estreitar-se de modo a ensejar a dispensa... Nestas circunstâncias, e somente nelas, a Administração comprará ou locará diretamente, inclusive para que não se frustre a finalidade a acudir" (Jessé Torres Pereira Júnior, *Comentários à Lei das Licitações e Contratações da Administração Pública*, 5ª Edição, pág. 277).

No caso em tela, essa hipótese não se verificou. Tanto é assim que o ICMBio publicou em Diário Oficial aviso de que estava procurando um imóvel, recebeu dez propostas, e a partir delas escolheu qual delas melhor lhe atenderia. Ou seja, não havia um determinado imóvel previamente identificado, que por suas características de instalações e localização fosse o único a atender as necessidades da administração. Havia, potencialmente, diversos imóveis que poderiam atender o instituto. Assim, deveria ter sido realizado um certame licitatório para realizar a locação. [...].

(Tribunal de Contas da União. Acórdão 444/2008. Plenário. RELATOR: UBIRATAN AGUIAR.)

COMENTÁRIOS DOS AUTORES

Matéria que já foi muito polêmica na Administração Pública recebeu tratamento em uma subseção própria na nova lei de licitações e contratos. Agora, está estabelecido expressamente que, salvo no caso de inexigibilidade em decorrência de a aquisição ou locação do imóvel ser impossível de se licitar, tendo em vista as características de instalações e da localização que tornam necessária a sua escolha, a locação de imóveis deverá ser precedida de licitação e avaliação prévia do bem, do seu estado de conservação, dos custos de adaptação e do prazo necessário à amortização desses investimentos.

Muito já se discutiu sobre o regramento jurídico adequado para o regramento do referido pacto, sendo afirmado por muitos a aplicação exclusiva das normas de direito privado, sobretudo as previstas pela Lei n. 8.245/1991 (Lei de Locações).

Todavia, havia previsão expressa na Lei n. 8.666/93 sobre a aplicação das normas de direito público, máxime as previstas nos arts. 55 e 58 a 61 da Lei n. 8.666/1993, haja vista a disposição expressa no art. 62, § 3º, I, do mesmo diploma legal, *in verbis*:

Art. 62, § 3º Aplica-se o disposto nos arts. 55 e 58 a 61 desta Lei e demais normas gerais, no que couber:

I – aos contratos de seguro, de financiamento, de locação em que o Poder Público seja locatário, e aos demais cujo conteúdo seja regido, predominantemente, por norma de direito privado;

Essa afirmação leva em consideração a ideia de que a simples presença da Administração Pública em um dos polos do contrato, por si só, altera o regime jurídico a ele aplicado. Nas palavras de Marçal Justen Filho[23]:

> A mera participação da Administração Pública como parte em um contrato acarreta a alteração do regime jurídico aplicável. O regime de direito público passa a incidir mesmo no silêncio do instrumento escrito. O conflito entre regras de direito privado e de direito público resolve-se em favor destas últimas. Aplicam-se os princípios de direito privado na medida em que sejam compatíveis com o regime de direito público.

Vale colacionar interessante posicionamento do Tribunal de Contas do Estado de São Paulo, tratando sobre quais normas deveriam ser aplicadas nos casos de prorrogação contratual, que faz um panorama geral do entendimento prevalente sob a égide da Lei n. 8.666/93. Vejamos:

> Trata-se de contrato de locação de imóvel, figurando como locatária a Prefeitura Municipal de Mogi das Cruzes, cuja vigência se prorroga por meio do aditivo em questão. A Lei 8.666/93 determina, em seu artigo 62, que aos contratos de seguro, de financiamento, de locação em que o poder público seja locatário e aos demais cujo conteúdo seja regido, predominantemente, por norma de direito privado, aplicam-se as regras referentes às cláusulas necessárias (artigo 55), às prerrogativas da Administração (artigos 58 e 59) e à formalização (artigos 60 e 61). Desse modo, depreende-se que à prorrogação do prazo da locação, por força do disposto no inciso I do § 3º do citado artigo 62, não se aplica a norma contida no artigo 57 da Lei n. 8.666/93 (que trata da duração dos contratos administrativos), devendo a matéria ser analisada sob a égide da Lei n. 8.245/91 (Lei do Inquilinato), que estabelece em seu artigo 3º, *caput*, que "o contrato de locação pode ser ajustado por qualquer prazo". A propósito, cito os ensinamentos de Marçal Justen Filho:
>
> "A aplicação do regime de direito público não se verificará quando a contratação instrumentalizar intervenção estatal no domínio econômico. Por imposição constitucional, o Estado, quando atua no domínio econômico, subordina-se às regras e princípios de direito privado (CF, art. 173, § 1º). A imposição constitucional limita a aplicabilidade do art. 62, § 3º. Assegura a isonomia entre entidades administrativas e pessoas de direito privado, para evitar ofensa à livre concorrência. A Administração Pública não poderá invocar prerrogativas especiais e se sujeitará integralmente ao regime de direito privado".
>
> Nestes termos, tendo sido observada a disposição estabelecida no ajuste inicial, com relação ao reajuste e estando justificada pela origem a conveniência de manutenção da locação do imóvel, julgo regular o 6º termo em exame. Contudo, recomendo que a Origem fundamente seus próximos atos na Lei n. 8.245/91 (Lei do Inquilinato) e fiel cumprimento às Instruções n. 02/08 deste Tribunal. (Processo: TC–006637/026/04)
>
> Do exposto, sempre prevaleceu que os contratos de locação, mesmo quando participante a Administração Pública, deveria ser regida pela Lei 8.245/91, tendo em vista que o Estado, nesses casos, está despedido de sua potestade.

Ao que parece, a nova lei atrai para si, tanto pela disposição do presente artigo quanto pela previsão no art. 2º, a incidência sobre os contratos de locação realizados pela Administração Pública.

---

23 JUSTEN FILHO, Marçal. *Comentários a Lei de Licitações e Contratos Administrativos*. 15. ed. São Paulo: Revista dos Tribunais, p. 869-870.

Subseção V
Das Licitações Internacionais

ARTIGO 52

Art. 52. Nas licitações de âmbito internacional, o edital deverá ajustar-se às diretrizes da política monetária e do comércio exterior e atender às exigências dos órgãos competentes.

§ 1º Quando for permitido ao licitante estrangeiro cotar preço em moeda estrangeira, o licitante brasileiro igualmente poderá fazê-lo.

§ 2º O pagamento feito ao licitante brasileiro eventualmente contratado em virtude de licitação nas condições de que trata o § 1º deste artigo será efetuado em moeda corrente nacional.

§ 3º As garantias de pagamento ao licitante brasileiro serão equivalentes àquelas oferecidas ao licitante estrangeiro.

§ 4º Os gravames incidentes sobre os preços constarão do edital e serão definidos a partir de estimativas ou médias dos tributos.

§ 5º As propostas de todos os licitantes estarão sujeitas às mesmas regras e condições, na forma estabelecida no edital.

§ 6º Observados os termos desta Lei, o edital não poderá prever condições de habilitação, classificação e julgamento que constituam barreiras de acesso ao licitante estrangeiro, admitida a previsão de margem de preferência para bens produzidos no País e serviços nacionais que atendam às normas técnicas brasileiras, na forma definida no art. 26 desta Lei.

Lei n. 8.666/93

Art. 42. Nas concorrências de âmbito internacional, o edital deverá ajustar-se às diretrizes da política monetária e do comércio exterior e atender às exigências dos órgãos competentes.

§ 1º Quando for permitido ao licitante estrangeiro cotar preço em moeda estrangeira, igualmente o poderá fazer o licitante brasileiro.

§ 2º O pagamento feito ao licitante brasileiro eventualmente contratado em virtude da licitação de que trata o parágrafo anterior será efetuado em moeda brasileira, à taxa de câmbio vigente no dia útil imediatamente anterior à data do efetivo pagamento.

§ 3º As garantias de pagamento ao licitante brasileiro serão equivalentes àquelas oferecidas ao licitante estrangeiro.

§ 4º Para fins de julgamento da licitação, as propostas apresentadas por licitantes estrangeiros serão acrescidas dos gravames consequentes dos mesmos tributos que oneram exclusivamente os licitantes brasileiros quanto à operação final de venda.

§ 5º Para a realização de obras, prestação de serviços ou aquisição de bens com recursos provenientes de financiamento ou doação oriundos de agência oficial de cooperação estrangeira ou organismo financeiro multilateral de que o Brasil seja parte, poderão ser admitidas, na respectiva licitação, as condições decorrentes de acordos, protocolos, convenções ou tratados internacionais aprovados pelo Congresso Nacional, bem como as normas e procedimentos daquelas entidades, inclusive quanto ao critério de seleção da proposta mais vantajosa para a administração, o qual poderá contemplar, além do preço, outros fatores de avaliação, desde que por elas exigidos para a obtenção do financiamento ou da doação, e que também não conflitem com o princípio do julgamento objetivo e sejam objeto de despacho motivado do órgão executor do contrato, despacho esse ratificado pela autoridade imediatamente superior.

§ 6º As cotações de todos os licitantes serão para entrega no mesmo local de destino.

Jurisprudência do TCU

A ausência, em edital de licitação internacional, de previsão de equalização das propostas ofertadas por licitantes nacionais e estrangeiros configura desobediência aos princípios da isonomia, da eficiência e do julgamento objetivo da licitação, previstos no art. 37, inciso XXI, da Constituição Federal c/c o art. 42, §§ 4º e 5º, da Lei 8.666/1993. "[...] 10.6. Consoante asseverou a instrução, "o TCU tem jurisprudência consolidada no sentido de que a aplicação das regras de aquisição específicas de organismo internacional não afasta a observância dos dispositivos da Lei 8.666/93 no que não for conflitante com estas, sempre se considerando os princípios da legalidade e da supremacia do interesse público, conforme Acórdãos 153/2003, 2.239/2007 e 1.347/2010, todos do Plenário. 10.7. Entretanto, a comparação de preços das licitantes estrangeiras e nacionais, em bases tributárias e de custos totalmente distintas, sem a devida equalização, a exemplo do previsto na licitação em comento, importa em violação aos princípios da isonomia, do julgamento objetivo e da obtenção da proposta mais vantajosa para a Administração, devendo, portanto, ser repelido por este Tribunal. [...]".
(Tribunal de Contas da União. Acórdão 2238/2013. Plenário. Relator: JOSÉ JORGE.)

Em licitações internacionais, exige-se a publicação do edital em idioma estrangeiro e sua divulgação no exterior, uma vez que o atendimento ao princípio da publicidade deve estar em consonância com o âmbito que se pretende dar à licitação e, em consequência, com o conjunto de interessados que se intenta atrair, o qual deve incluir empresas estrangeiras não estabelecidas no país.

"[...] 14. De fato, os requisitos para a caracterização de licitação internacional não se encontram previstos em lei. Contudo, ainda que esses requisitos decorram de construções da doutrina e da jurisprudência, veja-se que tais fontes os extraíram da própria lei e de todo o arcabouço normativo que rege as licitações. Nesse sentido, observa-se que o art. 3º da Lei 8.666/1993 e, especialmente, os arts. 3º e 4º, inciso VII, da Lei 12.462/2011 elegem o princípio da publicidade como um dos pilares dos respectivos regimes. Sob esse norte, tem-se que o âmbito da publicidade, ou da divulgação a ser dada, está intrinsecamente ligado ao âmbito da licitação que se pretende promover e, em consequência, ao conjunto de interessados que se intenta atrair. Se o certame tem caráter nacional, a divulgação correspondente será feita nacionalmente. Se o certame tem abrangência internacional, espera-se, por questão lógica, que sua divulgação seja feita no exterior. Desse modo, dá-se materialidade ao princípio da publicidade ao se adequar a ação ao fim pretendido.

E, para que essa divulgação atinja o maior número de interessados no exterior, é inegável que o instrumento convocatório há de ser publicado em língua estrangeira, mais usualmente, em inglês. Não é razoável crer que um edital publicado em português nos meios ordinários aplicáveis ao certame de caráter nacional, terá o mesmo alcance do que um edital publicado em língua inglesa ou espanhola e ativamente divulgado no exterior. Aliás, a não tradução do edital, por si só, já poderia induzir o potencial interessado estrangeiro a concluir que se trata de licitação nacional.

Portanto, a forma e a abrangência da divulgação, junto com a permissão à participação de empresas estrangeiras não estabelecidas no país, são requisitos necessários à caracterização e à concretização de licitação internacional. Como se viu neste processo, parte desses requisitos não foi cumprida.
(Tribunal de Contas da União. Acórdão 2672/2017. Plenário. Relator AUGUSTO SHERMAN.)

COMENTÁRIOS DOS AUTORES

A nova lei trouxe um destaque maior às licitações internacionais, reservando uma subseção específica ao tema. Contudo, conforme colacionado acima, pouco inovou quanto às disposições trazidas pela Lei n. 8.666/93, no art. 42 e seus parágrafos.

Uma das diferenças entre a redação da nova lei e a da Lei n. 8.666/93 refere-se à indexação do pagamento dos negócios jurídicos que tenham obrigação estipulada em moeda estrangeira.

A antiga lei de licitações preconizava que os pagamentos deveriam ser efetuados em moeda brasileira, à taxa de câmbio vigente no dia útil imediatamente anterior à data do efetivo pagamento. A nova lei não traz essa regra contida na parte final do antigo § 2º do art. 42 quanto à data da indexação.

Em regra, a indexação de dívidas à variação cambial de moeda estrangeira é prática vedada no Brasil, desde a vigência do Plano Real, com previsão expressa no art. 2º do Decreto-lei n. 857/1969, norma encampada pelo Código Civil de 2002 (arts. 315 e 318). Contudo, admitem-se exceções.

Ademais, há muito o Superior Tribunal de Justiça pacificou o entendimento de que são legítimos os contratos celebrados em moeda estrangeira, desde que o pagamento se efetive pela conversão em moeda nacional.

O referido Tribunal Superior vem adotando o entendimento (exemplo é o julgamento proferido no Agravo em Recurso Especial 1.286.770) de que a conversão para a moeda nacional deverá ser realizada com base na cotação da data da contratação e, a partir dessa data, ser atualizada com base em índice oficial de correção monetária.

Desse modo, parece que a nova lei incorpora a jurisprudência dos Tribunais Superiores neste ponto.

Afora esse ponto específico, parece que as demais mudanças foram apenas pontuais e redacionais.

Capítulo III
DA DIVULGAÇÃO DO EDITAL DE LICITAÇÃO

ARTIGOS 53 E 54

Art. 53. Ao final da fase preparatória, o processo licitatório seguirá para o órgão de assessoramento jurídico da Administração, que realizará controle prévio de legalidade mediante análise jurídica da contratação.

§ 1º Na elaboração do parecer jurídico, o órgão de assessoramento jurídico da Administração deverá:

I – apreciar o processo licitatório conforme critérios objetivos prévios de atribuição de prioridade;

II – redigir sua manifestação em linguagem simples e compreensível e de forma clara e objetiva, com apreciação de todos os elementos indispensáveis à contratação e com exposição dos pressupostos de fato e de direito levados em consideração na análise jurídica;

III – (*Vetado.*)

§ 2º (*Vetado.*)

§ 3º Encerrada a instrução do processo sob os aspectos técnico e jurídico, a autoridade determinará a divulgação do edital de licitação conforme disposto no art. 54.

§ 4º Na forma deste artigo, o órgão de assessoramento jurídico da Administração também realizará controle prévio de legalidade de contratações diretas, acordos, termos de cooperação, convênios, ajustes, adesões a atas de registro de preços, outros instrumentos congêneres e de seus termos aditivos.

§ 5º É dispensável a análise jurídica nas hipóteses previamente definidas em ato da autoridade jurídica máxima competente, que deverá considerar o baixo valor, a baixa complexidade da contratação, a entrega imediata do bem ou a utilização de minutas de editais e instrumentos de contrato, convênio ou outros ajustes previamente padronizados pelo órgão de assessoramento jurídico.

§ 6º (*Vetado.*)

Art. 54. A publicidade do edital de licitação será realizada mediante divulgação e manutenção do inteiro teor do ato convocatório e de seus anexos no Portal Nacional de Contratações Públicas (PNCP).

§ 1º Sem prejuízo do disposto no *caput*, é obrigatória a publicação de extrato do edital no Diário Oficial da União, do Estado, do Distrito Federal ou do Município, ou, no caso de consórcio público, do ente de maior nível entre eles, bem como em jornal diário de grande circulação.

§ 2º É facultada a divulgação adicional e a manutenção do inteiro teor do edital e de seus anexos em sítio eletrônico oficial do ente federativo do órgão ou entidade responsável pela licitação ou, no caso de consórcio público, do ente de maior nível entre eles, admitida, ainda, a divulgação direta a interessados devidamente cadastrados para esse fim.

§ 3º Após a homologação do processo licitatório, serão disponibilizados no Portal Nacional de Contratações Públicas (PNCP) e, se o órgão ou entidade responsável pela licitação entender cabível, também no sítio referido no § 2º deste artigo, os documentos elaborados na fase preparatória que porventura não tenham integrado o edital e seus anexos.

Lei n. 8.666/93

Art. 38. O procedimento da licitação será iniciado com a abertura de processo administrativo, devidamente autuado, protocolado e numerado, contendo a autorização respectiva, a indicação sucinta de seu objeto e do recurso próprio para a despesa, e ao qual serão juntados oportunamente:

(...)

Parágrafo único. As minutas de editais de licitação, bem como as dos contratos, acordos, convênios ou ajustes devem ser previamente examinadas e aprovadas por assessoria jurídica da Administração

Constituição Federal

Art. 37. A administração pública direta e indireta de qualquer dos Poderes da União, dos Estados, do Distrito Federal e dos Municípios obedecerá aos princípios de legalidade, impessoalidade, moralidade, publicidade e eficiência e, também, ao seguinte:

(...)

§ 6º As pessoas jurídicas de direito público e as de direito privado prestadoras de serviços públicos responderão pelos danos que seus agentes, nessa qualidade, causarem a terceiros, assegurado o direito de regresso contra o responsável nos casos de dolo ou culpa.

Código de Processo Civil

Art. 184. O membro da Advocacia Pública será civil e regressivamente responsável quando agir com dolo ou fraude no exercício de suas funções.

Decreto-lei n. 4.657/1942 (Lei de Introdução às Normas do Direito Brasileiro)

Art. 28. O agente público responderá pessoalmente por suas decisões ou opiniões técnicas em caso de dolo ou erro grosseiro.

Decreto n. 9.830/2019

Art. 12. O agente público somente poderá ser responsabilizado por suas decisões ou opiniões técnicas se agir ou se omitir com dolo, direto ou eventual, ou cometer erro grosseiro, no desempenho de suas funções.

§ 1º Considera-se erro grosseiro aquele manifesto, evidente e inescusável praticado com culpa grave, caracterizado por ação ou omissão com elevado grau de negligência, imprudência ou imperícia.

§ 2º Não será configurado dolo ou erro grosseiro do agente público se não restar comprovada, nos autos do processo de responsabilização, situação ou circunstância fática capaz de caracterizar o dolo ou o erro grosseiro.

§ 3º O mero nexo de causalidade entre a conduta e o resultado danoso não implica responsabilização, exceto se comprovado o dolo ou o erro grosseiro do agente público.

Art. 12, § 6º A responsabilização pela opinião técnica não se estende de forma automática ao decisor que a adotou como fundamento de decidir e somente se configurará se estiverem presentes elementos suficientes para o decisor aferir o dolo ou o erro grosseiro da opinião técnica ou se houver conluio entre os agentes.

Art. 14. No âmbito do Poder Executivo federal, o direito de regresso previsto no § 6º do art. 37 da Constituição somente será exercido na hipótese de o agente público ter agido com dolo ou erro grosseiro em suas decisões ou opiniões técnicas, nos termos do disposto no art. 28 do

Decreto-lei n. 4.657, de 1942, e com observância aos princípios constitucionais da proporcionalidade e da razoabilidade.

Art. 15. O agente público federal que tiver que se defender, judicial ou extrajudicialmente, por ato ou conduta praticada no exercício regular de suas atribuições institucionais, poderá solicitar à Advocacia-Geral da União que avalie a verossimilhança de suas alegações e a consequente possibilidade de realizar sua defesa, nos termos do disposto no art. 22 da Lei n. 9.028, de 12 de abril de 1995, e nas demais normas de regência.

Jurisprudência do STF:

EMENTA: CONSTITUCIONAL. ADMINISTRATIVO. CONTROLE EXTERNO. AUDITORIA PELO TCU. RESPONSABILIDADE DE PROCURADOR DE AUTARQUIA POR EMISSÃO DE PARECER TÉCNICO-JURÍDICO DE NATUREZA

OPINATIVA. SEGURANÇA DEFERIDA. I. Repercussões da natureza jurídico-administrativa do parecer jurídico: (i) quando a consulta é facultativa, a autoridade não se vincula ao parecer proferido, sendo que seu poder de decisão não se altera pela manifestação do órgão consultivo; (ii) quando a consulta é obrigatória, a autoridade administrativa se vincula a emitir o ato tal como submetido à consultoria, com parecer favorável ou contrário, e se pretender praticar ato de forma diversa da apresentada à consultoria, deverá submetê-lo a novo parecer; (iii) quando a lei estabelece a obrigação de decidir à luz de parecer vinculante, essa manifestação de teor jurídica deixa de ser meramente opinativa e o administrador não poderá decidir senão nos termos da conclusão do parecer ou, então, não decidir. II. No caso de que cuidam os autos, o parecer emitido pelo impetrante não tinha caráter vinculante. Sua aprovação pelo superior hierárquico não desvirtua sua natureza opinativa, nem o torna parte de ato administrativo posterior do qual possa eventualmente decorrer dano ao erário, mas apenas incorpora sua fundamentação ao ato. III. Controle externo: É lícito concluir que é abusiva a responsabilização do parecerista à luz de uma alargada relação de causalidade entre seu parecer e o ato administrativo do qual tenha resultado dano ao erário. Salvo demonstração de culpa ou erro grosseiro, submetida às instâncias administrativo-disciplinares ou jurisdicionais próprias, não cabe a responsabilização do advogado público pelo conteúdo de seu parecer de natureza meramente opinativa. Mandado de segurança deferido.

(MS 24631, Relator(a): JOAQUIM BARBOSA, Tribunal Pleno, julgado em 9-8-2007, *DJe*-018 DIVULG 31-1-2008 PUBLIC 1-2-2008 EMENT VOL-02305-02 PP-00276 RTJ VOL-00204-01 PP-00250.)

Jurisprudência do STJ:

PROCESSUAL CIVIL. ADMINISTRATIVO. MANDADO DE SEGURANÇA. DISPENSA DE LICITAÇÃO. PARECER FAVORÁVEL. ASSESSOR JURÍDICO. FRAUDE. PREJUÍZO À MUNICIPALIDADE. IMPOSIÇÃO DE MULTA.

(...)

Ainda que se possa argumentar acerca da natureza opinativa de um parecer, conforme sustentado pela recorrente e com base em alguns precedentes jurisprudenciais, o fato é que a situação dos autos se apresenta bastante peculiar, e esta Corte de Justiça entende que quando elaborado um parecer com natureza essencialmente fraudulenta, e com evidente prejuízo ao erário, a responsabilização do parecerista é de rigor. Em situações análogas, confira-se: (AgInt nos EDcl nos EDcl no REsp 1.307.646/RJ, Rel. Ministro Francisco Falcão, Segunda Turma, julgado em 5/2/2019, DJe 14/2/2019, REsp 1.804.572/SP, Rel. Ministro Herman Benjamin, Segunda

Turma, julgado em 14/5/2019, *DJe* 31/5/2019 e RHC 82.377/MA, Rel. Ministro Ribeiro Dantas, Quinta Turma, julgado em 10/10/2017, *DJe* 18/10/2017.) V – Cumpre também reiterar a seguinte argumentação exposta pelo Ministério Público Federal, *in verbis* (fls. 3.056-3.063): "... No caso em tela, há fortes indícios de que a recorrente contribuiu indevidamente para a contratação de organização que não atendia aos requisitos necessários à prestação dos serviços esperados, subsidiando inadequada dispensa de licitação, que gerou evidente prejuízo ao ente municipal. VI – Agravo interno improvido".
(AgInt nos EDcl no RMS 54.398/RJ, Rel. Ministro FRANCISCO FALCÃO, SEGUNDA TURMA, julgado em 24-8-2020, *DJe* 28-8-2020.)

PROCESSO PENAL. RECURSO ORDINÁRIO EM "HABEAS CORPUS". PREVARICAÇÃO. CRIME CONTRA A ORDEM TRIBUTÁRIA. ORGANIZAÇÃO CRIMINOSA. TRANCAMENTO DA AÇÃO PENAL. EXCEPCIONALIDADE NA VIA ELEITA. FLAGRANTE ATIPICIDADE EVIDENCIADA. DENÚNCIA INEPTA. RECURSO PROVIDO.

(...)

Nos termos do art. 133 da Constituição Federal, "o advogado é indispensável à administração da Justiça, sendo inviolável por seus atos e manifestações no exercício da profissão, nos limites da lei". Sem embargo, a inviolabilidade do advogado não pode ser tida por absoluta, devendo ser limitada ao exercício regular de sua atividade profissional, não sendo admissível que sirva de salvaguarda para a prática de condutas abusivas ou atentatórias à lei e à moralidade que deve conduzir a prática da advocacia.

No julgamento do MS n. 24.631/DF, da relatoria do Exmo. Sr. Ministro Joaquim Barbosa, o Plenário do Supremo Tribunal Federal reconheceu a impossibilidade de responsabilização dos advogados públicos pelo conteúdo de pareceres técnico-jurídicos meramente opinativos, salvo se evidenciada a presença de culpa ou erro grosseiro.

Conforme o consolidado no âmbito deste Superior Tribunal de Justiça, a imunidade do advogado público não obsta a sua responsabilização por possíveis condutas criminosas praticadas no exercício de sua atividade profissional, desde que demonstrado que agiu imbuído de dolo.

(...)

8. Nos dizeres de José dos Santos Carvalho Filho, "o agente que emite o parecer não pode ser considerado solidariamente responsável com o agente que produziu o ato administrativo final, decidindo pela aprovação do parecer. A responsabilidade do parecerista pelo fato de ter sugerido mal somente lhe pode ser atribuída se houve comprovação indiscutível de que agiu dolosamente, vale dizer, com intuito predeterminado de cometer improbidade administrativa. Semelhante comprovação, entretanto, não dimana do parecer em si, mas, ao revés, constitui ônus daquele que impugna a validade de ato em função da conduta de seu autor" (CARVALHO FILHO, José dos Santos. *Manual de Direito Administrativo*. 28ª ed. São Paulo: Atlas, 2015, p. 139-140).
(RHC 82.377/MA, Rel. Ministro RIBEIRO DANTAS, QUINTA TURMA, julgado em 10-10-2017, *DJe* 18-10-2017.)

Jurisprudência do TCU:

Os pareceres técnicos e jurídicos não vinculam as autoridades competentes, que permanecem responsáveis pelos atos que praticam. A autoridade administrativa, quando da avaliação dos aspectos técnicos e jurídicos do edital e do projeto básico, possui liberdade para discordar dos pareceres, desde que o faça de forma fundamentada. "[...]

22. Com relação à suposta vinculação da atuação administrativa do gestor aos pareceres anteriores, anota-se que o presente argumento não possui respaldo jurídico. A autoridade administrativa competente, quando da avaliação dos aspectos técnicos e jurídicos do edital e do projeto básico, para fins de aprovação, possui liberdade para discordar dos pareceres anteriores, desde que o faça de forma fundamentada no processo administrativo pertinente. 23. Dito de outra forma, os pareceres técnicos e jurídicos, ainda que eventualmente obrigatórios, não vinculam as autoridades legal ou regimentalmente competentes pela prática dos atos, as quais, de maneira geral, permanecem responsáveis pelo conteúdo dos atos administrativos que praticam. [...]."

(TRIBUNAL DE CONTAS DA UNIÃO. Acórdão 828/2013-Plenário. Relator: BENJAMIN ZYMLER.)

A manifestação contida em pareceres técnicos e jurídicos não vincula a atuação dos gestores, de modo que não tem força para impor ao administrador a prática de um ato manifestamente irregular, uma vez que cabe a ele, em última instância, decidir sobre a conveniência e a oportunidade de praticar atos administrativos. "[...] 30. O fato de a assessoria jurídica da prefeitura ter emitido parecer no sentido de que a contratação por inexigibilidade de licitação seria regular não afasta, de plano, a responsabilidade do ex-gestor. Afinal, pareceres jurídicos não têm força para impor ao administrador a prática de um ato manifestamente irregular. Cabe a ele, em última instância, decidir sobre a conveniência e a oportunidade de praticar atos administrativos, principalmente os concernentes a contratações, que vão ensejar pagamentos. Com esse desiderato, o responsável deveria ter adotado as medidas cabíveis para garantir a legalidade e a economicidade do ato questionado, o que não foi feito. [...]."

(TRIBUNAL DE CONTAS DA UNIÃO. Acórdão 4194/2020-Primeira Câmara. Relator: BENJAMIN ZYMLER.)

O parecer jurídico que não esteja fundamentado em razoável interpretação da lei, contenha grave ofensa à ordem pública ou deixe de considerar jurisprudência pacificada do TCU pode ensejar a responsabilização do seu autor, se o ato concorrer para eventual irregularidade praticada pela autoridade que nele se embasou. "[...] 19. Deste modo, entendo que a responsabilização jurídica do gestor encontra amparo na jurisprudência do TCU, segundo o qual o parecer jurídico que não esteja fundamentado em razoável interpretação da lei, contenha grave ofensa à ordem pública ou deixe de considerar jurisprudência pacificada pode, em tese, ensejar a responsabilização de seu autor, se o ato concorrer para eventual irregularidade praticada pelo gestor que nele se embasou (v.g. Acórdãos do Plenário 336/2008, 2.890/2014 e 615/2020).

A respeito, cabe trazer à baila recente manifestação do Supremo Tribunal Federal (Agravo Regimental em Mandado de Segurança 35.196, de 11/11/2019 – Primeira Turma):

"1. O advogado é passível de responsabilização 'pelos atos que, no exercício profissional, praticar com dolo ou culpa', consoante os artigos 133 da Constituição Federal e o artigo 32 da Lei 8.906/94, que estabelece os limites à inviolabilidade funcional.

O erro grave ou grosseiro do parecerista público define a extensão da responsabilidade, porquanto uma interpretação ampliativa desses conceitos pode gerar indevidamente a responsabilidade solidária do profissional pelas decisões gerenciais ou políticas do administrador público.

A responsabilidade do parecerista deve ser proporcional ao seu efetivo poder de decisão na formação do ato administrativo, porquanto a assessoria jurídica da Administração, em razão do caráter eminentemente técnico-jurídico da função, dispõe das minutas tão somente no formato que lhes são demandadas pelo administrador". (grifou-se). [...]

(TRIBUNAL DE CONTAS DA UNIÃO. Acórdão 13375/2020-Primeira Câmara. Relator: BENJAMIN ZYMLER.)

COMENTÁRIOS DOS AUTORES

No art. 53, que encontra breve correspondência no parágrafo único do art. 38 da Lei n. 8.666/93, a nova lei inova ao tratar da atuação do órgão de assessoramento jurídico, trazendo relevantes acréscimos.

O parecerista deixa de ser responsável apenas pela análise formal das minutas de editais de licitação e contratos, passando a realizar uma análise de legalidade de toda a contratação.

Nessa análise, deverá apreciar todo o procedimento, conforme critérios objetivos prévios de atribuição de prioridade. Esses critérios objetivos deverão ser elaborados previamente pelo órgão, gerando uma garantia ao procurador, tendo em vista que visa a coibir a exigência de pareceres em prazos inexequíveis, prática, infelizmente, muito comum na Administração Pública.

O inciso II do art. 53 inova, atribuindo ao parecerista a obrigação de levar em consideração não apenas os elementos jurídicos constantes dos autos, mas também os pressupostos fáticos ali presentes.

Desse modo, pode-se afirmar que em um procedimento de compra com dispensa de licitação, fundamentada na urgência, competirá ao Procurador Jurídico analisar a própria existência da urgência afirmada pelo Gestor, não podendo mais se ater apenas ao aspecto jurídico do procedimento.

A lei avançou e definiu aspectos de forma do parecer jurídico, estabelecendo que deverá ter uma linguagem clara e objetiva, podendo ser facilmente compreendida pelo gestor (que, em tese, não possui conhecimento técnico-jurídico). Ainda, o texto normativo avançava mais no regimento da estruturação formal do parecer, o que foi *vetado* pelo Presidente da República, tendo em vista que feria a separação dos poderes e a autonomia dos procuradores dos demais entes federativos.

O art. 54 traz uma grande novidade. Com a edição da Lei n. 14.133/2021, criou-se o Portal Nacional de Contratações Públicas (PNCP), veículo oficial de divulgação dos atos relativos às licitações e contratações públicas no país.

A partir da aplicação da nova lei, a publicidade do edital de licitação será realizada pela divulgação e manutenção do inteiro teor no PNCP.

A tradicional publicação e manutenção do edital de licitação no sítio eletrônico oficial do ente federativo licitante passa a ser facultativa e de forma adicional à publicação no PNCP.

Falar-se-á mais do PNCP ao longo do trabalho sobretudo nos arts. 94 e 174.

Por fim, a derrubada do veto do § 1º do art. 54 retomou a necessidade de divulgação do extrato do edital em jornal de grande circulação.

Capítulo IV
DA APRESENTAÇÃO DE PROPOSTAS E LANCES

ARTIGO 55

Art. 55. Os prazos mínimos para apresentação de propostas e lances, contados a partir da data de divulgação do edital de licitação, são de:

I – para aquisição de bens:

a) 8 (oito) dias úteis, quando adotados os critérios de julgamento de menor preço ou de maior desconto;

b) 15 (quinze) dias úteis, nas hipóteses não abrangidas pela alínea "a" deste inciso;

II – no caso de serviços e obras:

a) 10 (dez) dias úteis, quando adotados os critérios de julgamento de menor preço ou de maior desconto, no caso de serviços comuns e de obras e serviços comuns de engenharia;

b) 25 (vinte e cinco) dias úteis, quando adotados os critérios de julgamento de menor preço ou de maior desconto, no caso de serviços especiais e de obras e serviços especiais de engenharia;

c) 60 (sessenta) dias úteis, quando o regime de execução for de contratação integrada;

d) 35 (trinta e cinco) dias úteis, quando o regime de execução for o de contratação semi-integrada ou nas hipóteses não abrangidas pelas alíneas "a", "b" e "c" deste inciso;

III – para licitação em que se adote o critério de julgamento de maior lance, 15 (quinze) dias úteis;

IV – para licitação em que se adote o critério de julgamento de técnica e preço ou de melhor técnica ou conteúdo artístico, 35 (trinta e cinco) dias úteis.

§ 1º Eventuais modificações no edital implicarão nova divulgação na mesma forma de sua divulgação inicial, além do cumprimento dos mesmos prazos dos atos e procedimentos originais, exceto quando a alteração não comprometer a formulação das propostas.

§ 2º Os prazos previstos neste artigo poderão, mediante decisão fundamentada, ser reduzidos até a metade nas licitações realizadas pelo Ministério da Saúde, no âmbito do Sistema Único de Saúde (SUS).

Lei n. 8.666/93

Art. 21. Os avisos contendo os resumos dos editais das concorrências, das tomadas de preços, dos concursos e dos leilões, embora realizados no local da repartição interessada, deverão ser publicados com antecedência, no mínimo, por uma vez:

I – no Diário Oficial da União, quando se tratar de licitação feita por órgão ou entidade da Administração Pública Federal e, ainda, quando se tratar de obras financiadas parcial ou totalmente com recursos federais ou garantidas por instituições federais;

II – no Diário Oficial do Estado, ou do Distrito Federal quando se tratar, respectivamente, de licitação feita por órgão ou entidade da Administração Pública Estadual ou Municipal, ou do Distrito Federal;

III – em jornal diário de grande circulação no Estado e também, se houver, em jornal de circulação no Município ou na região onde será realizada a obra, prestado o serviço, fornecido, alienado ou alugado o bem, podendo ainda a Administração, conforme o vulto da licitação, utilizar-se de outros meios de divulgação para ampliar a área de competição.

§ 1º O viso publicado conterá a indicação do local em que os interessados poderão ler e obter o texto integral do edital e todas as informações sobre a licitação.

§ 2º O prazo mínimo até o recebimento das propostas ou da realização do evento será:

I – quarenta e cinco dias para:

a) concurso;

b) concorrência, quando o contrato a ser celebrado contemplar o regime de empreitada integral ou quando a licitação for do tipo "melhor técnica" ou "técnica e preço".

II – trinta dias para:

a) concorrência, nos casos não especificados na alínea "b" do inciso anterior;

b) tomada de preços, quando a licitação for do tipo "melhor técnica" ou "técnica e preço";

III – quinze dias para a tomada de preços, nos casos não especificados na alínea "b" do inciso anterior, ou leilão;

IV – cinco dias úteis para convite.

§ 3º Os prazos estabelecidos no parágrafo anterior serão contados a partir da última publicação do edital resumido ou da expedição do convite, ou ainda da efetiva disponibilidade do edital ou do convite e respectivos anexos, prevalecendo a data que ocorrer mais tarde.

§ 4º Qualquer modificação no edital exige divulgação pela mesma forma que se deu o texto original, reabrindo-se o prazo inicialmente estabelecido, exceto quando, inquestionavelmente, a alteração não afetar a formulação das propostas.

Lei n. 10.520/2002

Art. 4º A fase externa do pregão será iniciada com a convocação dos interessados e observará as seguintes regras:

(...)

V – o prazo fixado para a apresentação das propostas, contado a partir da publicação do aviso, não será inferior a 8 (oito) dias úteis;

Lei n. 12.462/2011

Art. 15. Será dada ampla publicidade aos procedimentos licitatórios e de pré-qualificação disciplinados por esta Lei, ressalvadas as hipóteses de informações cujo sigilo seja imprescindível à segurança da sociedade e do Estado, devendo ser adotados os seguintes prazos mínimos para apresentação de propostas, contados a partir da data de publicação do instrumento convocatório:

I – para aquisição de bens:

a) 5 (cinco) dias úteis, quando adotados os critérios de julgamento pelo menor preço ou pelo maior desconto; e

b) 10 (dez) dias úteis, nas hipóteses não abrangidas pela alínea "a" deste inciso;

II – para a contratação de serviços e obras:

a) 15 (quinze) dias úteis, quando adotados os critérios de julgamento pelo menor preço ou pelo maior desconto; e

b) 30 (trinta) dias úteis, nas hipóteses não abrangidas pela alínea "a" deste inciso;

III – para licitações em que se adote o critério de julgamento pela maior oferta: 10 (dez) dias úteis; e

IV – para licitações em que se adote o critério de julgamento pela melhor combinação de técnica e preço, pela melhor técnica ou em razão do conteúdo artístico: 30 (trinta) dias úteis.

§ 1º A publicidade a que se refere o *caput* deste artigo, sem prejuízo da faculdade de divulgação direta aos fornecedores, cadastrados ou não, será realizada mediante:

I – publicação de extrato do edital no Diário Oficial da União, do Estado, do Distrito Federal ou do Município, ou, no caso de consórcio público, do ente de maior nível entre eles, sem prejuízo da possibilidade de publicação de extrato em jornal diário de grande circulação; e

II – divulgação em sítio eletrônico oficial centralizado de divulgação de licitações ou mantido pelo ente encarregado do procedimento licitatório na rede mundial de computadores.

§ 2º No caso de licitações cujo valor não ultrapasse R$ 150.000,00 (cento e cinquenta mil reais) para obras ou R$ 80.000,00 (oitenta mil reais) para bens e serviços, inclusive de engenharia, é dispensada a publicação prevista no inciso I do § 1º deste artigo.

§ 3º No caso de parcelamento do objeto, deverá ser considerado, para fins da aplicação do disposto no § 2º deste artigo, o valor total da contratação.

§ 4º As eventuais modificações no instrumento convocatório serão divulgadas nos mesmos prazos dos atos e procedimentos originais, exceto quando a alteração não comprometer a formulação das propostas.

Lei n. 13.303/2016

Art. 39. Os procedimentos licitatórios, a pré-qualificação e os contratos disciplinados por esta Lei serão divulgados em portal específico mantido pela empresa pública ou sociedade de economia mista na internet, devendo ser adotados os seguintes prazos mínimos para apresentação de propostas ou lances, contados a partir da divulgação do instrumento convocatório:

I – para aquisição de bens:

a) 5 (cinco) dias úteis, quando adotado como critério de julgamento o menor preço ou o maior desconto;

b) 10 (dez) dias úteis, nas demais hipóteses;

II – para contratação de obras e serviços:

a) 15 (quinze) dias úteis, quando adotado como critério de julgamento o menor preço ou o maior desconto;

b) 30 (trinta) dias úteis, nas demais hipóteses;

III – no mínimo 45 (quarenta e cinco) dias úteis para licitação em que se adote como critério de julgamento a melhor técnica ou a melhor combinação de técnica e preço, bem como para licitação em que haja contratação semi-integrada ou integrada.

Parágrafo único. As modificações promovidas no instrumento convocatório serão objeto de divulgação nos mesmos termos e prazos dos atos e procedimentos originais, exceto quando a alteração não afetar a preparação das propostas.

Decreto n. 10.024/2019

Art. 22. Modificações no edital serão divulgadas pelo mesmo instrumento de publicação utilizado para divulgação do texto original e o prazo inicialmente estabelecido será reaberto, exceto se, inquestionavelmente, a alteração não afetar a formulação das propostas, resguardado o tratamento isonômico aos licitantes.

Art. 25. O prazo fixado para a apresentação das propostas e dos documentos de habilitação não será inferior a oito dias úteis, contado da data de publicação do aviso do edital.

Jurisprudência do TCU:

O esclarecimento, pela Administração, de dúvida suscitada por licitante que importe na aceitação de propostas com exigências distintas das previstas no edital não supre a necessidade de republicação do instrumento convocatório (art. 21, § 4º, da Lei 8.666/1993. "[...] 11. Ainda que o objeto ofertado pudesse ser mais vantajoso e atendesse os objetivos finais da contratação, não poderia o banco ter relegado exigência por ele mesmo imposta. A Caixa, ao perceber que a vedação não fazia sentido, deveria ter republicado o edital, nos termos do art. 21, § 4º, da Lei 8.666/93. A simples resposta a questionamento de licitante não é suficiente, ainda que anterior à fase de formulação de proposta. É que a decisão tomada pela Caixa pode ter afastado, em tese, outras empresas aptas a apresentar sistemas de monitoramento por meio de sensores mecânicos ou ópticos. [...]."
TRIBUNAL DE CONTAS DA UNIÃO. Acórdão 548/2016-Plenário. Relator: JOSÉ MUCIO MONTEIRO.

COMENTÁRIOS DOS AUTORES

Os prazos mínimos entre a divulgação do edital e a apresentação de propostas e lances também foram objeto de alteração pelo novo diploma. A primeira novidade é que agora todos os prazos são contados em dias úteis.

A segunda é que os prazos variam segundo a natureza do objeto da contração e conforme o critério de julgamento, da seguinte forma:

a) Licitação para aquisição de bens:
- menor preço ou maior desconto: 8 (oito) dias úteis;
- maior retorno econômico ou leilão: 15 (quinze) dias úteis;
- técnica e preço ou de melhor técnica ou conteúdo artístico: 35 (trinta e cinco) dias úteis.

b) Licitação para a realização de serviços e obras:

b.1) serviços comuns e de obras e serviços comuns de engenharia:
- menor preço ou de maior desconto: 10 (dez) dias úteis;

b.2) serviços especiais e de obras e serviços especiais de engenharia:
- menor preço ou de maior desconto: 25 (vinte e cinco) dias úteis;
- contratação integrada: 60 (sessenta) dias úteis;
- contratação semi-integrada: 35 (trinta e cinco) dias úteis.

Nas licitações realizadas pelo Ministério da Saúde, no âmbito do Sistema Único de Saúde (SUS), esses prazos poderão, mediante decisão fundamentada, ser reduzidos até a metade.

Saliente-se, por fim, que eventuais modificações no edital implicarão nova divulgação na mesma forma de sua divulgação inicial, além de se sujeitarem ao cumprimento dos mesmos prazos dos atos e procedimentos originais, salvo se a alteração não comprometer a formulação das propostas.

ARTIGOS 56 E 57

Art. 56. O modo de disputa poderá ser, isolada ou conjuntamente:

I – aberto, hipótese em que os licitantes apresentarão suas propostas por meio de lances públicos e sucessivos, crescentes ou decrescentes;

II – fechado, hipótese em que as propostas permanecerão em sigilo até a data e hora designadas para sua divulgação.

§ 1º A utilização isolada do modo de disputa fechado será vedada quando adotados os critérios de julgamento de menor preço ou de maior desconto.

§ 2º A utilização do modo de disputa aberto será vedada quando adotado o critério de julgamento de técnica e preço.

§ 3º Serão considerados intermediários os lances:

I – iguais ou inferiores ao maior já ofertado, quando adotado o critério de julgamento de maior lance;

II – iguais ou superiores ao menor já ofertado, quando adotados os demais critérios de julgamento.

§ 4º Após a definição da melhor proposta, se a diferença em relação à proposta classificada em segundo lugar for de pelo menos 5% (cinco por cento), a Administração poderá admitir o reinício da disputa aberta, nos termos estabelecidos no instrumento convocatório, para a definição das demais colocações.

§ 5º Nas licitações de obras ou serviços de engenharia, após o julgamento, o licitante vencedor deverá reelaborar e apresentar à Administração, por meio eletrônico, as planilhas com indicação dos quantitativos e dos custos unitários, bem como com detalhamento das Bonificações e Despesas Indiretas (BDI) e dos Encargos Sociais (ES), com os respectivos valores adequados ao valor final da proposta vencedora, admitida a utilização dos preços unitários, no caso de empreitada por preço global, empreitada integral, contratação semi-integrada e contratação integrada, exclusivamente para eventuais adequações indispensáveis no cronograma físico-financeiro e para balizar excepcional aditamento posterior do contrato.

Lei n. 12.462/2011

Art. 16. Nas licitações, poderão ser adotados os modos de disputa aberto e fechado, que poderão ser combinados na forma do regulamento.

Art. 17. O regulamento disporá sobre as regras e procedimentos de apresentação de propostas ou lances, observado o seguinte:

I – no modo de disputa aberto, os licitantes apresentarão suas ofertas por meio de lances públicos e sucessivos, crescentes ou decrescentes, conforme o critério de julgamento adotado;

II – no modo de disputa fechado, as propostas apresentadas pelos licitantes serão sigilosas até a data e hora designadas para que sejam divulgadas; e

III – nas licitações de obras ou serviços de engenharia, após o julgamento das propostas, o licitante vencedor deverá reelaborar e apresentar à administração pública, por meio eletrônico, as planilhas com indicação dos quantitativos e dos custos unitários, bem como do detalhamento das Bonificações e Despesas Indiretas (BDI) e dos Encargos Sociais (ES), com os respectivos valores adequados ao lance vencedor.

§ 1º Poderão ser admitidos, nas condições estabelecidas em regulamento:

I – a apresentação de lances intermediários, durante a disputa aberta; e

II – o reinício da disputa aberta, após a definição da melhor proposta e para a definição das demais colocações, sempre que existir uma diferença de pelo menos 10% (dez por cento) entre o melhor lance e o do licitante subsequente.

§ 2º Consideram-se intermediários os lances:

I – iguais ou inferiores ao maior já ofertado, quando adotado o julgamento pelo critério da maior oferta; ou

II – iguais ou superiores ao menor já ofertado, quando adotados os demais critérios de julgamento.

Lei n. 13.303/2016

Art. 52. Poderão ser adotados os modos de disputa aberto ou fechado, ou, quando o objeto da licitação puder ser parcelado, a combinação de ambos, observado o disposto no inciso III do art. 32 desta Lei.

§ 1º No modo de disputa aberto, os licitantes apresentarão lances públicos e sucessivos, crescentes ou decrescentes, conforme o critério de julgamento adotado.

§ 2º No modo de disputa fechado, as propostas apresentadas pelos licitantes serão sigilosas até a data e a hora designadas para que sejam divulgadas.

Art. 53. Quando for adotado o modo de disputa aberto, poderão ser admitidos:

(...)

Parágrafo único. Consideram-se intermediários os lances:

I – iguais ou inferiores ao maior já ofertado, quando adotado o julgamento pelo critério da maior oferta;

II – iguais ou superiores ao menor já ofertado, quando adotados os demais critérios de julgamento.

Art. 69. São cláusulas necessárias nos contratos disciplinados por esta Lei:

(...)

§ 2º Nos contratos decorrentes de licitações de obras ou serviços de engenharia em que tenha sido adotado o modo de disputa aberto, o contratado deverá reelaborar e apresentar à empresa pública ou à sociedade de economia mista e às suas respectivas subsidiárias, por meio eletrônico, as planilhas com indicação dos quantitativos e dos custos unitários, bem como do detalhamento das Bonificações e Despesas Indiretas (BDI) e dos Encargos Sociais (ES), com os respectivos valores adequados ao lance vencedor, para fins do disposto no inciso III do *caput* deste artigo.

Decreto n. 10.024/2019

Art. 31. Serão adotados para o envio de lances no pregão eletrônico os seguintes modos de disputa:

I – aberto – os licitantes apresentarão lances públicos e sucessivos, com prorrogações, conforme o critério de julgamento adotado no edital; ou

II – aberto e fechado – os licitantes apresentarão lances públicos e sucessivos, com lance final e fechado, conforme o critério de julgamento adotado no edital.

Parágrafo único. No modo de disputa aberto, o edital preverá intervalo mínimo de diferença de valores ou de percentuais entre os lances, que incidirá tanto em relação aos lances intermediários quanto em relação ao lance que cobrir a melhor oferta.

184 Artigos 56 e 57   Nova Lei de Licitações Comentada e Referenciada

Art. 32. No modo de disputa aberto, de que trata o inciso I do *caput* do art. 31, a etapa de envio de lances na sessão pública durará dez minutos e, após isso, será prorrogada automaticamente pelo sistema quando houver lance ofertado nos últimos dois minutos do período de duração da sessão pública.

§ 1º A prorrogação automática da etapa de envio de lances, de que trata o *caput*, será de dois minutos e ocorrerá sucessivamente sempre que houver lances enviados nesse período de prorrogação, inclusive quando se tratar de lances intermediários.

§ 2º Na hipótese de não haver novos lances na forma estabelecida no *caput* e no § 1º, a sessão pública será encerrada automaticamente.

§ 3º Encerrada a sessão pública sem prorrogação automática pelo sistema, nos termos do disposto no § 1º, o pregoeiro poderá, assessorado pela equipe de apoio, admitir o reinício da etapa de envio de lances, em prol da consecução do melhor preço disposto no parágrafo único do art. 7º, mediante justificativa.

Art. 33. No modo de disputa aberto e fechado, de que trata o inciso II do *caput* do art. 31, a etapa de envio de lances da sessão pública terá duração de quinze minutos.

§ 1º Encerrado o prazo previsto no *caput*, o sistema encaminhará o aviso de fechamento iminente dos lances e, transcorrido o período de até dez minutos, aleatoriamente determinado, a recepção de lances será automaticamente encerrada.

§ 2º Encerrado o prazo de que trata o § 1º, o sistema abrirá a oportunidade para que o autor da oferta de valor mais baixo e os autores das ofertas com valores até dez por cento superiores àquela possam ofertar um lance final e fechado em até cinco minutos, que será sigiloso até o encerramento deste prazo.

§ 3º Na ausência de, no mínimo, três ofertas nas condições de que trata o § 2º, os autores dos melhores lances subsequentes, na ordem de classificação, até o máximo de três, poderão oferecer um lance final e fechado em até cinco minutos, que será sigiloso até o encerramento do prazo.

§ 4º Encerrados os prazos estabelecidos nos § 2º e § 3º, o sistema ordenará os lances em ordem crescente de vantajosidade.

§ 5º Na ausência de lance final e fechado classificado nos termos dos § 2º e § 3º, haverá o reinício da etapa fechada para que os demais licitantes, até o máximo de três, na ordem de classificação, possam ofertar um lance final e fechado em até cinco minutos, que será sigiloso até o encerramento deste prazo, observado, após esta etapa, o disposto no § 4º.

§ 6º Na hipótese de não haver licitante classificado na etapa de lance fechado que atenda às exigências para habilitação, o pregoeiro poderá, auxiliado pela equipe de apoio, mediante justificativa, admitir o reinício da etapa fechada, nos termos do disposto no § 5º.

Art. 57. O edital de licitação poderá estabelecer intervalo mínimo de diferença de valores entre os lances, que incidirá tanto em relação aos lances intermediários quanto em relação à proposta que cobrir a melhor oferta.

COMENTÁRIOS DOS AUTORES

Previsão que já encontrava correspondência na Lei n. 12.462/2011 e no Decreto n. 10.024/2019:

Art. 17. O regulamento disporá sobre as regras e procedimentos de apresentação de propostas ou lances, observado o seguinte:

§ 1º Poderão ser admitidos, nas condições estabelecidas em regulamento:

I – a apresentação de lances intermediários, durante a disputa aberta; e

II – o reinício da disputa aberta, após a definição da melhor proposta e para a definição das demais colocações, sempre que existir uma diferença de pelo menos 10% (dez por cento) entre o melhor lance e o do licitante subsequente.

§ 2º Consideram-se intermediários os lances:

I – iguais ou inferiores ao maior já ofertado, quando adotado o julgamento pelo critério da maior oferta; ou

II – iguais ou superiores ao menor já ofertado, quando adotados os demais critérios de julgamento.

Decreto n. 10.024/2019

Art. 3º Para fins do disposto neste Decreto, considera-se:

(...)

V – lances intermediários – lances iguais ou superiores ao menor já ofertado, porém inferiores ao último lance dado pelo próprio licitante.

Art. 14. No planejamento do pregão, na forma eletrônica, será observado o seguinte:

(...)

III – elaboração do edital, que estabelecerá os critérios de julgamento e a aceitação das propostas, o modo de disputa e, quando necessário, o intervalo mínimo de diferença de valores ou de percentuais entre os lances, que incidirá tanto em relação aos lances intermediários quanto em relação ao lance que cobrir a melhor oferta.

ARTIGO 58

Art. 58. Poderá ser exigida, no momento da apresentação da proposta, a comprovação do recolhimento de quantia a título de garantia de proposta, como requisito de pré-habilitação.

§ 1º A garantia de proposta não poderá ser superior a 1% (um por cento) do valor estimado para a contratação.

§ 2º A garantia de proposta será devolvida aos licitantes no prazo de 10 (dez) dias úteis, contado da assinatura do contrato ou da data em que for declarada fracassada a licitação.

§ 3º Implicará execução do valor integral da garantia de proposta a recusa em assinar o contrato ou a não apresentação dos documentos para a contratação.

§ 4º A garantia de proposta poderá ser prestada nas modalidades de que trata o § 1º do art. 96 desta Lei.

Lei n. 8.666/93

Art. 56. A critério da autoridade competente, em cada caso, e desde que prevista no instrumento convocatório, poderá ser exigida prestação de garantia nas contratações de obras, serviços e compras.

§ 1º Caberá ao contratado optar por uma das seguintes modalidades de garantia:

I – caução em dinheiro ou em títulos da dívida pública, devendo estes ter sido emitidos sob a forma escritural, mediante registro em sistema centralizado de liquidação e de custódia autorizado pelo Banco Central do Brasil e avaliados pelos seus valores econômicos, conforme definido pelo Ministério da Fazenda; (Redação dada pela Lei n. 11.079, de 2004.)

II – seguro-garantia;

III – fiança bancária.

§ 2º A garantia a que se refere o *caput* deste artigo não excederá a cinco por cento do valor do contrato e terá seu valor atualizado nas mesmas condições daquele, ressalvado o previsto no parágrafo 3º deste artigo.

§ 3º Para obras, serviços e fornecimentos de grande vulto envolvendo alta complexidade técnica e riscos financeiros consideráveis, demonstrados através de parecer tecnicamente aprovado pela autoridade competente, o limite de garantia previsto no parágrafo anterior poderá ser elevado para até dez por cento do valor do contrato.

§ 4º A garantia prestada pelo contratado será liberada ou restituída após a execução do contrato e, quando em dinheiro, atualizada monetariamente.

§ 5º Nos casos de contratos que importem na entrega de bens pela Administração, dos quais o contratado ficará depositário, ao valor da garantia deverá ser acrescido o valor desses bens.

Lei n. 12.462/2011

Art. 22. O julgamento pela maior oferta de preço será utilizado no caso de contratos que resultem em receita para a administração pública.

§ 1º Quando utilizado o critério de julgamento pela maior oferta de preço, os requisitos de qualificação técnica e econômico-financeira poderão ser dispensados, conforme dispuser o regulamento.

§ 2º No julgamento pela maior oferta de preço, poderá ser exigida a comprovação do recolhimento de quantia a título de garantia, como requisito de habilitação, limitada a 5% (cinco por cento) do valor ofertado.

§ 3º Na hipótese do § 2º deste artigo, o licitante vencedor perderá o valor da entrada em favor da administração pública caso não efetive o pagamento devido no prazo estipulado.

COMENTÁRIOS DOS AUTORES

A nova lei traz a possibilidade de o Administrador público exigir, no momento da apresentação da proposta, o oferecimento de garantia pelo licitante, como requisito de pré-habilitação.

É importante ressaltar a característica de faculdade dessa exigência, tendo em vista que a contratação de garantia por parte do licitante gera custos, onerando a contratação.

Com efeito, é preciso ter sempre em mente que toda garantia ou cláusula exorbitante em favor da Administração traz consigo a reboque um aumento de custo da contratação, tendo em vista que o futuro contratante incluíra no preço da proposta essa oneração.

Desse modo, é importante que a exigência de garantias seja feita com razoabilidade e pesando seu custo-benefício.

Essa garantia fica limitada a 1% do valor a ser contratado. A garantia será restituída ao licitante em até 10 dias úteis, contado da assinatura do contrato ou da declaração de licitação fracassada.

Caso, no momento da assinatura do contrato, o licitante vencedor se recusar a assiná-lo ou deixar de apresentar os documentos necessários para a contratação, perderá o valor integral da garantia apresentada.

A garantia da proposta poderá consistir em caução em dinheiro, títulos da dívida pública emitidos sob a forma escritural, seguro-garantia ou fiança bancária.

Capítulo V
DO JULGAMENTO

ARTIGO 59

Art. 59. Serão desclassificadas as propostas que:

I – contiverem vícios insanáveis;

II – não obedecerem às especificações técnicas pormenorizadas no edital;

III – apresentarem preços inexequíveis ou permanecerem acima do orçamento estimado para a contratação;

IV – não tiverem sua exequibilidade demonstrada, quando exigido pela Administração;

V – apresentarem desconformidade com quaisquer outras exigências do edital, desde que insanável.

§ 1º A verificação da conformidade das propostas poderá ser feita exclusivamente em relação à proposta mais bem classificada.

§ 2º A Administração poderá realizar diligências para aferir a exequibilidade das propostas ou exigir dos licitantes que ela seja demonstrada, conforme disposto no inciso IV do *caput* deste artigo.

§ 3º No caso de obras e serviços de engenharia e arquitetura, para efeito de avaliação da exequibilidade e de sobrepreço, serão considerados o preço global, os quantitativos e os preços unitários tidos como relevantes, observado o critério de aceitabilidade de preços unitário e global a ser fixado no edital, conforme as especificidades do mercado correspondente.

§ 4º No caso de obras e serviços de engenharia, serão consideradas inexequíveis as propostas cujos valores forem inferiores a 75% (setenta e cinco por cento) do valor orçado pela Administração.

§ 5º Nas contratações de obras e serviços de engenharia, será exigida garantia adicional do licitante vencedor cuja proposta for inferior a 85% (oitenta e cinco por cento) do valor orçado pela Administração, equivalente à diferença entre este último e o valor da proposta, sem prejuízo das demais garantias exigíveis de acordo com esta Lei.

Lei n. 8.666/93

Art. 48. Serão desclassificadas:

I – as propostas que não atendam às exigências do ato convocatório da licitação;

II – propostas com valor global superior ao limite estabelecido ou com preços manifestamente inexequíveis, assim considerados aqueles que não venham a ter demonstrada sua viabilidade através de documentação que comprove que os custos dos insumos são coerentes com os de mercado e que os coeficientes de produtividade são compatíveis com a execução do objeto do contrato, condições estas necessariamente especificadas no ato convocatório da licitação.

§ 1º Para os efeitos do disposto no inciso II deste artigo consideram-se manifestamente inexequíveis, no caso de licitações de menor preço para obras e serviços de engenharia, as propostas cujos valores sejam inferiores a 70% (setenta por cento) do menor dos seguintes valores:

a) média aritmética dos valores das propostas superiores a 50% (cinquenta por cento) do valor orçado pela administração, ou

b) valor orçado pela administração.

§ 2º Dos licitantes classificados na forma do parágrafo anterior cujo valor global da proposta for inferior a 80% (oitenta por cento) do menor valor a que se referem as alíneas "a" e "b", será exigida, para a assinatura do contrato, prestação de garantia adicional, dentre as modalidades previstas no § 1º do art. 56, igual a diferença entre o valor resultante do parágrafo anterior e o valor da correspondente proposta.

§ 3º Quando todos os licitantes forem inabilitados ou todas as propostas forem desclassificadas, a administração poderá fixar aos licitantes o prazo de oito dias úteis para a apresentação de nova documentação ou de outras propostas escoimadas das causas referidas neste artigo, facultada, no caso de convite, a redução deste prazo para três dias úteis.

Art. 40. O edital conterá no preâmbulo o número de ordem em série anual, o nome da repartição interessada e de seu setor, a modalidade, o regime de execução e o tipo da licitação, a menção de que será regida por esta Lei, o local, dia e hora para recebimento da documentação e proposta, bem como para início da abertura dos envelopes, e indicará, obrigatoriamente, o seguinte:

(...)

X – o critério de aceitabilidade dos preços unitário e global, conforme o caso, permitida a fixação de preços máximos e vedados a fixação de preços mínimos, critérios estatísticos ou faixas de variação em relação a preços de referência, ressalvado o disposto nos parágrafos 1º e 2º do art. 48;

Lei n. 12.462/2011

Art. 24. Serão desclassificadas as propostas que:

I – contenham vícios insanáveis;

II – não obedeçam às especificações técnicas pormenorizadas no instrumento convocatório;

III – apresentem preços manifestamente inexequíveis ou permaneçam acima do orçamento estimado para a contratação, inclusive nas hipóteses previstas no art. 6º desta Lei;

IV – não tenham sua exequibilidade demonstrada, quando exigido pela administração pública; ou

V – apresentem desconformidade com quaisquer outras exigências do instrumento convocatório, desde que insanáveis.

§ 1º A verificação da conformidade das propostas poderá ser feita exclusivamente em relação à proposta mais bem classificada.

§ 2º A administração pública poderá realizar diligências para aferir a exequibilidade das propostas ou exigir dos licitantes que ela seja demonstrada, na forma do inciso IV do *caput* deste artigo.

§ 3º No caso de obras e serviços de engenharia, para efeito de avaliação da exequibilidade e de sobrepreço, serão considerados o preço global, os quantitativos e os preços unitários considerados relevantes, conforme dispuser o regulamento.

Jurisprudência do STJ:

ADMINISTRATIVO. RECURSO ESPECIAL SOB O RITO DOS RECURSOS REPETITIVOS. ARTS. 40, INC. X, E 48, §§ 1º E 2º, DA LEI N. 8.666/1993. CLÁUSULA EDITALÍCIA EM LICITAÇÃO/PREGÃO. FIXAÇÃO DE PERCENTUAL MÍNIMO REFERENTE À TAXA DE ADMINISTRAÇÃO. INTUITO DE OBSTAR EVENTUAIS PROPOSTAS, EM TESE, INEXEQUÍVEIS. DESCABIMENTO.

BUSCA DA PROPOSTA MAIS VANTAJOSA PARA A ADMINISTRAÇÃO. CARÁTER COMPE-TITIVO DO CERTAME. ENTENDIMENTO CONSOLIDADO NO TCU. EXISTÊNCIA DE OU-TRAS GARANTIAS CONTRA AS PROPOSTAS INEXEQUÍVEIS NA LEGISLAÇÃO.

RECURSO ESPECIAL CONHECIDO E IMPROVIDO. RECURSO JULGADO SOB A SISTEMÁTI-CA DO ART. 1.036 E SEGUINTES DO CPC, C/C O ART. 256-N E SEGUINTES DO REGIMEN-TO INTERNO DO STJ.

O objeto da presente demanda é definir se o ente público pode estipular cláusula editalícia em licitação/pregão prevendo percentual mínimo referente à taxa de administração, como forma de resguardar-se de eventuais propostas, em tese, inexequíveis.

Não merece acolhida a preliminar de não conhecimento. A inexequibilidade do contrato, no caso concreto, não consistiu em objeto de apreciação do aresto impugnado, cujo foco se limi-tou a deixar expresso que o art. 40, X, da Lei n. 8.666/1993, ao impedir a limitação de preços mínimos no edital, aplica-se à taxa de administração. O que o acórdão recorrido decidiu foi a ilegalidade da cláusula editalícia que previu percentual mínimo de 1% (um por cento), não chegando ao ponto de analisar fatos e provas em relação às propostas específicas apresenta-das pelos concorrentes no certame.

Conforme informações prestadas pelo Núcleo de Gerenciamento de Precedentes deste Tribu-nal, "quanto ao aspecto numérico, a Vice-Presidência do Tribunal de origem, em auxílio a esta Corte, apresenta às e-STJ, fls. 257-264, listagem com 140 processos em tramitação nas Câ-maras de Direito Público ou no Órgão Especial do Tribunal cearense em que se discutem a mesma controvérsia destes autos. Não obstante, é possível inferir haver grande potencial de repetição de processos em todo o território nacional em virtude da questão jurídica discutida nos autos relacionada ao processo licitatório e à possibilidade de a administração fixar valor mínimo de taxa de administração". Tudo isso a enfatizar a importância de que o STJ exerça sua função primordial de uniformizar a interpretação da lei federal no Brasil, evitando que prossi-gam as controvérsias sobre matéria de tão alto relevo e repercussão no cotidiano da Adminis-tração Pública em seus diversos níveis, com repercussão direta nos serviços prestados à po-pulação e na proteção dos cofres públicos.

A fixação de percentual mínimo de taxa de administração em edital de licitação/pregão fere expressamente a norma contida no inciso X do art. 40 da Lei n. 8.666/1993, que veda "a fixa-ção de preços mínimos, critérios estatísticos ou faixas de variação em relação a preços de re-ferência".

A própria Lei de Licitações, a exemplo dos §§ 1º e 2º do art. 48, prevê outros mecanismos de combate às propostas inexequíveis em certames licitatórios, permitindo que o licitante preste garantia adicional, tal como caução em dinheiro ou em títulos da dívida pública, seguro-garan-tia e fiança bancária.

Sendo o objetivo da licitação selecionar a proposta mais vantajosa para a Administração con-soante expressamente previsto no art. 3º da Lei n. 8.666/1993, a fixação de um preço mínimo atenta contra esse objetivo, especialmente considerando que um determinado valor pode ser inexequível para um licitante, porém exequível para outro. Precedente do TCU.

Deve a Administração, portanto, buscar a proposta mais vantajosa; em caso de dúvida sobre a exequibilidade, ouvir o respectivo licitante; e, sendo o caso, exigir-lhe a prestação de garan-tia. Súmula 262/TCU. Precedentes do STJ e do TCU.

Nos moldes da Súmula 331/TST, a responsabilidade da Administração Pública pelo inadimple-mento das obrigações trabalhistas por parte da empresa contratada é subsidiária. A efetiva fiscalização da prestadora de serviço quanto ao cumprimento das obrigações contratuais e legais – especialmente o adimplemento dos encargos trabalhistas, previdenciários e fiscais – afasta a responsabilização do ente público, diante da inexistência de conduta culposa. Não é necessário, portanto, fixar-se um percentual mínimo de taxa de administração no edital de licitação para evitar tal responsabilização.

Cuida-se a escolha da taxa de administração, como se vê, de medida compreendida na área negocial dos interessados, a qual fomenta a competitividade entre as empresas que atuam nesse mercado, em benefício da obtenção da melhor proposta pela Administração Pública.

Tese jurídica firmada: "Os editais de licitação ou pregão não podem conter cláusula prevendo percentual mínimo referente à taxa de administração, sob pena de ofensa ao artigo 40, inciso X, da Lei n. 8.666/1993." 11. Recurso especial conhecido e improvido, nos termos da fundamentação.12. Recurso julgado sob a sistemática do art. 1.036 e seguintes do CPC e art. 256-N e seguintes do Regimento Interno desta Corte Superior.

(REsp 1840113/CE, Rel. Ministro OG FERNANDES, PRIMEIRA SEÇÃO, julgado em 23-9-2020, DJe 23-10-2020.)

RECURSO ESPECIAL. ADMINISTRATIVO. LICITAÇÃO. PROPOSTA INEXEQUÍVEL. ART. 48, I E II, 1º, DA LEI 8.666/93. PRESUNÇÃO RELATIVA. POSSIBILIDADE DE COMPROVAÇÃO PELO LICITANTE DA EXEQUIBILIDADE DA PROPOSTA. RECURSO DESPROVIDO.

A questão controvertida consiste em saber se o não atendimento dos critérios objetivos previstos no art. 48, I e II, § 1º, *a* e *b*, da Lei 8.666/93 para fins de análise do caráter exequível/inexequível da proposta apresentada em procedimento licitatório gera presunção absoluta ou relativa de inexequibilidade.

A licitação visa a selecionar a proposta mais vantajosa à Administração Pública, de maneira que a inexequibilidade prevista no mencionado art. 48 da Lei de Licitações e Contratos Administrativos não pode ser avaliada de forma absoluta e rígida. Ao contrário, deve ser examinada em cada caso, averiguando-se se a proposta apresentada, embora enquadrada em alguma das hipóteses de inexequibilidade, pode ser, concretamente, executada pelo proponente. Destarte, a presunção de inexequibilidade deve ser considerada relativa, podendo ser afastada, por meio da demonstração, pelo licitante que apresenta a proposta, de que esta é de valor reduzido, mas exequível.

Nesse contexto, a proposta inferior a 70% do valor orçado pela Administração Pública (art. 48, § 1º, *b*, da Lei 8.666/93) pode ser considerada exequível, se houver comprovação de que o proponente pode realizar o objeto da licitação. Nas palavras de Marçal Justen Filho, "como é vedado licitação de preço-base, não pode admitir-se que 70% do preço orçado seja o limite absoluto de validade das propostas. Tem de reputar-se, também por isso, que o licitante cuja proposta for inferior ao limite do § 1º disporá da faculdade de provar à Administração que dispõe de condições materiais para executar sua proposta. Haverá uma inversão do ônus da prova, no sentido de que se presume inexequível a proposta de valor inferior, cabendo ao licitante o encargo de provar o oposto" (*in* Comentários à Lei de Licitações e Contratos Administrativos, 12ª ed., São Paulo: Dialética, 2008, p. 610).

(REsp 965.839/SP, Rel. Ministra DENISE ARRUDA, PRIMEIRA TURMA, julgado em 15-12-2009, DJe 2-2-2010.)

Jurisprudência do TCU:

Súmula 262: O critério definido no art. 48, inciso II, § 1º, alíneas "a" e "b", da Lei n. 8.666/93 conduz a uma presunção relativa de inexequibilidade de preços, devendo a Administração dar à licitante a oportunidade de demonstrar a exequibilidade da sua proposta.

Súmula 259: Nas contratações de obras e serviços de engenharia, a definição do critério de aceitabilidade dos preços unitários e global, com fixação de preços máximos para ambos, é obrigação e não faculdade do gestor.

"[...] 9.4.9. o juízo sobre a inexequibilidade, em regra, tem como parâmetro o valor global da proposta, no entanto, admite exceções quando os itens impugnados possuem custo total materialmente relevante e são essenciais para a boa execução do objeto licitado, devendo a Administração dar à licitante a oportunidade de demonstrar a exequibilidade da sua proposta, consoante disposto do art. 48, inciso II, § 1º, alínea "b", da Lei 8.666/1993 c/c a jurisprudência desta Corte (Súmula TCU 262, Acórdão 637/2012-TCU- Plenário);[...]."

(TRIBUNAL DE CONTAS DA UNIÃO. Acórdão 1850/2020. Plenário. RELATOR: AUGUSTO SHERMAN. Disponível em: <https://pesquisa.apps.tcu.gov.br/#/redireciona/jurisprudencia-selecionada/%22JURISPRUDENCIA-SELECIONADA-95376%22>. Acesso em: 9 jan. 2021.)

"[...] 9.2.6. instrua as suas unidades responsáveis pelo processamento de licitações que o critério para aferição de inexequibilidade de preços definido no art. 48, inciso II, § 1º, alíneas 'a' e 'b', da Lei n. 8.666/93, conduz a uma presunção relativa de inexequibilidade de preços, cabendo à administração verificar, nos casos considerados inexequíveis a partir do referido critério, a efetiva capacidade de a licitante executar os serviços, no preço oferecido, com o intuito de assegurar o alcance do objetivo de cada certame, que é a seleção da proposta mais vantajosa; [...]"

(TRIBUNAL DE CONTAS DA UNIÃO. Acórdão 1679/2008. Plenário. RELATOR: UBIRATAN AGUIAR. Disponível em: <https://pesquisa.apps.tcu.gov.br/#/redireciona/jurisprudencia-selecionada/%22JURISPRUDENCIA-SELECIONADA-31583%22>. Acesso em: 9 jan. 2021.)

COMENTÁRIOS DOS AUTORES

Na fase de julgamento, a Administração selecionará a melhor proposta, seguindo critérios objetivos previstos no art. 33, quais sejam:

- menor preço;
- maior desconto;
- melhor técnica ou conteúdo artístico;
- técnica e preço;
- maior lance, no caso de leilão;
- maior retorno econômico.

Essa fase será orientada pelo princípio do julgamento objetivo, o qual está ligado diretamente ao princípio da vinculação ao instrumento convocatório e visa garantir aos participantes um procedimento impessoal, desprovido de qualquer tipo de favorecimento.

Carvalho Filho[24] explica que "o princípio do julgamento objetivo é corolário do princípio da vinculação ao instrumento convocatório. Consiste em que os critérios e fatores seletivos previstos no edital devem ser adotados inafastavelmente para o julgamento, evitando-se, assim, qualquer surpresa para os participantes da competição".

A vinculação ao instrumento convocatório, segundo explica o autor, é garantia que milita a favor tanto do administrador quanto dos administrados. "Significa que as regras traçadas para o

---

24 CARVALHO FILHO, José dos Santos. *Manual de direito administrativo*. 34. ed. São Paulo: Atlas, 2020, p. 258.

Lei n. 14.133, de 1º-4-2021   Artigo 59   193

procedimento devem ser fielmente observadas por todos. Se a regra fixada não é respeitada, o procedimento se torna inválido e suscetível de correção na via administrativa ou judicial"[25].

A desclassificação das propostas segue a linha que já era adotada pelo art. 24 da Lei n. 12.462/2011 (Lei do Regime Diferenciado de Contratações Públicas – RDC). Serão, pois, desclassificadas as propostas que:

- contiverem vícios insanáveis;
- não obedecerem às especificações técnicas pormenorizadas no edital;
- apresentarem preços inexequíveis ou permanecerem acima do orçamento estimado para a contratação;
- não tiverem sua exequibilidade demonstrada, quando exigida pela Administração;
- apresentarem desconformidade com quaisquer outras exigências do edital, desde que insanáveis.

Para aferir a exequibilidade das propostas ou exigir que ela seja demonstrada pelos licitantes, admite-se a realização de diligências pela Administração.

Em se tratando de obras e serviços de engenharia e arquitetura, para efeito de avaliação da exequibilidade e de sobrepreço, serão considerados o preço global, os quantitativos e os preços unitários tidos como relevantes, observado o critério de aceitabilidade de preços unitário e global a ser fixado no edital, conforme as especificidades do mercado correspondente.

Nesse caso, serão consideradas inexequíveis as propostas cujos valores forem inferiores a **75% (setenta e cinco por cento) do valor orçado pela Administração.** Imperioso salientar que, sob a vigência da Lei n. 8.666/93, esse percentual era de 70% e poderia ter como parâmetro tanto o valor orçado pela Administração quanto a média aritmética dos valores das propostas superiores a 50% do valor orçado pela administração, o que fosse menor.

De acordo com o STJ (REsp 965.839/SP, Rel. Ministra Denise Arruda, Primeira Turma, julgado em 15-12-2009, DJe 2-2-2010), em decisão prolatada com base na ora revogada Lei n. 8.666/93, a inexequibilidade não pode ser avaliada de forma absoluta e rígida. Os critérios estabelecidos pela lei conduzem, apenas, a uma **presunção relativa** de inexequibilidade de preços, devendo a Administração dar à licitante a oportunidade de demonstrar a exequibilidade da sua proposta (nesse sentido, a Súmula 262 do TCU).

A inexequibilidade deve, pois, ser examinada em cada caso, à luz de suas peculiaridades, averiguando-se se a proposta apresentada, embora enquadrada em alguma das hipóteses de inexequibilidade, pode ser, concretamente, executada pelo proponente. Nesse contexto, se o licitante que apresenta a proposta demonstrar que pode realizar o objeto da licitação.

As contratações de obras e serviços de engenharia apresentam, ainda, outra peculiaridade: a Administração poderá exigir garantia adicional do licitante vencedor se a proposta for inferior a 85% (oitenta e cinco por cento) do valor orçado pela Administração, equivalente à diferença entre esse último e o valor da proposta, sem prejuízo das demais garantias exigíveis de acordo com esta Lei. Previsão similar constava do art. 48, § 2º, da Lei n. 8.666/93, todavia, albergava mais licitantes, já que o percentual consignado era de 80%.

---

25 Idem, p. 257.

ARTIGO 60

Art. 60. Em caso de empate entre duas ou mais propostas, serão utilizados os seguintes critérios de desempate, nesta ordem:

I – disputa final, hipótese em que os licitantes empatados poderão apresentar nova proposta em ato contínuo à classificação;

II – avaliação do desempenho contratual prévio dos licitantes, para a qual deverão preferencialmente ser utilizados registros cadastrais para efeito de atesto de cumprimento de obrigações previstos nesta Lei;

III – desenvolvimento pelo licitante de ações de equidade entre homens e mulheres no ambiente de trabalho, conforme regulamento;

IV – desenvolvimento pelo licitante de programa de integridade, conforme orientações dos órgãos de controle.

§ 1º Em igualdade de condições, se não houver desempate, será assegurada preferência, sucessivamente, aos bens e serviços produzidos ou prestados por:

I – empresas estabelecidas no território do Estado ou do Distrito Federal do órgão ou entidade da Administração Pública estadual ou distrital licitante ou, no caso de licitação realizada por órgão ou entidade de Município, no território do Estado em que este se localize;

II – empresas brasileiras;

III – empresas que invistam em pesquisa e no desenvolvimento de tecnologia no País;

IV – empresas que comprovem a prática de mitigação, nos termos da Lei n. 12.187, de 29 de dezembro de 2009.

§ 2º As regras previstas no *caput* deste artigo não prejudicarão a aplicação do disposto no art. 44 da Lei Complementar n. 123, de 14 de dezembro de 2006.

Lei n. 8.666/93

Art. 3º A licitação destina-se a garantir a observância do princípio constitucional da isonomia, a seleção da proposta mais vantajosa para a administração e a promoção do desenvolvimento nacional sustentável e será processada e julgada em estrita conformidade com os princípios básicos da legalidade, da impessoalidade, da moralidade, da igualdade, da publicidade, da probidade administrativa, da vinculação ao instrumento convocatório, do julgamento objetivo e dos que lhes são correlatos.

§ 2º Em igualdade de condições, como critério de desempate, será assegurada preferência, sucessivamente, aos bens e serviços:

(...)

II – produzidos no País;

III – produzidos ou prestados por empresas brasileiras;

IV – produzidos ou prestados por empresas que invistam em pesquisa e no desenvolvimento de tecnologia no País;

V – produzidos ou prestados por empresas que comprovem cumprimento de reserva de cargos prevista em lei para pessoa com deficiência ou para reabilitado da Previdência Social e que atendam às regras de acessibilidade previstas na legislação.

Art. 45. O julgamento das propostas será objetivo, devendo a Comissão de licitação ou o responsável pelo convite realizá-lo em conformidade com os tipos de licitação, os critérios previamente estabelecidos no ato convocatório e de acordo com os fatores exclusivamente nele referidos, de maneira a possibilitar sua aferição pelos licitantes e pelos órgãos de controle.

(...)

§ 2º No caso de empate entre duas ou mais propostas, e após obedecido o disposto no § 2º do art. 3º desta Lei, a classificação se fará, obrigatoriamente, por sorteio, em ato público, para o qual todos os licitantes serão convocados, vedado qualquer outro processo.

§ 3º No caso da licitação do tipo "menor preço", entre os licitantes considerados qualificados a classificação se dará pela ordem crescente dos preços propostos, prevalecendo, no caso de empate, exclusivamente o critério previsto no parágrafo anterior.

Lei n. 12.462/2011

Art. 25. Em caso de empate entre 2 (duas) ou mais propostas, serão utilizados os seguintes critérios de desempate, nesta ordem:

I – disputa final, em que os licitantes empatados poderão apresentar nova proposta fechada em ato contínuo à classificação;

II – a avaliação do desempenho contratual prévio dos licitantes, desde que exista sistema objetivo de avaliação instituído;

III – os critérios estabelecidos no art. 3º da Lei n. 8.248, de 23 de outubro de 1991, e no § 2º do art. 3º da Lei n. 8.666, de 21 de junho de 1993; e

IV – sorteio.

Parágrafo único. As regras previstas no *caput* deste artigo não prejudicam a aplicação do disposto no art. 44 da Lei Complementar n. 123, de 14 de dezembro de 2006.

Lei Complementar n. 123/2006

Art. 44. Nas licitações será assegurada, como critério de desempate, preferência de contratação para as microempresas e empresas de pequeno porte.

§ 1º Entende-se por empate aquelas situações em que as propostas apresentadas pelas microempresas e empresas de pequeno porte sejam iguais ou até 10% (dez por cento) superiores à proposta mais bem classificada.

§ 2º Na modalidade de pregão, o intervalo percentual estabelecido no § 1º deste artigo será de até 5% (cinco por cento) superior ao melhor preço.

COMENTÁRIOS DOS AUTORES

O novo diploma de licitações, no que diz respeito ao empate das propostas, também seguiu a linha já consagrada pela Lei do RDC.

Enquanto a Lei n. 8.666/93 previa o sorteio como critério de desempate (art. 45, § 2º), a nova lei de licitações consagra critérios objetivos, dentre os quais se inclui o desenvolvimento de Programas de Integridade, a estimular práticas de prevenção à corrupção.

Mais uma vez, tem-se em evidência a função regulatória ou extraeconômica da licitação. Por essa teoria, conforme já explicado ao longo desta obra, o instituto da licitação não se presta somente a que a Administração realize a contratação de bens e serviços a um menor custo; o referido instituto tem espectro mais abrangente, servindo como instrumento para o atendimento de finalidades públicas outras, consagradas constitucionalmente, a exemplo da probidade e da moralidade na gestão da coisa pública.

A consagração de critérios objetivos de desempate, ademais, prioriza a escolha da proposta mais vantajosa para o Poder Público, especialmente em se considerando o primeiro critério, qual seja, a disputa final, facultando-se aos licitantes empatados a apresentação de nova proposta em ato contínuo à classificação.

Se, ainda assim, subsistir o empate, deverão ser utilizados, nesta ordem: a avaliação do desempenho contratual prévio dos licitantes (do que exsurge a relevância do registro cadastral, razão pela qual remetemos o leitor aos comentários dos arts. 86 e 87); o desenvolvimento pelo licitante de ações de equidade entre homens e mulheres no ambiente de trabalho, conforme regulamento; o desenvolvimento pelo licitante de programa de integridade, conforme orientações dos órgãos de controle.

Mesmo com todos esses critérios, é possível que as propostas permaneçam empatadas, a atrair a incidência da normativa constante do § 1º.

Saliente-se, por fim, que as regras de desempate ora previstas não excluem a aplicação do disposto no art. 44 da Lei Complementar n. 123, de 14 de dezembro de 2006, que consagra a preferência de contratação para as microempresas e empresas de pequeno porte.

Entende-se por empate aquelas situações em que as propostas apresentadas pelas microempresas e empresas de pequeno porte sejam iguais ou até 10% (dez por cento) superiores à proposta mais bem classificada. Na modalidade de pregão, esse percentual será de até 5% (cinco por cento) superior ao melhor preço.

ARTIGO 61

Art. 61. Definido o resultado do julgamento, a Administração poderá negociar condições mais vantajosas com o primeiro colocado.

§ 1º A negociação poderá ser feita com os demais licitantes, segundo a ordem de classificação inicialmente estabelecida, quando o primeiro colocado, mesmo após a negociação, for desclassificado em razão de sua proposta permanecer acima do preço máximo definido pela Administração.

§ 2º A negociação será conduzida por agente de contratação ou comissão de contratação, na forma de regulamento, e, depois de concluída, terá seu resultado divulgado a todos os licitantes e anexado aos autos do processo licitatório.

Lei n. 12.462/2011

Art. 26. Definido o resultado do julgamento, a administração pública poderá negociar condições mais vantajosas com o primeiro colocado.

Parágrafo único. A negociação poderá ser feita com os demais licitantes, segundo a ordem de classificação inicialmente estabelecida, quando o preço do primeiro colocado, mesmo após a negociação, for desclassificado por sua proposta permanecer acima do orçamento estimado.

COMENTÁRIOS DOS AUTORES

A negociação de condições mais vantajosas (também de inspiração da normativa do Regime Diferenciado de Contratações Públicas – *vide* art. 26 da Lei n. 12.462/2011) consiste em mecanismo que busca tornar a contratação ainda mais vantajosa para a Administração Pública, além de evitar o fracasso da licitação por meio da adequação da proposta vencedora.

A adoção da negociação, segundo a dicção da norma, é faculdade conferida à Administração ("a Administração **poderá** negociar [...]").

Todavia, na hipótese consagrada no § 1º, nos parece que não se trata de um mero poder, mas, sim, de um poder dever. Ora, se a proposta vencedora supera o orçamento definido pela Administração, o gestor público tem o dever de promover a negociação, adotando-se medidas que podem conduzir a uma contratação mais vantajosa e, inclusive, a evitar o fracasso do certame licitatório.

Observe-se, ainda, que as condições mais vantajosas, apesar de comumente estarem atreladas ao aspecto financeiro, a este não se restringem, desde que objetivamente auferíveis.

Devem, nesse contexto, ser asseguradas todas as garantias de probidade, lisura e impessoalidade cautelar para evitar que o ideal de ampliar os benefícios em favor da Administração Pública seja transformado em pesadelo de corrupção[26].

---

26 Neste sentido, é a lição de Marçal Justen Filho ao tratar da negociação no pregão. JUSTEN FILHO, Marçal. *Pregão*: comentários à legislação do pregão comum e eletrônico. 5. ed. São Paulo: Dialética, 2009, p. 191.

Capítulo VI
DA HABILITAÇÃO

ARTIGO 62

> **Art. 62.** A habilitação é a fase da licitação em que se verifica o conjunto de informações e documentos necessários e suficientes para demonstrar a capacidade do licitante de realizar o objeto da licitação, dividindo-se em:
> I – jurídica;
> II – técnica;
> III – fiscal, social e trabalhista;
> IV – econômico-financeira.

Jurisprudência do STF:

CONSTITUCIONAL E ADMINISTRATIVO. LEI 3.041/05, DO ESTADO DO MATO GROSSO DO SUL. LICITAÇÕES E CONTRATAÇÕES COM O PODER PÚBLICO. DOCUMENTOS EXIGIDOS PARA HABILITAÇÃO. CERTIDÃO NEGATIVA DE VIOLAÇÃO A DIREITOS DO CONSUMIDOR. DISPOSIÇÃO COM SENTIDO AMPLO, NÃO VINCULADA A QUALQUER ESPECIFICIDADE. INCONSTITUCIONALIDADE FORMAL, POR INVASÃO DA COMPETÊNCIA PRIVATIVA DA UNIÃO PARA LEGISLAR SOBRE A MATÉRIA (ART. 22, INCISO XXVII, DA CF). 1. A igualdade de condições dos concorrentes em licitações, embora seja enaltecida pela Constituição (art. 37, XXI), pode ser relativizada por duas vias: (a) pela lei, mediante o estabelecimento de condições de diferenciação exigíveis em abstrato; e (b) pela autoridade responsável pela condução do processo licitatório, que poderá estabelecer elementos de distinção circunstanciais, de qualificação técnica e econômica, sempre vinculados à garantia de cumprimento de obrigações específicas. 2. Somente a lei federal poderá, em âmbito geral, estabelecer desequiparações entre os concorrentes e assim restringir o direito de participar de licitações em condições de igualdade. Ao direito estadual (ou municipal) somente será legítimo inovar neste particular se tiver como objetivo estabelecer condições específicas, nomeadamente quando relacionadas a uma classe de objetos a serem contratados ou a peculiares circunstâncias de interesse local. 3. Ao inserir a Certidão de Violação aos Direitos do Consumidor no rol de documentos exigidos para a habilitação, o legislador estadual se arvorou na condição de intérprete primeiro do direito constitucional de acesso a licitações e criou uma presunção legal, de sentido e alcance amplíssimos, segundo a qual a existência de registros desabonadores nos cadastros públicos de proteção do consumidor é motivo suficiente para justificar o impedimento de contratar com a Administração local. 4. Ao dispor nesse sentido, a Lei Estadual 3.041/05 se dissociou dos termos gerais do ordenamento nacional de licitações e contratos, e, com isso, usurpou a competência privativa da União de dispor sobre normas gerais na matéria (art. 22, XXVII, da CF). 5. Ação direta de inconstitucionalidade julgada procedente.
(ADI 3735, Relator(a): TEORI ZAVASCKI, Tribunal Pleno, julgado em 8-9-2016, ACÓRDÃO ELETRÔNICO *DJe*-168 DIVULG 31-7-2017 PUBLIC 1-8-2017.)

Jurisprudência do TCU:

Súmula 272: No edital de licitação, é vedada a inclusão de exigências de habilitação e de quesitos de pontuação técnica para cujo atendimento os licitantes tenham de incorrer em custos que não sejam necessários anteriormente à celebração do contrato.

Lei n. 8.666/93

Art. 27. Para a habilitação nas licitações exigir-se-á dos interessados, exclusivamente, documentação relativa a:

I – habilitação jurídica;

II – qualificação técnica;

III – qualificação econômico-financeira;

IV – regularidade fiscal e trabalhista;

V – cumprimento do disposto no inciso XXXIII do art. 7º da Constituição Federal.

Lei n. 12.462/2011

Art. 14. Na fase de habilitação das licitações realizadas em conformidade com esta Lei, aplicar-se-á, no que couber, o disposto nos arts. 27 a 33 da Lei n. 8.666, de 21 de junho de 1993, observado o seguinte:

I – poderá ser exigida dos licitantes a declaração de que atendem aos requisitos de habilitação;

II – será exigida a apresentação dos documentos de habilitação apenas pelo licitante vencedor, exceto no caso de inversão de fases;

III – no caso de inversão de fases, só serão recebidas as propostas dos licitantes previamente habilitados; e

IV – em qualquer caso, os documentos relativos à regularidade fiscal poderão ser exigidos em momento posterior ao julgamento das propostas, apenas em relação ao licitante mais bem classificado.

Parágrafo único. Nas licitações disciplinadas pelo RDC:

I – será admitida a participação de licitantes sob a forma de consórcio, conforme estabelecido em regulamento; e

II – poderão ser exigidos requisitos de sustentabilidade ambiental, na forma da legislação aplicável.

Decreto n. 10.024/2019

Art. 40. Para habilitação dos licitantes, será exigida, exclusivamente, a documentação relativa:

I – à habilitação jurídica;

II – à qualificação técnica;

III – à qualificação econômico-financeira;

IV – à regularidade fiscal e trabalhista;

V – à regularidade fiscal perante as Fazendas Públicas estaduais, distrital e municipais, quando necessário; e

VI – ao cumprimento do disposto no inciso XXXIII do *caput* do art. 7º da Constituição e no inciso XVIII do *caput* do art. 78 da Lei n. 8.666, de 1993.

Parágrafo único. A documentação exigida para atender ao disposto nos incisos I, III, IV e V do *caput* poderá ser substituída pelo registro cadastral no Sicaf e em sistemas semelhantes mantidos pelos Estados, pelo Distrito Federal ou pelos Municípios, quando a licitação for realizada por esses entes federativos.

COMENTÁRIOS DOS AUTORES

Na fase habilitação, verifica-se a aptidão dos licitantes para celebração do futuro contrato, em estrita observância às condições de habilitação definidas no edital. Dado o princípio da virtualização, admite-se a sua realização por meio eletrônico, nos termos dispostos em regulamento (art. 65, § 2º).

Todas as empresas, inclusive as criadas no exercício financeiro da licitação deverão atender a todas as exigências dessa fase, facultando-se, nesse caso, a substituição dos demonstrativos contábeis pelo balanço de abertura.

Em se tratando de empresas estrangeiras que não funcionem no País, deverão ser apresentados documentos equivalentes, na forma de regulamento emitido pelo Poder Executivo federal (art. 70, parágrafo único).

A documentação aqui pormenorizada poderá ser dispensada, total ou parcialmente, em três hipóteses previstas no art. 70, inciso III:

a) contratações para entrega imediata;

b) contratações em valores inferiores a 1/4 (um quarto) do limite para dispensa de licitação para compras em geral – de acordo como art. 74, II, desta lei, é dispensada a contratação que envolva valores inferiores a R$ 50.000,00 (cinquenta mil reais), no caso de serviços e compras em geral. Sendo assim, a documentação referente à fase de habilitação poderá ser dispensada em se tratando de contratações em valores inferiores a R$ 12.500,00 (1/4 de R$ 50.000,00);

c) contratações de produto para pesquisa e desenvolvimento até o valor de R$ 300.000,00 (trezentos mil reais).

Como visto, agora, como regra geral, a habilitação somente ocorrerá após o julgamento das propostas, de modo a evitar que as questões formais discutidas na habilitação emperrem o procedimento.

O que antes era chamado de inversão de fases, agora é a regra geral, tal qual já ocorria no pregão e na licitação nas PPPs, por exemplo.

Para a habilitação nas licitações exigir-se-á dos interessados informações e documentos necessários e suficientes para demonstrar a capacidade do licitante de realizar o objeto da licitação, dividindo-se em:

I. habilitação jurídica;

II. qualificação técnica;

III. qualificação fiscal, social e trabalhista;

IV. qualificação econômico-financeira.

Observe-se, de início, que a exigência de cumprimento do disposto no inciso XXXIII do art. 7º da Constituição Federal constante do art. 27, V, da Lei n. 8.666/93, prevista como requisito autônomo da habilitação, agora integra o inciso III do art. 62, a ser aferida na qualificação social e trabalhista do licitante.

Imperioso destacar, ainda, que compete à União fixar as normas gerais sobre licitações e contratos, conforme preconiza o art. 22, XXVII, da CF.

Art. 22. Compete privativamente à União legislar sobre:

(...)

XXVII – normas gerais de licitação e contratação, em todas as modalidades, para as administrações públicas diretas, autárquicas e fundacionais da União, Estados, Distrito Federal e Municípios, obedecido o disposto no art. 37, XXI, e para as empresas públicas e sociedades de economia mista, nos termos do art. 173, § 1º, III;

Nada impede, contudo, que os Estados, Distrito Federal e Municípios editem leis tratando sobre licitações e contratos, desde que não se tratem de "normas gerais". Isto é, os demais entes federados podem apenas suplementar as normas gerais fixadas pela União, com esteio nos arts. 24, § 2º, 25, § 1º, e 30, II, todos da CF:

Art. 24, § 2º A competência da União para legislar sobre normas gerais não exclui a competência suplementar dos Estados.

Art. 25, § 1º São reservadas aos Estados as competências que não lhes sejam vedadas por esta Constituição.

Art. 30. Compete aos Municípios:

(...)

II – suplementar a legislação federal e a estadual no que couber;

Nesse contexto, para que a suplementação feita pelos Estados, DF e Municípios seja válida, faz-se imprescindível a identificação das normas gerais fixadas pela União no caso concreto como modelo nacional e, em seguida, a verificação se as inovações feitas pelo legislador estadual, distrital ou municipal sobre o tema são compatíveis com as normas gerais impostas pela União.

De acordo com o STF, "somente a lei federal poderá, em âmbito geral, estabelecer desequiparações entre os concorrentes e assim restringir o direito de participar de licitações em condições de igualdade. Ao direito estadual (ou municipal) somente será legítimo inovar neste particular se tiver como objetivo estabelecer condições específicas, nomeadamente quando relacionadas a uma classe de objetos a serem contratados ou a peculiares circunstâncias de interesse local" (STF. Plenário. ADI 3.735/MS, Rel. Min. Teori Zavascki, julgado em 8-9-2016 – Info 838).

Revela-se, pois, inconstitucional lei estadual, distrital ou municipal que exija nova certidão negativa (ex.: certidão negativa de violação dos direitos do consumidor) não prevista no diploma geral de licitações.

ARTIGOS 63, 64 E 65

Art. 63. Na fase de habilitação das licitações serão observadas as seguintes disposições:

I – poderá ser exigida dos licitantes a declaração de que atendem aos requisitos de habilitação, e o declarante responderá pela veracidade das informações prestadas, na forma da lei;

II – será exigida a apresentação dos documentos de habilitação apenas pelo licitante vencedor, exceto quando a fase de habilitação anteceder a de julgamento;

III – serão exigidos os documentos relativos à regularidade fiscal, em qualquer caso, somente em momento posterior ao julgamento das propostas, e apenas do licitante mais bem classificado;

IV – será exigida do licitante declaração de que cumpre as exigências de reserva de cargos para pessoa com deficiência e para reabilitado da Previdência Social, previstas em lei e em outras normas específicas.

§ 1º Constará do edital de licitação cláusula que exija dos licitantes, sob pena de desclassificação, declaração de que suas propostas econômicas compreendem a integralidade dos custos para atendimento dos direitos trabalhistas assegurados na Constituição Federal, nas leis trabalhistas, nas normas infralegais, nas convenções coletivas de trabalho e nos termos de ajustamento de conduta vigentes na data de entrega das propostas.

§ 2º Quando a avaliação prévia do local de execução for imprescindível para o conhecimento pleno das condições e peculiaridades do objeto a ser contratado, o edital de licitação poderá prever, sob pena de inabilitação, a necessidade de o licitante atestar que conhece o local e as condições de realização da obra ou serviço, assegurado a ele o direito de realização de vistoria prévia.

§ 3º Para os fins previstos no § 2º deste artigo, o edital de licitação sempre deverá prever a possibilidade de substituição da vistoria por declaração formal assinada pelo responsável técnico do licitante acerca do conhecimento pleno das condições e peculiaridades da contratação.

§ 4º Para os fins previstos no § 2º deste artigo, se os licitantes optarem por realizar vistoria prévia, a Administração deverá disponibilizar data e horário diferentes para os eventuais interessados.

Jurisprudência do STF:

Ementa: CONSTITUCIONAL E ADMINISTRATIVO. LEI 3.041/05, DO ESTADO DO MATO GROSSO DO SUL. LICITAÇÕES E CONTRATAÇÕES COM O PODER PÚBLICO. DOCUMENTOS EXIGIDOS PARA HABILITAÇÃO. CERTIDÃO NEGATIVA DE VIOLAÇÃO A DIREITOS DO CONSUMIDOR. DISPOSIÇÃO COM SENTIDO AMPLO, NÃO VINCULADA A QUALQUER ESPECIFICIDADE. INCONSTITUCIONALIDADE FORMAL, POR INVASÃO DA COMPETÊNCIA PRIVATIVA DA UNIÃO PARA LEGISLAR SOBRE A MATÉRIA (ART. 22, INCISO XXVII, DA CF). 1. A igualdade de condições dos concorrentes em licitações, embora seja enaltecida pela Constituição (art. 37, XXI), pode ser relativizada por duas vias: (a) pela lei, mediante o estabelecimento de condições de diferenciação exigíveis em abstrato; e (b) pela autoridade responsável pela condução do processo licitatório, que poderá estabelecer elementos de distinção circunstanciais, de qualificação técnica e econômica, sempre vinculados à garantia de cumprimento de obrigações específicas. 2. Somente a lei federal poderá, em âmbito geral, estabelecer desequiparações entre os concorrentes e assim restringir o direito de participar de licitações em condições de igualdade. Ao direito estadual (ou municipal) somente será legítimo inovar neste particular se tiver como objetivo estabelecer condições específicas, nomeadamente quando relacionadas a uma classe de objetos a serem contratados ou a peculiares circunstâncias de interesse local. 3. Ao inserir a Certidão de Violação aos Direitos do Consumidor no rol de documentos exigidos para a habilitação, o legislador estadual se arvorou na condição de intérprete primeiro do direito constitucional de acesso a licitações e criou uma presunção legal, de sentido e alcance amplíssimos, segundo a qual a existência de registros desabonadores nos cadastros públicos de proteção do consumidor é motivo suficiente para justificar o impedimento de contratar com a Administração local. 4. Ao dispor nesse sentido, a Lei Estadual 3.041/05 se dissociou dos termos gerais do ordenamento nacional de licitações e contratos, e, com isso, usurpou a competência privativa da União de dispor sobre normas gerais na matéria (art. 22, XXVII, da CF). 5. Ação direta de inconstitucionalidade julgada procedente.

(ADI 3735, Relator(a): TEORI ZAVASCKI, Tribunal Pleno, julgado em 8-9-2016, ACÓRDÃO ELETRÔNICO DJe-168 DIVULG 31-7-2017 PUBLIC 1-8-2017.)

Lei n. 12.462/2011

Art. 14. Na fase de habilitação das licitações realizadas em conformidade com esta Lei, aplicar-se-á, no que couber, o disposto nos arts. 27 a 33 da Lei n. 8.666, de 21 de junho de 1993, observado o seguinte:

I – poderá ser exigida dos licitantes a declaração de que atendem aos requisitos de habilitação;

II – será exigida a apresentação dos documentos de habilitação apenas pelo licitante vencedor, exceto no caso de inversão de fases;

III – no caso de inversão de fases, só serão recebidas as propostas dos licitantes previamente habilitados; e

IV – em qualquer caso, os documentos relativos à regularidade fiscal poderão ser exigidos em momento posterior ao julgamento das propostas, apenas em relação ao licitante mais bem classificado.

Parágrafo único. Nas licitações disciplinadas pelo RDC:

I – será admitida a participação de licitantes sob a forma de consórcio, conforme estabelecido em regulamento; e

II – poderão ser exigidos requisitos de sustentabilidade ambiental, na forma da legislação aplicável.

Art. 64. Após a entrega dos documentos para habilitação, não será permitida a substituição ou a apresentação de novos documentos, salvo em sede de diligência, para:

I – complementação de informações acerca dos documentos já apresentados pelos licitantes e desde que necessária para apurar fatos existentes à época da abertura do certame;

II – atualização de documentos cuja validade tenha expirado após a data de recebimento das propostas.

§ 1º Na análise dos documentos de habilitação, a comissão de licitação poderá sanar erros ou falhas que não alterem a substância dos documentos e sua validade jurídica, mediante despacho fundamentado registrado e acessível a todos, atribuindo-lhes eficácia para fins de habilitação e classificação.

§ 2º Quando a fase de habilitação anteceder a de julgamento e já tiver sido encerrada, não caberá exclusão de licitante por motivo relacionado à habilitação, salvo em razão de fatos supervenientes ou só conhecidos após o julgamento.

Decreto n. 10.024/2019

Art. 47. O pregoeiro poderá, no julgamento da habilitação e das propostas, sanar erros ou falhas que não alterem a substância das propostas, dos documentos e sua validade jurídica, mediante decisão fundamentada, registrada em ata e acessível aos licitantes, e lhes atribuirá validade e eficácia para fins de habilitação e classificação, observado o disposto na Lei n. 9.784, de 29 de janeiro de 1999.

Parágrafo único. Na hipótese de necessidade de suspensão da sessão pública para a realização de diligências, com vistas ao saneamento de que trata o *caput*, a sessão pública somente poderá ser reiniciada mediante aviso prévio no sistema com, no mínimo, vinte e quatro horas de antecedência, e a ocorrência será registrada em ata.

Art. 65. As condições de habilitação serão definidas no edital.

§ 1º As empresas criadas no exercício financeiro da licitação deverão atender a todas as exigências da habilitação e ficarão autorizadas a substituir os demonstrativos contábeis pelo balanço de abertura.

§ 2º A habilitação poderá ser realizada por processo eletrônico de comunicação a distância, nos termos dispostos em regulamento.

COMENTÁRIOS DOS AUTORES

Como a fase de habilitação agora sucede a de julgamento, tal qual previsto na Lei do Pregão (revogada pelo novel diploma de licitações), somente será exigida a apresentação dos documentos de habilitação pelo licitante vencedor.

Excepcionalmente, a fase de habilitação poderá, mediante ato motivado com explicitação dos benefícios decorrentes, anteceder as fases de apresentação das propostas e de julgamento, desde que expressamente previsto no edital de licitação. Nesse caso, será exigida a documentação de todos os licitantes.

Quando a fase de habilitação anteceder a de julgamento (nova inversão de fases) e já tiver sido encerrada, não caberá exclusão de licitante por motivo relacionado à habilitação, salvo em razão de fatos supervenientes ou só conhecidos após o julgamento. Opera-se, assim, uma verdadeira preclusão consumativa para a Administração Pública.

Saliente-se, ademais, que na fase de habilitação, dada a adoção do princípio do formalismo moderado, a comissão de licitação poderá sanar erros ou falhas que não alterem a substância dos documentos e sua validade jurídica, mediante despacho fundamentado registrado e acessível a todos, atribuindo-lhes eficácia para fins de habilitação e classificação.

Imperioso destacar que, a teor do Enunciado 21 da I Jornada de Direito Administrativo CJF/STJ, "a conduta de apresentação de documentos falsos ou adulterados por pessoa jurídica em processo licitatório configura o ato lesivo previsto no art. 5º, IV, d, da Lei n. 12.846/2013, independentemente de essa sagrar-se vencedora no certame ou ter a continuidade da sua participação obstada nesse".

Lei n. 12.846/2013

Art. 5º Constituem atos lesivos à administração pública, nacional ou estrangeira, para os fins desta Lei, todos aqueles praticados pelas pessoas jurídicas mencionadas no parágrafo único do art. 1º, que atentem contra o patrimônio público nacional ou estrangeiro, contra princípios da administração pública ou contra os compromissos internacionais assumidos pelo Brasil, assim definidos:

(...)

IV – no tocante a licitações e contratos:

(...)

d) fraudar licitação pública ou contrato dela decorrente;

ARTIGO 66

Art. 66. A habilitação jurídica visa a demonstrar a capacidade de o licitante exercer direitos e assumir obrigações, e a documentação a ser apresentada por ele limita-se à comprovação de existência jurídica da pessoa e, quando cabível, de autorização para o exercício da atividade a ser contratada.

Lei n. 8.666/93

Art. 28. A documentação relativa à habilitação jurídica, conforme o caso, consistirá em:

I – cédula de identidade;

II – registro comercial, no caso de empresa individual;

III – ato constitutivo, estatuto ou contrato social em vigor, devidamente registrado, em se tratando de sociedades comerciais, e, no caso de sociedades por ações, acompanhado de documentos de eleição de seus administradores;

IV – inscrição do ato constitutivo, no caso de sociedades civis, acompanhada de prova de diretoria em exercício;

V – decreto de autorização, em se tratando de empresa ou sociedade estrangeira em funcionamento no País, e ato de registro ou autorização para funcionamento expedido pelo órgão competente, quando a atividade assim o exigir.

COMENTÁRIOS DOS AUTORES

Segundo lição de Justen Filho[27], a prova da habilitação jurídica alude à comprovação de existência, da capacidade de fato e da regular disponibilidade para exercício das faculdades jurídicas pelos licitantes. Isso porque somente pode formular proposta aquele que possa validamente contratar.

As regras sobre o assunto, na verdade, correspondem ao Direito Civil e ao Direito Empresarial (e não ao Direito Administrativo, como se poderia supor), inexistindo discricionariedade para a Administração Pública estabelecer, no caso concreto, regras específicas acerca da habilitação jurídica. É dizer: a Administração deverá acolher a disciplina própria quanto aos requisitos de capacidade jurídica e de fato, dispostos em cada ramo do Direito.

Encontra-se, neste diapasão, em situação de habilitação jurídica o sujeito que, em face do ordenamento jurídico, preenche os requisitos necessários à contratação e execução do objeto.

ARTIGO 67

Art. 67. A documentação relativa à qualificação técnico-profissional e técnico-operacional será restrita a:

I – apresentação de profissional, devidamente registrado no conselho profissional competente, quando for o caso, detentor de atestado de responsabilidade técnica por execução de obra ou serviço de características semelhantes, para fins de contratação;

II – certidões ou atestados, regularmente emitidos pelo conselho profissional competente, quando for o caso, que demonstrem capacidade operacional na execução de serviços similares de complexidade tecnológica e operacional equivalente ou superior, bem como documentos comprobatórios emitidos na forma do § 3º do art. 88 desta Lei;

III – indicação do pessoal técnico, das instalações e do aparelhamento adequados e disponíveis para a realização do objeto da licitação, bem como da qualificação de cada membro da equipe técnica que se responsabilizará pelos trabalhos;

---

27 JUSTEN FILHO, Marçal. *Comentários à Lei de Licitações e Contratos Administrativos*: Lei 8.666/1993. 3. ed. São Paulo: Thomson Reuters Brasil, 2019, p. 645.

IV – prova do atendimento de requisitos previstos em lei especial, quando for o caso;

V – registro ou inscrição na entidade profissional competente, quando for o caso;

VI – declaração de que o licitante tomou conhecimento de todas as informações e das condições locais para o cumprimento das obrigações objeto da licitação.

§ 1º A exigência de atestados será restrita às parcelas de maior relevância ou valor significativo do objeto da licitação, assim consideradas as que tenham valor individual igual ou superior a 4% (quatro por cento) do valor total estimado da contratação.

§ 2º Observado o disposto no *caput* e no § 1º deste artigo, será admitida a exigência de atestados com quantidades mínimas de até 50% (cinquenta por cento) das parcelas de que trata o referido parágrafo, vedadas limitações de tempo e de locais específicos relativas aos atestados.

§ 3º Salvo na contratação de obras e serviços de engenharia, as exigências a que se referem os incisos I e II do *caput* deste artigo, a critério da Administração, poderão ser substituídas por outra prova de que o profissional ou a empresa possui conhecimento técnico e experiência prática na execução de serviço de características semelhantes, hipótese em que as provas alternativas aceitáveis deverão ser previstas em regulamento.

§ 4º Serão aceitos atestados ou outros documentos hábeis emitidos por entidades estrangeiras quando acompanhados de tradução para o português, salvo se comprovada a inidoneidade da entidade emissora.

§ 5º Em se tratando de serviços contínuos, o edital poderá exigir certidão ou atestado que demonstre que o licitante tenha executado serviços similares ao objeto da licitação, em períodos sucessivos ou não, por um prazo mínimo, que não poderá ser superior a 3 (três) anos.

§ 6º Os profissionais indicados pelo licitante na forma dos incisos I e III do *caput* deste artigo deverão participar da obra ou serviço objeto da licitação, e será admitida a sua substituição por profissionais de experiência equivalente ou superior, desde que aprovada pela Administração.

§ 7º Sociedades empresárias estrangeiras atenderão à exigência prevista no inciso V do *caput* deste artigo por meio da apresentação, no momento da assinatura do contrato, da solicitação de registro perante a entidade profissional competente no Brasil.

§ 8º Será admitida a exigência da relação dos compromissos assumidos pelo licitante que importem em diminuição da disponibilidade do pessoal técnico referido nos incisos I e III do *caput* deste artigo.

§ 9º O edital poderá prever, para aspectos técnicos específicos, que a qualificação técnica seja demonstrada por meio de atestados relativos a potencial subcontratado, limitado a 25% (vinte e cinco por cento) do objeto a ser licitado, hipótese em que mais de um licitante poderá apresentar atestado relativo ao mesmo potencial subcontratado.

§ 10. Em caso de apresentação por licitante de atestado de desempenho anterior emitido em favor de consórcio do qual tenha feito parte, se o atestado ou o contrato de constituição do consórcio não identificar a atividade desempenhada por cada consorciado individualmente, serão adotados os seguintes critérios na avaliação de sua qualificação técnica:

I – caso o atestado tenha sido emitido em favor de consórcio homogêneo, as experiências atestadas deverão ser reconhecidas para cada empresa consorciada na proporção quantitativa de sua participação no consórcio, salvo nas licitações para contratação de serviços técnicos especializados de natureza predominantemente intelectual, em que todas as experiências atestadas deverão ser reconhecidas para cada uma das empresas consorciadas;

II – caso o atestado tenha sido emitido em favor de consórcio heterogêneo, as experiências atestadas deverão ser reconhecidas para cada consorciado de acordo com os respectivos campos de atuação, inclusive nas licitações para contratação de serviços técnicos especializados de natureza predominantemente intelectual.

§ 11. Na hipótese do § 10 deste artigo, para fins de comprovação do percentual de participação do consorciado, caso este não conste expressamente do atestado ou da certidão, deverá ser juntada ao atestado ou à certidão cópia do instrumento de constituição do consórcio.

§ 12. Na documentação de que trata o inciso I do *caput* deste artigo, não serão admitidos atestados de responsabilidade técnica de profissionais que, na forma de regulamento, tenham dado causa à aplicação das sanções previstas nos incisos III e IV do *caput* do art. 156 desta Lei em decorrência de orientação proposta, de prescrição técnica ou de qualquer ato profissional de sua responsabilidade.

Jurisprudência do STJ:

ADMINISTRATIVO. RECURSO ESPECIAL. LICITAÇÃO. EDITAL. QUALIFICAÇÃO TÉCNICA. PROVA DE EXPERIÊNCIA PRÉVIA NO DESEMPENHO DE ATIVIDADES SIMILARES OU CONGÊNERES AO OBJETO LICITADO.

1. Trata-se, na origem, de mandado de segurança com o objetivo, entre outros, de reconhecer a ilegalidade de cláusula editalícia que prevê, a título de demonstração de qualificação técnica em procedimento licitatório, a comprovação de experiência anterior em exercício de atividades congêneres ou similares ao objeto da licitação.

2. A instância ordinária reconheceu a ilegalidade dessa cláusula por entender que havia significante abalo ao princípio da competitividade, com ofensa ao art. 30, inc. II, da Lei n. 8.666/93.

3. Nas razões recursais, sustenta a parte recorrida ter havido violação ao art. 30, inc. II, da Lei n. 8.666/93, ao argumento de que a exigência editalícia de prévia experiência no desempenho de atividades objeto da licitação não viola o princípio da igualdade entre os licitantes, na perspectiva de que a Lei de Licitações prevê que a qualificação técnica assim o permite. Aponta, ainda, divergência jurisprudencial a ser sanada.

4. Não fere a igualdade entre os licitantes, nem tampouco a ampla competitividade entre eles, o condicionamento editalício referente à experiência prévia dos concorrentes no âmbito do objeto licitado, a pretexto de demonstração de qualificação técnica, nos termos do art. 30, inc. II, da Lei n. 8.666/93.

5. Os princípios da igualdade entre os concorrentes e da ampla competitividade não são absolutos, devendo ser ponderados com outros princípios próprios do campo das licitações, entre eles o da garantia da seleção da melhor proposta e o da segurança do serviço/produto licitado.

6. Tem-se aí exigência plenamente proporcional pois (i) adequada (a prévia experiência em atividades congêneres ou similares ao objeto licitado é medida que faz presumir, como meio, a qualificação técnica – o fim visado), (ii) necessária (a prévia experiência em atividades congêneres ou similares ao objeto licitado é medida de fácil demonstração, autorizando a sumarização das exigências legais) e (iii) proporcional em sentido estrito (facilita a escolha da Administração Pública, porque nivela os competidores uma vez que parte de uma qualificação mínima, permitindo, inclusive, o destaque objetivo das melhores propostas com base no *background* dos licitantes).

7. Precedentes desta Corte Superior.

8. Recurso especial provido.

(REsp 1.257.886/PE, Rel. Ministro MAURO CAMPBELL MARQUES, SEGUNDA TURMA, julgado em 3-11-2011, *DJe* 11-11-2011.)

Jurisprudência do TCU:

Súmula 263: Para a comprovação da capacidade técnico-operacional das licitantes, e desde que limitada, simultaneamente, às parcelas de maior relevância e valor significativo do objeto a ser contratado, é legal a exigência de comprovação da execução de quantitativos mínimos em obras ou serviços com características semelhantes, devendo essa exigência guardar proporção com a dimensão e a complexidade do objeto a ser executado.

Lei n. 8.666/93

Art. 30. A documentação relativa à qualificação técnica limitar-se-á a:

I – registro ou inscrição na entidade profissional competente;

II – comprovação de aptidão para desempenho de atividade pertinente e compatível em características, quantidades e prazos com o objeto da licitação, e indicação das instalações e do aparelhamento e do pessoal técnico adequados e disponíveis para a realização do objeto da licitação, bem como da qualificação de cada um dos membros da equipe técnica que se responsabilizará pelos trabalhos;

III – comprovação, fornecida pelo órgão licitante, de que recebeu os documentos, e, quando exigido, de que tomou conhecimento de todas as informações e das condições locais para o cumprimento das obrigações objeto da licitação;

IV – prova de atendimento de requisitos previstos em lei especial, quando for o caso.

§ 1º A comprovação de aptidão referida no inciso II do *caput* deste artigo, no caso das licitações pertinentes a obras e serviços, será feita por atestados fornecidos por pessoas jurídicas de direito público ou privado, devidamente registrados nas entidades profissionais competentes, limitadas as exigências a:

I – capacitação técnico-profissional: comprovação do licitante de possuir em seu quadro permanente, na data prevista para entrega da proposta, profissional de nível superior ou outro devidamente reconhecido pela entidade competente, detentor de atestado de responsabilidade técnica por execução de obra ou serviço de características semelhantes, limitadas estas exclusivamente às parcelas de maior relevância e valor significativo do objeto da licitação, vedadas as exigências de quantidades mínimas ou prazos máximos;

(...)

§ 2º As parcelas de maior relevância técnica e de valor significativo, mencionadas no parágrafo anterior, serão definidas no instrumento convocatório.

§ 3º Será sempre admitida a comprovação de aptidão através de certidões ou atestados de obras ou serviços similares de complexidade tecnológica e operacional equivalente ou superior.

§ 4º Nas licitações para fornecimento de bens, a comprovação de aptidão, quando for o caso, será feita através de atestados fornecidos por pessoa jurídica de direito público ou privado.

§ 5º É vedada a exigência de comprovação de atividade ou de aptidão com limitações de tempo ou de época ou ainda em locais específicos, ou quaisquer outras não previstas nesta Lei, que inibam a participação na licitação.

§ 6º As exigências mínimas relativas a instalações de canteiros, máquinas, equipamentos e pessoal técnico especializado, considerados essenciais para o cumprimento do objeto da licitação, serão atendidas mediante a apresentação de relação explícita e da declaração formal da sua disponibilidade, sob as penas cabíveis, vedada as **exigências de propriedade e de localização prévia**.

(...)

§ 8º No caso de obras, serviços e compras de grande vulto, de alta complexidade técnica, poderá a Administração exigir dos licitantes a metodologia de execução, cuja avaliação, para efeito de sua aceitação ou não, antecederá sempre à análise dos preços e será efetuada exclusivamente por critérios objetivos.

§ 9º Entende-se por licitação de alta complexidade técnica aquela que envolva alta especialização, como fator de extrema relevância para garantir a execução do objeto a ser contratado, ou que possa comprometer a continuidade da prestação de serviços públicos essenciais.

§ 10. Os profissionais indicados pelo licitante para fins de comprovação da capacitação técnico-operacional de que trata o inciso I do § 1º deste artigo deverão participar da obra ou serviço objeto da licitação, admitindo-se a substituição por profissionais de experiência equivalente ou superior, desde que aprovada pela administração.

COMENTÁRIOS DOS AUTORES

A qualificação técnico-profissional e técnico-operacional consiste na demonstração de que o licitante possui aptidão técnica para executar o objeto contratual. Abordando a distinção entre os termos, Justen Filho explica que

> A qualificação técnica operacional consiste em qualidade pertinente às empresas que participam da licitação. Envolve a comprovação de que a empresa, como unidade jurídica e econômica, participara anteriormente de contrato cujo objeto era similar ao previsto para a contratação almejada pela Administração Pública. Por outro lado, utiliza-se a expressão "qualificação técnica profissional" para indicar a existência, nos quadros (permanentes) de uma empresa, de profissionais em cujo acervo técnico contasse a responsabilidade pela execução de obra similar àquela pretendida pela Administração. A questão da qualificação técnica profissional somente pode ser compreendida em face de obras e serviços de engenharia. (...) Em síntese, a qualificação técnica operacional é um requisito referente a empresa que pretende executar a obra ou serviços licitados. Já a qualificação técnica profissional é requisito referente às pessoas físicas que prestam serviços à empresa licitante (ou contratada pela Administração Pública).[28]

Dada a heterogeneidade dos objetos licitados, o conceito de qualificação técnica afigura-se complexo e variável, a ser determinado caso a caso, com base nas circunstâncias e peculiaridades das necessidades que o Estado pretende atender com aquela contratação.

A complexidade do conceito de qualificação técnica não implica, contudo, um livre espaço ao arbítrio administrativo. As exigências, sejam elas de caráter técnico-profissional ou técnico-operacional, devem ser sempre devidamente fundamentadas, de forma que fiquem demonstradas inequivocamente sua imprescindibilidade e pertinência em relação ao objeto licitado.

---

28 JUSTEN FILHO, Marçal. *Comentários à Lei de Licitações e Contratos Administrativos*. 11. ed. São Paulo: Dialética, 2007, p. 327.

//// 210   Artigo 68   Nova Lei de Licitações Comentada e Referenciada

Não são admitidas, nesse contexto, exigências desarrazoadas a ponto de comprometer o caráter competitivo do certame, devendo tão somente constituir garantia mínima suficiente de que o futuro contratado detém capacidade de cumprir com as obrigações contratuais.

A título exemplificativo, mencione-se que o STJ já reconheceu como lícita cláusula do edital de licitação que exige que o licitante já tenha atuado em serviço similar. O edital da licitação poderá, ademais, exigir que a empresa a ser contratada tenha, em seu acervo técnico, um profissional que já tenha conduzido serviço de engenharia similar àquele previsto para a licitação (STJ. 2ª Turma. RMS 39.883-MT, Rel. Min. Humberto Martins, julgado em 17-12-2013).

Para o Colendo Superior Tribunal de Justiça, "não fere a igualdade entre os licitantes, tampouco a ampla competitividade entre eles, o condicionamento editalício referente à experiência prévia dos concorrentes no âmbito do objeto licitado, a pretexto de demonstração de qualificação técnica, nos termos do art. 30, inc. II, da Lei n. 8.666/93" (REsp 1.257.886-PE, julgado em 3-11-2011).

Entendemos que a jurisprudência acima colacionada deverá se manter sob a égide do novo diploma de licitações, especialmente ao se ter em vista que o inciso I do art. 66 consagra a necessidade de apresentação de profissional detentor de atestado de responsabilidade técnica por execução de obra ou serviço de características semelhantes, para fins de contratação (qualificação técnico-profissional); bem como o inciso II que exige a certidão ou o atestado que demonstre a capacidade operacional do licitante na execução de serviços similares de complexidade tecnológica e operacional equivalente ou superior (qualificação técnico-operacional).

ARTIGO 68

Art. 68. As habilitações fiscal, social e trabalhista serão aferidas mediante a verificação dos seguintes requisitos:

I – a inscrição no Cadastro de Pessoas Físicas (CPF) ou no Cadastro Nacional da Pessoa Jurídica (CNPJ);

II – a inscrição no cadastro de contribuintes estadual e/ou municipal, se houver, relativo ao domicílio ou sede do licitante, pertinente ao seu ramo de atividade e compatível com o objeto contratual;

III – a regularidade perante a Fazenda federal, estadual e/ou municipal do domicílio ou sede do licitante, ou outra equivalente, na forma da lei;

IV – a regularidade relativa à Seguridade Social e ao FGTS, que demonstre cumprimento dos encargos sociais instituídos por lei;

V – a regularidade perante a Justiça do Trabalho;

VI – o cumprimento do disposto no inciso XXXIII do art. 7º da Constituição Federal.

§ 1º Os documentos referidos nos incisos do *caput* deste artigo poderão ser substituídos ou supridos, no todo ou em parte, por outros meios hábeis a comprovar a regularidade do licitante, inclusive por meio eletrônico.

§ 2º A comprovação de atendimento do disposto nos incisos III, IV e V do *caput* deste artigo deverá ser feita na forma da legislação específica.

Jurisprudência do STJ

ADMINISTRATIVO. LICITAÇÃO. HABILITAÇÃO. REGULARIDADE FISCAL. CERTIDÕES. PRAZO DE VALIDADE. NÃO FORNECIMENTO PELO MUNICÍPIO. ART. 535 DO CPC. EFEITOS INFRINGENTES DOS EMBARGOS DE DECLARAÇÃO.

1. O art. 535 do CPC, ao dispor sobre as hipóteses de cabimento dos embargos de declaração, não veda a atribuição de efeitos infringentes, com alteração da decisão embargada, quando o Tribunal conclui deva ser sanada omissão, contradição, obscuridade ou, ainda, deva ser corrigido erro material.

2. Não configura afronta ao art. 535 do CPC se o Tribunal *a quo* entende ter havido "contradição em seu corpo, associada a erro relevante na apreciação dos elementos constantes do caderno processual" e conclui que o acórdão exarado no mandado de segurança incorreu em vício, mais especificamente, em contradição, motivo pelo qual os embargos de declaração foram acolhidos com efeitos modificativos, resultando na reforma do julgado embargado.

3. A exigência de regularidade fiscal para habilitação nas licitações (arts. 27, IV, e 29, III, da Lei n. 8.666/93) está respaldada pelo art. 195, § 3º, da C.F., todavia não se deve perder de vista o princípio constitucional inserido no art. 37, XXI, da C.F., que veda exigências que sejam dispensáveis, já que o objetivo é a garantia do interesse público. A habilitação é o meio do qual a Administração Pública dispõe para aferir a idoneidade do licitante e sua capacidade de cumprir o objeto da licitação.

4. É legítima a exigência administrativa de que seja apresentada a comprovação de regularidade fiscal por meio de certidões emitidas pelo órgão competente e dentro do prazo de validade. O ato administrativo, subordinado ao princípio da legalidade, só poderá ser expedido nos termos do que é determinado pela lei.

5. A despeito da vinculação ao edital a que se sujeita a Administração Pública (art. 41 da Lei n. 8.666/93), afigura-se ilegítima a exigência da apresentação de certidões comprobatórias de regularidade fiscal quando não são fornecidas, do modo como requerido pelo edital, pelo município de domicílio do licitante.

6. Recurso especial não provido.

(REsp 974.854/MA, Rel. Ministro CASTRO MEIRA, SEGUNDA TURMA, julgado em 6-5-2008, *DJe* 16-5-2008.)

Jurisprudência do TCU

Súmula 283: Para fim de habilitação, a Administração Pública não deve exigir dos licitantes a apresentação de certidão de quitação de obrigações fiscais, e sim prova de sua regularidade.

Lei n. 8.666/93

Art. 29. A documentação relativa à regularidade fiscal e trabalhista, conforme o caso, consistirá em:

I – prova de inscrição no Cadastro de Pessoas Físicas (CPF) ou no Cadastro Geral de Contribuintes (CGC);

II – prova de inscrição no cadastro de contribuintes estadual ou municipal, se houver, relativo ao domicílio ou sede do licitante, pertinente ao seu ramo de atividade e compatível com o objeto contratual;

III – prova de regularidade para com a Fazenda Federal, Estadual e Municipal do domicílio ou sede do licitante, ou outra equivalente, na forma da lei;

IV – prova de regularidade relativa à Seguridade Social e ao Fundo de Garantia por Tempo de Serviço (FGTS), demonstrando situação regular no cumprimento dos encargos sociais instituídos por lei;

V - prova de inexistência de débitos inadimplidos perante a Justiça do Trabalho, mediante a apresentação de certidão negativa, nos termos do Título VII-A da Consolidação das Leis do Trabalho, aprovada pelo Decreto-lei n. 5.452, de 1º de maio de 1943.

Art. 27. Para a habilitação nas licitações exigir-se-á dos interessados, exclusivamente, documentação relativa a:

(...)

V – cumprimento do disposto no inciso XXXIII do art. 7º da Constituição Federal.

Constituição Federal

Art. 7º São direitos dos trabalhadores urbanos e rurais, além de outros que visem à melhoria de sua condição social:

(...)

XXXIII – proibição de trabalho noturno, perigoso ou insalubre a menores de dezoito e de qualquer trabalho a menores de dezesseis anos, salvo na condição de aprendiz, a partir de quatorze anos;

Art. 195. A seguridade social será financiada por toda a sociedade, de forma direta e indireta, nos termos da lei, mediante recursos provenientes dos orçamentos da União, dos Estados, do Distrito Federal e dos Municípios, e das seguintes contribuições sociais:

(...)

§ 3º A pessoa jurídica em débito com o sistema da seguridade social, como estabelecido em lei, não poderá contratar com o Poder Público nem dele receber benefícios ou incentivos fiscais ou creditícios.

COMENTÁRIOS DOS AUTORES

A regularidade fiscal exige do licitante a comprovação de sua situação regular com o fisco, incluída a regularidade com a seguridade social. A documentação relativa à regularidade fiscal e trabalhista, conforme o caso, consistirá, por exemplo, em prova de inscrição no Cadastro de Pessoas Físicas (CPF) ou no Cadastro Geral de Contribuintes (CGC); e em prova de inscrição no cadastro de contribuintes estadual ou municipal, se houver, relativo ao domicílio ou sede do licitante, pertinente ao seu ramo de atividade e compatível com o objeto contratual, de acordo com o art. 68 da Nova Lei de Licitações.

A regularidade fiscal não se confunde com a quitação fiscal, que consiste na ausência de débitos fiscais. A lei apenas impõe a regularidade, motivo pelo qual o licitante, mesmo com débito fiscal, pode ser habilitado quando estiver em situação regular, como é o caso da existência de parcelamento.

Além disso, os licitantes necessitam comprovar a regularidade trabalhista através da apresentação da Certidão Negativa de Débitos Trabalhistas (CNDT), conforme arts. 27, IV, e 29, V, da Lei n. 8.666/93 e art. 642-A da CLT.

Quanto ao cumprimento do disposto no inciso XXXIII do art. 7º da Constituição Federal, o licitante deve declarar, para fins de habilitação, que não possui menores de dezoito anos exercendo trabalho noturno, perigoso ou insalubre, bem como que não possui trabalhadores menores de dezesseis anos, salvo na condição de aprendiz, a partir de quatorze anos.

Os documentos referentes à habilitação fiscal, social e trabalhista, saliente-se, poderão ser substituídos ou supridos, no todo ou em parte, por outros meios hábeis a comprovar a regularidade do licitante, inclusive por meio eletrônico.

ARTIGO 69

Art. 69. A habilitação econômico-financeira visa a demonstrar a aptidão econômica do licitante para cumprir as obrigações decorrentes do futuro contrato, devendo ser comprovada de forma objetiva, por coeficientes e índices econômicos previstos no edital, devidamente justificados no processo licitatório, e será restrita à apresentação da seguinte documentação:

I – balanço patrimonial, demonstração de resultado de exercício e demais demonstrações contábeis dos 2 (dois) últimos exercícios sociais;

II – certidão negativa de feitos sobre falência expedida pelo distribuidor da sede do licitante.

§ 1º A critério da Administração, poderá ser exigida declaração, assinada por profissional habilitado da área contábil, que ateste o atendimento pelo licitante dos índices econômicos previstos no edital.

§ 2º Para o atendimento do disposto no *caput* deste artigo, é vedada a exigência de valores mínimos de faturamento anterior e de índices de rentabilidade ou lucratividade.

§ 3º É admitida a exigência da relação dos compromissos assumidos pelo licitante que importem em diminuição de sua capacidade econômico-financeira, excluídas parcelas já executadas de contratos firmados.

§ 4º A Administração, nas compras para entrega futura e na execução de obras e serviços, poderá estabelecer no edital a exigência de capital mínimo ou de patrimônio líquido mínimo equivalente a até 10% (dez por cento) do valor estimado da contratação.

§ 5º É vedada a exigência de índices e valores não usualmente adotados para a avaliação de situação econômico-financeira suficiente para o cumprimento das obrigações decorrentes da licitação.

§ 6º Os documentos referidos no inciso I do *caput* deste artigo limitar-se-ão ao último exercício no caso de a pessoa jurídica ter sido constituída há menos de 2 (dois) anos.

Jurisprudência do STJ:

ADMINISTRATIVO. LICITAÇÃO. EMPRESA EM RECUPERAÇÃO JUDICIAL. PARTICIPAÇÃO. POSSIBILIDADE. CERTIDÃO DE FALÊNCIA OU CONCORDATA. INTERPRETAÇÃO EXTENSIVA. DESCABIMENTO. APTIDÃO ECONÔMICO-FINANCEIRA. COMPROVAÇÃO. OUTROS MEIOS. NECESSIDADE. 1. Conforme estabelecido pelo Plenário do STJ, "aos recursos interpostos com fundamento no CPC/1973 (relativos a decisões publicadas até 17 de março de 2016) devem ser exigidos os requisitos de admissibilidade na forma nele prevista, com as interpretações dadas até então pela jurisprudência do Superior Tribunal de Justiça" (Enunciado Administrativo n. 2).

2. Conquanto a Lei n. 11.101/2005 tenha substituído a figura da concordata pelos institutos da recuperação judicial e extrajudicial, o art. 31 da Lei n. 8.666/1993 não teve o texto alterado para se amoldar à nova sistemática, tampouco foi derrogado.

3. À luz do princípio da legalidade, "é vedado à Administração levar a termo interpretação extensiva ou restritiva de direitos, quando a lei assim não o dispuser de forma expressa" (AgRg no RMS 44099/ES, Rel. Min. BENEDITO GONÇALVES, PRIMEIRA TURMA, julgado em 03/03/2016, *DJe* 10/03/2016).

4. Inexistindo autorização legislativa, incabível a automática inabilitação de empresas submetidas à Lei n. 11.101/2005 unicamente pela não apresentação de certidão negativa de recuperação judicial, principalmente considerando o disposto no art. 52, I, daquele normativo, que

prevê a possibilidade de contratação com o poder público, o que, em regra geral, pressupõe a participação prévia em licitação.

5. O escopo primordial da Lei n. 11.101/2005, nos termos do art. 47, é viabilizar a superação da situação de crise econômico-financeira do devedor, a fim de permitir a manutenção da fonte produtora, do emprego dos trabalhadores e dos interesses dos credores, promovendo, assim, a preservação da empresa, sua função social e o estímulo à atividade econômica.

6. A interpretação sistemática dos dispositivos das Leis n. 8.666/1993 e n. 11.101/2005 leva à conclusão de que é possível uma ponderação equilibrada dos princípios nelas contidos, pois a preservação da empresa, de sua função social e do estímulo à atividade econômica atendem também, em última análise, ao interesse da coletividade, uma vez que se busca a manutenção da fonte produtora, dos postos de trabalho e dos interesses dos credores.

7. A exigência de apresentação de certidão negativa de recuperação judicial deve ser relativizada a fim de possibilitar à empresa em recuperação judicial participar do certame, desde que demonstre, na fase de habilitação, a sua viabilidade econômica.

8. Agravo conhecido para dar provimento ao recurso especial.
(AREsp 309.867/ES, Rel. Ministro GURGEL DE FARIA, PRIMEIRA TURMA, julgado em 26-6-2018, DJe 8-8-2018.)

Jurisprudência do TCU:

Súmula 275: Para fins de qualificação econômico-financeira, a Administração pode exigir das licitantes, de forma não cumulativa, capital social mínimo, patrimônio líquido mínimo ou garantias que assegurem o adimplemento do contrato a ser celebrado, no caso de compras para entrega futura e de execução de obras e serviços.

Súmula 289: A exigência de índices contábeis de capacidade financeira, a exemplo dos de liquidez, deve estar justificada no processo da licitação, conter parâmetros atualizados de mercado e atender às características do objeto licitado, sendo vedado o uso de índice cuja fórmula inclua rentabilidade ou lucratividade.

Lei n. 8.666/93

Art. 31. A documentação relativa à qualificação econômico-financeira limitar-se-á a:

I – balanço patrimonial e demonstrações contábeis do último exercício social, já exigíveis e apresentados na forma da lei, que comprovem a boa situação financeira da empresa, vedada a sua substituição por balancetes ou balanços provisórios, podendo ser atualizados por índices oficiais quando encerrado há mais de 3 (três) meses da data de apresentação da proposta;

II – certidão negativa de falência ou concordata expedida pelo distribuidor da sede da pessoa jurídica, ou de execução patrimonial, expedida no domicílio da pessoa física;

III – garantia, nas mesmas modalidades e critérios previstos no caput e § 1º do art. 56 desta Lei, limitada a 1% (um por cento) do valor estimado do objeto da contratação.

§ 1º A exigência de índices limitar-se-á à demonstração da capacidade financeira do licitante com vistas aos compromissos que terá que assumir caso lhe seja adjudicado o contrato, vedada a exigência de valores mínimos de faturamento anterior, índices de rentabilidade ou lucratividade.

§ 2º A Administração, nas compras para entrega futura e na execução de obras e serviços, poderá estabelecer, no instrumento convocatório da licitação, a exigência de capital mínimo ou de patrimônio líquido mínimo, ou ainda as garantias previstas no § 1º do art. 56 desta Lei, como dado objetivo de comprovação da qualificação econômico-financeira dos licitantes e para efeito de garantia ao adimplemento do contrato a ser ulteriormente celebrado.

§ 3º O capital mínimo ou o valor do patrimônio líquido a que se refere o parágrafo anterior não poderá exceder a 10% (dez por cento) do valor estimado da contratação, devendo a comprovação ser feita relativamente à data da apresentação da proposta, na forma da lei, admitida a atualização para esta data através de índices oficiais.

§ 4º Poderá ser exigida, ainda, a relação dos compromissos assumidos pelo licitante que importem diminuição da capacidade operativa ou absorção de disponibilidade financeira, calculada esta em função do patrimônio líquido atualizado e sua capacidade de rotação.

§ 5º A comprovação de boa situação financeira da empresa será feita de forma objetiva, através do cálculo de índices contábeis previstos no edital e devidamente justificados no processo administrativo da licitação que tenha dado início ao certame licitatório, vedada a exigência de índices e valores não usualmente adotados para correta avaliação de situação financeira suficiente ao cumprimento das obrigações decorrentes da licitação.

COMENTÁRIOS DOS AUTORES

A qualificação econômico-financeira consiste na comprovação de que o licitante tem capacidade financeira para executar a integralidade do objeto contratual. De acordo com o art. 69, a comprovação deve ser feita por meio da apresentação de:

a) balanço patrimonial, demonstração de resultado de exercício e demonstrações contábeis dos **dois últimos** exercícios sociais (sob a égide da Lei 8.666/93, exigia-se apenas a documentação referente ao último exercício social) – se a pessoa jurídica tiver sido constituída há menos de 2 (dois) anos, os documentos ora mencionados limitar-se-ão ao último exercício;

b) certidão negativa de feitos sobre falência expedida pelo distribuidor da sede do licitante.

A revogada Lei de Licitações, em seu art. 31, II, exigia a apresentação de certidão negativa de falência ou concordata, o que gerou intensos debates quanto à possibilidade de empresas que se encontram em recuperação judicial de participar de procedimento licitatório.

De um lado, havia aqueles (a exemplo de Marçal Justen Filho) que defendiam que os efeitos da concordata sobre a contratação administrativa devem ser aplicados à recuperação judicial. Isso porque há a presunção de insolvência da empresa em crise. Desse modo, empresas que estão em recuperação judicial não poderiam participar de licitações.

De outro lado, Joel de Menezes Niebuhr e outros defendiam que, como o art. 31, II, da Lei de Licitações não foi alterado para substituir certidão negativa de concordata por certidão negativa de recuperação judicial, a Administração não pode exigir tal documento como condição de habilitação, haja vista a ausência de autorização legislativa. Assim, as empresas submetidas à recuperação judicial estão dispensadas da apresentação da referida certidão.

Essa última corrente foi adotada pelo STJ quando instado a decidir sobre o tema. Para o Tribunal, o art. 31, II, da Lei n. 8.666/93 é uma norma restritiva e, por isso, não admite interpretação que amplie o seu sentido, dada a vinculação da Administração ao princípio da legalidade. Veda-se, neste ponto, qualquer interpretação extensiva ou restritiva de direitos quando a lei assim não o dispuser de forma expressa.

Se a empresa estiver em recuperação judicial, caberá à Administração Pública diligenciar a fim de avaliar a real situação de capacidade econômico-financeira da empresa licitante.

Em suma:

Sociedade empresária em recuperação judicial pode participar de licitação, desde que demonstre, na fase de habilitação, a sua viabilidade econômica.
(STJ, 1ª Turma, AREsp 309.867-ES, Rel. Min. Gurgel de Faria, julgado em 26-6-2018 – Info 631.)

Celeuma dessa natureza parece, contudo, não subsistir com a promulgação da nova lei, já que agora só é exigida a apresentação de certidão negativa de falência, nada mais sendo mencionado acerca da concordata.

Para fins de habilitação econômico-financeira, a Administração também poderá exigir, nas compras para entrega futura e na execução de obras e serviços, capital mínimo ou patrimônio líquido mínimo equivalente a até 10% do valor estimado da contratação.

É vedada, todavia, a exigência de:

I - valores mínimos de faturamento anterior e de índices de rentabilidade ou lucratividade (admite-se, todavia, a exigência da relação dos compromissos assumidos pelo licitante que importem em diminuição de sua capacidade econômico-financeira, excluídas parcelas já executadas de contratos firmados);

II - índices e valores não usualmente adotados para a avaliação de situação econômico-financeira suficiente ao cumprimento das obrigações decorrentes da licitação.

A critério da Administração, poderá ser exigida declaração, assinada por profissional habilitado da área contábil, que ateste o atendimento pelo licitante dos índices econômicos previstos no edital.

ARTIGO 70

Art. 70. A documentação referida neste Capítulo poderá ser:

I – apresentada em original, por cópia ou por qualquer outro meio expressamente admitido pela Administração;

II – substituída por registro cadastral emitido por órgão ou entidade pública, desde que previsto no edital e que o registro tenha sido feito em obediência ao disposto nesta Lei;

III – dispensada, total ou parcialmente, nas contratações para entrega imediata, nas contratações em valores inferiores a 1/4 (um quarto) do limite para dispensa de licitação para compras em geral e nas contratações de produto para pesquisa e desenvolvimento até o valor de R$ 300.000,00 (trezentos mil reais).

Parágrafo único. As empresas estrangeiras que não funcionem no País deverão apresentar documentos equivalentes, na forma de regulamento emitido pelo Poder Executivo federal.

Lei n. 8.666/93

Art. 32. Os documentos necessários à habilitação poderão ser apresentados em original, por qualquer processo de cópia autenticada por cartório competente ou por servidor da administração ou publicação em órgão da imprensa oficial. (Redação dada pela Lei n. 8.883, de 1994.)

§ 1º A documentação de que tratam os arts. 28 a 31 desta Lei poderá ser dispensada, no todo ou em parte, nos casos de convite, concurso, fornecimento de bens para pronta entrega e leilão.

§ 2º O certificado de registro cadastral a que se refere o § 1º do art. 36 substitui os documentos enumerados nos arts. 28 a 31, quanto às informações disponibilizadas em sistema informatizado de consulta direta indicado no edital, obrigando-se a parte a declarar, sob as penalidades legais, a superveniência de fato impeditivo da habilitação.

§ 3º A documentação referida neste artigo poderá ser substituída por registro cadastral emitido por órgão ou entidade pública, desde que previsto no edital e o registro tenha sido feito em obediência ao disposto nesta Lei.

§ 4º As empresas estrangeiras que não funcionem no País, tanto quanto possível, atenderão, nas licitações internacionais, às exigências dos parágrafos anteriores mediante documentos equivalentes, autenticados pelos respectivos consulados e traduzidos por tradutor juramentado, devendo ter representação legal no Brasil com poderes expressos para receber citação e responder administrativa ou judicialmente.

§ 5º Não se exigirá, para a habilitação de que trata este artigo, prévio recolhimento de taxas ou emolumentos, salvo os referentes a fornecimento do edital, quando solicitado, com os seus elementos constitutivos, limitados ao valor do custo efetivo de reprodução gráfica da documentação fornecida.

§ 6º O disposto no § 4º deste artigo, no § 1º do art. 33 e no § 2º do art. 55, não se aplica às licitações internacionais para a aquisição de bens e serviços cujo pagamento seja feito com o produto de financiamento concedido por organismo financeiro internacional de que o Brasil faça parte, ou por agência estrangeira de cooperação, nem nos casos de contratação com empresa estrangeira, para a compra de equipamentos fabricados e entregues no exterior, desde que para este caso tenha havido prévia autorização do Chefe do Poder Executivo, nem nos casos de aquisição de bens e serviços realizada por unidades administrativas com sede no exterior.

§ 7º A documentação de que tratam os arts. 28 a 31 e este artigo poderá ser dispensada, nos termos de regulamento, no todo ou em parte, para a contratação de produto para pesquisa e desenvolvimento, desde que para pronta entrega ou até o valor previsto na alínea "a" do inciso II do *caput* do art. 23.

Decreto n. 10.024/2019

Art. 41. Quando permitida a participação de empresas estrangeiras na licitação, as exigências de habilitação serão atendidas mediante documentos equivalentes, inicialmente apresentados com tradução livre.

Parágrafo único. Na hipótese de o licitante vencedor ser estrangeiro, para fins de assinatura do contrato ou da ata de registro de preços, os documentos de que trata o *caput* serão traduzidos por tradutor juramentado no País e apostilados nos termos do dispostos no Decreto n. 8.660, de 29 de janeiro de 2016, ou de outro que venha a substituí-lo, ou consularizados pelos respectivos consulados ou embaixadas.

Jurisprudência do STJ:

ADMINISTRATIVO – LICITAÇÃO – DECADÊNCIA – DISPENSA DE DOCUMENTOS.

1. A partir da publicação do edital de licitação, nasce o direito de impugná-lo, direito que se esvai com a aceitação das regras do certame (divergência na Corte, com aceitação da tese na 2ª Turma, nos precedentes ROMS 10.847/MA e RMS 15.051/RS).

2. O § 3º do art. 32 da Lei 8.666/93 permite a substituição dos documentos dos arts. 28 a 31 pela apresentação do Certificado de Registro Cadastral – CRC, sem restrição, se o registro estiver de acordo com as exigências formais da lei.

3. Recurso especial improvido.
(REsp 402.826/SP, Rel. Ministra ELIANA CALMON, SEGUNDA TURMA, julgado em 1-2-2003, *DJ* 24-3-2003, p. 201.)

COMENTÁRIOS DOS AUTORES

A documentação referente à habilitação jurídica, à qualificação técnica, à qualificação fiscal, social e trabalhista e à qualificação econômico-financeira poderá ser dispensada, total ou parcialmente, em três hipóteses previstas no art. 70:

a) Contratações para entrega imediata;

b) Contratações em valores inferiores a R$ 12.500,00 (um quarto do limite para dispensa de licitação para compras em geral) – de acordo como art. 74, II, desta lei, é dispensada a contratação que envolva valores inferiores a R$ 50.000,00 (cinquenta mil reais), no caso de serviços e compras em geral. Sendo assim, a documentação referente à fase de habilitação poderá ser dispensada em se tratando de contratações em valores inferiores a R$ 12.500,00 (1/4 de R$ 50.000,00);

c) Contratações de produto para pesquisa e desenvolvimento até o valor de R$ 300.000,00 (trezentos mil reais).

Saliente-se ainda que, como decorrência da adoção do princípio do formalismo moderado, a documentação exigida na fase habilitatória pode ser apresentada em original, por cópia ou por qualquer outro meio expressamente admitido pela Administração ou mesmo substituída por registro cadastral emitido por órgão ou entidade pública, desde que previsto no edital e que o registro tenha sido feito em obediência ao disposto nesta Lei.

Capítulo VII
DO ENCERRAMENTO DA LICITAÇÃO

ARTIGO 71

Art. 71. Encerradas as fases de julgamento e habilitação, e exauridos os recursos administrativos, o processo licitatório será encaminhado à autoridade superior, que poderá:
I – determinar o retorno dos autos para saneamento de irregularidades;
II – revogar a licitação por motivo de conveniência e oportunidade;
III – proceder à anulação da licitação, de ofício ou mediante provocação de terceiros, sempre que presente ilegalidade insanável;
IV – adjudicar o objeto e homologar a licitação.

Lei n. 12.462/2011

Art. 28. Exauridos os recursos administrativos, o procedimento licitatório será encerrado e encaminhado à autoridade superior, que poderá:

I – determinar o retorno dos autos para saneamento de irregularidades que forem supríveis;

II – anular o procedimento, no todo ou em parte, por vício insanável;

III – revogar o procedimento por motivo de conveniência e oportunidade; ou

IV – adjudicar o objeto e homologar a licitação.

Lei n. 10.520/2002

Art. 4º A fase externa do pregão será iniciada com a convocação dos interessados e observará as seguintes regras:

(...)

XXI – decididos os recursos, a autoridade competente fará a adjudicação do objeto da licitação ao licitante vencedor;

XXII – homologada a licitação pela autoridade competente, o adjudicatário será convocado para assinar o contrato no prazo definido em edital;

Lei n. 8.666/93

Art. 38. O procedimento da licitação será iniciado com a abertura de processo administrativo, devidamente autuado, protocolado e numerado, contendo a autorização respectiva, a indicação sucinta de seu objeto e do recurso próprio para a despesa, e ao qual serão juntados oportunamente:

(...)

VII – atos de adjudicação do objeto da licitação e da sua homologação;

VIII – recursos eventualmente apresentados pelos licitantes e respectivas manifestações e decisões;

IX – despacho de anulação ou de revogação da licitação, quando for o caso, fundamentado circunstanciadamente;

§ 1º Ao pronunciar a nulidade, a autoridade indicará expressamente os atos com vícios insanáveis, tornando sem efeito todos os subsequentes que deles dependam, e dará ensejo à apuração de responsabilidade de quem lhes tenha dado causa.

Jurisprudência do STJ

A Turma entendeu que a interposição do *mandamus* para atacar ilegalidades que viciam o edital de licitação e os atos dele decorrentes passíveis de anulação significa que a adjudicação e a posterior celebração de contrato também o são, descabendo, pois, a alegada perda de objeto (art. 49, § 2º, da Lei n. 8.666/1993).

(STJ, REsp 1.059.501-MG, Rel. Min. Mauro Campbell Marques, julgado em 18-8-2009.)

§ 2º O motivo determinante para a revogação do processo licitatório deverá ser resultante de fato superveniente devidamente comprovado.

Jurisprudência do STJ:

É pacífico no STJ que, embora o contrato ou convênio tenha sido realizado com a Administração sem prévia licitação, o ente público não poderá deixar de efetuar o pagamento pelos serviços efetiva e comprovadamente prestados, ressalvadas as hipóteses de má-fé ou de ter o particular concorrido para a nulidade. Nesses casos excepcionais, o pagamento, a título de ressarcimento, será realizado "pelo custo básico do que foi produzido, sem qualquer margem de lucro".

(STJ, AREsp 1522047/RS, Rel. Min. Herman Benjamin, Segunda Turma, *DJe* 11-10-2019.)

ADMINISTRATIVO. LICITAÇÃO. REVOGAÇÃO INJUSTIFICADA. INDENIZAÇÃO. A revogação da licitação, após a adjudicação, com a entrega do respectivo objeto, mediante contratação direta, a terceiro que dela não participou, constitui ilegalidade flagrante. A proposta mais favorável de terceiro, após o término do processo licitatório, não constitui justa causa para a revogação da licitação. A indenização deve corresponder ao que o licitante bem sucedido deixou de ganhar por força da revogação injustificada da licitação.

(STJ, EDcl no REsp 1153354/AL, Rel. Min. Ari Pargendler, Primeira Turma, *DJe* 12-9-2014.)

Jurisprudência do TCU:

A revogação de certame licitatório, nos termos do art. 49 da Lei 8.666/1993, aplicável ao Regime Diferenciado de Contratações Públicas (RDC) por força do art. 44 da Lei 12.462/2011, só pode ocorrer diante de fatos supervenientes que demonstrem que a contratação pretendida tenha se tornado inconveniente e inoportuna ao interesse público.

(TCU, Acórdão 3066/2020-Plenário, Relator: Benjamin Zymler, 18-11-2020.)

É facultado ao gestor, dentro da sua esfera de discricionariedade, anular todo o procedimento licitatório, nos termos do art. 49 da Lei 8.666/1993, ou invalidar apenas os atos insuscetíveis de aproveitamento e retomar o certame do momento imediatamente anterior ao ato ilegal, em analogia ao art. 4º, inciso XIX, da Lei 10.520/2002.

(TCU, Acórdão 637/2017-Plenário, Relator: Aroldo Cedraz, 5-4-2017.)

É possível, nos termos do art. 49 da Lei 8.666/93, a anulação de ato ou fase da licitação que não afete a totalidade do certame, bem como de atos e fases subsequentes, pela autoridade competente para a homologação, a qualquer tempo. Nessa situação, o procedimento licitató-

rio deverá ser devolvido para a comissão de licitação, a fim de que refaça os atos anulados, aproveitando-se os atos regulares já praticados.
(TCU, Acórdão 1904/2008-Plenário, Relator: Raimundo Carreiro, 3-9-2008.)
Lei n. 8.666/93
Art. 49. A autoridade competente para a aprovação do procedimento somente poderá revogar a licitação por razões de interesse público decorrente de fato superveniente devidamente comprovado, pertinente e suficiente para justificar tal conduta, devendo anulá-la por ilegalidade, de ofício ou por provocação de terceiros, mediante parecer escrito e devidamente fundamentado.

§ 3º Nos casos de anulação e revogação, deverá ser assegurada a prévia manifestação dos interessados.

Jurisprudência do STJ:

3. Esta Corte Superior firmou entendimento de que a anulação de ato administrativo exige a observância dos princípios do devido processo legal, contraditório e ampla defesa, especialmente quando o ato repercuta na esfera de interesses do administrado.
(STJ, AgInt no AREsp 619.850/ES, Rel. Min. Napoleão Nunes Maia Filho, Primeira Turma, julgado em 18-3-2019, *DJe* 26-3-2019.)

Jurisprudência do TCU:

Somente é exigível a observância das disposições do art. 49, § 3º, da Lei 8.666/1993 (contraditório e ampla defesa) quando o procedimento licitatório, por ter sido concluído com a adjudicação do objeto, gera direitos subjetivos ao licitante vencedor, ou em casos de revogação ou de anulação em que o licitante seja apontado, de modo direto ou indireto, como o causador do desfazimento do certame.
(TCU, Acórdão 2656/2019-Plenário, Relator: Ana Arraes, 30-10-2019.)

Lei n. 8.666/93
Art. 49, § 3º No caso de desfazimento do processo licitatório, fica assegurado o contraditório e a ampla defesa.

§ 4º O disposto neste artigo será aplicado, no que couber, à contratação direta e aos procedimentos auxiliares da licitação.

Lei n. 8.666/93

Art. 49, § 1º A anulação do procedimento licitatório por motivo de ilegalidade não gera obrigação de indenizar, ressalvado o disposto no parágrafo único do art. 59 desta Lei.

Art. 59. A declaração de nulidade do contrato administrativo opera retroativamente impedindo os efeitos jurídicos que ele, ordinariamente, deveria produzir, além de desconstituir os já produzidos.

Parágrafo único. A nulidade não exonera a Administração do dever de indenizar o contratado pelo que este houver executado até a data em que ela for declarada e por outros prejuízos regularmente comprovados, contanto que não lhe seja imputável, promovendo-se a responsabilidade de quem lhe deu causa.

Jurisprudência do STJ:

PRETENSA NULIDADE DO CONTRATO NÃO AFASTA O DEVER DE INDENIZAR O CONTRATADO DE BOA-FÉ. IMPOSSIBILIDADE DE PRESUMIR A MÁ-FÉ.

(...)

IV – A anulação do contrato administrativo quando o contratado, de boa-fé, realizou gastos relativos à avença, implica o dever do seu ressarcimento pela Administração. Princípio consagrado na novel legislação de licitação.

(STJ, REsp 1.365.600/RJ, Rel. Min. Regina Helena Costa, Primeira Turma, *DJe* 24-5-2019.)

Jurisprudência do TCU:

Caso a anulação da licitação ocorra posteriormente à assinatura do contrato, este deverá ser anulado, visto que a nulidade da licitação induz à nulidade do contrato, nos termos do art. 49, § 2º, da Lei 8.666/1993, garantido o direito ao contraditório e à ampla defesa dos interessados, de acordo com o § 3º do citado artigo, observada, também, a necessidade de se indenizar o contratado pelo que houver executado e por outros prejuízos, desde que não lhe sejam imputáveis, como preceitua o art. 59 da referida lei.

(TCU, Acórdão 1904/2008-Plenário, Relator: Raimundo Carreiro, 3-9-2008.)

COMENTÁRIOS DO AUTORES

Com o fim das fases de julgamento e habilitação, e exauridos os recursos administrativos, o "normal" é que o processo licitatório seja encaminhado à autoridade superior para fins de adjudicação do objeto e homologação da licitação.

A homologação é o ato administrativo que atesta a validade do procedimento e confirma o interesse na contratação.

Caso se constate alguma ilegalidade, a autoridade competente poderá: determinar o retorno dos autos para que seja realizado o saneamento ou determinar a anulação do certame, conforme preconiza a Súmula 473 do STF.

> Súmula 473: A administração pode anular seus próprios atos, quando eivados de vícios que os tornam ilegais, porque deles não se originam direitos; ou revogá-los, por motivo de conveniência ou oportunidade, respeitados os direitos adquiridos, e ressalvada, em todos os casos, a apreciação judicial.

Ao pronunciar a nulidade, a autoridade indicará expressamente os atos com vícios insanáveis, tornando sem efeito todos os subsequentes que deles dependam, e dará ensejo à apuração de responsabilidade de quem lhes tenha dado causa.

Saliente-se que a anulação somente será adotada na hipótese em que se revelar medida de interesse público, com avaliação dos aspectos elencados no art. 150.

A declaração de nulidade no procedimento licitatório, além de poder ser realizada pelo próprio Poder Executivo, no exercício de seu poder de autotutela, também pode ser efetuada por outro Poder, no exercício do controle externo (por exemplo, pelo Judiciário).

Imperioso destacar que, ainda que o procedimento seja considerado válido, é possível que a Administração aponte desinteresse na contratação e revogue o procedimento por conveniência e oportunidade. O motivo determinante para a revogação do processo licitatório, todavia, deverá ser resultante de fato superveniente devidamente comprovado.

Ao contrário da anulação, a revogação somente pode ser efetivada pelo ente público que promoveu a licitação. Porém, em ambos os casos devem ser observados o contraditório e a ampla defesa, além de ser imprescindível a motivação expressa por parte da Administração Pública.

A revogação e a anulação podem ocorrer a qualquer momento, ainda que adjudicado o objeto ao licitante vencedor, observando-se que a nulidade da licitação leva também à nulidade do contrato.

Rafael Oliveira[29] destaca que,

> De acordo com parcela da doutrina, enquanto a anulação não acarreta, em regra, direito à indenização, a revogação gera o direito à indenização pelas despesas realizadas pelo licitante vencedor. Entendemos, no entanto, que o Poder Público deve indenizar o licitante em caso de desfazimento da licitação após a homologação, tanto na hipótese de anulação quanto no caso de revogação. Independentemente da existência de direitos do licitante vencedor, que, por certo, não pode exigir a celebração do contrato, devem ser prestigiados os princípios da boa-fé e da confiança legítima. Temos, aqui, a responsabilidade civil pré-negocial da Administração.

O § 5º, entretanto, consagra expressamente o dever da Administração de indenizar o contratado pelo que ele houver executado até a data em que for declarada a nulidade, bem como por outros prejuízos regularmente comprovados, desde que não lhe seja imputável, devendo ser promovida a responsabilização de quem lhe tenha dado causa. Normativa dessa ordem é coerência lógica da vedação do enriquecimento sem causa, obstando que a Administração adote posturas violadoras da boa-fé.

Do exposto, constata-se que a homologação somente será efetivada nos casos em que o procedimento não for anulado ou revogado.

A adjudicação, a seu turno, é o ato final do procedimento de licitação por meio do qual a Administração atribui ao licitante vencedor o objeto da licitação, regida pelo princípio da adjudicação compulsória.

Significa dizer que o objeto da licitação deve obrigatoriamente ser adjudicado ao primeiro colocado, o que não implica, contudo, o reconhecimento do direito ao próprio contrato. A adjudicação não pode ser confundida com a assinatura do contrato.

Prevalece, aliás, na doutrina e na jurisprudência do STJ que a homologação e a adjudicação não geram direito à celebração do contrato, uma vez que a Administração Pública poderia, mesmo após esses atos, revogar ou anular o certame por fatos supervenientes. Isso posto, a celebração do contrato ficaria à mercê da análise discricionária, de conveniência e oportunidade, do administrador.

---

29 OLIVEIRA, Rafael Carvalho Rezende. *Curso de Direito Administrativo*. 6. ed. Rio de Janeiro: Forense; São Paulo: Método, 2018, p. 491.

Capítulo VIII
DA CONTRATAÇÃO DIRETA

Seção I
Do Processo de Contratação Direta

ARTIGO 72

Art. 72. O processo de contratação direta, que compreende os casos de inexigibilidade e de dispensa de licitação, deverá ser instruído com os seguintes documentos:

I – documento de formalização de demanda e, se for o caso, estudo técnico preliminar, análise de riscos, termo de referência, projeto básico ou projeto executivo;

II – estimativa de despesa, que deverá ser calculada na forma estabelecida no art. 23 desta Lei;

III – parecer jurídico e pareceres técnicos, se for o caso, que demonstrem o atendimento dos requisitos exigidos;

Jurisprudência do TCU:

É obrigatória a emissão de pareceres jurídicos em relação às minutas dos editais de licitação, dispensa ou inexigibilidade e de contratos, bem como que tais pareceres constem nos processos licitatórios.

(TCU, Acórdão 11907/2011-Segunda Câmara, Relator: Augusto Sherman, 6-12-2011.)

As entidades do Sistema S não podem instituir em seus regulamentos novas hipóteses de contratação direta, haja vista que a matéria deve ser disciplinada por norma geral, de competência privativa da União.

(TCU, Acórdão 3195/2014-Plenário, Revisor: Bruno Dantas, 19-11-2014.)

A regularidade junto ao INSS e ao FGTS é condição necessária a ser observada, inclusive nos casos de contratação direta, devendo ser realizada verificação prévia à cada autorização de pagamento, mesmo nos casos de contratação por dispensa ou inexigibilidade de licitação.

(TCU, Acórdão 1782/2010-Plenário, Relator: Raimundo Carreiro, 21-7-2010.)

Lei n. 8.666/93

Art. 38, VI – pareceres técnicos ou jurídicos emitidos sobre a licitação, dispensa ou inexigibilidade;

IV - demonstração da compatibilidade da previsão de recursos orçamentários com o compromisso a ser assumido;

V - comprovação de que o contratado preenche os requisitos de habilitação e qualificação mínima necessária;

VI - razão da escolha do contratado;

VII - justificativa de preço;

VIII - autorização da autoridade competente.

Parágrafo único. O ato que autoriza a contratação direta ou o extrato decorrente do contrato deverá ser divulgado e mantido à disposição do público em sítio eletrônico oficial.

COMENTÁRIOS DOS AUTORES

A obrigatoriedade na realização do procedimento licitatório é excepcionada pela própria Constituição Federal que estabelece a possibilidade de a legislação ressalvar determinadas hipóteses de contratação direta (art. 37, XXI, da CF). Dessa forma, a contratação direta não representa uma afronta aos princípios constitucionais.

Existem, portanto, hipóteses em que a própria lei estabelece a possibilidade ou a necessidade de a eventual contratação pela Administração Pública ser feita sem a realização de um procedimento licitatório. Contudo, a desnecessidade de licitação não significa que o procedimento será informal ou que o Administrador poderá contratar qualquer pessoa e por qualquer preço.

Mesmo na contratação direta, será necessário que o Administrador Público instaure um processo administrativo formal instruído com as justificativas para a contratação direta, a razão de escolha daquele determinado fornecedor, além da justificativa do preço que deverá ser compatível com os preços praticados no mercado.

É imprescindível, ainda, a comprovação de que o contratado preencha os requisitos de habilitação e qualificação mínima necessária e, se for o caso, a contratação deve estar lastreada em parecer jurídico e em pareceres técnicos que demonstrem o atendimento dos requisitos exigidos.

A lei estabelece duas hipóteses para a contratação direta: licitação inexigível ou licitação dispensável.

Na licitação inexigível, a competição resta inviável por faltar um dos pressupostos da licitação (a seguir explicados), enquanto na licitação dispensável o Administrador até poderia realizar o procedimento licitatório, mas a própria lei prevê uma faculdade para a escolha pela contratação direta.

Como bem explica José dos Santos Carvalho Filho[30], "na dispensa, a licitação é materialmente possível, mas em regra inconveniente; na inexigibilidade, é inviável a própria competição".

A realização da licitação exige a presença de três pressupostos. São eles:

a) **Pressuposto lógico**

O pressuposto lógico da licitação exige a **pluralidade de objetos e de ofertantes**. Assim, para que a competição seja deflagrada, necessário que o objeto de interesse da administração possua mais de um fornecedor e que o produto ou serviço não seja exclusivo.

Por outro lado, acaso a Administração deseje adquirir um determinado bem que possua natureza singular, torna-se inviável a competição, não sendo possível a realização do procedimento licitatório.

Como exemplo, podemos imaginar a hipótese da aquisição de uma determinada obra de arte, um determinado quadro de um determinado artista nacional para compor o acervo de um museu.

b) **Pressuposto fático**

O pressuposto fático do procedimento licitatório diz respeito à presença de interessados no certame. A ausência de interessados em participar da competição tornará a competição inviável na prática.

---

30 CARVALHO FILHO, José dos Santos. *Manual de direito administrativo*. 32. ed. São Paulo: Atlas, 2018.

Exemplo disso seria uma licitação para contratar uma determinado serviço, mas os valores ofertados pelo poder público estão abaixo do valor de mercado.

c) **Pressuposto jurídico**

A licitação não é um fim em si mesmo. Trata-se de procedimento destinado a atingir um determinado interesse público: a contratação pela administração pública da melhor proposta. Assim, o procedimento licitatório não pode ser utilizado para prejudicar o interesse coletivo.

Um bom exemplo é a possibilidade de empresas estatais que exercem atividade econômica realizarem contratações relativas ao seu objeto social sem necessidade de licitação.

Essas empresas foram criadas para desenvolver alguma atividade econômica em regime de concorrência com outras empresas no mercado. Exigir a realização de procedimento licitatório (por natureza, lento e burocrático) para toda e qualquer contratação de uma empresa estatal seria prejudicial à própria atividade econômica desenvolvida.

ARTIGO 73

Art. 73. Na hipótese de contratação direta indevida ocorrida com dolo, fraude ou erro grosseiro, o contratado e o agente público responsável responderão solidariamente pelo dano causado ao erário, sem prejuízo de outras sanções legais cabíveis.

Jurisprudência do STJ:

2. Nos casos em que se discute a regularidade de procedimento licitatório, a jurisprudência desta Corte é no sentido de que a contratação direta de empresa prestadora de serviço, quando não caracterizada situação de inexigibilidade de licitação, gera lesão ao erário, na medida em que o Poder Público deixa de contratar a melhor proposta, dando ensejo ao chamado dano *in re ipsa*, decorrente da própria ilegalidade do ato praticado, descabendo-se exigir do autor da ação civil pública prova a respeito do tema.
(STJ, AgInt no REsp 1.520.982/SP, Rel. Min. Sérgio Kukina, Primeira Turma, *DJe* 8-5-2020.)

Lei n. 8.666/93

Art. 25. É inexigível a licitação quando houver inviabilidade de competição, em especial:

(...)

§ 2º Na hipótese deste artigo e em qualquer dos casos de dispensa, se comprovado superfaturamento, respondem solidariamente pelo dano causado à Fazenda Pública o fornecedor ou o prestador de serviços e o agente público responsável, sem prejuízo de outras sanções legais cabíveis.

COMENTÁRIOS DOS AUTORES

A responsabilidade por dano decorrente de contratação direta é solidária do contratado e do agente público responsável e abrange tanto os danos causados ao erário quanto outras sanções legais cabíveis. Para tanto, exige-se que a contratação indevida tenha sido realizada com dolo, fraude ou erro grosseiro.

Constatado o dolo, os responsáveis poderão incorrer, ainda, no tipo penal do art. 337-E do Código Penal, inserido no códex penalista pelo art. 178 desta lei. Vejamos o tipo penal:

Contratação direta ilegal

Art. 337-E. Admitir, possibilitar ou dar causa à contratação direta fora das hipóteses previstas em lei:

Pena – reclusão, de 4 (quatro) a 8 (oito) anos, e multa.

Seção II
Da Inexigibilidade de Licitação

ARTIGO 74

Art. 74. É inexigível a licitação quando inviável a competição, em especial nos casos de:

I – aquisição de materiais, de equipamentos ou de gêneros ou contratação de serviços que só possam ser fornecidos por produtor, empresa ou representante comercial exclusivos;

II – contratação de profissional do setor artístico, diretamente ou por meio de empresário exclusivo, desde que consagrado pela crítica especializada ou pela opinião pública;

III – contratação dos seguintes serviços técnicos especializados de natureza predominantemente intelectual com profissionais ou empresas de notória especialização, vedada a inexigibilidade para serviços de publicidade e divulgação:

a) estudos técnicos, planejamentos, projetos básicos ou projetos executivos;

b) pareceres, perícias e avaliações em geral;

c) assessorias ou consultorias técnicas e auditorias financeiras ou tributárias;

d) fiscalização, supervisão ou gerenciamento de obras ou serviços;

e) patrocínio ou defesa de causas judiciais ou administrativas;

f) treinamento e aperfeiçoamento de pessoal;

g) restauração de obras de arte e de bens de valor histórico;

h) controles de qualidade e tecnológico, análises, testes e ensaios de campo e laboratoriais, instrumentação e monitoramento de parâmetros específicos de obras e do meio ambiente e demais serviços de engenharia que se enquadrem no disposto neste inciso;

IV – objetos que devam ou possam ser contratados por meio de credenciamento;

V – aquisição ou locação de imóvel cujas características de instalações e de localização tornem necessária sua escolha.

Jurisprudência do TCU:

Súmula TCU 252: A inviabilidade de competição para a contratação de serviços técnicos, a que alude o art. 25, inciso II, da Lei 8.666/1993, decorre da presença simultânea de três requisitos: serviço técnico especializado, entre os mencionados no art. 13 da referida lei, natureza singular do serviço e notória especialização do contratado.

Súmula TCU 39: A inexigibilidade de licitação para a contratação de serviços técnicos com pessoas físicas ou jurídicas de notória especialização somente é cabível quando se tratar de serviço de natureza singular, capaz de exigir, na seleção do executor de confiança, grau de subjetividade insuscetível de ser medido pelos critérios objetivos de qualificação inerentes ao processo de licitação, nos termos do art. 25, inciso II, da Lei 8.666/1993.

Quando não estiver devidamente caracterizada a situação de inviabilidade de competição, a qual é excepcional e deve ser fundamentada e instruída, é indevida a contratação por inexigibilidade de licitação.

(TCU, Acórdão 1331/2007-Primeira Câmara, Relator: Marcos Bemquerer, 15-5-2007.)

O credenciamento é hipótese de inviabilidade de competição não expressamente mencionada no art. 25 da Lei 8.666/1993 (cujos incisos são meramente exemplificativos). Adota-se o credenciamento quando a Administração tem por objetivo dispor da maior rede possível de prestadores de serviços. Nessa situação, a inviabilidade de competição não decorre da ausência de possibilidade de competição, mas sim da ausência de interesse da Administração em restringir o número de contratados.

(TCU, Acórdão 3567/2014-Plenário, Revisor: Benjamin Zymler, 9-12-2014.)

É permitida a utilização do chamamento público para permuta de imóveis da União como mecanismo de prospecção de mercado, para fim de identificar os imóveis elegíveis que atendam às necessidades da União, com atendimento aos princípios da impessoalidade, moralidade e publicidade, devendo, posteriormente, ser utilizadas várias fontes de pesquisa para certificação de que os preços atinentes aos imóveis propostos estejam compatíveis com os de mercado, considerando as especificidades de cada um, a exemplo de permutas realizadas anteriormente por órgãos ou entidades públicas, mídias e sítios eletrônicos especializados. Caso o chamamento público resulte em mais de uma oferta, a União pode promover, observada a proposta mais vantajosa aos seus interesses, a contratação direta, mediante dispensa de licitação, condicionada ao atendimento dos requisitos constantes do art. 24, inciso X, da Lei 8.666/1993, ou realizar o procedimento licitatório, nos termos do art. 17, inciso I, da Lei 8.666/1993 e do art. 30, § 2º, da Lei 9.636/1998, devendo observar a adequada motivação para a opção escolhida.

(TCU, Acórdão 1273/2018-Plenário, Relator: Vital do Rêgo, 6-6-2018.)

É admitida excepcionalmente a contratação direta de locação sob medida (operação *built to suit*), por meio de licitação dispensável fundada no art. 24, inciso X, da Lei 8.666/1993, desde que, além da observância das demais disposições legais aplicáveis ao caso, o terreno onde será construído o imóvel seja de propriedade do particular que será o futuro locador.

(TCU, Acórdão 1301/2013-Plenário, Relator: André de Carvalho, 29-5-2013.)

Lei n. 8.666/93

Art. 24. É dispensável a licitação:

(...)

X – para a compra ou locação de imóvel destinado ao atendimento das finalidades precípuas da administração, cujas necessidades de instalação e localização condicionem a sua escolha, desde que o preço seja compatível com o valor de mercado, segundo avaliação prévia;

Art. 25. É inexigível a licitação quando houver inviabilidade de competição, em especial:

I – para aquisição de materiais, equipamentos, ou gêneros que só possam ser fornecidos por produtor, empresa ou representante comercial exclusivo, vedada a preferência de marca, devendo a comprovação de exclusividade ser feita através de atestado fornecido pelo órgão de registro do comércio do local em que se realizaria a licitação ou a obra ou o serviço, pelo Sindicato, Federação ou Confederação Patronal, ou, ainda, pelas entidades equivalentes;

II – para a contratação de serviços técnicos enumerados no art. 13 desta Lei, de natureza singular, com profissionais ou empresas de notória especialização, vedada a inexigibilidade para serviços de publicidade e divulgação;

III – para contratação de profissional de qualquer setor artístico, diretamente ou através de empresário exclusivo, desde que consagrado pela crítica especializada ou pela opinião pública.

§ 1º Para fins do disposto no inciso I do *caput* deste artigo, a Administração deverá demonstrar a inviabilidade de competição mediante atestado de exclusividade, contrato de exclusividade, declaração do fabricante ou outro documento idôneo capaz de comprovar que o objeto é fornecido ou prestado por produtor, empresa ou representante comercial exclusivos, vedada a preferência por marca específica.

> Lei n. 8.666/93
>
> Art. 25. É inexigível a licitação quando houver inviabilidade de competição, em especial:
> I – para aquisição de materiais, equipamentos, ou gêneros que só possam ser fornecidos por produtor, empresa ou representante comercial exclusivo, vedada a preferência de marca, devendo a comprovação de exclusividade ser feita através de atestado fornecido pelo órgão de registro do comércio do local em que se realizaria a licitação ou a obra ou o serviço, pelo Sindicato, Federação ou Confederação Patronal, ou, ainda, pelas entidades equivalentes;

§ 2º Para fins do disposto no inciso II do *caput* deste artigo, considera-se empresário exclusivo a pessoa física ou jurídica que possua contrato, declaração, carta ou outro documento que ateste a exclusividade permanente e contínua de representação, no País ou em Estado específico, do profissional do setor artístico, afastada a possibilidade de contratação direta por inexigibilidade por meio de empresário com representação restrita a evento ou local específico.

> Jurisprudência do TCU:
>
> Na contratação direta, por inexigibilidade de licitação, de profissional do setor artístico por meio de empresário exclusivo, a apresentação de autorização/atesto/carta de exclusividade restrita aos dias e à localidade do evento não atende aos pressupostos do art. 25, inciso III, da Lei 8.666/1993. Para tanto, é necessária a apresentação do contrato de representação exclusiva do artista consagrado com o empresário contratado, registrado em cartório.
> (TCU, Acórdão 1435/2017-Plenário, Relator: Vital do Rêgo, 5-7-2017.)

§ 3º Para fins do disposto no inciso III do *caput* deste artigo, considera-se de notória especialização o profissional ou a empresa cujo conceito no campo de sua especialidade, decorrente de desempenho anterior, estudos, experiência, publicações, organização, aparelhamento, equipe técnica ou outros requisitos relacionados com suas atividades, permita inferir que o seu trabalho é essencial e reconhecidamente adequado à plena satisfação do objeto do contrato.

> Jurisprudência do STJ:
>
> Nessa linha interpretativa, a pretensão do Órgão Acusador vai de encontro ao entendimento desta Corte Superior de que a contratação direta de serviços de Advocacia deve estar vinculada à notória especialização do prestador do serviço e à singularidade do objeto contratado (hipóteses incomuns e anômalos), caracterizando a inviabilidade de competição (Lei 8.666/93 – arts. 25, II, e 13, V), avaliada por um juízo de razoabilidade.
> (STJ, AgInt no AREsp 1.535.308/MG, Rel. Min. Napoleão Nunes Maia Filho, Primeira Turma, DJe 9-12-2020.)
>
> Jurisprudência do TCU:
>
> Na contratação de serviços advocatícios por inexigibilidade de licitação, deve-se garantir a participação pessoal do advogado com notória especialização que fundamentou a contratação direta.
> (TCU, Acórdão 88/2003-Segunda Câmara, Relator: Ubiratan Aguiar, 6-2-2003.)

Lei n. 8.666/93

Art. 25, § 1º Considera-se de notória especialização o profissional ou empresa cujo conceito no campo de sua especialidade, decorrente de desempenho anterior, estudos, experiências, publicações, organização, aparelhamento, equipe técnica, ou de outros requisitos relacionados com suas atividades, permita inferir que o seu trabalho é essencial e indiscutivelmente o mais adequado à plena satisfação do objeto do contrato.

§ 4º Nas contratações com fundamento no inciso III do *caput* deste artigo, é vedada a subcontratação de empresas ou a atuação de profissionais distintos daqueles que tenham justificado a inexigibilidade.

Jurisprudência do TCU:

Não deve ser permitida subcontratação, nos contratos firmados com inexigibilidade de licitação. (TCU, Acórdão 1183/2010-Plenário, Relator: Aroldo Cedraz, 26-5-2010.)

§ 5º Nas contratações com fundamento no inciso V do *caput* deste artigo, devem ser observados os seguintes requisitos:
I - avaliação prévia do bem, do seu estado de conservação, dos custos de adaptações, quando imprescindíveis às necessidades de utilização, e do prazo de amortização dos investimentos;

Lei n. 8.666/1993

Art. 24. É dispensável a licitação:

(...)

X – para a compra ou locação de imóvel destinado ao atendimento das finalidades precípuas da administração, cujas necessidades de instalação e localização condicionem a sua escolha, desde que o preço seja compatível com o valor de mercado, segundo avaliação prévia;

II - certificação da inexistência de imóveis públicos vagos e disponíveis que atendam ao objeto;
III - justificativas que demonstrem a singularidade do imóvel a ser comprado ou locado pela Administração e que evidenciem vantagem para ela.

COMENTÁRIOS DOS AUTORES

A Lei n. 8.666/93 já estabelecia ser inexigível a licitação quando houvesse **inviabilidade de competição**. Essa decorre da ausência de um dos pressupostos que justificam a realização do procedimento licitatório.

A lei anterior estabelecia, em um rol meramente exemplificativo, as hipóteses de inexigibilidade em razão de existência de fornecedor exclusivo, para contratação de profissionais do setor artístico ou, ainda, para contratação de serviços técnicos especializados.

Na novel legislação, a inexigibilidade da licitação está regulamentada no art. 74, que, do mesmo modo que o art. 25 da Lei n. 8.666/93, determina que a licitação é inexigível quando a competição for inviável.

Nesse cenário, o próprio dispositivo passa a enumerar casos em que considera inviável a competição.

Primeiramente, será inexigível a licitação quando houver **fornecedor exclusivo de determinado bem**, ou seja, para a aquisição de materiais, de equipamentos ou de gêneros ou contratação de serviços que só possam ser fornecidos por produtor, empresa ou representante comercial exclusivos. Isso porque, para a competição ser viável, exige-se a pluralidade de objetos e também a pluralidade de ofertantes.

Nessa situação, a Administração deverá demonstrar a inviabilidade de competição mediante atestado de exclusividade, contrato de exclusividade, declaração do fabricante ou outro documento idôneo capaz de comprovar que o objeto é fornecido ou prestado por produtor, empresa ou representante comercial exclusivos, vedada a preferência por marca específica.

O Tribunal de Contas da União já entendia que, nas contratações em que o objeto só pudesse ser fornecido por produtor, empresa ou representante comercial exclusivo, seria dever do agente público responsável pela contratação a adoção das providências necessárias para confirmar a veracidade da documentação comprobatória da condição de exclusividade (Súmula 255).

O inciso II estabelece a possibilidade de contratação direta por inexigibilidade de licitação de **profissional do setor artístico consagrado** pela crítica especializada ou pela opinião pública. Expressamente a lei exige que o artista seja consagrado pela opinião pública ou crítica especializada como forma de se evitar escolhas pessoais do administrador público, em detrimento do anseio popular na apresentação de artista que possua notável desempenho em seu ofício. Trata-se, portanto, de contratação onde a própria competição se torna inviável.

Tal contratação poderá ser feita diretamente com o profissional ou através de empresário exclusivo, o qual é definido pela lei como a pessoa física ou jurídica que possua contrato, declaração, carta ou outro documento que ateste a exclusividade permanente e contínua de representação, no País ou em Estado específico, do profissional do setor artístico, afastada a possibilidade de contratação direta por inexigibilidade por meio de empresário com representação restrita a evento ou local específico.

Naturalmente, essa contratação precisará ser formalizada por meio de um processo administrativo, além de exigir uma contratação por preço compatível com o do mercado, conforme previsão expressa do art. 72, que exige uma justificativa de preço no processo de contratação direta.

Para Marçal Justen Filho[31]:

> se a contratação pode fazer-se sem licitação, é evidente que isso não significa autorizar escolhas desarrazoadas ou incompatíveis com o interesse a ser satisfeito. O limite de liberdade da Administração é determinado pelas peculiaridades do interesse que se busca satisfazer. Assim, não se admite que uma festa popular envolva a contratação direta de um cantor lírico, pois as preferências artísticas dos frequentadores não serão satisfeitas através de uma ópera.

Adiante, o inciso III prevê a inexigibilidade de licitação para a contratação de **serviços técnicos especializados**, prestados por profissionais ou empresas de notória especialização.

Em primeiro lugar, não é qualquer serviço técnico especializado que será passível de contratação por inexigibilidade, mas apenas os serviços previstos no rol do próprio inciso, quais sejam:

a) estudos técnicos, planejamentos, projetos básicos ou projetos executivos;

b) pareceres, perícias e avaliações em geral;

c) assessorias ou consultorias técnicas e auditorias financeiras ou tributárias;

d) fiscalização, supervisão ou gerenciamento de obras ou serviços;

---

31 JUSTEN FILHO, Marçal. *Comentários à Lei de Licitações e Contratos Administrativos*. 16. ed. São Paulo: Revista dos Tribunais, 2014, p. 515.

e) patrocínio ou defesa de causas judiciais ou administrativas;

f) treinamento e aperfeiçoamento de pessoal;

g) restauração de obras de arte e de bens de valor histórico;

h) controles de qualidade e tecnológico, análises, testes e ensaios de campo e laboratoriais, instrumentação e monitoramento de parâmetros específicos de obras e do meio ambiente e demais serviços de engenharia que se enquadrem no disposto neste inciso.

Dentre as hipóteses, destaca-se a possibilidade de inexigibilidade de licitação para contratação de serviços advocatícios, ou seja, de patrocínio ou defesa de causas judiciais ou administrativas. Aliás, já entendia o Superior Tribunal de Justiça que a contratação de advogados pela administração pública, mediante procedimento de inexigibilidade de licitação é legítima, devendo, contudo, ser devidamente justificada com a demonstração de que os serviços possuem natureza singular e com a indicação dos motivos pelos quais se entende que o profissional detém notória especialização.

Necessário, assim, que a Administração demonstre também a notória especialização do contratado e a natureza singular do serviço. Logo, apenas será possível a inexigibilidade de licitação prevista no inciso III do art. 74 da Lei n. 14.133/2021 acaso presentes simultaneamente três requisitos: o serviço técnico especializado enumerado pela lei, a natureza singular do serviço e a notória especialização do contratado. Trata-se de entendimento consolidado do Tribunal de Contas da União, com previsão expressa na Súmula 252.

A nova lei também se preocupou em definir expressamente o que seria considerado notória especialização. Cuida-se do profissional ou da empresa cujo conceito no campo de sua especialidade, decorrente de desempenho anterior, estudos, experiência, publicações, organização, aparelhamento, equipe técnica ou outros requisitos relacionados com suas atividades, permita inferir que o seu trabalho é essencial e reconhecidamente adequado à plena satisfação do objeto do contrato. Por isso mesmo, o § 4º do art. 74 vedou a subcontratação de empresas ou a atuação de profissionais distintos daqueles que tenham justificado a inexigibilidade.

Ressalte-se ainda que, assim como a lei anterior, o novo diploma também proíbe a realização de inexigibilidade para a contratação de serviços de publicidade e divulgação.

Para Marçal Justen Filho[32] a grande razão dessa vedação reside no fato de que o critério para julgamento das propostas de peças publicitárias estaria na "criatividade". Assim, invariavelmente, a seleção redundaria em um critério absolutamente subjetivo, em prejuízo da isonomia. Além disso, seria facilmente possível a burla ao procedimento licitatório com a contratação pelo gestor – de forma direta – da agência de publicidade que realizou o marketing político da sua campanha. Para evitar tal direcionamento, a lei foi expressa em vedar a inexigibilidade de licitação para contratar agências de publicidade.

As reais novidades são dispostas nos incisos IV e V do art. 74. Pelo inciso IV, é inexigível a licitação para contratação de objetos que devam ou possam ser contratados por meio de credenciamento.

Vale repisar que, segundo o art. 6º, XLIII, da Lei n. 14.133/2021, credenciamento é processo administrativo de chamamento público em que a Administração Pública convoca interessados em prestar serviços ou fornecer bens para que, preenchidos os requisitos necessários, se credenciem

---

32 JUSTEN FILHO, Marçal. *Comentários à Lei de Licitações e Contratos Administrativos*. 16. ed. São Paulo: Revista dos Tribunais, 2014, p. 504.

no órgão ou na entidade para executar o objeto quando convocados. Trata-se de procedimento auxiliar da licitação, regulado pelo art. 79 da lei.

Por sua vez, o art. 74, V, determina ser inexigível a licitação para aquisição ou locação de imóvel cujas características de instalações e de localização tornem necessária sua escolha. Assim, o que o art. 24, X, da Lei n. 8.666/93 previa ser caso de licitação dispensável passou a ser considerado situação de inexigibilidade de licitação pelo novo diploma.

No entanto, a contratação direta para a aquisição ou locação de imóveis exige a observância dos seguintes requisitos: avaliação prévia do bem, do seu estado de conservação, dos custos de adaptações, quando imprescindíveis às necessidades de utilização, e do prazo de amortização dos investimentos; certificação da inexistência de imóveis públicos vagos e disponíveis que atendam ao objeto; e justificativas que demonstrem a singularidade do imóvel a ser comprado ou locado pela Administração e que evidenciem vantagem para ela.

Seção III
Da Dispensa de Licitação

ARTIGO 75

Art. 75. É dispensável a licitação:
I – para contratação que envolva valores inferiores a R$ 100.000,00 (cem mil reais), no caso de obras e serviços de engenharia ou de serviços de manutenção de veículos automotores;

Lei n. 8.666/93

Art. 24. É dispensável a licitação:

(...)

I – para obras e serviços de engenharia de valor até 10% (dez por cento) do limite previsto na alínea "a", do inciso I do artigo anterior, desde que não se refiram a parcelas de uma mesma obra ou serviço ou ainda para obras e serviços da mesma natureza e no mesmo local que possam ser realizadas conjunta e concomitantemente;

Jurisprudência do TCU:

A comprovação de regularidade com a Fazenda Federal (art. 29, inciso III, da Lei 8.666/1993) poderá ser dispensada nos casos de contratações realizadas mediante dispensa de licitação de baixo valor (art. 24, incisos I e II, da Lei 8.666/1993).
(TCU, Acórdão 1661/2011-Plenário, Relator: Weder de Oliveira, 22-6-2011.)

II – para contratação que envolva valores inferiores a R$ 50.000,00 (cinquenta mil reais), no caso de outros serviços e compras;

Lei n. 8.666/93

Art. 24, II – para outros serviços e compras de valor até 10% (dez por cento) do limite previsto na alínea "a", do inciso II do artigo anterior e para alienações, nos casos previstos nesta Lei, desde que não se refiram a parcelas de um mesmo serviço, compra ou alienação de maior vulto que possa ser realizada de uma só vez;

Jurisprudência do TCU:

A realização de mais de uma contratação direta para aquisição de objetos idênticos, com base no art. 24, inciso II, da Lei 8.666/1993, pode configurar ocorrência de fracionamento ilegal de despesas, com fuga ao procedimento licitatório.

(TCU, Acórdão 1193/2007-Primeira Câmara, Relator: Valmir Campelo, 8-5-2007.)

III - para contratação que mantenha todas as condições definidas em edital de licitação realizada há menos de 1 (um) ano, quando se verificar que naquela licitação:
***a*) não surgiram licitantes interessados ou não foram apresentadas propostas válidas;**

Lei n. 8.666/93

Art. 24, V - quando não acudirem interessados à licitação anterior e esta, justificadamente, não puder ser repetida sem prejuízo para a Administração, mantidas, neste caso, todas as condições preestabelecidas;

Jurisprudência do TCU:

O art. 24, inciso V, da Lei 8.666/1993 (licitação deserta) só pode ser utilizado como fundamento para a contratação direta caso o certame não possa, justificadamente, ser repetido sem prejuízo para a Administração.

(TCU, Acórdão 342/2011-Primeira Câmara, Relator: Marcos Bemquerer, 25-1-2011.)

***b*) as propostas apresentadas consignaram preços manifestamente superiores aos praticados no mercado ou incompatíveis com os fixados pelos órgãos oficiais competentes;**

Lei n. 8.666/93

Art. 24, VII - quando as propostas apresentadas consignarem preços manifestamente superiores aos praticados no mercado nacional, ou forem incompatíveis com os fixados pelos órgãos oficiais competentes, casos em que, observado o parágrafo único do art. 48 desta Lei e, persistindo a situação, será admitida a adjudicação direta dos bens ou serviços, por valor não superior ao constante do registro de preços, ou dos serviços;

Jurisprudência do TCU:

A constatação de que a proposta contratada com base no art. 24, VII, da Lei 8.666/1993 possui amplitude menor em relação ao que fora descrito no objeto da licitação paradigma à dispensa, configura irregularidade na adoção do procedimento.

(TCU, Acórdão 5847/2012-Segunda Câmara, Relator: Marcos Bemquerer, 7-8-2012.)

IV - para contratação que tenha por objeto:
***a*) bens, componentes ou peças de origem nacional ou estrangeira necessários à manutenção de equipamentos, a serem adquiridos do fornecedor original desses equipamentos durante o período de garantia técnica, quando essa condição de exclusividade for indispensável para a vigência da garantia;**

Lei n. 8.666/93

Art. 24, XVII - para a aquisição de componentes ou peças de origem nacional ou estrangeira, necessários à manutenção de equipamentos durante o período de garantia técnica, junto ao fornecedor original desses equipamentos, quando tal condição de exclusividade for indispensável para a vigência da garantia;

Lei n. 14.133, de 1º-4-2021   Artigo 75   235

b) bens, serviços, alienações ou obras, nos termos de acordo internacional específico aprovado pelo Congresso Nacional, quando as condições ofertadas forem manifestamente vantajosas para a Administração;

Lei n. 8.666/93

Art. 24, XIV – para a aquisição de bens ou serviços nos termos de acordo internacional específico aprovado pelo Congresso Nacional, quando as condições ofertadas forem manifestamente vantajosas para o Poder Público;

c) produtos para pesquisa e desenvolvimento, limitada a contratação, no caso de obras e serviços de engenharia, ao valor de R$ 300.000,00 (trezentos mil reais);

Lei n. 8.666/93

Art. 24, XXI – para a aquisição ou contratação de produto para pesquisa e desenvolvimento, limitada, no caso de obras e serviços de engenharia, a 20% (vinte por cento) do valor de que trata a alínea "b" do inciso I do *caput* do art. 23;

(...)

§ 4º Não se aplica a vedação prevista no inciso I do *caput* do art. 9º à hipótese prevista no inciso XXI do *caput*.

d) transferência de tecnologia ou licenciamento de direito de uso ou de exploração de criação protegida, nas contratações realizadas por instituição científica, tecnológica e de inovação (ICT) pública ou por agência de fomento, desde que demonstrada vantagem para a Administração;

Lei n. 8.666/93

Art. 24, XXV – na contratação realizada por Instituição Científica e Tecnológica – ICT ou por agência de fomento para a transferência de tecnologia e para o licenciamento de direito de uso ou de exploração de criação protegida.

Lei n. 10.973/2004

Art. 6º É facultado à ICT pública celebrar contrato de transferência de tecnologia e de licenciamento para outorga de direito de uso ou de exploração de criação por ela desenvolvida isoladamente ou por meio de parceria. (Redação pela Lei n. 13.243, de 2016.)

Jurisprudência do TCU

A dispensa de licitação de que trata o art. 24, inciso XXV, da Lei 8.666/1993 é aplicável nas hipóteses nas quais o ente público atua tanto como fornecedor quanto receptor da tecnologia, abrangendo, assim, todos os casos de transferência de tecnologia, sejam eles onerosos ou gratuitos.

(TCU, Acórdão 725/2018-Plenário, Relator: Benjamin Zymler, 4-4-2018.)

A dispensa de licitação de que trata o art. 24, inciso XXV, da Lei 8.666/1993 deve ser precedida de publicação de edital com o objetivo de dispor sobre critérios para qualificação e escolha do contratado, quando as instituições científicas e tecnológicas (ICT) transferem tecnologia ao setor privado, nos termos do art. 7º, § 1º, do Decreto 5.563/2005. Não há essa obrigatoriedade, contudo, quando é empresa do setor privado quem transfere tecnologia para as ICT.

(TCU, Acórdão 725/2018-Plenário, Relator: Benjamin Zymler, 4-4-2018.)

e) hortifrutigranjeiros, pães e outros gêneros perecíveis, no período necessário para a realização dos processos licitatórios correspondentes, hipótese em que a contratação será realizada diretamente com base no preço do dia;

> Lei n. 8.666/93
>
> Art. 24, XII – nas compras de hortifrutigranjeiros, pão e outros gêneros perecíveis, no tempo necessário para a realização dos processos licitatórios correspondentes, realizadas diretamente com base no preço do dia;

f) bens ou serviços produzidos ou prestados no País que envolvam, cumulativamente, alta complexidade tecnológica e defesa nacional;

> Lei n. 8.666/93
>
> Art. 24, XXVIII – para o fornecimento de bens e serviços, produzidos ou prestados no País, que envolvam, cumulativamente, alta complexidade tecnológica e defesa nacional, mediante parecer de comissão especialmente designada pela autoridade máxima do órgão.

g) materiais de uso das Forças Armadas, com exceção de materiais de uso pessoal e administrativo, quando houver necessidade de manter a padronização requerida pela estrutura de apoio logístico dos meios navais, aéreos e terrestres, mediante autorização por ato do comandante da força militar;

> Lei n. 8.666/93
>
> Art. 24, XIX – para as compras de material de uso pelas Forças Armadas, com exceção de materiais de uso pessoal e administrativo, quando houver necessidade de manter a padronização requerida pela estrutura de apoio logístico dos meios navais, aéreos e terrestres, mediante parecer de comissão instituída por decreto;

h) bens e serviços para atendimento dos contingentes militares das forças singulares brasileiras empregadas em operações de paz no exterior, hipótese em que a contratação deverá ser justificada quanto ao preço e à escolha do fornecedor ou executante e ratificada pelo comandante da força militar;

> Lei n. 8.666/93
>
> Art. 24, XXIX – na aquisição de bens e contratação de serviços para atender aos contingentes militares das Forças Singulares brasileiras empregadas em operações de paz no exterior, necessariamente justificadas quanto ao preço e à escolha do fornecedor ou executante e ratificadas pelo Comandante da Força.

i) abastecimento ou suprimento de efetivos militares em estada eventual de curta duração em portos, aeroportos ou localidades diferentes de suas sedes, por motivo de movimentação operacional ou de adestramento;

> Lei n. 8.666/93
>
> Art. 24, XVIII – nas compras ou contratações de serviços para o abastecimento de navios, embarcações, unidades aéreas ou tropas e seus meios de deslocamento quando em estada eventual de curta duração em portos, aeroportos ou localidades diferentes de suas sedes, por motivo de movimentação operacional ou de adestramento, quando a exiguidade dos prazos legais puder comprometer a normalidade e os propósitos das operações e desde que seu valor não exceda ao limite previsto na alínea "a" do inciso II do art. 23 desta Lei;

j) coleta, processamento e comercialização de resíduos sólidos urbanos recicláveis ou reutilizáveis, em áreas com sistema de coleta seletiva de lixo, realizados por associações ou cooperativas formadas exclusivamente de pessoas físicas de baixa renda reconhecidas pelo poder público como catadores de materiais recicláveis, com o uso de equipamentos compatíveis com as normas técnicas, ambientais e de saúde pública;

> Lei n. 8.666/93
>
> Art. 24, XXVII – na contratação da coleta, processamento e comercialização de resíduos sólidos urbanos recicláveis ou reutilizáveis, em áreas com sistema de coleta seletiva de lixo, efetuados por associações ou cooperativas formadas exclusivamente por pessoas físicas de baixa renda reconhecidas pelo poder público como catadores de materiais recicláveis, com o uso de equipamentos compatíveis com as normas técnicas, ambientais e de saúde pública;

k) **aquisição ou restauração de obras de arte e objetos históricos, de autenticidade certificada, desde que inerente às finalidades do órgão ou com elas compatível;**

> Lei n. 8.666/93
>
> Art. 24, XV – para a aquisição ou restauração de obras de arte e objetos históricos, de autenticidade certificada, desde que compatíveis ou inerentes às finalidades do órgão ou entidade;

l) **serviços especializados ou aquisição ou locação de equipamentos destinados ao rastreamento e à obtenção de provas previstas nos incisos II e V do** *caput* **do art. 3º da Lei n. 12.850, de 2 de agosto de 2013, quando houver necessidade justificada de manutenção de sigilo sobre a investigação;**
m) **aquisição de medicamentos destinados exclusivamente ao tratamento de doenças raras definidas pelo Ministério da Saúde;**
V – para contratação com vistas ao cumprimento do disposto nos arts. 3º, 3º-A, 4º, 5º e 20 da Lei n. 10.973, de 2 de dezembro de 2004, observados os princípios gerais de contratação constantes da referida Lei;

> Lei n. 8.666/93
>
> Art. 24, XXXI – nas contratações visando ao cumprimento do disposto nos arts. 3º, 4º, 5º e 20 da Lei n. 10.973, de 2 de dezembro de 2004, observados os princípios gerais de contratação dela constantes;

VI – para contratação que possa acarretar comprometimento da segurança nacional, nos casos estabelecidos pelo Ministro de Estado da Defesa, mediante demanda dos comandos das Forças Armadas ou dos demais ministérios;

> Lei n. 8.666/93
>
> Art. 24, IX – quando houver possibilidade de comprometimento da segurança nacional, nos casos estabelecidos em decreto do Presidente da República, ouvido o Conselho de Defesa Nacional;
>
> Jurisprudência do TCU:
>
> A alienação de ativos bélicos inservíveis dependerá de licitação prévia que tenha sido precedida da avaliação dos bens e da demonstração do interesse público em sua consecução. A alienação direta poderá ser realizada nos seguintes casos:

a) quando não acudirem interessados na licitação inicial e esta não puder ser repetida sem prejuízo para a Administração, desde que mantidas as condições do certame frustrado, consoante art. 24, inciso V, da Lei 8.666/1993;

b) se a licitação trouxer risco para a segurança nacional, quando estiver prevista anteriormente em decreto presidencial, editado após audiência do Conselho de Defesa Nacional, na forma do art. 24, inciso IX, da Lei 8.666/1993; e

c) se for demonstrada a inviabilidade da competição, nos termos do *caput* do art. 25 da Lei 8.666/1993.

(Acórdão 2054/2006-Plenário, Relator: Ubiratan Aguiar, 8-11-2006.)

VII - nos casos de guerra, estado de defesa, estado de sítio, intervenção federal ou de grave perturbação da ordem;

Lei n. 8.666/93

Art. 24, III - nos casos de guerra ou grave perturbação da ordem;

Jurisprudência do TCU:

É possível a realização de contratações diretas com fulcro no art. 24, inciso III, da Lei 8.666/1993 durante intervenção federal decretada em razão de grave comprometimento da ordem pública, desde que o processo de dispensa seja instruído com os seguintes requisitos: i) demonstração de que a contratação está restrita à área temática abrangida pelo documento que decretou a intervenção, assim entendidos os bens e serviços essenciais à consecução dos seus objetivos, sejam eles relacionados com as atividades finalísticas ou de apoio dos órgãos formalmente envolvidos com a intervenção federal, por meio da descrição das circunstâncias fáticas, documentos e dados que ensejaram essa conclusão; ii) caracterização da urgência que acarreta a impossibilidade de se aguardar o tempo necessário a um procedimento licitatório regular; iii) limitação e justificativa dos quantitativos de bens e serviços a serem adquiridos, os quais devem ser suficientes ao atendimento da demanda; iv) vigência dos contratos firmados limitada à data final estabelecida para a intervenção, não admitidas prorrogações; e v) comprovação nos autos do atendimento às disposições do art. 26, parágrafo único, da Lei 8.666/1993, em especial a razão da escolha do fornecedor ou executante e a justificativa do preço contratado, a partir de pesquisa prioritariamente junto a fontes públicas.

(TCU, Acórdão 1358/2018-Plenário, Relator: Vital do Rêgo, 13-6-2018.)

Veda-se a contratação por dispensa de licitação fundada no art. 24, inciso II, da Lei 8.666/1993 quando o somatório dos gastos realizados ao longo do exercício com determinada despesa supera o limite imposto pelo dispositivo supradito. Devem ser contratados, na mesma licitação, os objetos de futuras contratações que sejam similares por pertencerem a uma mesma área de atuação ou de conhecimento.

(TCU, Acórdão 3550/2008-Primeira Câmara, Relator: Marcos Bemquerer, 21-10-2008.)

VIII - nos casos de emergência ou de calamidade pública, quando caracterizada urgência de atendimento de situação que possa ocasionar prejuízo ou comprometer a continuidade dos serviços públicos ou a segurança de pessoas, obras, serviços, equipamentos e outros bens, públicos ou particulares, e somente para aquisição dos bens necessários ao atendimento da situação emergencial ou calamitosa e para as parcelas de obras e serviços que possam ser concluídas no prazo máximo de 1 (um) ano, contado da data de ocorrência da emergência ou da calamidade, vedadas a prorrogação dos respectivos contratos e a recontratação de empresa já contratada com base no disposto neste inciso;

Lei n. 8.666/93

Art. 24, IV – nos casos de emergência ou de calamidade pública, quando caracterizada urgência de atendimento de situação que possa ocasionar prejuízo ou comprometer a segurança de pessoas, obras, serviços, equipamentos e outros bens, públicos ou particulares, e somente para os bens necessários ao atendimento da situação emergencial ou calamitosa e para as parcelas de obras e serviços que possam ser concluídas no prazo máximo de 180 (cento e oitenta) dias consecutivos e ininterruptos, contados da ocorrência da emergência ou calamidade, vedada a prorrogação dos respectivos contratos;

Jurisprudência do TCU:

A intervenção federal, por si só, não autoriza a dispensa de licitação fundada no art. 24, incisos IV, IX e XVIII, da Lei 8.666/1993, exceto se preenchidos os requisitos legais para tanto estabelecidos.

(TCU, Acórdão 1358/2018-Plenário, Relator: Vital do Rêgo, 13-6-2018.)

É ilegal a contratação emergencial de empresa para construção de unidade de saúde, por meio de dispensa de licitação (art. 24, inciso IV, da Lei 8.666/1993), quando a nova unidade se destinar ao benefício da população a longo prazo e não a acudir uma situação emergencial concreta e efetiva.

(TCU, Acórdão 4560/2015-Segunda Câmara, Relator: Augusto Nardes, 28-7-2015.)

A contratação emergencial só deve atender a situação emergencial até a realização de nova licitação (art. 24, inciso IV, da Lei 8.666/1993).

(TCU, Acórdão 2988/2014-Plenário, Relator: Benjamin Zymler, 5-11-2014.)

É indevida a contratação dita emergencial em situações decorrentes de falta de planejamento da Administração.

(TCU, Acórdão 763/2007-Plenário, Relator: Marcos Bemquerer, 2-5-2007.)

IX - para a aquisição, por pessoa jurídica de direito público interno, de bens produzidos ou serviços prestados por órgão ou entidade que integrem a Administração Pública e que tenham sido criados para esse fim específico, desde que o preço contratado seja compatível com o praticado no mercado;

Lei n. 8.666/93

Art. 24, VIII – para a aquisição, por pessoa jurídica de direito público interno, de bens produzidos ou serviços prestados por órgão ou entidade que integre a Administração Pública e que tenha sido criado para esse fim específico em data anterior à vigência desta Lei, desde que o preço contratado seja compatível com o praticado no mercado;

(...)

§ 2º O limite temporal de criação do órgão ou entidade que integre a administração pública estabelecido no inciso VIII do *caput* deste artigo não se aplica aos órgãos ou entidades que produzem produtos estratégicos para o SUS, no âmbito da Lei n. 8.080, de 19 de setembro de 1990, conforme elencados em ato da direção nacional do SUS.

Jurisprudência do STF:

Empresa Brasileira de Correios e Telégrafos. Peculiaridades dos serviços prestados seja em regime de privilégio seja em concorrência com particulares. (...) 4. Contratação direta pela

240 Artigo 75   Nova Lei de Licitações Comentada e Referenciada

Administração Pública para prestação de serviços de logística. Dispensa de licitação. Preenchimento dos requisitos previstos no art. 24, VIII, da Lei 8.666/1993. Possibilidade.

(STF, MS 34.939 AgR, Relator(a): Gilmar Mendes, Segunda Turma, *DJe* 5-4-2019.)

Jurisprudência do TCU:

A contratação direta da Empresa Brasileira de Correios e Telégrafos para prestação de serviços de logística, mediante dispensa de licitação baseada no art. 24, inciso VIII, da Lei 8.666/1993, não encontra respaldo no ordenamento jurídico pátrio, tampouco na jurisprudência do TCU, em especial no Acórdão 6.931/2009 Primeira Câmara.

(TCU, Acórdão 1800/2016-Plenário, Relator: Bruno Dantas, 13-7-2016.)

A Administração Pública Federal não está obrigada a promover prévio procedimento licitatório destinado a contratação de instituição financeira oficial para, em caráter exclusivo, prestar serviços de pagamento de remuneração de servidores ativos, inativos e pensionistas e outros serviços similares, podendo optar por efetuar a contratação direta com fundamento no art. 37, inciso XXI (primeira parte), da Constituição Federal, c/c o art. 24, inciso VIII, da Lei 8.666/1993, hipótese em que deverá cumprir as exigências estabelecidas no art. 26 da Lei 8.666/1993, apresentando os motivos da escolha do prestador de serviços e a justificativa do preço.

(TCU, Acórdão 1940/2015-Plenário, Relator: Walton Alencar Rodrigues, 5-8-2015.)

X – quando a União tiver que intervir no domínio econômico para regular preços ou normalizar o abastecimento;

Lei n. 8.666/93

Art. 24, VI – quando a União tiver que intervir no domínio econômico para regular preços ou normalizar o abastecimento;

XI – para celebração de contrato de programa com ente federativo ou com entidade de sua Administração Pública indireta que envolva prestação de serviços públicos de forma associada nos termos autorizados em contrato de consórcio público ou em convênio de cooperação;

Lei n. 8.666/93

Art. 24, XXVI – na celebração de contrato de programa com ente da Federação ou com entidade de sua administração indireta, para a prestação de serviços públicos de forma associada nos termos do autorizado em contrato de consórcio público ou em convênio de cooperação;

XII – para contratação em que houver transferência de tecnologia de produtos estratégicos para o Sistema Único de Saúde (SUS), conforme elencados em ato da direção nacional do SUS, inclusive por ocasião da aquisição desses produtos durante as etapas de absorção tecnológica, e em valores compatíveis com aqueles definidos no instrumento firmado para a transferência de tecnologia;

Lei n. 8.666/93

Art. 24, XXXII – na contratação em que houver transferência de tecnologia de produtos estratégicos para o Sistema Único de Saúde – SUS, no âmbito da Lei n. 8.080, de 19 de setembro de 1990, conforme elencados em ato da direção nacional do SUS, inclusive por ocasião da aquisição destes produtos durante as etapas de absorção tecnológica.

XIII - para contratação de profissionais para compor a comissão de avaliação de critérios de técnica, quando se tratar de profissional técnico de notória especialização;

Lei n. 8.666/93

Art. 25. É inexigível a licitação quando houver inviabilidade de competição, em especial:

(...)

II – para a contratação de serviços técnicos enumerados no art. 13 desta Lei, de natureza singular, com profissionais ou empresas de notória especialização, vedada a inexigibilidade para serviços de publicidade e divulgação;

XIV - para contratação de associação de pessoas com deficiência, sem fins lucrativos e de comprovada idoneidade, por órgão ou entidade da Administração Pública, para a prestação de serviços, desde que o preço contratado seja compatível com o praticado no mercado e os serviços contratados sejam prestados exclusivamente por pessoas com deficiência;

Lei n. 8.666/93

Art. 24, XX – na contratação de associação de portadores de deficiência física, sem fins lucrativos e de comprovada idoneidade, por órgãos ou entidades da Administração Pública, para a prestação de serviços ou fornecimento de mão de obra, desde que o preço contratado seja compatível com o praticado no mercado.

XV - para contratação de instituição brasileira que tenha por finalidade estatutária apoiar, captar e executar atividades de ensino, pesquisa, extensão, desenvolvimento institucional, científico e tecnológico e estímulo à inovação, inclusive para gerir administrativa e financeiramente essas atividades, ou para contratação de instituição dedicada à recuperação social da pessoa presa, desde que o contratado tenha inquestionável reputação ética e profissional e não tenha fins lucrativos;

Lei n. 8.666/93

Art. 24, XIII – na contratação de instituição brasileira incumbida regimental ou estatutariamente da pesquisa, do ensino ou do desenvolvimento institucional, ou de instituição dedicada à recuperação social do preso, desde que a contratada detenha inquestionável reputação ético-profissional e não tenha fins lucrativos;

Jurisprudência do TCU:

A realização do ENEM pode ser contratada diretamente, com suporte no comando contido no art. 24, inciso XIII, da Lei 8.666/1993. Com o intuito de fomentar o mercado e afastar os riscos inerentes às contratações sucessivas de uma mesma prestadora de serviços, recomenda-se o rodízio das empresas contratadas.

(TCU, Acórdão 3019/2012-Plenário, Relator: José Jorge, 8-11-2012.)

É possível a realização de concurso para provimento de cargos ou empregos públicos, por meio da contratação direta de entidade detentora de notória especialização e inquestionáveis capacidade e experiência na matéria, com fundamento no art. 24, inciso XIII, da Lei 8.666/1993, devendo a Administração providenciar a elaboração de projeto básico e orçamento detalhado, além de justificar a escolha da instituição executante e o preço contratado.

(TCU, Acórdão 1111/2010-Plenário, Relator: José Jorge, 19-5-2010.)

242 Artigo 75   Nova Lei de Licitações Comentada e Referenciada

XVI - para aquisição, por pessoa jurídica de direito público interno, de insumos estratégicos para a saúde produzidos por fundação que, regimental ou estatutariamente, tenha por finalidade apoiar órgão da Administração Pública direta, sua autarquia ou fundação em projetos de ensino, pesquisa, extensão, desenvolvimento institucional, científico e tecnológico e de estímulo à inovação, inclusive na gestão administrativa e financeira necessária à execução desses projetos, ou em parcerias que envolvam transferência de tecnologia de produtos estratégicos para o SUS, nos termos do inciso XII do *caput* deste artigo, e que tenha sido criada para esse fim específico em data anterior à entrada em vigor desta Lei, desde que o preço contratado seja compatível com o praticado no mercado.

> Lei n. 8.666/93
>
> Art. 24, XXXIV – para a aquisição por pessoa jurídica de direito público interno de insumos estratégicos para a saúde produzidos ou distribuídos por fundação que, regimental ou estatutariamente, tenha por finalidade apoiar órgão da administração pública direta, sua autarquia ou fundação em projetos de ensino, pesquisa, extensão, desenvolvimento institucional, científico e tecnológico e estímulo à inovação, inclusive na gestão administrativa e financeira necessária à execução desses projetos, ou em parcerias que envolvam transferência de tecnologia de produtos estratégicos para o Sistema Único de Saúde – SUS, nos termos do inciso XXXII deste artigo, e que tenha sido criada para esse fim específico em data anterior à vigência desta Lei, desde que o preço contratado seja compatível com o praticado no mercado.

§ 1º Para fins de aferição dos valores que atendam aos limites referidos nos incisos I e II do *caput* deste artigo, deverão ser observados:
I - o somatório do que for despendido no exercício financeiro pela respectiva unidade gestora;
II - o somatório da despesa realizada com objetos de mesma natureza, entendidos como tais aqueles relativos a contratações no mesmo ramo de atividade.

§ 2º Os valores referidos nos incisos I e II do *caput* deste artigo serão duplicados para compras, obras e serviços contratados por consórcio público ou por autarquia ou fundação qualificadas como agências executivas na forma da lei.

> Lei n. 8.666/93
>
> Art. 24, § 1º Os percentuais referidos nos incisos I e II do *caput* deste artigo serão 20% (vinte por cento) para compras, obras e serviços contratados por consórcios públicos, sociedade de economia mista, empresa pública e por autarquia ou fundação qualificadas, na forma da lei, como Agências Executivas.

§ 3º As contratações de que tratam os incisos I e II do *caput* deste artigo serão preferencialmente precedidas de divulgação de aviso em sítio eletrônico oficial, pelo prazo mínimo de 3 (três) dias úteis, com a especificação do objeto pretendido e com a manifestação de interesse da Administração em obter propostas adicionais de eventuais interessados, devendo ser selecionada a proposta mais vantajosa.

§ 4º As contratações de que tratam os incisos I e II do *caput* deste artigo serão preferencialmente pagas por meio de cartão de pagamento, cujo extrato deverá ser divulgado e mantido à disposição do público no Portal Nacional de Contratações Públicas (PNCP).

§ 5º A dispensa prevista na alínea "c" do inciso IV do *caput* deste artigo, quando aplicada a obras e serviços de engenharia, seguirá procedimentos especiais instituídos em regulamentação específica.

Lei n. 8.666/93
Art. 24, § 3º A hipótese de dispensa prevista no inciso XXI do *caput*, quando aplicada a obras e serviços de engenharia, seguirá procedimentos especiais instituídos em regulamentação específica.

§ 6º Para os fins do inciso VIII do *caput* deste artigo, considera-se emergencial a contratação por dispensa com objetivo de manter a continuidade do serviço público, e deverão ser observados os valores praticados pelo mercado na forma do art. 23 desta Lei e adotadas as providências necessárias para a conclusão do processo licitatório, sem prejuízo de apuração de responsabilidade dos agentes públicos que deram causa à situação emergencial.

§ 7º Não se aplica o disposto no § 1º deste artigo às contratações de até R$ 8.000,00 (oito mil reais) de serviços de manutenção de veículos automotores de propriedade do órgão ou entidade contratante, incluído o fornecimento de peças.

COMENTÁRIOS DOS AUTORES

A licitação dispensável está prevista nos vários incisos do art. 75 da Lei n. 14.133/2021. Nessas hipóteses, apesar de ser possível a realização do procedimento licitatório, o legislador optou por oferecer uma faculdade ao administrador público: este apenas fará a licitação, se assim desejar.

Trata-se de dispositivo extenso, contendo 16 (dezesseis) hipóteses de dispensa, cada um com sua particularidade.

Primeiramente, será dispensável a licitação para contratação que envolva valores inferiores a **R$ 100.000,00 (cem mil reais), no caso de obras e serviços de engenharia ou de serviços de manutenção de veículos automotores** e a **R$ 50.000,00 (cinquenta mil reais), no caso de outros serviços e compras**.

O legislador previu que certas contratações, por envolver um custo muito baixo, não compensam a realização do procedimento licitatório. Tem-se, assim, uma faculdade do administrador público na realização do procedimento licitatório quando o valor da contratação for inferior a R$ 100.000,00 (cem mil reais), no caso de obras e serviços de engenharia ou de serviços de manutenção de veículos automotores, e a R$ 50.000,00 (cinquenta mil reais), no caso de outros serviços e compras.

Saliente-se que nova lei ampliou consideravelmente os montantes, uma vez que na Lei n. 8.666/93 esse limite era o valor de 10% (dez por cento) do montante estimado para a realização de licitação na modalidade convite, que correspondia a R$ 33.000,00 (trinta e três mil reais) para obras e serviços de engenharia e R$ 17.600,00 (dezessete mil e seiscentos reais) para compras e demais serviços, considerando os valores atualizados pelo Decreto n. 9.412/2018.

A nova lei disciplinou ainda que esses **valores limites serão duplicados** para compras, obras e serviços contratados por **consórcio público** ou por autarquia ou fundação qualificadas como **agências executivas** na forma da lei.

Destaque-se que o art. 29 da Lei n. 13.303/2016 regulamenta a dispensa para as empresas estatais em razão do valor da contratação em montantes iguais aos da regra geral, quais sejam R$ 100.000,00 (cem mil reais), para obras e serviços de engenharia, e R$ 50.000,00 (cinquenta mil reais), para bens e outros serviços.

Referidas contratações, apesar de dispensáveis, podem ser precedidas de um simples procedimento administrativo próprio, expressamente previsto no art. 75, § 3º. Segundo a norma, elas serão preferencialmente precedidas de divulgação de aviso em sítio eletrônico oficial, pelo prazo

244 Artigo 75   Nova Lei de Licitações Comentada e Referenciada

mínimo de 3 (três) dias úteis, com a especificação do objeto pretendido e com a manifestação de interesse da Administração em obter propostas adicionais de eventuais interessados, devendo ser selecionada a proposta mais vantajosa. Por óbvio, tal regra visa garantir a observância dos princípios da publicidade e transparência, bem como permitir que eventuais sociedades empresárias interessadas em realizar a contratação desses objetos tomem conhecimento do desejo do ente público em contratá-los e possam ofertar uma proposta mais vantajosa à administração.

Além disso, elas devem ser preferencialmente pagas por meio de cartão de pagamento, cujo extrato deverá ser divulgado e mantido à disposição do público no Portal Nacional de Contratações Públicas (PNCP).

O § 1º do art. 75 impõe ainda que, para aferição desses valores, deverá ser observado o somatório do que for despendido no exercício financeiro pela respectiva unidade gestora ou o somatório da despesa realizada com objetos de mesma natureza, entendidos como tais aqueles relativos a contratações no mesmo ramo de atividade. Isso para evitar o fracionamento do objeto do contrato a fim de se enquadrar nos valores permitidos para dispensa, de modo a burlar a lei.

No entanto, a lei ressalva que não há necessidade de observar tal somatório para as contratações de até R$ 8.000,00 (oito mil reais) de serviços de manutenção de veículos automotores de propriedade do órgão ou entidade contratante, incluído o fornecimento de peças.

Adiante, também será dispensável a licitação para contratação que mantenha todas as condições definidas em edital de licitação realizada há menos de 1 (um) ano, quando se verificar que naquela licitação não surgiram licitantes interessados ou não foram apresentadas propostas válidas, ou que as propostas apresentadas consignaram preços manifestamente superiores aos praticados no mercado ou incompatíveis com os fixados pelos órgãos oficiais competentes.

A primeira situação configura o que a doutrina denomina **licitação deserta**, isto é, aquela em que, realizado o procedimento licitatório, absolutamente nenhum interessado apareceu para oferecer uma proposta. Assim, em que pese existir uma pluralidade de objetos ou de fornecedores, nenhum deles compareceu à repartição pública para apresentar uma proposta.

Ela não se confunde com a licitação fracassada, em que a Administração pública realiza o procedimento licitatório, vários interessados comparecem e apresentam suas propostas, mas todas elas são desclassificadas ou todos os licitantes são considerados inabilitados. Em geral, a licitação fracassada exige a necessidade de uma nova licitação, ressalvados os casos acima citados em que o fracasso seja originado do fato de que os valores apresentados por todos os licitantes estão acima dos valores do mercado ou dos valores estimados.

No inciso III, o legislador enumerou uma série de objetos que, por um ou outro motivo, possam conter alguma especificidade ou necessidade especial que autorize a contratação direta por meio de um procedimento administrativo mais simples e célere que o procedimento licitatório.

Desse modo, é dispensável a licitação para **contratação que tenha por objeto**:

a) bens, componentes ou peças de origem nacional ou estrangeira necessários à manutenção de equipamentos, a serem adquiridos do fornecedor original desses equipamentos durante o período de garantia técnica, quando essa condição de exclusividade for indispensável para a vigência da garantia;

b) bens, serviços, alienações ou obras, nos termos de acordo internacional específico aprovado pelo Congresso Nacional, quando as condições ofertadas forem manifestamente vantajosas para a Administração;

c) produtos para pesquisa e desenvolvimento, limitada a contratação, no caso de obras e serviços de engenharia, ao valor de R$ 300.000,00 (trezentos mil reais);

d) transferência de tecnologia ou licenciamento de direito de uso ou de exploração de criação protegida, nas contratações realizadas por instituição científica, tecnológica e de inovação (ICT) pública ou por agência de fomento, desde que demonstrada vantagem para a Administração;

e) hortifrutigranjeiros, pães e outros gêneros perecíveis, no período necessário para a realização dos processos licitatórios correspondentes, hipótese em que a contratação será realizada diretamente com base no preço do dia;

f) bens ou serviços produzidos ou prestados no País que envolvam, cumulativamente, alta complexidade tecnológica e defesa nacional;

g) materiais de uso das Forças Armadas, com exceção de materiais de uso pessoal e administrativo, quando houver necessidade de manter a padronização requerida pela estrutura de apoio logístico dos meios navais, aéreos e terrestres, mediante autorização por ato do comandante da força militar;

h) bens e serviços para atendimento dos contingentes militares das forças singulares brasileiras empregadas em operações de paz no exterior, hipótese em que a contratação deverá ser justificada quanto ao preço e à escolha do fornecedor ou executante e ratificada pelo comandante da força militar;

i) abastecimento ou suprimento de efetivos militares em estada eventual de curta duração em portos, aeroportos ou localidades diferentes de suas sedes, por motivo de movimentação operacional ou de adestramento;

j) coleta, processamento e comercialização de resíduos sólidos urbanos recicláveis ou reutilizáveis, em áreas com sistema de coleta seletiva de lixo, realizados por associações ou cooperativas formadas exclusivamente de pessoas físicas de baixa renda reconhecidas pelo poder público como catadores de materiais recicláveis, com o uso de equipamentos compatíveis com as normas técnicas, ambientais e de saúde pública;

k) aquisição ou restauração de obras de arte e objetos históricos, de autenticidade certificada, desde que inerente às finalidades do órgão ou com elas compatível;

l) serviços especializados ou aquisição ou locação de equipamentos destinados ao rastreamento e à obtenção de provas previstas nos incisos II e V do *caput* do art. 3º da Lei n. 12.850, de 2 de agosto de 2013, quando houver necessidade justificada de manutenção de sigilo sobre a investigação;

m) aquisição de medicamentos destinados exclusivamente ao tratamento de doenças raras definidas pelo Ministério da Saúde.

Ressalte-se que, de acordo com o § 5º do art. 75, quando a dispensa para contratação que tenha por objeto produtos para pesquisa e desenvolvimento, limitada a contratação, no caso de obras e serviços de engenharia, ao valor de R$ 300.000,00 (trezentos mil reais), for aplicada, seguirá procedimentos especiais instituídos em regulamentação específica.

Será também dispensável a licitação para contratação com vistas ao cumprimento do disposto nos arts. 3º, 3º-A, 4º, 5º e 20 da Lei n. 10.973/2004, observados os princípios gerais de contratação constantes da referida Lei. Tal diploma dispõe sobre incentivos à **inovação e à pesquisa científica e tecnológica no ambiente produtivo**. Essa hipótese de dispensa relaciona-se, assim, com a possibilidade de constituição de alianças estratégicas e desenvolvimento de projetos de cooperação envolvendo empresas, Instituições Científicas e Tecnológicas de Inovação (ICT) e entidades privadas sem fins lucrativos, que objetivem a geração de produtos, processos e serviços inovadores e a transferência e a difusão de tecnologia.

Ainda é dispensável a licitação para contratação que possa acarretar comprometimento da **segurança nacional**, nos casos estabelecidos pelo Ministro de Estado da Defesa, mediante demanda dos comandos das Forças Armadas ou dos demais ministérios e nos casos de guerra, estado de defesa, estado de sítio, intervenção federal ou de grave perturbação da ordem. São situações de flagrante excepcionalidade, onde a própria demora na realização do procedimento – burocrático por natureza – poderia prejudicar o próprio objeto da contratação.

Pelo mesmo motivo, o inciso VIII determina ser dispensável a licitação nos casos de **emergência ou de calamidade pública**, quando caracterizada urgência de atendimento de situação que possa ocasionar prejuízo ou comprometer a continuidade dos serviços públicos ou a segurança de pessoas, obras, serviços, equipamentos e outros bens, públicos ou particulares, e somente para aquisição dos bens necessários ao atendimento da situação emergencial ou calamitosa e para as parcelas de obras e serviços que possam ser concluídas no prazo máximo de 1 (um) ano, contado da data de ocorrência da emergência ou da calamidade, vedadas a prorrogação dos respectivos contratos e a recontratação de empresa já contratada com base nesse dispositivo.

Para Marçal Justen Filho[33], a contratação direta apenas será possível se for suficiente para eliminar o risco, do contrário, se o risco do dano não for suprimido através da contratação, inexiste cabimento da dispensa de licitação.

Ademais, deve-se atentar se não é caso de uma emergência fabricada, a qual consiste em uma conduta dolosa ou culposa do Administrador Público que deixa de realizar um procedimento licitatório no período necessário à contratação e acaba gerando uma situação calamitosa ou emergencial, com a necessidade de se valer dessa hipótese de dispensa de licitação.

Assim, a ausência de planejamento, má gestão dos recursos públicos ou até mesmo desídia do administrador público gera uma situação de emergência ou calamidade que, a princípio, poderia gerar uma contratação por dispensa, uma vez que o dispositivo legal não esmiúça a origem da situação emergencial como condição para contratação direta.

Para o Tribunal de Contas da União, possível a realização da contratação direta mesmo nos casos de emergência fabricada, sob pena de a sociedade ser punida duplamente: uma vez pela desídia do administrador público que não realizou a contratação no tempo correto e outra vez pela continuidade da situação calamitosa. Contudo, o administrador público que agiu com incúria será devidamente responsabilizado.

Nesse sentido, a Orientação Normativa 11/2009 da AGU, editada com base no entendimento do Tribunal de Contas da União e ainda à luz da Lei n. 8.666/93, determina que a contratação direta com fundamento no inciso IV do art. 24 da Lei n. 8.666/93 exige que, concomitantemente, seja apurado se a situação emergencial foi gerada por falta de planejamento, desídia ou má gestão, hipótese que, quem lhe deu causa, será responsabilizado na forma da lei.

Aderindo a essa compreensão, o § 6º do art. 75 conceitua que se considera emergencial a contratação por dispensa com objetivo de manter a continuidade do serviço público, e determina que devem ser observados os valores praticados pelo mercado na forma do art. 23 da Lei e adotadas as providências necessárias para a conclusão do processo licitatório, sem prejuízo de apuração de responsabilidade dos agentes públicos que deram causa à situação emergencial.

---

33 JUSTEN FILHO, Marçal. *Comentários à Lei de Licitações e Contratos Administrativos*. 16. ed. São Paulo: Revista dos Tribunais, 2014, p. 407.

Em seguida, a nova lei prevê que também é dispensável a licitação para a aquisição, por pessoa jurídica de direito público interno, de bens produzidos ou serviços prestados por órgão ou entidade que integrem a Administração Pública e que tenham sido criados para esse fim específico, desde que o preço contratado seja compatível com o praticado no mercado. Essa hipótese somente pode ser utilizada para contratações de entes da Administração indireta criados especificamente com a finalidade de contratar com a Administração Pública.

A licitação será dispensável sempre que a **União Federal precisar intervir no domínio econômico** com o objetivo de regular preços ou normalizar o abastecimento. Trata-se de atuação do ente federal como agente regulador da atividade econômica, sendo o procedimento licitatório incompatível com a própria peculiaridade que se reveste a situação.

Ainda será dispensável a licitação para celebração de **contrato de programa** com ente federativo ou com entidade de sua Administração Pública indireta que envolva prestação de serviços públicos de forma associada, nos termos autorizados em contrato de consórcio público ou em convênio de cooperação.

A Lei n. 11.107/2005 dispõe sobre a criação de consórcios públicos formados pela gestão associada de entes públicos para a realização de objetivos de interesse comum. Segundo a lei, deverão ser constituídas e reguladas por contrato de programa, como condição de sua validade, as obrigações que um ente da Federação constituir para com outro ente da Federação ou para com consórcio público no âmbito de gestão associada em que haja a prestação de serviços públicos ou a transferência total ou parcial de encargos, serviços, pessoal ou de bens necessários à continuidade dos serviços transferidos.

A licitação será dispensável para contratação em que houver transferência de tecnologia de **produtos estratégicos para o Sistema Único de Saúde (SUS),** conforme elencados em ato da direção nacional do SUS, inclusive por ocasião da aquisição desses produtos durante as etapas de absorção tecnológica, e em valores compatíveis com aqueles definidos no instrumento firmado para a transferência de tecnologia. Essa situação busca resguardar a saúde pública e impedir que a burocracia do procedimento licitatório possa prejudicar essas atividades.

Outro caso de dispensa relacionado à saúde é o para aquisição, por pessoa jurídica de direito público interno, de insumos estratégicos para a saúde produzidos por fundação que, regimental ou estatutariamente, tenha por finalidade apoiar órgão da Administração Pública direta, sua autarquia ou fundação em projetos de ensino, pesquisa, extensão, desenvolvimento institucional, científico e tecnológico e de estímulo à inovação, inclusive na gestão administrativa e financeira necessária à execução desses projetos, ou em parcerias que envolvam transferência de tecnologia de produtos estratégicos para o SUS, nos termos do inciso XII do *caput* do art. 75, e que tenha sido criada para esse fim específico em data anterior à entrada em vigor da Lei, desde que o preço contratado seja compatível com o praticado no mercado.

Merece especial atenção a hipótese do inciso XIII do art. 75 da nova Lei, uma vez que trata também de profissional de notória especialização, mas não será caso de inexigibilidade. Por ele, será dispensável a licitação para contratação de **profissionais para compor a comissão de avaliação de critérios de técnica** quando se tratar de profissionais técnicos de notória especialização. Essa contratação deve ser feita por prazo determinado ou realização de uma atividade específica.

É dispensável a licitação para contratação de **associação de pessoas com deficiência**, sem fins lucrativos e de comprovada idoneidade, por órgão ou entidade da Administração Pública, para a prestação de serviços, desde que o preço contratado seja compatível com o praticado no mercado e os serviços contratados sejam prestados exclusivamente por pessoas com deficiência. Trata-se de situação com cunho social, que via fomentar o exercício dessas atividades.

Por fim, a licitação é dispensável para contratação de instituição brasileira que tenha por finalidade estatutária apoiar, captar e executar atividades de ensino, pesquisa, extensão, desenvolvimento institucional, científico e tecnológico e estímulo à inovação, inclusive para gerir administrativa e financeiramente essas atividades, ou para contratação de instituição dedicada à recuperação social da pessoa presa, desde que o contratado tenha inquestionável reputação ética e profissional e não tenha fins lucrativos.

Capítulo IX
DAS ALIENAÇÕES

ARTIGOS 76 E 77

Art. 76. A alienação de bens da Administração Pública, subordinada à existência de interesse público devidamente justificado, será precedida de avaliação e obedecerá às seguintes normas:

Lei n. 8.666/93
Art. 17. A alienação de bens da Administração Pública, subordinada à existência de interesse público devidamente justificado, será precedida de avaliação e obedecerá às seguintes normas:

Jurisprudência do TCU:

Os laudos de avaliação prévia utilizados para amparar as aquisições e alienações dos imóveis devem estar em conformidade com a NBR 14653, da Associação Brasileira de Normas Técnicas (ABNT).
(TCU, Acórdão 6259/2011-Segunda Câmara, Relator: André de Carvalho, 16-8-2011.)

Fere princípio da impessoalidade e da moralidade admitir a participação de servidores em processos de alienação de bens do próprio órgão. A alienação de bens deve ser precedida de adequada avaliação.
(TCU, Acórdão 887/2011-Plenário, Relator: Augusto Sherman, 6-4-2011.)

I - tratando-se de bens imóveis, inclusive os pertencentes às autarquias e às fundações, exigirá autorização legislativa e dependerá de licitação na modalidade leilão, dispensada a realização de licitação nos casos de:
a) dação em pagamento;
b) doação, permitida exclusivamente para outro órgão ou entidade da Administração Pública, de qualquer esfera de governo, ressalvado o disposto nas alíneas "f", "g" e "h" deste inciso;
c) permuta por outros imóveis que atendam aos requisitos relacionados às finalidades precípuas da Administração, desde que a diferença apurada não ultrapasse a metade do valor do imóvel que será ofertado pela União, segundo avaliação prévia, e ocorra a torna de valores, sempre que for o caso;
d) investidura;
e) venda a outro órgão ou entidade da Administração Pública de qualquer esfera de governo;
f) alienação gratuita ou onerosa, aforamento, concessão de direito real de uso, locação e permissão de uso de bens imóveis residenciais construídos, destinados ou efetivamente usados em programas de habitação ou de regularização fundiária de interesse social desenvolvidos por órgão ou entidade da Administração Pública;
g) alienação gratuita ou onerosa, aforamento, concessão de direito real de uso, locação e permissão de uso de bens imóveis comerciais de âmbito local, com área de até 250 m² (duzentos e cinquenta metros quadrados) e destinados a programas de regularização fundiária de interesse social desenvolvidos por órgão ou entidade da Administração Pública;
h) alienação e concessão de direito real de uso, gratuita ou onerosa, de terras públicas rurais da União e do Instituto Nacional de Colonização e Reforma Agrária (Incra) onde incidam ocupações até

o limite de que trata o § 1º do art. 6º da Lei n. 11.952, de 25 de junho de 2009, para fins de regularização fundiária, atendidos os requisitos legais;

i) legitimação de posse de que trata o art. 29 da Lei n. 6.383, de 7 de dezembro de 1976, mediante iniciativa e deliberação dos órgãos da Administração Pública competentes;

j) legitimação fundiária e legitimação de posse de que trata a Lei n. 13.465, de 11 de julho de 2017;

Lei n. 8.666/93

Art. 17, I – quando imóveis, dependerá de autorização legislativa para órgãos da administração direta e entidades autárquicas e fundacionais, e, para todos, inclusive as entidades paraestatais, dependerá de avaliação prévia e de licitação na modalidade de concorrência, dispensada esta nos seguintes casos:

a) dação em pagamento;

b) doação, permitida exclusivamente para outro órgão ou entidade da administração pública, de qualquer esfera de governo, ressalvado o disposto nas alíneas "f", "h" e "i";

c) permuta, por outro imóvel que atenda aos requisitos constantes do inciso X do art. 24 desta Lei;

d) investidura;

e) venda a outro órgão ou entidade da administração pública, de qualquer esfera de governo;

f) alienação gratuita ou onerosa, aforamento, concessão de direito real de uso, locação ou permissão de uso de bens imóveis residenciais construídos, destinados ou efetivamente utilizados no âmbito de programas habitacionais ou de regularização fundiária de interesse social desenvolvidos por órgãos ou entidades da administração pública;

g) procedimentos de legitimação de posse de que trata o art. 29 da Lei n. 6.383, de 7 de dezembro de 1976, mediante iniciativa e deliberação dos órgãos da Administração Pública em cuja competência legal inclua-se tal atribuição;

h) alienação gratuita ou onerosa, aforamento, concessão de direito real de uso, locação ou permissão de uso de bens imóveis de uso comercial de âmbito local com área de até 250 m² (duzentos e cinquenta metros quadrados) e inseridos no âmbito de programas de regularização fundiária de interesse social desenvolvidos por órgãos ou entidades da administração pública;

i) alienação e concessão de direito real de uso, gratuita ou onerosa, de terras públicas rurais da União e do Incra, onde incidam ocupações até o limite de que trata o § 1º do art. 6º da Lei n. 11.952, de 25 de junho de 2009, para fins de regularização fundiária, atendidos os requisitos legais; e

Jurisprudência do TCU:

A alienação de imóveis de uso de instituição financeira pública sem licitação, por intermédio de integralização de cotas de fundos de investimento imobiliário, não se enquadra como uma alienação comum de imóveis (art. 17, inciso I, da Lei 8.666/1993), mas, sim, como operação relacionada à atividade-fim do banco, inserida no bojo da oferta de produto financeiro aos clientes da entidade, adequada às regras do Acordo de Basileia, o que, por inviabilizar a realização de licitação, assemelha-se à hipótese de credenciamento, ocorrência que se subsome aos casos de inexigibilidade de licitação do art. 25 da Lei 8.666/1993.

(TCU, Acórdão 493/2017-Plenário, Relator: José Mucio Monteiro, 22-3-2017.)

II – tratando-se de bens móveis, dependerá de licitação na modalidade leilão, dispensada a realização de licitação nos casos de:
a) doação, permitida exclusivamente para fins e uso de interesse social, após avaliação de oportunidade e conveniência socioeconômica em relação à escolha de outra forma de alienação;
b) permuta, permitida exclusivamente entre órgãos ou entidades da Administração Pública;
c) venda de ações, que poderão ser negociadas em bolsa, observada a legislação específica;

> Jurisprudência do STF:
> VENDA DE AÇÕES. ALIENAÇÃO DO CONTROLE ACIONÁRIO DE EMPRESAS PÚBLICAS, SOCIEDADES DE ECONOMIA MISTA OU DE SUAS SUBSIDIÁRIAS E CONTROLADAS. NECESSIDADE DE PRÉVIA AUTORIZAÇÃO LEGISLATIVA E DE LICITAÇÃO. (...) I – A alienação do controle acionário de empresas públicas e sociedades de economia mista exige autorização legislativa e licitação pública. II – A transferência do controle de subsidiárias e controladas não exige a anuência do Poder Legislativo e poderá ser operacionalizada sem processo de licitação pública, desde que garantida a competitividade entre os potenciais interessados e observados os princípios da administração pública constantes do art. 37 da Constituição da República.
> (ADI 5624 MC-Ref, Relator(a): Ricardo Lewandowski, Tribunal Pleno, *DJe* 29-11-2019.)

d) venda de títulos, observada a legislação pertinente;
e) venda de bens produzidos ou comercializados por entidades da Administração Pública, em virtude de suas finalidades;
f) venda de materiais e equipamentos sem utilização previsível por quem deles dispõe para outros órgãos ou entidades da Administração Pública.

> Lei n. 8.666/93
> Art. 17, II – quando móveis, dependerá de avaliação prévia e de licitação, dispensada esta nos seguintes casos:
> *a)* doação, permitida exclusivamente para fins e uso de interesse social, após avaliação de sua oportunidade e conveniência socioeconômica, relativamente à escolha de outra forma de alienação;
> *b)* permuta, permitida exclusivamente entre órgãos ou entidades da Administração Pública;
> *c)* venda de ações, que poderão ser negociadas em bolsa, observada a legislação específica;
> *d)* venda de títulos, na forma da legislação pertinente;
> *e)* venda de bens produzidos ou comercializados por órgãos ou entidades da Administração Pública, em virtude de suas finalidades;
> *f)* venda de materiais e equipamentos para outros órgãos ou entidades da Administração Pública, sem utilização previsível por quem deles dispõe.

> Jurisprudência do TCU:
> Qualquer processo de alienação de bens da União considerados inservíveis deverá ser precedido de avaliação, em data próxima à venda, fixação de preço mínimo e ampla divulgação da licitação, incluída nessa divulgação o preço mínimo de alienação, visando assegurar que o preço de venda equipare-se ao valor de mercado, em consonância com o art. 37, *caput*, da Constituição Federal c/c os arts. 3º, *caput*, 17, inciso II, e 53, §§ 1º e 4º, todos da Lei 8.666/1993.

(TCU, Acórdão 174/2004-Plenário, Relator: Adylson Motta, 3-3-2004.)

Não se aplica a modalidade pregão à contratação de obras de engenharia, locações imobiliárias e alienações, sendo permitida nas contratações de serviços comuns de engenharia.

(TCU, Acórdão 1540/2014-Plenário, Relator: Walton Alencar Rodrigues, 11-6-2014.)

§ 1º A alienação de bens imóveis da Administração Pública cuja aquisição tenha sido derivada de procedimentos judiciais ou de dação em pagamento dispensará autorização legislativa e exigirá apenas avaliação prévia e licitação na modalidade leilão.

§ 2º Os imóveis doados com base na alínea "b" do inciso I do *caput* deste artigo, cessadas as razões que justificaram sua doação, serão revertidos ao patrimônio da pessoa jurídica doadora, vedada sua alienação pelo beneficiário.

> Lei n. 8.666/93
>
> Art. 17, § 1º Os imóveis doados com base na alínea "b" do inciso I deste artigo, cessadas as razões que justificaram a sua doação, reverterão ao patrimônio da pessoa jurídica doadora, vedada a sua alienação pelo beneficiário.

§ 3º A Administração poderá conceder título de propriedade ou de direito real de uso de imóvel, admitida a dispensa de licitação, quando o uso destinar-se a:

I - outro órgão ou entidade da Administração Pública, qualquer que seja a localização do imóvel;

II - pessoa natural que, nos termos de lei, regulamento ou ato normativo do órgão competente, haja implementado os requisitos mínimos de cultura, de ocupação mansa e pacífica e de exploração direta sobre área rural, observado o limite de que trata o § 1º do art. 6º da Lei n. 11.952, de 25 de junho de 2009.

> Lei n. 8.666/93
>
> Art. 17, § 2º A Administração também poderá conceder título de propriedade ou de direito real de uso de imóveis, dispensada licitação, quando o uso destinar-se:
>
> I – a outro órgão ou entidade da Administração Pública, qualquer que seja a localização do imóvel;
>
> II – a pessoa natural que, nos termos de lei, regulamento ou ato normativo do órgão competente, haja implementado os requisitos mínimos de cultura, ocupação mansa e pacífica e exploração direta sobre área rural, observado o limite de que trata o § 1º do art. 6º da Lei n. 11.952, de 25 de junho de 2009;

§ 4º A aplicação do disposto no inciso II do § 3º deste artigo será dispensada de autorização legislativa e submeter-se-á aos seguintes condicionamentos:

I - aplicação exclusiva às áreas em que a detenção por particular seja comprovadamente anterior a 1º de dezembro de 2004;

II - submissão aos demais requisitos e impedimentos do regime legal e administrativo de destinação e de regularização fundiária de terras públicas;

III - vedação de concessão para exploração não contemplada na lei agrária, nas leis de destinação de terras públicas ou nas normas legais ou administrativas de zoneamento ecológico-econômico;

IV - previsão de extinção automática da concessão, dispensada notificação, em caso de declaração de utilidade pública, de necessidade pública ou de interesse social;

V - aplicação exclusiva a imóvel situado em zona rural e não sujeito a vedação, impedimento ou inconveniente à exploração mediante atividade agropecuária;

VI - limitação a áreas de que trata o § 1º do art. 6º da Lei n. 11.952, de 25 de junho de 2009, vedada a dispensa de licitação para áreas superiores;
VII - acúmulo com o quantitativo de área decorrente do caso previsto na alínea "i" do inciso I do *caput* deste artigo até o limite previsto no inciso VI deste parágrafo.

> Lei n. 8.666/93
>
> Artigo 17, § 2º-A. As hipóteses do inciso II do § 2º ficam dispensadas de autorização legislativa, porém submetem-se aos seguintes condicionamentos:
>
> I – aplicação exclusivamente às áreas em que a detenção por particular seja comprovadamente anterior a 1º de dezembro de 2004;
>
> II – submissão aos demais requisitos e impedimentos do regime legal e administrativo da destinação e da regularização fundiária de terras públicas;
>
> III – vedação de concessões para hipóteses de exploração não contempladas na lei agrária, nas leis de destinação de terras públicas, ou nas normas legais ou administrativas de zoneamento ecológico-econômico; e
>
> IV – previsão de rescisão automática da concessão, dispensada notificação, em caso de declaração de utilidade, ou necessidade pública ou interesse social.
>
> § 2º-B. A hipótese do inciso II do 2º deste artigo:
>
> I – só se aplica a imóvel situado em zona rural, não sujeito a vedação, impedimento ou inconveniente a sua exploração mediante atividades agropecuárias;
>
> II – fica limitada a áreas de até quinze módulos fiscais, desde que não exceda mil e quinhentos hectares, vedada a dispensa de licitação para áreas superiores a esse limite;
>
> III – pode ser cumulada com o quantitativo de área decorrente da figura prevista na alínea "g" do inciso I do *caput* deste artigo, até o limite previsto no inciso II deste parágrafo.

§ 5º Entende-se por investidura, para os fins desta Lei, a:
I - alienação, ao proprietário de imóvel lindeiro, de área remanescente ou resultante de obra pública que se tornar inaproveitável isoladamente, por preço que não seja inferior ao da avaliação nem superior a 50% (cinquenta por cento) do valor máximo permitido para dispensa de licitação de bens e serviços previsto nesta Lei;
II - alienação, ao legítimo possuidor direto ou, na falta dele, ao poder público, de imóvel para fins residenciais construído em núcleo urbano anexo a usina hidrelétrica, desde que considerado dispensável na fase de operação da usina e que não integre a categoria de bens reversíveis ao final da concessão.

> Lei n. 8.666/93
>
> § 3º Entende-se por investidura, para os fins desta lei:
>
> I – a alienação aos proprietários de imóveis lindeiros de área remanescente ou resultante de obra pública, área esta que se tornar inaproveitável isoladamente, por preço nunca inferior ao da avaliação e desde que esse não ultrapasse a 50% (cinquenta por cento) do valor constante da alínea "a" do inciso II do art. 23 desta lei;
>
> II – a alienação, aos legítimos possuidores diretos ou, na falta destes, ao Poder Público, de imóveis para fins residenciais construídos em núcleos urbanos anexos a usinas hidrelétricas, desde que considerados dispensáveis na fase de operação dessas unidades e não integrem a categoria de bens reversíveis ao final da concessão.

//// 254   Artigos 76 e 77   Nova Lei de Licitações Comentada e Referenciada

§ 6º A doação com encargo será licitada e de seu instrumento constarão, obrigatoriamente, os encargos, o prazo de seu cumprimento e a cláusula de reversão, sob pena de nulidade do ato, dispensada a licitação em caso de interesse público devidamente justificado.

> Lei n. 8.666/93
>
> § 4º A doação com encargo será licitada e de seu instrumento constarão, obrigatoriamente, os encargos, o prazo de seu cumprimento e cláusula de reversão, sob pena de nulidade do ato, sendo dispensada a licitação no caso de interesse público devidamente justificado;

§ 7º Na hipótese do § 6º deste artigo, caso o donatário necessite oferecer o imóvel em garantia de financiamento, a cláusula de reversão e as demais obrigações serão garantidas por hipoteca em segundo grau em favor do doador.

> Lei n. 8.666/93
>
> § 5º Na hipótese do parágrafo anterior, caso o donatário necessite oferecer o imóvel em garantia de financiamento, a cláusula de reversão e demais obrigações serão garantidas por hipoteca em segundo grau em favor do doador.

Art. 77. Para a venda de bens imóveis, será concedido direito de preferência ao licitante que, submetendo-se a todas as regras do edital, comprove a ocupação do imóvel objeto da licitação.

Jurisprudência do TCU:

Na alienação de domínio útil de imóvel da União deve ser dado o direito de preferência do ocupante anterior do imóvel.

(TCU, Acórdão 5245/2008-Primeira Câmara, Relator: Valmir Campelo, 2-12-2008.)

COMENTÁRIOS DOS AUTORES

Os bens públicos são submetidos a regime jurídico distinto, diferente do aplicável aos bens privados. Resumidamente, as principais características dos bens públicos são: alienação condicionada, impenhorabilidade, imprescritibilidade e não onerabilidade.

Diz-se que a alienação é condicionada pois subordinada ao cumprimento de determinados requisitos previstos nos arts. 100 e 101 do Código Civil e arts. 76 e 77 da Nova Lei de Licitações, quais sejam:

i. **desafetação** dos bens públicos: apenas os bens dominicais podem ser alienados, os bens de uso comum e de uso especial, enquanto permanecerem com essa qualificação, não poderão ser alienados;

ii. **avaliação prévia** para definição do valor do bem;

iii. existência de **interesse público** devidamente justificado (justificativa/motivação);

iv. **licitação na modalidade leilão**, ressalvadas as hipóteses legais;

v. **autorização legislativa** para alienação dos **bens imóveis**: lei específica deve autorizar a alienação dos imóveis públicos.

Cumpridos os requisitos legais, a alienação dos bens públicos pode ser formalizada por meio dos institutos jurídicos diversos, como contrato de compra e venda, doação, permuta, dação em pagamento.

Capítulo X
DOS INSTRUMENTOS AUXILIARES

Seção I
Dos Procedimentos Auxiliares

ARTIGOS 78 E 79

Art. 78. São procedimentos auxiliares das licitações e das contratações regidas por esta Lei:

I – credenciamento;

II – pré-qualificação;

III – procedimento de manifestação de interesse;

IV – sistema de registro de preços;

V – registro cadastral.

§ 1º Os procedimentos auxiliares de que trata o *caput* deste artigo obedecerão a critérios claros e objetivos definidos em regulamento.

§ 2º O julgamento que decorrer dos procedimentos auxiliares das licitações previstos nos incisos II e III do *caput* deste artigo seguirá o mesmo procedimento das licitações.

Seção II Do Credenciamento

Art. 79. O credenciamento poderá ser usado nas seguintes hipóteses de contratação:

I – paralela e não excludente: caso em que é viável e vantajosa para a Administração a realização de contratações simultâneas em condições padronizadas;

II – com seleção a critério de terceiros: caso em que a seleção do contratado está a cargo do beneficiário direto da prestação;

III – em mercados fluidos: caso em que a flutuação constante do valor da prestação e das condições de contratação inviabiliza a seleção de agente por meio de processo de licitação.

Parágrafo único. Os procedimentos de credenciamento serão definidos em regulamento, observadas as seguintes regras:

I – a Administração deverá divulgar e manter à disposição do público, em sítio eletrônico oficial, edital de chamamento de interessados, de modo a permitir o cadastramento permanente de novos interessados;

II – na hipótese do inciso I do *caput* deste artigo, quando o objeto não permitir a contratação imediata e simultânea de todos os credenciados, deverão ser adotados critérios objetivos de distribuição da demanda;

III – o edital de chamamento de interessados deverá prever as condições padronizadas de contratação e, nas hipóteses dos incisos I e II do *caput* deste artigo, deverá definir o valor da contratação;

IV – na hipótese do inciso III do *caput* deste artigo, a Administração deverá registrar as cotações de mercado vigentes no momento da contratação;

V – não será permitido o cometimento a terceiros do objeto contratado sem autorização expressa da Administração;

VI – será admitida a denúncia por qualquer das partes nos prazos fixados no edital.

Jurisprudência do STF:

Tema 854 do STF – Possibilidade de implementação da prestação de serviço público de transporte coletivo, considerado o art. 175 da Constituição Federal, mediante simples credenciamento, sem licitação.

TRANSPORTE PÚBLICO COLETIVO – LICITAÇÃO – FORMA ESSENCIAL. Salvo situações excepcionais, devidamente comprovadas, o implemento de transporte público coletivo pressupõe prévia licitação.

(STF, RE 1.001.104, Relator(a): Marco Aurélio, Tribunal Pleno, *DJe* 19-6-2020.)

Jurisprudência do STJ:

Sendo o credenciamento modalidade de licitação inexigível em que há inviabilidade de competição e admite a possibilidade de contratação de todos os interessados em oferecer o mesmo tipo de serviço à Administração Pública, os critérios de pontuação exigidos no edital para desclassificar a contratação de credenciado já habilitado mostra-se contrário ao entendimento doutrinário e jurisprudencial acima esposado e prestigiado no aresto recorrido.

(STJ, REsp 1.747.636/PR, Rel. Min. Gurgel de Faria, Primeira Turma, *DJe* 9-12-2019.)

Jurisprudência do TCU:

A alienação de imóveis de uso de instituição financeira pública sem licitação, por intermédio de integralização de cotas de fundos de investimento imobiliário, não se enquadra como uma alienação comum de imóveis (art. 17, inciso I, da Lei 8.666/1993), mas, sim, como operação relacionada à atividade-fim do banco, inserida no bojo da oferta de produto financeiro aos clientes da entidade, adequada às regras do Acordo de Basileia, o que, por inviabilizar a realização de licitação, assemelha-se à hipótese de credenciamento, ocorrência que se subsome aos casos de inexigibilidade de licitação do art. 25 da Lei 8.666/1993.

(TCU, Acórdão 493/2017-Plenário, Relator: José Mucio Monteiro, 22-3-2017.)

Instrução Normativa n. 5/2017 / MINISTÉRIO DO PLANEJAMENTO, DESENVOLVIMENTO E GESTÃO/SECRETARIA DE GESTÃO, ANEXO I. DEFINIÇÕES. IV – CREDENCIAMENTO: ato administrativo de chamamento público destinado à pré-qualificação de todos os interessados que preencham os requisitos previamente determinados no ato convocatório, visando futura contratação, pelo preço definido pela Administração.

COMENTÁRIOS DOS AUTORES

Durante a vigência da Lei n. 8.666/93, tanto a doutrina quanto o TCU e o STJ tratavam o credenciamento como hipótese de inexigibilidade de licitação, albergada pelo art. 25 da referida lei, cujo rol era tido como meramente exemplificativo.

Para Torres[34], o credenciamento é uma hipótese de inexigibilidade de licitação na qual "a Administração aceita como colaborador todos aqueles que, atendendo as motivadas exigências públicas, manifestem interesse em firmar contrato ou acordo administrativo".

Fala-se que é uma hipótese de inexigibilidade porque não haverá disputa entre os interessados, já que a Administração tem por objetivo dispor da maior rede possível de prestadores de

---

[34] TORRES, Ronny Charles Lopes de. *Leis de Licitações Públicas comentadas*. Salvador: Juspodivm, 2019, p. 348.

serviços. Todos os interessados que preencherem os requisitos constantes do edital serão credenciados e estarão aptos para a contratação.

No mesmo sentido, é a lição de Rafael Oliveira[35]:

> O credenciamento é uma hipótese de inexigibilidade de licitação que tem por fundamento o *caput* do art. 25 da Lei 8.666/1993. O sistema de credenciamento permite a seleção de potenciais interessados para posterior contratação, quando houver interesse na prestação do serviço pelo maior número possível de pessoas. (...) Não há, portanto, competição entre interessados para a escolha de um único vencedor, mas, sim, a disponibilização universal do serviço para todos os interessados que preencherem as exigências previamente estabelecidas pelo Poder Público.

Com base nesse entendimento, o STJ, inclusive, chegou a decidir pela ilegalidade do estabelecimento de critérios de classificação para a escolha de licitantes em credenciamento. Vejamos:

> [...] o Credenciamento constitui hipótese de inexigibilidade de licitação não prevista no rol exemplificativo do art. 25 da Lei n. 8.666/93, amplamente reconhecida pela doutrina especializada e pela jurisprudência do Tribunal de Contas da União, que pressupõe inviável a competição entre os credenciados. 11. Para a Corte de Contas, a ausência de expressa previsão legal do credenciamento dentre os casos de inexigibilidade de licitação previstos na Lei 8.666/1993 não impede que a Administração lance mão de tal procedimento e efetue a contratação direta entre diversos fornecedores previamente cadastrados que satisfaçam os requisitos estabelecidos pela Administração (Acórdão 768/2013), respeitando-se requisitos como: i) contratação de todos os que tiverem interesse e que satisfaçam as condições fixadas pela Administração, não havendo relação de exclusão; ii) garantia de igualdade de condições entre todos os interessados hábeis a contratar com a Administração, pelo preço por ela definido; iii) demonstração inequívoca de que as necessidades da Administração somente poderão ser atendidas dessa forma (Acórdão 2504/2017). 12. Especificamente sobre a hipótese vertida nos presentes autos, o Tribunal de Contas reputa ser "ilegal o estabelecimento de critérios de classificação para a escolha de escritórios de advocacia por entidade da Administração em credenciamento" (Acórdão 408/2012 e Acórdão 141/2013). 13. Sendo o credenciamento modalidade de licitação inexigível em que há inviabilidade de competição e admite a possibilidade de contratação de todos os interessados em oferecer o mesmo tipo de serviço à Administração Pública, os critérios de pontuação exigidos no edital para desclassificar a contratação de credenciado já habilitado mostra-se contrário ao entendimento doutrinário e jurisprudencial acima esposado e prestigiado no aresto recorrido.
> (STJ. 1ª Turma. REsp 1.747.636-PR, Rel. Min. Gurgel de Faria, julgado em 3-12-2019 – Info 662.)

Sob a ótica da nova lei, todavia, a perspectiva é outra.

O credenciamento não é mais visto como hipótese de inexigibilidade de licitação (contratação direta), mas, sim, como um procedimento auxiliar necessário para contratações diretas ulteriores.

Conforme definição constante do inciso XLIII do art. 6º, o credenciamento é o "processo administrativo de chamamento público em que a Administração Pública convoca interessados em

---

35 OLIVEIRA, Rafael Carvalho Rezende. *Curso de Direito Administrativo*. 6. ed. Rio de Janeiro: Forense; São Paulo: Método, 2018, p. 476.

prestar serviços ou fornecer bens para que, preenchidos os requisitos necessários, credenciem-se no órgão ou na entidade para executar o objeto quando convocados".

Como se vê, o credenciamento não é uma forma de contratação propriamente dita. É, em verdade, um procedimento que precede a efetiva contratação. O licitante que obtém o credenciamento ainda não foi, portanto, contratado.

Marçal Justen Filho explica que o credenciamento é ato administrativo unilateral pelo qual a Administração declara que o requerente preenche os requisitos para ser contratado e assegura a possibilidade de sua contratação, observadas as condições estabelecidas no edital. A contratação, por sua vez, é ato jurídico bilateral, que somente se aperfeiçoa em momento posterior ao credenciamento.

O art. 74, IV, da lei em comento, aliás, é claro ao consignar que é inexigível a licitação quando inviável a competição, em especial nos casos de objetos que devam ou possam ser contratados por meio de credenciamento.

O cadastro para credenciamento de novos interessados deve estar permanentemente aberto, ainda que seja possível que a Administração estabeleça critérios temporais para realização das contratações concretas.

Se, antes, o credenciamento era restrito à prestação de serviços, a nova Lei ampliou o seu escopo, permitindo a utilização desse procedimento auxiliar também para o fornecimento de bens.

O credenciamento poderá, dessa forma, ser usado nas seguintes hipóteses de contratação:

i. **paralela e não excludente:** caso em que é viável e vantajosa para a Administração a realização de contratações simultâneas em condições padronizadas.

    É a hipótese de existirem vários prestadores de serviços ou vários bens aptos a satisfazer o interesse da Administração. Para evitar a oscilação de preços, o poder público estabelece o edital, fixando o valor da contratação e divulga para que eventuais interessados que preencham os requisitos estabelecidos se cadastrem.

    Nesse caso, quando o objeto não permitir a contratação imediata e simultânea de todos os credenciados, deverão ser adotados critérios objetivos de distribuição da demanda.

    Pode-se citar como exemplo o credenciamento de advogados para prestar serviços jurídicos que não apresentam singularidade. Estabelecidos os requisitos mínimos, admite-se o credenciamento de todos os interessados e, depois, numa ordem cronológica (critério objetivo), seriam distribuídos os processos aos advogados interessados.

ii. **com seleção a critério de terceiros:** caso em que a seleção do contratado está a cargo do beneficiário direto da prestação.

    Enquadra-se nesse tipo de credenciamento o fornecimento de serviços de saúde, como consultas e exames. Credenciados os profissionais e determinados os serviços fornecidos, a lista fica disponível aos usuários (servidores do órgão contratante, por exemplo) para que, posteriormente, escolham o serviço e o profissional de seu interesse. Prestado o serviço, o profissional pleiteará à Administração a remuneração pelo valor predeterminado.

iii. **em mercados fluidos:** caso em que a flutuação constante do valor da prestação e das condições de contratação inviabiliza a seleção de agente por meio de processo de licitação.

    Os mercados fluidos são aqueles que possuem uma oscilação dentro do ano em seu preço, normalmente, pela variação na safra.

    Como não é possível, nessa modalidade de credenciamento, a definição exata do valor da contratação (requisito imprescindível aos editais de contratação paralela e não excludente e de contratação com seleção a critério do usuário), em face da dinamicidade dos preços, a lei impõe que a Administração deverá registrar as cotações de mercado vigentes no momento da contratação.

Exemplo de credenciamento em mercados fluidos é a compra de passagens aéreas, eis que não é possível à Administração predeterminar o preço de compra, sujeitando-se às oscilações do mercado.

Seção III
Da Pré-Qualificação

ARTIGO 80

Art. 80. A pré-qualificação é o procedimento técnico-administrativo para selecionar previamente:

Lei n. 8.666/93

Art. 114. O sistema instituído nesta Lei não impede a pré-qualificação de licitantes nas concorrências, a ser procedida sempre que o objeto da licitação recomende análise mais detida da qualificação técnica dos interessados.

§ 1º A adoção do procedimento de pré-qualificação será feita mediante proposta da autoridade competente, aprovada pela imediatamente superior.

§ 2º Na pré-qualificação serão observadas as exigências desta Lei relativas à concorrência, à convocação dos interessados, ao procedimento e à análise da documentação.

I - licitantes que reúnam condições de habilitação para participar de futura licitação ou de licitação vinculada a programas de obras ou de serviços objetivamente definidos;
II - bens que atendam às exigências técnicas ou de qualidade estabelecidas pela Administração.
§ 1º Na pré-qualificação observar-se-á o seguinte:
I - quando aberta a licitantes, poderão ser dispensados os documentos que já constarem do registro cadastral;
II - quando aberta a bens, poderá ser exigida a comprovação de qualidade.
§ 2º O procedimento de pré-qualificação ficará permanentemente aberto para a inscrição de interessados.
§ 3º Quanto ao procedimento de pré-qualificação, constarão do edital:
I - as informações mínimas necessárias para definição do objeto;
II - a modalidade, a forma da futura licitação e os critérios de julgamento.
§ 4º A apresentação de documentos far-se-á perante órgão ou comissão indicada pela Administração, que deverá examiná-los no prazo máximo de 10 (dez) dias úteis e determinar correção ou reapresentação de documentos, quando for o caso, com vistas à ampliação da competição.
§ 5º Os bens e os serviços pré-qualificados deverão integrar o catálogo de bens e serviços da Administração.
§ 6º A pré-qualificação poderá ser realizada em grupos ou segmentos, segundo as especialidades dos fornecedores.

§ 7º A pré-qualificação poderá ser parcial ou total, com alguns ou todos os requisitos técnicos ou de habilitação necessários à contratação, assegurada, em qualquer hipótese, a igualdade de condições entre os concorrentes.

§ 8º Quanto ao prazo, a pré-qualificação terá validade:

I - de 1 (um) ano, no máximo, e poderá ser atualizada a qualquer tempo;

II - não superior ao prazo de validade dos documentos apresentados pelos interessados.

§ 9º Os licitantes e os bens pré-qualificados serão obrigatoriamente divulgados e mantidos à disposição do público.

§ 10. A licitação que se seguir ao procedimento da pré-qualificação poderá ser restrita a licitantes ou bens pré-qualificados.

COMENTÁRIOS DOS AUTORES

A pré-qualificação é o procedimento seletivo prévio à licitação, convocado por meio de edital, destinado à análise das condições de habilitação, total ou parcial, dos interessados ou do objeto (vide art. 6º, XLIV, do novo diploma de licitações).

Ela já era prevista como procedimento auxiliar das licitações no âmbito do RDC (Regime Diferenciado de Contratações, disciplinado pela Lei n. 12.462/2011) e na própria Lei n. 8.666/93 (art. 114).

O objetivo desse procedimento auxiliar é antecipar a verificação dos requisitos exigidos pela Administração referentes à qualificação do licitante ou do seu produto, de modo a conferir agilidade à futura contratação, eis que antecipada uma das fases da licitação.

Dissocia-se, nesse contexto, a qualificação técnica (fase da habilitação) do restante do procedimento, de modo **total ou parcial**. É dizer: a pré-qualificação poderá abranger alguns ou todos os requisitos técnicos ou de habilitação necessários à contratação, assegurada, em qualquer hipótese, a igualdade de condições entre os concorrentes.

Exsurge daí a grande vantagem da sua utilização da pré-qualificação: a eliminação de discussões acerca da idoneidade dos licitantes, o que acabaria postergando o procedimento licitatório por muito mais tempo. Como as condições de habilitação técnica já foram exaustivamente investigadas em procedimento prévio, discussões dessa natureza não têm mais pertinência. Evitam-se conflitos que poderiam prejudicar o curso da licitação e elimina-se o risco de contratação de empresas inidôneas[36].

É possível (e diga-se, de passagem, recomendado), inclusive, restringir a posterior licitação aos licitantes ou bens pré-qualificados, nos termos do § 10. Ora, admitir a participação de concorrentes que não tenham sido pré-qualificados implica o esvaziamento do próprio instituto, já que serão repetidos atos já praticados e inexistirá qualquer vantagem para que os licitantes participem desse procedimento prévio.

Não há, observe-se, contratação imediata. O que a Administração faz é apenas verificar quais bens ou licitantes estão tecnicamente aptos a satisfazer suas necessidades para, futuramente, quando desejar contratar, contatá-los.

A pré-qualificação apenas é admissível para selecionar licitantes que reúnam condições de habilitação para participar de futura licitação ou de licitação vinculada a programas de obras ou de

---

36 JUSTEN FILHO, Marçal. *Comentários à Lei de Licitações e Contratos Administrativos*: Lei 8.666/1993. 3. ed. São Paulo: Thomson Reuters Brasil, 2019, p. 1551.

serviços objetivamente definidos; ou para selecionar bens que atendam às exigências técnicas ou de qualidade estabelecidas pela Administração (comumente chamada de padronização de bens).

Esse procedimento prévio pode ser realizado em grupos ou segmentos, segundo as especialidades dos fornecedores, a fim de viabilizar a comparação entre os licitantes ou bens.

Sob a égide da Lei n. 8.666/93, esse procedimento era restrito aos procedimentos licitatórios realizados sob a modalidade da concorrência. Atualmente, todavia, inexistem restrições.

Em virtude disso, deverão constar do edital as informações mínimas necessárias para definição do objeto; bem como a modalidade, a forma da futura licitação e os critérios de julgamento.

Tal qual no credenciamento, o procedimento de pré-qualificação ficará permanentemente aberto para a inscrição de interessados. O resultado desse procedimento será a elaboração de um catálogo público de bens e serviços, com validade máxima de um ano.

Seção IV
Do Procedimento de Manifestação de Interesse

ARTIGO 81

Art. 81. A Administração poderá solicitar à iniciativa privada, mediante procedimento aberto de manifestação de interesse a ser iniciado com a publicação de edital de chamamento público, a propositura e a realização de estudos, investigações, levantamentos e projetos de soluções inovadoras que contribuam com questões de relevância pública, na forma de regulamento.

§ 1º Os estudos, as investigações, os levantamentos e os projetos vinculados à contratação e de utilidade para a licitação, realizados pela Administração ou com a sua autorização, estarão à disposição dos interessados, e o vencedor da licitação deverá ressarcir os dispêndios correspondentes, conforme especificado no edital.

§ 2º A realização, pela iniciativa privada, de estudos, investigações, levantamentos e projetos em decorrência do procedimento de manifestação de interesse previsto no *caput* deste artigo:

I – não atribuirá ao realizador direito de preferência no processo licitatório;

II – não obrigará o poder público a realizar licitação;

III – não implicará, por si só, direito a ressarcimento de valores envolvidos em sua elaboração;

IV – será remunerada somente pelo vencedor da licitação, vedada, em qualquer hipótese, a cobrança de valores do poder público.

§ 3º Para aceitação dos produtos e serviços de que trata o *caput* deste artigo, a Administração deverá elaborar parecer fundamentado com a demonstração de que o produto ou serviço entregue é adequado e suficiente à compreensão do objeto, de que as premissas adotadas são compatíveis com as reais necessidades do órgão e de que a metodologia proposta é a que propicia maior economia e vantagem entre as demais possíveis.

§ 4º O procedimento previsto no *caput* deste artigo poderá ser restrito a *startups*, assim considerados os microempreendedores individuais, as microempresas e as empresas de pequeno porte, de natureza emergente e com grande potencial, que se dediquem à pesquisa, ao desenvolvimento e à implementação de novos produtos ou serviços baseados em soluções tecnológicas inovadoras que possam causar alto impacto, exigida, na seleção definitiva da inovação, validação prévia fundamentada em métricas objetivas, de modo a demonstrar o atendimento das necessidades da Administração.

COMENTÁRIOS DOS AUTORES

Segundo Rafael Sérgio de Oliveira[37], "embora já exista no Brasil, o Procedimento de Manifestação de Interesse (PMI) vigora em solo pátrio de modo limitado. Sua relevância se deve ao fato de que umas das maiores dificuldades da Administração Pública nas licitações é suprir a carência de informação acerca das soluções, práticas e preços existentes no mercado. No intuito de suprir essa assimetria de informação, o ordenamento jurídico de diversos países tem colocado à disposição das autoridades contratantes uma espécie de procedimento prévio à publicação do certame, cujo objeto é a coleta de informações acerca das soluções oferecidas pelo mercado para as necessidades públicas".

Por meio desse procedimento auxiliar, a Administração Pública estabelece uma relação colaborativa com a iniciativa privada, possibilitando ao Poder Público a obtenção de contribuições da expertise privada, tanto no que diz respeito à apresentação de estudos de viabilidade e projetos técnicos quanto à descoberta de novas ideias ou soluções para a resolução de problemas ou situações do cotidiano estatal[38].

O estreitamento do diálogo com o setor privado possibilita a obtenção de várias visões e alternativas para um mesmo projeto, conferindo maior eficiência para a contratação pública, além de permitir ao setor privado modelar a contratação de acordo com os padrões de produtividade e de eficiência já experimentados no mercado.

Mediante a realização do Procedimento de Manifestação de Interesse, a ser iniciado com a publicação de edital de chamamento público, a Administração poderá solicitar à iniciativa privada a propositura e a realização de estudos, investigações, levantamentos e projetos de soluções inovadoras que contribuam com questões de relevância pública, na forma de regulamento.

Tal qual nos demais procedimentos auxiliares, não há garantia de licitação. Sequer será atribuído direito de preferência no processo licitatório ao interessado que elaborou os estudos, investigações, levantamentos e projetos.

A elaboração, aliás, não implica, por si só, direito de ressarcimento, a menos que seja efetivamente utilizada na licitação, caso em que será remunerada somente pelo vencedor, vedada, em qualquer hipótese, a cobrança de valores do poder público.

Se, ao revés, a própria Administração tiver realizado os estudos, investigações, levantamentos e projetos vinculados à contratação e de utilidade para a licitação, o vencedor da licitação deverá ressarcir os dispêndios correspondentes, conforme especificado no edital.

Evidente, nesse diapasão, a economia que o uso do PMI traz para a Administração Pública, já que quem desembolsará os recursos será a empresa vencedora da licitação.

---

37 OLIVEIRA, Rafael Sergio de. "10 tópicos mais relevantes do projeto da nova Lei de Licitação e Contrato". Disponível em: http://www.novaleilicitacao.com.br/2020/12/18/10-topicos-mais-relevantes-do-projeto-da-nova-lei-de-licitacao-e-contrato/. Acesso em: 11 jan. 2020.

38 *Vide* https://www.migalhas.com.br/depeso/318275/o-procedimento-de-manifestacao-de-interesse--pmi--e-suas-recentes-alteracoes. Acesso em: 14 mar. 2021.

Seção V
Do Sistema de Registro de Preços

ARTIGOS 82, 83 E 84

Art. 82. O edital de licitação para registro de preços observará as regras gerais desta Lei e deverá dispor sobre:
I – as especificidades da licitação e de seu objeto, inclusive a quantidade máxima de cada item que poderá ser adquirida;

> Decreto n. 7.892/2013
> Art. 9º O edital de licitação para registro de preços observará o disposto nas Leis n. 8.666, de 1993, e n. 10.520, de 2002, e contemplará, no mínimo:
> I – a especificação ou descrição do objeto, que explicitará o conjunto de elementos necessários e suficientes, com nível de precisão adequado para a caracterização do bem ou serviço, inclusive definindo as respectivas unidades de medida usualmente adotadas;

II – a quantidade mínima a ser cotada de unidades de bens ou, no caso de serviços, de unidades de medida;

> Decreto n. 7.892/2013
> Art. 11, IV – quantidade mínima de unidades a ser cotada, por item, no caso de bens;

III – a possibilidade de prever preços diferentes:
a) quando o objeto for realizado ou entregue em locais diferentes;

> Decreto n. 7.892/2013
> Art. 9º, § 2º Quando o edital prever o fornecimento de bens ou prestação de serviços em locais diferentes, é facultada a exigência de apresentação de proposta diferenciada por região, de modo que aos preços sejam acrescidos custos variáveis por região.

b) em razão da forma e do local de acondicionamento;
c) quando admitida cotação variável em razão do tamanho do lote;
d) por outros motivos justificados no processo;
IV – a possibilidade de o licitante oferecer ou não proposta em quantitativo inferior ao máximo previsto no edital, obrigando-se nos limites dela;
V – o critério de julgamento da licitação, que será o de menor preço ou o de maior desconto sobre tabela de preços praticada no mercado;

> Decreto n. 7.892/2013
> Art. 7º A licitação para registro de preços será realizada na modalidade de concorrência, do tipo menor preço, nos termos da Lei n. 8.666, de 1993, ou na modalidade de pregão, nos termos da Lei n. 10.520, de 2002, e será precedida de ampla pesquisa de mercado.

VI – as condições para alteração de preços registrados;

//// **264** Artigos 82, 83 e 84   Nova Lei de Licitações Comentada e Referenciada

VII - o registro de mais de um fornecedor ou prestador de serviço, desde que aceitem cotar o obje-to em preço igual ao do licitante vencedor, assegurada a preferência de contratação de acordo com a ordem de classificação;

> Decreto n. 7.892/2013
>
> Art. 11. Após a homologação da licitação, o registro de preços observará, entre outras, as seguintes condições:
>
> (...)
>
> II – será incluído, na respectiva ata na forma de anexo, o registro dos licitantes que aceitarem cotar os bens ou serviços com preços iguais aos do licitante vencedor na sequência da classificação do certame, excluído o percentual referente à margem de preferência, quando o objeto não atender aos requisitos previstos no art. 3º da Lei n. 8.666, de 1993;

VIII - a vedação à participação do órgão ou entidade em mais de uma ata de registro de preços com o mesmo objeto no prazo de validade daquela de que já tiver participado, salvo na ocorrência de ata que tenha registrado quantitativo inferior ao máximo previsto no edital;

IX - as hipóteses de cancelamento da ata de registro de preços e suas consequências.

§ 1º O critério de julgamento de menor preço por grupo de itens somente poderá ser adotado quando for demonstrada a inviabilidade de se promover a adjudicação por item e for evidenciada a sua vantagem técnica e econômica, e o critério de aceitabilidade de preços unitários máximos deverá ser indicado no edital.

> Jurisprudência do TCU:
>
> No *sistema* de *registro* de *preços* com critério de adjudicação pelo menor *preço* global por grupo (lote) de itens, não é admissível aquisição junto a empresa que apresentou a melhor proposta para determinado item, mas que não foi vencedora do respectivo grupo, uma vez que a licitação para *registro* de *preços* objetiva a convocação dos fornecedores mais bem classificados para assinar as atas, sendo possível, única e exclusivamente, contratação com as empresas vencedoras para fornecimento dos itens nelas registrados.
>
> (Acórdão 1347/2018-Plenário, Relator: Bruno Dantas, j. 13-6-2018.)

§ 2º Na hipótese de que trata o § 1º deste artigo, observados os parâmetros estabelecidos nos §§ 1º, 2º e 3º do art. 23 desta Lei, a contratação posterior de item específico constante de grupo de itens exigirá prévia pesquisa de mercado e demonstração de sua vantagem para o órgão ou entidade.

> Art. 23. O valor previamente estimado da contratação deverá ser compatível com os valores praticados pelo mercado, considerados os preços constantes de bancos de dados públicos e as quantidades a serem contratadas, observadas a potencial economia de escala e as peculiaridades do local de execução do objeto.
>
> § 1º No processo licitatório para aquisição de bens e contratação de serviços em geral, conforme regulamento, o valor estimado será definido com base no melhor preço aferido por meio da utilização dos seguintes parâmetros, adotados de forma combinada ou não: I – composição de custos unitários menores ou iguais à mediana do item correspondente no painel para consulta de preços ou no Banco de Preços em Saúde disponíveis no Portal Nacional de Contratações Públicas (PNCP);
>
> II – contratações similares feitas pela Administração Pública, em execução ou concluídas no período de 1 (um) ano anterior à data da pesquisa de preços, inclusive mediante sistema de registro de preços, observado o índice de atualização de preços correspondente;

III – utilização de dados de pesquisa publicada em mídia especializada, de tabela de referência formalmente aprovada pelo Poder Executivo federal e de sítios eletrônicos especializados ou de domínio amplo, desde que contenham a data e hora de acesso;

IV – pesquisa direta com no mínimo 3 (três) fornecedores, mediante solicitação formal de cotação, desde que seja apresentada a justificativa da escolha desses fornecedores e que não tenham sido obtidos os orçamentos com mais de 6 (seis) meses de antecedência da data de divulgação do edital;

V – pesquisa na base nacional de notas fiscais eletrônicas, na forma de regulamento.

§ 2º No processo licitatório para contratação de obras e serviços de engenharia, conforme regulamento, o valor estimado, acrescido do percentual de Benefícios e Despesas Indiretas (BDI) de referência e dos Encargos Sociais (ES) cabíveis, será definido por meio da utilização de parâmetros na seguinte ordem:

I – composição de custos unitários menores ou iguais à mediana do item correspondente do Sistema de Custos Referenciais de Obras (Sicro), para serviços e obras de infraestrutura de transportes, ou do Sistema Nacional de Pesquisa de Custos e Índices de Construção Civil (Sinapi), para as demais obras e serviços de engenharia;

II – utilização de dados de pesquisa publicada em mídia especializada, de tabela de referência formalmente aprovada pelo Poder Executivo federal e de sítios eletrônicos especializados ou de domínio amplo, desde que contenham a data e a hora de acesso;

III – contratações similares feitas pela Administração Pública, em execução ou concluídas no período de 1 (um) ano anterior à data da pesquisa de preços, observado o índice de atualização de preços correspondente;

IV – pesquisa na base nacional de notas fiscais eletrônicas, na forma de regulamento.

§ 3º Nas contratações realizadas por Municípios, Estados e Distrito Federal, desde que não envolvam recursos da União, o valor previamente estimado da contratação a que se refere o *caput* deste artigo poderá ser definido por meio da utilização de outros sistemas de custos adotados pelo respectivo ente federativo.

§ 3º É permitido registro de preços com indicação limitada a unidades de contratação, sem indicação do total a ser adquirido, apenas nas seguintes situações:
I - quando for a primeira licitação para o objeto e o órgão ou entidade não tiver registro de demandas anteriores;
II - no caso de alimento perecível;
III - no caso em que o serviço estiver integrado ao fornecimento de bens.

§ 4º Nas situações referidas no § 3º deste artigo, é obrigatória a indicação do valor máximo da despesa e é vedada a participação de outro órgão ou entidade na ata.

§ 5º O sistema de registro de preços poderá ser usado para a contratação de bens e serviços, inclusive de obras e serviços de engenharia, observadas as seguintes condições:
I - realização prévia de ampla pesquisa de mercado;
II - seleção de acordo com os procedimentos previstos em regulamento;
III - desenvolvimento obrigatório de rotina de controle;
IV - atualização periódica dos preços registrados;
V - definição do período de validade do registro de preços;
VI - inclusão, em ata de registro de preços, do licitante que aceitar cotar os bens ou serviços em preços iguais aos do licitante vencedor na sequência de classificação da licitação e inclusão do licitante que mantiver sua proposta original.

266 Artigos 82, 83 e 84   Nova Lei de Licitações Comentada e Referenciada

§ 6º O sistema de registro de preços poderá, na forma de regulamento, ser utilizado nas hipóteses de inexigibilidade e de dispensa de licitação para a aquisição de bens ou para a contratação de serviços por mais de um órgão ou entidade.

Art. 83. A existência de preços registrados implicará compromisso de fornecimento nas condições estabelecidas, mas não obrigará a Administração a contratar, facultada a realização de licitação específica para a aquisição pretendida, desde que devidamente motivada.

Lei n. 8.666/93

Art. 15, § 4º A existência de preços registrados não obriga a Administração a firmar as contratações que deles poderão advir, ficando-lhe facultada a utilização de outros meios, respeitada a legislação relativa às licitações, sendo assegurado ao beneficiário do registro preferência em igualdade de condições.

Art. 84. O prazo de vigência da ata de registro de preços será de 1 (um) ano e poderá ser prorrogado, por igual período, desde que comprovado o preço vantajoso.

Lei n. 8.666/93

Art. 15, § 3º O sistema de registro de preços será regulamentado por decreto, atendidas as peculiaridades regionais, observadas as seguintes condições:

(...)

III – validade do registro não superior a um ano.

Decreto n. 7.892/2013

Art. 12. O prazo de validade da ata de registro de preços não será superior a doze meses, incluídas eventuais prorrogações, conforme o inciso III do § 3º do art. 15 da Lei n. 8.666, de 1993.

O estabelecimento do prazo de validade da ata do sistema de registro de preços é competência privativa da União, tendo em vista sua fixação em norma de caráter geral (art. 15, § 3º, da Lei 8.666/1993).

(Acórdão 2368/2013-Plenário, Relator: Benjamin Zymler, j. 4-9-2013.)

Parágrafo único. O contrato decorrente da ata de registro de preços terá sua vigência estabelecida em conformidade com as disposições nela contidas.

Decreto n. 7.892/2013

Art. 12, § 4º O contrato decorrente do Sistema de Registro de Preços deverá ser assinado no prazo de validade da ata de registro de preços.

COMENTÁRIOS DOS AUTORES

O Sistema de Registro de Preços (SRP), nos dizeres da própria lei (art. 6º, XLV), é o "conjunto de procedimentos para realização, mediante contratação direta ou licitação nas modalidades pregão ou concorrência, de registro formal de preços relativos a prestação de serviços, a obras e a aquisição e locação de bens para contratações futuras".

Trata-se de procedimento auxiliar das licitações e contratações, instrumento que facilita a atuação da Administração em relação a futuras contratações, um mecanismo de registro formal de preços para contratações futuras.

A sua finalidade é racionalizar as contratações e efetivar o princípio da economicidade, na medida em que a Administração realiza uma única licitação para registrar os preços e realizar, futura e discricionariamente, na medida de sua necessidade, as contratações, em vez de promover nova licitação a cada aquisição de produtos e serviços.

O sistema em comento funciona da seguinte forma: o ente público tem uma estimativa de aquisição para determinado período e elabora um edital com base nessa estimativa. Ao final do procedimento, a empresa vencedora assina a Ata, assumindo o compromisso de manter o preço ofertado pelo período de duração estabelecido (que, como regra, será de um ano, admitida prorrogação por igual período, desde que comprovado o preço vantajoso).

O ponto fundamental é que a Administração não é obrigada a contratar, podendo fazê-lo somente quando quiser e na quantidade que quiser, claro, observados os quantitativos máximos licitados e o prazo da validade da Ata de Registro de Preços. Como não é obrigada a contratar, também não necessitará realizar uma reserva orçamentária.

Nesse sentido, é o teor do art. 83 desta Lei, que dispõe que "a existência de preços registrados implicará compromisso de fornecimento nas condições estabelecidas, mas não obrigará a Administração a contratar, facultada a realização de licitação específica para a aquisição pretendida, desde que devidamente motivada".

Justamente por isso, constarão do edital de licitação para registro de preços, dentre outros, as especificidades do objeto, inclusive a quantidade máxima de cada item que poderá ser adquirida; bem como a quantidade mínima a ser cotada de unidades de bens ou, no caso de serviços, de unidades de medida.

Se, de um lado, a Administração não é obrigada a contratar, de outro, o licitante assume a obrigação de manter os preços registrados e de cumprir com a proposta apresentada. Por esta razão, eventual alteração dos preços deverá observar rigidamente as condições estabelecidas no edital.

A utilização desse sistema imprime rapidez às contratações, modernizando e desburocratizando os processos de compra, além de economizar recursos. Além disso, permite à Administração Pública a regulação de estoques, evitando utilização de espaços para armazenamento e, até mesmo, evitando o perecimento e a deterioração dos produtos adquiridos.

Para o fornecedor também há vantagens: o sistema de registro de preços evita as despesas de participação em várias licitações, além de gerar uma expectativa de fornecimento de uma quantidade média periódica, o que também afasta a necessidade de manutenção de um grande volume de produtos em estoque.

O SRP poderá ser utilizado tanto nas modalidades de licitação do pregão e da concorrência, realizadas sob o critério de julgamento do menor preço ou o do maior desconto sobre tabela de preços praticada no mercado quanto nas hipóteses de inexigibilidade e de dispensa de licitação para a aquisição de bens ou para a contratação de serviços por mais de um órgão ou entidade, na forma de regulamento.

Imperioso salientar que as regras inerentes às respectivas modalidades devem ser observadas. Assim, o sistema de registro de preços só poderá ser utilizado no pregão se o bem a ser adquirido for considerado "comum", a teor dos arts. 6º, XLI, e 29 dessa Lei.

A utilização do sistema de registro de preços pelo Poder Público se mostra adequada, por exemplo, quando há necessidade de contratações frequentes do bem ou serviço; ou mesmo quando, pela natureza do objeto, não é possível definir previamente o quantitativo a ser demandado; e, ainda, quando se mostra mais adequada a aquisição de forma parcelada.

Hipótese interessante ocorre quando o objeto se destina a mais de um órgão ou entidade da Administração, ou a programas de governo. A possibilidade de existência de múltiplos contratantes, consagrada no § 6º, é traço marcante desse procedimento auxiliar: a lei faculta que, na forma de regulamento, a aquisição de bens ou a contratação de serviços seja realizada de modo compartilhado entre os órgãos e entidades da administração nas hipóteses de contratação direta (inexigibilidade e dispensa de licitação).

A multiplicidade de contratantes, nesse contexto, viabiliza a aquisição de uma quantidade maior de bens, suprindo a demanda de vários órgãos ou entes de forma simultânea e por um menor preço. Como decorrência lógica, tem-se maior eficiência e economicidade nas contratações públicas.

ARTIGO 85

Art. 85. A Administração poderá contratar a execução de obras e serviços de engenharia pelo sistema de registro de preços, desde que atendidos os seguintes requisitos:

Jurisprudência do TCU:

É possível a contratação de serviços comuns de engenharia com base em *registro* de *preços* quando a finalidade é a manutenção e a conservação de instalações prediais, em que a demanda pelo objeto é repetida e rotineira. Contudo, o *sistema* de *registro* de *preços* não é aplicável à contratação de obras, uma vez que nesta situação não há demanda de itens isolados, pois os serviços não podem ser dissociados uns dos outros.

(Acórdão 3605/2014-Plenário – Relator: Marcos Bemquerer, j. 9-12-2014.)

I - existência de projeto padronizado, sem complexidade técnica e operacional;
II - necessidade permanente ou frequente de obra ou serviço a ser contratado.

COMENTÁRIOS DOS AUTORES

Como visto, o Sistema de Registro de Preços pode ser utilizado tanto para a aquisição de bens quanto para a contratação de serviços, abarcando, inclusive, a execução de obras e serviços de engenharia.

Para tanto, devem ser atendidos os seguintes requisitos: existência de projeto padronizado, sem complexidade técnica e operacional; bem como a necessidade permanente ou frequente de obra ou serviço a ser contratado.

É o caso, por exemplo, de contratação de serviços comuns de engenharia quando a finalidade é a manutenção e a conservação de instalações prediais, em que a demanda pelo objeto é repetida e rotineira. O TCU, inclusive, já reconheceu a legalidade da contratação com base em registro de preços nessa hipótese.

Na contratação de obras, por outro lado, uma vez que não há demanda de itens isolados, pois os serviços não podem ser dissociados uns dos outros, inviável a utilização do SRP.

ARTIGO 86

Art. 86. O órgão ou entidade gerenciadora deverá, na fase preparatória do processo licitatório, para fins de registro de preços, realizar procedimento público de intenção de registro de preços para, nos termos de regulamento, possibilitar, pelo prazo mínimo de 8 (oito) dias úteis, a participação de outros órgãos ou entidades na respectiva ata e determinar a estimativa total de quantidades da contratação.

Decreto n. 7.892/2013

Art. 4º, § 1º-A. O prazo para que outros órgãos e entidades manifestem interesse em participar de IRP será de oito dias úteis, no mínimo, contado da data de divulgação da IRP no Portal de Compras do Governo federal.

§ 1º O procedimento previsto no *caput* deste artigo será dispensável quando o órgão ou entidade gerenciadora for o único contratante.

§ 2º Se não participarem do procedimento previsto no *caput* deste artigo, os órgãos e entidades poderão aderir à ata de registro de preços na condição de não participantes, observados os seguintes requisitos:

Decreto n. 7.892/2013

Art. 22, § 1º Os órgãos e entidades que não participaram do registro de preços, quando desejarem fazer uso da ata de registro de preços, deverão consultar o órgão gerenciador da ata para manifestação sobre a possibilidade de adesão.

Jurisprudência do TCU:

Não há viabilidade jurídica para a adesão por órgãos da Administração Pública a atas de registro de preços relativas a certames licitatórios realizados por entidades integrantes do Sistema "S", uma vez que estas não se sujeitam aos procedimentos estritos da Lei 8.666/1993, podendo seguir regulamentos próprios devidamente publicados, assim como não se submetem às disposições do Decreto 3.931/2001, que disciplina o sistema de registro de preços.

(Acórdão 1192/2010-Plenário, Relator: José Mucio Monteiro, j. 26-5-2010.)

Nas contratações pelo sistema de registro de preços (SRP), deve o órgão interessado priorizar sua participação na fase inicial da licitação, de modo a integrar a ata de registro de preços na qualidade de participante. Apenas de forma excepcional deve utilizar a adesão à ata prevista no art. 22 do Decreto 7.892/2013.

(Acórdão 721/2016-Plenário, Relator: VITAL DO RÊGO, j. 30-3-2016.)

É irregular a adesão de entidades do Sistema S a atas de registro de preços de órgãos e entidades da Administração Pública, caso seus regulamentos próprios de licitações não prevejam tal possibilidade.

(Acórdão 4222/2017-Primeira Câmara | Relator: Augusto Sherman, j. 6-6-2017.)

A adesão, por entidade do Sistema S, a registro de preços realizado por órgãos ou entidades da Administração Pública, ainda que sem previsão no seu regulamento de compras e no Decreto 7.892/2013, não é conduta grave o suficiente para macular as contas do gestor quando restar demonstrado que ele agiu motivado pela busca do melhor preço. Nesse caso, os princípios da eficiência e da busca pela proposta mais vantajosa para a Administração devem preponderar sobre o princípio da legalidade estrita, porquanto atendidos o interesse público e a economicidade do ato.

(Acórdão 2678/2019 - Primeira Câmara, Relator: Vital do Rêgo, j. 26-3-2019.)

I - apresentação de justificativa da vantagem da adesão, inclusive em situações de provável desabastecimento ou descontinuidade de serviço público;

II - demonstração de que os valores registrados estão compatíveis com os valores praticados pelo mercado na forma do art. 23 desta Lei;

III - prévias consulta e aceitação do órgão ou entidade gerenciadora e do fornecedor.

§ 3º A faculdade conferida pelo § 2º deste artigo estará limitada a órgãos e entidades da Administração Pública federal, estadual, distrital e municipal que, na condição de não participantes, desejarem aderir à ata de registro de preços de órgão ou entidade gerenciadora federal, estadual ou distrital.

§ 4º As aquisições ou as contratações adicionais a que se refere o § 2º deste artigo não poderão exceder, por órgão ou entidade, a 50% (cinquenta por cento) dos quantitativos dos itens do instrumento convocatório registrados na ata de registro de preços para o órgão gerenciador e para os órgãos participantes.

> Decreto n. 7.892/2013
>
> Art. 22, § 3º As aquisições ou as contratações adicionais de que trata este artigo não poderão exceder, por órgão ou entidade, a cinquenta por cento dos quantitativos dos itens do instrumento convocatório e registrados na ata de registro de preços para o órgão gerenciador e para os órgãos participantes.

§ 5º O quantitativo decorrente das adesões à ata de registro de preços a que se refere o § 2º deste artigo não poderá exceder, na totalidade, ao dobro do quantitativo de cada item registrado na ata de registro de preços para o órgão gerenciador e órgãos participantes, independentemente do número de órgãos não participantes que aderirem.

> Decreto n. 7.892/2013
>
> Art. 22, § 4º O instrumento convocatório preverá que o quantitativo decorrente das adesões à ata de registro de preços não poderá exceder, na totalidade, ao dobro do quantitativo de cada item registrado na ata de registro de preços para o órgão gerenciador e para os órgãos participantes, independentemente do número de órgãos não participantes que aderirem.

§ 6º A adesão à ata de registro de preços de órgão ou entidade gerenciadora do Poder Executivo federal por órgãos e entidades da Administração Pública estadual, distrital e municipal poderá ser exigida para fins de transferências voluntárias, não ficando sujeita ao limite de que trata o § 5º deste artigo se destinada à execução descentralizada de programa ou projeto federal e comprovada a compatibilidade dos preços registrados com os valores praticados no mercado na forma do art. 23 desta Lei.

> Decreto n. 7.892/2013
>
> Art. 6º, § 4º Os entes federados participantes de compra nacional poderão utilizar recursos de transferências legais ou voluntárias da União, vinculados aos processos ou projetos objeto de descentralização e de recursos próprios para suas demandas de aquisição no âmbito da ata de registro de preços de compra nacional.

§ 7º Para aquisição emergencial de medicamentos e material de consumo médico-hospitalar por órgãos e entidades da Administração Pública federal, estadual, distrital e municipal, a adesão à ata de registro de preços gerenciada pelo Ministério da Saúde não estará sujeita ao limite de que trata o § 5º deste artigo.

§ 8º Será vedada aos órgãos e entidades da Administração Pública federal a adesão à ata de registro de preços gerenciada por órgão ou entidade estadual, distrital ou municipal.

Decreto n. 7.892/2013
Art. 22, § 8º É vedada aos órgãos e entidades da administração pública federal a adesão à ata de registro de preços gerenciada por órgão ou entidade municipal, distrital ou estadual.

COMENTÁRIOS DOS AUTORES

O § 2º do art. 86 autoriza o denominado "efeito carona" do sistema de registro de preços. São chamados de "caronas" os órgãos e entidades administrativas que não participaram do registro, mas que pretendem utilizar a Ata de Registro de Preços para suas contratações.

Em outras palavras, o sistema de registro de preços permite que um órgão que não tenha sido incluído na origem do procedimento, um "órgão não participante", possa aderir à ata de registro de preços realizada pelo "órgão ou entidade gerenciadora" e pelos "órgãos ou entidades participantes".

A "adesão" permite que a ata de registro de preços, durante sua vigência, possa ser utilizada por órgão ou entidade da Administração que não tenha participado do certame licitatório, mediante prévia consulta ao órgão gerenciador, desde que devidamente comprovada a vantagem para a Administração.

Para tanto, devem ser observados os seguintes requisitos:
- apresentação de justificativa da vantagem da adesão, inclusive em situações de provável desabastecimento ou descontinuidade de serviço público;
- demonstração de que os valores registrados estão compatíveis com os valores praticados pelo mercado, considerados os preços constantes de bancos de dados públicos e as quantidades contratadas, observadas a potencial economia de escala e as peculiaridades do local de execução do objeto;
- prévias consulta e aceitação do órgão ou entidade gerenciadora e do fornecedor.

De acordo com o § 8º, aos órgãos e entidades da Administração Pública federal é vedado o "efeito carona" na ata de registro de preços gerenciada por órgão ou entidade estadual, distrital ou municipal.

A adesão ao sistema de registro de preços pelo órgão ou entidade não participante deve observar, ainda, os seguintes limites:
- **I - limite quantitativo individual:** segundo o § 4º deste artigo, cada órgão ou entidade, ao aderir a uma ata, não poderá contratar mais que cinquenta por cento (50%) dos quantitativos dos itens registrados na ata de registro de preços para o órgão gerenciador e órgãos participantes;
- **II - limite quantitativo global:** instrumento convocatório deverá prever que o quantitativo decorrente das adesões à ata de registro de preços não poderá exceder, na totalidade, ao dobro do quantitativo de cada item registrado na ata de registro de preços para o órgão gerenciador e órgãos participantes, independentemente do número de órgãos não participantes que aderirem.

//// 272 Artigos 87 e 88 Nova Lei de Licitações Comentada e Referenciada

O artigo 86 consagra, todavia, duas exceções ao limite quantitativo global:

- se a adesão à ata federal por órgãos e entidades estaduais, distritais e municipais for destinada à execução descentralizada de programa ou projeto federal e desde que comprovada a compatibilidade dos preços registrados com os valores praticados no mercado;

- para a aquisição emergencial de medicamentos e material de consumo médico-hospitalar por órgãos e entidades da Administração Pública federal, estadual, distrital e municipal, a adesão à ata de registro de preços gerenciada pelo Ministério da Saúde.

III - **limite temporal:** só é admitida a adesão durante a vigência da Ata de Registro de Preços;

IV - **limite formal:** caso o órgão gerenciador vá admitir adesões, precisa prever no edital a estimativa de quantidades a serem adquiridas por órgãos não participantes;

V - **limite lógico:** a adesão só pode ser feita se o bem ou serviço atender à necessidade administrativa;

VI - **limite procedimental:** os órgãos e entidades "aderentes" que desejarem fazer uso da ata de registro de preços deverão consultar previamente o órgão gerenciador da ata para manifestação sobre a possibilidade de adesão.

Seção VI
Do Registro Cadastral

ARTIGOS 87 E 88

Art. 87. Para os fins desta Lei, os órgãos e entidades da Administração Pública deverão utilizar o sistema de registro cadastral unificado disponível no Portal Nacional de Contratações Públicas (PNCP), para efeito de cadastro unificado de licitantes, na forma disposta em regulamento.

§ 1º O sistema de registro cadastral unificado será público e deverá ser amplamente divulgado e estar permanentemente aberto aos interessados, e será obrigatória a realização de chamamento público pela internet, no mínimo anualmente, para atualização dos registros existentes e para ingresso de novos interessados.

§ 2º É proibida a exigência, pelo órgão ou entidade licitante, de registro cadastral complementar para acesso a edital e anexos.

§ 3º A Administração poderá realizar licitação restrita a fornecedores cadastrados, atendidos os critérios, as condições e os limites estabelecidos em regulamento, bem como a ampla publicidade dos procedimentos para o cadastramento.

§ 4º Na hipótese a que se refere o § 3º deste artigo, será admitido fornecedor que realize seu cadastro dentro do prazo previsto no edital para apresentação de propostas.

Art. 88. Ao requerer, a qualquer tempo, inscrição no cadastro ou a sua atualização, o interessado fornecerá os elementos necessários exigidos para habilitação previstos nesta Lei.

§ 1º O inscrito, considerada sua área de atuação, será classificado por categorias, subdivididas em grupos, segundo a qualificação técnica e econômico-financeira avaliada, de acordo com regras objetivas divulgadas em sítio eletrônico oficial.

§ 2º Ao inscrito será fornecido certificado, renovável sempre que atualizar o registro.

§ 3º A atuação do contratado no cumprimento de obrigações assumidas será avaliada pelo contratante, que emitirá documento comprobatório da avaliação realizada, com menção ao seu desempenho na execução contratual, baseado em indicadores objetivamente definidos e aferidos, e a eventuais penalidades aplicadas, o que constará do registro cadastral em que a inscrição for realizada.

§ 4º A anotação do cumprimento de obrigações pelo contratado, de que trata o § 3º deste artigo, será condicionada à implantação e à regulamentação do cadastro de atesto de cumprimento de obrigações, apto à realização do registro de forma objetiva, em atendimento aos princípios da impessoalidade, da igualdade, da isonomia, da publicidade e da transparência, de modo a possibilitar a implementação de medidas de incentivo aos licitantes que possuírem ótimo desempenho anotado em seu registro cadastral.

§ 5º A qualquer tempo poderá ser alterado, suspenso ou cancelado o registro de inscrito que deixar de satisfazer exigências determinadas por esta Lei ou por regulamento.

§ 6º O interessado que requerer o cadastro na forma do *caput* deste artigo poderá participar de processo licitatório até a decisão da Administração, e a celebração do contrato ficará condicionada à emissão do certificado referido no § 2º deste artigo.

COMENTÁRIOS DOS AUTORES

O último procedimento auxiliar das licitações e das contratações disciplinado pela lei é o registro cadastral. Trata-se, em síntese, de um cadastramento prévio correspondente à fase de habilitação, no qual os interessados, antes de aberto o certame, apresentam os documentos para serem cadastrados. Em outras palavras, o registro cadastral é banco de dados para cadastrar possíveis fornecedores.

As vantagens desse procedimento auxiliar são tanto a celeridade no momento da habilitação (tendo em vista que os documentos já entregues e dentro da validade podem ser substituídos pelo Certificado de Registro Cadastral, desde que previsto no edital, a teor do art. 70, II) quanto a criação de uma espécie de sistema de boa reputação dos interessados, já que constará do registro o desempenho contratual prévio dos contratados. A anotação de cumprimento de obrigações do contratado será realizada de forma objetiva, em estrita observância aos princípios da impessoalidade, da igualdade, da isonomia, da publicidade e da transparência, de modo a possibilitar a implementação de medidas de incentivo aos licitantes que possuírem ótimo desempenho anotado em seu registro cadastral.

A avaliação do desempenho contratual prévio dos licitantes, destaque-se, é inclusive critério de desempate das propostas consagrado expressamente no art. 60, II, desta Lei, a evidenciar, mais ainda, a relevância do procedimento auxiliar do registro cadastral.

Esse registro deverá ser realizado de modo unificado e ficará disponível no Portal Nacional de Contratações Públicas (PNCP), devendo ser obrigatoriamente utilizado pelos órgãos e entidades da Administração Pública.

Suas características básicas são:
a) deverá estar permanentemente aberto para ingresso de novos interessados;
b) deve ser atualizado, no mínimo, anualmente, mediante a realização de chamamento público pela internet dos interessados;
c) os inscritos serão classificados por categorias, considerada a sua área de atuação, subdivididas em grupos, segundo a qualificação técnica e econômico-financeira avaliada;

d) os cadastrados receberão certificado de cadastramento (Certificado de Registo Cadastral), renovável sempre que atualizar o registro;

e) caberá recurso, no prazo de 3 (três) dias úteis, contado da data de intimação ou de lavratura de ata, em face de ato que defira ou indefira o pedido de inscrição de registro cadastral, sua alteração ou cancelamento, a teor do art. 165, I, *a*, desta Lei.

f) é possível que a Administração limite a participação em certame licitatório aos fornecedores cadastrados, desde que atendidos os critérios, as condições e os limites estabelecidos em regulamento, bem como conferida ampla publicidade dos procedimentos para o cadastramento;

g) o interessado que requerer o cadastro poderá participar do processo licitatório até a decisão da Administração, todavia, a celebração do contrato ficará condicionada à emissão do Certificado de Registro Cadastral (CRC);

h) o cadastramento é apenas de fornecedores, diferindo da pré-qualificação, que também permite o cadastramento de bens;

i) abrange toda a fase de habilitação (a pré-qualificação alude apenas à qualificação técnica).

Título III
DOS CONTRATOS ADMINISTRATIVOS

Capítulo I
DA FORMALIZAÇÃO DOS CONTRATOS

ARTIGO 89

Art. 89. Os contratos de que trata esta Lei regular-se-ão pelas suas cláusulas e pelos preceitos de direito público, e a eles serão aplicados, supletivamente, os princípios da teoria geral dos contratos e as disposições de direito privado.

Lei n. 8.666/93
Art. 54. Os contratos administrativos de que trata esta Lei regulam-se pelas suas cláusulas e pelos preceitos de direito público, aplicando-se-lhes, supletivamente, os princípios da teoria geral dos contratos e as disposições de direito privado.

§ 1º Todo contrato deverá mencionar os nomes das partes e os de seus representantes, a finalidade, o ato que autorizou sua lavratura, o número do processo da licitação ou da contratação direta e a sujeição dos contratantes às normas desta Lei e às cláusulas contratuais.

Lei n. 8.666/93:
Art. 61. Todo contrato deve mencionar os nomes das partes e os de seus representantes, a finalidade, o ato que autorizou a sua lavratura, o número do processo da licitação, da dispensa ou da inexigibilidade, a sujeição dos contratantes às normas desta Lei e às cláusulas contratuais.

Jurisprudência do TCU:
Súmula TCU 191: Torna-se, em princípio, indispensável a fixação dos limites de vigência dos contratos administrativos, de forma que o tempo não comprometa as condições originais da avença, não havendo, entretanto, obstáculo jurídico à devolução de prazo, quando a Administração mesma concorre, em virtude da própria natureza do avençado, para interrupção da sua execução pelo contratante. § 2º Os contratos deverão estabelecer com clareza e precisão as condições para sua execução, expressas em cláusulas que definam os direitos, as obrigações e as responsabilidades das partes, em conformidade com os termos do edital de licitação e os da proposta vencedora ou com os termos do ato que autorizou a contratação direta e os da respectiva proposta.

Lei n. 8.666/93
Art. 54, § 1º Os contratos devem estabelecer com clareza e precisão as condições para sua execução, expressas em cláusulas que definam os direitos, obrigações e responsabilidades das partes, em conformidade com os termos da licitação e da proposta a que se vinculam.

§ 2º Os contratos deverão estabelecer com clareza e precisão as condições para sua execução, expressas em cláusulas que definam os direitos, as obrigações e as responsabilidades das partes,

em conformidade com os termos do edital de licitação e os da proposta vencedora ou com os termos do ato que autorizou a contratação direta e os da respectiva proposta.

Lei n. 8.666/93

Art. 54, § 1º Os contratos devem estabelecer com clareza e precisão as condições para sua execução, expressas em cláusulas que definam os direitos, obrigações e responsabilidades das partes, em conformidade com os termos da licitação e da proposta a que se vinculam.

COMENTÁRIOS DOS AUTORES

De acordo com Rafael Oliveira[39], "contratos administrativos são os ajustes celebrados entre a Administração Pública e o particular, regidos predominantemente pelo direito público, para a execução de atividades de interesse público".

Trata-se, nestes termos, do acordo bilateral de vontades firmado entre a Administração Pública (contratante), de um lado, e uma pessoa física ou jurídica (contratado), de outro, via de regra, por meio de prévio procedimento licitatório, no qual ambas as partes possuem direitos e deveres recíprocos, porém com algumas peculiaridades decorrentes dos princípios da supremacia e da indisponibilidade do interesse público.

Caracterizam-se, neste contexto, pela(o):

a) desequilíbrio contratual;

b) formalismo;

c) natureza de contrato de adesão;

d) pessoalidade (são contratos *intuitu personae*);

e) presença de cláusulas exorbitantes.

De acordo com o art. 6º desta Lei:

VII – contratante: pessoa jurídica integrante da Administração Pública responsável pela contratação;

VIII – contratado: pessoa física ou jurídica, ou consórcio de pessoas jurídicas, signatária de contrato com a Administração;

Imperioso salientar que os contratos administrativos regidos por esta lei não se confundem com os "contratos da Administração".

A expressão "contratos da Administração" é gênero, envolvendo todo e qualquer contrato por ela celebrado. Subdivide-se, no entanto, em duas espécies: contratos administrativos e contratos privados da Administração (ou contratos semipúblicos).

- **Contratos Administrativos** (ou contratos administrativos típicos): são os ajustes celebrados entre a Administração e particulares **regidos predominantemente pelo direito público**, caracterizando-se pela superioridade da Administração em detrimento do particular (desequilíbrio contratual ou relação de **verticalidade**), tendo em vista a presença de cláusulas exorbitantes. Ex.: contrato de concessão de serviço público.

---

39 OLIVEIRA, Rafael Carvalho Rezende. *Curso de Direito Administrativo*. 7. ed. Rio de Janeiro: Forense; São Paulo: Método, 2019, p. 530.

- **Contratos Privados da Administração** (ou contratos semipúblicos ou contratos administrativos atípicos): são os ajustes celebrados entre a Administração e particulares **regidos predominantemente pelo direito privado**, em situação de relativa igualdade (equilíbrio contratual ou relação de **horizontalidade**). Ex.: contrato de locação em que o ente público figura como locatário.

Os contratos administrativos são, portanto, os acordos bilaterais firmados pela Administração Pública, na qualidade de poder público (isto é, no gozo de sua supremacia, em claro desequilíbrio contratual), regidos predominantemente pela Lei n. 14.133/2021 e pelos preceitos de direito público.

Por força do art. 89 da mencionada lei, lhe são aplicáveis, supletivamente, os princípios da teoria geral dos contratos e as disposições do direito privado.

ARTIGO 90

> **Art. 90.** A Administração convocará regularmente o licitante vencedor para assinar o termo de contrato ou para aceitar ou retirar o instrumento equivalente, dentro do prazo e nas condições estabelecidas no edital de licitação, sob pena de decair o direito à contratação, sem prejuízo das sanções previstas nesta Lei.

Lei n. 8.666/93
Art. 64. A Administração convocará regularmente o interessado para assinar o termo de contrato, aceitar ou retirar o instrumento equivalente, dentro do prazo e condições estabelecidos, sob pena de decair o direito à contratação, sem prejuízo das sanções previstas no art. 81 desta Lei.

§ 1º O prazo de convocação poderá ser prorrogado 1 (uma) vez, por igual período, mediante solicitação da parte durante seu transcurso, devidamente justificada, e desde que o motivo apresentado seja aceito pela Administração.

Lei n. 8.666/93
Art. 64, § 1º O prazo de convocação poderá ser prorrogado uma vez, por igual período, quando solicitado pela parte durante o seu transcurso e desde que ocorra motivo justificado aceito pela Administração.

§ 2º Será facultado à Administração, quando o convocado não assinar o termo de contrato ou não aceitar ou não retirar o instrumento equivalente no prazo e nas condições estabelecidas, convocar os licitantes remanescentes, na ordem de classificação, para a celebração do contrato nas condições propostas pelo licitante vencedor.

Lei n. 8.666/93
Art. 64, § 2º É facultado à Administração, quando o convocado não assinar o termo de contrato ou não aceitar ou retirar o instrumento equivalente no prazo e condições estabelecidos, convocar os licitantes remanescentes, na ordem de classificação, para fazê-lo em igual prazo e nas mesmas condições propostas pelo primeiro classificado, inclusive quanto aos preços atualizados de conformidade com o ato convocatório, ou revogar a licitação independentemente da cominação prevista no art. 81 desta Lei.

//// 278   Artigo 90   Nova Lei de Licitações Comentada e Referenciada

§ 3º Decorrido o prazo de validade da proposta indicado no edital sem convocação para a contratação, ficarão os licitantes liberados dos compromissos assumidos.

> Lei n. 8.666/93
>
> Art. 64, § 3º Decorridos 60 (sessenta) dias da data da entrega das propostas, sem convocação para a contratação, ficam os licitantes liberados dos compromissos assumidos.

§ 4º Na hipótese de nenhum dos licitantes aceitar a contratação nos termos do § 2º deste artigo, a Administração, observados o valor estimado e sua eventual atualização nos termos do edital, poderá:

> Lei n. 8.666/93
>
> Art. 64, § 2º É facultado à Administração, quando o convocado não assinar o termo de contrato ou não aceitar ou retirar o instrumento equivalente no prazo e condições estabelecidos, convocar os licitantes remanescentes, na ordem de classificação, para fazê-lo em igual prazo e nas mesmas condições propostas pelo primeiro classificado, inclusive quanto aos preços atualizados de conformidade com o ato convocatório, ou revogar a licitação independentemente da cominação prevista no art. 81 desta Lei.

I - convocar os licitantes remanescentes para negociação, na ordem de classificação, com vistas à obtenção de preço melhor, mesmo que acima do preço do adjudicatário;
II - adjudicar e celebrar o contrato nas condições ofertadas pelos licitantes remanescentes, atendida a ordem classificatória, quando frustrada a negociação de melhor condição.
§ 5º A recusa injustificada do adjudicatário em assinar o contrato ou em aceitar ou retirar o instrumento equivalente no prazo estabelecido pela Administração caracterizará o descumprimento total da obrigação assumida e o sujeitará às penalidades legalmente estabelecidas e à imediata perda da garantia de proposta em favor do órgão ou entidade licitante.

> Lei n. 8.666/93
>
> Art. 81. A recusa injustificada do adjudicatário em assinar o contrato, aceitar ou retirar o instrumento equivalente, dentro do prazo estabelecido pela Administração, caracteriza o descumprimento total da obrigação assumida, sujeitando-o às penalidades legalmente estabelecidas.

§ 6º A regra do § 5º não se aplicará aos licitantes remanescentes convocados na forma do inciso I do § 4º deste artigo.

> Lei n. 8.666/93
>
> Art. 81, parágrafo único. O disposto neste artigo não se aplica aos licitantes convocados nos termos do art. 64, § 2º, desta Lei, que não aceitarem a contratação, nas mesmas condições propostas pelo primeiro adjudicatário, inclusive quanto ao prazo e preço.

§ 7º Será facultada à Administração a convocação dos demais licitantes classificados para a contratação de remanescente de obra, de serviço ou de fornecimento em consequência de rescisão contratual, observados os mesmos critérios estabelecidos nos §§ 2º e 4º deste artigo.

Lei n. 8.666/93

Art. 24. É dispensável a licitação:

(...)

XI – na contratação de remanescente de obra, serviço ou fornecimento, em consequência de rescisão contratual, desde que atendida a ordem de classificação da licitação anterior e aceitas as mesmas condições oferecidas pelo licitante vencedor, inclusive quanto ao preço, devidamente corrigido;

COMENTÁRIOS DOS AUTORES

A convocação para assinar o termo de contrato ou para aceitar ou retirar o instrumento equivalente dar-se-á, em síntese, da seguinte forma: a Administração convoca o licitante vencedor.

Se este não comparecer, será facultado à Administração convocar os demais licitantes, observada a ordem de classificação, para celebrar o contrato nas condições propostas pelo vencedor.

Caso nenhum deles aceite a contratação pela proposta do vencedor, poderão ser negociadas melhores condições com os licitantes remanescentes. A Administração Pública tentará, assim, chegar a uma solução "intermediária", que, a despeito de ser "pior" do que a proposta do vencedor (adjudicatário), será melhor do que a oferta já apresentada por aquele licitante.

Frustrada a negociação da melhor condição, a Administração, observando a ordem classificatória, poderá adjudicar e celebrar o contrato com os licitantes remanescentes, segundo as propostas que eles haviam apresentado inicialmente.

O procedimento das etapas 2 a 4 acima descritas, observe-se, também poderá ser adotado para a contratação de remanescente de obra, de serviço ou de fornecimento em consequência de rescisão contratual.

Imperioso destacar, ainda, que, o adjudicatário que se recusar injustificadamente a assinar o contrato ou a aceitar ou retirar o instrumento equivalente no prazo estabelecido pela Administração (etapa 1) será penalizado e perderá a garantia da proposta em favor do órgão ou entidade licitante.

Essa regra, todavia, por expressa previsão do § 4º não se aplica aos licitantes remanescentes convocados para negociação da solução intermediária com a Administração (etapa 3). Nos parece ter havido, aqui, uma falha do legislador ao não incluir também nessa ressalva a hipótese do § 2º (abordada como etapa 2 do esquema acima).

ARTIGOS 91 E 92

Art. 91. Os contratos e seus aditamentos terão forma escrita e serão juntados ao processo que tiver dado origem à contratação, divulgados e mantidos à disposição do público em sítio eletrônico oficial.

§ 1º Será admitida a manutenção em sigilo de contratos e de termos aditivos quando imprescindível à segurança da sociedade e do Estado, nos termos da legislação que regula o acesso à informação.

§ 2º Contratos relativos a direitos reais sobre imóveis serão formalizados por escritura pública lavrada em notas de tabelião, cujo teor deverá ser divulgado e mantido à disposição do público em sítio eletrônico oficial.

Lei n. 8.666/93

Art. 60. Os contratos e seus aditamentos serão lavrados nas repartições interessadas, as quais manterão arquivo cronológico dos seus autógrafos e registro sistemático do seu extrato, salvo os relativos a direitos reais sobre imóveis, que se formalizam por instrumento lavrado em cartório de notas, de tudo juntando-se cópia no processo que lhe deu origem.

§ 3º Será admitida a forma eletrônica na celebração de contratos e de termos aditivos, atendidas as exigências previstas em regulamento.

§ 4º Antes de formalizar ou prorrogar o prazo de vigência do contrato, a Administração deverá verificar a regularidade fiscal do contratado, consultar o Cadastro Nacional de Empresas Inidôneas e Suspensas (Ceis) e o Cadastro Nacional de Empresas Punidas (Cnep), emitir as certidões negativas de inidoneidade, de impedimento e de débitos trabalhistas e juntá-las ao respectivo processo.

Jurisprudência do TCU:

Não há óbice a prorrogações sucessivas de *contrato* de locação em que a Administração seja locatária, desde que sejam formalizadas, periódicas e justificadas no interesse público e na vantajosidade da proposta.

(Acórdão 1127/2009-Plenário, Relator: BENJAMIN ZYMLER, j. 27-5-2009.)

Nos editais e *contratos* de execução continuada ou parcelada, deve haver cláusula impondo a obrigação de o contratado manter, durante toda a execução do *contrato*, todas as condições de habilitação e qualificação exigidas na licitação, especialmente quanto à regularidade fiscal, incluindo a seguridade social, prevendo, como sanções para o inadimplemento a essa cláusula, a rescisão do *contrato* e a execução da garantia para ressarcimento dos valores e indenizações devidos à Administração, além das penalidades já previstas em lei (arts. 55, inciso XIII, 78, inciso I, 80, inciso III, e 87, da Lei 8.666/1993).

(Acórdão 964/2012-Plenário, Relator: WALTON ALENCAR RODRIGUES, j. 25-4-2012.)

Art. 92. São necessárias em todo contrato cláusulas que estabeleçam:
I – o objeto e seus elementos característicos;

Lei n. 8.666/93

Art. 55. São cláusulas necessárias em todo contrato as que estabeleçam:

I – o objeto e seus elementos característicos;

II – a vinculação ao edital de licitação e à proposta do licitante vencedor ou ao ato que tiver autorizado a contratação direta e à respectiva proposta;

Lei n. 8.666/93

Art. 55, XI – a vinculação ao edital de licitação ou ao termo que a dispensou ou a inexigiu, ao convite e à proposta do licitante vencedor;

III – a legislação aplicável à execução do contrato, inclusive quanto aos casos omissos;

Lei n. 8.666/93

Art. 55, XII – a legislação aplicável à execução do contrato e especialmente aos casos omissos;

IV - o regime de execução ou a forma de fornecimento;

> Lei n. 8.666/93
> Art. 55, II – o regime de execução ou a forma de fornecimento;

V - o preço e as condições de pagamento, os critérios, a data-base e a periodicidade do reajustamento de preços e os critérios de atualização monetária entre a data do adimplemento das obrigações e a do efetivo pagamento;

> Lei n. 8.666/93
> Art. 55, III – o preço e as condições de pagamento, os critérios, data-base e periodicidade do reajustamento de preços, os critérios de atualização monetária entre a data do adimplemento das obrigações e a do efetivo pagamento;

VI - os critérios e a periodicidade da medição, quando for o caso, e o prazo para liquidação e para pagamento;
VII - os prazos de início das etapas de execução, conclusão, entrega, observação e recebimento definitivo, quando for o caso;

> Lei n. 8.666/93
> Art. 55, IV - os prazos de início de etapas de execução, de conclusão, de entrega, de observação e de recebimento definitivo, conforme o caso;

VIII - o crédito pelo qual correrá a despesa, com a indicação da classificação funcional programática e da categoria econômica;

> Lei n. 8.666/93
> Art. 55, V - o crédito pelo qual correrá a despesa, com a indicação da classificação funcional programática e da categoria econômica;

IX - a matriz de risco, quando for o caso;
X - o prazo para resposta ao pedido de repactuação de preços, quando for o caso;
XI - o prazo para resposta ao pedido de restabelecimento do equilíbrio econômico-financeiro, quando for o caso;
XII - as garantias oferecidas para assegurar sua plena execução, quando exigidas, inclusive as que forem oferecidas pelo contratado no caso de antecipação de valores a título de pagamento;

> Lei n. 8.666/93
> Art. 55, VI - as garantias oferecidas para assegurar sua plena execução, quando exigidas;

> Jurisprudência do TCU:
> Os órgãos e entidades da Administração Pública Federal podem aceitar apólice de seguro – apresentada por empresa vencedora de certame licitatório para garantir o fiel cumprimento das obrigações assumidas no contrato – que contenha cláusula que exclua de cobertura prejuízos e demais penalidades causados ou relacionados a atos ou fatos violadores de normas de anticorrupção que tenham sido provocados pelo segurado ou seu representante, seja isoladamente, seja em concurso com o tomador ou seu representante. Por outro lado, devem recusar

apólice de seguro que contenha cláusula que exclua de cobertura prejuízos e demais penalidades causados ou relacionados a atos ou fatos violadores de normas de anticorrupção que tenham sido provocados exclusivamente pelo tomador ou seu representante, sem o concurso do segurado ou seu representante.
(Acórdão 1216/2019-Plenário, Relator: RAIMUNDO CARREIRO, j. 29-5-2019.)

XIII - o prazo de garantia mínima do objeto, observados os prazos mínimos estabelecidos nesta Lei e nas normas técnicas aplicáveis, e as condições de manutenção e assistência técnica, quando for o caso;

XIV - os direitos e as responsabilidades das partes, as penalidades cabíveis e os valores das multas e suas bases de cálculo;

Lei n. 8.666/93

Art. 55, VII - os direitos e as responsabilidades das partes, as penalidades cabíveis e os valores das multas;

XV - as condições de importação e a data e a taxa de câmbio para conversão, quando for o caso;

Lei n. 8.666/93

Art. 55, X - as condições de importação, a data e a taxa de câmbio para conversão, quando for o caso;

Jurisprudência do TCU:

A variação da taxa cambial, para mais ou para menos, não pode ser considerada suficiente para, isoladamente, fundamentar a necessidade de reequilíbrio econômico-financeiro do contrato. Para que a variação do câmbio seja considerada um fato apto a ocasionar uma recomposição nos contratos, considerando se tratar de fato previsível, deve culminar consequências incalculáveis (consequências cuja previsão não seja possível pelo gestor médio quando da vinculação contratual), fugir à normalidade, ou seja, à flutuação cambial típica do regime de câmbio flutuante e, sobretudo, acarretar onerosidade excessiva no contrato a ponto de ocasionar um rompimento na equação econômico-financeira, nos termos previstos no art. 65, inciso II, alínea "d", da Lei 8.666/1993.
(Acórdão 1431/2017-Plenário, Relator: Vital do Rêgo, j. 5-7-2017.)

XVI - a obrigação do contratado de manter, durante toda a execução do contrato, em compatibilidade com as obrigações por ele assumidas, todas as condições exigidas para a habilitação na licitação, ou para a qualificação, na contratação direta;

Lei n. 8.666/93

Art. 55, XI - a vinculação ao edital de licitação ou ao termo que a dispensou ou a inexigiu, ao convite e à proposta do licitante vencedor;

XVII - a obrigação de o contratado cumprir as exigências de reserva de cargos prevista em lei, bem como em outras normas específicas, para pessoa com deficiência, para reabilitado da Previdência Social e para aprendiz;

Lei n. 8.666/93

Art. 66-A. As empresas enquadradas no inciso V do § 2º e no inciso II do § 5º do art. 3º desta Lei deverão cumprir, durante todo o período de execução do contrato, a reserva de cargos prevista em lei para pessoa com deficiência ou para reabilitado da Previdência Social, bem como as regras de acessibilidade previstas na legislação.

(...)

§ 2º Em igualdade de condições, como critério de desempate, será assegurada preferência, sucessivamente, aos bens e serviços:

(...)

V – produzidos ou prestados por empresas que comprovem cumprimento de reserva de cargos prevista em lei para pessoa com deficiência ou para reabilitado da Previdência Social e que atendam às regras de acessibilidade previstas na legislação.

§ 5º Nos processos de licitação, poderá ser estabelecida margem de preferência para:

(...)

II – bens e serviços produzidos ou prestados por empresas que comprovem cumprimento de reserva de cargos prevista em lei para pessoa com deficiência ou para reabilitado da Previdência Social e que atendam às regras de acessibilidade previstas na legislação.

XVIII - o modelo de gestão do contrato, observados os requisitos definidos em regulamento;
XIX - os casos de extinção.

Lei n. 8.666/93

Art. 55, VIII - os casos de rescisão;

Jurisprudência do TCU:

Súmula TCU 205: É inadmissível, em princípio, a inclusão, nos contratos administrativos, de cláusula que preveja, para o Poder Público, multa ou indenização, em caso de rescisão.

§ 1º Os contratos celebrados pela Administração Pública com pessoas físicas ou jurídicas, inclusive as domiciliadas no exterior, deverão conter cláusula que declare competente o foro da sede da Administração para dirimir qualquer questão contratual, ressalvadas as seguintes hipóteses:

Lei n. 8.666/93

Art. 55, § 2º Nos contratos celebrados pela Administração Pública com pessoas físicas ou jurídicas, inclusive aquelas domiciliadas no estrangeiro, deverá constar necessariamente cláusula que declare competente o foro da sede da Administração para dirimir qualquer questão contratual, salvo o disposto no § 6º do art. 32 desta Lei.

Art. 32, § 6º O disposto no § 4º deste artigo, no § 1º do art. 33 e no § 2º do art. 55 não se aplica às licitações internacionais para a aquisição de bens e serviços cujo pagamento seja feito com o produto de financiamento concedido por organismo financeiro internacional de que o Brasil faça parte, ou por agência estrangeira de cooperação, nem nos casos de contratação com empresa estrangeira, para a compra de equipamentos fabricados e entregues no exterior, desde que para este caso tenha havido prévia autorização do Chefe do Poder Executivo, nem nos casos de aquisição de bens e serviços realizada por unidades administrativas com sede no exterior.

Enunciado 10 da I Jornada de Direito Administrativo: Em contratos administrativos decorrentes de licitações regidas pela Lei n. 8.666/1993, é facultado à Administração Pública propor

284 Artigos 91 e 92   Nova Lei de Licitações Comentada e Referenciada

aditivo para alterar a cláusula de resolução de conflitos entre as partes, incluindo métodos alternativos ao Poder Judiciário como Mediação, Arbitragem e *Dispute Board*.

Enunciado 18 da I Jornada de Direito Administrativo: A ausência de previsão editalícia não afasta a possibilidade de celebração de compromisso arbitral em conflitos oriundos de contratos administrativos.

I - licitação internacional para a aquisição de bens e serviços cujo pagamento seja feito com o produto de financiamento concedido por organismo financeiro internacional de que o Brasil faça parte ou por agência estrangeira de cooperação;

II - contratação com empresa estrangeira para a compra de equipamentos fabricados e entregues no exterior precedida de autorização do Chefe do Poder Executivo;

III - aquisição de bens e serviços realizada por unidades administrativas com sede no exterior.

§ 2º De acordo com as peculiaridades de seu objeto e de seu regime de execução, o contrato conterá cláusula que preveja período antecedente à expedição da ordem de serviço para verificação de pendências, liberação de áreas ou adoção de outras providências cabíveis para a regularidade do início de sua execução.

§ 3º Independentemente do prazo de duração, o contrato deverá conter cláusula que estabeleça o índice de reajustamento de preço, com data-base vinculada à data do orçamento estimado, e poderá ser estabelecido mais de um índice específico ou setorial, em conformidade com a realidade de mercado dos respectivos insumos.

§ 4º Nos contratos de serviços contínuos, observado o interregno mínimo de 1 (um) ano, o critério de reajustamento de preços será por:

I - reajustamento em sentido estrito, quando não houver regime de dedicação exclusiva de mão de obra ou predominância de mão de obra, mediante previsão de índices específicos ou setoriais;

II - repactuação, quando houver regime de dedicação exclusiva de mão de obra ou predominância de mão de obra, mediante demonstração analítica da variação dos custos.

§ 5º Nos contratos de obras e serviços de engenharia, sempre que compatível com o regime de execução, a medição será mensal.

§ 6º Nos contratos para serviços contínuos com regime de dedicação exclusiva de mão de obra ou com predominância de mão de obra, o prazo para resposta ao pedido de repactuação de preços será preferencialmente de 1 (um) mês, contado da data do fornecimento da documentação prevista no § 6º do art. 135 desta Lei.

COMENTÁRIOS DOS AUTORES

Dentre as características peculiares da relação jurídica gerada pelo contrato administrativo pode-se citar o formalismo, o qual impõe o cumprimento de certas formalidades para a celebração de contratos administrativos. Visa-se, assim, conferir maior segurança às relações jurídicas neles dispostas.

Destacaremos algumas dessas formalidades:

- é indispensável a instrumentalização do contrato com a observância de todos os requisitos externos e internos conforme previsto na Lei de Licitações;
- comutatividade: as obrigações pactuadas entre os contratantes devem guardar relação de equivalência entre si;
- bilateralidade: os contratos devem encerrar sempre obrigações e direitos recíprocos;

- onerosidade: a remuneração deve ser prevista de forma clara, conforme a forma convencionada;
- clareza: os contratos deverão estabelecer com clareza e precisão as condições para sua execução, expressas em cláusulas que definam os direitos, as obrigações e as responsabilidades das partes, em conformidade com os termos do edital de licitação e os da proposta vencedora ou com os termos do ato que autorizou a contratação direta e os da respectiva proposta (art. 89, § 2º, desta Lei);
- confiança recíproca: eis que destinado a averiguar qual das propostas é a mais vantajosa para o Estado;
- forma escrita: como regra, os contratos e seus aditamentos terão forma escrita (permitida a forma eletrônica). A forma verbal somente é admitida na hipótese de pequenas compras ou serviços de pronto pagamento, assim entendidos aqueles de valor não superior a R$ 10.000,00 – dez mil reais (vide art. 95, § 2º).
- contratos relativos a direitos reais sobre imóveis exigem, ainda, outra formalidade: escritura pública lavrada em notas de tabelião, cujo teor deverá ser divulgado e mantido à disposição do público em sítio eletrônico oficial;
- publicidade: os contratos e seus aditamentos deverão ser juntados ao processo que tiver dado origem à contratação, divulgados e mantidos à disposição do público em sítio eletrônico oficial. Admite-se, de forma excepcional, o sigilo quando imprescindível à segurança da sociedade e do Estado, nos termos da legislação que regula o acesso à informação (Lei n. 12.527/2011[40]).

Saliente-se que a divulgação no Portal Nacional de Contratações Públicas (PNCP) é condição indispensável para a eficácia do contrato e de seus aditamentos e deverá ocorrer nos prazos do art. 94, ressalvada a hipótese de urgência na contratação;

- obrigatoriedade do instrumento de contrato: o instrumento de contrato é obrigatório, salvo nas hipóteses de (1) dispensa de licitação em razão de valor e (2) compras com entrega imediata e integral dos bens adquiridos, dos quais não resultem obrigações futuras, inclusive quanto à assistência técnica, independentemente de seu valor. Nesses casos, o

---

40 Art. 23 da Lei n. 12.527/2011. São consideradas imprescindíveis à segurança da sociedade ou do Estado e, portanto, passíveis de classificação as informações cuja divulgação ou acesso irrestrito possam:

I – pôr em risco a defesa e a soberania nacionais ou a integridade do território nacional;

II – prejudicar ou pôr em risco a condução de negociações ou as relações internacionais do País, ou as que tenham sido fornecidas em caráter sigiloso por outros Estados e organismos internacionais;

III – pôr em risco a vida, a segurança ou a saúde da população;

IV – oferecer elevado risco à estabilidade financeira, econômica ou monetária do País;

V – prejudicar ou causar risco a planos ou operações estratégicos das Forças Armadas;

VI – prejudicar ou causar risco a projetos de pesquisa e desenvolvimento científico ou tecnológico, assim como a sistemas, bens, instalações ou áreas de interesse estratégico nacional;

VII – pôr em risco a segurança de instituições ou de altas autoridades nacionais ou estrangeiras e seus familiares; ou

VIII – comprometer atividades de inteligência, bem como de investigação ou fiscalização em andamento, relacionadas com a prevenção ou repressão de infrações.

instrumento de contrato pode ser substituído por outro instrumento hábil, como carta-contrato, nota de empenho de despesa, autorização de compra ou ordem de execução de serviço;

- contrato de adesão: o contrato administrativo é, em essência, um contrato de adesão, devendo conter todas as cláusulas elencadas no art. 92, mesmo nos casos de dispensa ou inexigibilidade de licitação (contratação direta).

Saliente-se que, ainda que o instrumento de contrato seja substituído por outro instrumento hábil, como carta-contrato, nota de empenho de despesa, autorização de compra ou ordem de execução de serviço, na forma do art. 95, é imperiosa a observância da normativa do art. 92, que dispõe sobre as cláusulas essenciais ao contrato administrativo.

O contrato de adesão é aquele em que uma das partes (contratante) estabelece as cláusulas do contrato sem que a outra parte (contratado/aderente) possa discuti-las ou modificá-las substancialmente, cabendo a esta apenas decidir se aceita ou não aderir ao contrato.

É exatamente isso que ocorre nos contratos administrativos, os quais possuem suas cláusulas preestabelecidas pela Administração Pública.

Bastante elucidatória a lição de Marcelo Alexandrino e Vicente Paulo (2016, p. 579):

aqueles interessados em contratar já conhecem as cláusulas que integrarão o contrato antes de decidirem se irão participar do procedimento licitatório. Se optam por participar da licitação, sabem que, uma vez vencedores, não será possível propor qualquer alteração nas cláusulas do contrato que se propuseram a assinar.

ARTIGO 93

Art. 93. Nas contratações de projetos ou de serviços técnicos especializados, inclusive daqueles que contemplem o desenvolvimento de programas e aplicações de internet para computadores, máquinas, equipamentos e dispositivos de tratamento e de comunicação da informação (*software*) – e a respectiva documentação técnica associada –, o autor deverá ceder todos os direitos patrimoniais a eles relativos para a Administração Pública, hipótese em que poderão ser livremente utilizados e alterados por ela em outras ocasiões, sem necessidade de nova autorização de seu autor.

Lei n. 8.666/93
Art. 111. A Administração só poderá contratar, pagar, premiar ou receber projeto ou serviço técnico especializado desde que o autor ceda os direitos patrimoniais a ele relativos e a Administração possa utilizá-lo de acordo com o previsto no regulamento de concurso ou no ajuste para sua elaboração.

§ 1º Quando o projeto se referir a obra imaterial de caráter tecnológico, insuscetível de privilégio, a cessão dos direitos a que se refere o *caput* deste artigo incluirá o fornecimento de todos os dados, documentos e elementos de informação pertinentes à tecnologia de concepção, desenvolvimento, fixação em suporte físico de qualquer natureza e aplicação da obra.

Lei n. 8.666/93
Art. 111, parágrafo único. Quando o projeto referir-se a obra imaterial de caráter tecnológico, insuscetível de privilégio, a cessão dos direitos incluirá o fornecimento de todos os dados,

documentos e elementos de informação pertinentes à tecnologia de concepção, desenvolvimento, fixação em suporte físico de qualquer natureza e aplicação da obra.

§ 2º É facultado à Administração Pública deixar de exigir a cessão de direitos a que se refere o *caput* deste artigo quando o objeto da contratação envolver atividade de pesquisa e desenvolvimento de caráter científico, tecnológico ou de inovação, considerados os princípios e os mecanismos instituídos pela Lei n. 10.973, de 2 de dezembro de 2004.
§ 3º Na hipótese de posterior alteração do projeto pela Administração Pública, o autor deverá ser comunicado, e os registros serão promovidos nos órgãos ou entidades competentes.

COMENTÁRIOS DOS AUTORES

Nas contratações relativas a projetos ou a serviços técnicos especializados, o autor é obrigado a ceder todos os direitos patrimoniais a eles relativos para a Administração Pública, a qual gozará de discricionariedade para usá-los ou alterá-los, sem necessidade de nova autorização.

Apesar de eventuais alterações do projeto prescindirem de autorização do autor, deverá ele ser comunicado, e os registros serão promovidos nos órgãos ou entidades competentes.

Faculta-se à Administração, todavia, deixar de exigir a aludida cessão de direitos quando o objeto da contratação envolver atividade de pesquisa e desenvolvimento científico, tecnológico ou de inovação, considerados os seguintes princípios, previstos no art. 1º, parágrafo único, da Lei n. 10.973/2004:

I – promoção das atividades científicas e tecnológicas como estratégicas para o desenvolvimento econômico e social;

II – promoção e continuidade dos processos de desenvolvimento científico, tecnológico e de inovação, assegurados os recursos humanos, econômicos e financeiros para tal finalidade;

III – redução das desigualdades regionais;

IV – descentralização das atividades de ciência, tecnologia e inovação em cada esfera de governo, com desconcentração em cada ente federado;

V – promoção da cooperação e interação entre os entes públicos, entre os setores público e privado e entre empresas;

VI – estímulo à atividade de inovação nas Instituições Científica, Tecnológica e de Inovação (ICTs) e nas empresas, inclusive para a atração, a constituição e a instalação de centros de pesquisa, desenvolvimento e inovação e de parques e polos tecnológicos no País;

VII – promoção da competitividade empresarial nos mercados nacional e internacional;

VIII – incentivo à constituição de ambientes favoráveis à inovação e às atividades de transferência de tecnologia;

IX – promoção e continuidade dos processos de formação e capacitação científica e tecnológica;

X – fortalecimento das capacidades operacional, científica, tecnológica e administrativa das ICTs;

XI – atratividade dos instrumentos de fomento e de crédito, bem como sua permanente atualização e aperfeiçoamento;

XII – simplificação de procedimentos para gestão de projetos de ciência, tecnologia e inovação e adoção de controle por resultados em sua avaliação;

XIII – utilização do poder de compra do Estado para fomento à inovação;

XIV – apoio, incentivo e integração dos inventores independentes às atividades das ICTs e ao sistema produtivo.

ARTIGO 94

> **Art. 94.** A divulgação no Portal Nacional de Contratações Públicas (PNCP) é condição indispensável para a eficácia do contrato e de seus aditamentos e deverá ocorrer nos seguintes prazos, contados da data de sua assinatura:
>
> I – 20 (vinte) dias úteis, no caso de licitação;
>
> II – 10 (dez) dias úteis, no caso de contratação direta.
>
> § 1º Os contratos celebrados em caso de urgência terão eficácia a partir de sua assinatura e deverão ser publicados nos prazos previstos nos incisos I e II do *caput* deste artigo, sob pena de nulidade.
>
> § 2º A divulgação de que trata o *caput* deste artigo, quando referente à contratação de profissional do setor artístico por inexigibilidade, deverá identificar os custos do cachê do artista, dos músicos ou da banda, quando houver, do transporte, da hospedagem, da infraestrutura, da logística do evento e das demais despesas específicas.
>
> § 3º No caso de obras, a Administração divulgará em sítio eletrônico oficial, em até 25 (vinte e cinco) dias úteis após a assinatura do contrato, os quantitativos e os preços unitários e totais que contratar e, em até 45 (quarenta e cinco) dias úteis após a conclusão do contrato, os quantitativos executados e os preços praticados.
>
> § 4º (*Vetado*.)
>
> § 5º (*Vetado*.)

COMENTÁRIOS DOS AUTORES

De acordo com o princípio da publicidade (art. 5º), as licitações e contratações públicas devem ter ampla divulgação, a permitir o amplo controle pela sociedade da destinação dos recursos públicos.

A divulgação do contrato e de seus aditamentos no Portal Nacional de Contratações Públicas (PNCP), nesse diapasão, afigura condição indispensável de eficácia das contratações, observados os prazos previstos no art. 94, quais sejam:

a) 20 (vinte) dias úteis, no caso de licitação;

b) 10 (dez) dias úteis, no caso de contratação direta (por dispensa ou inexigibilidade de licitação).

No caso de obras, dada a complexidade da contratação, tais prazos são elasticidos, devendo os quantitativos e os preços unitários e totais que contratar serem divulgados em até 25 (vinte e cinco) dias úteis após a assinatura do contrato, e, em até 45 (quarenta e cinco) dias úteis após a conclusão do contrato, os quantitativos executados e os preços praticados.

Em se tratando de contratação de profissional artístico por inexigibilidade, deve ser dada publicidade não só ao valor do cachê do artista, músicos e banda, como, também, aos demais e eventuais custos com transporte, hospedagem, infraestrutura, etc.

De forma excepcional, a publicidade pode transmutar-se e constituir verdadeira condição de validade dos contratos. É a hipótese dos contratos celebrados em situações de urgência, os quais terão eficácia a partir de sua assinatura e, se não publicados nos prazos legais, serão maculados pelo vício da nulidade.

ARTIGO 95

Art. 95. O instrumento de contrato é obrigatório, salvo nas seguintes hipóteses, em que a Administração poderá substituí-lo por outro instrumento hábil, como carta-contrato, nota de empenho de despesa, autorização de compra ou ordem de execução de serviço:

Lei n. 8.666/93

Art. 62. O instrumento de contrato é obrigatório nos casos de concorrência e de tomada de preços, bem como nas dispensas e inexigibilidades cujos preços estejam compreendidos nos limites destas duas modalidades de licitação, e facultativo nos demais em que a Administração puder substituí-lo por outros instrumentos hábeis, tais como carta-contrato, nota de empenho de despesa, autorização de compra ou ordem de execução de serviço.

Jurisprudência do TCU:

É possível a formalização de contratação de fornecimento de bens para entrega imediata e integral, da qual não resultem obrigações futuras, por meio de nota de empenho, independentemente do valor ou da modalidade licitatória adotada, nos termos do art. 62, § 4º, da Lei 8.666/1993 e à luz dos princípios da eficiência e da racionalidade administrativa. Entende-se por "entrega imediata" aquela que ocorrer em até trinta dias a partir do pedido formal de fornecimento feito pela Administração, que deve ocorrer por meio da emissão da nota de empenho, desde que a proposta esteja válida na ocasião da solicitação.
(Acórdão 1234/2018-Plenário, Relator: José Mucio Monteiro, j. 30-5-2018.)

I - dispensa de licitação em razão de valor;
II - compras com entrega imediata e integral dos bens adquiridos e dos quais não resultem obrigações futuras, inclusive quanto a assistência técnica, independentemente de seu valor.
§ 1º Às hipóteses de substituição do instrumento de contrato, aplica-se, no que couber, o disposto no art. 92 desta Lei.
§ 2º É nulo e de nenhum efeito o contrato verbal com a Administração, salvo o de pequenas compras ou o de prestação de serviços de pronto pagamento, assim entendidos aqueles de valor não superior a R$ 10.000,00 (dez mil reais).

Lei n. 8.666/93

Art. 60, parágrafo único. É nulo e de nenhum efeito o contrato verbal com a Administração, salvo o de pequenas compras de pronto pagamento, assim entendidas aquelas de valor não superior a 5% (cinco por cento) do limite estabelecido no art. 23, inciso II, alínea "a", desta Lei, feitas em regime de adiantamento.

Art. 23. As modalidades de licitação a que se referem os incisos I a III do artigo anterior serão determinadas em função dos seguintes limites, tendo em vista o valor estimado da contratação:

(...)

II – para compras e serviços não referidos no inciso anterior:

a) na modalidade convite – até R$ 176.000,00 (cento e setenta e seis mil reais);

COMENTÁRIOS DO AUTORES

Via de regra, os contratos administrativos devem ser escritos (art. 91), sendo considerado nulo e de nenhum efeito o contrato verbal com a Administração.

Admite-se, de forma excepcional, o contrato verbal na hipótese de pequenas compras ou serviços de pronto pagamento, assim entendidos aqueles de valor não superior a R$ 10.000,00 – dez mil reais (*vide* art. 95, § 2º).

Sob a égide da Lei n. 8.666/93, com as atualizações promovidas pelo Decreto n. 9.412/2018, destaque-se, esse valor era de R$ 8.800,00, a teor do art. 60 c/c o art. 23, inciso II, alínea *a*.

Mas atenção! Ainda que o contrato seja firmado verbalmente, em flagrante violação ao disposto no art. 95, § 2º, persiste a obrigação de pagamento por parte da Administração. É esse o entendimento do STJ que, a despeito de ter sido firmado com base no antigo diploma de licitações e contratos, deve ser mantido sob a vigência da Lei n. 14.133/2021:

> CONTRATAÇÃO INFORMAL, POR PARTE DA ADMINISTRAÇÃO PÚBLICA. EFETIVA PRESTAÇÃO DOS SERVIÇOS. OBRIGAÇÃO DE PAGAMENTO. VEDAÇÃO AO ENRIQUECIMENTO SEM CAUSA. [...] O acórdão recorrido encontra-se em consonância com a jurisprudência desta Corte, firme no sentido de que, embora, via de regra, seja vedada a celebração de contrato verbal, por parte da Administração Pública, não pode ela, agora, valer-se de disposição legal que prestigia a nulidade do contrato verbal, pois configuraria uma tentativa de se valer da própria torpeza, comportamento vedado pelo ordenamento jurídico, por conta do princípio da boa-fé objetiva.
>
> (STJ – AgRg no AREsp 542215, j. 23-2-2016.)

Como forma de imprimir segurança jurídica às contratações públicas, a Lei n. 14.133/2021 prevê, ainda, a obrigatoriedade do instrumento de contrato, ressalvadas as hipóteses de (1) dispensa de licitação em razão de valor e (2) compras com entrega imediata e integral dos bens adquiridos, dos quais não resultem obrigações futuras, inclusive quanto a assistência técnica, independentemente de seu valor.

Nesses casos, o instrumento de contrato pode ser substituído por outro instrumento hábil, como carta-contrato, nota de empenho de despesa, autorização de compra ou ordem de execução de serviço. Seja qual for o instrumento escolhido, é imperiosa a observância da normativa do art. 91, que dispõe sobre as cláusulas essenciais ao contrato administrativo.

Lei n. 14.133, de 1º-4-2021   Artigo 96   291

Capítulo II
DAS GARANTIAS

ARTIGO 96

Art. 96. A critério da autoridade competente, em cada caso, poderá ser exigida, mediante previsão no edital, prestação de garantia nas contratações de obras, serviços e fornecimentos.

§ 1º Caberá ao contratado optar por uma das seguintes modalidades de garantia:

I – caução em dinheiro ou em títulos da dívida pública emitidos sob a forma escritural, mediante registro em sistema centralizado de liquidação e de custódia autorizado pelo Banco Central do Brasil, e avaliados por seus valores econômicos, conforme definido pelo Ministério da Economia;

II – seguro-garantia;

III – fiança bancária emitida por banco ou instituição financeira devidamente autorizada a operar no País pelo Banco Central do Brasil.

§ 2º Na hipótese de suspensão do contrato por ordem ou inadimplemento da Administração, o contratado ficará desobrigado de renovar a garantia ou de endossar a apólice de seguro até a ordem de reinício da execução ou o adimplemento pela Administração.

§ 3º O edital fixará prazo mínimo de 1 (um) mês, contado da data de homologação da licitação e anterior à assinatura do contrato, para a prestação da garantia pelo contratado quando optar pela modalidade prevista no inciso II do § 1º deste artigo.

Lei n. 8.666/93

Art. 56. A critério da autoridade competente, em cada caso, e desde que prevista no instrumento convocatório, poderá ser exigida prestação de garantia nas contratações de obras, serviços e compras.

§ 1º Caberá ao contratado optar por uma das seguintes modalidades de garantia:

I – caução em dinheiro ou em títulos da dívida pública, devendo estes ter sido emitidos sob a forma escritural, mediante registro em sistema centralizado de liquidação e de custódia autorizado pelo Banco Central do Brasil e avaliados pelos seus valores econômicos, conforme definido pelo Ministério da Fazenda;

II – seguro-garantia;

III – fiança bancária.

Lei n. 13.303/2016

Art. 70. Poderá ser exigida prestação de garantia nas contratações de obras, serviços e compras.

§ 1º Caberá ao contratado optar por uma das seguintes modalidades de garantia:

I – caução em dinheiro;

II – seguro-garantia;

III – fiança bancária.

Jurisprudência do TCU:

Enunciado: É irregular a prestação de garantia contratual na modalidade fiança bancária, prevista no art. 56, § 1º, inciso III, da Lei 8.666/1993, emitida por empresa que não seja instituição financeira autorizada a operar pelo Banco Central do Brasil.

[...] 4. Ressaltou, ainda, com base na ficha cadastral da empresa emitida pela Junta Comercial do Estado de São Paulo em 12/7/2019 (peça 1, p. 6), que a empresa seguradora não possui credencial para o correto atendimento das normas estabelecidas na Resolução 2.325/96 do Sistema Financeiro Nacional e da Lei 4.595/64. Arremata salientando que: a fiança bancária é a modalidade de garantia em que uma instituição financeira bancária assume a obrigação de honrar compromissos do afiançado perante terceiros na hipótese de inadimplemento. Em outras palavras, carta-fiança bancária ou fiança bancária é uma modalidade de garantia fidejussória, prestada por meio de instituições bancárias em favor de terceiros o que não é o caso da empresa [omissis]. 5. Alerta que mesmo diante da previsão contida no art. 56, § 1º, inciso III, da Lei 8.666/93, que dispõe ser a fiança bancária uma modalidade de garantia a ser aceita nos contratos administrativos, há decisões judiciais, como a do TRF da 5ª Região expedida no julgamento do Reexame Necessário 98146920124058300, que são no sentido de que as garantias prestadas por instituições sem natureza bancária não podem ser aceitas pela Administração Pública. [...].

TRIBUNAL DE CONTAS DA UNIÃO. Acórdão 2784/2019-Plenário. RELATOR: RAIMUNDO CARREIRO. Disponível em: https://pesquisa.apps.tcu.gov.br/#/redireciona/jurisprudencia selecionada/%22JURISPRUDENCIA-SELECIONADA-81990%22. Acesso em: 12 jan. 2021.

Enunciado: É exigida a comprovação da prestação da garantia contratual antes da celebração do respectivo termo, em cumprimento ao art. 56 da Lei 8.666/1993.

TRIBUNAL DE CONTAS DA UNIÃO. Acórdão 401/2008-Plenário. RELATOR: GUILHERME PALMEIRA. Disponível em: <https://pesquisa.apps.tcu.gov.br/#/redireciona/jurisprudencia-selecionada/%22JURISPRUDENCIA-SELECIONADA-31076%22>. Acesso em: 12 jan. 2021.

COMENTÁRIOS DOS AUTORES

O art. 96 não trouxe inovações quanto às modalidades de garantias. Com efeito, a autoridade competente continua podendo exigir, mediante previsão no edital, a prestação de garantias nas contratações de obras, serviços e fornecimentos.

Caberá ao contratado optar pelas mesmas garantias já disponíveis no ordenamento brasileiro, quais sejam: caução em dinheiro ou títulos da dívida pública, seguro-garantia ou a fiança bancária. Nesse ponto, é importante mencionar que abriu espaço para a prestação de fiança prestada por instituição financeira devidamente autorizada a funcionar no país pelo Banco Central, na linha do que já preconizava o TCU.

O § 2º trouxe importante previsão para o contratado no sentido de desobrigá-lo a renovar a garantia ou de endossar a apólice de seguro nas hipóteses de suspensão do contrato por ordem ou inadimplemento da Administração, livrando o contratado de custos durante o período de interrupção do serviço, o que, a depender do valor da obra, pode se tratar de vultosas quantias.

Quando o contratado optar pela prestação de seguro-garantia, o edital deverá prever um intervalo de no mínimo um mês entre a homologação da licitação e antes da assinatura do contrato para a prestação da garantia. Importante regra que exige a contratação e apresentação do seguro antes da assinatura do contrato, evitando, também, pressões para a assinatura do contrato (sobretudo nas grandes contratações) a despeito da apresentação da garantia.

ARTIGO 97

Art. 97. O seguro-garantia tem por objetivo garantir o fiel cumprimento das obrigações assumidas pelo contratado perante a Administração, inclusive as multas, os prejuízos e as indenizações decorrentes de inadimplemento, observadas as seguintes regras nas contratações regidas por esta Lei:

I – o prazo de vigência da apólice será igual ou superior ao prazo estabelecido no contrato principal e deverá acompanhar as modificações referentes à vigência deste mediante a emissão do respectivo endosso pela seguradora;

II – o seguro-garantia continuará em vigor mesmo se o contratado não tiver pago o prêmio nas datas convencionadas.

Parágrafo único. Nos contratos de execução continuada ou de fornecimento contínuo de bens e serviços, será permitida a substituição da apólice de seguro-garantia na data de renovação ou de aniversário, desde que mantidas as mesmas condições e coberturas da apólice vigente e desde que nenhum período fique descoberto, ressalvado o disposto no § 2º do art. 96 desta Lei.

Jurisprudência do TCU:

Os órgãos e entidades da Administração Pública Federal podem aceitar apólice de seguro – apresentada por empresa vencedora de certame licitatório para garantir o fiel cumprimento das obrigações assumidas no contrato – que contenha cláusula que exclua de cobertura prejuízos e demais penalidades causados ou relacionados a atos ou fatos violadores de normas de anticorrupção que tenham sido provocados pelo segurado ou seu representante, seja isoladamente, seja em concurso com o tomador ou seu representante. Por outro lado, devem recusar apólice de seguro que contenha cláusula que exclua de cobertura prejuízos e demais penalidades causados ou relacionados a atos ou fatos violadores de normas de anticorrupção que tenham sido provocados exclusivamente pelo tomador ou seu representante, sem o concurso do segurado ou seu representante.

TRIBUNAL DE CONTAS DA UNIÃO. Acórdão 1216/2019-Plenário. Relator: RAIMUNDO CARREIRO. Disponível em: <https://pesquisa.apps.tcu.gov.br/#/redireciona/jurisprudencia-selecionada/%22JURISPRUDENCIA-SELECIONADA-73790%22>. Acesso em: 12 jan. 2021.

COMENTÁRIOS DOS AUTORES

A lei trouxe um regulamento específico do seguro-garantia, o que não ocorria com a Lei n. 8.666/93. Trouxe a previsão do objeto, alcance, objetivo, obrigações e prazo do seguro-garantia, deixando mais claro sua aplicação aos contratos administrativos.

Com efeito, o art. 97 prevê que a apólice deverá ter prazo igual ou superior ao do contrato principal, devendo acompanhar as modificações referentes à vigência do contrato principal.

O inciso II, embora a boa intenção do legislador, traz regra de constitucionalidade duvidosa e que merece maior reflexão, tendo em vista que pode encarecer demais as contratações de garantias, acarretando, consequentemente, o encarecimento das contratações públicas. Deveras, o inciso II impõe à seguradora a obrigatoriedade de manter a vigência do contrato mesmo sem o pagamento do prêmio em dia pelo segurado.

ARTIGOS 98 E 99

> **Art. 98.** Nas contratações de obras, serviços e fornecimentos, a garantia poderá ser de até 5% (cinco por cento) do valor inicial do contrato, autorizada a majoração desse percentual para até 10% (dez por cento), desde que justificada mediante análise da complexidade técnica e dos riscos envolvidos.
>
> Parágrafo único. Nas contratações de serviços e fornecimentos contínuos com vigência superior a 1 (um) ano, assim como nas subsequentes prorrogações, será utilizado o valor anual do contrato para definição e aplicação dos percentuais previstos no *caput* deste artigo.

Lei n. 8.666/93

Art. 56. A critério da autoridade competente, em cada caso, e desde que prevista no instrumento convocatório, poderá ser exigida prestação de garantia nas contratações de obras, serviços e compras.

(...)

§ 2º A garantia a que se refere o *caput* deste artigo não excederá a cinco por cento do valor do contrato e terá seu valor atualizado nas mesmas condições daquele, ressalvado o previsto no parágrafo 3º deste artigo.

§ 3º Para obras, serviços e fornecimentos de grande vulto envolvendo alta complexidade técnica e riscos financeiros consideráveis, demonstrados através de parecer tecnicamente aprovado pela autoridade competente, o limite de garantia previsto no parágrafo anterior poderá ser elevado para até dez por cento do valor do contrato.

Lei n. 13.303/2016

Art. 70. Poderá ser exigida prestação de garantia nas contratações de obras, serviços e compras.

(...)

§ 2º A garantia a que se refere o *caput* não excederá a 5% (cinco por cento) do valor do contrato e terá seu valor atualizado nas mesmas condições nele estabelecidas, ressalvado o previsto no § 3º deste artigo.

§ 3º Para obras, serviços e fornecimentos de grande vulto envolvendo complexidade técnica e riscos financeiros elevados, o limite de garantia previsto no § 2º poderá ser elevado para até 10% (dez por cento) do valor do contrato.

> **Art. 99.** Nas contratações de obras e serviços de engenharia de grande vulto, poderá ser exigida a prestação de garantia, na modalidade seguro-garantia, com cláusula de retomada prevista no art. 102 desta Lei, em percentual equivalente a até 30% (trinta por cento) do valor inicial do contrato.

COMENTÁRIOS DOS AUTORES

O art. 98 trouxe previsão muito próxima à contida nos §§ 2º e 3º do art. 56 da Lei n. 8.666/93.

Nas contratações de obras, serviços e fornecimentos contínuos com vigência superior a 1 ano, será utilizado o valor anual do contrato para definição e aplicação dos percentuais. Essa previsão é importante para não impor ônus excessivamente desproporcional ao contratado, podendo contratar o seguro com base no valor anual.

O art. 99 trouxe uma das principais novidades da nova lei, que é a possibilidade de contratação de seguro, nas obras de grande vulto (acima de R$ 200.000.000,00), em até 30% do valor inicial do contrato, com cláusula de retomada (*step in*) para garantir o término da obra. Com base nessa cláusula de retomada, será permitido à segurada assumir a responsabilidade pela conclusão da obra ou prestação do serviço, em caso de inadimplemento do contratado, tentando evitar a obrigação do pagamento integral da apólice.

Essas inovações em relação à Lei n. 8.666/93 são de extrema importância no cenário das obras públicas e de infraestrutura brasileiro, em que uma a cada três obras públicas são consideradas paralisadas ou inacabadas.[41]

ARTIGOS 100, 101 E 102

> **Art. 100.** A garantia prestada pelo contratado será liberada ou restituída após a fiel execução do contrato ou após a sua extinção por culpa exclusiva da Administração e, quando em dinheiro, atualizada monetariamente.

Lei n. 8.666/93

Art. 56. A critério da autoridade competente, em cada caso, e desde que prevista no instrumento convocatório, poderá ser exigida prestação de garantia nas contratações de obras, serviços e compras.

(...)

§ 4º A garantia prestada pelo contratado será liberada ou restituída após a execução do contrato e, quando em dinheiro, atualizada monetariamente

Lei n. 13.303/2016

Art. 70. Poderá ser exigida prestação de garantia nas contratações de obras, serviços e compras.

(...)

§ 4º A garantia prestada pelo contratado será liberada ou restituída após a execução do contrato, devendo ser atualizada monetariamente na hipótese do inciso I do § 1º deste artigo.

> **Art. 101.** Nos casos de contratos que impliquem a entrega de bens pela Administração, dos quais o contratado ficará depositário, o valor desses bens deverá ser acrescido ao valor da garantia.

Lei n. 8.666/93

Art. 56. A critério da autoridade competente, em cada caso, e desde que prevista no instrumento convocatório, poderá ser exigida prestação de garantia nas contratações de obras, serviços e compras.

---

41 https://portal.tcu.gov.br/imprensa/noticias/obras-paralisadas-no-pais-causas-e-solucoes.htm

(...)

§ 5º Nos casos de contratos que importem na entrega de bens pela Administração, dos quais o contratado ficará depositário, ao valor da garantia deverá ser acrescido o valor desses bens.

Art. 102. Na contratação de obras e serviços de engenharia, o edital poderá exigir a prestação da garantia na modalidade seguro-garantia e prever a obrigação de a seguradora, em caso de inadimplemento pelo contratado, assumir a execução e concluir o objeto do contrato, hipótese em que:

I – a seguradora deverá firmar o contrato, inclusive os aditivos, como interveniente anuente e poderá:

a) ter livre acesso às instalações em que for executado o contrato principal;

b) acompanhar a execução do contrato principal;

c) ter acesso a auditoria técnica e contábil;

d) requerer esclarecimentos ao responsável técnico pela obra ou pelo fornecimento;

II – a emissão de empenho em nome da seguradora, ou a quem ela indicar para a conclusão do contrato, será autorizada desde que demonstrada sua regularidade fiscal;

III – a seguradora poderá subcontratar a conclusão do contrato, total ou parcialmente.

Parágrafo único. Na hipótese de inadimplemento do contratado, serão observadas as seguintes disposições:

I – caso a seguradora execute e conclua o objeto do contrato, estará isenta da obrigação de pagar a importância segurada indicada na apólice;

II – caso a seguradora não assuma a execução do contrato, pagará a integralidade da importância segurada indicada na apólice.

COMENTÁRIOS DOS AUTORES

Trata-se de uma das grandes novidades e que mais foi propagada com a promulgação da nova lei, a previsão de exigência do *performance bond* para contratação de obras e serviços de engenharia, prevendo a assunção da obra pela seguradora, no caso de inadimplemento do contratado.

Nesses casos, a seguradora deverá atuar diretamente como interveniente anuente nos contratos, formando por si mesma os novos aditivos contratuais, casos em que terá livre acesso às instalações em que for executado o contrato principal; poderá acompanhar a execução do contrato; ter acesso a auditoria técnica e contábil, bem como requerer esclarecimentos ao responsável técnico pela obra ou pelo fornecimento.

A seguradora poderá executar diretamente o objeto do contrato ou subcontratar a conclusão contratual, de forma total ou parcial. Nesses casos, a emissão de empenho será em nome da seguradora, ou a quem ela indicar para a conclusão do contrato, desde que demonstrada a regularidade fiscal da empresa.

Conforme já mencionado acima, caso a seguradora execute o contrato e conclua o objeto, ficará livre da obrigação de pagar a importância indicada na apólice, caso contrário, deverá pagar integralmente o valor assegurado.

Capítulo III
DA ALOCAÇÃO DE RISCOS

ARTIGO 103

Art. 103. O contrato poderá identificar os riscos contratuais previstos e presumíveis e prever matriz de alocação de riscos, alocando-os entre contratante e contratado, mediante indicação daqueles a serem assumidos pelo setor público ou pelo setor privado ou daqueles a serem compartilhados.

§ 1º A alocação de riscos de que trata o *caput* deste artigo considerará, em compatibilidade com as obrigações e os encargos atribuídos às partes no contrato, a natureza do risco, o beneficiário das prestações a que se vincula e a capacidade de cada setor para melhor gerenciá-lo.

§ 2º Os riscos que tenham cobertura oferecida por seguradoras serão preferencialmente transferidos ao contratado.

§ 3º A alocação dos riscos contratuais será quantificada para fins de projeção dos reflexos de seus custos no valor estimado da contratação.

§ 4º A matriz de alocação de riscos definirá o equilíbrio econômico-financeiro inicial do contrato em relação a eventos supervenientes e deverá ser observada na solução de eventuais pleitos das partes.

§ 5º Sempre que atendidas as condições do contrato e da matriz de alocação de riscos, será considerado mantido o equilíbrio econômico-financeiro, renunciando as partes aos pedidos de restabelecimento do equilíbrio relacionados aos riscos assumidos, exceto no que se refere:

I – às alterações unilaterais determinadas pela Administração, nas hipóteses do inciso I do *caput* do art. 124 desta Lei;

II – ao aumento ou à redução, por legislação superveniente, dos tributos diretamente pagos pelo contratado em decorrência do contrato.

§ 6º Na alocação de que trata o *caput* deste artigo, poderão ser adotados métodos e padrões usualmente utilizados por entidades públicas e privadas, e os ministérios e secretarias supervisores dos órgãos e das entidades da Administração Pública poderão definir os parâmetros e o detalhamento dos procedimentos necessários a sua identificação, alocação e quantificação financeira.

Lei n. 11.079/2004

Art. 4º Na contratação de parceria público-privada serão observadas as seguintes diretrizes:

(...)

VI – repartição objetiva de riscos entre as partes;

(...)

Art. 5º As cláusulas dos contratos de parceria público-privada atenderão ao disposto no art. 23 da Lei n. 8.987, de 13 de fevereiro de 1995, no que couber, devendo também prever:

(...)

III – a repartição de riscos entre as partes, inclusive os referentes a caso fortuito, força maior, fato do príncipe e álea econômica extraordinária;

Lei n. 8.987/95

Art. 23. São cláusulas essenciais do contrato de concessão as relativas: I – ao objeto, à área e ao prazo da concessão;

I – ao modo, forma e condições de prestação do serviço;

II – aos critérios, indicadores, fórmulas e parâmetros definidores da qualidade do serviço;

III – ao preço do serviço e aos critérios e procedimentos para o reajuste e a revisão das tarifas;

IV – aos direitos, garantias e obrigações do poder concedente e da concessionária, inclusive os relacionados às previsíveis necessidades de futura alteração e expansão do serviço e consequente modernização, aperfeiçoamento e ampliação dos equipamentos e das instalações;

V – aos direitos e deveres dos usuários para obtenção e utilização do serviço;

VI – à forma de fiscalização das instalações, dos equipamentos, dos métodos e práticas de execução do serviço, bem como a indicação dos órgãos competentes para exercê-la;

VII – às penalidades contratuais e administrativas a que se sujeita a concessionária e sua forma de aplicação;

VIII – aos casos de extinção da concessão;

(...)

X – aos bens reversíveis;

XI – aos critérios para o cálculo e a forma de pagamento das indenizações devidas à concessionária, quando for o caso;

XII – às condições para prorrogação do contrato;

XIII – à obrigatoriedade, forma e periodicidade da prestação de contas da concessionária ao poder concedente;

XIV – à exigência da publicação de demonstrações financeiras periódicas da concessionária; e

XV – ao foro e ao modo amigável de solução das divergências contratuais.

Parágrafo único. Os contratos relativos à concessão de serviço público precedido da execução de obra pública deverão, adicionalmente:

I – estipular os cronogramas físico-financeiros de execução das obras vinculadas à concessão; e

II – exigir garantia do fiel cumprimento, pela concessionária, das obrigações relativas às obras vinculadas à concessão.

Lei n. 13.303/2016

Art. 42. Na licitação e na contratação de obras e serviços por empresas públicas e sociedades de economia mista, serão observadas as seguintes definições:

(...)

X – matriz de riscos: cláusula contratual definidora de riscos e responsabilidades entre as partes e caracterizadora do equilíbrio econômico-financeiro inicial do contrato, em termos de ônus financeiro decorrente de eventos supervenientes à contratação, contendo, no mínimo, as seguintes informações:

a) listagem de possíveis eventos supervenientes à assinatura do contrato, impactantes no equilíbrio econômico-financeiro da avença, e previsão de eventual necessidade de prolação de termo aditivo quando de sua ocorrência;

b) estabelecimento preciso das frações do objeto em que haverá liberdade das contratadas para inovar em soluções metodológicas ou tecnológicas, em obrigações de resultado, em termos de modificação das soluções previamente delineadas no anteprojeto ou no projeto básico da licitação;

c) estabelecimento preciso das frações do objeto em que não haverá liberdade das contratadas para inovar em soluções metodológicas ou tecnológicas, em obrigações de meio, devendo haver obrigação de identidade entre a execução e a solução pré-definida no anteprojeto ou no projeto básico da licitação.

COMENTÁRIOS DOS AUTORES

Em uma interpretação mais tradicional, calcada na base do Direito Administrativo Francês, do qual o Direito Administrativo brasileiro foi amplamente influenciado, os riscos de um contrato poderiam ser divididos em:[42]

a) **álea ordinária** e empresarial, que abrange o risco natural e previsível do negócio, que, por ser do risco da atividade e conhecido do empresário, deveria por ele ser arcado;

b) **álea administrativa**, que envolve, basicamente, atos que estão no poder de influência da Administração Pública, como o poder de alteração unilateral do contrato, o fato do príncipe e o fato da administração;

c) **álea econômica**: circunstâncias externas ao contrato, estranhas à vontade das partes, imprevisíveis e inevitáveis, que causam desequilíbrio contratual e dão ensejo à aplicação da teoria da imprevisão;

d) **caso fortuito e força maior.**

Com base nesses riscos, a alocação era quase estática: afora a álea ordinária, que é de responsabilidade do particular, a administração pública deveria agir para manter o equilíbrio econômico-financeiro do contrato.

Entretanto, tendo em vista o estágio evolutivo da Administração Pública no Brasil, a moderna doutrina administrativista foi identificando que esse sistema estático de repartição dos riscos acabava por encarecer desnecessariamente os contratos administrativos. Com efeito, em alguma medida, é necessária a superação daquela relação assimétrica das imposições unilaterais e imperativas do direito administrativo clássico, devendo-se ter uma visão contemporânea de que o interesse público não está sempre na relação desigual entre o Estado e a iniciativa privada.

Hoje, há um claro entendimento de que, pelo menos para os contratos mais complexos da administração, um dos pontos mais relevantes a ser definido no edital de licitação e contrato reside na matriz de responsabilidade e riscos. Com uma distribuição racional de riscos, a tendência é que o contrato seja mais econômico, tendo em vista que o particular não precisa embutir no preço riscos que, muitas vezes, sequer serão concretizados na prática. Ademais, com a vagueza dos contratos sobre a alocação dos riscos, em regra, os riscos contratuais acabam por ser definidos pelo Poder Judiciário, após o surgimento de avença e a posterior judicialização.

Assim, é salutar que se faça uma análise acurada dos riscos envolvidos no negócio e que se distribua de forma eficiente entre os sujeitos do contrato. A matriz de risco do contrato deve ser alocada de forma equilibrada, voltando-se sempre à parte que detém um custo mais baixo para reduzir as chances do evento indesejado se materializar ou que pode aumentar as chances do evento desejável ocorrer. A alocação dos riscos deve ser feita de forma racional, ponderada e

---

42 Com base nos ensinamentos de: PIETRO, Maria Sylvia Zanella Di. *Direito Administrativo*. 31. ed. rev. atual. e ampl. Rio de Janeiro: Forense, 2018.

respeitando todos os demais princípios de direito público. A avaliação do risco (*risk assessment*) deve ser feita de forma objetiva, atribuindo a quem consiga se desincumbir mais facilmente, visando à manutenção do contrato (*risk management*). Todavia, circunstâncias totalmente imprevisíveis ou que fujam completamente ao domínio das partes não devem ser atribuídas às partes na matriz de risco.

Nesse sentido é a previsão da I Jornada de Direito Administrativo do CJF:

Enunciado 28. Na fase interna da licitação para concessões e parcerias público-privadas, o Poder Concedente deverá indicar as razões que o levaram a alocar o risco no concessionário ou no Poder Concedente, tendo como diretriz a melhor capacidade da parte para gerenciá-lo.

Diante dessa realidade acima retratada, já verificada e vivenciada nos grandes contratos, principalmente aqueles de infraestrutura, regulados pelo RDC e lei das estatais, bem como nas Parcerias Público-Privadas, a Lei n. 14.133/2021 trouxe a possibilidade (faculdade do gestor) do contrato identificar os riscos contratuais previstos e presumíveis e prever matriz de alocação de riscos.

Além do que já se afirmou acima, no sentido de que a alocação de riscos deverá considerar as obrigações e encargos atribuídos às partes ao longo do contrato, a natureza do risco, o beneficiário das prestações a que se vincula e a capacidade de cada setor para melhor gerenciá-la, a lei definiu que se atribua, preferencialmente, ao contratado, os riscos que tenham cobertura oferecida por seguradora.

Nos contratos em que se preveja uma matriz de risco, essa alocação é que definirá o equilíbrio econômico-financeiro do contrato que deverá ser observado para soluções de conflitos futuros entre as partes. Desse modo, sempre que atendidas as condições do contrato e da matriz de alocação de riscos, presume-me mantido o equilíbrio econômico-financeiro do contrato, salvo nos casos de alteração unilateral por parte da Administração ou do aumento ou redução da carga tributária relacionadas à execução do contrato.

Por fim, para a definição da alocação de riscos, poderão ser adotados os métodos e padrões usualmente utilizados pelo Poder Público e pela iniciativa privada, podendo os ministérios e secretarias supervisores definir os parâmetros e o detalhamento dos procedimentos necessários a identificação, alocação e quantificação financeira dos riscos.

Capítulo IV
DAS PRERROGATIVAS DA ADMINISTRAÇÃO

ARTIGO 104

Art. 104. O regime jurídico dos contratos instituído por esta Lei confere à Administração, em relação a eles, as prerrogativas de:

I – modificá-los, unilateralmente, para melhor adequação às finalidades de interesse público, respeitados os direitos do contratado;

II – extingui-los, unilateralmente, nos casos especificados nesta Lei;

III – fiscalizar sua execução;

IV – aplicar sanções motivadas pela inexecução total ou parcial do ajuste;

V – ocupar provisoriamente bens móveis e imóveis e utilizar pessoal e serviços vinculados ao objeto do contrato nas hipóteses de:

a) risco à prestação de serviços essenciais;

b) necessidade de acautelar apuração administrativa de faltas contratuais pelo contratado, inclusive após extinção do contrato.

§ 1º As cláusulas econômico-financeiras e monetárias dos contratos não poderão ser alteradas sem prévia concordância do contratado.

§ 2º Na hipótese prevista no inciso I do *caput* deste artigo, as cláusulas econômico-financeiras do contrato deverão ser revistas para que se mantenha o equilíbrio contratual.

Lei n. 8.666/93

Art. 58. O regime jurídico dos contratos administrativos instituído por esta Lei confere à Administração, em relação a eles, a prerrogativa de:

I – modificá-los, unilateralmente, para melhor adequação às finalidades de interesse público, respeitados os direitos do contratado;

II – rescindi-los, unilateralmente, nos casos especificados no inciso I do art. 79 desta Lei;

III – fiscalizar-lhes a execução;

IV – aplicar sanções motivadas pela inexecução total ou parcial do ajuste;

V – nos casos de serviços essenciais, ocupar provisoriamente bens móveis, imóveis, pessoal e serviços vinculados ao objeto do contrato, na hipótese da necessidade de acautelar apuração administrativa de faltas contratuais pelo contratado, bem como na hipótese de rescisão do contrato administrativo.

§ 1º As cláusulas econômico-financeiras e monetárias dos contratos administrativos não poderão ser alteradas sem prévia concordância do contratado.

§ 2º Na hipótese do inciso I deste artigo, as cláusulas econômico-financeiras do contrato deverão ser revistas para que se mantenha o equilíbrio contratual.

Jurisprudência do STJ:

ADMINISTRATIVO. CONTRATO DE PRESTAÇÃO DE SERVIÇOS. RESCISÃO. INDENIZAÇÃO.

1. Distinguem-se os contratos administrativos dos contratos de direito privado pela existência de cláusulas ditas exorbitantes, decorrentes da participação da administração na relação jurí-

dica bilateral, que detém supremacia de poder para fixar as condições iniciais do ajuste, por meio de edital de licitação, utilizando normas de direito privado, no âmbito do direito público.

2. Os contratos administrativos regem-se não só pelas suas cláusulas, mas, também, pelos preceitos de direito público, aplicando-se-lhes supletivamente as normas de direito privado.

3. A Administração Pública tem a possibilidade, por meio das cláusulas chamadas exorbitantes, que são impostas pelo Poder Público, de rescindir unilateralmente o contrato.

4. O Decreto-lei n. 2.300/86 é expresso ao determinar que a Administração Pública, mesmo nos casos de rescisão do contrato por interesse do serviço público, deve ressarcir os prejuízos comprovados, sofridos pelo contratado.

5. Recurso especial provido em parte.

(REsp 737.741/RJ, Rel. Ministro CASTRO MEIRA, SEGUNDA TURMA, julgado em 3-10-2006, DJ 1-12-2006, p. 290.)

ADMINISTRATIVO. RECURSO ESPECIAL. AÇÃO DE INDENIZAÇÃO POR DANOS DECORRENTES DA QUEBRA DO EQUILÍBRIO ECONÔMICO-FINANCEIRO DE CONTRATO DE CONCESSÃO. TRANSPORTE AÉREO. CONGELAMENTO TARIFÁRIO. VULTOSOS PREJUÍZOS CAUSADOS À CONCESSIONÁRIA. EVIDENTE RUPTURA DA EQUAÇÃO FINANCEIRA ORIGINALMENTE PACTUADA. DIREITO À RECOMPOSIÇÃO DO EQUILÍBRIO ECONÔMICO ORIGINAL. ATENÇÃO AOS PRINCÍPIOS DA CONFIANÇA E DA SEGURANÇA JURÍDICA. INDENIZAÇÃO DEVIDA. ORIENTAÇÃO DO SUPREMO TRIBUNAL FEDERAL: RE 1.831.180/DF, RELATOR MINISTRO OCTAVIO GALLOTTI E RE 571.969/DF, RELATORA MINISTRA CARMEM LÚCIA. RECURSO ESPECIAL PROVIDO PARA RECONHECER O DEVER DA UNIÃO DE INDENIZAR A AUTORA, EM MONTANTE A SER APURADO EM FUTURA LIQUIDAÇÃO.

(...) 2. No caso dos autos, é incontroverso o fato de a empresa autora, ora recorrente, ter prestado serviços de transporte aéreo, mediante concessão de serviço público pactuada com a UNIÃO. Igualmente, não se discute que as tarifas praticadas para o transporte aéreo de passageiros, cargas e mala postal eram controladas pelo Poder Concedente, nos moldes da política econômica adotada pelo Governo Federal de 1986/87 a 1992. 3. Os contratos de concessão têm garantida a manutenção do seu equilíbrio econômico financeiro, de modo a viabilizar que as obrigações assumidas pelo contratante no momento do ajuste encontre correspondência na compensação econômica adequada; é assegurada durante todo o período de execução do contrato a real e efetiva correlação entre a execução do contrato e a sua remuneração, conforme preconizam, de forma uníssona, doutrinadores excelentes como os Professores HELY LOPES MEIRELLES, CELSO ANTONIO BANDEIRA DE MELO e CAIO TÁCITO. 4. A manutenção da equação financeira original do contrato de concessão é mais que uma orientação doutrinária vitoriosa, com respaldo jurisprudencial; na verdade, constitui princípio erigido sob a égide constitucional desde a Carta de 1969, no art. 167, II, hoje repetido na Constituição Cidadã de 1988, no art. 37, XXI. À época da relação contratual sob exame a legislação infraconstitucional, do mesmo modo, referendava a adoção do aludido princípio, consoante depreende-se do teor do art. 55, II, "d", do Decreto-lei 2.300/86 e dos arts. 57, §§ 1º e 2º, e 58 da Lei 8.666/93. 5. A garantia de estabilidade da relação jurídico-administrativa contratada entre Poder Concedente e a Concessionária é expressão clara do princípio da segurança jurídica, assegurando àqueles que assumem a execução de um serviço de interesse público a preservação das circunstâncias e expectativas que levaram à assunção do contrato. A quebra da equação por ato omissivo ou comissivo do Poder Concedente gera, por conseguinte, o dever de recomposição do equilíbrio, não somente em nome da almejada segurança jurídica

como da inegável importância da continuidade da prestação do Serviço Público, até para não gerar desconfiança na firmeza dos tratos públicos. [...]
(REsp 1.248.237/DF, Rel. Ministro NAPOLEÃO NUNES MAIA FILHO, PRIMEIRA TURMA, julgado em 18-9-2014, *DJe* 1-10-2014.)

COMENTÁRIOS DOS AUTORES

As cláusulas exorbitantes são prerrogativas decorrentes da posição de superioridade da Administração em relação ao particular contratado e tem como fundamento o princípio da supremacia do interesse público sobre o privado.

Tais cláusulas são inerentes aos contratos administrativos, assim, mesmo que não estejam expressamente previstas no corpo do contrato, elas existirão e poderão ser usufruídas pela Administração, isto é, são consideradas implícitas.

Na dicção de Di Pietro (2018, pág. 354):

São cláusulas exorbitantes aquelas que não seriam comuns ou que seriam ilícitas em contrato celebrado entre particulares, por conferirem prerrogativas a uma das partes (a Administração) em relação à outra; elas colocam a Administração em posição de supremacia sobre o contratado.

A Lei n. 14.133/2021, em seu art. 104, enumera as principais cláusulas exorbitantes:

a) ALTERAÇÃO UNILATERAL DO CONTRATO (art. 124)

No âmbito dos contratos privados vige o princípio do *"pacta sunt servanda"*, brocardo latino que significa que "os pactos assumidos devem ser respeitados".

Nos contratos administrativos, dada a supremacia e a indisponibilidade do interesse público, esse princípio é relativizado, visando a melhor adequação do contrato às finalidades de interesse público.

Não se trata, contudo, de deixar ao livre arbítrio da administração a alteração do contrato, ou mesmo de permitir que seja empregada por arbítrio ou imbuída por interesses escusos. A finalidade dessa cláusula exorbitante é permitir uma melhor adequação às finalidades de interesse público, devendo, entretanto, ser respeitados os limites legais de alteração, bem como os direitos do contratado.

De acordo com o art. 124, I, da nova Lei de Licitações, são duas as hipóteses em que é admitida a alteração unilateral do contrato pela Administração:

I. quando houver modificação do projeto ou das especificações, para melhor adequação técnica aos seus objetivos *(alteração qualitativa)*;

II. quando necessária a modificação do valor contratual em decorrência de acréscimo ou diminuição quantitativa de seu objeto, nos limites permitidos pela lei *(alteração quantitativa)*.

Para tanto, alguns requisitos devem ser cumpridos, tais como:

a) necessidade de motivação atrelada a algum interesse público;

b) alteração deve decorrer de fato superveniente à contratação;

c) deve-se respeitar a natureza do contrato no que diz respeito ao seu objeto (as alterações não poderão transfigurar o objeto da contratação – art. 126);

d) necessidade de manutenção do equilíbrio econômico-financeiro do contrato, no mesmo termo aditivo, mediante revisão das cláusulas econômico-financeiras pactuadas (art. 130);

e) além do respeito aos percentuais previstos no art. 125 da Lei n. 14.133/2021.

De acordo com o art. 125, os acréscimos ou supressões que se fizerem nas obras, serviços ou compras não podem ultrapassar o equivalente a 25% do valor inicial atualizado do contrato, e, no caso particular de reforma de edifício ou de equipamento, o limite será de 50% para seus acréscimos (para as supressões permanece o limite de 25%).

Cumpridos os requisitos, o contratado é **obrigado a aceitar** as alterações unilaterais. Caso contrário, a Administração poderá rescindir o contrato por culpa do contratado.

Imperioso destacar ainda que, quando a lei permite a alteração unilateral do contrato, entende-se que ela está se referindo tão somente às **cláusulas regulamentares**, isto é, àquelas que regulamentam o objeto do contrato, bem como a sua execução.

Não pode a Administração, com escopo nessa cláusula exorbitante, resolver alterar unilateralmente as cláusulas econômico-financeiras do contrato, as quais estabelecem, notadamente, a remuneração do contratado, visto que é com base no sopesamento da remuneração a ser auferida e dos encargos a serem despendidos pelo particular que este decidirá se contrata ou não com a Administração.

b) RESCISÃO UNILATERAL DO CONTRATO (arts. 137 e 138, I)

A Administração Pública possui a prerrogativa de rescindir unilateralmente o contrato administrativo, sem necessidade de recorrer ao Poder Judiciário para tanto.

A extinção determinada por ato unilateral da Administração, a teor do art. 138, § 1º, deverá ser precedida de autorização escrita e fundamentada da autoridade competente e reduzida a termo no respectivo processo.

Mas atenção! A despeito de ser prescindível a instauração de processo judicial para o exercício da prerrogativa de rescisão unilateral do contrato por parte da Administração Pública, não o é a observância do contraditório e da ampla defesa.

A extinção unilateral do contrato deverá ser formalmente motivada nos autos do processo, assegurados o contraditório e a ampla defesa.

De acordo com o art. 137 da Lei n. 14.133/2021, tal prerrogativa poderá ser exercitada quando ocorrer alguma das seguintes hipóteses:

I – não cumprimento ou cumprimento irregular de normas editalícias ou de cláusulas contratuais, de especificações, de projetos ou de prazos;

II – desatendimento das determinações regulares emitidas pela autoridade designada para acompanhar e fiscalizar sua execução ou por autoridade superior;

III – alteração social ou modificação da finalidade ou da estrutura da empresa que restrinja sua capacidade de concluir o contrato;

IV – decretação de falência ou de insolvência civil, dissolução da sociedade ou falecimento do contratado;

V – caso fortuito ou força maior, regularmente comprovados, impeditivos da execução do contrato;

VI – atraso na obtenção da licença ambiental, ou impossibilidade de obtê-la, ou alteração substancial do anteprojeto que dela resultar, ainda que obtida no prazo previsto;

VII – atraso na liberação das áreas sujeitas a desapropriação, a desocupação ou a servidão administrativa, ou impossibilidade de liberação dessas áreas;

VIII – razões de interesse público, justificadas pela autoridade máxima do órgão ou da entidade contratante;

IX – não cumprimento das obrigações relativas à reserva de cargos prevista em lei, bem como em outras normas específicas, para pessoa com deficiência, para reabilitado da Previdência Social ou para aprendiz.

Da análise das hipóteses acima elencadas, verifica-se que a rescisão unilateral poderá ocorrer tanto quando houver culpa por parte do particular quanto quando inexistir culpa por parte do particular. Exemplo dessa última situação é a rescisão unilateral por caso fortuito ou por força maior.

c) FISCALIZAÇÃO DA EXECUÇÃO DO CONTRATO (arts. 117 e 118)

Em prol do princípio da eficiência, a Administração Pública tem o poder-dever de fiscalizar a execução dos contratos administrativos, a fim de garantir que os bens e serviços contratados serão executados na forma como foram acordados.

Assim sendo, de acordo com o art. 17 da Lei n. 14.133/2021, a execução do contrato deverá ser acompanhada e fiscalizada por 1 (um) ou mais fiscais, representantes da Administração especialmente designados conforme requisitos estabelecidos no art. 7º desta Lei, ou pelos respectivos substitutos, permitida a contratação de terceiros para assisti-los e subsidiá-los com informações pertinentes a essa atribuição.

Por seu turno, o particular contratado deverá manter preposto, aceito pela Administração, no local da obra ou serviço, para representá-lo na execução do contrato (art. 118).

A existência de fiscalização, destaque-se, não exclui nem reduz a responsabilidade do contratado pelos danos que causar (art. 120).

d) APLICAÇÃO DE SANÇÕES (arts. 155 a 163)

A Administração Pública possui o poder-dever de, em havendo atraso injustificado na execução do contrato ou mesmo inexecução total ou parcial do ajuste celebrado, aplicar diversas sanções administrativas ao particular faltoso, sem a necessidade de recorrer ao Poder Judiciário para tanto.

Tais hipóteses caracterizam infrações administrativas expressamente previstas no art. 155 da Lei em comento, vejamos:

Art. 155. O licitante ou o contratado será responsabilizado administrativamente pelas seguintes infrações:

I – dar causa à inexecução parcial do contrato;

II – dar causa à inexecução parcial do contrato que cause grave dano à Administração, ao funcionamento dos serviços públicos ou ao interesse coletivo;

III – dar causa à inexecução total do contrato;

(...)

VII – ensejar o retardamento da execução ou da entrega do objeto da licitação sem motivo justificado;

O cometimento de infrações administrativas previstas na Lei n. 14.133/2021 sujeita os responsáveis às seguintes sanções (que serão analisadas detalhadamente nos comentários referentes ao art. 156):

a) advertência;

b) multa;

c) impedimento de licitar e contratar;

d) declaração de inidoneidade para licitar ou contratar.

Trata-se, segundo o STJ, de rol exaustivo, não sendo admitida interpretação extensiva.

Para que seja aplicada alguma das sanções acima referidas, a Administração deverá instaurar um procedimento específico, no qual sejam assegurados o contraditório e a ampla defesa.

Na sua aplicação serão considerados: a natureza e a gravidade da infração cometida; as peculiaridades do caso concreto; as circunstâncias agravantes ou atenuantes; os danos que dela provierem para a Administração Pública; bem como a implantação ou o aperfeiçoamento de programa de integridade, conforme normas e orientações dos órgãos de controle.

e) OCUPAÇÃO PROVISÓRIA

A prerrogativa da ocupação provisória ocorrerá nos casos de contratos administrativos que possuem como objeto a prestação de serviços essenciais.

Nesses contratos, a Administração poderá ocupar provisoriamente bens móveis, imóveis, além de utilizar pessoal e serviços vinculados ao objeto do contrato em duas hipóteses:

a) quando necessitar acautelar apuração administrativa de faltas contratuais pelo contratado, inclusive após a extinção do contrato;

b) quando houver rescisão unilateral do contrato administrativo, em prol da continuidade do serviço público (*vide* art. 139, II, da lei em comento).

f) OUTRAS CLÁUSULAS EXORBITANTES

Embora o art. 104 da Lei n. 14.133/2021 apresente um rol de cláusulas exorbitantes, outras podem ser encontradas ao longo dos demais dispositivos da lei, a exemplo da temporária inoponibilidade da exceção do contrato não cumprido.

De acordo com o art. 137, § 2º, IV, para que o particular contratado possa rescindir o contrato em razão de atrasos nos pagamentos devidos pela Administração a ele, valendo-se, portanto, da teoria da exceção do contrato não cumprido, é necessário que o atraso seja superior a 2 (dois) meses, contados da emissão da nota fiscal (sob a vigência da Lei n. 8.666/2003), esse prazo era de 90 (noventa) dias.

A possibilidade de exigência de garantia (arts. 96 a 103) ao particular pela Administração Pública também pode ser caracterizada como uma prerrogativa especial conferida pela lei à Administração, pois tais garantias conferem ao ente público maior possibilidade de adimplemento do contrato.

Destaque-se que a garantia somente pode ser exigida se prevista no instrumento convocatório, não podendo exceder a 5% do valor do contrato. Excepcionalmente, para obras, serviços e fornecimentos de grande vulto envolvendo alta complexidade técnica e riscos financeiros consideráveis, demonstrados através de parecer tecnicamente aprovado pela autoridade competente, o limite de garantia **poderá ser elevado** para até 10% do valor do contrato (art. 98).

São três as modalidades de garantia previstas na lei (art. 96), cuja escolha é do contratado: caução em dinheiro ou em títulos da dívida pública; seguro-garantia; e fiança-bancária.

Pode-se citar, ainda, como outro exemplo de cláusula exorbitante a exigência de medidas de compensação, prevista no art. 26, § 6º, desta Lei.

Capítulo V
DA DURAÇÃO DOS CONTRATOS

ARTIGOS 105, 106 E 107

Art. 105. A duração dos contratos regidos por esta Lei será a prevista em edital, e deverão ser observadas, no momento da contratação e a cada exercício financeiro, a disponibilidade de créditos orçamentários, bem como a previsão no plano plurianual, quando ultrapassar 1 (um) exercício financeiro.

Lei n. 8.666/93

Art. 57. A duração dos contratos regidos por esta Lei ficará adstrita à vigência dos respectivos créditos orçamentários, exceto quanto aos relativos:

I – aos projetos cujos produtos estejam contemplados nas metas estabelecidas no Plano Plurianual, os quais poderão ser prorrogados se houver interesse da Administração e desde que isso tenha sido previsto no ato convocatório;

(...)

Constituição Federal

Art. 165. Leis de iniciativa do Poder Executivo estabelecerão:

I – o plano plurianual;

II – as diretrizes orçamentárias;

III – os orçamentos anuais.

§ 1º A lei que instituir o plano plurianual estabelecerá, de forma regionalizada, as diretrizes, objetivos e metas da administração pública federal para as despesas de capital e outras delas decorrentes e para as relativas aos programas de duração continuada.

Art. 167. São vedados:

I – o início de programas ou projetos não incluídos na lei orçamentária anual;

II – a realização de despesas ou a assunção de obrigações diretas que excedam os créditos orçamentários ou adicionais.

§ 1º Nenhum investimento cuja execução ultrapasse um exercício financeiro poderá ser iniciado sem prévia inclusão no plano plurianual, ou sem lei que autorize a inclusão, sob pena de crime de responsabilidade.

Lei n. 4.320/64

Art. 34. O exercício financeiro coincidirá com o ano civil.

Jurisprudência do TCU:

Súmula TCU 191: Torna-se, em princípio, indispensável a fixação dos limites de vigência dos contratos administrativos, de forma que o tempo não comprometa as condições originais da avença, não havendo, entretanto, obstáculo jurídico à devolução de prazo, quando a Administração mesma concorre, em virtude da própria natureza do avençado, para interrupção da sua execução pelo contratante.

Art. 106. A Administração poderá celebrar contratos com prazo de até 5 (cinco) anos nas hipóteses de serviços e fornecimentos contínuos, observadas as seguintes diretrizes:

I – a autoridade competente do órgão ou entidade contratante deverá atestar a maior vantagem econômica vislumbrada em razão da contratação plurianual;

II – a Administração deverá atestar, no início da contratação e de cada exercício, a existência de créditos orçamentários vinculados à contratação e a vantagem em sua manutenção;

III – a Administração terá a opção de extinguir o contrato, sem ônus, quando não dispuser de créditos orçamentários para sua continuidade ou quando entender que o contrato não mais lhe oferece vantagem.

§ 1º A extinção mencionada no inciso III do *caput* deste artigo ocorrerá apenas na próxima data de aniversário do contrato e não poderá ocorrer em prazo inferior a 2 (dois) meses, contado da referida data.

§ 2º Aplica-se o disposto neste artigo ao aluguel de equipamentos e à utilização de programas de informática.

Lei n. 8.666/93

Art. 57. A duração dos contratos regidos por esta Lei ficará adstrita à vigência dos respectivos créditos orçamentários, exceto quanto aos relativos:

(...)

II – à prestação de serviços a serem executados de forma contínua, que poderão ter a sua duração prorrogada por iguais e sucessivos períodos com vistas à obtenção de preços e condições mais vantajosas para a administração, limitada a sessenta meses; (Redação dada pela Lei n. 9.648, de 1998.)

(...)

IV – ao aluguel de equipamentos e à utilização de programas de informática, podendo a duração estender-se pelo prazo de até 48 (quarenta e oito) meses após o início da vigência do contrato.

Art. 107. Os contratos de serviços e fornecimentos contínuos poderão ser prorrogados sucessivamente, respeitada a vigência máxima decenal, desde que haja previsão em edital e que a autoridade competente ateste que as condições e os preços permanecem vantajosos para a Administração, permitida a negociação com o contratado ou a extinção contratual sem ônus para qualquer das partes.

Lei n. 8.666/93

Art. 57. A duração dos contratos regidos por esta Lei ficará adstrita à vigência dos respectivos créditos orçamentários, exceto quanto aos relativos:

(...)

II – à prestação de serviços a serem executados de forma contínua, que poderão ter a sua duração prorrogada por iguais e sucessivos períodos com vistas à obtenção de preços e condições mais vantajosas para a administração, limitada a sessenta meses;

(...)

§ 4º Em caráter excepcional, devidamente justificado e mediante autorização da autoridade superior, o prazo de que trata o inciso II do *caput* deste artigo poderá ser prorrogado por até doze meses.

ORIENTAÇÃO NORMATIVA N. 38, DE 13 DE DEZEMBRO DE 2011, DA ADVOCACIA-GERAL DA UNIÃO – AGU

NOS CONTRATOS DE PRESTAÇÃO DE SERVIÇOS DE NATUREZA CONTINUADA DEVE-SE OBSERVAR QUE: A) O PRAZO DE VIGÊNCIA ORIGINÁRIO, DE REGRA, É DE ATÉ 12 MESES; B) EXCEPCIONALMENTE, ESTE PRAZO PODERÁ SER FIXADO POR PERÍODO SUPERIOR A 12 MESES NOS CASOS EM QUE, DIANTE DA PECULIARIDADE E/OU COMPLEXIDADE DO OBJETO, FIQUE TECNICAMENTE DEMONSTRADO O BENEFÍCIO ADVINDO PARA A ADMINISTRAÇÃO; E C) É JURIDICAMENTE POSSÍVEL A PRORROGAÇÃO DO CONTRATO POR PRAZO DIVERSO DO CONTRATADO ORIGINARIAMENTE.

Jurisprudência do TCU:

O prazo de vigência de contratos de serviços contínuos deve ser estabelecido considerando-se as circunstâncias de forma objetiva, fazendo-se registrar no processo próprio o modo como interferem na decisão e quais suas consequências. Tal registro é especialmente importante quando se fizer necessário prazo inicial superior aos doze meses entendidos como regra pelo TCU. Há necessidade de se demonstrar o benefício decorrente do prazo estabelecido. TRIBUNAL DE CONTAS DA UNIÃO. Acórdão 3320/2013- Segunda Câmara. Data da sessão de julgamento: 11-6-2013. RELATOR: RAIMUNDO CARREIRO. Disponível em: <https://pesquisa.apps.tcu.gov.br/#/redireciona/jurisprudenciaselecionada/%22JURISPRUDENCIA-SELECIONADA-17111%22>. Acesso em: 13 jan. 2021.

COMENTÁRIOS DOS AUTORES

A Lei n. 8.666/93 vedava, peremptoriamente, a existência de contratos com prazo de vigência indeterminado (art. 57, § 3º).

O novel diploma, inovando quanto à temática da duração dos contratos, preconiza que, como regra, os contratos deverão ter sua duração prevista em edital, mas admite, de forma excepcional, a contratação com vigência por prazo indeterminado.

A exceção, consagrada no art. 109 da Lei n. 14.133/2021, diz respeito aos contratos em que a Administração seja usuária de serviço público oferecido em regime de monopólio, desde que comprovada, a cada exercício financeiro, a existência de créditos orçamentários vinculados à contratação.

A duração dos contratos deverá:

- ser prevista no edital;
- observar a disponibilidade de créditos orçamentários (tanto no momento da contratação quanto em cada exercício financeiro);
- estar prevista no plano plurianual, se ultrapassar um exercício financeiro.

Segundo Rafael Oliveira (2018, pág. 544), "o intuito do legislador é admitir a contratação apenas nas hipóteses em que a Administração tenha recursos necessários para pagar o contratado, garantindo-se, destarte, responsabilidade e planejamento com os gastos públicos".

Em se tratando de bens e serviços de fornecimento contínuo, nos quais se enquadra o aluguel de equipamentos e a utilização de programas de informática, há normativa específica:

- o prazo de celebração poderá ser de até 5 (cinco) anos, admitidas prorrogações sucessivas até o prazo máximo de 10 (dez) anos;
- no início da contratação e no início de cada exercício financeiro, a autoridade competente deverá atestar a existência de maior vantagem econômica na contratação plurianual, bem como a existência de créditos orçamentários vinculados à contratação;
- se a Administração não dispuser de créditos orçamentários ou se o contrato não for mais vantajoso, o contrato poderá ser extinto. Para tanto, devem ser observadas as seguintes condições: a) ausência de ônus para a Administração; b) transcurso de pelo menos 2 (dois) meses contados da celebração do contrato; c) a extinção ocorrerá apenas na próxima data de aniversário do contrato.

Nos contratos com escopo final determinado (a exemplo da construção de um edifício), o prazo de duração previsto no edital poderá ser automaticamente prorrogado até a conclusão do serviço. Entretanto, para evitar atrasos culposos por parte do contratado, poderá ser aplicada multa se a conclusão no prazo estipulado decorrer de sua culpa. Faculta-se, ainda, à Administração, nesse caso, optar pela extinção do contrato.

Além disso, os contratos que envolvam sistemas de tecnologia poderão ser ainda mais longos, com duração máxima de 15 (quinze) anos.

ARTIGO 108

> **Art. 108.** A Administração poderá celebrar contratos com prazo de até 10 (dez) anos nas hipóteses previstas nas alíneas *f* e *g* do inciso IV e nos incisos V, VI, XII e XVI do *caput* do art. 75 desta Lei.

Art. 75. É dispensável a licitação:

(...)

IV – para contratação que tenha por objeto:

(...)

f) bens ou serviços produzidos ou prestados no País que envolvam, cumulativamente, alta complexidade tecnológica e defesa nacional;

g) materiais de uso das Forças Armadas, com exceção de materiais de uso pessoal e administrativo, quando houver necessidade de manter a padronização requerida pela estrutura de apoio logístico dos meios navais, aéreos e terrestres, mediante autorização por ato do comandante da força militar;

V – para contratação com vistas ao cumprimento do disposto nos arts. 3º, 3º-A, 4º, 5º e 20 da Lei n. 10.973, de 2 de dezembro de 2004, observados os princípios gerais de contratação constantes da referida Lei;

(...)

XII – para contratação em que houver transferência de tecnologia de produtos estratégicos para o Sistema Único de Saúde (SUS), conforme elencados em ato da direção nacional do SUS, inclusive por ocasião da aquisição desses produtos durante as etapas de absorção tecnológica, e em valores compatíveis com aqueles definidos no instrumento firmado para a transferência de tecnologia;

(...)

XVI – para aquisição, por pessoa jurídica de direito público interno, de insumos estratégicos para a saúde produzidos por fundação que, regimental ou estatutariamente, tenha por finalidade apoiar órgão da Administração Pública direta, sua autarquia ou fundação em projetos de ensino, pesquisa, extensão, desenvolvimento institucional, científico e tecnológico e de estímulo à inovação, inclusive na gestão administrativa e financeira necessária à execução desses projetos, ou em parcerias que envolvam transferência de tecnologia de produtos estratégicos para o SUS, nos termos do inciso XII do *caput* deste artigo, e que tenha sido criada para esse fim específico em data anterior à entrada em vigor desta Lei, desde que o preço contratado seja compatível com o praticado no mercado.

Lei n. 8.666/93

Art. 57. A duração dos contratos regidos por esta Lei ficará adstrita à vigência dos respectivos créditos orçamentários, exceto quanto aos relativos:

(...)

V – às hipóteses previstas nos incisos IX, XIX, XXVIII e XXXI do art. 24, cujos contratos poderão ter vigência por até 120 (cento e vinte) meses, caso haja interesse da administração.

Art. 24. É dispensável a licitação:

(...)

IX – quando houver possibilidade de comprometimento da segurança nacional, nos casos estabelecidos em decreto do Presidente da República, ouvido o Conselho de Defesa Nacional;

(...)

XIX – para as compras de material de uso pelas Forças Armadas, com exceção de materiais de uso pessoal e administrativo, quando houver necessidade de manter a padronização requerida pela estrutura de apoio logístico dos meios navais, aéreos e terrestres, mediante parecer de comissão instituída por decreto;

(...)

XXVIII – para o fornecimento de bens e serviços, produzidos ou prestados no País, que envolvam, cumulativamente, alta complexidade tecnológica e defesa nacional, mediante parecer de comissão especialmente designada pela autoridade máxima do órgão;

(...)

XXXI – nas contratações visando ao cumprimento do disposto nos arts. 3º, 4º, 5º e 20 da Lei n. 10.973, de 2 de dezembro de 2004, observados os princípios gerais de contratação dela constantes.

COMENTÁRIOS DOS AUTORES

A Administração poderá celebrar contratos com prazo de até 10 (dez) anos nas hipóteses de dispensa de licitação que se referem, em contratos envolvendo:

- alta complexidade tecnológica e defesa nacional;
- materiais de uso das Forças Armadas, para fins de padronização (com exceções);
- incentivos à inovação e à pesquisa científica e tecnológica no ambiente produtivo;
- comprometimento da segurança nacional;

312 Artigos 109, 110, 111, 112, 113 e 114   Nova Lei de Licitações Comentada e Referenciada

- transferência de tecnologia de produtos estratégicos para o Sistema Único de Saúde – SUS;
- aquisição de insumos estratégicos para a saúde.

ARTIGOS 109, 110, 111, 112, 113 E 114

Art. 109. A Administração poderá estabelecer a vigência por prazo indeterminado nos contratos em que seja usuária de serviço público oferecido em regime de monopólio, desde que comprovada, a cada exercício financeiro, a existência de créditos orçamentários vinculados à contratação.

Lei n. 8.666/93

Art. 57. A duração dos contratos regidos por esta Lei ficará adstrita à vigência dos respectivos créditos orçamentários, exceto quanto aos relativos:

(...)

§ 3º É vedado o contrato com prazo de vigência indeterminado.

Art. 110. Na contratação que gere receita e no contrato de eficiência que gere economia para a Administração, os prazos serão de:

I – até 10 (dez) anos, nos contratos sem investimento;

II – até 35 (trinta e cinco) anos, nos contratos com investimento, assim considerados aqueles que impliquem a elaboração de benfeitorias permanentes, realizadas exclusivamente a expensas do contratado, que serão revertidas ao patrimônio da Administração Pública ao término do contrato.

Art. 111. Na contratação que previr a conclusão de escopo predefinido, o prazo de vigência será automaticamente prorrogado quando seu objeto não for concluído no período firmado no contrato.

Parágrafo único. Quando a não conclusão decorrer de culpa do contratado:

I – o contratado será constituído em mora, aplicáveis a ele as respectivas sanções administrativas;

II – a Administração poderá optar pela extinção do contrato e, nesse caso, adotará as medidas admitidas em lei para a continuidade da execução contratual.

Art. 112. Os prazos contratuais previstos nesta Lei não excluem nem revogam os prazos contratuais previstos em lei especial.

Art. 113. O contrato firmado sob o regime de fornecimento e prestação de serviço associado terá sua vigência máxima definida pela soma do prazo relativo ao fornecimento inicial ou à entrega da obra com o prazo relativo ao serviço de operação e manutenção, este limitado a 5 (cinco) anos contados da data de recebimento do objeto inicial, autorizada a prorrogação na forma do art. 107 desta Lei.

Art. 114. O contrato que previr a operação continuada de sistemas estruturantes de tecnologia da informação poderá ter vigência máxima de 15 (quinze) anos.

Referência a dispositivos que trazem matéria correlata:
INSTRUÇÃO NORMATIVA N. 4, DE 11 DE SETEMBRO DE 2014 (MINISTÉRIO DO PLANEJAMENTO, ORÇAMENTO E GESTÃO/SECRETARIA DE LOGÍSTICA E TECNOLOGIA DA INFORMAÇÃO/DOU de 12-9-2014 (n. 176, Seção 1, pág. 96): Dispõe sobre o processo de contratação de Soluções de Tecnologia da Informação pelos órgãos integrantes do Sistema de Administração de Recursos de Tecnologia da Informação e Informática (SISP) do Poder Executivo Federal.

COMENTÁRIOS DOS AUTORES

Uma das grandes novidades do novo diploma de licitações e contratos é a possibilidade (ainda que excepcional) de celebração de contratos com vigência por prazo indeterminado, vedada expressamente pela legislação anterior.

Segundo o art. 109, nos contratos em que seja usuária de serviço público oferecido em regime de monopólio, desde que comprovada, a cada exercício financeiro, a existência de créditos orçamentários vinculados à contratação, a Administração poderá estabelecer a vigência por prazo indeterminado (ex.: contratação pela Administração Pública dos serviços postais prestados pelos Correios em regime de monopólio).

Observe-se que a indeterminação do prazo contratual não prescinde da verificação da disponibilidade orçamentária, a impor a necessária responsabilidade fiscal do gestor público.

Ainda dentro da temática da duração dos contratos, é fundamental a distinção entre os contratos por prazo certo e contratos por escopo. Nos primeiros, o prazo contratual é essencial para o cumprimento das obrigações contratadas, considerando-se extinto o contrato com o advento do termo final (ex.: na contratação para fornecimento de quentinhas, o contratado deverá fornecer as refeições durante a vigência do prazo contratual).

Nos contratos por escopo, a seu turno, o ajuste será cumprido com a entrega do objeto contratado, independentemente do prazo (ex.: no contrato para construção de determinado prédio público, o ajuste somente será considerado adimplido com a finalização da construção, independente do tempo necessário). Considera-se, portanto, automaticamente prorrogado o prazo de vigência quando seu objeto não for concluído no período firmado no contrato, a teor do art. 111 desta Lei.

O prazo, aqui, mostra-se relevante não para pôr termo à relação contratual (como nos contratos por prazo certo), mas, sim, para constatar eventual mora no cumprimento das obrigações.

A não conclusão no prazo estipulado por culpa do contratado implica a sua constituição em mora e sujeição às penalidades cabíveis. Trata-se, aliás, de infração administrativa tipificada no art. 155, VII, da Lei n. 14.133/2021, vejamos:

Art. 155. O licitante ou o contratado será responsabilizado administrativamente pelas seguintes infrações:

(...)

VII – ensejar o retardamento da execução ou da entrega do objeto da licitação sem motivo justificado;

Quando não se justificar a imposição de penalidade mais grave, o contratado será penalizado com a sanção de impedimento de licitar e contratar no âmbito da Administração Pública direta e indireta do ente federativo que tiver aplicado a sanção, pelo prazo máximo de 3 (três) anos (art. 156, III c/c art. 156, § 4º).

A Administração poderá optar, ainda, pela extinção do contrato e, nesse caso, adotará as medidas admitidas em lei para a continuidade da execução contratual.

A Lei n. 14.133/2021 prevê, ainda, prazos específicos para determinados contratos que, por disposição expressa do art. 112, não excluem nem revogam os prazos contratuais previstos em lei especial (princípio da especialidade). Exemplo da aplicação desse dispositivo é a subsistência dos prazos para os contratos de Parcerias Público-Privadas previstos na Lei das PPPs (Lei n. 11.079/2004).

Em se tratando de **contratação que gere receita** e no **contrato de eficiência** que gere economia para a Administração, os prazos serão de:

- até 10 anos, se não houver investimento por parte do contratado;
- até 35 anos, nos contratos com investimento, assim considerados aqueles que impliquem a elaboração de benfeitorias permanentes, realizadas exclusivamente a expensas do contratado, que serão revertidas ao patrimônio da Administração Pública ao término do contrato.

A própria lei, em seu art. 6º, LIII, conceitua contrato de eficiência: é o "contrato cujo objeto é a prestação de serviços, que pode incluir a realização de obras e o fornecimento de bens, com o objetivo de proporcionar economia ao contratante, na forma de redução de despesas correntes, remunerado o contratado com base em percentual da economia gerada".

Como exemplo de contrato que gera receita tem-se os contratos de concessão de uso de bem público, já que a Administração receberá um valor pelo uso exclusivo do bem.

Se o contrato envolver a operação continuada de sistemas estruturantes de tecnologia da informação, sua vigência máxima será de 15 anos.

Por fim, há normativa específica para o contrato firmado sob o regime de fornecimento e prestação de serviço associado ("regime de contratação em que, além do fornecimento do objeto, o contratado responsabiliza-se por sua operação, manutenção ou ambas, por tempo determinado", conforme elucida o inciso XXXIV do art. 6º).

Nesse caso, a vigência máxima será definida pela soma do prazo relativo ao fornecimento inicial ou à entrega da obra com o prazo relativo ao serviço de operação e manutenção, este limitado a 5 (cinco) anos contados da data de recebimento do objeto inicial, autorizada a prorrogação desde que respeitada a vigência máxima decenal.

Capítulo VI
DA EXECUÇÃO DOS CONTRATOS

ARTIGOS 115 E 116

Art. 115. O contrato deverá ser executado fielmente pelas partes, de acordo com as cláusulas avençadas e as normas desta Lei, e cada parte responderá pelas consequências de sua inexecução total ou parcial.

§ 1º É proibido à Administração retardar imotivadamente a execução de obra ou serviço, ou de suas parcelas, inclusive na hipótese de posse do respectivo chefe do Poder Executivo ou de novo titular no órgão ou entidade contratante.

§ 2º (Vetado.)

§ 3º (Vetado.)

§ 4º Nas contratações de obras e serviços de engenharia, sempre que a responsabilidade pelo licenciamento ambiental for da Administração, a manifestação prévia ou licença prévia, quando cabíveis, deverão ser obtidas antes da divulgação do edital.

§ 5º Em caso de impedimento, ordem de paralisação ou suspensão do contrato, o cronograma de execução será prorrogado automaticamente pelo tempo correspondente, anotadas tais circunstâncias mediante simples apostila.

§ 6º Nas contratações de obras, verificada a ocorrência do disposto no § 5º deste artigo por mais de 1 (um) mês, a Administração deverá divulgar, em sítio eletrônico oficial e em placa a ser afixada em local da obra de fácil visualização pelos cidadãos, aviso público de obra paralisada, com o motivo e o responsável pela inexecução temporária do objeto do contrato e a data prevista para o reinício da sua execução.

§ 7º Os textos com as informações de que trata o § 6º deste artigo deverão ser elaborados pela Administração.

Art. 116. Ao longo de toda a execução do contrato, o contratado deverá cumprir a reserva de cargos prevista em lei para pessoa com deficiência, para reabilitado da Previdência Social ou para aprendiz, bem como as reservas de cargos previstas em outras normas específicas.

Parágrafo único. Sempre que solicitado pela Administração, o contratado deverá comprovar o cumprimento da reserva de cargos a que se refere o *caput* deste artigo, com a indicação dos empregados que preencherem as referidas vagas.

Lei n. 8.666/93

Art. 66-A. As empresas enquadradas no inciso V do § 2º e no inciso II do § 5º do art. 3º desta Lei deverão cumprir, durante todo o período de execução do contrato, a reserva de cargos prevista em lei para pessoa com deficiência ou para reabilitado da Previdência Social, bem como as regras de acessibilidade previstas na legislação.

Parágrafo único. Cabe à administração fiscalizar o cumprimento dos requisitos de acessibilidade nos serviços e nos ambientes de trabalho.

Art. 3º A licitação destina-se a garantir a observância do princípio constitucional da isonomia, a seleção da proposta mais vantajosa para a administração e a promoção do desenvolvimento nacional sustentável e será processada e julgada em estrita conformidade com os princípios básicos da legalidade, da impessoalidade, da moralidade, da igualdade, da publicidade, da probidade administrativa, da vinculação ao instrumento convocatório, do julgamento objetivo e dos que lhes são correlatos.

(...)

§ 2º Em igualdade de condições, como critério de desempate, será assegurada preferência, sucessivamente, aos bens e serviços:

(...)

V – produzidos ou prestados por empresas que comprovem cumprimento de reserva de cargos prevista em lei para pessoa com deficiência ou para reabilitado da Previdência Social e que atendam às regras de acessibilidade previstas na legislação.

(...)

§ 5º Nos processos de licitação, poderá ser estabelecida margem de preferência para:

(...)

II – bens e serviços produzidos ou prestados por empresas que comprovem cumprimento de reserva de cargos prevista em lei para pessoa com deficiência ou para reabilitado da Previdência Social e que atendam às regras de acessibilidade previstas na legislação.

Constituição Federal

Art. 37. A administração pública direta e indireta de qualquer dos Poderes da União, dos Estados, do Distrito Federal e dos Municípios obedecerá aos princípios de legalidade, impessoalidade, moralidade, publicidade e eficiência e, também, ao seguinte:

(...)

VIII – a lei reservará percentual dos cargos e empregos públicos para as pessoas portadoras de deficiência e definirá os critérios de sua admissão;

Decreto n. 9.508, de 24 de setembro de 2018:

Reserva às pessoas com deficiência percentual de cargos e de empregos públicos ofertados em concursos públicos e em processos seletivos no âmbito da administração pública federal direta e indireta.

COMENTÁRIOS DOS AUTORES

A reserva de cargos para pessoas com deficiência é imposição constitucional (art. 37, VIII) como ação afirmativa destinada a promover a igualdade em sentido material, promovendo a inclusão daqueles que têm impedimento de longo prazo de natureza física, mental, intelectual ou sensorial, o qual, em interação com uma ou mais barreiras, pode obstruir sua participação plena e efetiva na sociedade em igualdade de condições com as demais pessoas (conceito de pessoa com deficiência trazido pelo art. 2º da Lei n. 13.146/2015).

Sob a égide da Lei n. 8.666/93, o cumprimento das regras sobre reserva de cargos (atrelada à observância das regras sobre acessibilidade) constituía critério de desempate entre os licitantes (*vide* art. 3º, § 2º, V) e fator para concessão de margem de preferência. Normativa dessa ordem, contudo, não fazia muito sentido, uma vez que, se a reserva de cargos é imposição constitucional e legal, já seriam de observância obrigatória pelos licitantes e contratados, não havendo razoabilidade no estabelecimento de margem de preferência pelo simples cumprimento de um dever legal.

Com a Nova Lei de Licitações, muda-se esse paradigma. O atendimento da reserva de cargos é requisito exigido para fins de habilitação (art. 63, IV) e o seu não atendimento constitui motivo para extinção unilateral do contrato pela Administração (art. 137, IX).

Ao longo de toda a execução do contrato, o contratado deverá cumprir a reserva de cargos prevista em lei para:
- pessoa com deficiência;
- reabilitado da Previdência Social;
- aprendiz;
- entre outras reservas de cargos previstas em outras normas específicas.

A fim de viabilizar a fiscalização do cumprimento dessa norma, sempre que solicitado pela Administração, o contratado deverá comprovar o cumprimento da reserva de cargo, com a indicação dos empregados que preencherem as referidas vagas.

ARTIGO 117

Art. 117. A execução do contrato deverá ser acompanhada e fiscalizada por 1 (um) ou mais fiscais do contrato, representantes da Administração especialmente designados conforme requisitos estabelecidos no art. 7º desta Lei, ou pelos respectivos substitutos, permitida a contratação de terceiros para assisti-los e subsidiá-los com informações pertinentes a essa atribuição.

§ 1º O fiscal do contrato anotará em registro próprio todas as ocorrências relacionadas à execução do contrato, determinando o que for necessário para a regularização das faltas ou dos defeitos observados.

§ 2º O fiscal do contrato informará a seus superiores, em tempo hábil para a adoção das medidas convenientes, a situação que demandar decisão ou providência que ultrapasse sua competência.

§ 3º O fiscal do contrato será auxiliado pelos órgãos de assessoramento jurídico e de controle interno da Administração, que deverão dirimir dúvidas e subsidiá-lo com informações relevantes para prevenir riscos na execução contratual.

§ 4º Na hipótese da contratação de terceiros prevista no *caput* deste artigo, deverão ser observadas as seguintes regras:

I – a empresa ou o profissional contratado assumirá responsabilidade civil objetiva pela veracidade e pela precisão das informações prestadas, firmará termo de compromisso de confidencialidade e não poderá exercer atribuição própria e exclusiva de fiscal de contrato;

II – a contratação de terceiros não eximirá de responsabilidade o fiscal do contrato, nos limites das informações recebidas do terceiro contratado.

Lei n. 8.666/93

Art. 67. A execução do contrato deverá ser acompanhada e fiscalizada por um representante da Administração especialmente designado, permitida a contratação de terceiros para assisti-lo e subsidiá-lo de informações pertinentes a essa atribuição.

§ 1º O representante da Administração anotará em registro próprio todas as ocorrências relacionadas com a execução do contrato, determinando o que for necessário à regularização das faltas ou defeitos observados.

§ 2º As decisões e providências que ultrapassarem a competência do representante deverão ser solicitadas a seus superiores em tempo hábil para a adoção das medidas convenientes.

Jurisprudência do TCU:

[...] 9.3.2 na gestão de recursos públicos federais, mister se faz fiscalizar os contratos administrativos celebrados com atenção ao art. 58, inciso III, ao art. 67, *caput* e § 1º, e ao art. 69 da Lei n. 8.666/93, de forma que representante da Administração anote em registro próprio todas as ocorrências relacionadas com a execução do contrato, determinando o que for necessário à regularização das faltas ou defeitos observados, bem como exigir a reparação, correção, remoção, reconstrução ou substituição, às expensas do contratado, no total ou em parte, do objeto do contrato em que se verificarem vícios, defeitos ou incorreções resultantes da execução ou de materiais empregados; [...]
TRIBUNAL DE CONTAS DA UNIÃO. Acórdão 1694/2010. Plenário. RELATOR: BENJAMIN ZYMLER. Disponível em: <https://pesquisa.apps.tcu.gov.br/#/redireciona/jurisprudencia-selecionada/%22JURISPRUDENCIA-SELECIONADA-20955%22>. Acesso em: 12 jan. 2021.

ARTIGO 118

> **Art. 118.** O contratado deverá manter preposto aceito pela Administração no local da obra ou do serviço para representá-lo na execução do contrato.

Lei n. 8.666/93
Art. 68. O contratado deverá manter preposto, aceito pela Administração, no local da obra ou serviço, para representá-lo na execução do contrato.

COMENTÁRIOS DOS AUTORES

Trata-se de regra, com previsão idêntica à já constante na Lei n. 8.666/93, consistente na obrigação do particular em indicar um agente para representá-lo perante a Administração. Regra operacional que visa a facilitar a interlocução entre a Administração pública e a empresa, evitando-se os chamados "ruídos de comunicação"

ARTIGOS 119 E 120

> **Art. 119.** O contratado será obrigado a reparar, corrigir, remover, reconstruir ou substituir, a suas expensas, no total ou em parte, o objeto do contrato em que se verificarem vícios, defeitos ou incorreções resultantes de sua execução ou de materiais nela empregados.

Lei n. 8.666/93
Art. 69. O contratado é obrigado a reparar, corrigir, remover, reconstruir ou substituir, às suas expensas, no total ou em parte, o objeto do contrato em que se verificarem vícios, defeitos ou incorreções resultantes da execução ou de materiais empregados.

> **Art. 120.** O contratado será responsável pelos danos causados diretamente à Administração ou a terceiros em razão da execução do contrato, e não excluirá nem reduzirá essa responsabilidade a fiscalização ou o acompanhamento pelo contratante.

Lei n. 8.666/93

Art. 70. O contratado é responsável pelos danos causados diretamente à Administração ou a terceiros, decorrentes de sua culpa ou dolo na execução do contrato, não excluindo ou reduzindo essa responsabilidade a fiscalização ou o acompanhamento pelo órgão interessado.

COMENTÁRIOS DOS AUTORES

Os artigos supramencionados encontram total correspondência na Lei n. 8.666/93, mais precisamente nos arts. 69 e 70 da referida lei. Portanto, não se trata de uma novidade legislativa.

Na verdade, são artigos que tratam da responsabilidade civil contratual de todo e qualquer contrato, não inovando no ordenamento jurídico.

Com efeito, as partes entabulam uma avença para receber prestação certa e determinada, devendo ser realizada exatamente como previsto. Verificada qualquer imperfeição na execução contratual, esta deve ser reparada pelo seu responsável. Por obviedade, para que se impute ao particular o dever de reparar, o dano deverá encontrar nexo de causalidade com algum ato do contratado ou com alguma inobservância a dever contratual.

Assim, é necessário esclarecer que para a configuração da responsabilidade do particular deverão concorrer todos os elementos previstos na teoria geral da responsabilidade civil, quais sejam: ato, dano, nexo de causalidade e culpa ou dolo.

Vale ressaltar que a fiscalização exercida pela Administração não tem o condão de transferir a ela as obrigações contratuais do particular, tampouco a responsabilidade civil pelo seu descumprimento.

Por fim, importante lembrar que, como bem alerta Marçal Justen Filho, se os danos forem provocados por uma conduta determinada pela Administração ou, por exemplo, por erros do projeto básico elaborado pela Administração, a responsabilidade civil não poderá ser imputada ao contratado.[43]

ARTIGO 121

Art. 121. Somente o contratado será responsável pelos encargos trabalhistas, previdenciários, fiscais e comerciais resultantes da execução do contrato.

§ 1º A inadimplência do contratado em relação aos encargos trabalhistas, fiscais e comerciais não transferirá à Administração a responsabilidade pelo seu pagamento e não poderá onerar o objeto do contrato nem restringir a regularização e o uso das obras e das edificações, inclusive perante o registro de imóveis, ressalvada a hipótese prevista no § 2º deste artigo.

§ 2º Exclusivamente nas contratações de serviços contínuos com regime de dedicação exclusiva de mão de obra, a Administração responderá solidariamente pelos encargos previdenciários e subsidiariamente pelos encargos trabalhistas se comprovada falha na fiscalização do cumprimento das obrigações do contratado.

---

43 JUSTEN FILHO, Marçal. *Comentários à Lei de Licitações e Contratos Administrativos*. 2. ed. São Paulo: Revistas dos Tribunais, 2016, p. 1065.

§ 3º Nas contratações de serviços contínuos com regime de dedicação exclusiva de mão de obra, para assegurar o cumprimento de obrigações trabalhistas pelo contratado, a Administração, mediante disposição em edital ou em contrato, poderá, entre outras medidas:

I – exigir caução, fiança bancária ou contratação de seguro-garantia com cobertura para verbas rescisórias inadimplidas;

II – condicionar o pagamento à comprovação de quitação das obrigações trabalhistas vencidas relativas ao contrato;

III – efetuar o depósito de valores em conta vinculada;

IV – em caso de inadimplemento, efetuar diretamente o pagamento das verbas trabalhistas, que serão deduzidas do pagamento devido ao contratado;

V – estabelecer que os valores destinados a férias, a décimo terceiro salário, a ausências legais e a verbas rescisórias dos empregados do contratado que participarem da execução dos serviços contratados serão pagos pelo contratante ao contratado somente na ocorrência do fato gerador.

§ 4º Os valores depositados na conta vinculada a que se refere o inciso III do § 3º deste artigo são absolutamente impenhoráveis.

§ 5º O recolhimento das contribuições previdenciárias observará o disposto no art. 31 da Lei n. 8.212, de 24 de julho de 1991.

Lei n. 8.666/93

Art. 71. O contratado é responsável pelos encargos trabalhistas, previdenciários, fiscais e comerciais resultantes da execução do contrato.

§ 1º A inadimplência do contratado, com referência aos encargos trabalhistas, fiscais e comerciais não transfere à Administração Pública a responsabilidade por seu pagamento, nem poderá onerar o objeto do contrato ou restringir a regularização e o uso das obras e edificações, inclusive perante o Registro de Imóveis.

§ 2º A Administração Pública responde solidariamente com o contratado pelos encargos previdenciários resultantes da execução do contrato, nos termos do art. 31 da Lei n. 8.212, de 24 de julho de 1991.

Decreto n. 9.507/2018

(Dispõe sobre a execução indireta, mediante contratação, de serviços da administração pública federal direta, autárquica e fundacional e das empresas públicas e das sociedades de economia mista controladas pela União.)

Art. 8º Os contratos de que trata este decreto conterão cláusulas que:

I – exijam da contratada declaração de responsabilidade exclusiva sobre a quitação dos encargos trabalhistas e sociais decorrentes do contrato;

(...)

V – prevejam, com vistas à garantia do cumprimento das obrigações trabalhistas nas contratações de serviços continuados com dedicação exclusiva de mão de obra:

a) que os valores destinados ao pagamento de férias, décimo terceiro salário, ausências legais e verbas rescisórias dos empregados da contratada que participarem da execução dos serviços contratados serão efetuados pela contratante à contratada somente na ocorrência do fato gerador; ou *b)* que os valores destinados ao pagamento das férias, décimo terceiro salário e verbas rescisórias dos empregados da contratada que participarem da execução dos serviços contratados serão depositados pela contratante em conta vinculada específica, aberta em nome da contratada, e com movimentação autorizada pela contratante;

VI – exijam a prestação de garantia, inclusive para pagamento de obrigações de natureza trabalhista, previdenciária e para com o FGTS, em valor correspondente a cinco por cento do valor do contrato, com prazo de validade de até noventa dias, contado da data de encerramento do contrato; e

Lei n. 8.212/91

Art. 31. A empresa contratante de serviços executados mediante cessão de mão de obra, inclusive em regime de trabalho temporário, deverá reter 11% (onze por cento) do valor bruto da nota fiscal ou fatura de prestação de serviços e recolher, em nome da empresa cedente da mão de obra, a importância retida até o dia 20 (vinte) do mês subsequente ao da emissão da respectiva nota fiscal ou fatura, ou até o dia útil imediatamente anterior se não houver expediente bancário naquele dia, observado o disposto no § 5º do art. 33 desta Lei.

§ 1º O valor retido de que trata o *caput* deste artigo, que deverá ser destacado na nota fiscal ou fatura de prestação de serviços, poderá ser compensado por qualquer estabelecimento da empresa cedente da mão de obra, por ocasião do recolhimento das contribuições destinadas à Seguridade Social devidas sobre a folha de pagamento dos seus segurados.

§ 2º Na impossibilidade de haver compensação integral na forma do parágrafo anterior, o saldo remanescente será objeto de restituição.

§ 3º Para os fins desta Lei, entende-se como cessão de mão de obra a colocação à disposição do contratante, em suas dependências ou nas de terceiros, de segurados que realizem serviços contínuos, relacionados ou não com a atividade-fim da empresa, quaisquer que sejam a natureza e a forma de contratação.

§ 4º Enquadram-se na situação prevista no parágrafo anterior, além de outros estabelecidos em regulamento, os seguintes serviços:

I – limpeza, conservação e zeladoria;

II – vigilância e segurança;

III – empreitada de mão de obra;

IV – contratação de trabalho temporário na forma da Lei n. 6.019, de 3 de janeiro de 1974.

§ 5º O cedente da mão de obra deverá elaborar folhas de pagamento distintas para cada contratante.

§ 6º Em se tratando de retenção e recolhimento realizados na forma do *caput* deste artigo, em nome de consórcio, de que tratam os arts. 278 e 279 da Lei n. 6.404, de 15 de dezembro de 1976, aplica-se o disposto em todo este artigo, observada a participação de cada uma das empresas consorciadas, na forma do respectivo ato constitutivo.

Jurisprudência do STF:

Ementa: RECURSO EXTRAORDINÁRIO REPRESENTATIVO DE CONTROVÉRSIA COM REPERCUSSÃO GERAL. DIREITO CONSTITUCIONAL. DIREITO DO TRABALHO. TERCEIRIZAÇÃO NO ÂMBITO DA ADMINISTRAÇÃO PÚBLICA. SÚMULA 331, IV E V, DO TST. CONSTITUCIONALIDADE DO ART. 71, § 1º, DA LEI N. 8.666/93. TERCEIRIZAÇÃO COMO MECANISMO ESSENCIAL PARA A PRESERVAÇÃO DE POSTOS DE TRABALHO E ATENDIMENTO DAS DEMANDAS DOS CIDADÃOS. HISTÓRICO CIENTÍFICO. LITERATURA: ECO-

NOMIA E ADMINISTRAÇÃO. INEXISTÊNCIA DE PRECARIZAÇÃO DO TRABALHO HUMANO. RESPEITO ÀS ESCOLHAS LEGÍTIMAS DO LEGISLADOR. PRECEDENTE: ADC 16. EFEITOS VINCULANTES. RECURSO PARCIALMENTE CONHECIDO E PROVIDO. FIXAÇÃO DE TESE PARA APLICAÇÃO EM CASOS SEMELHANTES. 1. A dicotomia entre "atividade-fim" e "atividade-meio" é imprecisa, artificial e ignora a dinâmica da economia moderna, caracterizada pela especialização e divisão de tarefas com vistas à maior eficiência possível, de modo que frequentemente o produto ou serviço final comercializado por uma entidade comercial é fabricado ou prestado por agente distinto, sendo também comum a mutação constante do objeto social das empresas para atender a necessidades da sociedade, como revelam as mais valiosas empresas do mundo. É que a doutrina no campo econômico é uníssona no sentido de que as "Firmas mudaram o escopo de suas atividades, tipicamente reconcentrando em seus negócios principais e terceirizando muitas das atividades que previamente consideravam como centrais" (ROBERTS, John. *The Modern Firm: Organizational Design for Performance and Growth*. Oxford: Oxford University Press, 2007). 2. A cisão de atividades entre pessoas jurídicas distintas não revela qualquer intuito fraudulento, consubstanciando estratégia, garantida pelos artigos 1º, IV, e 170 da Constituição brasileira, de configuração das empresas, incorporada à Administração Pública por imperativo de eficiência (art. 37, *caput*, CRFB), para fazer frente às exigências dos consumidores e cidadãos em geral, justamente porque a perda de eficiência representa ameaça à sobrevivência da empresa e ao emprego dos trabalhadores. 3. Histórico científico: Ronald H. Coase, "The Nature of The Firm", *Economica* (new series), Vol. 4, Issue 16, p. 386-405, 1937. O objetivo de uma organização empresarial é o de reproduzir a distribuição de fatores sob competição atomística dentro da firma, apenas fazendo sentido a produção de um bem ou serviço internamente em sua estrutura quando os custos disso não ultrapassarem os custos de obtenção perante terceiros no mercado, estes denominados "custos de transação", método segundo o qual firma e sociedade desfrutam de maior produção e menor desperdício. 4. A Teoria da Administração qualifica a terceirização (*outsourcing*) como modelo organizacional de desintegração vertical, destinado ao alcance de ganhos de performance por meio da transferência para outros do fornecimento de bens e serviços anteriormente providos pela própria firma, a fim de que esta se concentre somente naquelas atividades em que pode gerar o maior valor, adotando a função de "arquiteto vertical" ou "organizador da cadeia de valor". 5. A terceirização apresenta os seguintes benefícios: (i) aprimoramento de tarefas pelo aprendizado especializado; (ii) economias de escala e de escopo; (iii) redução da complexidade organizacional; (iv) redução de problemas de cálculo e atribuição, facilitando a provisão de incentivos mais fortes a empregados; (v) precificação mais precisa de custos e maior transparência; (vi) estímulo à competição de fornecedores externos; (vii) maior facilidade de adaptação a necessidades de modificações estruturais; (viii) eliminação de problemas de possíveis excessos de produção; (ix) maior eficiência pelo fim de subsídios cruzados entre departamentos com desempenhos diferentes; (x) redução dos custos iniciais de entrada no mercado, facilitando o surgimento de novos concorrentes; (xi) superação de eventuais limitações de acesso a tecnologias ou matérias-primas; (xii) menor alavancagem operacional, diminuindo a exposição da companhia a riscos e oscilações de balanço, pela redução de seus custos fixos; (xiii) maior flexibilidade para adaptação ao mercado; (xiii) não comprometimento de recursos que poderiam ser utilizados em setores estratégicos; (xiv) diminuição da possibilidade de falhas de um setor se comunicarem a outros; e (xv) melhor adaptação a diferentes requerimentos de administração, *know-how* e estrutura, para setores e atividades distintas. 6. A Administração Pública, pautada pelo dever de eficiência (art. 37, *caput*, da Constituição), deve empregar as soluções de mercado adequadas à prestação de serviços de excelência à população com os recursos disponíveis, mormente quando demonstrado, pela teoria e pela prática internacional, que a terceirização não importa precarização às condições dos trabalhadores. 7. O art. 71, § 1º, da Lei n. 8.666/93, ao definir que a inadimplência do contratado, com referência aos encargos trabalhistas, não transfere à Administração Pública a responsabilidade por seu pagamento, representa legítima escolha do legislador, máxime porque a Lei n. 9.032/95 incluiu no dispositivo exceção à regra de não responsabilização com referência a encargos trabalhistas. 8. Constitucionalidade do art. 71, § 1º, da Lei n. 8.666/93 já reconhecida por esta Corte em caráter *erga omnes* e vinculante: ADC 16, Relator(a): Min. CEZAR PELUSO, Tribunal Pleno, julgado em 24/11/2010. 9. Recurso Extraordinário parcialmente conhecido e, na parte admitida, julgado procedente para fixar a seguinte tese para casos semelhantes: "O inadimplemento dos encargos trabalhistas dos empregados do contratado não transfere automaticamente ao Poder Público contratante a responsabilidade pelo seu pagamento, seja em caráter solidário ou subsidiário, nos termos do art. 71, § 1º, da Lei n. 8.666/93".

(RE 760931, Relator(a): ROSA WEBER, Relator(a) p/ Acórdão: LUIZ FUX, Tribunal Pleno, julgado em 26-4-2017, PROCESSO ELETRÔNICO REPERCUSSÃO GERAL – MÉRITO DJe-206 DIVULG 11-9-2017 PUBLIC 12-9-2017.)

EMENTA: RESPONSABILIDADE CONTRATUAL. Subsidiária. Contrato com a administração pública. Inadimplência negocial do outro contraente. Transferência consequente e automática dos seus encargos trabalhistas, fiscais e comerciais, resultantes da execução do contrato, à administração. Impossibilidade jurídica. Consequência proibida pelo art. 71, § 1º, da Lei federal n. 8.666/93. Constitucionalidade reconhecida dessa norma. Ação direta de constitucionalidade julgada, nesse sentido, procedente. Voto vencido. É constitucional a norma inscrita no art. 71, § 1º, da Lei federal n. 8.666, de 26 de junho de 1993, com a redação dada pela Lei n. 9.032, de 1995.

(ADC 16, Relator(a): CEZAR PELUSO, Tribunal Pleno, julgado em 24-11-2010, DJe-173 DIVULG 8-9-2011 PUBLIC 9-9-2011 EMENT VOL-02583-01 PP-00001 RTJ VOL-00219-01 PP-00011.)

COMENTÁRIOS DOS AUTORES

O contratado é obrigado a reparar, corrigir, remover, reconstruir ou substituir, às suas expensas, no total ou em parte, o objeto do contrato em que se verificarem vícios, defeitos ou incorreções resultantes da execução ou de materiais empregados.

Durante a execução dos contratos administrativos em geral, há responsabilidade direta do contratado pelos danos causados à Administração ou a terceiros em decorrência da má execução do objeto, desde que decorrentes de sua culpa ou dolo, restando caracterizada a responsabilidade subjetiva.

Ressalte-se, ademais, que essa responsabilidade não poderá ser excluída ou atenuada pela existência de fiscalização ou pelo acompanhamento da execução por parte do ente público.

Para a doutrina, o art. 120 trata da responsabilidade por fatos decorrentes da obra, a qual não se confunde com a responsabilidade pelo só fato da obra. Nesse caso, o dano é oriundo da própria natureza da obra ou de um fato imprevisível ou inevitável, sem que tenha ocorrido qualquer irregularidade na sua execução.

Conforme asseveram Marcelo Alexandrino e Vicente Paulo (2018, pág. 640), "na hipótese de o dano ser causado pelo só fato da obra, há responsabilidade civil objetiva da administração pública, na modalidade risco administrativo, independentemente de quem esteja executando a obra".

Quanto aos encargos trabalhistas, previdenciários, fiscais e comerciais, resultantes da execução do contrato, há responsabilidade exclusiva do contratado (art. 121 da Lei n. 14.133/2021).

Eventual inadimplência não transferirá a responsabilidade pelo seu pagamento ao Poder Público, nem poderá onerar o objeto do contrato nem restringir a regularização e o uso das obras e das edificações, inclusive perante o registro de imóveis.

Excepcionalmente, entretanto, em se tratando de serviços contínuos com regime de dedicação exclusiva de mão de obra, é possível a transmissão da responsabilidade pelo pagamento dos encargos previdenciários à Administração Pública, que responderá de modo solidário com o particular, bem como dos encargos trabalhistas, se comprovada falha na fiscalização do cumprimento das obrigações do contratado, com responsabilidade subsidiária da Administração.

Serviços contínuos com regime de dedicação exclusiva de mão de obra, segundo o art. 6º, XVI, desta Lei, são aqueles cujo modelo de execução contratual exige, entre outros requisitos, que:

a) os empregados do contratado fiquem à disposição nas dependências do contratante para a prestação dos serviços;

b) o contratado não compartilhe os recursos humanos e materiais disponíveis de uma contratação para execução simultânea de outros contratos;

c) o contratado possibilite a fiscalização pelo contratante quanto à distribuição, controle e supervisão dos recursos humanos alocados aos seus contratos.

Na vigência da Lei n. 8.666/93, havia normativa expressa que vedava a transferência da responsabilidade pelo pagamento dos encargos trabalhistas à Administração Pública, declarada constitucional pelo STF, eis que tida por legítima escolha do legislador.

> O inadimplemento dos encargos trabalhistas dos empregados do contratado não transfere automaticamente ao Poder Público contratante a responsabilidade pelo seu pagamento, seja em caráter solidário ou subsidiário, nos termos do art. 71, § 1º, da Lei n. 8.666/93.
> (STF, RE 760931, Relator(a): ROSA WEBER, Relator(a) p/ Acórdão: LUIZ FUX, Tribunal Pleno, julgado em 26-4-2017, PROCESSO ELETRÔNICO REPERCUSSÃO GERAL – MÉRITO DJe-206 DIVULG 11-9-2017 PUBLIC 12-9-2017.)

Com a promulgação da Lei n. 14.133/2021, muda-se, portanto, o paradigma, passando a ser expressamente admitida a responsabilização subsidiária da Administração se comprovada falha na fiscalização nos serviços contínuos com regime de dedicação exclusiva de mão de obra.

ARTIGO 122

Art. 122. Na execução do contrato e sem prejuízo das responsabilidades contratuais e legais, o contratado poderá subcontratar partes da obra, do serviço ou do fornecimento até o limite autorizado, em cada caso, pela Administração.

§ 1º O contratado apresentará à Administração documentação que comprove a capacidade técnica do subcontratado, que será avaliada e juntada aos autos do processo correspondente.

§ 2º Regulamento ou edital de licitação poderão vedar, restringir ou estabelecer condições para a subcontratação.

§ 3º Será vedada a subcontratação de pessoa física ou jurídica, se aquela ou os dirigentes desta mantiverem vínculo de natureza técnica, comercial, econômica, financeira, trabalhista ou civil com dirigente do órgão ou entidade contratante ou com agente público que desempenhe função na licitação ou atue na fiscalização ou na gestão do contrato, ou se deles forem cônjuge, companheiro ou parente em linha reta, colateral, ou por afinidade, até o terceiro grau, devendo essa proibição constar expressamente do edital de licitação.

Lei n. 8.666/93

Art. 72. O contratado, na execução do contrato, sem prejuízo das responsabilidades contratuais e legais, poderá subcontratar partes da obra, serviço ou fornecimento, até o limite admitido, em cada caso, pela Administração.

COMENTÁRIOS DOS AUTORES

O *caput* do artigo repete, praticamente, a mesma redação do art. 72 da Lei n. 8.666/93. A subcontratação sempre gerou muita polêmica no âmbito dos contratos administrativos. Isso ocorre porque, em regra, o contrato administrativo é precedido de um certame público para a escolha do particular responsável pela execução do contrato. Desse modo, muitas vezes, a subcontratação é confundida com uma burla ao processo licitatório.

Além da preocupação com a burla do processo licitatório, há a preocupação de receber uma prestação mal elaborada, tendo em vista que o vencedor da licitação passou por uma fase de habilitação técnica e econômica.

Por esses motivos, em regra, não se admite a transferência do objeto do contrato para terceiros. O que a lei admite, na linha do que já era admitido na Lei n. 8.666/93, é que parcela da obra, serviço ou fornecimento seja subcontratada por licitante.

A jurisprudência, tanto dos Tribunais Superiores, quanto dos Tribunais de Contas já admitiam a subcontratação, desde que parcial e com prévia autorização expressa da Administração Pública.

Vale ressaltar, também, que a Lei n. 8.666/93 previa, no art. 78, VI, como motivo para rescisão contratual a subcontratação, mesmo que parcial, que não fosse admitida no edital ou contrato.[44]

Atento à preocupação da doutrina e jurisprudência, a lei exigiu que, antes da subcontratação, o contratado apresente à Administração documentação que comprove a capacidade técnica do subcontratado, que deverá ser avaliada pela Administração e juntada aos autos do processo de contratação.

Regulamento do órgão administrativo ou o próprio edital de licitação poderão vedar, restringir ou disciplinar as condições para a subcontratação.

Como forma de evitar uma burla ao art. 14 da lei, também é vedada a subcontratação para pessoa física ou jurídica, que possua vínculo de natureza técnica, comercial, econômica, financeira, trabalhista, civil ou de parentesco com dirigente de órgão ou entidade contratante ou com servidor que desempenhe função na licitação ou atue na fiscalização ou na gestão do contrato.

ARTIGO 123

> **Art. 123.** A Administração terá o dever de explicitamente emitir decisão sobre todas as solicitações e reclamações relacionadas à execução dos contratos regidos por esta Lei, ressalvados os requerimentos manifestamente impertinentes, meramente protelatórios ou de nenhum interesse para a boa execução do contrato.

---

44 Nesse sentido, a jurisprudência do TCU nos acórdãos n. 1014/2005; n. 2.189/2011; 5807/2011 e n. 954/2012.

> Parágrafo único. Salvo disposição legal ou cláusula contratual que estabeleça prazo específico, concluída a instrução do requerimento, a Administração terá o prazo de 1 (um) mês para decidir, admitida a prorrogação motivada por igual período.

COMENTÁRIOS DOS AUTORES

O direito ao acesso às informações públicas encontra respaldo constitucional, especificamente no art. 5º, inciso XXXIII, da Magna Carta, o qual define que todos têm direito de receber dos órgãos públicos informações de seu interesse particular, de interesse coletivo ou geral, com a ressalva daquelas cujo sigilo seja imprescindível à segurança da sociedade e do Estado.

Outrossim, o art. 37, § 3º, inciso II, também da Constituição Federal prevê que a lei regulará e disciplinará as formas de participação do usuário na administração pública direta e indireta, em atenção ao acesso a registros administrativos e às informações sobre atos do governo.

Nesse sentido, foi editada a Lei n. 12.527, de 18 de novembro de 2011. Em síntese essa lei dispõe sobre os procedimentos a serem adotados pela União, Estados, Distrito Federal e Municípios com o fito de garantir o acesso às informações públicas. O art. 7º da referida lei ressalta o direito de obtenção do acesso a informações e de sua divulgação aos usuários, em especial quanto a:

VI – informação pertinente à administração do patrimônio público, utilização de recursos públicos, licitação, contratos administrativos; e

A Lei n. 14.133/2021, ao trazer essa importante previsão, vem na esteira do dever de transparência da Administração Pública previsto no art. 37 da CF e nos dispositivos supramencionados.

Quanto ao dever de explicitamente emitir decisão, a lei efetiva direito fundamental dos cidadãos de ver os processos administrativos atenderem ao devido processo legal, nos termos do art. 5º, LIV, bem como, ao estabelecer um prazo razoável para a emissão da decisão, fez valer o mandamento constitucional, previsto no art. 5º, LXXVIII, da duração razoável dos processos administrativos.

Por fim, sobre o dever de decidir, vale ressaltar que a Lei n. 9.784/97, que rege o processo administrativo federal, prevê norma muito semelhante:

Art. 48. A Administração tem o dever de explicitamente emitir decisão nos processos administrativos e sobre solicitações ou reclamações, em matéria de sua competência.

Em que pese já fosse possível retirar tal obrigatoriedade de outros diplomas legislativos, a incorporação expressa ao regulamento geral de licitações e contratos é uma importante inovação e vem ao encontro da atual fase da relação entre Administração Pública e administrados.

Capítulo VII
DA ALTERAÇÃO DOS CONTRATOS E DOS PREÇOS

ARTIGO 124

Art. 124. Os contratos regidos por esta Lei poderão ser alterados, com as devidas justificativas, nos seguintes casos:

I – unilateralmente pela Administração:

a) quando houver modificação do projeto ou das especificações, para melhor adequação técnica a seus objetivos;

b) quando for necessária a modificação do valor contratual em decorrência de acréscimo ou diminuição quantitativa de seu objeto, nos limites permitidos por esta Lei;

II – por acordo entre as partes:

a) quando conveniente a substituição da garantia de execução;

b) quando necessária a modificação do regime de execução da obra ou do serviço, bem como do modo de fornecimento, em face de verificação técnica da inaplicabilidade dos termos contratuais originários;

c) quando necessária a modificação da forma de pagamento por imposição de circunstâncias supervenientes, mantido o valor inicial atualizado e vedada a antecipação do pagamento em relação ao cronograma financeiro fixado sem a correspondente contraprestação de fornecimento de bens ou execução de obra ou serviço;

d) para restabelecer o equilíbrio econômico-financeiro inicial do contrato em caso de força maior, caso fortuito ou fato do príncipe ou em decorrência de fatos imprevisíveis ou previsíveis de consequências incalculáveis, que inviabilizem a execução do contrato tal como pactuado, respeitada, em qualquer caso, a repartição objetiva de risco estabelecida no contrato.

§ 1º Se forem decorrentes de falhas de projeto, as alterações de contratos de obras e serviços de engenharia ensejarão apuração de responsabilidade do responsável técnico e adoção das providências necessárias para o ressarcimento dos danos causados à Administração.

§ 2º Será aplicado o disposto na alínea "d" do inciso II do *caput* deste artigo às contratações de obras e serviços de engenharia, quando a execução for obstada pelo atraso na conclusão de procedimentos de desapropriação, desocupação, servidão administrativa ou licenciamento ambiental, por circunstâncias alheias ao contratado.

Lei n. 8.666/93

Art. 65. Os contratos regidos por esta Lei poderão ser alterados, com as devidas justificativas, nos seguintes casos:

I – unilateralmente pela Administração:

a) quando houver modificação do projeto ou das especificações, para melhor adequação técnica aos seus objetivos;

b) quando necessária a modificação do valor contratual em decorrência de acréscimo ou diminuição quantitativa de seu objeto, nos limites permitidos por esta Lei;

II – por acordo das partes:

a) quando conveniente a substituição da garantia de execução;

b) quando necessária a modificação do regime de execução da obra ou serviço, bem como do modo de fornecimento, em face de verificação técnica da inaplicabilidade dos termos contratuais originários;

c) quando necessária a modificação da forma de pagamento, por imposição de circunstâncias supervenientes, mantido o valor inicial atualizado, vedada a antecipação do pagamento, com relação ao cronograma financeiro fixado, sem a correspondente contraprestação de fornecimento de bens ou execução de obra ou serviço;

d) para restabelecer a relação que as partes pactuaram inicialmente entre os encargos do contratado e a retribuição da administração para a justa remuneração da obra, serviço ou fornecimento, objetivando a manutenção do equilíbrio econômico-financeiro inicial do contrato, na hipótese de sobrevirem fatos imprevisíveis, ou previsíveis porém de consequências incalculáveis, retardadores ou impeditivos da execução do ajustado, ou, ainda, em caso de força maior, caso fortuito ou fato do príncipe, configurando álea econômica extraordinária e extracontratual.

Jurisprudência do STF:

TABLITA. PLANO CRUZADO. REGRA DE DEFLAÇÃO DO DECRETO-LEI 2.284/86. PRINCÍPIOS DO DIREITO ADQUIRIDO, DO ATO JURÍDICO PERFEITO E DA COISA JULGADA. ALTERAÇÃO DE PADRÃO MONETÁRIO. 1. No julgamento do RE 141.190, o plenário do STF entendeu que o fator de deflação veio a preservar o equilíbrio econômico-financeiro inicial dos contratos, diante da súbita interrupção do processo inflacionário. A manutenção dos contratos então vigentes – que traziam embutida a tendência inflacionária – importaria em ganhos irreais, desiguais e incompatíveis com o pacto firmado entre as partes antes da alteração radical do ambiente monetário e econômico. 2. Também por isso se confirmou a tese de que normas de ordem pública que instituem novo padrão monetário têm aplicação imediata em relação aos contratos em curso como forma de reequilibrar a relação jurídica antes estabelecida. 3. O Plano Funaro (Cruzado) também representou mudança de padrão monetário e alteração profunda dos rumos econômicos do país e, por isso, a esse plano econômico também se aplica a jurisprudência assentada no julgamento do RE 141.190. Negado provimento ao recurso.

(RE 136901, Relator(a): MARCO AURÉLIO, Relator(a) p/ Acórdão: NELSON JOBIM, Tribunal Pleno, julgado em 15-3-2006, *DJ* 2-6-2006 PP-00005 EMENT VOL-02235-03 PP-00562.)

Jurisprudência do STJ:

ADMINISTRATIVO. CONTRATO. EQUILÍBRIO ECONÔMICO- FINANCEIRO. REAJUSTE SALARIAL. PREVISÃO NO DISSÍDIO COLETIVO. AUSÊNCIA DE CASO FORTUITO E FORÇA MAIOR. INAPLICABILIDADE DA TEORIA DA IMPREVISÃO.

1. Cuida-se de inconformismo com acórdão do Tribunal de origem que possibilitou a repactuação de preços em contrato administrativo, devido à existência de majoração de salários de empregados da contratada.

2. O art. 65, inc. II, alínea "d", da Lei 8.666/1993 prevê que só é admitida em caráter excepcional a repactuação de preço de contrato administrativo quando há "fatos imprevisíveis, ou previsíveis porém de consequências incalculáveis, retardadores ou impeditivos da execução do ajustado, ou, ainda, em caso de força maior, caso fortuito ou fato do príncipe, configurando álea econômica extraordinária e extracontratual". 3. Diante desse cenário legislativo, e utilizando interpretação *a contrario sensu*, percebe-se que é vedada a repactuação de preços de

contrato administrativo em virtude de ocorrência de situação previsível (como é o caso do reajuste salarial determinado por convenção coletiva de trabalho). 4. Ora, não pode ser aplicada a Teoria da Imprevisão para a recomposição do equilíbrio econômico-financeiro do contrato administrativo (Lei 8.666/1993, art. 65, II, "d") na hipótese de aumento salarial dos empregados da contratada em decorrência de dissídio coletivo, pois constitui evento certo que deveria ser levado em conta quando da efetivação da proposta. Precedentes: REsp 411.101/PR, Segunda Turma, Min. Eliana Calmon, *DJ* de 8.9.2003; REsp 134.797/DF, Segunda Turma, Min. Paulo Gallotti, *DJ* de 10.08.2000; AgRg no REsp 417.989/PR, Rel. Ministro Herman Benjamin, Segunda Turma, *DJe* 24/3/2009; REsp 668.367/PR, Rel. Ministro Teori Albino Zavascki, Primeira Turma, *DJ* 5/10/2006, p. 242; REsp 650.613/SP, Rel. Ministro João Otávio de Noronha, Segunda Turma, *DJ* 23/11/2007, p. 454. 5. Recurso Especial provido.
(REsp 1824099/GO, Rel. Ministro HERMAN BENJAMIN, SEGUNDA TURMA, julgado em 138/-2019, *DJe* 29-10-2019.)

Jurisprudência do TCU:
[...] 9.2.1. A variação da taxa cambial, para mais ou para menos, não pode ser considerada suficiente para, isoladamente, fundamentar a necessidade de reequilíbrio econômico-financeiro do contrato. Para que a variação do câmbio seja considerada um fato apto a ocasionar uma recomposição nos contratos, considerando se tratar de fato previsível, deve culminar consequências incalculáveis (consequências cuja previsão não seja possível pelo gestor médio quando da vinculação contratual), fugir à normalidade, ou seja, à flutuação cambial típica do regime de câmbio flutuante e, sobretudo, acarretar onerosidade excessiva no contrato a ponto de ocasionar um rompimento na equação econômico-financeira, nos termos previstos no art. 65, inciso II, alínea "d", da Lei 8.666/1993.
TRIBUNAL DE CONTAS DA UNIÃO. Acórdão 1431/2017-Plenário. RELATOR: VITAL DO RÊGO. Disponível em: <https://pesquisa.apps.tcu.gov.br/#/redireciona/jurisprudencia-selecionada/%22JURISPRUDENCIA-SELECIONADA-42659%22>. Acesso em: 12 jan. 2021.

O desequilíbrio econômico-financeiro do contrato é caracterizado pela comprovação, inequívoca, de alteração nos custos dos insumos do contrato. Essa alteração deve ser em montante de tal ordem que inviabilize a execução do contrato, em decorrência de fatos imprevisíveis, ou previsíveis, porém de consequências incalculáveis, retardadores ou impeditivos da execução do ajustado, ou, ainda, em caso de força maior, caso fortuito ou fato do príncipe, configurando álea econômica extraordinária e extracontratual.
TRIBUNAL DE CONTAS DA UNIÃO. Acórdão 3495/2012-Plenário. RELATOR: AROLDO CEDRAZ. Data da sessão de julgamento: 10-12-2012. Disponível em: <https://pesquisa.apps.tcu.gov.br/#/redireciona/jurisprudencia-selecionada/%22JURISPRUDENCIA-SELECIONADA-17234%22>. Acesso em: 13 jan. 2021.

A realização de licitação com base em projeto básico deficiente, impreciso e que não contempla todos os elementos necessários e suficientes para bem caracterizar e orçar a totalidade da obra constitui falha grave ensejadora de aplicação de multa aos responsáveis.
TRIBUNAL DE CONTAS DA UNIÃO. Acórdão 302/2016-Plenário. RELATOR: MARCOS BEMQUERER. Data da sessão de julgamento: 17-2-2016. Disponível em: <https://pesquisa.apps.tcu.gov.br/#/redireciona/jurisprudencia-selecionada/%22JURISPRUDENCIA-SELECIONADA-1405%22>. Acesso em: 13 jan. 2021.

COMENTÁRIOS DOS AUTORES

As alterações contratuais podem ser unilaterais (art. 124, I), se impostas pela Administração, ou bilaterais (art. 124, II), se resultantes de acordo das partes.

A possibilidade de alteração unilateral do contrato por parte da Administração Pública, como vimos, é uma cláusula exorbitante presente nos contratos administrativos. Essa faculdade, contudo, diz respeito apenas às cláusulas regulamentares, não sendo possível a alteração unilateral das cláusulas econômico-financeiras.

Vejamos:

Art. 104. O regime jurídico dos contratos instituído por esta Lei confere à Administração, em relação a eles, as prerrogativas de:

I – modificá-los, unilateralmente, para melhor adequação às finalidades de interesse público, respeitados os direitos do contratado;

(...)

§ 1º As cláusulas econômico-financeiras e monetárias dos contratos não poderão ser alteradas sem prévia concordância do contratado.

§ 2º Na hipótese prevista no inciso I do *caput* deste artigo, as cláusulas econômico-financeiras do contrato deverão ser revistas para que se mantenha o equilíbrio contratual.

Percebe-se que a lei, além de categoricamente não permitir que as cláusulas econômico-financeiras dos contratos administrativos sejam alteradas unilateralmente, sem que haja prévia concordância do particular, também impõe que seja mantido o equilíbrio econômico durante toda a execução do contrato, tanto em favor do particular contratado quanto da própria Administração Pública.

O equilíbrio econômico-financeiro (ou equação econômico-financeira) pode ser definido como sendo a relação de igualdade formada, de um lado, pelas obrigações assumidas pelo contratante no momento do ajuste e, de outro lado, pela compensação econômica que lhe corresponderá. A sua manutenção, nesses termos, é garantia para ambas as partes do contrato.

Em prol do princípio da manutenção do equilíbrio econômico-financeiro do contrato, a Lei n. 14.133/2021 apresenta dois mecanismos que visam garanti-lo, quais sejam: reajustamento em sentido estrito e a repactuação.

O reajustamento em sentido estrito, conforme preconiza o art. 6º, LVIII, é "forma de manutenção do equilíbrio econômico-financeiro de contrato consistente na aplicação do índice de correção monetária previsto no contrato, que deve retratar a variação efetiva do custo de produção, admitida a adoção de índices específicos ou setoriais".

A repactuação (inciso LIX do art. 6º), a seu turno, é "forma de manutenção do equilíbrio econômico-financeiro de contrato utilizada para serviços contínuos com regime de dedicação exclusiva de mão de obra ou predominância de mão de obra, por meio da análise da variação dos custos contratuais, devendo estar prevista no edital com data vinculada à apresentação das propostas, para os custos decorrentes do mercado, e com data vinculada ao acordo, à convenção coletiva ou ao dissídio coletivo ao qual o orçamento esteja vinculado, para os custos decorrentes da mão de obra".

As alterações unilaterais podem ser:

- **qualitativas:** são modificações do projeto ou de suas especificações para melhor adequação técnica a seus objetivos. Tais alterações não podem, contudo, transfigurar o objeto da contratação;

- **quantitativas:** são modificações do próprio valor contratual. O contratado é obrigado a aceitar acréscimos e supressões de até 25% do valor inicial atualizado no contrato. No caso específico de reforma de edifício ou de equipamento, o limite para acréscimos será de 50% (o limite para supressões permanece no patamar de 25%).

No que diz respeito às alterações contratuais bilaterais, hipótese interessante resta consignada no art. 124, II, "d". É a aplicação da chamada "teoria da imprevisão".

A "teoria da imprevisão" encontra-se intimamente relacionada à cláusula *rebus sic stantibus*, implícita em todo contrato de execução prolongada, segundo a qual o contrato deve ser cumprido desde que presentes as mesmas condições existentes quando da celebração do ajuste. Em ocorrendo, após a celebração do contrato, alterações extraordinárias e imprevisíveis das condições inicialmente pactuadas, que afetem diretamente a execução do contrato, este deverá ser revisto ou rescindido, conforme o caso.

Quatro são as hipóteses justificadoras que ensejam a aplicação da "teoria da imprevisão", quais sejam: 1) caso fortuito e força maior, 2) fato do príncipe, 3) fato da administração e 4) interferências imprevistas.

Em qualquer caso, deve ser respeitada a repartição objetiva de riscos estabelecida no contrato.

Analisemos cada uma das hipóteses.

1) CASO FORTUITO E FORÇA MAIOR

Essas duas expressões, para muitos doutrinadores, são consideradas sinônimas, referindo-se a situações imprevisíveis e inevitáveis que alteram a relação contratual.

A Lei n. 14.133/2021, tal qual a Lei n. 8.666/93, também não faz distinção entre caso fortuito e força maior, limitando-se a determinar consequências idênticas a elas, quais sejam: revisão contratual (art. 124, II, *d*) ou rescisão contratual (art. 137, V).

O caso fortuito e a força maior podem ser definidos como eventos da natureza ou atos de terceiros, de caráter extraordinário, imprevisível e inevitável, que oneram ou impedem a execução contratual.

2) FATO DO PRÍNCIPE

O fato do príncipe ocorre quando há um desequilíbrio na relação contratual provocado por uma ação da Administração ocorrida **fora do contrato**. Trata-se, em síntese, de um ato geral do Estado que onera o contrato de forma **indireta/reflexa**.

Segundo Marcelo Alexandrino e Vicente Paulo[45]:

Fato do príncipe é toda **determinação estatal geral**, imprevisível ou inevitável, que impeça ou, o que é mais comum, onere substancialmente e execução do contrato, autorizando sua revisão, ou mesmo sua rescisão, na hipótese de tornar-se impossível seu cumprimento. [grifo nosso]

Um exemplo caracterizador de fato do príncipe é a hipótese de promulgação de uma lei, posterior à celebração do contrato, que aumente o valor de imposto incidente sobre algum bem ou produto indispensável à consecução do ajuste, fazendo com que o particular seja substancialmente onerado.

---

45 ALEXANDRINO, Marcelo; PAULO, Vicente. *Direito Administrativo descomplicado*. 26. ed. São Paulo: Método, 2018, p. 654.

3) FATO DA ADMINISTRAÇÃO

Diferentemente do fato do príncipe, no fato da Administração, o desequilíbrio na relação contratual é provocado por uma ação ou omissão da Administração ocorrida dentro do contrato. A ação ou omissão estatal onera, desse modo, o contrato de forma direta e específica.

Isto é, durante a execução do ajuste celebrado, a Administração pratica ou deixa de praticar algo que impede ou retarda a sua execução, a exemplo do atraso dos pagamentos devidos ao contratado.

O fato da Administração pode autorizar a rescisão contratual por parte do contratado (art. 137, § 2º, da Lei n. 14.133/2021).

Constatado o fato da administração, admite-se a paralisação da execução do contrato (nunca sumária), nas seguintes hipóteses:

a) suspensão da execução, por ordem escrita da Administração Pública, por prazo superior a 3 (três) meses, salvo no caso de calamidade pública, grave perturbação da ordem pública ou guerra;

b) atraso superior a 2 (dois) meses dos pagamentos devidos pela Administração, salvo as mesmas situações acima;

c) a não liberação, pela Administração, da área, local ou objeto para execução de obra, com as mesmas ressalvadas circunstâncias;

d) supressão, por parte da Administração, de obras, serviços ou compras que acarretem modificação do valor inicial do contrato além do limite permitido no art. 125 desta Lei.

4) INTERFERÊNCIAS IMPREVISTAS

As interferências imprevistas são situações preexistentes à celebração do ajuste, porém que só vieram a ser conhecidas depois, durante a sua execução, onerando-o significativamente.

Como o próprio nome já sugere, para ser considerada como tal, a situação não poderia ter sido prevista pelas partes, sendo algo excepcional, imprevisível.

São, nesses termos, conceituadas pela doutrina como sendo ocorrências materiais não cogitadas pelas partes na celebração do contrato, mas que surgem na sua execução de modo surpreendente e excepcional, dificultando e onerando extraordinariamente o prosseguimento e a conclusão dos trabalhos.

Exemplo: existência de um solo pantanoso, não sabido pelas partes, que dificulta excessivamente a execução da obra contratada.

As interferências imprevistas autorizam a revisão do contrato, em prol do restabelecimento do equilíbrio econômico-financeiro inicialmente pactuado.

ARTIGOS 125 E 126

Art. 125. Nas alterações unilaterais a que se refere o inciso I do *caput* do art. 124 desta Lei, o contratado será obrigado a aceitar, nas mesmas condições contratuais, acréscimos ou supressões de até 25% (vinte e cinco por cento) do valor inicial atualizado do contrato que se fizerem nas obras, nos serviços ou nas compras, e, no caso de reforma de edifício ou de equipamento, o limite para os acréscimos será de 50% (cinquenta por cento).

Lei n. 8.666/93

Art. 65. Os contratos regidos por esta Lei poderão ser alterados, com as devidas justificativas, nos seguintes casos:

(...)

§ 1º O contratado fica obrigado a aceitar, nas mesmas condições contratuais, os acréscimos ou supressões que se fizerem nas obras, serviços ou compras, até 25% (vinte e cinco por cento) do valor inicial atualizado do contrato, e, no caso particular de reforma de edifício ou de equipamento, até o limite de 50% (cinquenta por cento) para os seus acréscimos.

Jurisprudência do TCU:

27. Assim, por meio da Decisão 215/1999-TCU-Plenário, o Tribunal respondeu consulta formulada pelo então Ministro de Estado do Meio Ambiente, dos Recursos Hídricos e da Amazônia Legal, no seguinte sentido:

a) tanto as alterações contratuais quantitativas – que modificam a dimensão do objeto – quanto as unilaterais qualitativas – que mantêm intangível o objeto, em natureza e em dimensão, estão sujeitas aos limites preestabelecidos nos §§ 1º e 2º do art. 65 da Lei 8.666/93, em face do respeito aos direitos do contratado, prescrito no art. 58, I, da mesma lei, do princípio da proporcionalidade e da necessidade de esses limites serem obrigatoriamente fixados em lei;

b) nas hipóteses de alterações contratuais consensuais, qualitativas e excepcionalíssimas de contratos de obras e serviços, é facultado à Administração ultrapassar os limites aludidos no item anterior, observados os princípios da finalidade, da razoabilidade e da proporcionalidade, além dos direitos patrimoniais do contratante privado, desde que satisfeitos cumulativamente os seguintes pressupostos:

I – não acarretar para a Administração encargos contratuais superiores aos oriundos de uma eventual rescisão contratual por razões de interesse público, acrescidos aos custos da elaboração de um novo procedimento licitatório;

II – não possibilitar a inexecução contratual, à vista do nível de capacidade técnica e econômico-financeira do contratado;

III – decorrer de fatos supervenientes que impliquem dificuldades não previstas ou imprevisíveis por ocasião da contratação inicial;

IV – não ocasionar a transfiguração do objeto originalmente contratado em outro de natureza e propósito diversos;

V – ser necessárias à completa execução do objeto original do contrato, à otimização do cronograma de execução e à antecipação dos benefícios sociais e econômicos decorrentes;

VI – demonstrar-se – na motivação do ato que autorizar o aditamento contratual que extrapole os limites legais mencionados na alínea "a", *supra* – que as consequências da outra alternativa (a rescisão contratual, seguida de nova licitação e contratação) importam sacrifício insuportável ao interesse público primário (interesse coletivo) a ser atendido pela obra ou serviço, ou seja gravíssimas a esse interesse; inclusive quanto à sua urgência e emergência.

TRIBUNAL DE CONTAS DA UNIÃO. Acórdão 1826/2016-Plenário. RELATOR: AUGUSTO SHERMAN. Disponível em: <https://pesquisa.apps.tcu.gov.br/#/redireciona/jurisprudencia--selecionada/%22JURISPRUDENCIA-SELECIONADA-12696%22>. Acesso em: 12 jan. 2021.

Enunciado: Nos contratos celebrados entre entidades pertencentes à Administração Pública, são inaplicáveis as cláusulas exorbitantes, previstas nos arts. 58 e 59 da Lei 8.666/1993, porquanto se trata de avenças acordadas por entidades detentoras de prerrogativas de Poder

Público, onde há situação de igualdade entre as partes. Assim, qualquer alteração em contratos da espécie somente pode ocorrer por acordo das partes, não havendo espaço, ainda, para anulação ou rescisão pela via administrativa.

TRIBUNAL DE CONTAS DA UNIÃO. Acórdão 1953/2018 1826/2016-Plenário. RELATOR: BENJAMIN ZYMLER. Disponível em: <https://pesquisa.apps.tcu.gov.br/#/redireciona/jurisprudencia-selecionada/%22JURISPRUDENCIA-SELECIONADA-61518%22>. Acesso em: 12 jan. 2021.

Art. 126. As alterações unilaterais a que se refere o inciso I do *caput* do art. 124 desta Lei não poderão transfigurar o objeto da contratação.

Jurisprudência do TCU:

27. Assim, por meio da Decisão 215/1999-TCU-Plenário, o Tribunal respondeu consulta formulada pelo então Ministro de Estado do Meio Ambiente, dos Recursos Hídricos e da Amazônia Legal, no seguinte sentido:

a) tanto as alterações contratuais quantitativas – que modificam a dimensão do objeto – quanto as unilaterais qualitativas – que mantêm intangível o objeto, em natureza e em dimensão, estão sujeitas aos limites preestabelecidos nos §§ 1º e 2º do art. 65 da Lei 8.666/93, em face do respeito aos direitos do contratado, prescrito no art. 58, I, da mesma lei, do princípio da proporcionalidade e da necessidade de esses limites serem obrigatoriamente fixados em lei;

b) nas hipóteses de alterações contratuais consensuais, qualitativas e excepcionalíssimas de contratos de obras e serviços, é facultado à Administração ultrapassar os limites aludidos no item anterior, observados os princípios da finalidade, da razoabilidade e da proporcionalidade, além dos direitos patrimoniais do contratante privado, desde que satisfeitos cumulativamente os seguintes pressupostos:

I – não acarretar para a Administração encargos contratuais superiores aos oriundos de uma eventual rescisão contratual por razões de interesse público, acrescidos aos custos da elaboração de um novo procedimento licitatório;

II – não possibilitar a inexecução contratual, à vista do nível de capacidade técnica e econômico-financeira do contratado;

III – decorrer de fatos supervenientes que impliquem dificuldades não previstas ou imprevisíveis por ocasião da contratação inicial;

IV – não ocasionar a transfiguração do objeto originalmente contratado em outro de natureza e propósito diversos;

V – ser necessárias à completa execução do objeto original do contrato, à otimização do cronograma de execução e à antecipação dos benefícios sociais e econômicos decorrentes;

VI – demonstrar-se – na motivação do ato que autorizar o aditamento contratual que extrapole os limites legais mencionados na alínea "a", *supra* – que as consequências da outra alternativa (a rescisão contratual, seguida de nova licitação e contratação) importam sacrifício insuportável ao interesse público primário (interesse coletivo) a ser atendido pela obra ou serviço, ou seja gravíssimas a esse interesse; inclusive quanto à sua urgência e emergência.

TRIBUNAL DE CONTAS DA UNIÃO. Acórdão 1826/2016-Plenário. RELATOR: AUGUSTO SHERMAN. Disponível em: <https://pesquisa.apps.tcu.gov.br/#/redireciona/jurisprudencia-selecionada/%22JURISPRUDENCIA-SELECIONADA-12696%22>. Acesso em: 12 jan. 2021.

COMENTÁRIOS DOS AUTORES

A temática dos limites impostos à modificação unilateral dos contratos pela Administração Pública foi objeto de comentários mais aprofundados no art. 104, ao qual remetemos o leitor.

ARTIGO 127

Art. 127. Se o contrato não contemplar preços unitários para obras ou serviços cujo aditamento se fizer necessário, esses serão fixados por meio da aplicação da relação geral entre os valores da proposta e o do orçamento-base da Administração sobre os preços referenciais ou de mercado vigentes na data do aditamento, respeitados os limites estabelecidos no art. 125 desta Lei.

Lei n. 8.666/93

Art. 65. Os contratos regidos por esta Lei poderão ser alterados, com as devidas justificativas, nos seguintes casos:

(...)

§ 1º O contratado fica obrigado a aceitar, nas mesmas condições contratuais, os acréscimos ou supressões que se fizerem nas obras, serviços ou compras, até 25% (vinte e cinco por cento) do valor inicial atualizado do contrato, e, no caso particular de reforma de edifício ou de equipamento, até o limite de 50% (cinquenta por cento) para os seus acréscimos.

(...)

§ 3º Se no contrato não houverem sido contemplados preços unitários para obras ou serviços, esses serão fixados mediante acordo entre as partes, respeitados os limites estabelecidos no § 1º deste artigo.

COMENTÁRIOS DOS AUTORES

O dispositivo em comento visa regulamentar os casos de alteração do objeto contratado que contemplem a prestação de novos serviços que não estavam previstos nem nas planilhas e projetos que acompanharam o edital da licitação, nem no instrumento de contrato.

Dada a ausência de parâmetros imediatos para a fixação dos preços unitários para obras ou serviços cujo aditamento se fizer necessário, a lei impõe que a alteração do valor global do contrate perpasse, necessariamente, pela sua valoração.

O administrador deve, nesse contexto, fixar o preço por meio da aplicação da relação entre os valores da proposta e o orçamento base da Administração sobre os preços referenciais ou do mercado vigentes na data do aditamento. Significa dizer que o gestor público deverá verificar a diferença percentual da proposta apresentada pelo contratado em relação ao orçamento base da Administração para, em seguida, aplicar o mesmo percentual sobre os preços unitários praticados pelo mercado para o aditamento da contratação.

Preservando-se a relação original de equivalência entre os encargos e as vantagens impostos ao contratado, evita-se um enriquecimento indevido tanto da Administração quanto do administrado.

Saliente-se, por fim, que referidas alterações deverão observar os limites estabelecidos no art. 125, quais sejam:

- 25% do valor inicial atualizado do contrato para acréscimos ou supressões nas obras, nos serviços ou nas compras;
- 50% do valor inicial atualizado do contrato para acréscimos no caso específico de reforma de edifício ou de equipamento (mantido o limite de 25% para supressões).

ARTIGOS 128, 129, 130, 131 E 132

Art. 128. Nas contratações de obras e serviços de engenharia, a diferença percentual entre o valor global do contrato e o preço global de referência não poderá ser reduzida em favor do contratado em decorrência de aditamentos que modifiquem a planilha orçamentária.

Art. 129. Nas alterações contratuais para supressão de obras, bens ou serviços, se o contratado já houver adquirido os materiais e os colocado no local dos trabalhos, estes deverão ser pagos pela Administração pelos custos de aquisição regularmente comprovados e monetariamente reajustados, podendo caber indenização por outros danos eventualmente decorrentes da supressão, desde que regularmente comprovados.

Lei n. 8.666/93

Art. 65. Os contratos regidos por esta Lei poderão ser alterados, com as devidas justificativas, nos seguintes casos:

(...)

§ 4º No caso de supressão de obras, bens ou serviços, se o contratado já houver adquirido os materiais e posto no local dos trabalhos, estes deverão ser pagos pela Administração pelos custos de aquisição regularmente comprovados e monetariamente corrigidos, podendo caber indenização por outros danos eventualmente decorrentes da supressão, desde que regularmente comprovados.

Art. 78. Constituem motivo para rescisão do contrato:

(...)

XIII – a supressão, por parte da Administração, de obras, serviços ou compras, acarretando modificação do valor inicial do contrato além do limite permitido no § 1º do art. 65 desta Lei;

Art. 130. Caso haja alteração unilateral do contrato que aumente ou diminua os encargos do contratado, a Administração deverá restabelecer, no mesmo termo aditivo, o equilíbrio econômico-financeiro inicial.

Lei n. 8.666/93

Art. 65. Os contratos regidos por esta Lei poderão ser alterados, com as devidas justificativas, nos seguintes casos:

(...)

§ 6º Em havendo alteração unilateral do contrato que aumente os encargos do contratado, a Administração deverá restabelecer, por aditamento, o equilíbrio econômico-financeiro inicial.

Art. 131. A extinção do contrato não configurará óbice para o reconhecimento do desequilíbrio econômico-financeiro, hipótese em que será concedida indenização por meio de termo indenizatório.

Parágrafo único. O pedido de restabelecimento do equilíbrio econômico-financeiro deverá ser formulado durante a vigência do contrato e antes de eventual prorrogação nos termos do art. 107 desta Lei.

Art. 132. A formalização do termo aditivo é condição para a execução, pelo contratado, das prestações determinadas pela Administração no curso da execução do contrato, salvo nos casos de justificada necessidade de antecipação de seus efeitos, hipótese em que a formalização deverá ocorrer no prazo máximo de 1 (um) mês.

Jurisprudência do TCU:

Quaisquer acréscimos ou supressões no objeto, prorrogações, repactuações, além de outras modificações admitidas em lei que possam ser caracterizadas como alterações de contrato, devem, obrigatoriamente, ser formalizadas por meio de termo de aditamento ao contrato.
TRIBUNAL DE CONTAS DA UNIÃO. Acórdão 2348/2011. Plenário. Data da sessão de julgamento: 31-8-2011. Relator: RAIMUNDO CARREIRO. Disponível em: <https://pesquisa.apps.tcu.gov.br/#/redireciona/jurisprudencia-selecionada/%22JURISPRUDENCIA-SELECIONADA-18043%22>. Acesso em: 13 jan. 2021.

COMENTÁRIOS DOS AUTORES

Os artigos acima tratam, basicamente, da preservação da equação econômico-financeiro da relação contratual firmada. Referida preservação advém da regra constitucional inserida no art. 37, XXVII, da Constituição, que consagra, além do instrumento da licitação, a noção de equilíbrio econômico-financeiro que deve permear as contratações públicas[46], sejam elas as de objetos ordinários ou até mesmo as de objetos especiais, como é o caso das concessões de serviço público e parcerias público-privada.

Trata-se de importante mecanismo de defesa dos direitos subjetivos do particular que emergem da contratação. Ora, ao realizar uma contratação com o Estado, a despeito das cláusulas exorbitantes existentes em favor da Administração Pública, o particular tem direito de retirar daquela contratação tudo aquilo que previa no momento da negociação, ou, nas palavras do Constituinte, a manutenção das condições efetivas da proposta vencedora.

Em que pese seja inegável a sua atuação na preservação dos interesses dos particulares, a tutela do equilíbrio econômico-financeiro do contrato é uma proteção para a própria administração pública, como bem lembra Marçal Justen Filho.[47] Com efeito, caso o particular sofresse o risco de arcar com todos os eventos danosos futuros, teria que formular propostas muito mais onerosas, abarcando riscos que, muitas vezes, sequer se concretizariam em custos na contratação.

---

46 ARAGÃO, Alexandre Santos de. A evolução da proteção do equilíbrio econômico-financeiro nas concessões de serviços públicos e nas PPPs. *Revista de Direito Administrativo*, Rio de Janeiro, v. 263, p. 35-66, maio/ago. 2013, p. 40.

47 JUSTEN FILHO, Marçal. *Comentários à Lei de Licitações e Contratos Administrativos*. 2. ed. São Paulo: Revistas dos Tribunais, 2016, p. 1013.

338   Artigos 128, 129, 130, 131 e 132   Nova Lei de Licitações Comentada e Referenciada

Desse modo, a instabilidade do equilíbrio econômico da contratação oneraria desnecessariamente os cofres públicos. Preservam, em última análise, a natureza comutativa do contrato administrativo, que, como cita Celso Antônio Bandeira de Mello[48], corresponde à equivalência intrínseca entre as prestações e a reciprocidade das obrigações.

Pode-se afirmar, de forma simples, que a equação econômica é mantida quando há um equilíbrio entre os encargos do contratado e o valor pago pela Administração, mantendo-se da data da apresentação da proposta até o fim da relação contratual.

Nessa linha de raciocínio, evidencia-se a existência de institutos jurídicos que visam à garantia da equação econômico-financeira inicialmente pactuada nos contratos em apreço, como, *verbi gratia*, o reajuste, fundamentado na Lei Federal n. 9.069/95, cujo objetivo é preservar o valor do contrato em razão da inflação; a repactuação, que se trata de uma revisão de preços, de forma anual, com a peculiaridade de ser prevista sempre quando promovida a prorrogação do contrato de execução continuada; e a revisão ou realinhamento, para a hipótese de sobrevir fato imprevisível ou previsível de consequência incalculável.

Nessa esteira, o art. 127 traz importante inovação que, em um primeiro momento, pode passar sem muito destaque, tendo em vista a quase total correspondência com o § 3º do art. 65. Agora, caso o contrato não tenha contemplado preços unitários para obras ou serviços cujo aditamento se fizer necessário, esses não serão mais fixados mediante mero acordo entre as partes, mas por meio de aplicação da relação geral entre os valores da proposta e o orçamento base da Administração sobre os preços referenciais ou de mercado vigentes na data do aditamento.

Trata-se de relevante incorporação da jurisprudência do TCU, que há muito vem identificando problemas com a fixação de preços unitários nos aditamentos contratuais, prática que envolve aquilo que se convencionou chamar de "jogo de planilha", um dos grandes núcleos de corrupção dos contratos administrativos.

O art. 128 caminha no mesmo sentido e traz a mesma preocupação há muito levantada pelos Tribunais de Contas do país.

Os arts. 129 e 130 encontram inteira correspondência com o já previsto na Lei n. 8.666/93, nos §§ 4º e 6º do art. 65, sendo consequência lógica da natureza comutativa dos contratos administrativos e da aplicação do princípio da causalidade na atribuição dos ônus contratuais.

O art. 131 traz o reconhecimento de que a extinção do contrato não impede o reconhecimento do desequilíbrio contratual existente, sendo direito subjetivo do contratante obter o competente reequilíbrio, sendo recompensado por meio de indenização. Contudo, o reconhecimento por parte do contratante da situação de desequilíbrio, bem como o consequente pedido de reestabelecimento da situação, deve ser feito em tempo oportuno, sendo considerado este a vigência contratual e antes de qualquer prorrogação.

Com efeito, ao não deduzir pedido de reequilíbrio durante a vigência contratual ou não o fazendo antes de fazer nova pactuação, mesmo de mera prorrogação, tal inércia tem o condão de demonstrar que o contratante não possui interesse em reajustar o contrato, sendo lícito supor que, ao estabelecer o seu preço na licitação, nele levou em conta o valor referente aos reajustes que lhe seriam futuramente devidos.

Ao não adotar o comportamento do seu próprio interesse, a contratada faz supor que aceita executar o contrato pelos preços nele fixados, sem o devido reequilíbrio.

---

48 MELLO, Celso Antônio Bandeira de. *Curso de Direito Administrativo*. 30. ed. São Paulo: Malheiros, 2012.

Desse modo, quando imposto o ônus à contratada de solicitar o reequilíbrio do aspecto econômico do contrato, se esta não o faz antes da data final de vigência contratual ou, ainda, ao aditar o contrato, automaticamente se lhe refuga a faculdade de exercer esse direito subjetivo em momento posterior.

Trata-se da ocorrência de preclusão temporal e lógica (perda da faculdade da prática de um ato pela prática de anterior incompatível com o posterior, ligado ao *venire contra factum proprium*, regra que proíbe o comportamento contraditório), fato que impossibilita a celebração de ato futuro contrário, e, consequentemente, desautoriza a efetivação do pleito.

Portanto, a contratada deve requerer o reequilíbrio contratual antes da extinção do contrato, quando o referido instrumento deixa de produzir qualquer efeito. Ademais, antes de assinar o aditivo – de qualquer natureza, como aludido –, deve solicitar a recomposição/manutenção do equilíbrio econômico-financeiro da avença.

ARTIGO 133

> **Art. 133.** Nas hipóteses em que for adotada a contratação integrada ou semi-integrada, é vedada a alteração dos valores contratuais, exceto nos seguintes casos:
> I – para restabelecimento do equilíbrio econômico-financeiro decorrente de caso fortuito ou força maior;
> II – por necessidade de alteração do projeto ou das especificações para melhor adequação técnica aos objetivos da contratação, a pedido da Administração, desde que não decorrente de erros ou omissões por parte do contratado, observados os limites estabelecidos no art. 125 desta Lei;
> III – por necessidade de alteração do projeto nas contratações semi-integradas, nos termos do § 5º do art. 46 desta Lei;
> IV – por ocorrência de evento superveniente alocado na matriz de riscos como de responsabilidade da Administração.

Lei n. 12.462/2011

Art. 9º Nas licitações de obras e serviços de engenharia, no âmbito do RDC, poderá ser utilizada a contratação integrada, desde que técnica e economicamente justificada e cujo objeto envolva, pelo menos, uma das seguintes condições:

(...)

§ 4º Nas hipóteses em que for adotada a contratação integrada, é vedada a celebração de termos aditivos aos contratos firmados, exceto nos seguintes casos:

I – para recomposição do equilíbrio econômico-financeiro decorrente de caso fortuito ou força maior; e

II – por necessidade de alteração do projeto ou das especificações para melhor adequação técnica aos objetivos da contratação, a pedido da administração pública, desde que não decorrentes de erros ou omissões por parte do contratado, observados os limites previstos no § 1º do art. 65 da Lei n. 8.666, de 21 de junho de 1993.

Lei n. 13.303/2016

Art. 42. Na licitação e na contratação de obras e serviços por empresas públicas e sociedades de economia mista, serão observadas as seguintes definições:

(...)

§ 3º Nas contratações integradas ou semi-integradas, os riscos decorrentes de fatos supervenientes à contratação associados à escolha da solução de projeto básico pela contratante deverão ser alocados como de sua responsabilidade na matriz de riscos.

Jurisprudência do TCU:

Nas contratações integradas, é imprescindível a inclusão da matriz de risco detalhada no instrumento convocatório, com alocação a cada signatário dos riscos inerentes ao empreendimento. TRIBUNAL DE CONTAS DA UNIÃO. Acórdão 2980/2015-Plenário. Data da sessão de julgamento: 18-11-2015. RELATOR: ANA ARRAES. Disponível em: <https://pesquisa.apps.tcu.gov.br/#/redireciona/jurisprudenciaselecionada/%22JURISPRUDENCIA-SELECIONADA-14919%22>. Acesso em: 13 jan. 2021.

COMENTÁRIOS DOS AUTORES

Em que pese sem correspondência na lei geral de licitações anterior, a contratação integrada não é uma novidade no ordenamento jurídico brasileiro. Primeiramente previsto no Decreto n. 2.745/98, que consagrava o Regulamento do Procedimento Licitatório da Petrobras, foi posteriormente previsto na Lei n. 12.462/2011 (Regime Diferenciado de Contratações Públicas – RDC) e na Lei n. 13.303/2016 (Estatuto Jurídico das Estatais).

Nos contratos que adotem o regime de contratação integrada, compete ao licitante elaborar e desenvolver tanto o projeto básico e o executivo quanto executar as obras e serviços decorrentes do projeto.

Essa modalidade tem como novidade a autorização para que o contratante particular realize o projeto básico, que, nos termos da Lei n. 8.666/93, somente poderia ser realizado pela Administração.

Ademais, traz importante mecanismo visando combater a chamada "indústria dos ativos". Com efeito, aparentemente, o regime da contratação integrada ou semi-integrada visa reduzir o grau de ineficiência dos projetos para situações em que a Administração Pública não tenha corpo técnico adequado ou condições materiais suficientes para elaborar um projeto preciso e condizente com a realidade que se encontrará no momento da execução.

Desse modo, evita-se que o projeto passe por inúmeras alterações e aditamentos, que, além de encarecer sobremaneira o contrato inicialmente entabulado, por muitas vezes, chegam a descaracterizar o objeto inicialmente contratado (*vide*, também, vedação prevista no art. 126).

Tendo como pano de fundo a natureza do instituto e a possível intenção do legislador pátrio, é fácil reconhecer os motivos da eleição de um campo extremamente restrito para as alterações contratuais nas contratações integradas ou semi-integradas. Podemos afirmar que, em regra, a celebração de termos aditivos é vedada nas obras que adotarem a contratação integrada ou semi-integrada.

A primeira exceção, em que se admite a alteração dos valores estabelecidos na contratação integrada ou semi-integrada, é para recompor o equilíbrio econômico-financeiro do contrato decorrente de caso fortuito ou força maior. Não poderia ser diferente, tendo em vista que a manutenção do equilíbrio econômico do pacto é norma constitucional, não sendo razoável impedir a repactuação em casos de caso fortuito ou força maior, que não poderiam ser previstos na elaboração do projeto.

Admite-se alteração, também, por necessidade de alteração do projeto ou das especificações para adequar o projeto aos objetos do ente público, a pedido da Administração, desde que essa alteração não decorra de erros ou omissões do próprio projeto, por culpa do contratado, observado o limite de 25% (vinte e cinco por cento) para acréscimos ou supressões e de 50%, nos casos de reforma de edifício ou de equipamentos, para acréscimos.

A contratação semi-integrada admite a já mencionada alteração prevista no art. 46, § 5º, que é aquela em que o projeto básico diante da demonstração, por parte do contratado, da superioridade das inovações propostas em termos de redução de custos, de aumento da qualidade, de redução do prazo de execução ou da facilidade de manutenção ou operação. Nesses casos, o contratado assume a responsabilidade integral pelos riscos associados à alteração.

Por fim, admite-se a alteração por fato superveniente que tenha sido devidamente alocado na matriz de risco como de responsabilidade da Administração Pública.

ARTIGO 134

Art. 134. Os preços contratados serão alterados, para mais ou para menos, conforme o caso, se houver, após a data da apresentação da proposta, criação, alteração ou extinção de quaisquer tributos ou encargos legais ou a superveniência de disposições legais, com comprovada repercussão sobre os preços contratados.

COMENTÁRIOS DOS AUTORES

O artigo em epígrafe traz matéria que já encontrava previsão expressa na Lei n. 8.666/93. Vejamos:

Lei n. 8.666/93

Art. 65. Os contratos regidos por esta Lei poderão ser alterados, com as devidas justificativas, nos seguintes casos:

(...)

§ 5º Quaisquer tributos ou encargos legais criados, alterados ou extintos, bem como a superveniência de disposições legais, quando ocorridas após a data da apresentação da proposta, de comprovada repercussão nos preços contratados, implicarão a revisão destes para mais ou para menos, conforme o caso.

Já havia previsão semelhante, também, na lei de concessões públicas, Lei n. 8.987/95:

Art. 9º, § 3º Ressalvados os impostos sobre a renda, a criação, alteração ou extinção de quaisquer tributos ou encargos legais, após a apresentação da proposta, quando comprovado seu impacto, implicará a revisão da tarifa, para mais ou para menos, conforme o caso.

ARTIGOS 135 E 136

Art. 135. Os preços dos contratos para serviços contínuos com regime de dedicação exclusiva de mão de obra ou com predominância de mão de obra serão repactuados para manutenção do equilíbrio econômico-financeiro, mediante demonstração analítica da variação dos custos contratuais, com data vinculada:

I – à da apresentação da proposta, para custos decorrentes do mercado;

II – ao acordo, à convenção coletiva ou ao dissídio coletivo ao qual a proposta esteja vinculada, para os custos de mão de obra.

§ 1º A Administração não se vinculará às disposições contidas em acordos, convenções ou dissídios coletivos de trabalho que tratem de matéria não trabalhista, de pagamento de participação dos trabalhadores nos lucros ou resultados do contratado, ou que estabeleçam direitos não previstos em lei, como valores ou índices obrigatórios de encargos sociais ou previdenciários, bem como de preços para os insumos relacionados ao exercício da atividade.

§ 2º É vedado a órgão ou entidade contratante vincular-se às disposições previstas nos acordos, convenções ou dissídios coletivos de trabalho que tratem de obrigações e direitos que somente se aplicam aos contratos com a Administração Pública.

§ 3º A repactuação deverá observar o interregno mínimo de 1 (um) ano, contado da data da apresentação da proposta ou da data da última repactuação.

§ 4º A repactuação poderá ser dividida em tantas parcelas quantas forem necessárias, observado o princípio da anualidade do reajuste de preços da contratação, podendo ser realizada em momentos distintos para discutir a variação de custos que tenham sua anualidade resultante em datas diferenciadas, como os decorrentes de mão de obra e os decorrentes dos insumos necessários à execução dos serviços.

§ 5º Quando a contratação envolver mais de uma categoria profissional, a repactuação a que se refere o inciso II do *caput* deste artigo poderá ser dividida em tantos quantos forem os acordos, convenções ou dissídios coletivos de trabalho das categorias envolvidas na contratação.

§ 6º A repactuação será precedida de solicitação do contratado, acompanhada de demonstração analítica da variação dos custos, por meio de apresentação da planilha de custos e formação de preços, ou do novo acordo, convenção ou sentença normativa que fundamenta a repactuação.

Jurisprudência do TCU:

Repactuações dos contratos de prestação de serviços de natureza contínua subsequentes à primeira repactuação devem observar o prazo mínimo de um ano, contado a partir da data da última repactuação, a qual deve ocorrer uma única vez, no mesmo período.

TRIBUNAL DE CONTAS DA UNIÃO. Acórdão 2255/2005-Plenário. Data da sessão de julgamento: 13-12-2005. Relator: LINCOLN MAGALHÃES DA ROCHA.Disponível em:<https://pesquisa.apps.tcu.gov.br/#/redireciona/jurisprudencia-selecionada/%22JURISPRUDENCIA-SELECIONADA-34098%22>. Acesso em: 13 jan. 2021.

A diferença entre repactuação e reajuste é que este é automático e realizado periodicamente, mediante aplicação de índice de preço que, dentro do possível, deve refletir os custos setoriais. Enquanto naquela, de periodicidade anual, não há automatismo, pois é necessário demonstrar a variação dos custos do serviço. Para que ocorra a repactuação, com base na variação dos custos do serviço contratado, deve ser observado o prazo mínimo de um ano, mediante a demonstração analítica da variação dos componentes dos custos, devidamente justificada, não sendo admissível repactuação com base na variação do IGPM.

TRIBUNAL DE CONTAS DA UNIÃO. Acórdão 1105/2008- Plenário. Data da sessão de julgamento: 11-6-2008. Relator: Benjamin Zymler. Disponível em: https://pesquisa.apps.tcu.gov.br/#/redireciona/jurisprudencia-selecionada/%22JURISPRUDENCIA-SELECIONADA-31104%22. Acesso em: 13 jan. 2021.

Art. 136. Registros que não caracterizam alteração do contrato podem ser realizados por simples apostila, dispensada a celebração de termo aditivo, como nas seguintes situações:
I – variação do valor contratual para fazer face ao reajuste ou à repactuação de preços previstos no próprio contrato;
II – atualizações, compensações ou penalizações financeiras decorrentes das condições de pagamento previstas no contrato;
III – alterações na razão ou na denominação social do contratado;
IV – empenho de dotações orçamentárias.

COMENTÁRIOS DOS AUTORES

O art. 136 também não é uma novidade da nova lei. Trata-se das situações de modificações não substanciais ao contrato, em que o legislador decidiu dispensar o Gestor de maiores formalidades. São casos em que, em uma melhor análise, nem sequer há uma alteração contratual de fato, dispensando a elaboração de um novo instrumento contratual, bastando o mero apostilamento.

Na nova lei, houve apenas um cuidado para dar maior clareza a uma previsão que já existia no art. 65 da Lei n. 8.666/93, separando em diversos incisos uma redação original que era um pouco mais confusa. Vejamos:

Lei n. 8.666/93

Art. 65. Os contratos regidos por esta Lei poderão ser alterados, com as devidas justificativas, nos seguintes casos:

(...)

§ 8º A variação do valor contratual para fazer face ao reajuste de preços previsto no próprio contrato, as atualizações, compensações ou penalizações financeiras decorrentes das condições de pagamento nele previstas, bem como o empenho de dotações orçamentárias suplementares até o limite do seu valor corrigido, não caracterizam alteração do mesmo, podendo ser registrados por simples apostila, dispensando a celebração de aditamento.

Jurisprudência do TCU:

A utilização de apostilamento não supre a exigência legal de formalização de termo aditivo para alterações quantitativas e qualitativas de objeto (artigos 60 e 61 da Lei 8.666/1993), servindo apenas para fazer constar reajustes do valor do contrato ou para assentamento de medidas burocráticas (art. 65, § 8º, da Lei 8.666/1993).
TRIBUNAL DE CONTAS DA UNIÃO. Acórdão 7487/2015. Primeira Câmara. Data da sessão de julgamento: 17-11-2015. Relator: BRUNO DANTAS. Disponível em: <https://pesquisa.apps.tcu.gov.br/#/redireciona/jurisprudenciaselecionada/%22JURISPRUDENCIA-SELECIONADA-17226%22>. Acesso em: 13 jan. 2021.

//// 344   Artigos 137, 138 e 139   Nova Lei de Licitações Comentada e Referenciada

CAPÍTULO VIII
DAS HIPÓTESES DE EXTINÇÃO DOS CONTRATOS

ARTIGOS 137, 138 E 139

Art. 137. Constituirão motivos para extinção do contrato, a qual deverá ser formalmente motivada nos autos do processo, assegurados o contraditório e a ampla defesa, as seguintes situações:

Lei n. 8.666/93

Art. 78, parágrafo único. Os casos de rescisão contratual serão formalmente motivados nos autos do processo, assegurado o contraditório e a ampla defesa.

Jurisprudência do TCU:

A concessão de prazo exíguo à contratada para se manifestar sobre decisão da Administração de rescindir unilateralmente o contrato não é razoável e ofende os princípios do contraditório e da ampla defesa, ainda que o art. 78, parágrafo único, da Lei 8.666/1993 não tenha fixado prazo para o exercício desse direito.

(TCU, Acórdão 442/2017-Primeira Câmara, Relator: Augusto Sherman, 07-2-2017.)

I - não cumprimento ou cumprimento irregular de normas editalícias ou de cláusulas contratuais, de especificações, de projetos ou de prazos;

Lei n. 8.666/93

Art. 78. Constituem motivo para rescisão do contrato:

I – o não cumprimento de cláusulas contratuais, especificações, projetos ou prazos;

II – o cumprimento irregular de cláusulas contratuais, especificações, projetos e prazos;

Jurisprudência do TCU:

Nos editais e contratos de execução continuada ou parcelada, deve haver cláusula impondo a obrigação de o contratado manter, durante toda a execução do contrato, todas as condições de habilitação e qualificação exigidas na licitação, especialmente quanto à regularidade fiscal, incluindo a seguridade social, prevendo, como sanções para o inadimplemento a essa cláusula, a rescisão do contrato e a execução da garantia para ressarcimento dos valores e indenizações devidos à Administração, além das penalidades já previstas em lei (arts. 55, inciso XIII, 78, inciso I, 80, inciso III, e 87, da Lei 8.666/1993).

(TCU, Acórdão 964/2012-Plenário, Relator: Walton Alencar Rodrigues, 25-4-2012.)

Não há respaldo legal para que o pagamento de serviços contratuais fique condicionado à comprovação da regularidade fiscal do contratado. Cabe, porém, ao órgão contratante a opção de rescindir o contrato e aplicar penalidade por descumprimento de cláusula contratual, caso a contratada, após aviso do órgão, não regularize sua situação fiscal no prazo definido pela administração.

(TCU, Acórdão 3382/2010-Plenário, Relator: Walton Alencar Rodrigues, 8-12-2010.)

II - desatendimento das determinações regulares emitidas pela autoridade designada para acompanhar e fiscalizar sua execução ou por autoridade superior;

Lei n. 8.666/93

Art. 78, VII – o desatendimento das determinações regulares da autoridade designada para acompanhar e fiscalizar a sua execução, assim como as de seus superiores;

III – alteração social ou modificação da finalidade ou da estrutura da empresa que restrinja sua capacidade de concluir o contrato;

Lei n. 8.666/93

Art. 78, XI – a alteração social ou a modificação da finalidade ou da estrutura da empresa, que prejudique a execução do contrato;

Jurisprudência do TCU:

Em caso de desestatização de empresa estatal, os contratos administrativos firmados com entes públicos federais com base no art. 24, incisos VIII e XVI, da Lei 8.666/1993 podem permanecer em execução até o término de sua vigência, desde que ausente a situação de prejudicialidade especificada no art. 78, inciso XI, da referida lei, bem como mantidas as demais condições estabelecidas originalmente no ajuste, especialmente as que digam respeito ao objeto contratual, à prestação de garantia e aos requisitos de habilitação (art. 55, inciso XIII, da Lei 8.666/1993). É também facultada à administração contratante a prorrogação desses contratos, desde que prevista no instrumento convocatório e demonstrados o interesse público e a vantajosidade da medida.
(TCU, Acórdão 2930/2019-Plenário, Relator: Benjamin Zymler, 4-12-2019.)

IV – decretação de falência ou de insolvência civil, dissolução da sociedade ou falecimento do contratado;

Lei n. 8.666/93

Art. 78, IX – a decretação de falência ou a instauração de insolvência civil;
X – a dissolução da sociedade ou o falecimento do contratado;

V – caso fortuito ou força maior, regularmente comprovados, impeditivos da execução do contrato;

Lei n. 8.666/93

Art. 78, XVII – a ocorrência de caso fortuito ou de força maior, regularmente comprovada, impeditiva da execução do contrato.

VI – atraso na obtenção da licença ambiental, ou impossibilidade de obtê-la, ou alteração substancial do anteprojeto que dela resultar, ainda que obtida no prazo previsto;
VII – atraso na liberação das áreas sujeitas a desapropriação, a desocupação ou a servidão administrativa, ou impossibilidade de liberação dessas áreas;
VIII – razões de interesse público, justificadas pela autoridade máxima do órgão ou da entidade contratante;

Lei n. 8.666/93

Art. 78, XII – razões de interesse público, de alta relevância e amplo conhecimento, justificadas e determinadas pela máxima autoridade da esfera administrativa a que está subordinado o contratante e exaradas no processo administrativo a que se refere o contrato;

346 Artigos 137, 138 e 139   Nova Lei de Licitações Comentada e Referenciada

Jurisprudência do STJ:

2. Esta Corte Superior entende que a rescisão unilateral do contrato administrativo com base no interesse público, prevista no art. 78, XII, da Lei n. 8.666/93, não exime a Administração Pública de devidamente a motivar, com a oitiva prévia do contratado, não sendo "possível embasar a abrupta rescisão de contrato sob o pálio apenas de que seria precário".

(STJ, AgInt no AgInt no REsp 1.650.210/ES, Rel. Min. Gurgel de Faria, Primeira Turma, julgado em 7-5-2019, *DJe* 24-5-2019.)

É possível a rescisão unilateral de contrato administrativo, devidamente justificada por razões de interesse público, de alta relevância e amplo conhecimento, independente de prévio processo administrativo, a teor do inciso XII do art. 78, da Lei n. 8.666/93.

(STJ, AgInt no RMS 41.474/RO, Rel. Min. Regina Helena Costa, Primeira Turma, *DJe* 16-11-2018.)

IX - não cumprimento das obrigações relativas à reserva de cargos prevista em lei, bem como em outras normas específicas, para pessoa com deficiência, para reabilitado da Previdência Social ou para aprendiz.

Lei n. 8.666/93

Art. 78, XVIII – descumprimento do disposto no inciso V do art. 27, sem prejuízo das sanções penais cabíveis.

Lei n. 8.666/93

Art. 78, III – a lentidão do seu cumprimento, levando a Administração a comprovar a impossibilidade da conclusão da obra, do serviço ou do fornecimento, nos prazos estipulados;

(...)

V – a paralisação da obra, do serviço ou do fornecimento, sem justa causa e prévia comunicação à Administração;

VI – a subcontratação total ou parcial do seu objeto, a associação do contratado com outrem, a cessão ou transferência, total ou parcial, bem como a fusão, cisão ou incorporação, não admitidas no edital e no contrato;

(...)

VIII – o cometimento reiterado de faltas na sua execução, anotadas na forma do § 1º do art. 67 desta Lei;

Jurisprudência do TCU:

É ilegal e inconstitucional a sub-rogação da contratada, mesmo havendo previsão contratual e anuência da Administração, por contrariar os princípios da moralidade e da eficiência, o princípio da supremacia do interesse público, o dever geral de licitar (art. 37, inciso XXI, da Constituição Federal) e os arts. 2º, 72 e 78, inciso VI, da Lei 8.666/1993.

(TCU, Acórdão 5168/2020-Segunda Câmara, Relator: Aroldo Cedraz, 7-5-2020.)

O entendimento do TCU firmado pela Decisão 420/2002 Plenário, no sentido de que a sub-rogação também se inclui no rol de causas de rescisão previsto no art. 78, inciso VI, da Lei 8.666/1993, não implica a convalidação de contratos sub-rogados em data anterior àquela deliberação.

(TCU, Acórdão 1864/2016-Plenário, Relator: José Mucio Monteiro, 20-7-2016.)

§ 1º Regulamento poderá especificar procedimentos e critérios para verificação da ocorrência dos motivos previstos no *caput* deste artigo.

§ 2º O contratado terá direito à extinção do contrato nas seguintes hipóteses:

I - supressão, por parte da Administração, de obras, serviços ou compras que acarrete modificação do valor inicial do contrato além do limite permitido no art. 125 desta Lei;

> Lei n. 8.666/93
> Art. 78, XIII – a supressão, por parte da Administração, de obras, serviços ou compras, acarretando modificação do valor inicial do contrato além do limite permitido no § 1º do art. 65 desta Lei;

> Jurisprudência do TCU:
> Nas hipóteses excepcionalíssimas de alterações consensuais qualitativas de contratos de obras e serviços, é facultado à Administração ultrapassar os limites estabelecidos no art. 65, §§ 1º e 2º, da Lei 8.666/1993, observados os princípios da finalidade, da razoabilidade e da proporcionalidade, além dos direitos patrimoniais do contratante privado, desde que satisfeitos cumulativamente os seguintes pressupostos: a) não acarretar para a Administração encargos contratuais superiores aos oriundos de uma eventual rescisão contratual por razões de interesse público, acrescidos aos custos da elaboração de um novo procedimento licitatório; b) não possibilitar a inexecução contratual, à vista do nível de capacidade técnica e econômico-financeira do contratado; c) decorrer de fatos supervenientes que impliquem dificuldades não previstas ou imprevisíveis por ocasião da contratação inicial; d) não ocasionar a transfiguração do objeto originalmente contratado em outro de natureza e propósito diversos; e) ser necessária à completa execução do objeto original do contrato, à otimização do cronograma de execução e à antecipação dos benefícios sociais e econômicos decorrentes; f) demonstrar-se – na motivação do ato que autorizar o aditamento contratual – que as consequências da outra alternativa (a rescisão contratual, seguida de nova licitação e contratação) importam sacrifício insuportável ao interesse público primário (interesse coletivo) a ser atendido pela obra ou serviço, ou sejam gravíssimas a esse interesse, inclusive quanto à sua urgência e emergência.
> (TCU, Acórdão 50/2019-Plenário, Relator: Marcos Bemquerer, 23-1-2019.)

II - suspensão de execução do contrato, por ordem escrita da Administração, por prazo superior a 3 (três) meses;

> Lei n. 8.666/93
> Art. 78, XIV – a suspensão de sua execução, por ordem escrita da Administração, por prazo superior a 120 (cento e vinte) dias, salvo em caso de calamidade pública, grave perturbação da ordem interna ou guerra, ou ainda por repetidas suspensões que totalizem o mesmo prazo, independentemente do pagamento obrigatório de indenizações pelas sucessivas e contratualmente imprevistas desmobilizações e mobilizações e outras previstas, assegurado ao contratado, nesses casos, o direito de optar pela suspensão do cumprimento das obrigações assumidas até que seja normalizada a situação;

III - repetidas suspensões que totalizem 90 (noventa) dias úteis, independentemente do pagamento obrigatório de indenização pelas sucessivas e contratualmente imprevistas desmobilizações e mobilizações e outras previstas;

//// **348** Artigos 137, 138 e 139   Nova Lei de Licitações Comentada e Referenciada

Lei n. 8.666/93

Art. 78, XIV – a suspensão de sua execução, por ordem escrita da Administração, por prazo superior a 120 (cento e vinte) dias, salvo em caso de calamidade pública, grave perturbação da ordem interna ou guerra, ou ainda por repetidas suspensões que totalizem o mesmo prazo, independentemente do pagamento obrigatório de indenizações pelas sucessivas e contratualmente imprevistas desmobilizações e mobilizações e outras previstas, assegurado ao contratado, nesses casos, o direito de optar pela suspensão do cumprimento das obrigações assumidas até que seja normalizada a situação;

IV - atraso superior a 2 (dois) meses, contado da emissão da nota fiscal, dos pagamentos ou de parcelas de pagamentos devidos pela Administração por despesas de obras, serviços ou fornecimentos;

Lei n. 8.666/93

Art. 78, XV – o atraso superior a 90 (noventa) dias dos pagamentos devidos pela Administração decorrentes de obras, serviços ou fornecimento, ou parcelas destes, já recebidos ou executados, salvo em caso de calamidade pública, grave perturbação da ordem interna ou guerra, assegurado ao contratado o direito de optar pela suspensão do cumprimento de suas obrigações até que seja normalizada a situação;

Jurisprudência do STJ:

7. Ademais, consoante o art. 78, XV, da Lei 8.666/1993, apenas o atraso superior a 90 (noventa) dias dos pagamentos pela Administração seria apto a permitir a suspensão do cumprimento do contrato pelo particular, tendo em vista que a exceção de contrato não cumprido, em tal situação, deve respeitar o referido período de tempo estipulado em lei, considerando a necessidade de se garantir a continuidade do serviço público. Para atrasos inferiores, eventuais antecipações de despesas deveriam ser efetuadas e posteriormente compensadas de acordo com as cláusulas contratuais. 8. Ressalte-se que a existência de cláusulas exorbitantes nos contratos administrativos decorre da supremacia do interesse público sobre o privado e é apta a colocar o Estado em posição de superioridade, tudo isso em consonância com a lei.

(STJ, AgInt no REsp 1.843.163/DF, Rel. Min. Herman Benjamin, Segunda Turma, *DJe* 16-6-2020.)

Se a Administração Pública deixou de efetuar os pagamentos devidos por mais de 90 (noventa) dias, pode o contratado, licitamente, suspender a execução do contrato, sendo desnecessária, nessa hipótese, a tutela jurisdicional porque o art. 78, XV, da Lei 8.666/93 lhe garante tal direito.

(STJ, REsp 910.802/RJ, Rel. Min. Eliana Calmon, Segunda Turma, *DJe* 6-8-2008.)

V - não liberação pela Administração, nos prazos contratuais, de área, local ou objeto, para execução de obra, serviço ou fornecimento, e de fontes de materiais naturais especificadas no projeto, inclusive devido a atraso ou descumprimento das obrigações atribuídas pelo contrato à Administração relacionadas a desapropriação, a desocupação de áreas públicas ou a licenciamento ambiental.

Lei n. 8.666/93

Art. 78, XVI – a não liberação, por parte da Administração, de área, local ou objeto para execução de obra, serviço ou fornecimento, nos prazos contratuais, bem como das fontes de materiais naturais especificadas no projeto;

§ 3º As hipóteses de extinção a que se referem os incisos II, III e IV do § 2º deste artigo observarão as seguintes disposições:
I - não serão admitidas em caso de calamidade pública, de grave perturbação da ordem interna ou de guerra, bem como quando decorrerem de ato ou fato que o contratado tenha praticado, do qual tenha participado ou para o qual tenha contribuído;

> Lei n. 8.666/93
>
> Art. 78, XIV - a suspensão de sua execução, por ordem escrita da Administração, por prazo superior a 120 (cento e vinte) dias, salvo em caso de calamidade pública, grave perturbação da ordem interna ou guerra, ou ainda por repetidas suspensões que totalizem o mesmo prazo, independentemente do pagamento obrigatório de indenizações pelas sucessivas e contratualmente imprevistas desmobilizações e mobilizações e outras previstas, assegurado ao contratado, nesses casos, o direito de optar pela suspensão do cumprimento das obrigações assumidas até que seja normalizada a situação; XV - o atraso superior a 90 (noventa) dias dos pagamentos devidos pela Administração decorrentes de obras, serviços ou fornecimento, ou parcelas destes, já recebidos ou executados, salvo em caso de calamidade pública, grave perturbação da ordem interna ou guerra, assegurado ao contratado o direito de optar pela suspensão do cumprimento de suas obrigações até que seja normalizada a situação;

II - assegurarão ao contratado o direito de optar pela suspensão do cumprimento das obrigações assumidas até a normalização da situação, admitido o restabelecimento do equilíbrio econômico-financeiro do contrato, na forma da alínea *d* do inciso II do *caput* do art. 124 desta Lei.

> Lei n. 8.666/93
>
> Art. 78, XIV - a suspensão de sua execução, por ordem escrita da Administração, por prazo superior a 120 (cento e vinte) dias, salvo em caso de calamidade pública, grave perturbação da ordem interna ou guerra, ou ainda por repetidas suspensões que totalizem o mesmo prazo, independentemente do pagamento obrigatório de indenizações pelas sucessivas e contratualmente imprevistas desmobilizações e mobilizações e outras previstas, assegurado ao contratado, nesses casos, o direito de optar pela suspensão do cumprimento das obrigações assumidas até que seja normalizada a situação; XV - o atraso superior a 90 (noventa) dias dos pagamentos devidos pela Administração decorrentes de obras, serviços ou fornecimento, ou parcelas destes, já recebidos ou executados, salvo em caso de calamidade pública, grave perturbação da ordem interna ou guerra, assegurado ao contratado o direito de optar pela suspensão do cumprimento de suas obrigações até que seja normalizada a situação;
>
> Art. 65. Os contratos regidos por esta Lei poderão ser alterados, com as devidas justificativas, nos seguintes casos:
>
> (...)
>
> II – por acordo das partes:
>
> (...)
>
> *d)* para restabelecer a relação que as partes pactuaram inicialmente entre os encargos do contratado e a retribuição da administração para a justa remuneração da obra, serviço ou fornecimento, objetivando a manutenção do equilíbrio econômico-financeiro inicial do contrato, na hipótese de sobrevirem fatos imprevisíveis, ou previsíveis porém de consequências incalculáveis, retardadores ou impeditivos da execução do ajustado, ou, ainda, em caso de força maior, caso fortuito ou fato do príncipe, configurando álea econômica extraordinária e extracontratual.

Jurisprudência do TCU:

Súmula TCU 205: É inadmissível, em princípio, a inclusão, nos contratos administrativos, de cláusula que preveja, para o Poder Público, multa ou indenização, em caso de rescisão.

§ 4º Os emitentes das garantias previstas no art. 96 desta Lei deverão ser notificados pelo contratante quanto ao início de processo administrativo para apuração de descumprimento de cláusulas contratuais.

Art. 138. A extinção do contrato poderá ser:
I – determinada por ato unilateral e escrito da Administração, exceto no caso de descumprimento decorrente de sua própria conduta;

Lei n. 8.666/93
Art. 79. A rescisão do contrato poderá ser:
I – determinada por ato unilateral e escrito da Administração, nos casos enumerados nos incisos I a XII e XVII do artigo anterior;

II – consensual, por acordo entre as partes, por conciliação, por mediação ou por comitê de resolução de disputas, desde que haja interesse da Administração;

Lei n. 8.666/93
Art. 79, II – amigável, por acordo entre as partes, reduzida a termo no processo da licitação, desde que haja conveniência para a Administração;

Jurisprudência do TCU:

A eventual morosidade do processo administrativo de rescisão unilateral não pode ser considerada para justificar a rescisão amigável do contrato administrativo, que somente se admite quando conveniente para a Administração e não houver motivos para a rescisão unilateral.
(TCU, Acórdão 2205/2016-Plenário, Relator: Ana Arraes, 24-8-2016.)

A rescisão amigável do contrato sem a devida comprovação de conveniência para a Administração e de que não restaram configurados os motivos para a rescisão unilateral do ajuste configura irregularidade, por afrontar o disposto no art. 79, inciso II, da Lei 8.666/1993.
(TCU, Acórdão 740/2013-Plenário, Relator: Benjamin Zymler, 3-4-2013.)

III – determinada por decisão arbitral, em decorrência de cláusula compromissória ou compromisso arbitral, ou por decisão judicial.

Lei n. 8.666/93
Art. 79, III – judicial, nos termos da legislação;

§ 1º A extinção determinada por ato unilateral da Administração e a extinção consensual deverão ser precedidas de autorização escrita e fundamentada da autoridade competente e reduzidas a termo no respectivo processo.

Lei n. 8.666/93

Art. 79, § 1º A rescisão administrativa ou amigável deverá ser precedida de autorização escrita e fundamentada da autoridade competente.

Jurisprudência do TCU:

Sendo necessária a execução do objeto ajustado, não pode o gestor, discricionariamente, autorizar a rescisão amigável do contrato, pois tal instituto tem aplicação restrita e não é cabível quando configurada outra hipótese que dê ensejo a rescisão unilateral ou anulação do ajuste.
(TCU, Acórdão 845/2017-Plenário, Relator: Benjamin Zymler, 3-5-2017.)

§ 2º Quando a extinção decorrer de culpa exclusiva da Administração, o contratado será ressarcido pelos prejuízos regularmente comprovados que houver sofrido e terá direito a:
I - devolução da garantia;
II - pagamentos devidos pela execução do contrato até a data de extinção;
III - pagamento do custo da desmobilização.

Lei n. 8.666/93

Art. 79, § 2º Quando a rescisão ocorrer com base nos incisos XII a XVII do artigo anterior, sem que haja culpa do contratado, será este ressarcido dos prejuízos regularmente comprovados que houver sofrido, tendo ainda direito a:

I – devolução de garantia;

II – pagamentos devidos pela execução do contrato até a data da rescisão;

III – pagamento do custo da desmobilização.

Jurisprudência do STJ

Consignou-se que a jurisprudência do STJ permite a indenização pelos lucros cessantes, em caso de rescisão unilateral do contrato administrativo, por parte da Administração (...).
(STJ, AgInt na Rcl 39.777/SP, Rel. Min. Herman Benjamin, Primeira Seção, *DJe* 28-8-2020.)

A jurisprudência do STJ reconhece o direito à indenização quando comprovados os prejuízos decorrentes da rescisão prematura contratual por ato da Administração, aí compreendidos os danos emergentes e os lucros cessantes, quando a parte contratada não dá causa ao distrato.
(STJ, AgInt no REsp 1.708.958/MS, Rel. Min. Herman Benjamin, Segunda Turma, *DJe* 21-11-2018.)

Jurisprudência do TCU:

O pagamento de desmobilização no caso de interrupção da obra pela Administração, sem culpa do contratado, tem natureza indenizatória (art. 79, § 2º, inciso III, da Lei 8.666/1993), exigindo que os custos efetivamente incorridos sejam demonstrados. Não se confunde essa indenização com o preço unitário contratual previsto para a etapa de desmobilização constante do cronograma físico-financeiro e da planilha orçamentária contratual, vinculada à efetiva conclusão da obra conforme contratada.
(TCU, Acórdão 1800/2016-Primeira Câmara, Relator: Benjamin Zymler, 8-3-2016.)

Art. 139. A extinção determinada por ato unilateral da Administração poderá acarretar, sem prejuízo das sanções previstas nesta Lei, as seguintes consequências:

Lei n. 8.666/93

Art. 80. A rescisão de que trata o inciso I do artigo anterior acarreta as seguintes consequências, sem prejuízo das sanções previstas nesta Lei:

I - assunção imediata do objeto do contrato, no estado e local em que se encontrar, por ato próprio da Administração;

Lei n. 8.666/93

Art. 80, I - assunção imediata do objeto do contrato, no estado e local em que se encontrar, por ato próprio da Administração;

II - ocupação e utilização do local, das instalações, dos equipamentos, do material e do pessoal empregados na execução do contrato e necessários à sua continuidade;

Lei n. 8.666/93

Art. 80, II - ocupação e utilização do local, instalações, equipamentos, material e pessoal empregados na execução do contrato, necessários à sua continuidade, na forma do inciso V do art. 58 desta Lei;

III - execução da garantia contratual para:
a) ressarcimento da Administração Pública por prejuízos decorrentes da não execução;
b) pagamento de verbas trabalhistas, fundiárias e previdenciárias, quando cabível;
c) pagamento das multas devidas à Administração Pública;
d) exigência da assunção da execução e da conclusão do objeto do contrato pela seguradora, quando cabível;

Lei n. 8.666/93

Art. 80, III - execução da garantia contratual, para ressarcimento da Administração, e dos valores das multas e indenizações a ela devidos;

Jurisprudência do TCU:

Despesas em contrato emergencial celebrado em decorrência de abandono de obra, e que não existiriam caso houvesse o adimplemento regular do contrato anterior, devem ser incluídas no encontro de contas da rescisão (art. 80, inciso III, da Lei 8.666/1993), a título de indenização por perdas e danos da Administração.
(TCU, Acórdão 1182/2018-Plenário, Relator: Benjamin Zymler, 23-5-2018.)

IV - retenção dos créditos decorrentes do contrato até o limite dos prejuízos causados à Administração Pública e das multas aplicadas.

Lei n. 8.666/93

Art. 80, IV - retenção dos créditos decorrentes do contrato até o limite dos prejuízos causados à Administração.

§ 1º A aplicação das medidas previstas nos incisos I e II do *caput* deste artigo ficará a critério da Administração, que poderá dar continuidade à obra ou ao serviço por execução direta ou indireta.

Lei n. 8.666/93

Art. 80, § 1º A aplicação das medidas previstas nos incisos I e II deste artigo fica a critério da Administração, que poderá dar continuidade à obra ou ao serviço por execução direta ou indireta.

§ 2º Na hipótese do inciso II do *caput* deste artigo, o ato deverá ser precedido de autorização expressa do ministro de Estado, do secretário estadual ou do secretário municipal competente, conforme o caso.

Lei n. 8.666/93
Art. 80, § 3º Na hipótese do inciso II deste artigo, o ato deverá ser precedido de autorização expressa do Ministro de Estado competente, ou Secretário Estadual ou Municipal, conforme o caso.

COMENTÁRIOS DOS AUTORES

As formas naturais de extinção dos contratos administrativos são o decurso do prazo contratual ou a execução total de seu objeto. Nessas duas situações, a extinção dá-se de forma automática, sem necessidade de intervenção da Administração Pública, do Poder Judiciário ou de acordo entre as partes.

Todavia, os contratos administrativos poderão, ainda, ser extintos por meio da anulação ou da rescisão, que são formas prematuras e excepcionais de extinção.

A anulação ocorrerá sempre que houver alguma ilegalidade no contrato, seja na sua formalização ou mesmo em suas cláusulas essenciais. Trata-se de competência que pode ser exercida pela própria Administração, de ofício (poder-dever de autotutela) ou a requerimento da parte interessada, ou pelo Poder Judiciário, desde que provocado para tanto.

Anulado o ajuste, o contratado deverá ser indenizado pelo que já tiver executado e pelos prejuízos efetivamente sofridos, salvo má-fé ou se ele mesmo tiver dado causa à nulidade. Neste sentido:

> Se for reconhecida a nulidade do contrato administrativo por ausência de prévia licitação, a Administração Pública, em regra, tem o dever de indenizar os serviços prestados pelo contratado. No entanto, **a Administração Pública não terá o dever de indenizar os serviços prestados pelo contratado na hipótese em que este tenha agido de má-fé ou concorrido para a nulidade do contrato.**
> (STJ, 2ª Turma. AgRg no REsp 1394161-SC, j. 8-10-2013 – Info 529.)

As hipóteses de rescisão contratual, por seu turno, encontram-se elencadas no art. 137 da Lei n. 14.133/2021 e, de acordo com o art. 138 do mesmo diploma normativo, podem ser de três formas: unilateral pela Administração, judicial ou amigável (por acordo entre as partes).

A rescisão ou extinção unilateral terá vez quando ocorrer alguma das hipóteses previstas nos incisos I a IX do art. 137, acima transcrito, que podem ser assim sintetizadas:

a) quando o contratado não cumprir com suas obrigações no contrato, ou cumpri-las irregularmente, restando caracterizado, pois, o inadimplemento por parte do particular;

b) quando deixar de atender determinações do Poder Público;

c) se houver alteração social ou modificação da empresa que restrinja sua capacidade de concluir o contrato;

d) nas hipóteses de falência, insolvência civil, dissolução da sociedade ou falecimento;

e) em decorrência de caso fortuito ou força maior, impeditiva da execução do contrato;

f) devido a atraso ou impossibilidade de licença ambiental ou a alteração significativa do anteprojeto em decorrência da licença;

g) devido a atraso na liberação das áreas (desapropriação, servidão, desocupação);

h) por razões de interesse público, devidamente justificadas;

i) pelo não cumprimento da reserva de cargos para pessoa com deficiência, aprendizes e reabilitados da Previdência.

Em qualquer caso, a extinção do contrato deverá ser formalmente motivada nos autos do processo, sendo imperiosa a observância do devido processo legal administrativo, com a garantia do contraditório e da ampla defesa.

A rescisão judicial, por sua vez, será requerida pelo contratado quando houver inadimplemento contratual por parte da Administração Pública (hipóteses do art. 137, § 2º), vez que ao particular não é dada a prerrogativa de rescindir unilateralmente o contrato.

Em tais casos, denominados pela doutrina "fatos da Administração", o contratado não tem culpa e, por isso, terá o direito subjetivo a exigir a extinção do contrato pela via judicial. Será, ainda, ressarcido pelos prejuízos regularmente comprovados que houver sofrido e terá direito à devolução da garantia; aos pagamentos devidos pela execução do contrato até a data da extinção; e ao pagamento do custo da desmobilização.

Saliente-se, como já explicitado nesta obra ao longo dos comentários do art. 104, que a hipótese de extinção abordada no inciso IV é considerada uma cláusula exorbitante da administração pública. É a denominada restrição temporária da exceção de contrato não cumprido (ou "inoponibilidade" da exceção do contrato não cumprido ou da *exceptio non adimpleti contractus*). O contratado é obrigado a aturar dois meses de atrasos nos pagamentos (sob a égide da Lei n. 8.666/93, esse prazo era de 90 dias) para que possa pleitear a extinção do contrato.

Imperioso destacar que, no caso de calamidade pública, de grave perturbação da ordem interna ou de guerra, as hipóteses dos incisos II (suspensão da execução do contrato por mais de 3 meses por ordem escrita da Administração), III (repetidas suspensões que totalizem 90 dias úteis), e IV (atraso no pagamento por mais de dois meses) não se aplicam. É dizer, nesses casos, o contratado não poderá pedir judicialmente a resolução do contrato.

Em vez da extinção, poderá optar pela suspensão de suas obrigações até a normalização da situação.

A rescisão amigável ou consensual, por acordo entre as partes, também é possível nos contratos administrativos, sendo permitida quando haja conveniência para a Administração.

Quanto às consequências da rescisão, quando esta ocorrer sem culpa do particular, ele deverá ser ressarcido dos prejuízos regularmente comprovados que houver sofrido (segundo o STJ, os prejuízos englobam lucros cessantes e danos emergentes), bem como terá direito, a depender do caso, à devolução da garantia prestada, aos pagamentos devidos pela execução do contrato até a data da rescisão e ao pagamento do custo da desmobilização (art. 138, § 2º).

Por outro lado, havendo culpa do particular, o art. 139 da Lei n. 14.133/2021 prevê diversas consequências, a depender do caso concreto, quais sejam:

a) assunção imediata do objeto do contrato, no estado e local em que se encontrar, por ato próprio da Administração;

b) ocupação e utilização do local, instalações, equipamentos, material e pessoal empregados na execução do contrato, necessários a sua continuidade. Para tanto, exige-se autorização prévia e expressa do ministro de Estado, do secretário estadual ou do secretário municipal competente, conforme o caso;

c) execução da garantia contratual para: ressarcimento da Administração; pagamento de verbas trabalhistas, fundiárias e previdenciárias, quando cabível; pagamento das multas devidas à Administração Pública; exigência da assunção da execução e da conclusão do objeto do contrato pela seguradora, quando cabível;

d) retenção dos créditos decorrentes do contrato até o limite dos prejuízos causados à Administração e das multas aplicadas.

Os itens "c" e "d" representam hipóteses de autoexecutoriedade das multas, haja vista que a Administração Pública poderá efetuar os descontos do valor das multas diretamente da garantia contratual e dos valores devidos, sem necessidade de ação judicial para tanto. Todavia, caso exista valor excedente, que ultrapasse o valor da garantia e dos pagamentos devidos, este deverá ser cobrado judicialmente (*vide* art. 156, § 8º).

Capítulo IX
DO RECEBIMENTO DO OBJETO DO CONTRATO

ARTIGO 140

Art. 140. O objeto do contrato será recebido:
I – em se tratando de obras e serviços:

Lei n. 8.666/93

Art. 73. Executado o contrato, o seu objeto será recebido:

I – em se tratando de obras e serviços:

a) provisoriamente, pelo responsável por seu acompanhamento e fiscalização, mediante termo detalhado, quando verificado o cumprimento das exigências de caráter técnico;

Lei n. 8.666/93

Art. 73, I, *a)* provisoriamente, pelo responsável por seu acompanhamento e fiscalização, mediante termo circunstanciado, assinado pelas partes em até 15 (quinze) dias da comunicação escrita do contratado;

Jurisprudência do TCU:

O instituto do recebimento provisório não faculta ao gestor o recebimento da obra com pendências a serem regularizadas pela construtora, procedimento que infringe o art. 73, inciso I, da Lei 8.666/1993.

(TCU, Acórdão 1238/2013-Plenário, Relator: José Jorge, 22-5-2013.)

O procedimento de recebimento da obra, mesmo que provisório, é importante para impedir que a contratada venha, posteriormente, a alegar que eventuais falhas surgiram após a execução dos serviços. Ademais, o recebimento provisório, previsto no art. 73, inciso I, alínea "a", da Lei 8.666/1993, consubstancia-se igualmente em um direito do contratado, que, por meio dele, transfere a posse do bem ou do resultado do serviço, liberando-se dos riscos por perda ou deterioração.

(TCU, Acórdão 2243/2013-Plenário, Relator: José Mucio Monteiro, 21-8-2013.)

b) definitivamente, por servidor ou comissão designada pela autoridade competente, mediante termo detalhado que comprove o atendimento das exigências contratuais;

Lei n. 8.666/93

Art. 73, I, *b)* definitivamente, por servidor ou comissão designada pela autoridade competente, mediante termo circunstanciado, assinado pelas partes, após o decurso do prazo de observação, ou vistoria que comprove a adequação do objeto aos termos contratuais, observado o disposto no art. 69 desta Lei;

Jurisprudência do TCU:

É considerado inválido o termo de recebimento de obra assinado por agente não qualificado ou designado pela autoridade competente, nos termos do art. 73 da Lei 8.666/1993.

(TCU, Acórdão 1723/2008-Segunda Câmara, Relator: Ubiratan Aguiar, 17-6-2008.)

II – em se tratando de compras:
a) provisoriamente, de forma sumária, pelo responsável por seu acompanhamento e fiscalização, com verificação posterior da conformidade do material com as exigências contratuais;

> Lei n. 8.666/93
> Art. 73, II – em se tratando de compras ou de locação de equipamentos:
> a) provisoriamente, para efeito de posterior verificação da conformidade do material com a especificação;

b) definitivamente, por servidor ou comissão designada pela autoridade competente, mediante termo detalhado que comprove o atendimento das exigências contratuais.

> Lei n. 8.666/93
> Art. 73, II, b) definitivamente, após a verificação da qualidade e quantidade do material e consequente aceitação.

§ 1º O objeto do contrato poderá ser rejeitado, no todo ou em parte, quando estiver em desacordo com o contrato.

> Lei n. 8.666/93
> Art. 76. A Administração rejeitará, no todo ou em parte, obra, serviço ou fornecimento executado em desacordo com o contrato.

§ 2º O recebimento provisório ou definitivo não excluirá a responsabilidade civil pela solidez e pela segurança da obra ou serviço nem a responsabilidade ético-profissional pela perfeita execução do contrato, nos limites estabelecidos pela lei ou pelo contrato.

> Lei n. 8.666/93
> Art. 73, § 2º O recebimento provisório ou definitivo não exclui a responsabilidade civil pela solidez e segurança da obra ou do serviço, nem ético-profissional pela perfeita execução do contrato, dentro dos limites estabelecidos pela lei ou pelo contrato.

§ 3º Os prazos e os métodos para a realização dos recebimentos provisório e definitivo serão definidos em regulamento ou no contrato.

> Lei n. 8.666/93
> Art. 73, § 3º O prazo a que se refere a alínea "b" do inciso I deste artigo não poderá ser superior a 90 (noventa) dias, salvo em casos excepcionais, devidamente justificados e previstos no edital.

§ 4º Salvo disposição em contrário constante do edital ou de ato normativo, os ensaios, os testes e as demais provas para aferição da boa execução do objeto do contrato exigidos por normas técnicas oficiais correrão por conta do contratado.

> Lei n. 8.666/93
> Art. 75. Salvo disposições em contrário constantes do edital, do convite ou de ato normativo, os ensaios, testes e demais provas exigidos por normas técnicas oficiais para a boa execução do objeto do contrato correm por conta do contratado.

§ 5º Em se tratando de projeto de obra, o recebimento definitivo pela Administração não eximirá o projetista ou o consultor da responsabilidade objetiva por todos os danos causados por falha de projeto.

§ 6º Em se tratando de obra, o recebimento definitivo pela Administração não eximirá o contratado, pelo prazo mínimo de 5 (cinco) anos, admitida a previsão de prazo de garantia superior no edital e no contrato, da responsabilidade objetiva pela solidez e pela segurança dos materiais e dos serviços executados e pela funcionalidade da construção, da reforma, da recuperação ou da ampliação do bem imóvel, e, em caso de vício, defeito ou incorreção identificados, o contratado ficará responsável pela reparação, pela correção, pela reconstrução ou pela substituição necessárias.

COMENTÁRIOS DOS AUTORES

O art. 140 da Lei n. 14.133/2021 prevê duas espécies de recebimento, cada qual com finalidades distintas, quais sejam, o recebimento provisório e o recebimento definitivo.

Nas contratações de obras e serviços públicos, o recebimento do objeto será feito provisoriamente pelo responsável por seu acompanhamento e fiscalização, mediante termo detalhado, quando verificado o cumprimento das exigências de caráter técnico. O particular comunica a finalização do objeto e aguarda o recebimento provisório do poder público. Decorrido o prazo de observação, mediante vistoria que comprove a adequação do objeto aos termos definidos no contrato, o ente público receberá definitivamente o objeto por servidor ou comissão designada pela autoridade competente, mediante termo detalhado que comprove o atendimento das exigências contratuais.

Por sua vez, em se tratando de compras, o objeto contratual será recebido provisoriamente, de forma sumária, pelo responsável por seu acompanhamento e fiscalização, com verificação posterior da conformidade do material com as exigências contratuais. Após as verificações, o objeto será recebido definitivamente por servidor ou comissão designada pela autoridade competente, mediante termo detalhado que comprove o atendimento das exigências contratuais.

De acordo com Marçal Justen Filho[49]:

> O dispositivo inspira-se no princípio de que a simples tradição não importa aceitação da Administração, à qual incumbe adotar todas as cautelas necessárias para evitar recebimento de objetos defeituosos.

Por isso mesmo, ainda que a administração pública proceda ao recebimento definitivo, isso não exclui a responsabilidade do particular contratado por eventuais danos que decorram da execução das obras ou prestação dos serviços. Assim, prevê o § 2º do art. 140 que o recebimento provisório ou definitivo não excluirá a responsabilidade civil pela solidez e pela segurança da obra ou serviço nem a responsabilidade ético-profissional pela perfeita execução do contrato, nos limites estabelecidos pela lei ou pelo contrato.

No mesmo sentido, o § 5º determina que, no caso de projeto de obra, o recebimento definitivo pela Administração não exime o projetista ou o consultor da responsabilidade objetiva por todos os danos causados por falha de projeto.

---

49 JUSTEN FILHO, Marçal. *Comentários à Lei de Licitações e Contratos Administrativos*. 16. ed. São Paulo: Revista dos Tribunais, 2014, p. 1078.

Já o § 6º impõe que, se tratando de obra, o recebimento definitivo pela Administração não eximirá o contratado, pelo prazo mínimo de 5 (cinco) anos, admitida a previsão de prazo de garantia superior no edital e no contrato, da responsabilidade objetiva pela solidez e pela segurança dos materiais e dos serviços executados e pela funcionalidade da construção, da reforma, da recuperação ou da ampliação do bem imóvel, e, em caso de vício, defeito ou incorreção identificados, o contratado ficará responsável pela reparação, pela correção, pela reconstrução ou pela substituição necessárias. Trata-se de uma espécie de garantia da obra, tal como prevista na legislação civil.

Ademais, a lei estipula ainda que os ensaios, os testes e as demais provas para aferição da boa execução do objeto do contrato exigidos por normas técnicas oficiais correrão por conta do contratado, salvo disposição em contrário constante do edital ou de ato normativo.

Vale dizer que, na prática, especialmente diante de contratos para execução de obras, é comum haver a necessidade de ensaios e testes para verificação da correta utilização dos materiais e técnicas exigidos pelo edital a fim de aferir a qualidade da obra.

Por fim, se a obra ou o serviço houver sido entregue em desacordo com o contrato, o objeto poderá ser rejeitado, no todo ou em parte, o que constitui, inclusive, motivo para extinção do contrato, na forma do art. 137, I, da Lei n. 14.133/2021.

Capítulo X
DOS PAGAMENTOS

ARTIGOS 141, 142 E 143

Art. 141. No dever de pagamento pela Administração, será observada a ordem cronológica para cada fonte diferenciada de recursos, subdividida nas seguintes categorias de contratos:

I – fornecimento de bens;

II – locações;

III – prestação de serviços;

IV – realização de obras.

> Lei n. 8.666/93
> Art. 5º Todos os valores, preços e custos utilizados nas licitações terão como expressão monetária a moeda corrente nacional, ressalvado o disposto no art. 42 desta Lei, devendo cada unidade da Administração, no pagamento das obrigações relativas ao fornecimento de bens, locações, realização de obras e prestação de serviços, obedecer, para cada fonte diferenciada de recursos, a estrita ordem cronológica das datas de suas exigibilidades, salvo quando presentes relevantes razões de interesse público e mediante prévia justificativa da autoridade competente, devidamente publicada.

§ 1º A ordem cronológica referida no *caput* deste artigo poderá ser alterada, mediante prévia justificativa da autoridade competente e posterior comunicação ao órgão de controle interno da Administração e ao tribunal de contas competente, exclusivamente nas seguintes situações:

I - grave perturbação da ordem, situação de emergência ou calamidade pública;

II - pagamento a microempresa, empresa de pequeno porte, agricultor familiar, produtor rural pessoa física, microempreendedor individual e sociedade cooperativa, desde que demonstrado o risco de descontinuidade do cumprimento do objeto do contrato;

> Lei n. 8.666/93
> Art. 5º-A. As normas de licitações e contratos devem privilegiar o tratamento diferenciado e favorecido às microempresas e empresas de pequeno porte na forma da lei.

III - pagamento de serviços necessários ao funcionamento dos sistemas estruturantes, desde que demonstrado o risco de descontinuidade do cumprimento do objeto do contrato;

IV - pagamento de direitos oriundos de contratos em caso de falência, recuperação judicial ou dissolução da empresa contratada;

V - pagamento de contrato cujo objeto seja imprescindível para assegurar a integridade do patrimônio público ou para manter o funcionamento das atividades finalísticas do órgão ou entidade, quando demonstrado o risco de descontinuidade da prestação de serviço público de relevância ou o cumprimento da missão institucional.

§ 2º A inobservância imotivada da ordem cronológica referida no *caput* deste artigo ensejará a apuração de responsabilidade do agente responsável, cabendo aos órgãos de controle a sua fiscalização.

§ 3º O órgão ou entidade deverá disponibilizar, mensalmente, em seção específica de acesso à informação em seu sítio na internet, a ordem cronológica de seus pagamentos, bem como as justificativas que fundamentarem a eventual alteração dessa ordem.

Art. 142. Disposição expressa no edital ou no contrato poderá prever pagamento em conta vinculada ou pagamento pela efetiva comprovação do fato gerador.
Parágrafo único. (*Vetado*.)

Art. 143. No caso de controvérsia sobre a execução do objeto, quanto a dimensão, qualidade e quantidade, a parcela incontroversa deverá ser liberada no prazo previsto para pagamento.

COMENTÁRIOS DOS AUTORES

O art. 18, III, da nova lei, o qual prevê o princípio do planejamento, determina que já a fase preparatória do processo licitatório deve compatibilizar-se com o plano de contratações anual, sempre que elaborado, e com as leis orçamentárias. Além disso, deve abordar todas as considerações técnicas, mercadológicas e de gestão que podem interferir na contratação, compreendidos a definição das condições de execução e o pagamento das garantias exigidas e ofertadas e das condições de recebimento.

Adiante, o art. 25 estabelece que também o edital deverá conter o objeto da licitação e as regras relativas à convocação, ao julgamento, à habilitação, aos recursos e às penalidades da licitação, à fiscalização e à gestão do contrato, à entrega do objeto e às condições de pagamento.

Já em relação aos contratos, o art. 92, V, da novel legislação impõe que são necessárias em todo contrato as cláusulas que estabeleçam o preço e as condições de pagamento, os critérios, a data-base e a periodicidade do reajustamento de preços e os critérios de atualização monetária entre a data do adimplemento das obrigações e a do efetivo pagamento.

Isso porque é característica essencial dos negócios jurídicos bilaterais a existência de uma contraprestação. No caso dos contratos administrativos não seria diferente. O particular contratado pela administração pública, por óbvio, deve não somente ser adimplido pelo custo da obra ou serviço prestado, mas também saber de antemão a forma e as condições de pagamento.

Desse modo, à luz do princípio do planejamento, bem como da publicidade e transparência, a Lei n. 14.133/2021 inovou estabelecendo uma ordem cronológica de pagamentos, subdivida em determinadas categorias, a ser observada pelo ente público no cumprimento dos contratos. Segundo o art. 141, no dever de pagamento pela Administração, será observada a ordem cronológica para cada fonte diferenciada de recursos, subdividida em fornecimento de bens, locações, prestação de serviços e realização de obras.

Observa-se que o rol prevê uma ordem de preferência diretamente relacionada ao funcionamento da administração pública e ao princípio da continuidade dos serviços públicos, de modo a priorizar evitar a interrupção do contrato por inadimplemento do ente público em setores mais essenciais ao andamento das atividades administrativas.

Todavia, para impedir que essa regra de algum modo engesse a atuação administrativa, o § 1º do art. 141 prevê exceções, de modo que a ordem cronológica pode ser alterada. Para tanto, a autoridade competente para realização do pagamento deve justificar previamente e comunicar posteriormente ao órgão de controle interno da administração e ao tribunal de contas competente.

//// 362   Artigo 144   Nova Lei de Licitações Comentada e Referenciada

Além disso, essa alteração na ordem pode se dar exclusivamente nos casos de grave pertur-bação da ordem, situação de emergência ou calamidade pública, pagamento a microempresa, em-presa de pequeno porte, agricultor familiar, produtor rural pessoa física, microempreendedor indi-vidual e sociedade cooperativa, desde que demonstrado o risco de descontinuidade do cumprimento do objeto do contrato, pagamento de serviços necessários ao funcionamento dos sistemas estruturantes, desde que demonstrado o risco de descontinuidade do cumprimento do objeto do contrato, pagamento de direitos oriundos de contratos em caso de falência, recuperação judicial ou dissolução da empresa contratada, e pagamento de contrato cujo objeto seja imprescin-dível para assegurar a integridade do patrimônio público ou para manter o funcionamento das atividades finalísticas do órgão ou entidade, quando demonstrado o risco de descontinuidade da prestação de serviço público de relevância ou o cumprimento da missão institucional.

Vale repisar que se trata de hipóteses excepcionais taxativas, e que, caso a autoridade com-petente não observe a ordem cronológica ou a altere sem justificativa, ela poderá ser responsabi-lizada, cabendo a fiscalização aos órgãos de controle.

A fim de facilitar essa fiscalização, inclusive pela sociedade civil, e visando a transparência e a efetividade da norma, o § 3º do art. 141 determina que o órgão ou a entidade disponibilize, men-salmente, em seção específica de acesso à informação em seu sítio na internet, a ordem cronoló-gica de seus pagamentos, bem como as justificativas que fundamentarem a eventual alteração dessa ordem.

Em seguida, o art. 142 autoriza que seja realizado o pagamento em conta vinculada, isto é, conta aberta pela Administração Pública em nome da empresa contratada, ou pagamento pela efeti-va comprovação do fato gerador, desde que isso conste expressamente no edital ou no contrato.

Por fim, pelo art. 143, se houver alguma controvérsia entre as partes com relação à execução do objeto, quanto à dimensão, qualidade e quantidade, a parcela incontroversa deve ser liberada no prazo previsto para pagamento. Ora, imaginando uma situação em que há discussão quanto ao objeto que envolve 10% do valor do contrato, não seria justo que o particular aguardasse o paga-mento dos outros 90% até a resolução dessa parcela ínfima.

ARTIGO 144

Art. 144. Na contratação de obras, fornecimentos e serviços, inclusive de engenharia, po-derá ser estabelecida remuneração variável vinculada ao desempenho do contratado, com base em metas, padrões de qualidade, critérios de sustentabilidade ambiental e prazos de entrega definidos no edital de licitação e no contrato.

Lei n. 12.462/2011

Art. 4º Nas licitações e contratos de que trata esta Lei serão observadas as seguintes diretrizes:

(...)

IV – condições de aquisição, de seguros, de garantias e de pagamento compatíveis com as condições do setor privado, inclusive mediante pagamento de remuneração variável confor-me desempenho, na forma do art. 10.

Art. 10. Na contratação das obras e serviços, inclusive de engenharia, poderá ser estabelecida remuneração variável vinculada ao desempenho da contratada, com base em metas, padrões de qualidade, critérios de sustentabilidade ambiental e prazo de entrega definidos no instru-mento convocatório e no contrato.

Jurisprudência do TCU:

Súmula TCU 269: Nas contratações para a prestação de serviços de tecnologia da informação, a remuneração deve estar vinculada a resultados ou ao atendimento de níveis de serviço, admitindo-se o pagamento por hora trabalhada ou por posto de serviço somente quando as características do objeto não o permitirem, hipótese em que a excepcionalidade deve estar prévia e adequadamente justificada nos respectivos processos administrativos.

É irregular, nos contratos de prestação de serviço com fundações de apoio, o estabelecimento de remuneração com base em taxa de administração, comissão, participação ou outra espécie de recompensa variável, que não traduza preço certo fundamentado nos custos operacionais dos serviços prestados.

(TCU, Acórdão 2233/2018-Primeira Câmara, Relator: Weder de Oliveira, 27-3-2018.)

É incompatível com a Lei de Licitações o estabelecimento de remuneração fundada em taxa de administração, comissão, participação ou outra espécie de recompensa variável, que não traduzam preço certo.

(TCU, Acórdão 429/2010-Segunda Câmara, Relator: Aroldo Cedraz, 9-2-2010.)

§ 1º O pagamento poderá ser ajustado em base percentual sobre o valor economizado em determinada despesa, quando o objeto do contrato visar à implantação de processo de racionalização, hipótese em que as despesas correrão à conta dos mesmos créditos orçamentários, na forma de regulamentação específica.

§ 2º A utilização de remuneração variável será motivada e respeitará o limite orçamentário fixado pela Administração para a contratação.

Lei n. 12.462/2011

Art. 10, parágrafo único. A utilização da remuneração variável será motivada e respeitará o limite orçamentário fixado pela administração pública para a contratação.

COMENTÁRIOS DOS AUTORES

A previsão da possibilidade de estabelecimento de remuneração variável já constava no art. 10 da Lei n. 8.666/93, de modo que a real novidade diz respeito ao contrato que visa à implantação de processo de racionalização.

Segundo o art. 144 da novel legislação, na contratação de obras, fornecimentos e serviços, inclusive de engenharia, poderá ser estabelecida remuneração variável vinculada ao desempenho do contratado, com base em metas, padrões de qualidade, critérios de sustentabilidade ambiental e prazos de entrega definidos no edital de licitação e no contrato. No entanto, isso deve ser motivado e respeitará o limite orçamentário fixado pela Administração para a contratação.

Vale apontar a crítica de José dos Santos Carvalho Filho:[50]

> Na teoria, o critério é razoável, mas cumpre à Administração extrema cautela para a fixação dos critérios, com o objetivo de evitar que haja direcionamento da licitação. Aqui é preciso que a arquitetura dos critérios esteja a cargo de agentes técnicos e especializados da Administração.

Nesse ponto, inclusive, já se manifestou o TCU pela irregularidade, nos contratos de prestação de serviço com fundações de apoio, do estabelecimento de remuneração com base em taxa de

---

50 CARVALHO FILHO, José dos Santos. *Manual de direito administrativo*. 33. ed. São Paulo: Atlas, 2019.

//// **364** Artigos 145 e 146 Nova Lei de Licitações Comentada e Referenciada

administração, comissão, participação ou outra espécie de recompensa variável, que não traduza preço certo fundamentado nos custos operacionais dos serviços prestados.

De todo modo, interessante a introdução da regra do § 1º do art. 144, a qual autoriza que o pagamento seja ajustado em base percentual sobre valor economizado em determinada despesa, quando o objeto do contrato visar à implantação de processo de racionalização, hipótese em que as despesas correrão à conta dos mesmos créditos orçamentários, na forma de regulamentação específica. Trata-se de clara tentativa de concretização do princípio da economicidade.

ARTIGOS 145 E 146

Art. 145. Não será permitido pagamento antecipado, parcial ou total, relativo a parcelas contratuais vinculadas ao fornecimento de bens, à execução de obras ou à prestação de serviços.

Lei n. 8.666/91

Art. 65. Os contratos regidos por esta Lei poderão ser alterados, com as devidas justificativas, nos seguintes casos:

(...)

II – por acordo das partes:

(...)

c) quando necessária a modificação da forma de pagamento, por imposição de circunstâncias supervenientes, mantido o valor inicial atualizado, vedada a antecipação do pagamento, com relação ao cronograma financeiro fixado, sem a correspondente contraprestação de fornecimento de bens ou execução de obra ou serviço;

Jurisprudência do TCU:

É pacífica a Jurisprudência do Tribunal no sentido de ser indevido o pagamento antecipado por obras, serviços ou aquisições, salvo em casos excepcionais, devidamente justificados, e para os quais sejam adotadas as garantias necessárias (...). 31. Esse raciocínio decorre do art. 65, II, "c", da Lei 8.666/1993, ao vedar a antecipação de pagamento quando do cumprimento normal do cronograma financeiro fixado, sem a correspondente contraprestação de fornecimento de bens ou execução de obra ou serviço, ainda que o art. 40, XIV, "d", do mesmo diploma exija, como uma das condições de pagamento, a existência de desconto no caso de eventual antecipação de pagamento.

(TCU, Acórdão 1.879/2011, Plenário, rel. Min. Augusto Nardes.)

§ 1º A antecipação de pagamento somente será permitida se propiciar sensível economia de recursos ou se representar condição indispensável para a obtenção do bem ou para a prestação do serviço, hipótese que deverá ser previamente justificada no processo licitatório e expressamente prevista no edital de licitação ou instrumento formal de contratação direta.

Lei n. 8.666/91

Art. 40. O edital conterá no preâmbulo o número de ordem em série anual, o nome da repartição interessada e de seu setor, a modalidade, o regime de execução e o tipo da licitação, a menção de que será regida por esta Lei, o local, dia e hora para recebimento da documentação e proposta, bem como para início da abertura dos envelopes, e indicará, obrigatoriamente, o seguinte:

(...)

XIV – condições de pagamento, prevendo:

(...)

d) compensações financeiras e penalizações, por eventuais atrasos, e descontos, por eventuais antecipações de pagamentos;

Jurisprudência do TCU:

São requisitos para a realização de pagamentos antecipados: i) previsão no ato convocatório; ii) existência, no processo licitatório, de estudo fundamentado comprovando a real necessidade e economicidade da medida; e iii) estabelecimento de garantias específicas e suficientes que resguardem a Administração dos riscos inerentes à operação.
(TCU, Acórdão 2856/2019-Primeira Câmara, Relator: Walton Alencar Rodrigues, 2-4-2019.)

O pagamento antecipado não é vedado pelo ordenamento jurídico, contudo, é admitido apenas em situações excepcionais. A possibilidade de pagamento adiantado deve ser condicionada à existência de interesse público devidamente demonstrado, previsão no edital e exigência de garantias.
(TCU, Acórdão 3614/2013-Plenário, Relator: BENJAMIN ZYMLER, 10-12-2013.)

§ 2º A Administração poderá exigir a prestação de garantia adicional como condição para o pagamento antecipado.

§ 3º Caso o objeto não seja executado no prazo contratual, o valor antecipado deverá ser devolvido.

Art. 146. No ato de liquidação da despesa, os serviços de contabilidade comunicarão aos órgãos da administração tributária as características da despesa e os valores pagos, conforme o disposto no art. 63 da Lei n. 4.320, de 17 de março de 1964.

COMENTÁRIOS DOS AUTORES

O art. 145 da Lei n. 14.133/2021 vem positivar uma regra que já era pacífica no âmbito da jurisprudência do Tribunal de Contas da União, a qual veda o pagamento antecipado, parcial ou total, relativo a parcelas contratuais vinculadas ao fornecimento de bens, à execução de obras ou à prestação de serviços.

Entretanto, do mesmo modo, foi positivado o entendimento jurisprudencial da Corte de contas que excepcionava a regra. Assim, o pagamento antecipado será excepcionalmente permitido quando propiciar sensível economia de recursos ou representar condição indispensável para a obtenção do bem ou para a prestação do serviço, o que deve ser previamente justificado no processo licitatório e expressamente previsto no edital de licitação ou instrumento formal de contratação direta.

Nessa situação, o ente público pode exigir, como condição para o pagamento antecipado, a prestação de uma garantia adicional, e se o objeto não for executado no prazo estabelecido no contrato, o valor antecipado será devolvido.

Por fim, encerrando o capítulo atinente aos pagamentos dos contratos administrativos, o art. 146 faz uma imposição direcionada aos servidores que atuam na contabilidade dos entes e órgãos administrativos. Pela norma, esses são obrigados a comunicar aos órgãos da administração tributária as características da despesa e os valores pagos, no ato de liquidação da despesa, seguindo a previsão do art. 63 da Lei n. 4.320/64.

Referida lei estatui normas gerais de direito financeiro para elaboração e controle dos orçamentos e balanços da União, dos Estados, dos Municípios e do Distrito Federal. O seu art. 63 trata especificamente da liquidação da despesa e a define como a verificação do direito adquirido pelo credor tendo por base os títulos e documentos comprobatórios do respectivo crédito, visando apurar a origem e o objeto do que se deve pagar, a importância exata a pagar, a quem se deve pagar a importância, para extinguir a obrigação.

Capítulo XI
DA NULIDADE DOS CONTRATOS

ARTIGOS 147 E 148

Art. 147. Constatada irregularidade no procedimento licitatório ou na execução contratual, caso não seja possível o saneamento, a decisão sobre a suspensão da execução ou sobre a declaração de nulidade do contrato somente será adotada na hipótese em que se revelar medida de interesse público, com avaliação, entre outros, dos seguintes aspectos:

I – impactos econômicos e financeiros decorrentes do atraso na fruição dos benefícios do objeto do contrato;

II – riscos sociais, ambientais e à segurança da população local decorrentes do atraso na fruição dos benefícios do objeto do contrato;

III – motivação social e ambiental do contrato;

IV – custo da deterioração ou da perda das parcelas executadas;

V – despesa necessária à preservação das instalações e dos serviços já executados;

VI – despesa inerente à desmobilização e ao posterior retorno às atividades;

VII – medidas efetivamente adotadas pelo titular do órgão ou entidade para o saneamento dos indícios de irregularidades apontados;

VIII – custo total e estágio de execução física e financeira dos contratos, dos convênios, das obras ou das parcelas envolvidas;

IX – fechamento de postos de trabalho diretos e indiretos em razão da paralisação;

X – custo para realização de nova licitação ou celebração de novo contrato;

XI – custo de oportunidade do capital durante o período de paralisação.

Parágrafo único. Caso a paralisação ou anulação não se revele medida de interesse público, o poder público deverá optar pela continuidade do contrato e pela solução da irregularidade por meio de indenização por perdas e danos, sem prejuízo da apuração de responsabilidade e da aplicação de penalidades cabíveis.

Art. 148. A declaração de nulidade do contrato administrativo requererá análise prévia do interesse público envolvido, na forma do art. 147 desta Lei, e operará retroativamente, impedindo os efeitos jurídicos que o contrato deveria produzir ordinariamente e desconstituindo os já produzidos.

Lei n. 8.666/91

Art. 59. A declaração de nulidade do contrato administrativo opera retroativamente impedindo os efeitos jurídicos que ele, ordinariamente, deveria produzir, além de desconstituir os já produzidos.

Jurisprudência do TCU:

Nos contratos celebrados entre entidades pertencentes à Administração Pública, são inaplicáveis as cláusulas exorbitantes, previstas nos arts. 58 e 59 da Lei 8.666/1993, porquanto se trata de avenças acordadas por entidades detentoras de prerrogativas de Poder Público, onde há situação de igualdade entre as partes. Assim, qualquer alteração em contratos da espécie somente pode ocorrer por acordo das partes, não havendo espaço, ainda, para anulação ou rescisão pela via administrativa.

(TCU, Acórdão 1953/2018-Plenário, Relator: Benjamin Zymler, 22-8-2018.)

§ 1º Caso não seja possível o retorno à situação fática anterior, a nulidade será resolvida pela indenização por perdas e danos, sem prejuízo da apuração de responsabilidade e aplicação das penalidades cabíveis.

§ 2º Ao declarar a nulidade do contrato, a autoridade, com vistas à continuidade da atividade administrativa, poderá decidir que ela só tenha eficácia em momento futuro, suficiente para efetuar nova contratação, por prazo de até 6 (seis) meses, prorrogável uma única vez.

COMENTÁRIO DOS AUTORES

O Capítulo XI da nova lei traz a disciplina acerca da nulidade dos contratos, de modo que o que era previsto brevemente nos arts. 58 e, mais propriamente, 59 da Lei n. 8.666/93 passa a ganhar capítulo próprio e regras mais detalhadas na Lei n. 14.133/2021.

O que normalmente se espera quando da celebração de um contrato administrativo é que ele venha a ser fielmente cumprido por ambas as partes contratantes, mas, por motivos diversos, pode ocorrer de o contrato ser extinto em razão de alguma nulidade.

A anulação ocorrerá quando houver alguma irregularidade no procedimento licitatório ou na execução contratual, sua formalização ou mesmo em suas cláusulas essenciais. No entanto, conforme o art. 147, a decisão sobre a suspensão da execução ou sobre a declaração de nulidade do contrato somente será adotada se não for possível o saneamento, e na hipótese em que se revelar medida de interesse público, com avaliação, entre outros aspectos, dos impactos econômicos e financeiros decorrentes do atraso na fruição dos benefícios do objeto do contrato, dos riscos sociais, ambientais e à segurança da população local decorrentes do atraso na fruição dos benefícios do objeto do contrato, da motivação social e ambiental do contrato e do custo da deterioração ou da perda das parcelas executadas.

Pela regra, serão analisados ainda a despesa necessária à preservação das instalações e dos serviços já executados, despesa inerente à desmobilização e ao posterior retorno às atividades, as medidas efetivamente adotadas pelo titular do órgão ou entidade para o saneamento dos indícios de irregularidades apontados, o custo total e o estágio de execução física e financeira dos contratos, dos convênios, das obras ou das parcelas envolvidas, o fechamento de postos de trabalho diretos e indiretos em razão da paralisação, o custo para realização de nova licitação ou celebração de novo contrato, e o custo de oportunidade do capital durante o período de paralisação.

Em seguida, o parágrafo único do art. 147 deixa ainda mais evidente que a anulação deve ser medida excepcional, pois, caso a paralisação ou anulação não seja de interesse público, o poder público tem o dever de continuar o contrato e solucionar a irregularidade por meio de indenização por perdas e danos, além da apuração de eventual responsabilidade e aplicação de penalidades cabíveis.

Por isso mesmo, o art. 148 da nova lei impõe à Administração Pública a análise prévia do interesse público envolvido, a partir dos aspectos enumerados pelo art. 147. Além disso, o dispositivo determina ainda que a nulidade operará retroativamente, impedindo os efeitos jurídicos que o contrato deveria produzir ordinariamente e desconstituindo os já produzidos, o que já era previsto no art. 59 da Lei n. 8.666/93 e se coaduna com o princípio de direito público segundo o qual a invalidação produz efeitos *ex tunc*.

Todavia, se não for possível o retorno à situação fática anterior, a nulidade será resolvida pela indenização por perdas e danos, sem prejuízo da apuração de responsabilidade e aplicação das penalidades cabíveis.

Ademais, o § 2º do art. 148 prevê uma espécie de modulação dos efeitos da declaração de nulidade, ao permitir que a autoridade, com vistas à continuidade da atividade administrativa, decida que a nulidade só tenha eficácia em momento futuro, suficiente para efetuar nova contratação, por prazo de até 6 (seis) meses, prorrogável uma única vez.

Vale lembrar que a anulação dos contratos administrativos pode ser exercida pela própria Administração, de ofício, em decorrência do poder-dever de autotutela, ou a requerimento da parte interessada, ou pelo Poder Judiciário, desde que provocado para tanto.

Neste ponto, questiona-se se o Poder Judiciário também poderá decidir com base nos aspectos apontados pelo art. 147, como os impactos econômicos e financeiros decorrentes do atraso na fruição dos benefícios do objeto do contrato e os riscos sociais, ambientais e à segurança da população local decorrentes do atraso na fruição dos benefícios do objeto do contrato, bem como se ele poderá modular a decisão, na forma do art. 148, § 2º.

De qualquer forma, sendo hipótese justificadora da invalidação pela administração pública, esta é obrigada a motivar expressamente o ato e a instaurar procedimento administrativo no qual seja proporcionado ao contratado ampla defesa.

ARTIGOS 149 E 150

Art. 149. A nulidade não exonerará a Administração do dever de indenizar o contratado pelo que houver executado até a data em que for declarada ou tornada eficaz, bem como por outros prejuízos regularmente comprovados, desde que não lhe seja imputável, e será promovida a responsabilização de quem lhe tenha dado causa.

Lei n. 8.666/91
Art. 59, parágrafo único. A nulidade não exonera a Administração do dever de indenizar o contratado pelo que este houver executado até a data em que ela for declarada e por outros prejuízos regularmente comprovados, contanto que não lhe seja imputável, promovendo-se a responsabilidade de quem lhe deu causa.

Jurisprudência do STJ:

É pacífico o entendimento no Superior Tribunal de Justiça segundo o qual não há o dever de indenizar por parte da Administração nos casos de ocorrência de má-fé ou de ter o contratado concorrido para a nulidade do contrato celebrado.
(STJ, AgInt no REsp 1.410.950/SC, Rel. Min. Regina Helena Costa, Primeira Turma, *DJe* 3-2-2017.)

Segundo jurisprudência pacífica desta Corte, ainda que o contrato realizado com a Administração Pública seja nulo, por ausência de prévia licitação, o ente público não poderá deixar de efetuar o pagamento pelos serviços prestados ou pelos prejuízos decorrentes da administração, desde que comprovados, ressalvada a hipótese de má-fé ou de ter o contratado concorrido para a nulidade.
(STJ, AgRg no Ag 1.056.922/RS, Rel. Min. Mauro Campbell Marques, Segunda Turma, *DJe* 11-3-2009.)

Jurisprudência do TCU:

Caso a anulação da licitação ocorra posteriormente à assinatura do contrato, este deverá ser anulado, visto que a nulidade da licitação induz à nulidade do contrato, nos termos do art. 49, § 2º, da Lei 8.666/1993, garantido o direito ao contraditório e à ampla defesa dos interessados, de acordo com o § 3º do citado artigo, observada, também, a necessidade de se indenizar o contratado pelo que houver executado e por outros prejuízos, desde que não lhe sejam imputáveis, como preceitua o art. 59 da referida lei.
(TCU, Acórdão 1904/2008-Plenário, Relator: Raimundo Carreiro, 3-9-2008.)

> **Art. 150.** Nenhuma contratação será feita sem a caracterização adequada de seu objeto e sem a indicação dos créditos orçamentários para pagamento das parcelas contratuais vincendas no exercício em que for realizada a contratação, sob pena de nulidade do ato e de responsabilização de quem lhe tiver dado causa.

Lei n. 8.666/91
Art. 14. Nenhuma compra será feita sem a adequada caracterização de seu objeto e indicação dos recursos orçamentários para seu pagamento, sob pena de nulidade do ato e responsabilidade de quem lhe tiver dado causa.

COMENTÁRIOS DOS AUTORES

O art. 149 replica norma já prevista no art. 59, parágrafo único, da Lei n. 8.666/93, segundo a qual a nulidade não exonera a Administração do dever de indenizar o contratado pelo que houver executado até a data em que for declarada ou tornada eficaz, bem como por outros prejuízos regularmente comprovados, desde que não lhe seja imputável. Ademais, a lei volta a dizer que será promovida a responsabilização de quem tenha dado causa à nulidade.

É inadmissível que a Administração receba parte do objeto do contrato e não indenize o contratado pelo valor demandado para a realização dessa parcela do objeto, mesmo em caso de nulidade, pois isso constituiria uma forma de enriquecimento sem causa do Poder Público, isto é, estaria ele a locupletar-se de sua própria torpeza.

Desse modo, anulado o ajuste, o contratado deverá ser indenizado pelo que já tiver executado e pelos prejuízos efetivamente sofridos, salvo má-fé ou se ele mesmo tiver dado causa à nulidade. Em outros termos, caso o particular tenha concorrido para a nulidade, agindo de má-fé, a Administração não tem o dever de indenizar.

Nesse sentido, entende o Superior Tribunal de Justiça que não há o dever de indenizar por parte da Administração nos casos de ocorrência de má-fé ou de ter o contratado concorrido para a nulidade do contrato celebrado.

Por fim, o art. 150 da nova lei estabelece que nenhum contrato poderá ser celebrado sem a caracterização adequada de seu objeto e sem a indicação dos créditos orçamentários para pagamento das parcelas contratuais vincendas no exercício em que for realizada a contratação, sob pena de nulidade do ato e de responsabilização de quem lhe tiver dado causa. Trata-se, na verdade, de norma geral de contratação, uma vez que impõe a observância estrita do objeto contratual, bem como da forma de pagamento.

Capítulo XII
DOS MEIOS ALTERNATIVOS DE RESOLUÇÃO DE CONTROVÉRSIAS

ARTIGO 151

Art. 151. Nas contratações regidas por esta Lei, poderão ser utilizados meios alternativos de prevenção e resolução de controvérsias, notadamente a conciliação, a mediação, o comitê de resolução de disputas e a arbitragem.

Lei n. 9.307/96
Art. 1º, § 1º A administração pública direta e indireta poderá utilizar-se da arbitragem para dirimir conflitos relativos a direitos patrimoniais disponíveis.

Lei n. 12.462/2011
Art. 44-A. Nos contratos regidos por esta Lei, poderá ser admitido o emprego dos mecanismos privados de resolução de disputas, inclusive a arbitragem, a ser realizada no Brasil e em língua portuguesa, nos termos da Lei n. 9.307, de 23 de setembro de 1996, e a mediação, para dirimir conflitos decorrentes da sua execução ou a ela relacionados.

Lei n. 13.140/2015
Art. 1º Esta Lei dispõe sobre a mediação como meio de solução de controvérsias entre particulares e sobre a autocomposição de conflitos no âmbito da administração pública.

Decreto n. 10.025/2019
Art. 1º Este Decreto dispõe sobre a arbitragem, no âmbito do setor portuário e de transportes rodoviário, ferroviário, aquaviário e aeroportuário, para dirimir litígios que envolvam a União ou as entidades da administração pública federal e concessionários, subconcessionários, permissionários, arrendatários, autorizatários ou operadores portuários.

Jurisprudência do STJ:
5. Tanto a doutrina como a jurisprudência já sinalizaram no sentido de que não existe óbice legal na estipulação da arbitragem pelo poder público, notadamente pelas sociedades de economia mista, admitindo como válidas as cláusulas compromissórias previstas em editais convocatórios de licitação e contratos. 6. O fato de não haver previsão da arbitragem no edital de licitação ou no contrato celebrado entre as partes não invalida o compromisso arbitral firmado posteriormente. (...) 8. A cláusula de eleição de foro não é incompatível com o juízo arbitral, pois o âmbito de abrangência pode ser distinto, havendo necessidade de atuação do Poder Judiciário, por exemplo, para a concessão de medidas de urgência; execução da sentença arbitral; instituição da arbitragem quando uma das partes não a aceita de forma amigável. 9. A controvérsia estabelecida entre as partes – manutenção do equilíbrio econômico-financeiro do contrato – é de caráter eminentemente patrimonial e disponível, tanto assim que as partes poderiam tê-la solucionado diretamente, sem intervenção tanto da jurisdição estatal, como do juízo arbitral. 10. A submissão da controvérsia ao juízo arbitral foi um ato voluntário da concessionária. Nesse contexto, sua atitude posterior, visando à impugnação desse ato, beira às raias da má-fé, além de ser prejudicial ao próprio interesse público de ver resolvido o litígio de

maneira mais célere. 11. Firmado o compromisso, é o Tribunal arbitral que deve solucionar a controvérsia.
(STJ, REsp 904.813/PR, Rel. Ministra NANCY ANDRIGHI, TERCEIRA TURMA, julgado em 20-10-2011, *DJe* 28-2-2012.)

Jurisprudência do TCU:

É lícita a utilização de câmaras privadas de arbitragem para a solução de conflitos em contratos de concessão.
(TCU, Acórdão 3160/2020-Plenário, Relator: Vital do Rêgo, 25-11-2020.)

Nos contratos firmados por sociedades de economia mista exploradoras de atividade econômica, a adoção de cláusulas de juízo arbitral deve estar técnica e economicamente justificada e comprovadamente em conformidade com as práticas de mercado.
(TCU, Acórdão 2145/2013-Plenário, Relator: Benjamin Zymler, 14-8-2013.)

Enunciados de Direito Administrativo:

Enunciado 19 da I Jornada de Direito Administrativo: As controvérsias acerca de equilíbrio econômico-financeiro dos contratos administrativos integram a categoria das relativas a direitos patrimoniais disponíveis, para cuja solução se admitem meios extrajudiciais adequados de prevenção e resolução de controvérsias, notadamente a conciliação, a mediação, o comitê de resolução de disputas e a arbitragem.

Enunciado 10 da I Jornada de Direito Administrativo: Em contratos administrativos decorrentes de licitações regidas pela Lei n. 8.666/1993, é facultado à Administração Pública propor aditivo para alterar a cláusula de resolução de conflitos entre as partes, incluindo métodos alternativos ao Poder Judiciário como Mediação, Arbitragem e *Dispute Board*.

Parágrafo único. Será aplicado o disposto no *caput* deste artigo às controvérsias relacionadas a direitos patrimoniais disponíveis, como as questões relacionadas ao restabelecimento do equilíbrio econômico-financeiro do contrato, ao inadimplemento de obrigações contratuais por quaisquer das partes e ao cálculo de indenizações.

Lei n. 9.307/96

Art. 1º, § 1º A administração pública direta e indireta poderá utilizar-se da arbitragem para dirimir conflitos relativos a direitos patrimoniais disponíveis.

Lei n. 13.140/2015

Art. 3º Pode ser objeto de mediação o conflito que verse sobre direitos disponíveis ou sobre direitos indisponíveis que admitam transação.

COMENTÁRIOS DOS AUTORES

Arbitragem é o mecanismo de resolução alternativo de resolução de conflito, pelo qual as partes, por meio de uma convenção, elegem uma pessoa ou um colegiado, para dirimir os seus conflitos de forma imparcial.

O legislador, desde 1996, vem permitindo a arbitragem como mecanismo de resolução de conflitos, não estando a atividade de julgar adstrita somente ao Poder Judiciário. No entanto, com relação à Administração Pública, somente foi permitida a partir de 2015, com a inclusão na Lei de

Arbitragem, dos §§ 1º e 2º no art. 1º, através da Lei n. 13.129/2015, onde passou a autorizar a sua utilização com relação aos direitos disponíveis.

Apesar dessa permissão, os contratos de direito administrativo, fruto dos processos licitatórios em geral, não possuíam previsão legal ou editalícia quanto à possibilidade de se utilizar dessa técnica para resolver os eventuais conflitos.

A atual previsão é uma conquista aos contratantes que enfrentam pequenos e grandes conflitos na execução dos diversos contratos firmados com o Poder Público. Além de atribuir agilidade aos processos decisórios quanto às querelas que venham a surgir, garante que a execução do contrato não fique prejudicada.

Por fim, importante ressaltar que sobre os contratos que estão em andamento, porém, sem a previsão contratual acerca do estabelecimento da arbitragem como o mecanismo de resolução de conflitos, o Enunciado 18 da I Jornada de Direito Administrativo aduz que "A ausência de previsão editalícia não afasta a possibilidade de celebração de compromisso arbitral em conflitos oriundos de contratos administrativos".

Mediação é outro método alternativo de conciliação de conflitos, cuja atividade técnica é exercida por um terceiro imparcial e sem poder decisório, que visa auxiliar e estimular ou desenvolver soluções consensuais para a controvérsia entre as partes (Lei n. 13.140/2015, art. 1º, parágrafo único).

Esse mecanismo, diferentemente da arbitragem, possui o cunho confidencial e não põe termo à querela que é submetida ao mediador, pelo contrário, na impossibilidade de auxiliar as partes a chegar a uma solução de forma consensual, a judicialização será o caminho mais provável.

Conciliação é a técnica de autocomposição dos conflitos que consiste na participação mais ativa de um terceiro imparcial, que busca indicar soluções às partes para que elas, de forma autônoma, cheguem a um consenso acerca do conflito.

Vale ressaltar que as questões que podem ser submetidas às técnicas alternativas de resolução de conflitos são aquelas consideradas como direitos patrimoniais disponíveis, conforme aduz o art. 151, parágrafo único.

Para tanto, esse dispositivo indica um pequeno rol, de cunho exemplificativo, que ele considera como sendo direito patrimonial disponível, a saber: (i) restabelecimento do equilíbrio econômico-financeiro do contrato e (ii) inadimplemento. O Decreto n. 10.025/2019, no seu art. 2º, parágrafo único, elenca como sendo direito patrimonial disponível, os seguintes:

I – as questões relacionadas à recomposição do equilíbrio econômico-financeiro dos contratos;

II – o cálculo de indenizações decorrentes de extinção ou de transferência do contrato de parceria; e

III – o inadimplemento de obrigações contratuais por quaisquer das partes, incluídas a incidência das suas penalidades e o seu cálculo.

Observe que, nos incisos I e II, há a possibilidade de se utilizar a arbitragem para dirimir conflitos relacionados ao inadimplemento das obrigações contratuais e valoração das indenizações decorrentes de extinção ou transferência de contratos de parceria.

Em ambos os casos, percebe-se que os cálculos relacionados à responsabilização da conduta de quaisquer dos contratantes por descumprimento das regras contratuais são de extrema importância, tanto para estipulação de indenizações, quanto para estipulação de multas e penalidades.

ARTIGO 152

> **Art. 152.** A arbitragem será sempre de direito e observará o princípio da publicidade.

Lei n. 9.307/96

Art. 2º A arbitragem poderá ser de direito ou de equidade, a critério das partes.

§ 1º Poderão as partes escolher, livremente, as regras de direito que serão aplicadas na arbitragem, desde que não haja violação aos bons costumes e à ordem pública.

(...)

§ 3º A arbitragem que envolva a administração pública será sempre de direito e respeitará o princípio da publicidade.

COMENTÁRIOS DOS AUTORES

A Lei de Arbitragem permite que as partes escolham entre dois tipos de julgamento da arbitragem, de direito ou de equidade. O primeiro obriga que o árbitro julgue o caso de acordo com as regras de direito vigente ou uma regra em específico. No segundo, no entanto, o julgamento é feito de acordo com a razoabilidade, com os critérios de justiça, ainda que exista lei disciplinando em sentido contrário. Nas palavras de Scavone Júnior[51]:

> a) de direito e, nesse caso, não afrontando a ordem pública (norma cogente que regule a matéria que se pretende submeter à arbitragem) e os bons costumes, as partes podem escolher a norma que querem ver aplicada pelo árbitro para solução do seu conflito decorrente de direito patrimonial e disponível. Caso não escolham, o árbitro decidirá com fundamento na lei nacional;
>
> b) de equidade, desde que, nesse caso, as partes convencionem a hipótese expressamente e desde que não haja, igualmente, afronta à ordem pública nacional. Ao aplicar a equidade, o árbitro se coloca na posição de legislador e aplica a solução que lhe parecer razoável, ainda que haja lei disciplinando a matéria, desde que não se trate de norma cogente;

No caso da Nova Lei de Licitações, a escolha foi feita pelo Legislador, isto é, todo julgamento arbitral realizado com base na Lei de Licitações deverá seguir de acordo com o direito. Não haverá julgamento de acordo com a equidade, pois as ações da Administração Pública, conforme aduz o art. 37, *caput*, da CF, são pautadas na legalidade.

Ademais, todo processo arbitral em que esteja presente a Administração Pública deve observar o princípio da publicidade, porém, isso não significa que não se possa ter um processo sigiloso, desde que haja a devida justificativa e fundamentação para o caso.

A publicidade é um princípio constitucional (art. 37, *caput*, da CF) que consiste na impossibilidade, por parte da Administração Pública, da ocultação dos seus atos, salvo nas hipóteses previstas em lei[52]. A transparência, portanto, é a regra de conduta do Poder Público.

---

51 SCAVONE JÚNIOR, Luiz Antônio. *Manual de arbitragem: mediação e conciliação*. 8. ed. Rio de Janeiro: Forense, 2018, p. 26.

52 DI PIETRO, Maria Sylvia Zanella. *Direito Administrativo*. 20. ed. São Paulo: Atlas, 2014, p. 77-78.

Lei n. 14.133, de 1º-4-2021   Artigo 153   375

Por outro lado, a mediação, enquanto mecanismo de resolução de conflitos, é pautada pelo princípio da confidencialidade, conforme art. 2º, VII, da Lei n. 13.140/2015.

Na conciliação, no entanto, não há regra de confidencialidade, logo, a publicidade é a regra para o caso, seguindo a determinação constitucional do art. 37, *caput*, da CF.

ARTIGO 153

Art. 153. Os contratos poderão ser aditados para permitir a adoção dos meios alternativos de resolução de controvérsias.

Enunciado 18 da I Jornada de Direito Administrativo: A ausência de previsão editalícia não afasta a possibilidade de celebração de compromisso arbitral em conflitos oriundos de contratos administrativos.

COMENTÁRIOS DOS AUTORES

Esse dispositivo permite que os gestores públicos aditem os contratos vigentes que não possuam a previsão contratual da utilização de mecanismos de resolução de conflitos – arbitragem, mediação ou conciliação –, referente aos direitos patrimoniais disponíveis[53].

Apesar disso, o próprio Enunciado 18 da I Jornada de Direito Administrativo já previa a possibilidade de previsão contratual a respeito do compromisso arbitral, ainda que inexistente a previsão no edital, afirmando que "a ausência de previsão editalícia não afasta a possibilidade de celebração de compromisso arbitral em conflitos oriundos de contratos administrativos".

Portanto, é plenamente viável e aceitável a realização de aditivos contratuais para inserção de cláusulas de arbitragem, mediação ou conciliação como métodos alternativos de resolução de conflitos, no âmbito da Administração Pública.

ARTIGO 154

Art. 154. O processo de escolha dos árbitros, dos colegiados arbitrais e dos comitês de resolução de disputas observará critérios isonômicos, técnicos e transparentes.

Enunciado 39 da I Jornada de Direito Administrativo: A indicação e a aceitação de árbitros pela Administração Pública não dependem de seleção pública formal, como concurso ou licitação, mas devem ser objeto de fundamentação prévia e por escrito, considerando os elementos relevantes.

COMENTÁRIOS DOS AUTORES

Assim como na Lei de Arbitragem, a Nova Lei de Licitações permite a escolha dos árbitros, desde que ela não seja composta com apenas um árbitro. A lei utiliza o plural para indicar que ne-

---

53 *Vide* os comentários feitos ao art. 151.

cessariamente haverá mais de um árbitro para julgamento das querelas que surjam no decorrer da execução dos contratos administrativos.

Além disso, é possível que essa escolha seja feita com relação a colegiados e até comitês de resolução de disputas, desde que observado os critérios de:

Isonomia: as escolhas dos árbitros devem ser feitas com a indicação de forma igualitária em conjunto com aquele que está firmando um contrato administrativo. Então, se houver a decisão de que o colegiado será composto por quatro árbitros, dois deles serão indicados pelo Poder Público e os outros dois, pelo contratado.

Técnico: os árbitros devem ser pessoas técnicas, isso não necessariamente está exigindo que sejam eles da área jurídica. No entanto, a previsão do art. 152 da Nova Lei de Licitações exige que todo julgamento da arbitragem será de direito, ou seja, o conhecimento da área jurídica torna-se uma necessidade no processo de escolha.

Embora seja uma necessidade a presença de um árbitro da área jurídica, isso não obsta a presença de outros técnicos que sejam relevantes para o processo, como no caso do descumprimento de cláusulas contratuais na contratação de obras de engenharia. Nesses casos, seria interessante a escolha de um árbitro engenheiro para que a tomada de decisão seja qualificada.

Transparência: a escolha dos árbitros deve guardar a publicidade e a transparência acerca dos fundamentos e critérios utilizados para selecionar um tipo de árbitro em detrimento do outro. O estabelecimento de critérios objetivos é fundamental, sobretudo quando estiver relacionado com a natureza da disputa que será julgada por meio da arbitragem.

Consubstanciando a presente posição, o Enunciado 39 da I Jornada de Direito Administrativo aduz que "A indicação e a aceitação de árbitros pela Administração Pública não dependem de seleção pública formal, como concurso ou licitação, mas devem ser objeto de fundamentação prévia e por escrito, considerando os elementos relevantes".

Não estamos falando de seleção por concurso ou licitação, mas da necessidade de motivação e fundamentação da escolha dos árbitros e a sua relação para com a resolução dos conflitos que surgem nos casos.

Título IV
DAS IRREGULARIDADES

Capítulo I
DAS INFRAÇÕES E SANÇÕES ADMINISTRATIVAS

ARTIGO 155

> **Art. 155.** O licitante ou o contratado será responsabilizado administrativamente pelas seguintes infrações:
> I – dar causa à inexecução parcial do contrato;
> II – dar causa à inexecução parcial do contrato que cause grave dano à Administração, ao funcionamento dos serviços públicos ou ao interesse coletivo;
> III – dar causa à inexecução total do contrato;

Lei n. 12.462/2011
Art. 47. Ficará impedido de licitar e contratar com a União, Estados, Distrito Federal ou Municípios, pelo prazo de até 5 (cinco) anos, sem prejuízo das multas previstas no instrumento convocatório e no contrato, bem como das demais cominações legais, o licitante que:
(...)
VII – der causa à inexecução total ou parcial do contrato.

Lei n. 8.666/93
Art. 87. Pela inexecução total ou parcial do contrato a Administração poderá, garantida a prévia defesa, aplicar ao contratado as seguintes sanções:

IV – deixar de entregar a documentação exigida para o certame;

Lei n. 12.462/2011
Art. 47, II – deixar de entregar a documentação exigida para o certame ou apresentar documento falso;

Lei n. 8.666/93
Art. 37. A qualquer tempo poderá ser alterado, suspenso ou cancelado o registro do inscrito que deixar de satisfazer as exigências do art. 27 desta Lei, ou as estabelecidas para classificação cadastral.

V – não manter a proposta, salvo em decorrência de fato superveniente devidamente justificado;

Lei n. 12.462/2011
Art. 47, IV – não mantiver a proposta, salvo se em decorrência de fato superveniente, devidamente justificado;

VI – não celebrar o contrato ou não entregar a documentação exigida para a contratação, quando convocado dentro do prazo de validade de sua proposta;

//// **378** Artigo 155 Nova Lei de Licitações Comentada e Referenciada

Lei n. 12.462/2011

Art. 47, I – convocado dentro do prazo de validade da sua proposta não celebrar o contrato, inclusive nas hipóteses previstas no parágrafo único do art. 40 e no art. 41 desta Lei;

VII - ensejar o retardamento da execução ou da entrega do objeto da licitação sem motivo justificado;

Lei n. 12.462/2011

Art. 47, III – ensejar o retardamento da execução ou da entrega do objeto da licitação sem motivo justificado;

Lei n. 8.666/91

Art. 8º, parágrafo único. É proibido o retardamento imotivado da execução de obra ou serviço, ou de suas parcelas, se existente previsão orçamentária para sua execução total, salvo insuficiência financeira ou comprovado motivo de ordem técnica, justificados em despacho circunstanciado da autoridade a que se refere o art. 26 desta Lei.

VIII - apresentar declaração ou documentação falsa exigida para o certame ou prestar declaração falsa durante a licitação ou a execução do contrato;

Lei n. 12.462/2011

Art. 47, II – deixar de entregar a documentação exigida para o certame ou apresentar documento falso;

IX - fraudar a licitação ou praticar ato fraudulento na execução do contrato;

Lei n. 12.462/2011

Art. 47, V – fraudar a licitação ou praticar atos fraudulentos na execução do contrato;

Lei n. 8.666/91

Seção III – Dos Crimes e das Penas

Art. 90. Frustrar ou fraudar, mediante ajuste, combinação ou qualquer outro expediente, o caráter competitivo do procedimento licitatório, com o intuito de obter, para si ou para outrem, vantagem decorrente da adjudicação do objeto da licitação:

Pena – detenção, de 2 (dois) a 4 (quatro) anos, e multa.

Art. 93. Impedir, perturbar ou fraudar a realização de qualquer ato de procedimento licitatório:

Pena – detenção, de 6 (seis) meses a 2 (dois) anos, e multa.

Art. 96. Fraudar, em prejuízo da Fazenda Pública, licitação instaurada para aquisição ou venda de bens ou mercadorias, ou contrato dela decorrente:

I – elevando arbitrariamente os preços;

II – vendendo, como verdadeira ou perfeita, mercadoria falsificada ou deteriorada;

III – entregando uma mercadoria por outra;

IV – alterando substância, qualidade ou quantidade da mercadoria fornecida;

V – tornando, por qualquer modo, injustamente, mais onerosa a proposta ou a execução do contrato:

Pena – detenção, de 3 (três) a 6 (seis) anos, e multa.

X – comportar-se de modo inidôneo ou cometer fraude de qualquer natureza;

Lei n. 12.462/2011
Art. 47, VI – comportar-se de modo inidôneo ou cometer fraude fiscal;

XI – praticar atos ilícitos com vistas a frustrar os objetivos da licitação;
XII – praticar ato lesivo previsto no art. 5º da Lei n. 12.846, de 1º de agosto de 2013.

Lei n. 12.856/2013
Art. 5º Constituem atos lesivos à administração pública, nacional ou estrangeira, para os fins desta Lei, todos aqueles praticados pelas pessoas jurídicas mencionadas no parágrafo único do art. 1º, que atentem contra o patrimônio público nacional ou estrangeiro, contra princípios da administração pública ou contra os compromissos internacionais assumidos pelo Brasil, assim definidos:

I – prometer, oferecer ou dar, direta ou indiretamente, vantagem indevida a agente público, ou a terceira pessoa a ele relacionada;

II – comprovadamente, financiar, custear, patrocinar ou de qualquer modo subvencionar a prática dos atos ilícitos previstos nesta Lei;

III – comprovadamente, utilizar-se de interposta pessoa física ou jurídica para ocultar ou dissimular seus reais interesses ou a identidade dos beneficiários dos atos praticados;

IV – no tocante a licitações e contratos:

a) frustrar ou fraudar, mediante ajuste, combinação ou qualquer outro expediente, o caráter competitivo de procedimento licitatório público;

b) impedir, perturbar ou fraudar a realização de qualquer ato de procedimento licitatório público;

c) afastar ou procurar afastar licitante, por meio de fraude ou oferecimento de vantagem de qualquer tipo;

d) fraudar licitação pública ou contrato dela decorrente;

e) criar, de modo fraudulento ou irregular, pessoa jurídica para participar de licitação pública ou celebrar contrato administrativo;

f) obter vantagem ou benefício indevido, de modo fraudulento, de modificações ou prorrogações de contratos celebrados com a administração pública, sem autorização em lei, no ato convocatório da licitação pública ou nos respectivos instrumentos contratuais; ou

g) manipular ou fraudar o equilíbrio econômico-financeiro dos contratos celebrados com a administração pública;

V – dificultar atividade de investigação ou fiscalização de órgãos, entidades ou agentes públicos, ou intervir em sua atuação, inclusive no âmbito das agências reguladoras e dos órgãos de fiscalização do sistema financeiro nacional.

Lei n. 10.520/2002
Art. 7º Quem, convocado dentro do prazo de validade da sua proposta, não celebrar o contrato, deixar de entregar ou apresentar documentação falsa exigida para o certame, ensejar o retardamento da execução de seu objeto, não mantiver a proposta, falhar ou fraudar na execução do contrato, comportar-se de modo inidôneo ou cometer fraude fiscal, ficará impedido de licitar e contratar com a União, Estados, Distrito Federal ou Municípios e, será descreden-

ciado no Sicaf, ou nos sistemas de cadastramento de fornecedores a que se refere o inciso XIV do art. 4º desta Lei, pelo prazo de até 5 (cinco) anos, sem prejuízo das multas previstas em edital e no contrato e das demais cominações legais.

Jurisprudência do STJ:

2. A penalidade de impedimento de licitar e contratar com a Administração Pública, prevista no art. 7º da Lei n. 10.520/2002, imposta a pessoa jurídica sócia majoritária de empresa vencedora de certame licitatório pode recair sobre a licitante se patente o intuito de burlar aquela sanção administrativa. 3. A doutrina de Marçal Justen Filho admite "a extensão do sancionamento à pessoa física ou a terceiros na medida em que se evidencie a utilização fraudulenta e abusiva da pessoa jurídica".
(STJ, RMS 39.701/SC, Rel. Min. Gurgel de Faria, Primeira Turma, *DJe* 8-8-2016.)

Jurisprudência do TCU:

A sanção de impedimento para licitar e contratar prevista no art. 87, inciso III, da Lei 8.666/1993 produz efeitos apenas em relação ao órgão ou entidade sancionador, enquanto aquela prevista no art. 7º da Lei 10.520/2002 produz efeitos apenas no âmbito interno do ente federativo que a aplicar.
(TCU, Acórdão 1003/2015-Plenário, Relator: Benjamin Zymler, 29-4-2015.)

COMENTÁRIOS DOS AUTORES

Esse dispositivo elenca todas as hipóteses de incidência da sanção administrativa.

A sua previsão é fruto do princípio da legalidade que necessita ser antecedente à conduta que será investigada. Nesse quesito, avançou o dispositivo, pois trouxe um conjunto de hipóteses, das quais poderão ensejar em sanção por parte da Administração em relação ao licitante ou contratante dissidente.

Além disso, isso garante que as sanções não serão aplicadas de forma discricionária, de acordo com a conveniência e oportunidade do Administrador, mas em razão da prática de condutas que atentem contra o interesse público e que possuam expressa previsão legal.

ARTIGO 156

Art. 156. Serão aplicadas ao responsável pelas infrações administrativas previstas nesta Lei as seguintes sanções:
I – advertência;
II – multa;
III – impedimento de licitar e contratar;
IV – declaração de inidoneidade para licitar ou contratar.

Lei n. 8.666/91

Art. 87. Pela inexecução total ou parcial do contrato a Administração poderá, garantida a prévia defesa, aplicar ao contratado as seguintes sanções:

I – advertência;

II – multa, na forma prevista no instrumento convocatório ou no contrato;

III – suspensão temporária de participação em licitação e impedimento de contratar com a Administração, por prazo não superior a 2 (dois) anos;

Jurisprudência do TCU:

É irregular a desclassificação de licitante, como medida preventiva ou de prudência, em razão da existência de penalidade de suspensão temporária prevista no art. 87, inciso III, da Lei 8.666/1993, que lhe foi aplicada por outro órgão ou entidade da Administração Pública pelo descumprimento de obrigações trabalhistas e previdenciárias. Os efeitos dessa penalidade restringem-se à participação em licitações junto ao ente que imputou a sanção.
(TCU, Acórdão 1757/2020-Plenário, Relator: Raimundo Carreiro, 8-7-2020.)

Lei n. 8.666/91

IV – declaração de inidoneidade para licitar ou contratar com a Administração Pública enquanto perdurarem os motivos determinantes da punição ou até que seja promovida a reabilitação perante a própria autoridade que aplicou a penalidade, que será concedida sempre que o contratado ressarcir a Administração pelos prejuízos resultantes e após decorrido o prazo da sanção aplicada com base no inciso anterior.

Jurisprudência do TCU:

Não configura violação ao princípio do *non bis in idem* o TCU declarar a inidoneidade para licitar com a Administração Pública Federal (art. 46 da Lei 8.443/1992) de empresa que foi declarada inidônea pela CGU para licitar ou contratar com a Administração Pública (art. 87, inciso IV, da Lei 8.666/1993), uma vez que eventuais sanções aplicadas no âmbito da Administração não condicionam ou vinculam a atuação do TCU no bojo de suas atribuições constitucionais, inclusive aquelas de cunho sancionatório, em razão do princípio da independência das instâncias.
(TCU, Acórdão 961/2018-Plenário, Relator: Benjamin Zymler, 30-10-2019.)

Lei n. 12.462/2011

Art. 47. Ficará impedido de licitar e contratar com a União, Estados, Distrito Federal ou Municípios, pelo prazo de até 5 (cinco) anos, sem prejuízo das multas previstas no instrumento convocatório e no contrato, bem como das demais cominações legais, o licitante que:

Jurisprudência do STJ:

II – O argumento segundo o qual a restrição alcançaria somente a possibilidade de contratação com Hospital da Criança de Brasília, e por um período de um ano, não se sustenta. III – O registro da aplicação da penalidade decorre de expressa determinação legal, e deve observar o conteúdo e alcance normativo idealizados pelo legislador, no que o ato coator não se mostra violador de direito líquido e certo. IV – Sendo una a Administração, os feitos da suspensão de participação em licitação não ser restringem a um órgão do poder público.
(STJ, MS 24.553/DF, Rel. Min. Francisco Falcão, Primeira Seção, *DJe* 15-5-2020.)

Jurisprudência do TCU:

A multa contratual decorrente da inexecução total do objeto está limitada a 10% do valor do contrato (art. 9º do Decreto 22.626/1933, revigorado pelo Decreto s/n. de 29/11/1991).
(TCU, Acórdão 2274/2020-Plenário, Relator: Raimundo Carreiro, 26-8-2020.)

382 Artigo 156 Nova Lei de Licitações Comentada e Referenciada

A penalidade de suspensão temporária de participação em licitação e impedimento de contratar com a Administração produz efeitos *ex nunc*, não alcançando automaticamente os contratos celebrados antes da aplicação da sanção.

(TCU, Acórdão 2183/2019-Plenário, Relator: Augusto Sherman, 11-9-2019.)

A aplicação de multa a empresa pela Administração Pública, quando verificada a ocorrência de infração especificada em contrato, configura obrigação e não faculdade do gestor.

(TCU, Acórdão 2445/2012-Plenário, Relator: Valmir Campelo, 11-9-2012.)

§ 1º Na aplicação das sanções serão considerados:

I - a natureza e a gravidade da infração cometida;

II - as peculiaridades do caso concreto;

III - as circunstâncias agravantes ou atenuantes;

IV - os danos que dela provierem para a Administração Pública;

V - a implantação ou o aperfeiçoamento de programa de integridade, conforme normas e orientações dos órgãos de controle.

§ 2º A sanção prevista no inciso I do *caput* deste artigo será aplicada exclusivamente pela infração administrativa prevista no inciso I do *caput* do art. 155 desta Lei, quando não se justificar a imposição de penalidade mais grave.

§ 3º A sanção prevista no inciso II do *caput* deste artigo, calculada na forma do edital ou do contrato, não poderá ser inferior a 0,5% (cinco décimos por cento) nem superior a 30% (trinta por cento) do valor do contrato licitado ou celebrado com contratação direta e será aplicada ao responsável por qualquer das infrações administrativas previstas no art. 155 desta Lei.

§ 4º A sanção prevista no inciso III do *caput* deste artigo será aplicada ao responsável pelas infrações administrativas previstas nos incisos II, III, IV, V, VI e VII do *caput* do art. 155 desta Lei, quando não se justificar a imposição de penalidade mais grave, e impedirá o responsável de licitar ou contratar no âmbito da Administração Pública direta e indireta do ente federativo que tiver aplicado a sanção, pelo prazo máximo de 3 (três) anos.

§ 5º A sanção prevista no inciso IV do *caput* deste artigo será aplicada ao responsável pelas infrações administrativas previstas nos incisos VIII, IX, X, XI e XII do *caput* do art. 155 desta Lei, bem como pelas infrações administrativas previstas nos incisos II, III, IV, V, VI e VII do *caput* do referido artigo que justifiquem a imposição de penalidade mais grave que a sanção referida no § 4º deste artigo, e impedirá o responsável de licitar ou contratar no âmbito da Administração Pública direta e indireta de todos os entes federativos, pelo prazo mínimo de 3 (três) anos e máximo de 6 (seis) anos.

§ 6º A sanção estabelecida no inciso IV do *caput* deste artigo será precedida de análise jurídica e observará as seguintes regras:

I - quando aplicada por órgão do Poder Executivo, será de competência exclusiva de ministro de Estado, de secretário estadual ou de secretário municipal e, quando aplicada por autarquia ou fundação, será de competência exclusiva da autoridade máxima da entidade;

II - quando aplicada por órgãos dos Poderes Legislativo e Judiciário, pelo Ministério Público e pela Defensoria Pública no desempenho da função administrativa, será de competência exclusiva de autoridade de nível hierárquico equivalente às autoridades referidas no inciso I deste parágrafo, na forma de regulamento.

Lei n. 8.666/93

Art. 87, § 3º A sanção estabelecida no inciso IV deste artigo é de competência exclusiva do Ministro de Estado, do Secretário Estadual ou Municipal, conforme o caso, facultada a defesa do interessado no respectivo processo, no prazo de 10 (dez) dias da abertura de vista, podendo a reabilitação ser requerida após 2 (dois) anos de sua aplicação.

Jurisprudência

5. No Estado de Minas Gerais, em razão de autorização conferida pela legislação estadual, o Secretário de Estado adjunto pode aplicar a sanção de declaração de inidoneidade para licitar ou contratar com a Administração Pública.
(AgInt no RMS 52.208/MG, Rel. Ministro BENEDITO GONÇALVES, PRIMEIRA TURMA, julgado em 4-5-2020, DJe 6-5-2020.)

Jurisprudência do TCU:

Verificada fraude à licitação, é competente o TCU para aplicar a sanção de que trata o art. 46 da Lei 8.443/1992, entretanto, no caso de inexecução total ou parcial de contrato, cabe ao Ministro de Estado declarar a inidoneidade, com base no art. 87 da Lei 8.666/1993.
(TCU, Acórdão 2421/2009-Plenário, Relator: Walton Alencar Rodrigues, 14-10-2009.)

§ 7º As sanções previstas nos incisos I, III e IV do *caput* deste artigo poderão ser aplicadas cumulativamente com a prevista no inciso II do *caput* deste artigo.

Lei n. 8.666/93

Art. 87, § 2º As sanções previstas nos incisos I, III e IV deste artigo poderão ser aplicadas juntamente com a do inciso II, facultada a defesa prévia do interessado, no respectivo processo, no prazo de 5 (cinco) dias úteis.

§ 8º Se a multa aplicada e as indenizações cabíveis forem superiores ao valor de pagamento eventualmente devido pela Administração ao contratado, além da perda desse valor, a diferença será descontada da garantia prestada ou será cobrada judicialmente.

Lei n. 8.666/93

Art. 87, § 1º Se a multa aplicada for superior ao valor da garantia prestada, além da perda desta, responderá o contratado pela sua diferença, que será descontada dos pagamentos eventualmente devidos pela Administração ou cobrada judicialmente.

§ 9º A aplicação das sanções previstas no *caput* deste artigo não exclui, em hipótese alguma, a obrigação de reparação integral do dano causado à Administração Pública.

Lei n. 8.666/93

Art. 82. Os agentes administrativos que praticarem atos em desacordo com os preceitos desta Lei ou visando a frustrar os objetivos da licitação sujeitam-se às sanções previstas nesta Lei e nos regulamentos próprios, sem prejuízo das responsabilidades civil e criminal que seu ato ensejar.

384 Artigo 156   Nova Lei de Licitações Comentada e Referenciada

Art. 87, IV – declaração de inidoneidade para licitar ou contratar com a Administração Pública enquanto perdurarem os motivos determinantes da punição ou até que seja promovida a reabilitação perante a própria autoridade que aplicou a penalidade, que será concedida sempre que o contratado ressarcir a Administração pelos prejuízos resultantes e após decorrido o prazo da sanção aplicada com base no inciso anterior.

COMENTÁRIOS DOS AUTORES

Esse dispositivo trata do regime de sanção da Lei de Licitações e Contratos. E por se tratar de um regime de sanção, as condições de existência e aplicabilidade da sanção devem observar os pressupostos da anterioridade e previsibilidade da conduta.

A anterioridade diz respeito à necessidade da existência de uma sanção anterior à conduta praticada pelo licitante/contratado. A previsibilidade, no que lhe concerne, consiste na legalidade, na previsão legislativa da sanção para determinado tipo de conduta.

Esse dispositivo elenca as sanções permitidas no âmbito dessa lei, a saber: advertência, multa, impedimento de licitar e contratar, e a declaração de inidoneidade para licitar ou contratar com a Administração Pública.

Todas essas sanções pressupõem abertura de processo administrativo, onde se garanta o exercício dos direitos e garantias fundamentais do devido processo administrativo e os seus consectários.

A aplicação de quaisquer das sanções obriga que a Comissão considere a natureza e a gravidade da infração cometida, as peculiaridades do caso concreto, as circunstâncias agravantes ou atenuantes, os danos que dela provierem para a Administração Pública, e a implantação ou o aperfeiçoamento de programa de integridade, conforme as normas e orientações dos órgãos de controle.

1. Advertência

É a sanção com menor grau de gravidade. A única hipótese de cabimento dessa sanção é nos casos em que o licitante der causa à inexecução parcial do contrato. Vale aludir que, por ocasião da análise da aplicação da sanção, se for considerado que a conduta mereça uma reprimenda mais grave, a advertência não deve ser a medida aplicada (§ 1º).

É possível, ainda, que a advertência seja cumulada com a sanção de multa (§ 7º), porém em nenhuma hipótese poderá ser cumulada com as demais espécies de sanção, em razão da ausência de previsão legal nesse sentido.

2. Multa

A multa é a única sanção que pode ser aplicada em todas as hipóteses de incidência constante do art. 155 desse diploma legislativo. Além disso, é a única sanção que é permitida cumular com as outras sanções (§ 7º).

O método de cálculo da sanção de multa deve constar do edital, sendo vedado ser inferior a 0,5% (cinco décimos por cento) nem superior a 30% (trinta por cento) do valor do contrato licitado ou celebrado com contratação direta (§ 3º).

Ademais, acaso a multa aplicada for superior ao valor de pagamento devido pela Administração ao contratado, haverá compensação dos valores e a diferença será cobrada ou judicialmente ou descontada da garantia prestada no início do contrato (§ 8º).

3. Impedimento de licitar e contratar

Na Lei n. 8.666/93, havia uma discussão acerca da distinção entre essa sanção e a declaração de inidoneidade, pois a lei não previa os pressupostos necessários para a sua diferenciação. Assim, a doutrina, por vezes, buscava diferenciá-las, em razão do lapso temporal de suspensão, a competência para a sua aplicação etc. Essa dificuldade era enfrentada, inclusive, no âmbito jurisprudencial.

No diploma em epígrafe, a legislação mais uma vez não fez a distinção clara, porém, separou de forma precisa as hipóteses de aplicação da sanção de impedimento de licitar e contratar das hipóteses de aplicação de sanção de declaração de inidoneidade, conforme se percebe dos §§ 4º e 5º.

Salvo se a conduta constituir sanção mais grave, que deve ser valorada de acordo com o § 2º do art. 156, a sanção de impedimento de licitar e contratar com a Administração deverá ser aplicada nas seguintes hipóteses: a) dar causa à inexecução parcial do contrato que cause grave dano à Administração, ao funcionamento dos serviços públicos ou ao interesse coletivo; b) dar causa à inexecução total do contrato; c) deixar de entregar a documentação exigida para o certame; d) não manter a proposta, salvo em decorrência de fato superveniente devidamente justificado; e) não celebrar o contrato ou não entregar a documentação exigida para a contratação, quando convocado dentro do prazo de validade de sua proposta; e f) ensejar o retardamento da execução ou da entrega do objeto da licitação sem motivo justificado.

A aplicação dessa penalidade depende da instituição de uma comissão com a nomeação de 2 ou mais servidores estáveis, cujo processamento será feito de acordo com o art. 158, desse diploma. O impedimento de licitar e contratar com a Administração só poderá ser aplicado pelo prazo de até 3 anos.

4. Declaração de inidoneidade

A declaração de inidoneidade para licitar ou contratar com a Administração Pública é, também, uma sanção de natureza grave, cuja aplicabilidade depende da instituição de uma Comissão com a presença de, no mínimo, dois servidores públicos estáveis.

Além das hipóteses de aplicação da sanção de impedimento de licitar e contratar que, em razão das circunstâncias, justifiquem a aplicação de penalidade mais grave, as seguintes condutas devem ser sancionadas com a declaração de inidoneidade: a) apresentar declaração ou documentação falsa exigida para o certame ou prestar declaração falsa durante a licitação ou a execução do contrato; b) fraudar a licitação ou praticar ato fraudulento na execução do contrato; c) comportar-se de modo inidôneo ou cometer fraude de qualquer natureza; d) praticar atos ilícitos com vistas a frustrar os objetivos da licitação; e e) praticar ato lesivo previsto no art. 5º da Lei n. 12.846, de 1º de agosto de 2013.

Aplicação dessa sanção impede de o sancionado licitar e contratar com a Administração pelo período de 3 a 6 anos, porém, a sua aplicação pressupõe a prévia análise jurídica, bem como deve ser expedida: (i) no âmbito do Poder Executivo, pelo Ministro de Estado, Secretário Estadual e Municipal, (ii) no âmbito de autarquia e fundação, pelo Superintendente ou Diretor-presidente, (iii) no âmbito do Poder Judiciário, Ministério Público e Defensoria Pública, pela autoridade com a maior hierarquia.

Por fim, com o intuito de facilitar a visualização das condutas/penalidades, elaboramos o seguinte quadro demonstrativo:

386 Artigo 157   Nova Lei de Licitações Comentada e Referenciada

Advertência	Impedimento de licitar e contratar	Declaração de inidoneidade para licitar ou contratar	Multa
Art. 155, *caput*, I – se não justificar a imposição de penalidade mais grave	Art. 155, *caput*, II	Art. 155, II ao VII – desde que haja justificativa para penalizar de forma mais grave que a sanção de impedimento de licitar e contratar.	Todas as infrações do art. 155, *caput*
	Art. 155, *caput*, III	Art. 155, *caput*, VIII	
	Art. 155, *caput*, IV	Art. 155, *caput*, IX	
	Art. 155, *caput*, V	Art. 155, *caput*, X	
	Art. 155, *caput*, VI	Art. 155, *caput*, XI	
	Art. 155, *caput*, VII	Art. 155, *caput*, XII	
	Mais o impedimento de o responsável de licitar ou contratar no âmbito da Administração Pública direta e indireta do ente federativo que tiver aplicado a sanção.		
	Duração da sanção: máx. de 3 (três) anos	Duração da sanção: mín. de 3 (três) e máx. de 6 (seis) anos	

Essas sanções podem ser cumuladas com a sanção de multa: art. 156, § 7º.

ARTIGO 157

Art. 157. Na aplicação da sanção prevista no inciso II do *caput* do art. 156 desta Lei, será facultada a defesa do interessado no prazo de 15 (quinze) dias úteis, contado da data de sua intimação.

Constituição Federal

Art. 5º, LV – aos litigantes, em processo judicial ou administrativo, e aos acusados em geral são assegurados o contraditório e ampla defesa, com os meios e recursos a ela inerentes;

Lei n. 8.666/93

Art. 87, § 2º As sanções previstas nos incisos I, III e IV deste artigo poderão ser aplicadas juntamente com a do inciso II, facultada a defesa prévia do interessado, no respectivo processo, no prazo de 5 (cinco) dias úteis.

COMENTÁRIOS DOS AUTORES

O dispositivo menciona apenas a penalidade de "multa", porém para quaisquer das penalidades do art. 156, *caput*, devem ser garantidos o devido processo administrativo e os seus consectários, do contraditório e da ampla defesa. A razão para isso é constitucional, uma vez que o art. 5º, LV, da CF/88 exige que sejam observadas essas garantias.

Apesar disso, vale ressaltar que a regra de procedimento estipulada nesse artigo está vinculada à sanção de multa, pois as penalidades de "impedimento de licitar e contratar" e "declaração de inidoneidade para licitar ou contratar" possuem procedimentos próprios, indicados no art. 158 dessa lei.

Sobra, portanto, a penalidade de advertência, que a lei não trouxe um procedimento próprio, no entanto, dado o seu grau de gravidade, acreditamos que a sua procedimentalização pode seguir o dispositivo ora em comento.

ARTIGO 158

Art. 158. A aplicação das sanções previstas nos incisos III e IV do *caput* do art. 156 desta Lei requererá a instauração de processo de responsabilização, a ser conduzido por comissão composta de 2 (dois) ou mais servidores estáveis, que avaliará fatos e circunstâncias conhecidos e intimará o licitante ou o contratado para, no prazo de 15 (quinze) dias úteis, contado da data de intimação, apresentar defesa escrita e especificar as provas que pretenda produzir.

§ 1º Em órgão ou entidade da Administração Pública cujo quadro funcional não seja formado de servidores estatutários, a comissão a que se refere o *caput* deste artigo será composta de 2 (dois) ou mais empregados públicos pertencentes aos seus quadros permanentes, preferencialmente com, no mínimo, 3 (três) anos de tempo de serviço no órgão ou entidade.

§ 2º Na hipótese de deferimento de pedido de produção de novas provas ou de juntada de provas julgadas indispensáveis pela comissão, o licitante ou o contratado poderá apresentar alegações finais no prazo de 15 (quinze) dias úteis, contado da data da intimação.

§ 3º Serão indeferidas pela comissão, mediante decisão fundamentada, provas ilícitas, impertinentes, desnecessárias, protelatórias ou intempestivas.

§ 4º A prescrição ocorrerá em 5 (cinco) anos, contados da ciência da infração pela Administração, e será:

I – interrompida pela instauração do processo de responsabilização a que se refere o *caput* deste artigo;

II – suspensa pela celebração de acordo de leniência previsto na Lei n. 12.846, de 1º de agosto de 2013;

III – suspensa por decisão judicial que inviabilize a conclusão da apuração administrativa.

COMENTÁRIOS DOS AUTORES

A aplicação da sanção de impedimento de licitar e contratar, bem como a declaração de inidoneidade para licitar ou contratar, exige que a Administração Pública institua uma comissão composta por dois ou mais servidores estáveis, cuja competência será conduzir o processo administrativo de sancionamento do investigado.

Na ausência ou na impossibilidade de nomeação desses servidores, deverão ser nomeados empregados públicos que façam parte do quadro permanente da Administração, preferencialmente, que possuam três ou mais anos de serviço.

Após instaurado o processo de apuração, a comissão deverá intimar o investigado para, no prazo de 15 dias, apresentar a sua defesa escrita com todos os documentos que comprovam o alegado, ou indicar as provas que pretenda produzir.

Nessa fase, a Comissão juntará todos os documentos que estejam relacionados com o processo, independentemente de eles serem favoráveis ou não à defesa do investigado. O pedido de produção de provas que sejam protelatórias, impertinentes, desnecessárias ou intempestivas será indeferido fundamentadamente pela Comissão.

A prescrição para aplicação de ambas as sanções, impedimento de licitar e contratar, bem como a declaração de inidoneidade para licitar ou contratar, ocorrerá após decorrido o prazo de cinco anos, a contar da ciência da infração por parte da Administração. Esse prazo prescricional será:

(i) interrompido com a instauração do processo de que trata este dispositivo;

(ii) suspenso:

- em razão da celebração de acordo de leniência, nos termos da Lei n. 12.846/2013;
- em razão da suspensão do processo administrativo por decisão judicial.

ARTIGO 159

> **Art. 159.** Os atos previstos como infrações administrativas nesta Lei ou em outras leis de licitações e contratos da Administração Pública que também sejam tipificados como atos lesivos na Lei n. 12.846, de 1º de agosto de 2013, serão apurados e julgados conjuntamente, nos mesmos autos, observados o rito procedimental e a autoridade competente definidos na referida Lei.
>
> Parágrafo único. (*Vetado.*)

COMENTÁRIOS DOS AUTORES

A Lei n. 12.486, de 1º de agosto de 2013, dispõe sobre a responsabilidade administrativa e civil das pessoas jurídicas que praticarem atos contra a Administração Pública, nacional ou estrangeira, cujo objetivo é sancionar de forma mais severa as pessoas jurídicas envolvidas com a prática de corrupção.

As pessoas que estão sujeitas às regras da Lei n. 12.846/2013, conforme o art. 1º, parágrafo único, são: (i) Sociedades empresárias e (ii) Sociedades simples (ambas, independentemente da forma de organização, do modelo societário e de personificação); (iii) Fundações; (iv) Associações; e (vi) Sociedades estrangeiras (com sede, filial ou representação no território brasileiro).

Essa explanação inicial foi necessária para delimitar o âmbito de aplicação desse dispositivo, pois o art. 6º, VIII, desta Lei afirma que podem ser contratadas todas as "pessoas físicas ou jurídicas, ou consórcio de pessoas jurídicas, signatárias de contrato com a Administração". Logo, as pessoas físicas na condição de contratado não terão os seus atos em conjunto com a Lei n. 12.846/2013, tendo em vista que esta somente é aplicável em relação às pessoas jurídicas.

Por outro lado, quando o contratado for pessoa jurídica, as condutas que forem consideradas infrações administrativas em ambos os diplomas legislativos deverão ser apuradas e julgadas de forma conjunta.

Quando o dispositivo fala "também sejam tipificados como atos lesivos", ele está se referindo à mesma conduta, ainda que se trate de penalidades distintas; não necessariamente será a mesma previsão, mas a mesma conduta.

ARTIGO 160

> **Art. 160.** A personalidade jurídica poderá ser desconsiderada sempre que utilizada com abuso do direito para facilitar, encobrir ou dissimular a prática dos atos ilícitos previstos nesta Lei ou para provocar confusão patrimonial, e, nesse caso, todos os efeitos das sanções

aplicadas à pessoa jurídica serão estendidos aos seus administradores e sócios com poderes de administração, a pessoa jurídica sucessora ou a empresa do mesmo ramo com relação de coligação ou controle, de fato ou de direito, com o sancionado, observados, em todos os casos, o contraditório, a ampla defesa e a obrigatoriedade de análise jurídica prévia.

Jurisprudência do STJ:

A constituição de nova sociedade, com o mesmo objeto social, com os mesmos sócios e com o mesmo endereço, em substituição a outra declarada inidônea para licitar com a Administração Pública Estadual, com o objetivo de burlar à aplicação da sanção administrativa, constitui abuso de forma e fraude à Lei de Licitações Lei n. 8.666/93, de modo a possibilitar a aplicação da teoria da desconsideração da personalidade jurídica para estenderem-se os efeitos da sanção administrativa à nova sociedade constituída. A Administração Pública pode, em observância ao princípio da moralidade administrativa e da indisponibilidade dos interesses públicos tutelados, desconsiderar a personalidade jurídica de sociedade constituída com abuso de forma e fraude à lei, desde que facultado ao administrado o contraditório e a ampla defesa em processo administrativo regular.
(STJ, RMS 15.166/BA, Rel. Min. Castro Meira, Segunda Turma, *DJ* 8-9-2003.)

Jurisprudência do TCU:

A declaração de inidoneidade de determinada empresa só pode ser estendida a outra de propriedade dos mesmos sócios quando restar demonstrada ter sido essa última constituída com o propósito deliberado de burlar a referida sanção.
(TCU, Plenário, Acórdão 2.958/12, Rel. Min. José Jorge, 31-10-2012.)

A simples constatação de prejuízo ao erário, decorrente de inexecução contratual por parte de particular contratado com o poder público, não autoriza a aplicação direta e imediata da teoria da desconsideração da personalidade jurídica, para a qual se faz necessária a comprovação dos elementos objetivos caracterizadores de abuso da personalidade, quais sejam, o desvio de finalidade e a confusão patrimonial, por força do art. 50 do Código Civil.
(TCU, Acórdão 1577/2011-Primeira Câmara, Relator: Augusto Nardes, 15-3-2011.)

COMENTÁRIOS DOS AUTORES

De início, pode-se conceituar a desconsideração da personalidade jurídica como a retirada da proteção legal conferida pela lei às pessoas jurídicas, impedindo, momentaneamente, a segregação entre os patrimônios da pessoa jurídica e de seus sócios/controladores/administradores (pessoas físicas), com o escopo de evitar a distorção da finalidade para a qual ela foi, efetivamente, criada.

Na verdade, "o desvirtuamento da atividade empresarial, porque constitui verdadeiro abuso de direito dos sócios e/ou administradores, é punido pelo ordenamento jurídico com a desconsideração da personalidade jurídica da sociedade, medida excepcional para permitir que, momentaneamente, sejam atingidos os bens da pessoa natural, de modo a privilegiar a boa-fé nas relações privadas"[54].

---

54 STJ – REsp 1.395.288 SP 2013/0151854-8, Relator: Ministra NANCY ANDRIGHI, Data de Julgamento: 11-2-2014, T3 – TERCEIRA TURMA, Data de Publicação: *DJe* 2-6-2014.

390 Artigo 160 Nova Lei de Licitações Comentada e Referenciada

Realmente, "a teoria da desconsideração da personalidade jurídica, medida excepcional prevista no art. 50 do Código Civil de 2002, pressupõe a ocorrência de abusos da sociedade, advindos do desvio de finalidade ou da demonstração de confusão patrimonial. A desconsideração da personalidade jurídica é regra de exceção, aplicável somente a casos extremos, em que a pessoa jurídica é utilizada como instrumento para fins fraudulentos, configurado mediante o desvio da finalidade institucional ou confusão patrimonial (EREsp 1306553/SC, Relatora Ministra Maria Isabel Gallotti, Segunda Seção, *DJe* de 12/12/2014)"[55].

Segundo esses ideais, importante verificar as disposições trazidas pelo art. 160 da Lei n. 14.133/2021, essencialmente determinando a aplicação da desconsideração da personalidade jurídica em face das empresas que participam do procedimento licitatório:

Art. 160. A personalidade jurídica poderá ser desconsiderada sempre que utilizada com abuso do direito para facilitar, encobrir ou dissimular a prática dos atos ilícitos previstos nesta Lei ou para provocar confusão patrimonial, e, nesse caso, todos os efeitos das sanções aplicadas à pessoa jurídica serão estendidos aos seus administradores e sócios com poderes de administração, a pessoa jurídica sucessora ou a empresa do mesmo ramo com relação de coligação ou controle, de fato ou de direito, com o sancionado, observados, em todos os casos, o contraditório, a ampla defesa e a obrigatoriedade de análise jurídica prévia.

Temos, pela Lei de Licitações (Lei n. 14.133/2021), uma nova determinação legal a respeito do instituto da desconsideração da personalidade jurídica, essencialmente voltada para proteger as contratações públicas e, em especial, voltada para as sociedades empresárias que negociam e efetivam contratos com a Administração Pública. Entretanto, podemos afirmar que esse dispositivo é um tanto curioso.

Curioso no sentido de adotar a nomenclatura "desconsideração da personalidade jurídica", mas não possui os mesmos efeitos (bem como, os mesmos requisitos) que essa "teoria" possui em diversas passagens das nossas legislações privatistas, como podemos verificar com os textos legais colacionados abaixo:

CC/02 – Art. 50. Em caso de abuso da personalidade jurídica, caracterizado pelo desvio de finalidade ou pela confusão patrimonial, pode o juiz, a requerimento da parte, ou do Ministério Público quando lhe couber intervir no processo, desconsiderá-la para que os efeitos de certas e determinadas relações de obrigações sejam estendidos aos bens particulares de administradores ou de sócios da pessoa jurídica beneficiados direta ou indiretamente pelo abuso.

CDC – Art. 28. O juiz poderá desconsiderar a personalidade jurídica da sociedade quando, em detrimento do consumidor, houver abuso de direito, excesso de poder, infração da lei, fato ou ato ilícito ou violação dos estatutos ou contrato social. A desconsideração também será efetivada quando houver falência, estado de insolvência, encerramento ou inatividade da pessoa jurídica provocados por má administração.

Percebe-se da leitura desses dispositivos que a legislação tem adotado a teoria da desconsideração da personalidade jurídica para alcançar os bens particulares dos administradores ou dos sócios da pessoa jurídica, desde que comprovados o abuso de direito, o desvio de finalidade ou da confusão patrimonial, requisitos autorizadores da medida, conforme legislação civil.

Esse, inclusive, é o posicionamento do Superior Tribunal de Justiça, inclusive:

---

55 STJ – AgRg no AREsp: 303.501 SP 2013/0051406-9, Relator: Ministro MARCO BUZZI, Data de Julgamento: 18-6-2015, T4 – QUARTA TURMA, Data de Publicação: *DJe* 24-6-2015.

(...) o desvirtuamento da atividade empresarial, porque constitui verdadeiro abuso de direito dos sócios e/ou administradores, é punido pelo ordenamento jurídico com a desconsideração da personalidade jurídica da sociedade, medida excepcional para permitir que, momentaneamente, sejam atingidos os bens da pessoa natural, de modo a privilegiar a boa-fé nas relações privadas.
(STJ, REsp 1.395.288/SP 2013/0151854-8, rel. Min. Nancy Andrighi, j. 11-2-2014, 3ª T., *DJe* 2-6-2014.)

A constituição de nova sociedade, com o mesmo objeto social, com os mesmos sócios e com o mesmo endereço, em substituição a outra declarada inidônea para licitar com a Administração Pública Estadual, com o objetivo de burlar à aplicação da sanção administrativa, constitui abuso de forma e fraude à Lei de Licitações Lei n. 8.666/93, de modo a possibilitar a aplicação da teoria da desconsideração da personalidade jurídica para estenderem-se os efeitos da sanção administrativa à nova sociedade constituída. A Administração Pública pode, em observância ao princípio da moralidade administrativa e da indisponibilidade dos interesses públicos tutelados, desconsiderar a personalidade jurídica de sociedade constituída com abuso de forma e fraude à lei, desde que facultado ao administrado o contraditório e a ampla defesa em processo administrativo regular.
(STJ, RMS 15.166/BA, Rel. Min. Castro Meira, Segunda Turma, *DJ* 8-9-2003.)

Seguindo esse mesmo sentido, o posicionamento adotado pelo Tribunal de Contas da União também vinha demonstrando a possibilidade de extensão da responsabilidade da sociedade empresária para seus sócios, quando vislumbrada a utilização da empresa para prejudicar o erário, desde que presentes os requisitos do desvio de finalidade e a confusão patrimonial:

A declaração de inidoneidade de determinada empresa só pode ser estendida a outra de propriedade dos mesmos sócios quando restar demonstrada ter sido essa última constituída com o propósito deliberado de burlar a referida sanção.
(TCU, Plenário, Acórdão 2.958/12, Rel. Min. José Jorge, 31-10-2012.)

A simples constatação de prejuízo ao erário, decorrente de inexecução contratual por parte de particular contratado com o poder público, não autoriza a aplicação direta e imediata da teoria da desconsideração da personalidade jurídica, para a qual se faz necessária a comprovação dos elementos objetivos caracterizadores de abuso da personalidade, quais sejam, o desvio de finalidade e a confusão patrimonial, por força do art. 50 do Código Civil.
(TCU, Acórdão 1577/2011-Primeira Câmara, Relator: Augusto Nardes, 15-3-2011.)

De igual maneira, a doutrina também segue essa mesma linha de pensamento. Nesse sentido, Rennan Thamay[56], por exemplo, chega a afirmar que é:

(...) neste contexto é que nasce a figura da desconsideração da personalidade jurídica para fazer com que o credor não perca de vista a realização de seu direito ao crédito, já que, em certas ocasiões, as empresas são típicos escudos das fraudes realizadas por seus sócios ou administradores que, conscientemente, transferem o patrimônio advindo da fraude, dentre outras tantas condutas ilícitas, para o seu patrimônio individual.

Apesar de ser esta a teoria da desconsideração da personalidade jurídica, o dispositivo segue o pensamento elaborado pela jurisprudência, o qual se utiliza dessa teoria para estender os efeitos

---

56 THAMAY, Rennan. *Manual de direito processual civil*. 2. ed. São Paulo: Saraiva Educação, 2019, p. 187.

392 Artigo 160 Nova Lei de Licitações Comentada e Referenciada

de sanções aplicadas a determinada pessoa jurídica aos seus sócios, administradores ou pessoas jurídicas ligadas à empresa sancionada, entretanto, ampliando os requisitos necessários para a instituição da medida, possibilitando a desconsideração quando ficar demonstrado o abuso do direito para facilitar, encobrir ou dissimular a prática dos atos ilícitos previstos na legislação ou para provocar a confusão patrimonial.

Aqui não há, no entanto, um caráter pecuniário da teoria, na verdade busca-se dar maior efetividade às sanções aplicadas às pessoas jurídicas, ainda mais por envolver a coisa pública, evitando que estas, por manobras jurídicas, voltem a participar de processos licitatórios por meio de terceiros, inclusive, sendo determinação legal a necessidade de observação do contraditório durante todo o procedimento.

Essa questão é interessante, pois a Nova Lei de Licitações permite que sanções sejam aplicadas a outras pessoas (físicas e jurídicas), denominando "desconsideração da personalidade jurídica", permitindo que se alcance outra sociedade empresária ou até mesmo os sócios/administradores, entretanto, deve sempre ser lembrado que a Constituição afirma que nenhuma pena passará da pessoa do condenado (art. 5º, XLV, da CF/88).

Essa questão merece uma especial reflexão, pois, ao que tudo indica, a transmutação da sanção entre pessoas jurídicas parece ir na contramão do que determina o preceito constitucional, logo, o dispositivo possui aspectos de inconstitucionalidade.

De forma mais visual, preparamos uma tabela para compreensão dos requisitos e das consequências:

Desconsideração da Personalidade Jurídica					
Requisitos					
Personalidade Jurídica					
+					
Abuso de direito					
+					
Facilitar	OU	Encobrir	OU	Dissimular	
+					
Prática dos atos ilícitos desta Lei		OU		Para provocar confusão patrimonial	
Consequência					
Todos os efeitos das sanções aplicadas à pessoa jurídica serão estendidos aos:					
administradores e sócios com poderes de administração	OU	a pessoa jurídica sucessora	OU	empresa do mesmo ramo com relação de coligação ou controle, de fato ou de direito	

Certamente, como referido acima, toda sanção aplicada pela Administração Pública necessita do devido processo administrativo e, no caso da desconsideração da personalidade jurídica da pessoa jurídica, isso não será diferente.

Essa é a determinação da parte final do artigo, que afirma ser necessária a observância do contraditório e da ampla defesa, além da obrigatoriedade de análise jurídica prévia, ou seja, a lei exige que um corpo jurídico avalie se o caso concreto possui todos os requisitos para desconsiderar a personalidade jurídica, uma vez que se trata de uma medida excepcional.

ARTIGO 161

> **Art. 161.** Os órgãos e entidades dos Poderes Executivo, Legislativo e Judiciário de todos os entes federativos deverão, no prazo máximo 15 (quinze) dias úteis, contado da data de aplicação da sanção, informar e manter atualizados os dados relativos às sanções por eles aplicadas, para fins de publicidade no Cadastro Nacional de Empresas Inidôneas e Suspensas (Ceis) e no Cadastro Nacional de Empresas Punidas (Cnep), instituídos no âmbito do Poder Executivo federal.

Lei n. 12.846/2013
Art. 22. Fica criado no âmbito do Poder Executivo federal o Cadastro Nacional de Empresas Punidas – CNEP, que reunirá e dará publicidade às sanções aplicadas pelos órgãos ou entidades dos Poderes Executivo, Legislativo e Judiciário de todas as esferas de governo com base nesta Lei.

Portaria n. 516/2010 – CGU
Art. 1º Fica instituído o Cadastro Nacional de Empresas Inidôneas e Suspensas – CEIS, banco de dados que tem por finalidade consolidar e divulgar a relação de empresas ou profissionais que sofreram sanções que tenham como efeito restrição ao direito de participar em licitações ou de celebrar contratos com a Administração Pública.

Parágrafo único. Para fins de aplicação das sanções previstas nos incisos I, II, III e IV do *caput* do art. 156 desta Lei, o Poder Executivo regulamentará a forma de cômputo e as consequências da soma de diversas sanções aplicadas a uma mesma empresa e derivadas de contratos distintos.

COMENTÁRIOS DOS AUTORES

É dever da Administração Pública manter os cadastros públicos devidamente atualizados. No presente caso, não foi diferente, exigindo que todas as sanções aplicadas pelos órgãos e entidades oriundas dos três Poderes e de todos os entes da federação, no prazo de 15 (quinze) dias úteis, contados da publicação da decisão, deverão estar inseridas no Cadastro Nacional de Empresas Inidôneas e Suspensas (Ceis) e no Cadastro Nacional de Empresas Punidas (Cnep).

O Cadastro Nacional de Empresas Punidas instituído, no âmbito do Poder Executivo federal, pelo art. 22 da Lei n. 12.846, de 1º de agosto de 2013, tem a finalidade de reunir e dar publicidade (i) às sanções aplicadas pelos órgãos ou entidades dos Poderes Executivo, Legislativo e Judiciário de todas as esferas de governo, e (ii) aos acordos de leniência firmados com as pessoas jurídicas.

O Cadastro Nacional de Empresas Inidôneas e Suspensas (CEIS), instituído pela Portaria n. 516, de 15 de março de 2010, por meio da Controladoria-Geral da União, tem a finalidade de "(...) consolidar e divulgar a relação de empresas ou profissionais que sofreram sanções que tenham como efeito restrição ao direito de participar em licitações ou de celebrar contratos com a Administração Pública" (art. 1º).

ARTIGO 162

> **Art. 162.** O atraso injustificado na execução do contrato sujeitará o contratado a multa de mora, na forma prevista em edital ou em contrato.

Lei n. 8.666/93
Art. 86. O atraso injustificado na execução do contrato sujeitará o contratado à multa de mora, na forma prevista no instrumento convocatório ou no contrato.

Jurisprudência
3. O art. 86, da Lei n. 8.666/93, impõe multa administrativa pela mora no adimplemento do serviço contratado por meio de certame licitatório, o que não autoriza sua fixação em percentual exorbitante que importe em locupletamento ilícito dos órgãos públicos.
(REsp 330.677/RS, Rel. Ministro JOSÉ DELGADO, PRIMEIRA TURMA, julgado em 2-10-2001, DJ 4-2-2002, p. 306.)

Jurisprudência do TCU:

Súmula TCU 226: É indevida a despesa decorrente de multas moratórias aplicadas entre órgãos integrantes da Administração Pública e entidades a ela vinculadas, pertencentes à União, aos Estados, ao Distrito Federal ou aos Municípios, quando inexistir norma legal autorizativa.

O atraso injustificado na execução de obras públicas é ocorrência de extrema gravidade, de maneira que o órgão contratante tem o dever de adotar as medidas cabíveis para aplicar as multas contratuais e demais penalidades previstas em lei nos atrasos advindos de incapacidade ou mora da contratada.
(TCU, Acórdão 2345/2017-Plenário, Relator: BENJAMIN ZYMLER, 18-10-2017.)

Parágrafo único. A aplicação de multa de mora não impedirá que a Administração a converta em compensatória e promova a extinção unilateral do contrato com a aplicação cumulada de outras sanções previstas nesta Lei.

Lei n. 8.666/93
Art. 86, § 1º A multa a que alude este artigo não impede que a Administração rescinda unilateralmente o contrato e aplique as outras sanções previstas nesta Lei.

COMENTÁRIOS DOS AUTORES

Antes de adentrar na sanção com "multa", em razão do atraso na execução do contrato, sem dúvidas merece o comentário que esta somente será aplicada na hipótese de inexistência de justificativa para o atraso, porém, esse somente poderá ser declarado após o devido processo administrativo.

A multa de mora é uma espécie de cláusula penal, cuja finalidade é desestimular o contratado que, sem justificativa, dá causa ao atraso na execução do contrato firmado com a Administração Pública. A aplicação dessa multa não impede, no entanto, a extinção unilateral do contrato, porém, entendemos como funciona em ambos os casos.

Importante notar que o atraso na execução é uma das causas de penalização do contratado nos termos do art. 155, VII, cuja sanção é o impedimento de licitar e contratar com a Administração Pública (art. 156, § 4º), salvo se a conduta não ensejar em uma aplicação de uma pena mais grave (conf. art. 156, § 5º, parte final).

1 – Pressupostos para aplicação da multa

A aplicação da multa de mora é uma espécie de sanção distinta daquela prevista no art. 156, II, da presente lei, apesar de uma não eximir a instauração do processo administrativo para apurar eventuais descumprimentos das obrigações do contratado.

E, por se tratar de uma sanção, a sua aplicabilidade não está subordinada à discricionariedade administrativa, devendo, portanto, o edital ou o instrumento contratual fixar a procedimentalização das condições para aplicação da multa[57].

A inexistência dessas condições procedimentais, ou da própria previsão no edital do certamente licitatório, inviabiliza a aplicação de multa de mora ao contratado, apesar de ele estar sujeito às infrações administrativas, previstas nos arts. 155 e 156 desta Lei.

2 – Atraso na rescisão e rescisão

O parágrafo único traz a permissão para extinção contratual unilateral para o caso de atraso na execução, além de outras sanções previstas em lei.

Como dito anteriormente, o atraso na execução do contrato é uma espécie de infração administrativa (art. 155, VII), cuja sanção é a impossibilidade de contratar com a Administração Pública ou participar de licitações públicas pelo período de no máximo 3 anos (art. 156, § 4º), salvo se essa infração não constituir algo mais grave, motivo pelo qual poderá ser declarada a inidoneidade para licitar ou contratar com a Administração Pública (art. 156, § 5º, parte final).

Justen Filho faz alusão de que:

> É usual que o instrumento contratual estabeleça um prazo de tolerância. Esgotado o prazo para o adimplemento, incidirá multa (progressiva ou cumulativa), mas não ocorrerá a rescisão se o particular sanar o defeito dentro de um certo termo. Dentro dele, o adimplemento evita a rescisão e a única sanção cabível será a multa.
> Se o contrato não dispuser acerca dos prazos para incidência da multa moratória e para rescisão por inadimplemento, caberá à Administração demonstrar que a demora tornou inútil a prestação.

Por fim, há a necessidade, para os casos de extinção do contrato, de que a instauração do processo seja motivada, bem como seja assegurado o contraditório e a ampla defesa (art. 137, *caput*).

ARTIGO 163

Art. 163. É admitida a reabilitação do licitante ou contratado perante a própria autoridade que aplicou a penalidade, exigidos, cumulativamente:
I – reparação integral do dano causado à Administração Pública;
II – pagamento da multa;

---

57 JUSTEN FILHO, Marçal. *Comentários à Lei de Licitações e Contratos Administrativos*: Lei 8.666/1993. 16. ed. São Paulo: Revista dos Tribunais, 2014, p. 1137.

III – transcurso do prazo mínimo de 1 (um) ano da aplicação da penalidade, no caso de impedimento de licitar e contratar, ou de 3 (três) anos da aplicação da penalidade, no caso de declaração de inidoneidade;

IV – cumprimento das condições de reabilitação definidas no ato punitivo;

V – análise jurídica prévia, com posicionamento conclusivo quanto ao cumprimento dos requisitos definidos neste artigo.

Parágrafo único. A sanção pelas infrações previstas nos incisos VIII e XII do *caput* do art. 155 desta Lei exigirá, como condição de reabilitação do licitante ou contratado, a implantação ou aperfeiçoamento de programa de integridade pelo responsável.

Constituição Federal

Art. 5º Todos são iguais perante a lei, sem distinção de qualquer natureza, garantindo-se aos brasileiros e aos estrangeiros residentes no País a inviolabilidade do direito à vida, à liberdade, à igualdade, à segurança e à propriedade, nos termos seguintes:

(...)

XLVII – não haverá penas:

a) de morte, salvo em caso de guerra declarada, nos termos do art. 84, XIX;

b) de caráter perpétuo;

c) de trabalhos forçados;

d) de banimento;

e) cruéis.

COMENTÁRIOS DOS AUTORES

A Constituição Federal veda as penas de caráter perpétuo, logo, autorizar a reabilitação dos licitantes ou contratantes que foram sancionados no bojo do processo administrativo é um caminho lógico e constitucional.

Além disso, o dispositivo em comento trata a reabilitação de forma didática. Para tanto, a reabilitação depende de um pedido do sancionado direcionado à autoridade que aplicou a penalidade a ele.

Na hipótese de essa autoridade deixar de existir, em razão das reformas administrativas, situação comum no âmbito da Administração Pública, o reabilitando deverá direcionar esse pedido à autoridade administrativa superior, para fins de apreciação do pedido.

O reabilitando, por ocasião do seu pedido, deverá comprovar que reparou integralmente o dano causado à Administração; juntar o comprovante do pagamento da multa; o transcurso do prazo mínimo de 1 ano para o caso da sanção de impedimento de licitar e contratar, ou 3 anos para o caso da declaração de inidoneidade, e todas as exigências feitas nas condições exigidas pela autoridade por ocasião da aplicação da sanção.

Se a penalidade for aplicada em razão da apresentação de declaração ou documentação falsa exigida para o certame ou prestar declaração falsa durante a licitação ou a execução do contrato, ou as hipóteses do art. 5º da Lei n. 12.846/2013[58], é necessário que o reabilitando comprove a implantação do programa de integridade ou aperfeiçoamento deste.

Apresentado o pedido, ele deverá ser submetido à análise jurídica, a qual proferirá parecer jurídico acerca do cumprimento ou não dos requisitos da reabilitação, na hipótese de cumprimento destes, a reabilitação deve ser deferida, não cabendo uma análise discricionariedade da autoridade administrativa.

---

58 Art. 5º Constituem atos lesivos à administração pública, nacional ou estrangeira, para os fins desta Lei, todos aqueles praticados pelas pessoas jurídicas mencionadas no parágrafo único do art. 1º, que atentem contra o patrimônio público nacional ou estrangeiro, contra princípios da administração pública ou contra os compromissos internacionais assumidos pelo Brasil, assim definidos:

I – prometer, oferecer ou dar, direta ou indiretamente, vantagem indevida a agente público, ou a terceira pessoa a ele relacionada;

II – comprovadamente, financiar, custear, patrocinar ou de qualquer modo subvencionar a prática dos atos ilícitos previstos nesta Lei;

III – comprovadamente, utilizar-se de interposta pessoa física ou jurídica para ocultar ou dissimular seus reais interesses ou a identidade dos beneficiários dos atos praticados;

IV – no tocante a licitações e contratos:

a) frustrar ou fraudar, mediante ajuste, combinação ou qualquer outro expediente, o caráter competitivo de procedimento licitatório público;

b) impedir, perturbar ou fraudar a realização de qualquer ato de procedimento licitatório público;

c) afastar ou procurar afastar licitante, por meio de fraude ou oferecimento de vantagem de qualquer tipo;

d) fraudar licitação pública ou contrato dela decorrente;

e) criar, de modo fraudulento ou irregular, pessoa jurídica para participar de licitação pública ou celebrar contrato administrativo;

f) obter vantagem ou benefício indevido, de modo fraudulento, de modificações ou prorrogações de contratos celebrados com a administração pública, sem autorização em lei, no ato convocatório da licitação pública ou nos respectivos instrumentos contratuais; ou

g) manipular ou fraudar o equilíbrio econômico-financeiro dos contratos celebrados com a administração pública;

V – dificultar atividade de investigação ou fiscalização de órgãos, entidades ou agentes públicos, ou intervir em sua atuação, inclusive no âmbito das agências reguladoras e dos órgãos de fiscalização do sistema financeiro nacional.

§ 1º Considera-se administração pública estrangeira os órgãos e entidades estatais ou representações diplomáticas de país estrangeiro, de qualquer nível ou esfera de governo, bem como as pessoas jurídicas controladas, direta ou indiretamente, pelo poder público de país estrangeiro.

§ 2º Para os efeitos desta Lei, equiparam-se à administração pública estrangeira as organizações públicas internacionais.

§ 3º Considera-se agente público estrangeiro, para os fins desta Lei, quem, ainda que transitoriamente ou sem remuneração, exerça cargo, emprego ou função pública em órgãos, entidades estatais ou em representações diplomáticas de país estrangeiro, assim como em pessoas jurídicas controladas, direta ou indiretamente, pelo poder público de país estrangeiro ou em organizações públicas internacionais.

Capítulo II
DAS IMPUGNAÇÕES, DOS PEDIDOS DE ESCLARECIMENTO E DOS RECURSOS

ARTIGO 164

Art. 164. Qualquer pessoa é parte legítima para impugnar edital de licitação por irregularidade na aplicação desta Lei ou para solicitar esclarecimento sobre os seus termos, devendo protocolar o pedido até 3 (três) dias úteis antes da data de abertura do certame.

Lei n. 8.666/93
Art. 41, § 1º Qualquer cidadão é parte legítima para impugnar edital de licitação por irregularidade na aplicação desta Lei, devendo protocolar o pedido até 5 (cinco) dias úteis antes da data fixada para a abertura dos envelopes de habilitação, devendo a Administração julgar e responder à impugnação em até 3 (três) dias úteis, sem prejuízo da faculdade prevista no § 1º do art. 113.

Jurisprudência
1. Extrai-se do art. 41, § 1º, da Lei 8.666/93, que a legitimidade ativa para impugnar edital licitatório é conferida a qualquer cidadão ou pessoa jurídica. 2. A lei adotou – e não poderia ser diferente – critério mais alargado de legitimidade ativa para contestar a validade do instrumento convocatório. Afinal, em se tratando de processo licitatório, estão em jogo não só os interesses jurídicos e econômicos imediatamente aferíveis, mas, sobretudo, a observância do princípio da legalidade e do interesse público envolvido. Nesse sentido: AgRg no MS 5.963/DF, Primeira Seção, Rel. p/ acórdão Min. JOSÉ DELGADO, DJ 3/9/2001.
(AgRg no Ag 1.414.630/SC, Rel. Ministro ARNALDO ESTEVES LIMA, PRIMEIRA TURMA, julgado em 4-2-2014, DJe 11-2-2014.)
3. A falta de impugnação do Edital não implica a convalidação de ilegalidade, nem a torna imutável frente ao Poder Judiciário, do qual não se pode subtrair a apreciação de qualquer lesão ou ameaça a direito.
(AgRg no Ag 838.285/BA, Rel. Ministra LAURITA VAZ, QUINTA TURMA, julgado em 19-4-2007, DJ 14-5-2007, p. 386.)

Jurisprudência do TCU:
A Administração é obrigada a exercitar o controle de legalidade do ato convocatório da licitação, especialmente quando provocada por qualquer pessoa, dentro dos prazos previstos em Lei.
(Acórdão 34/2004-Plenário, TCU, Relator: MARCOS BEMQUERER, j. 28-1-2004.)
Parágrafo único. A resposta à impugnação ou ao pedido de esclarecimento será divulgada em sítio eletrônico oficial no prazo de até 3 (três) dias úteis, limitado ao último dia útil anterior à data da abertura do certame.

COMENTÁRIOS DOS AUTORES

A presente lei manteve a previsão do art. 41, § 1º, da Lei n. 8.666/93, onde atribui a todo cidadão a legitimidade para impugnar eventuais irregularidades que porventura existam no edital de licitação[59]. Vale dizer, não é qualquer pessoa, mas apenas os cidadãos, ou seja, os mesmos legitimados para propor ação popular, nos termos da Constituição e da Lei da Ação Popular.

A impugnação do edital por qualquer cidadão obriga a Administração, no prazo de 3 dias úteis, apresentar a resposta fundamentada à impugnação, no sítio eletrônico oficial da Administração. A ausência de resposta poderá ensejar na responsabilidade da autoridade administrativa.

Essa impugnação não impede que o cidadão faça a representação junto aos órgãos de controle, conforme inteligência do art. 170, § 4º, desta Lei.

Outro ponto importante, a ausência de impugnação, não implica a convalidação das irregularidades existentes, nem as colocam em imunidade perante os órgãos de controle, nem sequer é impeditivo da sindicabilidade pela jurisdição.

ARTIGO 165

> **Art. 165.** Dos atos da Administração decorrentes da aplicação desta Lei cabem:
> I – recurso, no prazo de 3 (três) dias úteis, contado da data de intimação ou de lavratura da ata, em face de:

Lei n. 8.666/93
Art. 109. Dos atos da Administração decorrentes da aplicação desta Lei cabem:
I – recurso, no prazo de 5 (cinco) dias úteis a contar da intimação do ato ou da lavratura da ata, nos casos de:

Jurisprudência do TCU:
A limitação ao manejo de recurso administrativo em processo licitatório não encontra amparo legal, ainda que haja disposição expressa no edital do certame nesse sentido.
(Acórdão 976/2012-Plenário, TCU, Relator: José Jorge, j. 25-4-2012.)

Súmulas
Súmula Vinculante 21: É inconstitucional a exigência de depósito ou arrolamento prévios de dinheiro ou bens para admissibilidade de recurso administrativo.

a) **ato que defira ou indefira pedido de pré-qualificação de interessado ou de inscrição em registro cadastral, sua alteração ou cancelamento;**

Lei n. 8.666/93
Art. 109, I, *d)* indeferimento do pedido de inscrição em registro cadastral, sua alteração ou cancelamento;

b) **julgamento das propostas;**

Lei n. 8.666/93
Art. 109, I, *b)* julgamento das propostas;

---

59 JUSTEN FILHO, Marçal. *Comentários à Lei de Licitações e Contratos Administrativos*: Lei 8.666/1993. 16. ed. São Paulo: Revista dos Tribunais, 2014, p. 769.

c) ato de habilitação ou inabilitação de licitante;

Lei n. 8.666/93

Art. 109, I, *a*) habilitação ou inabilitação do licitante;

d) anulação ou revogação da licitação;

Lei n. 8.666/93

Art. 109, I, *c*) anulação ou revogação da licitação;

Jurisprudência do STF:

Súmula 473: A administração pode anular seus próprios atos, quando eivados de vícios que os tornam ilegais, porque deles não se originam direitos; ou revogá-los, por motivo de conveniência ou oportunidade, respeitados os direitos adquiridos, e ressalvada, em todos os casos, a apreciação judicial.

Jurisprudência do TCU:

É facultada ao gestor, dentro da sua esfera de discricionariedade, a escolha entre anular todo o procedimento licitatório, nos termos do art. 49 da Lei 8.666/1993, ou invalidar apenas os atos insuscetíveis de aproveitamento e retomar o certame no momento imediatamente anterior ao ato ilegal, em analogia ao art. 4º, inciso XIX, da Lei 10.520/2002. No primeiro caso, oportuniza-se a correção de todas as falhas encontradas na licitação. No segundo, aproveita-se parte dos atos nela praticados, diminuindo o comprometimento das atividades essenciais de quem contrata.

(Acórdão 3092/2014-Plenário, TCU, Relator: Bruno Dantas, j. 12-11-2014.)

LINDB

Art. 21. A decisão que, nas esferas administrativa, controladora ou judicial, decretar a invalidação de ato, contrato, ajuste, processo ou norma administrativa deverá indicar de modo expresso suas consequências jurídicas e administrativas.

Parágrafo único. A decisão a que se refere o *caput* deste artigo deverá, quando for o caso, indicar as condições para que a regularização ocorra de modo proporcional e equânime e sem prejuízo aos interesses gerais, não se podendo impor aos sujeitos atingidos ônus ou perdas que, em função das peculiaridades do caso, sejam anormais ou excessivos.

e) extinção do contrato, quando determinada por ato unilateral e escrito da Administração;

Lei n. 8.666/93

Art. 109, I, *e*) rescisão do contrato, a que se refere o inciso I do art. 79 desta lei;

II - pedido de reconsideração, no prazo de 3 (três) dias úteis, contado da data de intimação, relativamente a ato do qual não caiba recurso hierárquico.

Lei n. 8.666/93

Art. 109, III – pedido de reconsideração, de decisão de Ministro de Estado, ou Secretário Estadual ou Municipal, conforme o caso, na hipótese do § 4º do art. 87 desta Lei, no prazo de 10 (dez) dias úteis da intimação do ato.

§ 1º Quanto ao recurso apresentado em virtude do disposto nas alíneas "b" e "c" do inciso I do *caput* deste artigo, serão observadas as seguintes disposições:

I - a intenção de recorrer deverá ser manifestada imediatamente, sob pena de preclusão, e o prazo para apresentação das razões recursais previsto no inciso I do *caput* deste artigo será iniciado na data de intimação ou de lavratura da ata de habilitação ou inabilitação ou, na hipótese de adoção de inversão de fases prevista no § 1º do art. 17 desta Lei, da ata de julgamento;

Art. 17. O processo de licitação observará as seguintes fases, em sequência:

I – preparatória;

II – de divulgação do edital de licitação;

III – de apresentação de propostas e lances, quando for o caso;

IV – de julgamento;

V – de habilitação;

VI – recursal;

VII – de homologação.

§ 1º A fase referida no inciso V do *caput* deste artigo poderá, mediante ato motivado com explicitação dos benefícios decorrentes, anteceder as fases referidas nos incisos III e IV do *caput* deste artigo, desde que expressamente previsto no edital de licitação.

Lei n. 10.520/2002

Art. 4º, XVIII – declarado o vencedor, qualquer licitante poderá manifestar imediata e motivadamente a intenção de recorrer, quando lhe será concedido o prazo de 3 (três) dias para apresentação das razões do recurso, ficando os demais licitantes desde logo intimados para apresentar contrarrazões em igual número de dias, que começarão a correr do término do prazo do recorrente, sendo-lhes assegurada vista imediata dos autos;

Jurisprudência do TCU:

O fato de o edital de licitação não ter sido tempestivamente impugnado pode até ser oposto à empresa licitante que deixou de fazê-lo, mas nunca ao Tribunal de Contas da União, que detém a prerrogativa de examinar todos os pontos que considerar irregulares.

(Acórdão 289/2014-Plenário, TCU, Relator: JOSÉ MUCIO MONTEIRO, j. 12-2-2014.)

II - a apreciação dar-se-á em fase única.

§ 2º O recurso de que trata o inciso I do *caput* deste artigo será dirigido à autoridade que tiver editado o ato ou proferido a decisão recorrida, que, se não reconsiderar o ato ou a decisão no prazo de 3 (três) dias úteis, encaminhará o recurso com a sua motivação à autoridade superior, a qual deverá proferir sua decisão no prazo máximo de 10 (dez) dias úteis, contado do recebimento dos autos.

Lei n. 8.666/93

Art. 109. Dos atos da Administração decorrentes da aplicação desta Lei cabem:

(...)

§ 4º O recurso será dirigido à autoridade superior, por intermédio da que praticou o ato recorrido, a qual poderá reconsiderar sua decisão, no prazo de 5 (cinco) dias úteis, ou, nesse mesmo prazo, fazê-lo subir, devidamente informado, devendo, neste caso, a decisão ser proferida

402 Artigo 165 Nova Lei de Licitações Comentada e Referenciada

dentro do prazo de 5 (cinco) dias úteis, contado do recebimento do recurso, sob pena de responsabilidade.

§ 3º O acolhimento de recurso implicará invalidação apenas de ato insuscetível de aproveitamento.

Lei n. 10.520/2002

Art. 4º, XIX – o acolhimento de recurso importará a invalidação apenas dos atos insuscetíveis de aproveitamento;

§ 4º O prazo para apresentação de contrarrazões será o mesmo do recurso e terá início na data de intimação pessoal ou de divulgação da interposição de recurso.

Lei n. 8.666/93

Art. 109, § 3º Interposto, o recurso será comunicado aos demais licitantes, que poderão impugná-lo no prazo de 5 (cinco) dias úteis.

Jurisprudência do TCU:

Na hipótese de recursos ou impugnações em processos licitatórios, deve ser promovida a devida comunicação ao interessado, com a indicação dos pressupostos fáticos e jurídicos que determinaram a decisão.

(Acórdão 709/2007-Plenário, TCU, Relator: Raimundo Carreiro, j. 25-4-2007.)

§ 5º Será assegurado ao licitante vista dos elementos indispensáveis à defesa de seus interesses.

Lei n. 10.520/2002

Art. 4º, XVIII – declarado o vencedor, qualquer licitante poderá manifestar imediata e motivadamente a intenção de recorrer, quando lhe será concedido o prazo de 3 (três) dias para apresentação das razões do recurso, ficando os demais licitantes desde logo intimados para apresentar contrarrazões em igual número de dias, que começarão a correr do término do prazo do recorrente, sendo-lhes assegurada vista imediata dos autos;

COMENTÁRIOS DOS AUTORES

Assim como não se admitem decisões judiciais sem o devido fundamento, conforme art. 93, IX, da CF, para os processos administrativos, a lógica não é diferente, pois também é exigido que as decisões tomadas nesse âmbito precisam ser devidamente fundamentadas, conforme art. 37, *caput*, e art. 5º, LV, da CF/88.

E, contra essas decisões, esse dispositivo trouxe duas medidas de impugnações, o recurso e o pedido de reconsideração.

1. Recurso administrativo

O recurso administrativo é uma manifestação dos direitos ao devido processo administrativo, ao contraditório e à ampla defesa, todos insculpidos no art. 5º, LV, da CF/88, e assim, como os recursos no processo jurisdicional, depende do preenchimento de alguns pressupostos.

E o primeiro deles é o dever de sanar os vícios dos seus atos administrativos. Como é cediço, a Administração Pública goza do poder de autotutela, que é a possibilidade de revogar, por conveniência ou oportunidade, os seus atos administrativos ou anulá-los, quando eivados de vícios de legalidade. É nesse sentido que o enunciado da Súmula 473 do Supremo Tribunal Federal dispõe:

A administração pode anular seus próprios atos, quando eivados de vícios que os tornam ilegais, porque deles não se originam direitos; ou revogá-los, por motivo de conveniência ou oportunidade, respeitados os direitos adquiridos, e ressalvada, em todos os casos, a apreciação judicial.

Esse dever decorre do princípio da legalidade, onde a Administração deve praticar os seus atos administrativos de acordo com a previsão legislativa, aliás, essa é a regra, insculpida no art. 37, *caput*, da CF/88.

O segundo pressuposto está relacionado aos aspectos subjetivos, ou seja, está relacionado à pessoa do recorrente. Essa é aferida a partir da legitimidade e interesse recursal.

A legitimidade recursal é atribuída aos participantes do processo licitatório ou do contrato administrativo. Logo, o terceiro que não participa desse processo não possui legitimidade para interpor o recurso administrativo.

O interesse recursal resta caracterizado quando os interesses do particular se encontram lesados direta ou indiretamente pela decisão administrativa. Falamos direto quando a decisão analisa diretamente a situação do particular. Indireto, no entanto, é quando a decisão direcionada a um dos participantes do processo de licitação acaba por afetar na esfera de interesses do próprio recorrente.

Um exemplo para a afetação indireta é a decisão que defere o pedido de reconsideração; surge para os demais licitantes o interesse recursal para impugnar essa decisão, em razão da lesividade indireta.

Vale destacar que não cabe recurso de ato administrativo sem cunho decisório, salvo quando a lei dispuser em contrário. O inciso I trouxe as hipóteses de cabimento, a saber: (i) ato que defira ou indefira pedido de pré-qualificação de interessado ou de inscrição em registro cadastral, sua alteração ou cancelamento; (ii) julgamento das propostas; (iii) ato de habilitação ou inabilitação de licitante; (iv) anulação ou revogação da licitação; e (v) extinção do contrato, quando determinada por ato unilateral e escrito da Administração.

O prazo para interposição do recurso é de 3 dias úteis, contados da lavratura da ata ou da intimação, seja ela no sítio eletrônico ou mediante envio pelos correios, cujo prazo somente iniciará com a juntada aos autos do aviso de recebimento.

No entanto, com relação às decisões que julgam as propostas e declaram a habilitação ou inabilitação do licitante, o interessando deverá, imediatamente, manifestar o interesse em recorrer, sob pena de preclusão. No entanto, as razões deverão ser apresentadas no prazo de 3 (três) dias úteis.

O recurso deve ser direcionado à autoridade administrativa que proferiu a decisão, a qual poderá exercer o juízo de retratação no prazo de 3 (três) dias úteis. Acaso não haja retratação, deverá encaminhar o recurso à autoridade superior, a qual proferirá decisão no prazo de 10 (dez) dias úteis.

Para o exercício do direito à ampla defesa e do contraditório, será disponibilizado ao interessado vista de todos os elementos indispensáveis para o exercício do direito de recurso. Além disso, as contrarrazões, se necessário, deverão ser apresentadas no prazo de 3 (três) dias úteis, a contar da intimação pessoal ou da divulgação da interposição do recurso.

O provimento do recurso administrativo ou o exercício da retração pela autoridade competente implicará a invalidação da decisão impugnada.

2. Pedido de reconsideração

O pedido de reconsideração é a manifestação processual administrativa que desafia todos os atos decisórios, dos quais não caiba recurso administrativo. A autoridade destinatária do pedido é a mesma que proferiu a decisão. O pedido de reconsideração deve ser apresentado no prazo de 3 (três) dias úteis, salvo disposição contrária.

Na hipótese de retratação pela autoridade *a quo*, surge para os interessados o direito de recurso contra essa decisão. É nesse sentido que Justen Filho[60], também, se manifesta:

> Ora, retratar-se e alterar a decisão anterior configura uma *nova* decisão. Seria inconstitucional reputar que a nova decisão, invalidatória da anterior, estaria imune a ataque. Tem de assegurar-se a todos os interessados precisamente o mesmo tratamento. Se a reconsideração produzida em virtude do recurso não estivesse sujeita a outro recurso, ter-se-ia infração à garantia constitucional do art. 5º, LV.
>
> Um exemplo permite evidenciar o raciocínio. Suponha-se que a Administração, espontaneamente, identificasse problema de autenticidade num documento de habilitação do licitante, depois de julgada a habilitação. Caberia ouvir o interessado e, se caso fosse, desfazer o julgamento da habilitação anterior e desclassificar o sujeito. Ninguém duvidaria que decisão dessa ordem comportaria recurso.

A impossibilidade de interpor recurso contra essa decisão é inconstitucional e viola os preceitos constitucionais do devido processo administrativo e seus consectários.

ARTIGO 166

Art. 166. Da aplicação das sanções previstas nos incisos I, II e III do *caput* do art. 155 desta Lei, caberá recurso no prazo de 15 (quinze) dias úteis, contado da data de intimação.

Art. 155. Serão aplicadas ao responsável pelas infrações administrativas previstas nesta Lei as seguintes sanções:

I – advertência;

II – multa;

III – impedimento de licitar e contratar;

Parágrafo único. O recurso de que trata o *caput* deste artigo será dirigido à autoridade que tiver proferido a decisão recorrida, que, se não a reconsiderar no prazo de 5 (cinco) dias úteis, encaminhará o recurso com sua motivação à autoridade superior, a qual deverá proferir sua decisão no prazo máximo de 20 (vinte) dias úteis, contado do recebimento dos autos.

COMENTÁRIOS DOS AUTORES

Às infrações administrativas que resultarem na aplicação da sanção de advertência, multa e impedimento de licitar e contratar caberá recurso no prazo 15 (quinze) dias úteis, contado da inti-

---

60 JUSTEN FILHO, Marçal. *Comentários à Lei de Licitações e Contratos Administrativos*: Lei 8.666/1993. 16. ed. São Paulo: Revista dos Tribunais, 2014, p. 1200.

mação, seja ela no sítio eletrônico ou mediante envio pelos correios, cujo prazo somente iniciará com a juntada aos autos do aviso de recebimento.

O recurso deve ser direcionado à autoridade administrativa que proferiu a decisão, a qual poderá exercer o juízo de retratação no prazo de 5 (cinco) dias úteis. Acaso não haja retratação, deverá encaminhar o recurso à autoridade superior, a qual proferirá decisão no prazo de 20 (vinte) dias úteis.

Na hipótese de retratação pela autoridade *a quo*, surge para os interessados o direito de recurso contra essa decisão. É nesse sentido que Justen Filho[61], também, se manifesta:

> Ora, retratar-se e alterar a decisão anterior configura uma *nova* decisão. Seria inconstitucional reputar que a nova decisão, invalidatória da anterior, estaria imune a ataque. Tem de assegurar-se a todos os interessados precisamente o mesmo tratamento. Se a reconsideração produzida em virtude do recurso não estivesse sujeita a outro recurso, ter-se-ia infração à garantia constitucional do art. 5º, LV.

> Um exemplo permite evidenciar o raciocínio. Suponha-se que a Administração, espontaneamente, identificasse problema de autenticidade num documento de habilitação do licitante, depois de julgada a habilitação. Caberia ouvir o interessado e, se caso fosse, desfazer o julgamento da habilitação anterior e desclassificar o sujeito. Ninguém duvidaria que decisão dessa ordem comportaria recurso.

Não conferir o direito de recurso aos interessados estaria na contramão dos direitos e garantias fundamentais, logo, a medida estaria eivada de inconstitucionalidade, dada a sua inconformidade para com a Constituição.

ARTIGO 167

Art. 167. Da aplicação da sanção prevista no inciso IV do *caput* do art. 155 desta Lei, caberá apenas pedido de reconsideração, que deverá ser apresentado no prazo de 15 (quinze) dias úteis, contado da data de intimação, e decidido no prazo máximo de 20 (vinte) dias úteis, contado do seu recebimento.

Lei n. 14.133/2021

Art. 155. Serão aplicadas ao responsável pelas infrações administrativas previstas nesta Lei as seguintes sanções:

(...)

IV – declaração de inidoneidade para licitar ou contratar.

COMENTÁRIOS DOS AUTORES

Esse dispositivo corrigiu um erro da Lei n. 8.666/93, o qual não atribuía nenhuma espécie de impugnação à decisão que declarava a inidoneidade para licitar ou contratar com a Administração Pública.

---

61 JUSTEN FILHO, Marçal. *Comentários à Lei de Licitações e Contratos Administrativos*: Lei 8.666/1993. 16. ed. São Paulo: Revista dos Tribunais, 2014, p. 1200.

Agora, com a nova redação, a medida administrativa cabível contra essa penalidade é o pedido de reconsideração[62], que deve ser apresentado no prazo de 15 (quinze) dias úteis, contado da intimação, seja ela no sítio eletrônico ou mediante envio pelos correios, cujo prazo somente iniciará com a juntada aos autos do aviso de recebimento. Apresentado esse pedido de reconsideração, ele deverá ser julgado no prazo de 20 (vinte) dias úteis, contados do seu recebimento.

O pedido de reconsideração deve ser dirigido à autoridade administrativa que proferiu a decisão. Reconsiderar é rever a própria decisão. Importante notar que reconsiderar a própria decisão ensejará aos interessados o direito de recurso contra essa decisão. Nesse sentido, Justen Filho[63]:

> Ora, retratar-se e alterar a decisão anterior configura uma *nova* decisão. Seria inconstitucional reputar que a nova decisão, invalidatória da anterior, estaria imune a ataque. Tem de assegurar-se a todos os interessados precisamente o mesmo tratamento. Se a reconsideração produzida em virtude do recurso não estivesse sujeita a outro recurso, ter-se-ia infração à garantia constitucional do art. 5º, LV.
>
> Um exemplo permite evidenciar o raciocínio. Suponha-se que a Administração, espontaneamente, identificasse problema de autenticidade num documento de habilitação do licitante, depois de julgada a habilitação. Caberia ouvir o interessado e, se caso fosse, desfazer o julgamento da habilitação anterior e desclassificar o sujeito. Ninguém duvidaria que decisão dessa ordem comportaria recurso.

Não conferir o direito de recurso aos interessados estaria na contramão dos direitos e garantias fundamentais, logo, a medida estaria eivada de inconstitucionalidade, dada a sua inconformidade para com a Constituição.

ARTIGO 168

Art. 168. O recurso e o pedido de reconsideração terão efeito suspensivo do ato ou da decisão recorrida até que sobrevenha decisão final da autoridade competente.

Lei n. 8.666/93

Art. 109. Dos atos da Administração decorrentes da aplicação desta Lei cabem:

I – recurso, no prazo de 5 (cinco) dias úteis a contar da intimação do ato ou da lavratura da ata, nos casos de:

a) habilitação ou inabilitação do licitante;

b) julgamento das propostas;

(...)

§ 2º O recurso previsto nas alíneas "a" e "b" do inciso I deste artigo terá efeito suspensivo, podendo a autoridade competente, motivadamente e presentes razões de interesse público, atribuir ao recurso interposto eficácia suspensiva aos demais recursos.

---

62 *Vide* os comentários ao art. 165.

63 JUSTEN FILHO, Marçal. *Comentários à Lei de Licitações e Contratos Administrativos*: Lei 8.666/1993. 16. ed. São Paulo: Revista dos Tribunais, 2014, p. 1200.

Parágrafo único. Na elaboração de suas decisões, a autoridade competente será auxiliada pelo órgão de assessoramento jurídico, que deverá dirimir dúvidas e subsidiá-la com as informações necessárias.

COMENTÁRIOS DOS AUTORES

1 – Aspectos gerais

Anteriormente, o efeito suspensivo estava vinculado aos casos de habilitação ou inabilitação da licitação e do julgamento das propostas. Com a alteração, houve um alargamento substancial no sistema administrativo recursal.

Agora todos, o recurso e pedido de reconsideração possuem efeito suspensivo até que sobrevenha decisão final da autoridade competente. Para tanto, o legislador, na intenção de evitar que a autoridade competente de julgar os recursos não tome decisões em desacordo com a legislação, autorizou o auxílio por órgão de assessoramento jurídico. Apesar de interessante o novo dispositivo, tal prática já era um costume presente na rotina da Administração Pública.

A novidade do dispositivo, portanto, surge com a atribuição de efeito suspensivo aos pedidos de reconsideração, do qual não caiba recurso hierárquico. Na legislação anterior, não havia tal previsão.

2 – Efeito suspensivo

Todo recurso administrativo possui o efeito devolutivo, ou seja, devolve à autoridade administrativa o conhecimento e a apreciação da questão objeto do recurso, podendo, ao fim, concluir pelo seu provimento ou improvimento. A principal consequência dessa técnica é a substituição da decisão recorrida pela decisão proferida em sede recursal[64].

O efeito suspensivo consiste na suspensão dos efeitos oriundos da decisão proferida pela autoridade administrativa, ou seja, os efeitos que deveriam surtir por meio da decisão de inabilitação de um fornecedor, por exemplo, ficam suspensos até que haja uma decisão final sobre o assunto.

No caso desse dispositivo, todas as decisões proferidas em sede no art. 164, I e II, da presente Lei poderão ter seus efeitos suspensos em razão de eventuais recursos ou pedido de reconsideração.

---

64 JUSTEN FILHO, Marçal. *Comentários à Lei de Licitações e Contratos Administrativos*: Lei 8.666/1993. 16. ed. São Paulo: Revista dos Tribunais, 2014, p. 1197.

Capítulo III
DO CONTROLE DAS CONTRATAÇÕES

ARTIGO 169

Art. 169. As contratações públicas deverão submeter-se a práticas contínuas e permanentes de gestão de riscos e de controle preventivo, inclusive mediante adoção de recursos de tecnologia da informação, e, além de estar subordinadas ao controle social, sujeitar-se-ão às seguintes linhas de defesa:

I – primeira linha de defesa, integrada por servidores e empregados públicos, agentes de licitação e autoridades que atuam na estrutura de governança do órgão ou entidade;

II – segunda linha de defesa, integrada pelas unidades de assessoramento jurídico e de controle interno do próprio órgão ou entidade;

III – terceira linha de defesa, integrada pelo órgão central de controle interno da Administração e pelo tribunal de contas.

Lei n. 13.303/2016

Art. 9º A empresa pública e a sociedade de economia mista adotarão regras de estruturas e práticas de gestão de riscos e controle interno que abranjam:

I – ação dos administradores e empregados, por meio da implementação cotidiana de práticas de controle interno;

II – área responsável pela verificação de cumprimento de obrigações e de gestão de riscos;

III – auditoria interna e Comitê de Auditoria Estatutário.

§ 1º Deverá ser elaborado e divulgado Código de Conduta e Integridade, que disponha sobre:

I – princípios, valores e missão da empresa pública e da sociedade de economia mista, bem como orientações sobre a prevenção de conflito de interesses e vedação de atos de corrupção e fraude;

II – instâncias internas responsáveis pela atualização e aplicação do Código de Conduta e Integridade;

III – canal de denúncias que possibilite o recebimento de denúncias internas e externas relativas ao descumprimento do Código de Conduta e Integridade e das demais normas internas de ética e obrigacionais;

IV – mecanismos de proteção que impeçam qualquer espécie de retaliação a pessoa que utilize o canal de denúncias;

V – sanções aplicáveis em caso de violação às regras do Código de Conduta e Integridade;

VI – previsão de treinamento periódico, no mínimo anual, sobre Código de Conduta e Integridade, a empregados e administradores, e sobre a política de gestão de riscos, a administradores.

§ 2º A área responsável pela verificação de cumprimento de obrigações e de gestão de riscos deverá ser vinculada ao diretor-presidente e liderada por diretor estatutário, devendo o estatuto social prever as atribuições da área, bem como estabelecer mecanismos que assegurem atuação independente.

§ 3º A auditoria interna deverá:

I – ser vinculada ao Conselho de Administração, diretamente ou por meio do Comitê de Auditoria Estatutário;

II – ser responsável por aferir a adequação do controle interno, a efetividade do gerenciamento dos riscos e dos processos de governança e a confiabilidade do processo de coleta, mensuração, classificação, acumulação, registro e divulgação de eventos e transações, visando ao preparo de demonstrações financeiras.

§ 4º O estatuto social deverá prever, ainda, a possibilidade de que a área de *compliance* se reporte diretamente ao Conselho de Administração em situações em que se suspeite do envolvimento do diretor-presidente em irregularidades ou quando este se furtar à obrigação de adotar medidas necessárias em relação à situação a ele relatada.

Instrução Normativa Conjunta n. 1, de 10 de maio de 2016 (Presidência da República e Controladoria-Geral da União)

Art. 1º Os órgãos e entidades do Poder Executivo federal deverão adotar medidas para a sistematização de práticas relacionadas à gestão de riscos, aos controles internos, e à governança.

§ 1º Na forma de regulamento, a implementação das práticas a que se refere o *caput* deste artigo será de responsabilidade da alta administração do órgão ou entidade e levará em consideração os custos e os benefícios decorrentes de sua implementação, optando-se pelas medidas que promovam relações íntegras e confiáveis, com segurança jurídica para todos os envolvidos, e que produzam o resultado mais vantajoso para a Administração, com eficiência, eficácia e efetividade nas contratações públicas.

§ 2º Para a realização de suas atividades, os órgãos de controle deverão ter acesso irrestrito aos documentos e às informações necessárias à realização dos trabalhos, inclusive aos documentos classificados pelo órgão ou entidade nos termos da Lei n. 12.527, de 18 de novembro de 2011, e o órgão de controle com o qual foi compartilhada eventual informação sigilosa tornar-se-á corresponsável pela manutenção do seu sigilo.

Lei n. 8.666/93

Art. 113, § 2º Os Tribunais de Contas e os órgãos integrantes do sistema de controle interno poderão solicitar para exame, até o dia útil imediatamente anterior à data de recebimento das propostas, cópia de edital de licitação já publicado, obrigando-se os órgãos ou entidades da Administração interessada à adoção de medidas corretivas pertinentes que, em função desse exame, lhes forem determinadas.

Jurisprudência:

2. O recorrente sustenta que as normas internas TCE que determinavam o dever genérico de envio de editais de licitação à Corte de Contas foram consideradas inconstitucionais pelo Chefe do Poder Executivo do Estado do Rio de Janeiro, motivo pelo qual, na hipótese, não houve descumprimento do art. 113, § 2º, da Lei n. 8.666/93, mas o cumprimento de determinação constante de parecer normativo apto a vincular toda a Administração Pública estadual. 3. Aduz, ainda, que o art. 113, § 2º, da Lei n. 8.666/93 estabelece a necessidade de que o Tribunal de Contas, caso pretenda controlar certa licitação, requeira especificamente ao órgão ou à entidade competentes o envio do edital respectivo. Tratando-se de norma geral sobre licitações, tem-se competência privativa da União, razão pela qual as normas internas

410 Artigo 169 Nova Lei de Licitações Comentada e Referenciada

do TCE seriam inconstitucionais. 4. Os Chefes dos Poderes Executivos federal, estaduais, distrital e municipais, por tomarem posse com o compromisso de guardar especial observância à Constituição da República (arts. 78 da CR/88 e 139 da Constituição do Estado do Rio de Janeiro), podem deixar de cumprir lei que entendam por inconstitucional, ainda que sem manifestação do Judiciário a respeito, decisão esta que vincula toda a Administração Pública a eles subordinada e que importa na assunção dos riscos que decorrem de suas escolhas político-jurídicas. Precedente do STF. 5. Dessa forma, mesmo sem adentrar na discussão da inconstitucionalidade das normas internas do Tribunal de Contas do Estado do Rio de Janeiro em face dos arts. 113, § 2º, da Lei n. 8.666/93 e 22, inc. XXVII, da CR/88, é de fácil visualização que a simples existência de orientação emanada do Governador do Estado do Rio de Janeiro é suficiente para afastar a ilegalidade da conduta do recorrente – que, como Chefe da Polícia Civil da Secretaria de Estado de Segurança Pública, deixou de enviar edital de determinada licitação para controle do TCE. 6. Legal a conduta, nula a penalidade pecuniária imposta. 7. Não fosse isso bastante, o STF, analisando recurso extraordinário interposto também pelo ora recorrente, com fundamentos idênticos, já entendeu pela efetiva incompatibilidade das normas internas do TCE com a CR/88 (RE 547.063/RJ, Rel. Min. Carlos Alberto Menezes Direito, Primeira Turma, DJe 12.12.2008). 8. Recurso ordinário provido.

(RMS 24.675/RJ, Rel. Ministro MAURO CAMPBELL MARQUES, SEGUNDA TURMA, julgado em 13-10-2009, DJe 23-10-2009.)

Tribunal de Contas Estadual. Controle prévio das licitações. Competência privativa da União (art. 22, XXVII, da Constituição Federal). Legislação federal e estadual compatíveis. Exigência indevida feita por ato do Tribunal que impõe controle prévio sem que haja solicitação para a remessa do edital antes de realizada a licitação. 1. O art. 22, XXVII, da Constituição Federal dispõe ser da União, privativamente, a legislação sobre normas gerais de licitação e contratação. 2. A Lei federal n. 8.666/93 autoriza o controle prévio quando houver solicitação do Tribunal de Contas para a remessa de cópia do edital de licitação já publicado. 3. A exigência feita por atos normativos do Tribunal sobre a remessa prévia do edital, sem nenhuma solicitação, invade a competência legislativa distribuída pela Constituição Federal, já exercida pela Lei federal n. 8.666/93, que não contém essa exigência. 4. Recurso extraordinário provido para conceder a ordem de segurança.

(RE 547.063, Relator(a): MENEZES DIREITO, Primeira Turma, julgado em 7-10-2008, DJe-236 DIVULG 11-12-2008 PUBLIC 12-12-2008 EMENT VOL-02345-04 PP-00638 RTJ VOL-00209-01 PP-00405 RT v. 98, n. 882, 2009, p. 116-124.)

§ 3º Os integrantes das linhas de defesa a que se referem os incisos I, II e III do caput deste artigo observarão o seguinte:
I - quando constatarem simples impropriedade formal, adotarão medidas para o seu saneamento e para a mitigação de riscos de sua nova ocorrência, preferencialmente com o aperfeiçoamento dos controles preventivos e com a capacitação dos agentes públicos responsáveis;
II - quando constatarem irregularidade que configure dano à Administração, sem prejuízo das medidas previstas no inciso I do caput deste artigo, adotarão as providências necessárias para apuração das infrações administrativas, observadas a segregação de funções e a necessidade de individualização das condutas, bem como remeterão ao Ministério Público competente cópias dos documentos cabíveis para apuração dos demais ilícitos de sua competência.

COMENTÁRIOS DOS AUTORES

1. Compliance

O presente dispositivo submete as compras públicas às práticas de gestão de governança, com o auxílio de instrumentos tecnológicos e do próprio controle social, tudo isso em prol de submeter esses processos às leis, aos regulamentos, políticas e diretrizes estabelecidas pela Administração Pública, ou seja, um sistema de *compliance*, que já era exigência na Lei das Estatais (Lei n. 13.303/2016).

Ressalte-se que a Controladoria-Geral da União em conjunto com a Presidência da República editaram a Instrução Normativa n. 1, de 10 de maio de 2016, onde os órgãos e entidades do Poder Executivo federal deveriam adotar medidas para a sistematização de práticas à gestão de riscos, aos controles internos e à governança (art. 1º).

Com a edição desta Lei, a determinação dessa Instrução Normativa ganhou força, devendo as entidades públicas, no âmbito federal, adotar um conjunto de procedimentos que salvaguardem os recursos públicos, a imparcialidade e o desempenho das organizações.

Para tanto, a lei instituiu três linhas de defesa, a saber:

(i) primeira linha: integrada por servidores e empregados públicos, agentes de licitação e autoridades que atuam na estrutura de governança do órgão ou entidade;

(ii) segunda linha: integrada pelas unidades de assessoramento jurídico e de controle interno do próprio órgão ou entidade;

(iii) terceira linha: integrada pelo órgão central de controle interno da Administração e pelo Tribunal de Contas.

Essas linhas de defesa são cruciais para atender às exigências de eficácia e efetividade nas contratações públicas, atendendo, desta feita, as regras descritas no art. 37, *caput*, e art. 71, *caput*, da CF/88.

2. Documentos sigilosos

Para que o sistema de governança estabelecido nesse dispositivo alcance o seu objetivo, transparência é imprescindível. E é nesse quesito que o § 2º dispõe que os órgãos de controle terão acesso irrestrito a quaisquer documentos e de quaisquer natureza, desde que eles sejam indispensáveis ao desempenho de suas funções. Aqui não se aplica a restrição em razão da classificação do documento, conforme preceitua a Lei de Acesso à Informação, por esse motivo, o dispositivo é uma novidade.

3. Impropriedades formais e irregularidades graves

É obrigação daqueles que compõem as linhas de defesa analisar as impropriedades de caráter formal e as irregularidades que configurem dano à Administração.

Se constatada qualquer impropriedade formal, deverão adotar medidas para saneamento do vício, bem como medidas para mitigar os riscos de uma potencial reincidência. Para tanto, medidas como aperfeiçoamento dos controles preventivos e capacitação do corpo técnico terão preferência em detrimento de outras medidas.

Por outro lado, se constatada irregularidade que configure dano à Administração, deverão providenciar a instauração dos processos administrativos para apurar as eventuais infrações administrativas, bem como a individualização de cada conduta dos seus participantes, além de remeter o resultado dessa apuração ao Ministério Público para adoção das medidas cabíveis quanto aos eventuais ilícitos.

ARTIGO 170

> **Art. 170.** Os órgãos de controle adotarão, na fiscalização dos atos previstos nesta Lei, critérios de oportunidade, materialidade, relevância e risco e considerarão as razões apresentadas pelos órgãos e entidades responsáveis e os resultados obtidos com a contratação, observado o disposto no § 3º do art. 168 desta Lei.

Lei n. 8.666/93

Art. 113. O controle das despesas decorrentes dos contratos e demais instrumentos regidos por esta Lei será feito pelo Tribunal de Contas competente, na forma da legislação pertinente, ficando os órgãos interessados da Administração responsáveis pela demonstração da legalidade e regularidade da despesa e execução, nos termos da Constituição e sem prejuízo do sistema de controle interno nela previsto.

§ 1º As razões apresentadas pelos órgãos e entidades responsáveis deverão ser encaminhadas aos órgãos de controle até a conclusão da fase de instrução do processo e não poderão ser desentranhadas dos autos.

§ 2º A omissão na prestação das informações não impedirá as deliberações dos órgãos de controle nem retardará a aplicação de qualquer de seus prazos de tramitação e de deliberação.

§ 3º Os órgãos de controle desconsiderarão os documentos impertinentes, meramente protelatórios ou de nenhum interesse para o esclarecimento dos fatos.

§ 4º Qualquer licitante, contratado ou pessoa física ou jurídica poderá representar aos órgãos de controle interno ou ao tribunal de contas competente contra irregularidades na aplicação desta Lei.

Lei n. 8.666/93

Art. 113, § 1º Qualquer licitante, contratado ou pessoa física ou jurídica poderá representar ao Tribunal de Contas ou aos órgãos integrantes do sistema de controle interno contra irregularidades na aplicação desta Lei, para os fins do disposto neste artigo.

Constituição Federal

Art. 74. (...)

§ 2º Qualquer cidadão, partido político, associação ou sindicato é parte legítima para, na forma da lei, denunciar irregularidades ou ilegalidades perante o Tribunal de Contas da União.

COMENTÁRIOS DOS AUTORES

Os órgãos de controle, no exercício das suas funções típicas, deverão analisar as contratações da Administração Pública a partir dos critérios da oportunidade, materialidade, relevância e risco. Embora o dispositivo traga apenas esses critérios de análise, não devemos esquecer que em um Estado Constitucional a leitura desse dispositivo deve ser feita em conjunto com a Constituição, logo, além daqueles critérios, deve observar os ditames constitucionais quanto ao regime jurídico administrativo, insculpidos no art. 37 da CF/88.

Ao que tudo indica, esse dispositivo autoriza que os órgãos de controle avaliem o mérito administrativo, o que é de causar estranheza, pois se nem mesmo ao Poder Judiciário compete imiscuir-se nesse mérito, em razão do princípio da separação dos poderes, por que caberia aos órgãos de controle essa análise? Eis um ponto para reflexão.

Esse ponto levantado não significa que os órgãos de controle estão engessados em realizar a sua função típica fiscalizatória, mas essa análise, sem dúvidas, deve partir de critérios legais bem definidos para que seja evitada a prática de abusos, estes combatidos pelo Estado Constitucional.

A fiscalização exercida pelo órgão de controle poderá ensejar em pedido de informações, as quais deverão ser encaminhadas àquele órgão até a conclusão da fase de instrução do processo, e as razões que levaram à instauração da contratação não poderão ser desentranhadas do processo administrativo.

A omissão na prestação dessas informações não será causa de impedimento para deliberação dos órgãos de controle e nem será empecilho para cumprimento dos prazos estabelecidos para o término da fiscalização por esses órgãos.

Os documentos impertinentes e meramente protelatórios serão desconsiderados pelo órgão de controle, pois em nada influenciará no processo de fiscalização. Porém, deve-se alertar para o caráter defensivo de determinadas manifestações, logo, os documentos, ainda que impertinentes, dependem de decisão fundamentada pelo órgão de controle para que ele possa assim considerá-los. Essa decisão não deve ser discricionária, pelo contrário, deve estar vinculada à uma tomada de decisão administrativa.

Por fim, toda e qualquer pessoa, seja ela física ou jurídica, licitante ou contratado, poderá representar aos órgãos de controle as irregularidades acerca dos processos de contratação. Com relação a esse ponto, *vide* os comentários feitos ao art. 164.

ARTIGO 171

> **Art. 171.** Na fiscalização de controle será observado o seguinte:
> I – viabilização de oportunidade de manifestação aos gestores sobre possíveis propostas de encaminhamento que terão impacto significativo nas rotinas de trabalho dos órgãos e entidades fiscalizados, a fim de que eles disponibilizem subsídios para avaliação prévia da relação entre custo e benefício dessas possíveis proposições;
> II – adoção de procedimentos objetivos e imparciais e elaboração de relatórios tecnicamente fundamentados, baseados exclusivamente nas evidências obtidas e organizados de acordo com as normas de auditoria do respectivo órgão de controle, de modo a evitar que interesses pessoais e interpretações tendenciosas interfiram na apresentação e no tratamento dos fatos levantados;
> III – definição de objetivos, nos regimes de empreitada por preço global, empreitada integral, contratação semi-integrada e contratação integrada, atendidos os requisitos técnicos, legais, orçamentários e financeiros, de acordo com as finalidades da contratação, devendo, ainda, ser perquirida a conformidade do preço global com os parâmetros de mercado para o objeto contratado, considerada inclusive a dimensão geográfica.
> § 1º Ao suspender cautelarmente o processo licitatório, o tribunal de contas deverá pronunciar-se definitivamente sobre o mérito da irregularidade que tenha dado causa à suspensão no prazo de 25 (vinte e cinco) dias úteis, contado da data do recebimento das informações a que se refere o § 2º deste artigo, prorrogável por igual período uma única vez, e definirá objetivamente:
> I – as causas da ordem de suspensão;
> II – o modo como será garantido o atendimento do interesse público obstado pela suspensão da licitação, no caso de objetos essenciais ou de contratação por emergência.

Jurisprudência

(...) a atribuição de poderes explícitos, ao Tribunal de Contas, tais como enunciados no art. 71 da Lei Fundamental da República, supõe que se lhe reconheça, ainda que por implicitude, a titularidade de meios destinados a viabilizar a adoção de medidas cautelares vocacionadas a conferir real efetividade às suas deliberações finais, permitindo, assim, que se neutralizem situações de lesividade, atual ou iminente, ao erário público. Impende considerar, no ponto, em ordem a legitimar esse entendimento, a formulação que se fez em torno dos poderes implícitos, cuja doutrina, construída pela Suprema Corte dos Estados Unidos da América, no célebre caso McCulloch v. Maryland (1819), enfatiza que a outorga de competência expressa a determinado órgão estatal importa em deferimento implícito, a esse mesmo órgão, dos meios necessários à integral realização dos fins que lhe foram atribuídos. (...) É por isso que entendo revestir-se de integral legitimidade constitucional a atribuição de índole cautelar, que, reconhecida com apoio na teoria dos poderes implícitos, permite, ao TCU, adotar as medidas necessárias ao fiel cumprimento de suas funções institucionais e ao pleno exercício das competências que lhe foram outorgadas, diretamente, pela própria Constituição da República.

(MS 24.510, rel. min. Ellen Gracie, voto do min. Celso de Mello, j. 19-11-2003, P, *DJ* de 19-3-2004. *Vide* MS 33.092, rel. min. Gilmar Mendes, j. 24-3-2015, 2ª T., *DJe* de 17-8-2015.)

§ 2º Ao ser intimado da ordem de suspensão do processo licitatório, o órgão ou entidade deverá, no prazo de 10 (dez) dias úteis, admitida a prorrogação:

I - informar as medidas adotadas para cumprimento da decisão;

II - prestar todas as informações cabíveis;

III - proceder à apuração de responsabilidade, se for o caso.

§ 3º A decisão que examinar o mérito da medida cautelar a que se refere o § 1º deste artigo deverá definir as medidas necessárias e adequadas, em face das alternativas possíveis, para o saneamento do processo licitatório, ou determinar a sua anulação.

§ 4º O descumprimento do disposto no § 2º deste artigo ensejará apuração de responsabilidade e obrigação de reparação de prejuízo causado ao erário.

COMENTÁRIOS DOS AUTORES

1. Fiscalização do controle

Esse dispositivo traz a exigência de que o órgão fiscalizador observe se a Administração Pública está cumprindo com o princípio da eficiência e da economicidade dos recursos públicos. As exigências feitas foram sobre possíveis manifestações que ensejam impacto significativo nas rotinas de trabalho dos órgãos e entidades fiscalizados, devendo ser avaliado o custo/benefício das proposições.

Não bastam os critérios orçamentário, financeiro, conveniência e oportunidade, mas o critério de vantajosidade da contratação para a Administração Pública, ou seja, os benefícios são maiores do que o custo ou aqueles são tão relevantes que um alto custo é imprescindível? Então, a contratação possa ser relevante.

Além disso, relatórios técnicos são imprescindíveis para atestar a imparcialidade na contratação de determinado serviço ou aquisição de determinado produto, pois eles evitam que interesses pessoais e interpretações tendenciosas atrapalhem a apresentação e o tratamento dos dados que fundamentam as contratações.

O órgão fiscalizador deverá observar, ainda, os objetivos traçados para as contratações realizadas sob os regimes de empreitada por preço global, empreitada integral, contratação semi-integrada e contratação integrada, desde que tenham atendido aos critérios técnicos, legais, orçamentários, financeiros e finalidades da própria contratação.

2. Suspensão do processo licitatório

A suspensão do processo licitatório, através de decisão fundamentada do Tribunal de Contas, é o exercício do seu poder fiscalizatório, o qual deve resguardar os princípios constitucionais da Administração Pública, bem como todos aqueles do rol do art. 71, *caput*, da CF/88.

É possível a suspensão cautelar do processo licitatório, desde que dessa decisão faça constar, de forma objetiva, (i) as causas que ensejaram na decisão e (ii) o modo pelo qual será garantido o interesse público obstado pela suspensão, no caso de contratação de objetos essenciais ou emergenciais.

Proferida essa decisão cautelar, ao Tribunal de Contas incumbe, no prazo de 25 (vinte e cinco) dias úteis, proferir decisão de mérito e terminativa. A contagem desse prazo inicia-se a partir da data do recebimento das informações prestadas pela Administração Pública, quanto às medidas adotadas para cumprimento da decisão, aquela que entender pertinente para a elucidação do caso e aquela que determinou a apuração da responsabilidade, se for ocaso (§ 2º). Essas informações deverão ser prestadas no prazo de 10 dias úteis, admitida a sua prorrogação.

O descumprimento da decisão de suspensão cautelar do processo licitatório ensejará apuração da responsabilidade e obrigação de reparação de prejuízo causado ao erário (§ 4º).

Por fim, vale destacar que a decisão que examinar o mérito da medida cautelar deverá estabelecer as medidas necessárias e adequadas para (i) o saneamento do processo licitatório, no caso de vício sanável, ou (ii) a anulação do processo.

ARTIGOS 172 E 173

> **Art. 172.** (*Vetado.*)
>
> **Art. 173.** Os tribunais de contas deverão, por meio de suas escolas de contas, promover eventos de capacitação para os servidores efetivos e empregados públicos designados para o desempenho das funções essenciais à execução desta Lei, incluídos cursos presenciais e a distância, redes de aprendizagem, seminários e congressos sobre contratações públicas.

COMENTÁRIOS DOS AUTORES

A escola de contas é fundamental para o aperfeiçoamento e treinamento dos servidores do Tribunal de Contas.

Ela é organizada por técnicos que planejam e organizam as diversas atividades, tanto ao corpo de servidores do tribunal, quanto ao público externo.

A importância dessa escola não foi esquecida pelo legislador, que atribuiu a ela a missão de aperfeiçoar os servidores efetivos e empregados públicos, que desempenharão a função essencial à execução dessa lei, em um nítido aprimoramento ou estruturação do princípio da eficiência na gestão pública, bem como visando a máxima efetividade na prestação dos serviços públicos.

Para tanto, a realização de cursos, presenciais ou a distância, e a organização de eventos sobre contratação são algumas das funções atribuídas à escola de contas.

//// 416   Artigo 174   Nova Lei de Licitações Comentada e Referenciada

Título V
DISPOSIÇÕES GERAIS

Capítulo I
DO PORTAL NACIONAL DE CONTRATAÇÕES PÚBLICAS

ARTIGO 174

Art. 174. É criado o Portal Nacional de Contratações Públicas (PNCP), sítio eletrônico oficial destinado à:

I – divulgação centralizada e obrigatória dos atos exigidos por esta Lei;

II – realização facultativa das contratações pelos órgãos e entidades dos Poderes Executivo, Legislativo e Judiciário de todos os entes federativos.

§ 1º O PNCP será gerido pelo Comitê Gestor da Rede Nacional de Contratações Públicas, a ser presidido por representante indicado pelo Presidente da República e composto de:

I – 3 (três) representantes da União indicados pelo Presidente da República;

II – 2 (dois) representantes dos Estados e do Distrito Federal indicados pelo Conselho Nacional de Secretários de Estado da Administração;

III – 2 (dois) representantes dos Municípios indicados pela Confederação Nacional de Municípios.

§ 2º O PNCP conterá, entre outras, as seguintes informações acerca das contratações:

I – planos de contratação anuais;

II – catálogos eletrônicos de padronização;

III – editais de credenciamento e de pré-qualificação, avisos de contratação direta e editais de licitação e respectivos anexos;

IV – atas de registro de preços;

V – contratos e termos aditivos;

VI – notas fiscais eletrônicas, quando for o caso.

§ 3º O PNCP deverá, entre outras funcionalidades, oferecer:

I – sistema de registro cadastral unificado;

II – painel para consulta de preços, banco de preços em saúde e acesso à base nacional de notas fiscais eletrônicas;

III – sistema de planejamento e gerenciamento de contratações, incluído o cadastro de atesto de cumprimento de obrigações previsto no § 4º do art. 88 desta Lei;

Art. 87. Ao requerer, a qualquer tempo, inscrição no cadastro ou a sua atualização, o interessado fornecerá os elementos necessários exigidos para habilitação previstos nesta Lei.

(...)

§ 4º A anotação do cumprimento de obrigações pelo contratado, de que trata o § 3º deste artigo, será condicionada à implantação e à regulamentação do cadastro de atesto de cumprimento de obrigações, apto à realização do registro de forma objetiva, em atendimento aos princípios da impessoalidade, da igualdade, da isonomia, da publicidade e da transparência, de modo a possibilitar a implementação de medidas de incentivo aos licitantes que possuírem ótimo desempenho anotado em seu registro cadastral.

IV - sistema eletrônico para a realização de sessões públicas;
V - acesso ao Cadastro Nacional de Empresas Inidôneas e Suspensas (Ceis) e ao Cadastro Nacional de Empresas Punidas (Cnep);
VI - sistema de gestão compartilhada com a sociedade de informações referentes à execução do contrato, que possibilite:
a) envio, registro, armazenamento e divulgação de mensagens de texto ou imagens pelo interessado previamente identificado;
b) acesso ao sistema informatizado de acompanhamento de obras a que se refere o inciso III do *caput* do art. 19 desta Lei;

> Art. 19. Os órgãos da Administração com competências regulamentares relativas às atividades de administração de materiais, de obras e serviços e de licitações e contratos deverão:
> (...)
> III – instituir sistema informatizado de acompanhamento de obras, inclusive com recursos de imagem e vídeo;

c) comunicação entre a população e representantes da Administração e do contratado designados para prestar as informações e esclarecimentos pertinentes, na forma de regulamento;
d) divulgação, na forma de regulamento, de relatório final com informações sobre a consecução dos objetivos que tenham justificado a contratação e eventuais condutas a serem adotadas para o aprimoramento das atividades da Administração.
§ 4º O PNCP adotará o formato de dados abertos e observará as exigências previstas na Lei n. 12.527, de 18 de novembro de 2011.

> Lei n. 12.527/2011
> Art. 1º Esta Lei dispõe sobre os procedimentos a serem observados pela União, Estados, Distrito Federal e Municípios, com o fim de garantir o acesso a informações previsto no inciso XXXIII do art. 5º, no inciso II do § 3º do art. 37 e no § 2º do art. 216 da Constituição Federal.
> Parágrafo único. Subordinam-se ao regime desta Lei:
> I – os órgãos públicos integrantes da administração direta dos Poderes Executivo, Legislativo, incluindo as Cortes de Contas, e Judiciário e do Ministério Público;
> II – as autarquias, as fundações públicas, as empresas públicas, as sociedades de economia mista e demais entidades controladas direta ou indiretamente pela União, Estados, Distrito Federal e Municípios.

§ 5º (*Vetado.*)

COMENTÁRIOS DOS AUTORES

Esse dispositivo criou o Portal Nacional de Contratações Públicas, onde, de forma eletrônica, obrigatória e centralizada, realizará a divulgação de todos os atos necessários para realização de uma contratação nos termos dessa Lei. Esse portal é de observância facultativa para os Poderes Executivo, Legislativo e Judiciário dos Estados e Municípios.

A gestão deste Portal será feita pelo Comitê Gestor da Rede Nacional de Contratações Públicas, cuja composição será da seguinte forma:

Representantes	Indicação
3 representantes da União	Presidente da República
2 representantes dos Estados e Distrito Federal	Conselho Nacional de Secretários de Estado da Administração
2 representantes dos Municípios	Confederação Nacional de Municípios

O § 2º traz um rol exemplificativo, porém obrigatório, de quais informações devem constar do Portal, a saber: (i) planos de contratação anual, (ii) catálogos de eletrônico de padronização, (iii) editais de credenciamento, (iv) atas de registro de preço, (v) contratos e termos aditivos e (vi) notas ficais eletrônicas.

O § 3º do dispositivo elenca as funcionalidades mínimas que o Portal de Contratações deve conter:

(i) Sistema de registro cadastral unificado, para que identifique com facilidade os interessados em contratar com a Administração;

(ii) painel para consulta de preços: um local unificado para levantar o preço de mercado de serviços e produtos que a Administração pretenda contratar ou adquirir;

(iii) sistema de planejamento e gerenciamento de contratações: isso tanto para o plano de contratações, quanto para gestão da execução dos contratos realizados, inclusive com a possibilidade de realização de atestos, glosas etc.;

(iv) sistema eletrônico para realização das sessões públicas;

(v) acesso ao Cadastro Nacional de Empresas Inidôneas e Suspensas e ao Cadastro Nacional de Empresas Punidas[65];

(vi) sistema de gestão compartilhada com a sociedade: ambiente destinado ao envio de sugestões, reclamações, elogios, denúncias a respeito da prestação dos serviços públicos. Além disso, possibilitar um diálogo rápido e facilitado com a população que possua dúvidas acerca de uma contratação.

Por fim, o § 4º determina que esse portal será desenvolvido no formado de dados abertos, observando a Lei de Acesso à Informação (Lei n. 12.527/2011).

Mas o que são os dados abertos? São os dados que podem ser usados, reutilizados e redistribuídos por qualquer pessoa, estando sujeito apenas a indicar a fonte. Segundo o Tribunal de Contas da União[66], existem cinco motivos para abertura dos dados, a saber:

1. transparência na gestão pública;
2. contribuição da sociedade com serviços inovadores ao cidadão;
3. aprimoramento na qualidade dos dados governamentais;
4. viabilização de novos negócios;
5. obrigatoriedade por lei.

---

65 *Vide* os comentários realizados ao art. 161.

66 TRIBUNAL DE CONTAS DA UNIÃO. 5 motivos para abertura de dados na Administração Pública. Brasília, 2015. Disponível em: https://portal.tcu.gov.br/biblioteca-digital/cinco-motivos-para-a-abertura-de-dados-na-administracao-publica.htm. Acesso em: 21 abr. 2021.

Além disso, a Lei de Acesso à Informação determina que os órgãos e entidades públicas promovam a divulgação das informações de interesse coletivo ou geral (art. 8º), em sítios oficiais da rede mundial de computadores (art. 8º, § 2º).

ARTIGO 175

> **Art. 175.** Sem prejuízo do disposto no art. 174 desta Lei, os entes federativos poderão instituir sítio eletrônico oficial para divulgação complementar e realização das respectivas contratações.
> § 1º Desde que mantida a integração com o PNCP, as contratações poderão ser realizadas por meio de sistema eletrônico fornecido por pessoa jurídica de direito privado, na forma de regulamento.
> § 2º Até 31 de dezembro de 2023, os Municípios deverão realizar divulgação complementar de suas contratações mediante publicação de extrato de edital de licitação em jornal diário de grande circulação local.

COMENTÁRIOS DOS AUTORES

Os entes federados poderão instituir os seus próprios portais de contratação pública, para divulgação das contratações realizadas no âmbito de sua competência. Além disso, é possível que esse portal seja fornecido por pessoa jurídica de direito privado, desde que observados os requisitos funcionais e operacionais do portal.

ARTIGO 176

> **Art. 176.** Os Municípios com até 20.000 (vinte mil) habitantes terão o prazo de 6 (seis) anos, contado da data de publicação desta Lei, para cumprimento:
> I – dos requisitos estabelecidos no art. 7º e no *caput* do art. 8º desta Lei;

Art. 7º Caberá à autoridade máxima do órgão ou da entidade, ou a quem as normas de organização administrativa indicarem, promover gestão por competências e designar agentes públicos para o desempenho das funções essenciais à execução desta Lei que preencham os seguintes requisitos:

I – sejam, preferencialmente, servidor efetivo ou empregado público dos quadros permanentes da Administração Pública;

II – tenham atribuições relacionadas a licitações e contratos ou possuam formação compatível ou qualificação atestada por certificação profissional emitida por escola de governo criada e mantida pelo poder público; e

III – não sejam cônjuge ou companheiro de licitantes ou contratados habituais da Administração nem tenham com eles vínculo de parentesco, colateral ou por afinidade, até o terceiro grau, ou de natureza técnica, comercial, econômica, financeira, trabalhista e civil.

§ 1º A autoridade referida no *caput* deste artigo deverá observar o princípio da segregação de funções, vedada a designação do mesmo agente público para atuação simultânea em funções mais suscetíveis a riscos, de modo a reduzir a possibilidade de ocultação de erros e de ocorrência de fraudes na respectiva contratação.

§ 2º O disposto no *caput* e no § 1º deste artigo, inclusive os requisitos estabelecidos, também se aplica aos órgãos de assessoramento jurídico e de controle interno da Administração.

Art. 8º A licitação será conduzida por agente de contratação, pessoa designada pela autoridade competente, entre servidores efetivos ou empregados públicos dos quadros permanentes da Administração Pública, para tomar decisões, acompanhar o trâmite da licitação, dar impulso ao procedimento licitatório e executar quaisquer outras atividades necessárias ao bom andamento do certame até a homologação.

II - da obrigatoriedade de realização da licitação sob a forma eletrônica a que se refere o § 2º do art. 17 desta Lei;

> Lei n. 14.133/2021
>
> Art. 17. (...)
>
> § 2º As licitações serão realizadas preferencialmente sob a forma eletrônica, admitida a utilização da forma presencial, desde que motivada, devendo a sessão pública ser registrada em ata e gravada mediante utilização de recursos tecnológicos de áudio e vídeo.

III - das regras relativas à divulgação em sítio eletrônico oficial.
Parágrafo único. Enquanto não adotarem o PNCP, os Municípios a que se refere o *caput* deste artigo deverão:
I - publicar, em Diário Oficial, as informações que esta Lei exige que sejam divulgadas em sítio eletrônico oficial, admitida a publicação de extrato;
II - disponibilizar a versão física dos documentos em suas repartições, vedada a cobrança de qualquer valor, salvo o referente ao fornecimento de edital ou de cópia de documento, que não será superior ao custo de sua reprodução gráfica.

COMENTÁRIOS DOS AUTORES

Os municípios de pequeno porte, aqueles que possuem até 20 mil habitantes, terão o prazo de 6 anos, após o dia 21 de abril de 2023, para cumprirem com as seguintes determinações:

(i) indicação, promoção da gestão de competências e designar agentes públicos para execução desta Lei, nos termos do art. 7º;

(ii) designação de servidor público ou empregado público dos quadros permanentes da Administração para tomar decisões, acompanhar o trâmite da licitação, dar impulso ao procedimento licitatório e executar quaisquer atividades necessárias ao desenvolvimento do certamente até a homologação;

(iii) obrigatoriedade de os certames ocorrerem na modalidade eletrônico e, de forma excepcional e fundamentada, a sessão ser presencial com o registro de ata e gravação de imagem e áudio;

(iv) as regras de divulgação dos certames em sítio eletrônico.

Vale ressaltar que, enquanto esses Municípios não adotarem o Portal Nacional de Contratações Públicas, eles deverão publicar no Diário Oficial as informações em sítio eletrônico oficial, admitida a publicação de extrato, bem como disponibilizar a versão física dos documentos em suas repartições, vedada a cobrança de qualquer valor, salvo o referente ao fornecimento de edital ou de cópia de documento, que não será superior ao custo de sua reprodução gráfica.

Lei n. 14.133, de 1º-4-2021   Artigo 177   421

Capítulo II
DAS ALTERAÇÕES LEGISLATIVAS

ARTIGO 177

> **Art. 177.** O *caput* do art. 1.048 da Lei n. 13.105, de 16 de março de 2015 (Código de Processo Civil), passa a vigorar acrescido do seguinte inciso IV:
>
> "Art. 1.048. ....
> .... ;
> IV – em que se discuta a aplicação do disposto nas normas gerais de licitação e contratação a que se refere o inciso XXVII do *caput* do art. 22 da Constituição Federal.
> ...."(NR)

Lei n. 13.105/2015
Art. 1.048. Terão prioridade de tramitação, em qualquer juízo ou tribunal, os procedimentos judiciais:

COMENTÁRIOS DOS AUTORES

Esse dispositivo acrescentou mais uma hipótese de tramitação prioritária junto ao Código de Processo Civil. Agora todas as discussões relacionadas a essa Lei terão prioridade na sua tramitação, devendo, contudo, observar a ordem cronológica de julgamento que está estampada no art. 12 do CPC.

ARTIGO 178

> **Art. 178.** O Título XI da Parte Especial do Decreto-lei n. 2.848, de 7 de dezembro de 1940 (Código Penal), passa a vigorar acrescido do seguinte Capítulo II-B:
>
> "CAPÍTULO II-B
> DOS CRIMES EM LICITAÇÕES E CONTRATOS ADMINISTRATIVOS

Jurisprudência do STJ:
Súmula 599: O princípio da insignificância é inaplicável aos crimes contra a administração pública.

Contratação direta ilegal
Art. 337-E. Admitir, possibilitar ou dar causa à contratação direta fora das hipóteses previstas em lei:
Pena – reclusão, de 4 (quatro) a 8 (oito) anos, e multa.

Jurisprudência do STF:

422 Artigo 178   Nova Lei de Licitações Comentada e Referenciada

PROCESSO PENAL. INQUÉRITO. ENVOLVIMENTO DE PARLAMENTAR FEDERAL. CRIME DE DISPENSA IRREGULAR DE LICITAÇÃO (ART. 89 DA LEI N. 8.666/93). AUDIÇÃO PRÉVIA DO ADMINISTRADOR À PROCURADORIA JURÍDICA, QUE ASSENTOU A INEXIGIBILIDADE DA LICITAÇÃO. AUSÊNCIA DO ELEMENTO SUBJETIVO DOLO. ART. 395, INCISO III, DO CPP. INEXISTÊNCIA DE JUSTA CAUSA PARA A AÇÃO PENAL. REJEIÇÃO DA DENÚNCIA. (...) 2. O dolo, consubstanciado na vontade livre e consciente de praticar o ilícito penal, não se faz presente quando o acusado da prática do crime do art. 89 da Lei n. 8.666/93 ("Dispensar ou inexigir licitação fora das hipóteses previstas em lei, ou deixar de observar as formalidades pertinentes à dispensa ou à inexigibilidade") atua com fulcro em parecer da Procuradoria Jurídica no sentido da inexigibilidade da licitação. 3. *In casu*, narra a denúncia que o investigado, na qualidade de Diretor da Secretaria Municipal de Esportes e Lazer, teria solicitado, mediante ofício ao Departamento de Controle e Licitações, a contratação de bandas musicais ante a necessidade de apresentação de grande quantidade de bandas e grupos de shows musicais na época carnavalesca, sendo certo que no Diário Oficial foi publicada a ratificação das conclusões da Procuradoria Jurídica, assentando a inexigibilidade de licitação, o que evidencia a ausência do elemento subjetivo do tipo no caso *sub judice*, tanto mais porque, na área musical, as obrigações são sempre contraídas *intuitu personae*, em razão das qualidades pessoais do artista, que é exatamente o que fundamenta os casos de inexigibilidade na Lei de Licitações – Lei n. 8.666/93. 4. Denúncia rejeitada por falta de justa causa – art. 395, III, do Código de Processo Penal.

(Inq 2482, Relator(a): AYRES BRITTO, Relator(a) p/ Acórdão: LUIZ FUX, Tribunal Pleno, julgado em 15-9-2011, ACÓRDÃO ELETRÔNICO *DJe*-035 DIVULG 16-2-2012 PUBLIC 17-2-2012.)

Frustração do caráter competitivo de licitação
Art. 337-F. Frustrar ou fraudar, com o intuito de obter para si ou para outrem vantagem decorrente da adjudicação do objeto da licitação, o caráter competitivo do processo licitatório:
Pena – reclusão, de 4 (quatro) anos a 8 (oito) anos, e multa.

Jurisprudência do STF:

PENAL. CRIME LICITATÓRIO. DEPUTADO FEDERAL. ARTIGO 89 DA Lei 8.666/93, SEGUNDA PARTE. FORMALIDADES. DESCUMPRIMENTO. TIPICIDADE OBJETIVA E SUBJETIVA. AUSÊNCIA DE JUSTA CAUSA. DENÚNCIA NÃO RECEBIDA. 1. O artigo 89, segunda parte, da Lei 8.666/93, é norma penal em branco, a qual, quanto às formalidades a que alude, é complementada pelo art. 26 da mesma Lei. 2. O delito em questão tutela bem jurídico voltado aos princípios da administração pública (CF, artigo 37). O descumprimento das formalidades só tem pertinência à repressão penal quando involucrado com a violação substantiva àqueles princípios. 3. No caso, as justificativas do preço, da escolha do fornecedor e a ratificação do procedimento atenderam às formalidades legais, no que diz com perspectiva do denunciado. Conduta do gestor lastreada em Pareceres Técnicos e Jurídicos razoavelmente justificados, e não identificados conluio ou concertamento fraudulento entre o acusado e os pareceristas, nem intenção de fraudar o erário ou de enriquecimento ilícito. 4. Ausência constatável *ictu oculi* de indícios mínimos de tipicidade objetiva e subjetiva, a inviabilizar um prognóstico fiável de confirmação da hipótese acusatória. Denúncia não recebida.

(Inq 3962, Relator(a): ROSA WEBER, Primeira Turma, julgado em 20-2-2018, ACÓRDÃO ELETRÔNICO *DJe*-191 DIVULG 11-9-2018 PUBLIC 12-9-2018.)

Patrocínio de contratação indevida
Art. 337-G. Patrocinar, direta ou indiretamente, interesse privado perante a Administração Pública, dando causa à instauração de licitação ou à celebração de contrato cuja invalidação vier a ser decretada pelo Poder Judiciário:
Pena - reclusão, de 6 (seis) meses a 3 (três) anos, e multa.

Modificação ou pagamento irregular em contrato administrativo
Art. 337-H. Admitir, possibilitar ou dar causa a qualquer modificação ou vantagem, inclusive prorrogação contratual, em favor do contratado, durante a execução dos contratos celebrados com a Administração Pública, sem autorização em lei, no edital da licitação ou nos respectivos instrumentos contratuais, ou, ainda, pagar fatura com preterição da ordem cronológica de sua exigibilidade:
Pena - reclusão, de 4 (quatro) anos a 8 (oito) anos, e multa.

Perturbação de processo licitatório
Art. 337-I. Impedir, perturbar ou fraudar a realização de qualquer ato de processo licitatório:
Pena - detenção, de 6 (seis) meses a 3 (três) anos, e multa.

Violação de sigilo em licitação
Art. 337-J. Devassar o sigilo de proposta apresentada em processo licitatório ou proporcionar a terceiro o ensejo de devassá-lo:
Pena - detenção, de 2 (dois) anos a 3 (três) anos, e multa.

Afastamento de licitante
Art. 337-K. Afastar ou tentar afastar licitante por meio de violência, grave ameaça, fraude ou oferecimento de vantagem de qualquer tipo:
Pena - reclusão, de 3 (três) anos a 5 (cinco) anos, e multa, além da pena correspondente à violência.
Parágrafo único. Incorre na mesma pena quem se abstém ou desiste de licitar em razão de vantagem oferecida.

Fraude em licitação ou contrato
Art. 337-L. Fraudar, em prejuízo da Administração Pública, licitação ou contrato dela decorrente, mediante:
I - entrega de mercadoria ou prestação de serviços com qualidade ou em quantidade diversas das previstas no edital ou nos instrumentos contratuais;
II - fornecimento, como verdadeira ou perfeita, de mercadoria falsificada, deteriorada, inservível para consumo ou com prazo de validade vencido;
III - entrega de uma mercadoria por outra;
IV - alteração da substância, qualidade ou quantidade da mercadoria ou do serviço fornecido;
V - qualquer meio fraudulento que torne injustamente mais onerosa para a Administração Pública a proposta ou a execução do contrato.
Pena - reclusão, de 4 (quatro) anos a 8 (oito) anos, e multa.

Contratação inidônea
Art. 337-M. Admitir à licitação empresa ou profissional declarado inidôneo:
Pena - reclusão, de 1 (um) ano a 3 (três) anos, e multa.
§ 1º Celebrar contrato com empresa ou profissional declarado inidôneo:
Pena - reclusão, de 3 (três) anos a 6 (seis) anos, e multa.
§ 2º Incide na mesma pena do *caput* deste artigo aquele que, declarado inidôneo, venha a participar de licitação e, na mesma pena do § 1º deste artigo, aquele que, declarado inidôneo, venha a contratar com a Administração Pública.

Impedimento indevido

Art. 337-N. Obstar, impedir ou dificultar injustamente a inscrição de qualquer interessado nos registros cadastrais ou promover indevidamente a alteração, a suspensão ou o cancelamento de registro do inscrito:

Pena - reclusão, de 6 (seis) meses a 2 (dois) anos, e multa.

Omissão grave de dado ou de informação por projetista

Art. 337-O. Omitir, modificar ou entregar à Administração Pública levantamento cadastral ou condição de contorno em relevante dissonância com a realidade, em frustração ao caráter competitivo da licitação ou em detrimento da seleção da proposta mais vantajosa para a Administração Pública, em contratação para a elaboração de projeto básico, projeto executivo ou anteprojeto, em diálogo competitivo ou em procedimento de manifestação de interesse.

Pena - reclusão, de 6 (seis) meses a 3 (três) anos, e multa.

§ 1º Consideram-se condição de contorno as informações e os levantamentos suficientes e necessários para a definição da solução de projeto e dos respectivos preços pelo licitante, incluídos sondagens, topografia, estudos de demanda, condições ambientais e demais elementos ambientais impactantes, considerados requisitos mínimos ou obrigatórios em normas técnicas que orientam a elaboração de projetos.

§ 2º Se o crime é praticado com o fim de obter benefício, direto ou indireto, próprio ou de outrem, aplica-se em dobro a pena prevista no *caput* deste artigo.

Art. 337-P. A pena de multa cominada aos crimes previstos neste Capítulo seguirá a metodologia de cálculo prevista neste Código e não poderá ser inferior a 2% (dois por cento) do valor do contrato licitado ou celebrado com contratação direta".

COMENTÁRIOS DOS AUTORES

Diferentemente da metodologia adotada na Lei n. 8.666/93, a presente legislação optou por revogar a parte destinada à tipificação das condutas penais, realocando junto ao Código Penal, em título próprio.

Um outro aspecto importante é que essa alteração legislativa já está vigente, não se aplicando a regra do art. 193, II, que determina que a aplicação da Lei de Licitações e Contratos Administrativos passará a vigorar plenamente a partir de 1º de abril de 2023.

Vale dizer que a maioria das condutas que eram tipificadas na Lei n. 8.666/93 foram mantidas com o aperfeiçoamento redacional, porém com o aumento das penas, talvez para evitar que os seus infratores sejam beneficiários do acordo de não persecução penal introduzido pela Lei n. 13.964/2019.

ARTIGO 179

Art. 179. Os incisos II e III do *caput* do art. 2º da Lei n. 8.987, de 13 de fevereiro de 1995, passam a vigorar com as seguintes redações:

"Art. 2º ....

....

II – concessão de serviço público: a delegação de sua prestação, feita pelo poder concedente, mediante licitação, na modalidade concorrência ou diálogo competitivo, a pessoa jurídica ou consórcio de empresas que demonstre capacidade para seu desempenho, por sua conta e risco e por prazo determinado;

> III – concessão de serviço público precedida da execução de obra pública: a construção, total ou parcial, conservação, reforma, ampliação ou melhoramento de quaisquer obras de interesse público, delegados pelo poder concedente, mediante licitação, na modalidade concorrência ou diálogo competitivo, a pessoa jurídica ou consórcio de empresas que demonstre capacidade para a sua realização, por sua conta e risco, de forma que o investimento da concessionária seja remunerado e amortizado mediante a exploração do serviço ou da obra por prazo determinado;
> ...."(NR)

Lei n. 8.987/95

Art. 2º, II – concessão de serviço público: a delegação de sua prestação, feita pelo poder concedente, mediante licitação, na modalidade de concorrência, à pessoa jurídica ou consórcio de empresas que demonstre capacidade para seu desempenho, por sua conta e risco e por prazo determinado;

III – concessão de serviço público precedida da execução de obra pública: a construção, total ou parcial, conservação, reforma, ampliação ou melhoramento de quaisquer obras de interesse público, delegada pelo poder concedente, mediante licitação, na modalidade de concorrência, à pessoa jurídica ou consórcio de empresas que demonstre capacidade para a sua realização, por sua conta e risco, de forma que o investimento da concessionária seja remunerado e amortizado mediante a exploração do serviço ou da obra por prazo determinado;

COMENTÁRIOS DOS AUTORES

A lei de concessão e permissão da prestação de serviços públicos sofreu uma alteração em dois dispositivos para a acrescer às modalidades de concessão de serviço público e concessão de serviço público precedida de obra pública, a modalidade licitatória do diálogo competitivo, mantendo, no entanto, a modalidade da concorrência.

Essa modalidade é usada desde 2004 na União Europeia e tem a finalidade de oferecer resultados diferenciados às contratações de cunho complexo. Sem dúvidas, a inserção dessa modalidade junto às duas modalidades de concessão de serviço público é importante, dado o seu caráter complexo.

ARTIGO 180

> **Art. 180.** O *caput* do art. 10 da Lei n. 11.079, de 30 de dezembro de 2004, passa a vigorar com a seguinte redação:
> "Art. 10. A contratação de parceria público-privada será precedida de licitação na modalidade concorrência ou diálogo competitivo, estando a abertura do processo licitatório condicionada a:". (NR)

COMENTÁRIOS DOS AUTORES

Como bem se sabe, a Lei Geral de Licitação e Contratação de Parceria Público-Privada é outra modalidade licitatória de cunho complexo.

//// **426** Artigo 180 Nova Lei de Licitações Comentada e Referenciada

Logo, a inserção da modalidade de licitação do diálogo competitivo é de suma importância para a apresentação de soluções nessa espécie de contratação.

Como bem se sabe, por intermédio do diálogo competitivo, o próprio órgão licitante define suas necessidades e os critérios de pré-seleção dos licitantes. A partir daí, iniciam os diálogos com os licitantes selecionados, com o objetivo de obter informações e alternativas de soluções para as necessidades preestabelecidas.

Esse diálogo continua entre os interessados e a Administração Pública, até que seja possível definir a solução mais adequada, e somente após esse diálogo é que os licitantes selecionados poderão apresentar suas respectivas propostas.

Capítulo III
DISPOSIÇÕES TRANSITÓRIAS E FINAIS

ARTIGO 181

> **Art. 181.** Os entes federativos instituirão centrais de compras, com o objetivo de realizar compras em grande escala, para atender a diversos órgãos e entidades sob sua competência e atingir as finalidades desta Lei.
>
> Parágrafo único. No caso dos Municípios com até 10.000 (dez mil) habitantes, serão preferencialmente constituídos consórcios públicos para a realização das atividades previstas no *caput* deste artigo, nos termos da Lei n. 11.107, de 6 de abril de 2005.

Constituição Federal

Art. 70. A fiscalização contábil, financeira, orçamentária, operacional e patrimonial da União e das entidades da administração direta e indireta, quanto à legalidade, legitimidade, economicidade, aplicação das subvenções e renúncia de receitas, será exercida pelo Congresso Nacional, mediante controle externo, e pelo sistema de controle interno de cada Poder.

COMENTÁRIOS DOS AUTORES

Esse dispositivo busca dar efetividade ao princípio da economicidade que está estampado no art. 70, *caput*, da Constituição Federal. O cumprimento dos princípios da Administração Pública, como a legalidade, impessoalidade, moralidade, eficiência e publicidade, é insuficiente se uma contratação não velar pelo princípio da economicidade.

O trato com a coisa pública deve guardar relação com os instrumentos mercadológicos que viabilizem a melhor prestação do serviço público com o menor custo possível. Para tanto, "escala" é um dos melhores caminhos para se alcançar o princípio da economicidade.

O presente dispositivo exige que os entes federativos instituam centrais de compras, não exige a instituição de órgãos, mas de um setor com capacidade para realizar compras públicas em escala capaz de atender às diversas entidades governamentais.

Por outro lado, nos municípios com até 10 mil habitantes, optou-se, preferencialmente, pela criação de consórcios para que uma escala mínima seja alcançada em prol de um preço justo.

ARTIGO 182

> **Art. 182.** O Poder Executivo federal atualizará os valores fixados por esta Lei pelo Índice Nacional de Preços ao Consumidor Amplo Especial (IPCA-E), ou pelo índice que venha a substituí-lo, a cada dia 1º de janeiro, e serão divulgados no PNCP.

Lei n. 8.666/93

Art. 40. O edital conterá no preâmbulo o número de ordem em série anual, o nome da repartição interessada e de seu setor, a modalidade, o regime de execução e o tipo da licitação, a menção de que será regida por esta Lei, o local, dia e hora para recebimento da documentação

428 Artigo 183 Nova Lei de Licitações Comentada e Referenciada

e proposta, bem como para início da abertura dos envelopes, e indicará, obrigatoriamente, o seguinte:

(...)

XI – critério de reajuste, que deverá retratar a variação efetiva do custo de produção, admitida a adoção de índices específicos ou setoriais, desde a data prevista para apresentação da proposta, ou do orçamento a que essa proposta se referir, até a data do adimplemento de cada parcela;

Art. 55. São cláusulas necessárias em todo contrato as que estabeleçam:

(...)

III – o preço e as condições de pagamento, os critérios, data-base e periodicidade do reajustamento de preços, os critérios de atualização monetária entre a data do adimplemento das obrigações e a do efetivo pagamento;

Art. 120. Os valores fixados por esta Lei poderão ser anualmente revistos pelo Poder Executivo Federal, que os fará publicar no Diário Oficial da União, observando como limite superior a variação geral dos preços do mercado, no período.

COMENTÁRIOS DOS AUTORES

Esse dispositivo veio para sanar algumas discussões que existiam no âmbito da Administração Pública. Na Lei n. 8.666/93, não existia previsão semelhante, porém os reajustes eram fixados por meio dos editais e dos contratos, conforme art. 40, XI, e art. 55, III.

Como o índice deve ser calculado? Ele deve ser aplicado, em regra, ao final do período acumulado de 12 (doze) meses. Antes do término da vigência do contrato, aliado ao interesse em prorrogar o contrato, a Administração deve solicitar a cotação do mercado para apurar se o preço praticado em seu contrato continua sendo de mercado. Conferindo o valor de mercado, deve ser solicitada a cotação, e, se tiver interesse em prorrogar o seu contrato, enviará a sua proposta comercial com ou sem reajuste.

Se houver motivos para o reajuste, deverá observar o limite estabelecido pelo Índice Nacional de Preços ao Consumidor Amplo Especial (IPCA-E), conforme descreve o presente dispositivo. Se não houver, segue o processo de prorrogação do contrato de acordo com o fluxo estabelecido pelo ente federativo.

ARTIGO 183

Art. 183. Os prazos previstos nesta Lei serão contados com exclusão do dia do começo e inclusão do dia do vencimento e observarão as seguintes disposições:

Lei n. 8.666/93

Art. 110. Na contagem dos prazos estabelecidos nesta Lei, excluir-se-á o dia do início e incluir-se-á o do vencimento, e considerar-se-ão os dias consecutivos, exceto quando for explicitamente disposto em contrário.

Parágrafo único. Só se iniciam e vencem os prazos referidos neste artigo em dia de expediente no órgão ou na entidade.

Jurisprudência:

2. O termo inicial para a contagem do prazo para a entrega física da documentação habilitatória em Pregão Eletrônico exige uma interpretação conjunta do art. 110 da Lei de Licitações e das regras elencadas no edital licitatório, pois, apesar de referido dispositivo estabelecer que na contagem dos prazos excluir-se-á o dia do início e incluir-se-á o do vencimento, nada menciona a respeito de seu termo inicial.3. O recurso especial com fundamento na alínea "a" do permissivo constitucional limita-se ao exame de possível violação a lei federal (*in casu*, o art. 110 da Lei 8.666/93). O alcance interpretativo pretendido exige o exame associado do referido dispositivo e das cláusulas do edital de licitação. Incidência do enunciado da Súmula 5/STJ.

(AgRg no REsp 1.548.744/PR, Rel. Ministro MAURO CAMPBELL MARQUES, SEGUNDA TURMA, julgado em 28-9-2020, *DJe* 9-10-2020.)

1. Nenhum prazo de recurso administrativo inicia-se ou corre sem que os autos do processo estejam com vista franqueada ao interessado (art. 109, § 5º, Lei 8.666/93). Se a Administração, por deliberação *interna corporis* obstaculiza o conhecimento direto do processo, dificultada a ampla defesa, consubstanciado motivo extraordinário, assegura-se a contagem do prazo a partir da franquia. Sem prejuízo da regra geral excluindo o dia do início e incluindo-se o do vencimento (art. 110, Lei ref.).

(MS 6.048/DF, Rel. Ministro MILTON LUIZ PEREIRA, PRIMEIRA SEÇÃO, julgado em 10-4-2000, *DJ* 5-6-2000, p. 101.)

I - os prazos expressos em dias corridos serão computados de modo contínuo;
II - os prazos expressos em meses ou anos serão computados de data a data;
III - nos prazos expressos em dias úteis, serão computados somente os dias em que ocorrer expediente administrativo no órgão ou entidade competente.
§ 1º Salvo disposição em contrário, considera-se dia do começo do prazo:
I - o primeiro dia útil seguinte ao da disponibilização da informação na internet;
II - a data de juntada aos autos do aviso de recebimento, quando a notificação for pelos correios.
§ 2º Considera-se prorrogado o prazo até o primeiro dia útil seguinte se o vencimento cair em dia em que não houver expediente, se o expediente for encerrado antes da hora normal ou se houver indisponibilidade da comunicação eletrônica.
§ 3º Na hipótese do inciso II do *caput* deste artigo, se no mês do vencimento não houver o dia equivalente àquele do início do prazo, considera-se como termo o último dia do mês.

COMENTÁRIOS DOS AUTORES

O dispositivo trouxe uma regra semelhante à da Lei n. 8.666/93, porém fez alguns acréscimos que, sem dúvidas, são bem didáticos. O presente dispositivo traz a regra de que a contagem dos prazos dessa Lei será feita com a exclusão do dia do começo e inclusão do dia do vencimento.

Porém, se os prazos forem expressos em: (i) dias, contar-se-á em dias corridos; (ii) mês e ano, contar-se-ão data a data; e (iii) dias úteis, contar-se-á somente nos dias que a entidade possuir expediente administrativo.

Será considerado o primeiro dia, para fins do início do prazo: (i) o primeiro dia útil seguinte ao da disponibilização da informação na internet; e (ii) a data da juntada ao processo da notificação enviada ao interessado.

O prazo somente será prorrogado para o primeiro dia útil, quando ele findar em dia que não houver expediente administrativo ou este for encerrado antes da hora normal, ou, ainda, por indisponibilidade do sistema eletrônico.

Por fim, na hipótese de a contagem do prazo em mês ou ano findar em dia que não possua correspondência no mês de vencimento, será considerado o último dia do mês de vencimento. Vejamos uma situação hipotética: imaginemos que um interessado é notificado para apresentar defesa a uma infração no prazo de 2 meses. O aviso de recebimento é juntado no dia 29 de dezembro. O prazo findará dia 29 de fevereiro, porém, se o ano não for bissexto, o prazo final será o dia 28 e não o dia 1º de março.

ARTIGO 184

Art. 184. Aplicam-se as disposições desta Lei, no que couber e na ausência de norma específica, aos convênios, acordos, ajustes e outros instrumentos congêneres celebrados por órgãos e entidades da Administração Pública, na forma estabelecida em regulamento do Poder Executivo federal.

Lei n. 8.666/93
Art. 116. Aplicam-se as disposições desta Lei, no que couber, aos convênios, acordos, ajustes e outros instrumentos congêneres celebrados por órgãos e entidades da Administração.

Constituição Federal
Art. 241. A União, os Estados, o Distrito Federal e os Municípios disciplinarão por meio de lei os consórcios públicos e os convênios de cooperação entre os entes federados, autorizando a gestão associada de serviços públicos, bem como a transferência total ou parcial de encargos, serviços, pessoal e bens essenciais à continuidade dos serviços transferidos.

Jurisprudência:

3. O art. 116 da Lei 8.666/1993 reforça a tese de que a aplicação de recursos públicos geridos por particular em decorrência de convênio, ajuste ou outros instrumentos congêneres, deve atender, no que couber, às disposições da Lei de Licitações. A licitação deve reger as contratações feitas pelas entidades privadas que recebem recursos públicos mediante transferências voluntárias, salvo quando a aplicação de tais regras não for possível. Nesse caso, as entidades devem adotar procedimentos análogos e seguir os princípios da legalidade, moralidade, impessoalidade, publicidade, economicidade e eficiência.
(EDcl no REsp 1.807.536/RN, Rel. Ministro HERMAN BENJAMIN, SEGUNDA TURMA, julgado em 20-2-2020, DJe 18-5-2020.)

3. Ainda que, nos termos do art. 116 da Lei n. 8.666/93, seja aplicável aos convênios o disposto no § 2º do art. 55 da mesma lei, segundo o qual, nos contratos celebrados pela Administração Pública, deverá constar necessariamente cláusula que declare competente o foro da sede da Administração para dirimir qualquer questão contratual, tal regra veio a ser observada, no caso, porque consta do convênio *sub judice* cláusula de eleição do foro da sede de uma das Administrações Públicas convenientes. Enfatize-se: a cláusula de eleição de foro constante do convênio é válida porque ambas as partes convenientes são integrantes da Administração Pública, devendo prevalecer, portanto, o foro eleito.
(REsp 1.153.028/MG, Rel. Ministro MAURO CAMPBELL MARQUES, SEGUNDA TURMA, julgado em 6-12-2011, DJe 13-12-2011.)

2. Os convênios administrativos são ajustes firmados entre pessoas administrativas, ou entre essas e particulares, cujo objetivo é a obtenção de determinados interesses em comum. Diferem dos contratos administrativos, basicamente, pela ausência de interesses contrapostos, já que o elemento principal da união entre os convenentes é a cooperação e não o lucro geralmente visado nos contratos. 3. O vínculo jurídico existente nos convênios não possui a mesma rigidez inerente às relações contratuais, daí porque o art. 116, *caput*, da Lei 8.666/93 estabelece que suas normas se aplicam aos convênios apenas "no que couber". Diante disso, tem-se como regra a possibilidade de cada pactuante denunciar livremente o convênio, retirando-se do pacto. Entretanto, se essa atitude causar prejuízos materiais aos outros convenentes, é cabível a aplicação de sanções, a serem estabelecidas, via de regra, no próprio instrumento de colaboração. 4. No caso, a despeito da possibilidade de denúncia unilateral, deu-se efetiva oportunidade para a impetrante manifestar-se no processo administrativo e comprovar o cumprimento das prestações contempladas no pacto firmado. No entanto, da análise dos documentos anexados aos autos, não se demonstrou a impertinência das constatações realizadas pelo ente público.
(RMS 30.634/SP, Rel. Ministro CASTRO MEIRA, SEGUNDA TURMA, julgado em 15-6-2010, *DJe* 28-6-2010.)

COMENTÁRIOS DOS AUTORES

Convênio é o ajuste firmado entre entidades públicas ou entres estas e particulares cujo objetivo é a obtenção de determinados interesses comuns. Segundo o STJ, a diferença essencial entre o convênio e o contrato se dá "(...) pela ausência de interesses contrapostos, já que o elemento principal da união entre os convenentes é a cooperação e não o lucro geralmente visado nos contratos".

Esse dispositivo alude que convênio não é o objetivo da lei, por isso declara, categoricamente, que, "no que couber e na ausência de norma específica", aplicar-se-á a presente legislação ao instituto do convênio. Um exemplo de aplicação desse dispositivo é a eleição de foro, que, via de regra, é o local da sede da Administração Pública, esta pode ser alterada no âmbito dos convênios, quando estiver diante de um convênio entre entidades de direito público.

Outrossim, os convênios devem observar os procedimentos análogos aos da contratação, seguindo os princípios constitucionais dos arts. 37, *caput*, e 71, *caput*, da CF, ou seja, os princípios da legalidade, moralidade, impessoalidade, publicidade, economicidade e eficiência.

ARTIGO 185

> **Art. 185.** Aplicam-se às licitações e aos contratos regidos pela Lei n. 13.303, de 30 de junho de 2016, as disposições do Capítulo II-B do Título XI da Parte Especial do Decreto-lei n. 2.848, de 7 de dezembro de 1940 (Código Penal).

Lei n. 14.133/2021
Art. 1º, § 1º Não são abrangidas por esta Lei as empresas públicas, as sociedades de economia mista e as suas subsidiárias, regidas pela Lei n. 13.303, de 30 de junho de 2016, ressalvado o disposto no art. 178 desta Lei.

Lei n. 13.303/2016

Art. 1º Esta Lei dispõe sobre o estatuto jurídico da empresa pública, da sociedade de economia mista e de suas subsidiárias, abrangendo toda e qualquer empresa pública e sociedade de economia mista da União, dos Estados, do Distrito Federal e dos Municípios que explore atividade econômica de produção ou comercialização de bens ou de prestação de serviços, ainda que a atividade econômica esteja sujeita ao regime de monopólio da União ou seja de prestação de serviços públicos.

Código Penal
Capítulo II-B
Dos crimes em licitações e contratos administrativos

Contratação direta ilegal

Art. 337-E. Admitir, possibilitar ou dar causa à contratação direta fora das hipóteses previstas em lei:
Pena – reclusão, de 4 (quatro) a 8 (oito) anos, e multa.

Frustração do caráter competitivo de licitação

Art. 337-F. Frustrar ou fraudar, com o intuito de obter para si ou para outrem vantagem decorrente da adjudicação do objeto da licitação, o caráter competitivo do processo licitatório:
Pena – reclusão, de 4 (quatro) anos a 8 (oito) anos, e multa.

Patrocínio de contratação indevida

Art. 337-G. Patrocinar, direta ou indiretamente, interesse privado perante a Administração Pública, dando causa à instauração de licitação ou à celebração de contrato cuja invalidação vier a ser decretada pelo Poder Judiciário:
Pena – reclusão, de 6 (seis) meses a 3 (três) anos, e multa.

Modificação ou pagamento irregular em contrato administrativo

Art. 337-H. Admitir, possibilitar ou dar causa a qualquer modificação ou vantagem, inclusive prorrogação contratual, em favor do contratado, durante a execução dos contratos celebrados com a Administração Pública, sem autorização em lei, no edital da licitação ou nos respectivos instrumentos contratuais, ou, ainda, pagar fatura com preterição da ordem cronológica de sua exigibilidade:
Pena – reclusão, de 4 (quatro) anos a 8 (oito) anos, e multa.

Perturbação de processo licitatório

Art. 337-I. Impedir, perturbar ou fraudar a realização de qualquer ato de processo licitatório:
Pena – detenção, de 6 (seis) meses a 3 (três) anos, e multa.

Violação de sigilo em licitação

Art. 337-J. Devassar o sigilo de proposta apresentada em processo licitatório ou proporcionar a terceiro o ensejo de devassá-lo:
Pena – detenção, de 2 (dois) anos a 3 (três) anos, e multa.

Afastamento de licitante

Art. 337-K. Afastar ou tentar afastar licitante por meio de violência, grave ameaça, fraude ou oferecimento de vantagem de qualquer tipo:

Pena – reclusão, de 3 (três) anos a 5 (cinco) anos, e multa, além da pena correspondente à violência.

Parágrafo único. Incorre na mesma pena quem se abstém ou desiste de licitar em razão de vantagem oferecida.

Fraude em licitação ou contrato

Art. 337-L. Fraudar, em prejuízo da Administração Pública, licitação ou contrato dela decorrente, mediante:

I – entrega de mercadoria ou prestação de serviços com qualidade ou em quantidade diversas das previstas no edital ou nos instrumentos contratuais;

II – fornecimento, como verdadeira ou perfeita, de mercadoria falsificada, deteriorada, inservível para consumo ou com prazo de validade vencido;

III – entrega de uma mercadoria por outra;

IV – alteração da substância, qualidade ou quantidade da mercadoria ou do serviço fornecido;

V – qualquer meio fraudulento que torne injustamente mais onerosa para a Administração Pública a proposta ou a execução do contrato:

Pena – reclusão, de 4 (quatro) anos a 8 (oito) anos, e multa.

Contratação inidônea

Art. 337-M. Admitir à licitação empresa ou profissional declarado inidôneo:

Pena – reclusão, de 1 (um) ano a 3 (três) anos, e multa.

§ 1º Celebrar contrato com empresa ou profissional declarado inidôneo:

Pena – reclusão, de 3 (três) anos a 6 (seis) anos, e multa.

§ 2º Incide na mesma pena do *caput* deste artigo aquele que, declarado inidôneo, venha a participar de licitação e, na mesma pena do § 1º deste artigo, aquele que, declarado inidôneo, venha a contratar com a Administração Pública.

Impedimento indevido

Art. 337-N. Obstar, impedir ou dificultar injustamente a inscrição de qualquer interessado nos registros cadastrais ou promover indevidamente a alteração, a suspensão ou o cancelamento de registro do inscrito:

Pena – reclusão, de 6 (seis) meses a 2 (dois) anos, e multa.

Omissão grave de dado ou de informação por projetista

Art. 337-O. Omitir, modificar ou entregar à Administração Pública levantamento cadastral ou condição de contorno em relevante dissonância com a realidade, em frustração ao caráter competitivo da licitação ou em detrimento da seleção da proposta mais vantajosa para a Administração Pública, em contratação para a elaboração de projeto básico, projeto executivo ou anteprojeto, em diálogo competitivo ou em procedimento de manifestação de interesse:

Pena – reclusão, de 6 (seis) meses a 3 (três) anos, e multa.

§ 1º Consideram-se condição de contorno as informações e os levantamentos suficientes e necessários para a definição da solução de projeto e dos respectivos preços pelo licitante, incluídos sondagens, topografia, estudos de demanda, condições ambientais e demais elementos ambientais impactantes, considerados requisitos mínimos ou obrigatórios em normas técnicas que orientam a elaboração de projetos.

§ 2º Se o crime é praticado com o fim de obter benefício, direto ou indireto, próprio ou de outrem, aplica-se em dobro a pena prevista no *caput* deste artigo.

Art. 337-P. A pena de multa cominada aos crimes previstos neste Capítulo seguirá a metodologia de cálculo prevista neste Código e não poderá ser inferior a 2% (dois por cento) do valor do contrato licitado ou celebrado com contratação direta.

COMENTÁRIOS DOS AUTORES

A Lei n. 13.303, de 30 de junho de 2016, dispõe sobre o estatuto jurídico da empresa pública, da sociedade de economia mista e de suas subsidiárias no âmbito dos entes federativo. Essa lei possui um microssistema de contratação próprio, conforme preceitua o art. 28, *caput*, da Lei n. 13.303/2016 c/c at. 1º, § 1º, da Lei n. 14.133/2021.

Porém, toda licitação regida pela Lei n. 13.303/2016 está sujeita às disposições do Capítulo II-B do Código Penal, o qual trata dos Crimes em Licitações e Contratos Administrativos.

ARTIGO 186

> **Art. 186.** Aplicam-se as disposições desta Lei subsidiariamente à Lei n. 8.987, de 13 de fevereiro de 1995, à Lei n. 11.079, de 30 de dezembro de 2004, e à Lei n. 12.232, de 29 de abril de 2010.

Lei n. 8.666/93

Art. 124. Aplicam-se às licitações e aos contratos para permissão ou concessão de serviços públicos os dispositivos desta Lei que não conflitem com a legislação específica sobre o assunto.

Parágrafo único. As exigências contidas nos incisos II a IV do § 2º do art. 7º serão dispensadas nas licitações para concessão de serviços com execução prévia de obras em que não foram previstos desembolso por parte da Administração Pública concedente.

Jurisprudência do STF:

Os princípios constitucionais que regem a administração pública exigem que a concessão de serviços públicos seja precedida de licitação pública. Contraria os arts. 37 e 175 da CF decisão judicial que, fundada em conceito genérico de interesse público, sequer fundamentada em fatos e a pretexto de suprir omissão do órgão administrativo competente, reconhece ao particular o direito de exploração de serviço público sem a observância do procedimento de licitação.

(RE 264.621, rel. min. Joaquim Barbosa, j. 1º-2-2005, 2ª T., *DJ* de 8-4-2005. AI 792.149 AgR, rel. min. Ricardo Lewandowski, j. 19-10-2010, 1ª T., *DJe* de 16-11-2010.)

A CF, no art. 37, XXI, determina a obrigatoriedade de obediência aos procedimentos licitatórios para a administração pública direta e indireta de qualquer um dos poderes da União, dos Estados, do Distrito Federal e dos Municípios. A mesma regra não existe para as entidades privadas que atuam em colaboração com a administração pública (...).

(ADI 1.864, rel. p/ o ac. min. Joaquim Barbosa, j. 8-8-2007, P, *DJe* de 2-5-2008.)

Jurisprudência do STJ:

8. Ademais, o inciso XXI do artigo 37 da Carta Magna ressalva os casos especificados na legislação da obrigatoriedade de processo licitatório, encaixando-se aí o art. 40 do Código Brasileiro de Aeronáutica (Lei n. 7565/86). Nessa mesma linha, dispõe o art. 124 da Lei n. 8.666/93: "Aplicam-se às licitações e aos contratos para permissão ou concessão de serviços públicos os dispositivos desta Lei que não conflitem com a legislação específica sobre o assunto". Ora, a própria Lei de Licitação preceitua que suas disposições devem ser aplicadas às concessões desde que compatíveis com as características do referido instituto. Assim, na concessão para a exploração de serviços aéreos públicos só se aplica a regras e princípios da licitação se compatível com o regime específico desse tipo de concessão. Dessa forma, deve o Poder Público colocar à disposição da empresa o suporte aeroportuário necessário e suficiente à prestação do serviço de navegação aérea concedido, mediante, em regra, uma contraprestação financeira. 9. Ressalta-se que a dispensa da realização da licitação para a concessão de áreas aeroportuárias de uso diretamente relacionado à exploração dos serviços de navegação aérea já devidamente concedidos não abrange as áreas aeroportuárias que não se atrelam diretamente aos serviços de navegação aérea. Assim, para a concessão de áreas de aeroportos destinadas ao funcionamento de lanchonetes, restaurantes, lojas, estacionamentos, entre outras tantas atividades comerciais apropriadas aos aeroportos, há que se realizar, obrigatoriamente, o devido processo licitatório, pois a regra para a Administração Pública é licitar, em obediência aos preceitos constitucionais e legais que regulam as relações entre os particulares e o Poder Público.
(REsp 1.266.290/PE, Rel. Ministro MAURO CAMPBELL MARQUES, SEGUNDA TURMA, julgado em 12-11-2013, *DJe* 16-12-2013.)

3. O art. 1º, p. ún., da Lei n. 8.666/93, estabelece que subordinam-se ao regime desta Lei, além dos órgãos da administração direta, os fundos especiais, as autarquias, as fundações públicas, as empresas públicas, as sociedades de economia mista e demais entidades controladas direta ou indiretamente pela União, Estados, Distrito Federal e Municípios. 4. E, por fim, esclareço que a permissão para prestação de serviço de transporte público é também regida pela Lei n. 8.666/93.
(AgRg no Ag 1.327.143/SP, Rel. Ministro MAURO CAMPBELL MARQUES, SEGUNDA TURMA, julgado em 15-2-2011, *DJe* 24-2-2011.)

1. O art. 2º, inc. IV, da Lei n. 8.987/95 vincula a permissão à prévia ocorrência de licitação, tal como, no mesmo diploma normativo, existe a vinculação das concessões à prévia realização de licitação. 2. A seu turno, a Lei n. 8.666/93, em seu art. 124, garante sua aplicação às permissões, preservando, entretanto, a autonomia do instituto no que tange às regras que com ele conflitarem. 3. As normas que emanam dos arts. 22 e 23 da Lei n. 8.666/93 são de caráter nacional, aplicando-se a todos os entes federados e incidindo na hipótese, na medida em que não conflitam com a lógica das permissões. 4. Assim sendo, há limitação para a contratação no caso concreto por meio de carta-convite, em razão do valor do objeto licitado.
(REsp 696.829/RS, Rel. Ministro MAURO CAMPBELL MARQUES, SEGUNDA TURMA, julgado em 17-11-2009, *DJe* 27-11-2009.)

COMENTÁRIOS DOS AUTORES

Assim como na Lei n. 8.666/93, esta lei trouxe a previsão acerca da sua aplicação subsidiariamente às leis de concessão e permissão da prestação de serviços públicos (Lei n. 8.987/1995), às contratações de parceria público-privada (Lei n. 11.079/2004) e às contratações de serviços de publicidade prestados por intermédio de agências de propaganda (Lei n. 12.232/2010).

ARTIGO 187

> **Art. 187.** Os Estados, o Distrito Federal e os Municípios poderão aplicar os regulamentos editados pela União para execução desta Lei.

COMENTÁRIOS DOS AUTORES

É possível que os entes federativos se utilizem das regulamentações expedidas pela União para unificação da aplicação dessa lei, nas mais diversas formas de contratação. Isso não significa que os entes federativos perderão a sua competência para estabelecer o seu regulamento, bem como a edição de normas especiais para utilização no âmbito de sua competência.

ARTIGOS 188 E 189

> **Art. 188.** (*Vetado.*)
>
> **Art. 189.** Aplica-se esta Lei às hipóteses previstas na legislação que façam referência expressa à Lei n. 8.666, de 21 de junho de 1993, à Lei n. 10.520, de 17 de julho de 2002, e aos arts. 1º a 47 da Lei n. 12.462, de 4 de agosto de 2011.

COMENTÁRIOS DOS AUTORES

Esse dispositivo apenas afirma que esta lei está substituindo a Lei n. 8.666/93, razão pela qual, todas as menções feitas à Lei n. 8.666/93, por todo o ordenamento jurídico brasileiro, deverá ser lida como sendo a Lei n. 14.133/2021.

ARTIGO 190

> **Art. 190.** O contrato cujo instrumento tenha sido assinado antes da entrada em vigor desta Lei continuará a ser regido de acordo com as regras previstas na legislação revogada.

COMENTÁRIOS DOS AUTORES

Para os fins de segurança jurídica, houve a manutenção das regras previstas para os instrumentos contratuais assinados antes da entrada dessa Lei (1º de abril de 2021). Significa dizer que, embora vigente esse novo sistema de contratações, os administradores devem se ater às regras da legislação sobre a qual serviu de fundamento para formalização de contrato público.

ARTIGO 191

Art. 191. Até o decurso do prazo de que trata o inciso II do *caput* do art. 193, a Administração poderá optar por licitar ou contratar diretamente de acordo com esta Lei ou de acordo com as leis citadas no referido inciso, e a opção escolhida deverá ser indicada expressamente no edital ou no aviso ou instrumento de contratação direta, vedada a aplicação combinada desta Lei com as citadas no referido inciso.

Parágrafo único. Na hipótese do *caput* deste artigo, se a Administração optar por licitar de acordo com as leis citadas no inciso II do *caput* do art. 193 desta Lei, o contrato respectivo será regido pelas regras nelas previstas durante toda a sua vigência.

COMENTÁRIOS DOS AUTORES

A presente Lei não revogou de imediato a Lei n. 8.666/93, pelo contrário, a manteve vigente pelo período de 2 anos, o qual findará no dia 1º de abril de 2023. Enquanto estiver vigente essa lei, é possível que o gestor público escolha entre as novas regras trazidas pela Lei n. 14.133/2021 ou pelas regras da Lei n. 8.666/93, devendo, no entanto, essa escolha constar expressamente do edital e do instrumento contratual.

Por outro lado, se o gestor optar em escolher licitar ou contratar pela Lei n. 8.666/93, o contrato será regido durante toda a sua vigência pelas regras dessa Lei, em prol da segurança jurídica.

ARTIGO 192

Art. 192. O contrato relativo a imóvel do patrimônio da União ou de suas autarquias e fundações continuará regido pela legislação pertinente, aplicada esta Lei subsidiariamente.

Lei n. 8.666/93
Art. 121, parágrafo único. Os contratos relativos a imóveis do patrimônio da União continuam a reger-se pelas disposições do Decreto-lei n. 9.760, de 5 de setembro de 1946, com suas alterações, e os relativos a operações de crédito interno ou externo celebrados pela União ou a concessão de garantia do Tesouro Nacional continuam regidos pela legislação pertinente, aplicando-se esta Lei, no que couber.

COMENTÁRIOS DOS AUTORES

No tocante aos contratos relativos a imóveis do patrimônio da União ou de suas autarquias, continuarão regidos pela legislação pertinente, ou seja, pelo Decreto-lei n. 9.760/1946. Os dispositivos da presente Lei de Licitações serão de aplicação subsidiária a esse Decreto-lei.

ARTIGO 193

> **Art. 193.** Revogam-se:
> I – os arts. 89 a 108 da Lei n. 8.666, de 21 de junho de 1993, na data de publicação desta Lei;
> II – a Lei n. 8.666, de 21 de junho de 1993, a Lei n. 10.520, de 17 de julho de 2002, e os arts. 1º a 47-A da Lei n. 12.462, de 4 de agosto de 2011, após decorridos 2 (dois) anos da publicação oficial desta Lei.

COMENTÁRIOS DOS AUTORES

Embora essa Lei tenha revogado de imediato todos os artigos referentes aos crimes em licitação e contratação públicas, ela os editou no Código Penal, no Capítulo II-B, dos arts. 337-E ao art. 337-P. Outrossim, determinou a revogação da Lei n. 8.666, de 21 de junho de 1993, a Lei n. 10.520, de 17 de julho de 2002, e os arts. 1º a 47-A da Lei n. 12.462, de 4 de agosto de 2011, após decorridos 2 anos, ou seja, dia 1º de abril de 2023.

ARTIGO 194

> **Art. 194.** Esta Lei entra em vigor na data de sua publicação.

COMENTÁRIOS DOS AUTORES

A Lei Complementar n. 95/98 traz, em seu art. 8º, a necessidade de se estabelecer prazo razoável para que uma lei tenha amplo conhecimento na sociedade, principalmente aquelas de grande repercussão como é o caso da presente Lei. Por outro lado, àquelas que não possuem repercussão, ou é muito pequena, fica reservada a cláusula "entra em vigor na data da sua publicação".

O presente caso é de uma lei de grande repercussão, o que não deveria estar sujeito a essa cláusula, contudo, a regra de revogação *pro futuro*, expressa no art. 193, II, desta Lei, mitigou a exigência do estabelecimento de um prazo de *vacatio legis* dilatado.

Brasília, 1º de abril de 2021; 200º da Independência e 133º da República.

JAIR MESSIAS BOLSONARO

Referências

ALEXANDRINO, Marcelo; PAULO, Vicente. *Direito administrativo descomplicado*. 26. ed. São Paulo: Método, 2018.

CARVALHO FILHO, José dos Santos. *Manual de direito administrativo*. 34. ed. São Paulo: Atlas, 2020.

DI PIETRO, Maria Sylvia Zanella. *Direito administrativo*. 20. ed. São Paulo: Atlas, 2014.

JUSTEN FILHO, Marçal. *Comentários à Lei de Licitações e Contratos Administrativos*: Lei 8.666/1993. 3. ed. São Paulo: Thomson Reuters Brasil, 2019.

JUSTEN FILHO, Marçal. *Curso de Direito Administrativo*. 10. ed. São Paulo: Revista dos Tribunais, 2014.

JUSTEN FILHO, Marçal. *Pregão*: comentários à legislação do pregão comum e eletrônico. 5. ed. São Paulo: Dialética, 2009.

MAFFINI, Rafael. Administração pública dialógica (proteção procedimental da confiança). Em torno da Vinculante n. 3, do Supremo Tribunal Federal. *Revista de Direito Administrativo*, Rio de Janeiro, n. 253, jan./abr. 2010.

MELLO, Celso Antônio Bandeira de. *Curso de direito administrativo*. 30. ed. São Paulo: Malheiros, 2012.

MINISTÉRIO DA INDÚSTRIA, COMÉRCIO EXTERIOR E SERVIÇOS – MDIC. Estratégia BIM BR: Estratégia Nacional de Disseminação do Building Information Modelling – BIM, 2018, p. 12 *apud* OLIVEIRA, Rafael Carvalho Rezende. *Licitações e contratos administrativos*: teoria e prática. 9. ed. Rio de Janeiro: Forense; São Paulo: Método, 2020.

OLIVEIRA, Rafael Carvalho Rezende. *Curso de Direito Administrativo*. 6. ed. Rio de Janeiro: Forense; São Paulo: Método, 2018.

OLIVEIRA, Rafael Carvalho Rezende. *Curso de Direito Administrativo*. 7. ed. Rio de Janeiro: Forense; São Paulo: Método, 2019.

OLIVEIRA, Rafael Sergio de. 10 tópicos mais relevantes do projeto da nova Lei de Licitação e Contrato. Disponível em: http://www.novaleilicitacao.com.br/2020/12/18/10-topicos-mais-relevantes-do-projeto-da- nova-lei-de-licitacao-e-contrato/. Acesso em: 11 jan. 2021.

OLIVEIRA, Rafael Carvalho Rezende. *Licitações e contratos administrativos*: teoria e prática. 9. ed. Rio de Janeiro: Forense; São Paulo: Método, 2020.

PIETRO, Maria Sylvia Zanella Di. *Direito administrativo*. 31. ed. Rio de Janeiro: Forense, 2018.

RIBEIRO, Maurício Portugal. *Concessões e PPPs*: melhores práticas em licitações e contratos. São Paulo: Atlas, 2011.

SCAVONE JÚNIOR, Luiz Antônio. *Manual de arbitragem*: mediação e conciliação. 8. ed. Rio de Janeiro: Forense, 2018.

THAMAY, Rennan. *Manual de direito processual civil*. 2. ed. São Paulo: Saraiva Educação, 2019.

TORRES, Ronny Charles Lopes de. *Leis de Licitações Públicas comentadas*. Salvador: Juspodivm, 2019.

TRIBUNAL DE CONTAS DA UNIÃO. 5 motivos para abertura de dados na Administração Pública. Brasília, 2015. Disponível em: https://portal.tcu.gov.br/biblioteca-digital/cinco-motivos-para-a--abertura-de-dados-na-administracao-publica.htm. Acesso em: 21 abr. 2021.